독한경찰 | 경찰승진　　　　　　　　　　　police.dokgong.com

한권으로
씹어먹는

2025
서진호
경찰학 핵심집약서

마이패스 북스

머리말

시간은 누구에게나 '공평'하게 주어지지만,
쓰는 사람에 따라서는 전혀 다른 결과와 가치를 가져다주는
매우 '불평등'한 것임을 깨달을 필요가 있다.

교재의 특징

01 최신 개정법령(2024년 9월) 및 입법예고안(2025년 1월)의 완벽한 반영
02 기본서의 방대한 양을 줄이고, 요약서의 부족한 양을 늘린 700페이지 핵심집약서
03 경찰학의 전략과목화 및 방어과목화에 최적화된 한권으로 끝내는 이론집약서
04 최근 10년 기출문제를 분석·반영한 대학교재 원문지문의 완벽 도표화 정리
05 옳은 지문의 함정 지문화 예시 별도 색인

경찰학은 과목 그 자체의 방대함과 함께 실제 공부과정에서의 높은 휘발성으로 인하여 많은 경찰공무원 수험생들이 가장 어려워하는 과목으로 볼 수 있다. 그리고 매년 출제경향의 변화로 인하여 그 방향성을 예측할 수 없는 과목이기도 하다.

2025 서진호 경찰학 핵심집약서는 이러한 문제점에 기인하여 경찰학 기본서의 방대한 양을 줄임과 동시에 기존 요약서의 부실한 양을 늘린 700페이지 내외의 이론서 교재이다. 경찰공무원 수험생들이 경찰학의 기본서 및 요약서 등을 보면서 느낄 수 있는 여러 문제점들을 해당 교재 한권으로 모두 해결할 수 있는 나침반이 되는 교재가 될 것이다.

수험으로서의 경찰학 공부는 그 양을 늘려서는 한도 끝도 없다. 또한 그 양을 지나치게 줄이는 것도 위험하다. 경찰학은 기본적으로 방어과목이어야 한다. 전략과목화 시키기에는 태생적으로 한계가 있다. 따라서 본 교재의 학습은 경찰학의 고득점뿐만 아니라, 최소한의 방어과목으로서의 역할을 충실히 수행할 것이다. 여러 이론서 교재를 공부하지 말고, 해당 이론서 교재 한권으로만 공부하면서 지속적인 회독과 학습을 당부드린다.

2025 서진호 경찰학 핵심집약서 이후에는 '최근 10년 진짜 기출 1000제' 교재와, '단원별 적중모의고사' 교재, '출제탐지 모의고사' 교재 시리즈(1, 2)가 출간된다. 해당 이론서를 바탕으로 다양한 문제풀이를 통해 여러분의 합격에 진심으로 조력하게 될 것이다.

아무쪼록 해당 교재가 여러분의 합격에 전략적이고 유일한 핵심이론교재가 되길 바라며, 최선의 강의로서 여러분과 만나도록 할 것이다.

끝으로 이 책의 출간까지 열정을 다한 응원과 믿음으로 함께 동행하여 주시는 출판사 마이패스북스와 독한경찰×합격캠프 류진욱 대표님께 감사의 마음을 전한다.

2024년 9월 편저자
서진호

목 차

제1장 경찰학의 기초이론

제1테마	경찰학의 선구자	014
제2테마	형식적 의미의 경찰과 실질적 의미의 경찰	016
제3테마	대륙법계 경찰과 영미법계 경찰	018
제4테마	(대륙법계) 경찰개념의 역사적 변천과정	020
제5테마	경찰의 분류	023
제6테마	경찰의 기본이념	026
제7테마	경찰의 임무	029
제8테마	경찰의 관할	033
제9테마	경찰윤리의 기초	035
제10테마	사회계약설로부터 도출되는 경찰윤리표준	038
제11테마	경찰의 부패와 일탈	041
제12테마	경찰윤리강령	045
제13테마	부정청탁금지법	047
제14테마	이해충돌방지법	053
제15테마	부패방지권익위법	058
제16테마	경찰청 공무원 행동강령	060
제17테마	적극행정과 소극행정	065
제18테마	경찰의 적극행정에 대한 면책	068
제19테마	범죄원인이론	071
제20테마	범죄예방이론	075
제21테마	환경설계를 통한 범죄예방(CPTED)	078
제22테마	지역사회 경찰활동	079
제23테마	범죄피해자학	082
제24테마	범죄피해자의 보호	083
제25테마	경찰과 인권보장	086

제2장 한국경찰의 역사와 제도

| 제26테마 | 전근대적 경찰 | 092 |
| 제27테마 | 근대적 경찰 | 099 |

제28테마	식민지시대의 경찰	103
제29테마	대한민국 임시정부의 경찰	105
제30테마	미군정시대의 경찰	106
제31테마	현대적 경찰	108
제32테마	한국경찰사의 자랑스러운 경찰의 표상	111

제3장 외국경찰의 역사와 제도

제33테마	비교경찰사 기초이론	116
제34테마	영국경찰의 역사와 제도	117
제35테마	미국경찰의 역사와 제도	121
제36테마	독일경찰의 역사와 제도	124
제37테마	프랑스경찰의 역사와 제도	126
제38테마	일본경찰의 역사와 제도	129

제4장 경찰행정법 I – 경찰행정법의 기초

제39테마	경찰행정법의 법원	132
제40테마	행정입법(법규명령과 행정규칙)	135
제41테마	경찰행정법의 일반원칙	140

제5장 경찰행정법 II – 경찰조직과 법

제42테마	경찰의 사무	148
제43테마	행정안전부장관의 경찰청장 지휘	150
제44테마	경찰행정관청(경찰청장)	151
제45테마	경찰행정관청(시·도경찰청장)	154
제46테마	경찰행정관청(경찰서장)	155
제47테마	경찰보조기관(국가수사본부장)	156
제48테마	경찰청 예하 본부·국의 담당업무	157
제49테마	지역경찰	163
제50테마	경찰의결기관(국가경찰위원회)	170
제51테마	합의제 행정기관(시·도자치경찰위원회)	173
제52테마	경찰행정관청 권한의 대리	177
제53테마	경찰행정관청 권한의 위임	179
제54테마	훈령권과 직무명령권	183

제6장 경찰행정법 Ⅲ – 경찰공무원과 법

제55테마	경과제도와 경찰공무원인사위원회	188
제56테마	경찰공무원의 임용	190
제57테마	경찰공무원의 승진	197
제58테마	경찰공무원의 전보	204
제59테마	경찰공무원의 휴직	205
제60테마	경찰공무원의 직위해제	206
제61테마	경찰공무원의 퇴직	207
제62테마	경찰공무원의 면직	209
제63테마	경찰공무원의 의무	210
제64테마	경찰공무원의 징계	214
제65테마	소청심사제도	224
제66테마	고충심사제도	228
제67테마	성희롱·성폭력범죄의 신고 및 조사	231

제7장 경찰행정법 Ⅳ – 경찰작용법 일반론

제68테마	경찰권 발동의 근거	234
제69테마	경찰개입청구권	235
제70테마	경찰권 발동의 조리상 한계	237
제71테마	행정행위와 처분	241
제72테마	법률행위적·준법률행위적 행정행위	243
제73테마	재량행위와 기속행위	245
제74테마	행정작용	247
제75테마	경찰하명	253
제76테마	경찰허가	256
제77테마	행정행위의 부관	259
제78테마	경찰상 의무이행확보수단의 기초	264
제79테마	경찰상 강제집행	265
제80테마	경찰상 즉시강제	270
제81테마	경찰상 조사	272
제82테마	경찰벌	276

제8장 경찰행정법 Ⅴ - 행정절차와 개인정보의 보호

제83테마 행정절차 282
제84테마 개인정보의 보호 296

제9장 경찰행정법 Ⅵ - 경찰관 직무집행법 등

제85테마 「경찰관 직무집행법」의 기초 306
제86테마 불심검문 308
제87테마 보호조치 311
제88테마 위험발생의 방지 등 314
제89테마 범죄의 예방과 제지 316
제90테마 위험방지를 위한 출입 318
제91테마 사실의 확인 등 320
제92테마 정보의 수집 등 321
제93테마 경찰장비의 사용 등 323
제94테마 경찰착용기록장치의 사용 326
제95테마 위해성 경찰장비의 사용 327
제96테마 손실보상 331
제97테마 범인검거 등 공로자 보상 334
제98테마 국제협력, 유치장, 소송 지원, 형의 감면 336
제99테마 경찰 물리력 행사의 기준과 방법 337

제10장 경찰행정법 Ⅶ - 경찰구제법

제100테마 국가배상 342
제101테마 행정심판 351
제102테마 행정소송 360

제11장 경찰행정학(경찰관리론)

제103테마	정책결정모델	374
제104테마	경찰조직 편성원리	376
제105테마	경찰조직 관리이론	379
제106테마	계급제와 직위분류제	381
제107테마	인사관리의 2대 원칙 및 직업공무원제도	383
제108테마	사기관리(동기부여이론)	385
제109테마	예산제도	389
제110테마	예산의 편성·집행·결산	392
제111테마	관서운영경비	395
제112테마	경찰물품관리	396
제113테마	경찰차량관리	397
제114테마	무기 및 탄약관리	399
제115테마	경찰문서관리	402
제116테마	경찰보안관리의 기초	404
제117테마	비밀의 보호 및 취급	406
제118테마	경찰홍보관리의 기초	412
제119테마	언론에 의한 피해구제	414
제120테마	경찰행정통제의 유형	418
제121테마	감사관제도	420
제122테마	감찰관제도	422
제123테마	정보공개제도	427

제12장 분야별 경찰활동Ⅰ - 생활안전경찰활동

제124테마	자율방범대(협력방범활동)	434
제125테마	112신고의 운영 및 처리	437
제126테마	112치안종합상황실	441
제127테마	경비업(민간경비업무)	445
제128테마	풍속영업의 규제	448

제129테마	성매매알선 등의 규제	450
제130테마	유실물의 관리	453
제131테마	기초질서 위반사범의 단속	455
제132테마	소년의 보호	459
제133테마	청소년의 보호	462
제134테마	아동·청소년의 성보호	465
제135테마	아동·청소년대상 디지털 성범죄	469
제136테마	실종아동등 및 가출인에 대한 보호	471

제13장 분야별 경찰활동 Ⅱ - 수사경찰활동

제137테마	수사경찰의 근무부서	478
제138테마	범죄수사의 일반원칙	480
제139테마	범죄첩보의 수집(수사의 단서)	482
제140테마	변사자 검시(수사의 단서)	485
제141테마	입건 전 조사	486
제142테마	현장수사활동	488
제143테마	통신수사활동	489
제144테마	디지털 증거 수사활동	495
제145테마	디엔에이(DNA) 감식	497
제146테마	유치인 보호근무	499
제147테마	호송업무	501
제148테마	수배제도	504
제149테마	가정폭력범죄	507
제150테마	아동학대범죄	512
제151테마	스토킹범죄	518
제152테마	마약류범죄	522
제153테마	성폭력범죄	525
제154테마	특정중대범죄 신상공개	530

제14장 분야별 경찰활동 Ⅲ – 경비경찰활동

- 제155테마 경비경찰활동의 기초 534
- 제156테마 행사안전경비(혼잡경비) 536
- 제157테마 선거경비 537
- 제158테마 재난경비 539
- 제159테마 다중범죄 진압경비 544
- 제160테마 국가중요시설경비 546
- 제161테마 통합방위작전 548
- 제162테마 경찰비상업무 551
- 제163테마 대테러업무 554
- 제164테마 테러취약시설 557
- 제165테마 경찰의 인질 협상 559
- 제166테마 경호업무 560
- 제167테마 청원경찰업무 562

제15장 분야별 경찰활동 Ⅳ – 교통경찰활동

- 제168테마 「도로교통법」상 용어정리 568
- 제169테마 도로의 해당 유무 571
- 제170테마 교통규제의 수단 572
- 제171테마 어린이 보호구역 575
- 제172테마 어린이 통학버스 577
- 제173테마 긴급자동차 579
- 제174테마 보행자의 통행방법 582
- 제175테마 차마의 통행방법 583
- 제176테마 무면허 운전 588
- 제177테마 과로 · 공동위험행위 · 난폭운전 589
- 제178테마 음주운전 590
- 제179테마 교통사고 발생시의 조치 594
- 제180테마 교통안전교육 595
- 제181테마 운전면허제도 598
- 제182테마 운전면허 행정처분 604
- 제183테마 교통사고와 신뢰의 원칙 606

제184테마	교통사고처리 특례 12개 조항	609
제185테마	뺑소니 사고	613
제186테마	교통사고 조사	615

제16장 분야별 경찰활동 V – 공공안녕정보경찰활동

제187테마	공공안녕정보경찰활동의 기초	618
제188테마	정보의 순환과정	621
제189테마	집회·시위 관리업무	624
제190테마	신원조사업무	639

제17장 분야별 경찰활동 VI – 안보수사경찰활동

제191테마	방첩업무	642
제192테마	보안사범 수사업무	646
제193테마	보안관찰업무	654
제194테마	남북교류협력업무	660
제195테마	북한이탈주민 보호업무	663

제18장 분야별 경찰활동 VII – 외사경찰활동

제196테마	다자간 협상·다문화사회의 접근 유형	668
제197테마	외사경찰활동의 대상	669
제198테마	주한미군지위협정	673
제199테마	국제형사경찰기구(인터폴)	676
제200테마	범죄인 인도	678
제201테마	국제형사사법공조	682
제202테마	외국인 등 관련 범죄에 대한 특칙	684
제203테마	국적의 취득	687
제204테마	외국인의 입국	689
제205테마	외국인의 상륙	692
제206테마	외국인의 등록	693
제207테마	내국인의 출국	694
제208테마	외국인의 강제퇴거	698

서진호 경찰학

 독한경찰 | police.dokgong.com

제1장

경찰학의 기초이론

제1테마~제25테마

제1테마

경찰학의 선구자

 중요도 C급

📖 영국 근대경찰의 아버지 : 로버트 필(Robert Pell)

구분	내용
의의	19세기 초 영국의 내무부장관이었던 로버트 필(Robert Pell)이 「영국 수도경찰청의 조직과 운영에 관한 획기적인 개선방안」을 제시한 이후부터, 오늘날의 경찰학은 중립적 학문으로 자리잡기 시작하였다.
경찰활동 원리	① 경찰의 기본적인 임무는 범죄와 무질서의 예방이다. ② 경찰의 업무달성 능력은 국민의 지지에 의하여 결정된다. ③ 경찰은 국민들의 준법정신 함양을 위하여 적극적으로 협력하여야 한다. ④ 경찰의 물리력 사용은 국민의 지지를 받기 위하여 최소한으로 사용되어야 한다. ⑤ 경찰은 여론이 아니라 절대적으로 공정한 법 집행을 위하여 국민의 지지를 얻고자 노력하여야 한다. ⑥ 경찰은 전체 국민의 복지와 안전을 위하여 항상 노력하는 국민의 한 구성원임을 명심하여야 한다. ⑦ 경찰은 기능수행에 필요한 정도의 권한만을 행사하여야 한다. ⑧ 경찰의 능력은 가시적인 경찰력의 행사가 아닌, 실제적인 범죄와 무질서의 감소에 의해서만 평가받아야 한다. ⑨ 범죄발생 사항은 반드시 전파되어야 한다.
경찰지휘 지침	① 경찰은 안정되고 능률적이며 군대식으로 조직되어야 한다. ② 경찰은 정부지배를 받아야 한다. ③ 범죄의 부재는 경찰효과의 가장 좋은 증명이다. ④ 경찰력을 시기별 또는 지역별로 전개하는 것이 필요하다. ⑤ 완전한 감정통제 이상으로 경찰관에게 절대 필요한 자질은 없으며, 평온하고 결의에 찬 태도는 실력행사 이상의 효과를 갖는다. ⑥ 단정한 외모는 존경을 산다. ⑦ 적격자의 선발훈련은 능률의 근본요소이다. ⑧ 경찰본부는 중앙에 위치하고, 시민이 쉽게 찾을 수 있어야 한다. ⑨ 경찰관의 채용에는 시보기간을 두어야 한다. ⑩ 경찰관의 적절한 배치를 위하여 경찰문서가 필요하다.

📖 미국 현대경찰의 아버지 : 오거스트 볼머(August Vollmer)

구분	내용
경찰관련 학과 설치	제1차 세계대전(1914~1918) 종료 후 오거스트 볼머(August Vollmer)의 노력으로 미국의 여러 대학에 경찰관련 학과가 설치되면서 현대경찰학이 빠르게 발전하기 시작하였다.
전문직업화의 추구	① 경찰의 전문직업화는 경찰의 위상·사기를 제고하고 경찰관으로서의 긍지를 함양시킬 수 있고, 공중의 경찰에 대한 존경의식을 증대시킬 수 있는 이점이 있다. ② 훌륭한 인적 자원이 확보되어 서비스의 질이 향상되는 결과를 나타낸다.

📖 한국 근대경찰의 아버지 : 유길준

구분	내용
의의	유길준은 「서유견문」을 통해 경찰제도 개혁을 주장하면서 영국 근대경찰의 아버지인 로버트 필(Robert-Peel)을 소개하고 영국의 근대 경찰제도를 높이 평가하였다.
주장	① 유길준은 근대적 경찰제도를 치안유지를 위한 중요한 수단으로 보았고, 그 목적이 민생의 복지와 안강(安康)에 있다고 인식하였다. ② 유길준은 경찰제도를 행정경찰과 사법경찰로 구분하였다. ③ 경찰의 주요 기능에서 사법권의 분리는 물론 경찰의 기본업무로 치안에 집중할 것을 강조하면서 인민의 건강을 위한 위생을 경찰업무에 포함시켜 강조하였다. ④ 유길준은 영국의 경찰제도로부터 영향을 받았으며, 김옥균 및 박영효 등은 일본의 경찰제도로부터 영향을 받았다.

제2테마
형식적 의미의 경찰과 실질적 의미의 경찰

중요도 A급

📖 형식적 의미의 경찰(실정법·제도·조직을 기준)

구분		내용
의의		형식적 의미의 경찰개념은 역사적·제도적으로 발전해 온 개념으로서, 경찰작용의 성질과는 관계없이 실정법상 보통경찰기관에 분배되어 있는 임무를 달성하기 위하여 행하여지는 모든 경찰활동을 의미한다.
기준	실정법	현대의 법 규정에 경찰이 담당하도록 규정되어 있는 사항은 그 내용 및 성질을 불문하고 모두 형식적 의미의 경찰업무에 속한다.(예 「국가경찰과 자치경찰의 조직 및 운영에 관한 법률」 제3조, 「경찰관 직무집행법」 제2조).
	조직	형식적 의미의 경찰개념은 경찰의 조직을 중심으로 파악한 개념이다.
	실무상	형식적 의미의 경찰개념은 실무상 확립된 개념(분야별 경찰활동)으로서 생활안전, 수사, 경비, 교통, 공공안녕정보, 안보수사, 외사 등이 해당한다.
	권력적 활동 비권력적 활동	권력적 활동과 비권력적 활동 모두 형식적 의미의 경찰작용에 해당한다.

📖 실질적 의미의 경찰(성질·작용·활동을 기준)

구분		내용
의의		① 실질적 의미의 경찰개념은 직접적으로 사회공공의 안녕·질서를 유지하기 위하여 일반통치권에 의거하여 일반국민에게 명령·강제하는 권력적 작용을 의미한다. ② 실질적 의미의 경찰개념은 조직이 아닌 성질·작용을 중심으로 파악한 것이며, 이론적·학문적인 면에서 정립된 개념이다. ③ 독일(프랑스 ×)의 행정법학에서 말하는 이른바 일반조항의 존재를 전제로 한다.
기준	작용	① 실질적 의미의 경찰은 장래에 향하여 사회공공의 안녕과 질서를 유지함을 목적으로 한다. ② 실질적 의미의 경찰은 작용을 기준으로 결정된다. 사회공공의 안녕과 질서를 유지하기 위한 작용인 점에서 사회목적적·소극적 작용(국가목적적·적극적 작용 ×)에 속한다. ③ 수사경찰, 공공안녕정보경찰, 외사경찰 등은 직접목적이 국가적 법질서 확립 및 국가의 안전보장이므로 실질적 의미의 경찰이 아니다. ④ 일반행정기관에 속하는 행정작용 중에서도 실질적 의미의 경찰작용에 속하는 협의의 행정경찰이 포함된다(예 건축경찰, 영업경찰, 위생경찰, 산림경찰, 경제경찰, 보건경찰, 공물경찰 등). ⑤ 풍속경찰은 보통경찰기관의 임무이므로 형식적 의미의 경찰이면서 사회공공의 안녕과 질서 유지를 목적으로 하는 권력적 작용이므로 실질적 의미의 경찰에도 속한다.
	수단	① 실질적 의미의 경찰은 국민에게 명령·강제하는 권력적 수단이다. ② 비권력적 작용은 실질적 의미의 경찰이 아니다.

📖 형식적 의미의 경찰과 실질적 의미의 경찰의 구분

구분	형식적 의미의 경찰	실질적 의미의 경찰
의의	실정법상 보통경찰기관에 분배되어 있는 직접임무를 달성하기 위하여 행하여지는 경찰활동	사회공공의 안녕과 질서를 유지하기 위하여 일반통치권에 근거하여 사회목적적으로 명령·강제하는 권력적 작용
발전	역사적·제도적으로 발전(실무상의 정립)	이론적·학문적 발전
유래	사회와 국가에 따라 개념 차이가 발생	독일의 행정법학에서 유래(일반통치권)
기준	실정법·조직·제도	성질·작용·활동
사례	생활안전경찰, 수사경찰, 교통경찰, 경비경찰, 공공안녕정보, 안보수사경찰(보안경찰), 권력적 작용, 비권력적 작용(치안서비스 활동)	협의의 행정경찰(건축경찰, 영업경찰, 위생경찰, 산림경찰, 공물경찰 등), 권력적 작용(경찰명령, 강제집행, 즉시강제 등)
비고	① 형식적 의미의 경찰이 언제나 실질적 의미의 경찰이 되는 것은 아니고, 또한 실질적 의미의 경찰이 모두 형식적 의미의 경찰이 되는 것도 아니다. 양자는 별개의 개념이며 서로 포함관계는 아니다. ② 일반행정기관이 실질적 의미의 경찰작용을 하는 경우는 있으나, 형식적 의미의 경찰작용을 하지는 않는다. ③ 「경찰관 직무집행법」상 불심검문은 경찰상 즉시강제의 권력작용이라는 면에서 실질적 의미의 경찰에 해당하고, 실정법에서 경찰행정기관에 그 권한을 맡기고 있으므로 형식적 의미의 경찰이기도 하다. ④ 특별권력관계에 기초하여 일반경찰권보다 우선권을 가지는 의회경찰과 법정경찰은 형식적 의미의 경찰도, 실질적 의미의 경찰도 아니다.	

제3테마
대륙법계 경찰과 영미법계 경찰

중요도 B급

📖 대륙법계 경찰과 영미법계 경찰의 구분

구분	대륙법계 경찰개념	영미법계 경찰개념
중심국가 (학자)	독일, 프랑스, 일본 (행정법학자)	영국, 미국 (경찰행정학자)
변천과정	경찰권 발동범위의 축소화 과정	경찰권 발동범위의 확대화 과정
경찰권의 기초	일반통치권	주민자치권
경찰의 역할	범죄진압자	문제해결자
경찰의 수단	권력적 수단을 중시	비권력적 수단을 중시
경찰의 임무	공공의 안녕과 질서유지에 중점 (소극적 기능)	국민의 생명·신체·재산의 보호에 중점 (적극적 기능)
경찰개념의 초점	'경찰이란 무엇인가'(존재론)	'경찰은 무엇을 하는가'(활동론)
국민과의 관계	수직적·대립적 관계	수평적·동반자적 관계
비고	① 프랑스의 「죄와 형벌법전」이 일본의 「행정경찰규칙」에 영향을 주고, 일본의 「행정경찰규칙」이 우리나라의 「행정경찰장정」에 영향을 미쳐서 **우리나라 경찰개념의 중심은 대륙법계 경찰개념이었다**(프랑스의 「죄와 형벌법전」 → 일본의 「행정경찰규칙」 → 우리나라의 「행정경찰장정」). ② 1945년 일본의 제2차 세계대전 패전으로 인하여 **미군정이 실시되고, 영미법계의 민주주의적 경찰개념이 강조되면서, 1953년 제정된 「경찰관 직무집행법」은 제2조에서 '국민의 생명·신체 및 재산의 보호'를 경찰의 책무라고 규정하였다.** ③ 우리나라의 경찰개념은 대륙법계 경찰개념과 영미법계 경찰개념 양자를 모두 반영하고 있다.	

📖 미국 연방대법원의 판결

구분	내용
맬러리(Mallory) 사건 (1957년)	체포 후 즉시 법관에게 인치하지 않고 구금 중에 받은 자백의 능력을 부정한다.
맵(Map) 판결 (1961년)	불법적인 수색과 압수로 수집한 증거는 피고인에게 불리하게 사용될 수 없다.
에스코베도(Escobedo) 판결 (1964년)	변호인과의 접견교통권을 침해하여 획득한 자백의 증거능력을 부정한다.
미란다(Miranda) 판결 (1966년)	경찰관은 신문 전에 피의자에게 묵비권, 피의자의 진술이 법정에서 불리하게 작용될 수 있다는 것, 변호인 선임권 등 피의자의 권리를 고지하여야 한다.

제4테마

(대륙법계) 경찰개념의 역사적 변천과정

중요도 A급

▎경찰권 활동범위의 축소화 과정

> **참고** 대륙법계 경찰개념의 역사적 변천과정
>
> 대륙법계 경찰의 업무범위는 국정전반(고대시대 · 중세시대) → 내무행정(경찰국가시대) → 위험방지(법치국가시대) → 보안경찰(현대시대) 순으로 변화하였다.

📖 고대시대의 경찰

구분	내용
Police의 어원	① Police는 그리스어의 'Polis'라는 단어를 그 기원으로 이해한다. ② Polis라는 개념에서 'Politeia'(또는 Politia)라는 축소개념이 파생되었다.
도시국가에 관한 일체의 정치	① 고대 그리스의 경찰은 사회구성원들의 생명 · 재산 · 건강을 보전하고, 법의 집행을 담보하기 위하여 형성된 사법 및 행정체계를 총칭하는 용어였다. ② 고대시대의 경찰은 국가의 모든 작용을 의미함과 동시에 도시국가에 관한 일체의 정치, 특히 헌법을 의미하였다.

📖 중세시대의 경찰(14C 말~16C)

구분	내용
14C말 프랑스	경찰(la police)이라는 용어는 국가목적을 위한 모든 국가작용 또는 국가의 평온한 질서 있는 상태를 의미하였다.
15C말 독일	① 프랑스의 경찰개념이 독일로 계승되어 공공의 질서와 복리를 위한 특별한 통치권으로서의 경찰권이라는 말이 사용되었다 ② 이 시기의 경찰은 공동체의 질서 있는 상태를 유지하기 위한 모든 활동, 즉 국가행정 전체를 의미하였다.
16C 독일	「제국경찰법」에서 교회행정의 권한을 제외한 국가행정 전반을 의미하게 되어, 경찰은 공권력에 의해 세속적인 사회생활의 질서를 유지하는 작용으로 제한되었다.

📖 경찰국가시대의 경찰(17C~18C 말)

구분	내용
내무행정	① 17세기 독일에서, 국가활동이 점차 분업화·전문화 되면서 국가행정 중 외교, 군사, 재정, 사법 등이 분리되어 경찰은 사회공공의 안녕과 복지를 직접 다루는 내무행정만을 의미하였다(1648년 독일 베스트팔렌 조약). ② 행정과 경찰의 분화가 시작되었다고 볼 수 있다(고대시대 및 중세시대의 경우에는 행정과 경찰이 미분화).
적극적 공공복지의 경찰권 발동 인정	경찰권은 소극적인 치안유지뿐 아니라 적극적인 공공복지의 증진을 위해서도 강제력을 행사하는 절대주의적 국가권력의 기초가 되었다.

📖 법치국가시대의 경찰(18C 말~19C 초)

구분	내용
치안행정 (위험방지)	18세기 후반 계몽주의, 자유주의적 자연법사상, 권력분립주의의 영향으로 법치국가시대의 경찰개념은 복지경찰분야를 제외하면서 더욱 축소되어, 질서유지를 위한 소극적인 위험방지 활동에 제한되었고, 특히 내무행정 중에서도 치안행정만을 의미하였다.
1794년 독일 「프로이센 일반란트법」	① 경찰의 책무는 공공의 평온·안전과 질서를 유지하고 공중 또는 그 구성원에 대한 절박한 위험을 제거하기 위하여 필요한 수단을 강구하는 것이다. ② 해당 규정이 엄격하게 지켜진 것은 아니며, 오히려 19세기 전반에는 적극적인 복지경찰도 인정되고 있었다(과도기적 단계).
1795년 프랑스 「죄와 형벌법전」	① 경찰은 공공질서를 유지하고 개인의 자유와 재산 및 안전을 유지하기 위한 기관이다. ② 행정경찰은 공공질서유지·범죄예방을 목적으로 하고, 사법경찰은 범죄의 수사 및 체포를 목적으로 한다(행정경찰과 사법경찰을 최초로 구별).
1882년 독일 「크로이쯔베르크 판결」	① 1882년 독일 프로이센 고등행정법원의 크로이쯔베르크(Kreuzberg) 판결에 의하여 경찰임무는 소극적인 위험방지에 한정된다는 것이 법해석상(입법상 ×) 최초로 확정되는 계기가 되었다. ② 베를린의 크로이쯔베르크언덕에 있는 전승기념비에의 조망 및 그곳으로부터 시가지 전역을 내려다 볼 수 있는 조망을 방해하지 않기 위해서 주변의 토지에 대한 건축물의 높이를 제한하는 것을 내용으로 하는 베를린 경찰청장이 발한 법규명령에 대하여, 그러한 명령은 심미적 이유로 내려진 것으로 복지의 증진을 목적으로 하는 것이므로 무효라고 함으로써 경찰의 임무는 위험방지에 한정한다고 하는 사상이 법해석상 확정하는 계기를 만든 판결이다.
1884년 프랑스 「지방자치법전」	① 자치체경찰은 공공의 질서·안전 및 위생을 확보함을 목적으로 한다. ② 경찰의 직무를 소극목적에 한정하고 있으나, 위생사무 등 협의의 행정경찰적 사무가 포함되어 있는 한계가 있다.
1931년 독일 「프로이센 경찰행정법」	① 경찰관청은 일반 또는 개인에 대한 공공의 안녕과 질서를 위협하는 위험을 방지하기 위하여, 현행법의 범위 내에서 의무에 합당한 재량에 따라 필요한 조치를 취하지 않으면 안 된다. ② 경찰의 직무범위를 소극적 목적에 한정하는 경찰개념을 확립한 입법(법해석 ×)으로 볼 수 있다.

📖 현대시대의 경찰(20C~현재)

구분	내용
비경찰화 작업	**비경찰화란 행정경찰의 영역에서** 보안경찰 이외의 행정경찰사무, 즉 영업경찰, 건축경찰, 보건경찰, 위생경찰 등 협의의 행정경찰사무를 다른 행정관청의 사무로 이관하는 것을 의미한다.
적극적인 치안서비스의 제공	복지국가적 행정추세에 따라 경찰의 역할에 대한 요구가 변화되어, 국민의 생존권적 기본권의 보장과 치안서비스의 강화 등 국민의 권리를 침해하지 않는 범위 내에서 다양한 수단이 개척되고 있다.

제5테마

경찰의 분류

중요도 B급

📖 행정경찰과 사법경찰(목적·임무에 따른 분류)

구분	행정경찰	사법경찰
의의	공공의 안녕과 질서유지를 위한 행정작용	범죄의 수사작용
기준	삼권분립사상, 경찰의 목적·임무	
목적	공공질서유지 및 범죄예방 목적	범죄의 수사 및 범인의 체포
법적 근거	행정법규와 각종 경찰행정법규에 의거	「형사소송법」에 의거
성질	실질적 의미의 경찰개념	형식적 의미의 경찰개념
발동	주로 현재 및 장래의 상황에 대하여 발동	주로 과거의 상황에 대하여 발동
지휘·감독	① 보안경찰 : 경찰청장 ② 협의의 행정경찰 : 행정관청 주무장관	① 경찰의 1차적 수사종결권 ② 국가수사본부장의 지휘 및 감독
비고	① 행정경찰과 사법경찰의 구분은 삼권분립사상에 투철했던 프랑스의「죄와 형벌법전」제18조에서 최초로 확립되었다. ② 우리나라의 경우 경찰조직상 행정경찰과 사법경찰이 구분되어 있지 않으므로, 보통경찰기관이 행정경찰사무와 사법경찰사무를 모두 담당한다.	

📖 보안경찰과 협의의 행정경찰(업무의 독자성에 따른 분류)

구분	내용
보안경찰	① 다른 행정작용에 부수하여 수행되지 않고, 오로지 경찰작용만으로 사회공공의 안녕과 질서를 유지하기 위한 경찰을 의미한다(예 생활안전경찰, 교통경찰, 경비경찰, 해양경찰, 소방경찰, 풍속경찰 등). ② 조직상 보통경찰기관이 관장한다.
협의의 행정경찰	① 다른 행정작용과 결합되어 주로 특별한 사회적 이익의 보호를 목적으로 하면서, 그 부수작용으로 사회공공의 안녕과 질서를 유지하기 위한 경찰을 의미한다(예 영업경찰, 위생경찰, 경제경찰, 건축경찰, 산림경찰, 철도경찰, 보건경찰 등). ② 조직상 일반행정기관이 관장한다. ③ 비경찰화의 대상은 협의의 행정경찰사무이다.

📖 예방경찰과 진압경찰(경찰권 발동의 시점에 따른 분류)

구분	예방경찰	진압경찰
의의	경찰상 각종 위해가 발생하기 전에 위해발생을 방지하기 위한 경찰(예 순찰활동, 보호조치, 총포·도검·화약류의 소지 및 취급 제한 등).	이미 발생된 범죄 및 각종 위해를 진압하기 위한 경찰(예 범죄수사·범인체포, 광견의 사살 등).
기준	경찰권의 발동 시점	
범위	행정경찰보다는 좁은 개념	사법경찰과 그 작용과 범위가 일치
특징	주로 비권력적 수단을 사용	주로 권력적 수단을 사용

📖 국가경찰과 자치경찰(경찰권한의 유지 및 책임 소재에 따른 분류)

구분	국가경찰	자치경찰
의의	경찰권한의 유지 및 책임의 소재가 국가에 있는 경찰	경찰권한의 유지 및 책임의 소재가 지방자치단체에게 분산되어 있는 경찰
기준	경찰권한의 유지 및 책임의 소재	
조직	중앙집권적 조직체계	지방자치단체별로 분권화된 조직체계
임무	국가적 이익의 보호 국가적 질서유지를 강조	개인의 권익보호 사회공공의 안녕과 질서유지를 강조
수단	권력적인 수단을 상대적으로 강조	비권력적 수단을 상대적으로 강조
장점	① 전국적으로 균등한 경찰서비스의 제공 ② 경찰활동의 능률성·기동성 확보 ③ 타 경찰기관과의 긴밀한 협조 ④ 전국적 통계자료의 정확성 확보 ⑤ 강력하고 광범위한 집행력	① 지역의 실정에 맞는 경찰 개혁이 용이 ② 인권과 민주성이 더욱 보장됨 ③ 지역 특수성에 따른 경찰행정 추진 용이
단점	① 정부의 특정정책에 이용화 될 가능성 ② 관료화되어 국민에 대한 봉사의식이 부족 ③ 각 지방의 특수성이 무시	① 지방세력의 간섭으로 인한 정실화 가능성 ② 전국적인 기동성이 저하 ③ 타 경찰기관과의 긴밀한 협조가 저하 ④ 전국적 통계자료의 부정확성

📖 평시경찰과 비상경찰(위해의 정도 및 담당기관에 따른 분류)

구분	내용
평시경찰	평온한 상태 하에서, 일반경찰법규에 의하여 보통경찰기관이 경찰사무를 담당하는 것을 의미한다.
비상경찰	전국 또는 어느 한 지방에 비상사태(예 천재지변, 전시, 사변 등)가 발생하여 계엄이 선포된 경우에, 계엄법 및 위수령에 의하여 군대가 경찰사무를 관장하는 것을 말한다.

📖 질서경찰과 봉사경찰(경찰활동의 질과 내용에 따른 분류)

구분	내용
질서경찰	보통경찰기관이 사회공공의 안녕과 질서를 유지하기 위하여, 강제력이라는 권력적 수단을 통하여 법집행을 행하는 경찰을 의미한다(예 범죄수사 및 진압, 즉시강제, 강제처분, 강제집행, 통고처분 등).
봉사경찰	보통경찰기관이 강제력이 아닌 비권력적 수단을 통하여 치안서비스·계몽·지도 등을 행하는 경찰을 의미한다(예 생활안전순찰, 방범지도, 청소년 선도, 교통정보의 제공, 방범순찰, 수상에서의 수색·구조 등).

📖 고등경찰과 보통경찰(사회적 가치·보호법익에 따른 분류)

구분	내용
유래	고등경찰과 보통경찰의 구별은 프랑스(독일 ×)에서 유래하였다.
고등경찰	정당·사회단체·비밀결사·정치집회·사상·정치범죄 등을 감시 및 단속하는 정치경찰을 의미한다.
보통경찰	경찰기관의 내부적으로 직무의 분배에 의하여 경찰을 분류한 것을 의미한다.

제6테마
경찰의 기본이념

중요도 C급

📖 민주성(민주주의)

구분	내용
의의	경찰권은 국민에게 있고, 경찰이 경찰권을 행사하는 것은 국민으로부터의 위임에 근거한 것임을 의미한다.
법적 근거	①「헌법」제1조는 "대한민국의 주권은 국민에게 있고, 모든 권력은 국민으로부터 나온다"고 규정하고 있다. ②「국가경찰과 자치경찰의 조직 및 운영에 관한 법률」제1조 제1항에서는 "이 법은 경찰의 민주적인 관리·운영과 효율적인 임무수행을 위하여 경찰의 기본조직 및 직무 범위와 그 밖에 필요한 사항을 규정함을 목적으로 한다"고 규정하고 있다.
내용	**조직의 민주화**: 경찰기관 법정주의, 민주적 경찰공무원제도, 직업경찰공무원제도가 인정된다. **작용의 민주화**: 실질적 법치주의, 경찰책임의 인정, 경찰통제와 경찰구제제도가 인정된다. **대외적 민주화**: ① 민주적 통제와 참여장치가 인정된다(예「국가경찰위원회, 시·도자치경찰위원회, 국민감사청구제도 등). ② 경찰활동의 공개가 인정된다(예「행정절차법」,「공공기관의 정보공개에 관한 법률」등). **대내적 민주화**: 중앙기관과 지방기관 간, 상급기관과 하급기관 간에 권한분배가 적절하게 이루어져야 한다.

📖 합법성(법치주의)

구분	내용
의의	국민의 자유와 권리에 대한 제한이나 국민에게 새로운 의무를 부과하는 것은 법률에 근거가 있어야 한다는 원칙을 의미한다.
법적 근거	「헌법」제37조 제2항은 "국민의 모든 자유와 권리는 국가안전보장·질서유지 또는 공공복리를 위하여 필요한 경우에 한하여 법률로써 제한할 수 있으며, 제한하는 경우에도 자유와 권리의 본질적인 내용을 침해할 수 없다"고 규정하고 있다.

구분		내용
내용	법률우위의 원칙	① 경찰작용은 법률을 위반하거나 남용하여서는 아니 된다. ② 「국가경찰과 자치경찰의 조직 및 운영에 관한 법률」과 「경찰관 직무집행법」은 경찰권의 남용을 금지하고 있다.
	법률유보의 원칙	① 권력적 활동의 경우에는 국민의 자유와 권리에 제한을 가하는 것으로서 법치주의 원리가 강하게 적용되므로 반드시 개별적 수권이 있어야 한다. ② 비권력적 활동의 경우에는 법치주의의 적용이 완화되어 경찰직무의 범위 내에서라면 개별적 수권이 없더라도 경찰권의 행사가 가능하다.
	재량권의 수축	경찰행정기관에게 재량권이 인정되는 경우라고 하더라도 재량권을 일탈·남용해서는 안 되며, 재량권이 0으로 수축되는 경우에는 반드시 법률이 정한 권한에 따라 의무를 이행하여야 한다.

📖 인권존중주의

구분		내용
의의		경찰이 그 직무를 수행함에 있어서 「헌법」과 법률에 따라 국민의 자유와 권리를 존중해야 함을 의미한다.
법적 근거		① 「헌법」 제10조는 "모든 국민은 인간으로서의 존엄과 가치를 가지며, 행복을 추구할 권리를 가진다. 국가는 개인이 가지는 불가침의 기본적 인권을 확인하고 이를 보장할 의무를 진다"고 규정하고 있다. ② 「국가경찰과 자치경찰의 조직 및 운영에 관한 법률」 제5조는 "경찰은 그 직무를 수행할 때 「헌법」과 법률에 따라 국민의 자유와 권리 및 모든 개인이 가지는 불가침의 기본적 인권을 보호하고, 국민 전체에 대한 봉사자로서 공정·중립을 지켜야 하며, 부여된 권한을 남용하여서는 아니 된다"고 규정하고 있다. ③ 「경찰관 직무집행법」 제1조 제1항에서는 "이 법은 국민의 자유와 권리 및 모든 개인이 가지는 불가침의 기본적 인권을 보호하고 사회공공의 질서를 유지하기 위한 경찰관의 직무수행에 필요한 사항을 규정함을 목적으로 한다"고 규정하고 있다.
내용	임의수사의 원칙	「형사소송법」이 임의수사를 원칙으로 하고, 예외적으로 강제처분 법정주의를 채택하고 있는 것도 피의자 등의 인권을 존중하기 위함이다.
	경찰비례의 원칙	경찰은 그 권한을 행사함에 있어서 직무수행에 필요한 최소한도의 범위 내에서 행사하여야 하며, 이를 남용하여서는 아니 된다.

정치적 중립성

구분	내용
의의	경찰은 특정 정당, 기타 정치단체의 이익이나 이념을 위해 활동해서는 안 되며, 오로지 주권자인 전체 국민과 국가의 이익을 위하여 활동하여야 한다는 것을 의미한다.
법적 근거	① 「헌법」 제7조 제2항은 "공무원의 신분과 정치적 중립성은 법률이 정하는 바에 의하여 보장된다"라고 규정하고 있다. ② 「국가경찰과 자치경찰의 조직 및 운영에 관한 법률」 제5조에서도 경찰은 국민 전체에 대한 봉사자로서 공정·중립을 지킬 것을 규정하고 있다.
내용	

내용	신분보장	「헌법」 제7조에 의하여 공무원의 신분과 정치적 중립성은 법률이 정하는 바에 의하여 보장된다.
	정치운동의 금지	「국가공무원법」 제65조에서 정치운동금지의무를 부과하고 정당가입을 제한하고 있다.
	민간인의 참여	의결기관으로서의 국가경찰위원회, 합의제 행정기관으로서의 시·도자치경찰위원회를 민간인으로 구성하고 있다.

경영주의(효율성)

구분	내용
의의	경찰활동에서는 능률성과 효과성의 양 개념을 포함한 효율성이 요구된다.
능률성	능률성은 조직목표와는 관계없이 적은 투입으로 많은 산출을 추구하는 개념이다.
효과성	효과성은 투입 및 산출의 비율을 따지지 않고 조직 목표의 성취도를 추구하는 개념이다.

제7테마

경찰의 임무

중요도 A급

▎「국가경찰과 자치경찰의 조직 및 운영에 관한 법률」【시행 2023. 2. 16.】
▎「경찰관 직무집행법」【시행 2024. 9. 20.】

📖 실정법상 경찰의 임무

「국가경찰과 자치경찰의 조직 및 운영에 관한 법률」 제3조(경찰의 임무)	「경찰관 직무집행법」 제2조(직무의 범위)
1. 국민의 생명·신체 및 재산의 보호	1. 국민의 생명·신체 및 재산의 보호
2. 범죄의 예방·진압 및 수사	2. 범죄의 예방·진압 및 수사
3. 범죄피해자 보호	2의2. 범죄피해자 보호
4. 경비·요인경호 및 대간첩·대테러 작전 수행	3. 경비, 주요 인사 경호 및 대간첩·대테러 작전 수행
5. 공공안녕에 대한 위험의 예방과 대응을 위한 정보의 수집·작성 및 배포	4. 공공안녕에 대한 위험의 예방과 대응을 위한 정보의 수집·작성 및 배포
6. 교통의 단속과 위해의 방지	5. 교통 단속과 교통 위해의 방지
7. 외국 정부기관 및 국제기구와의 국제협력	6. 외국 정부기관 및 국제기구와의 국제협력
8. 그 밖에 공공의 안녕과 질서유지	7. 그 밖에 공공의 안녕과 질서유지

📖 경찰의 기본적 임무

구분	내용
기본적 임무	경찰의 기본적 임무는 공공의 안녕·질서에 대한 위험의 방지, 범죄의 수사, 치안서비스의 제공이다.
궁극적 임무	경찰의 궁극적인 임무는 공공의 안녕·질서에 대한 위험의 방지이며, 공공의 안녕·질서유지의 최우선순위는 국민의 생명·신체 및 재산의 보호이다.

📖 공공의 안녕(성문규범의 총체)

1. 공공의 안녕의 의의

구분	내용
의의	공공의 안녕이란 개념은 법질서의 불가침성, 국가의 존립과 국가기관의 기능성의 불가침성, 개인의 권리·법익의 불가침성을 의미하는 성문규범의 총체를 말한다.
특징	공공의 안녕이라는 개념은 일부는 국가 등 집단과 관련되어 있으며, 일부는 개인과 관련되어 있는 이중적 개념이라고 볼 수 있다.

2. 공공의 안녕의 구성요소

구분		내용
법질서의 불가침성 (제1요소)	공법 위반	① 공법규범에 대한 침해는 원칙적으로 공공의 안녕에 대한 위험으로 인정되며, 공법규범에 위반한 경우에는 경찰의 개입이 인정된다. ② 경찰이 개입하기 위해서는 보호법익에 대한 침해 또는 침해 가능성이 객관적으로 존재하여야 하지만, 주관적 구성요건의 실현이나 책임성·구체적 가벌성은 요하지 않는다.
	사법 위반	① 사법규범에 대한 침해는 원칙적으로 공공의 안녕에 대한 위험으로 인정되지 않는다. ② 예외적으로 경찰은 법적 보호가 적시에 이루어지지 않고, 경찰의 원조 없이는 법을 실현시키는 것이 무효화되거나 사실상 어려워질 경우에만 개입을 할 수 있다(보충성의 원칙). ③ 경찰의 개입은 잠정적인 보호조치에 국한되어야 하고 최종적인 보호는 법원이 행한다.
국가의 존립과 국가기관의 기능성에 대한 불가침성	내용	① 국가기관의 기능성이 침해되거나 침해될 우려가 있는 경우에, 경찰은 이에 개입할 수 있다. ② 행정관청 또는 경찰의 활동에 대한 중대한 방해는 공공의 안녕에 대한 위험으로 간주된다.
	가벌성 유무	① 개입대상이 형법상 가벌성의 범위 내에 이르지 않았더라도, 경찰은 국민의 자유와 권리를 침해하지 않는 범위 내에서 공공안녕정보·안보수사·외사 경찰활동을 행할 수 있다. ② 폭력성과 명예훼손행위 없이 표출되는 국가기관에 대한 비판은 언론 및 집회의 자유에 해당되므로 경찰의 개입대상이 아니다.
개인의 권리·법익의 불가침성	보호 범위	① 경찰은 사유재산적 가치 및 무형의 권리도 함께 보호해야 한다. 다만, 사유재산권의 보호활동에는 경찰의 개입이 선행적으로 이루어져서는 아니 된다. ② 경찰의 원조는 잠정적인 보호에 국한되어야 하고, 최종적인 보호는 법원에 의해 구제받을 수 있다.
	직접 조치	개인의 권리 및 법익에 대한 침해가 동시에 「형법」 등 공법규범을 위협 또는 침해한 경우라면 경찰은 잠정적인 조치만 취해서는 안 되고 직접적으로 개입해야 한다.

📖 공공의 질서(불문규범의 총체)

구분	내용
의의	① 공공의 질서란 원만한 공동체 생활을 위한 필수적인 전제조건이며, 공공사회에서 개개인의 행동에 대한 불문규범의 총체가 되는 것을 의미한다. ② 공공의 안녕 개념에 대한 보충적 개념으로 볼 수 있다. ③ 오늘날 대부분의 생활영역에 대한 법적 규범화 추세로 인해, 시대에 따라 변화하는 상대적·유동적 개념인 공공의 질서 개념의 사용 가능 분야는 점차 축소되고 있다.
경찰권 발동	개개의 사안에서 공공의 질서와 관련된 경찰권의 발동 여부는 원칙적으로 경찰행정관청의 재량권 결정에 맡겨진다.

📖 위험의 방지

1. 위험의 의의

구분	내용
의의	① 위험이란 가까운 장래에 공공의 안녕·질서에 손해가 발생할 수 있는 가능성이 충분히 존재하는 상태를 의미한다. ② 손해란 보호법익에 대한 현저한 침해행위를 의미하고 정상적인 상태의 객관적 감소이어야 하므로, 단순한 성가심이나 불편함은 경찰개입의 대상이 아니다.
객관성의 필요	위험은 사실에 기인하여 향후 발생할 사건에 대한 개인의 주관적 추정이지만, 경찰개입이 정당하기 위해서는 어느 정도 객관성이 필요하다.
원인 불문	법익의 위험이 인간의 행동에 의한 것인지 또는 단순히 자연력의 결과에 의한 것인지는 불문한다.

2. 위험의 분류

구분	내용
현실성에 따른 분류	구체적 위험, 추상적 위험
인식에 따른 분류	외관적 위험, 위험혐의, 오상위험(추정적 위험)

3. 구체적 위험과 추상적 위험(위험의 현실성)

구분	내용
구체적 위험	① 구체적 위험이란 위험이 개개의 경우에 실제로 존재하는 경우를 의미한다. ② 구체적 위험은 경찰의 권력적 개입의 법적 요건이 된다.
추상적 위험	① 추상적 위험이란 위험이 단순히 가설적이고 상상적인 경우로서, 구체적인 위험의 예견가능성을 의미한다. ② 경찰개입을 위해서는 원칙적으로 구체적 위험이 존재해야 하지만, 범죄예방 및 위험방지 행위를 준비하기 위해서는 추상적 위험으로도 가능하다.
보호법익에 대한 위험의 존재 여부	경찰이 개입하기 위해서는 보호법익에 대해서 위험이 반드시 존재할 필요는 없고, 보호법익에 대한 침해의 가능성이 충분히 존재하는 상태이면 충분하다.

4. 외관적 위험, 위험혐의, 오상위험(위험에 대한 인식)

구분	내용
외관적 위험	① 외관적 위험이란 경찰이 어떠한 상황을 합리적으로 사려 깊게 판단하여 위험이 존재한다고 인식하여 개입하였으나, 실제로는 위험이 없는 경우를 의미한다. ② 경찰개입은 원칙적으로 적법하다고 여겨지므로 경찰관에게 민·형사상의 책임을 물을 수 없다(예 심야에 순찰중인 경찰관이 사람을 살려달라는 소리를 듣고 남의 집 출입문을 부수고 들어갔는데, 실제로는 귀가 어두운 사람이 TV를 크게 켜놓아 그 소리가 밖으로까지 들린 경우). ③ 경찰개입으로 인한 피해가 공공필요에 의한 특별한 희생에 해당하는 경우 국가의 손실보상책임이 발생할 수 있다. ④ 적법한 직무집행에 해당하면 손실보상의 문제는 발생할 수 있으나, 손해배상의 문제는 발생하지 않는다.
위험혐의	① 위험혐의란 경찰이 의무에 합당한 사려 깊은 상황판단을 할 때, 위험의 발생가능성은 예측되지만, 위험의 실제 발생 여부가 불확실한 경우를 의미한다(예 항공기 내에 폭발물이 설치되어 있다는 제보). ② 직접적인 경찰권의 발동은 불가하며, 위험의 존재 여부가 명확해질 때까지 위험조사 차원의 예비적 조치만이 가능하다.
오상위험	① 오상위험이란 이성적이고 객관적으로 상황판단을 할 때, 외관적 위험도 위험혐의도 인정되지 않음에도 불구하고, 의무에 합당한 사려 깊은 판단을 하지 않고 경찰이 객관적 근거 없이 위험의 존재를 잘못 인정해서 개입한 경우를 의미한다. ② 경찰권의 발동은 불가하고, 이에 근거한 경찰의 위험방지조치는 위법하다. ③ 경찰관에게는 민·형사상의 책임이, 국가에게는 손해배상책임이 발생할 수 있다.

제8테마
경찰의 관할

중요도 A급

📖 사물관할(경찰임무의 범위)

구분	내용
의의	① 경찰행정관청이 광의의 경찰권(협의의 경찰권 + 수사권 + 비권력적 활동)을 발동할 수 있는 업무범위를 의미한다. ② 경찰의 사물관할 범위를 넘는 영역에 대해서는, 원칙적으로 경찰행정관청은 권한을 행사할 수 없다.
특징	우리나라는 영미법계의 영향으로 범죄수사에 관한 임무가 경찰의 사물관할로서 인정되고 있고, 「경찰관 직무집행법」에 조직법적 임무규정이 포함되어 있다.
법적 근거	「국가경찰과 자치경찰의 조직 및 운영에 관한 법률」 제3조(경찰의 임무)와 「경찰관 직무집행법」 제2조(직무의 범위)에서 규정하고 있는 경찰의 직무범위가 사물관할에 해당한다.
범위	① 사물관할은 궁극적으로 공공의 안녕과 질서유지에 귀결되고, 그 범위는 위험방지 뿐만 아니라 치안서비스의 영역도 포함된다. ② 사물관할의 범위를 넘는 영역인 재판의 공정성 확보는 경찰권의 발동범위로 볼 수 없다.

📖 인적 관할

구분	내용
의의	경찰행정관청이 광의의 경찰권(협의의 경찰권 + 수사권 + 비권력적 활동)을 발동할 수 있는 인적 범위, 즉 경찰권이 어떤 사람에게 적용되는가의 문제를 의미한다.
범위	경찰행정관청은 원칙적으로 대한민국 내에 있는 모든 사람에 대하여 광의의 경찰권을 행사할 수 있다.
예외	① 대통령의 불소추특권(「헌법」 제84조), 국회의원의 불체포특권(「헌법」 제44조), 국회의원의 면책특권(「헌법」 제45조), 외교사절이 가지는 국제법상의 외교특권, 공무수행 중의 주한미군(SOFA 협정) 등에 대해서는 일정한 제한이 따른다. ② 국무총리, 장관, 경찰청장, 한국주재 외국상사직원 등에 대해서 경찰행정관청은 경찰권을 발동하는 데 제한을 받지 않는다.

📖 지역관할(토지관할)

구분		내용
의의		① 경찰행정관청이 광의의 경찰권(협의의 경찰권 + 수사권 + 비권력적 활동)을 발동할 수 있는 지역적 범위를 의미한다. ② 원칙적으로 경찰행정관청은 대한민국의 모든 영역에서 광의의 경찰권을 행사할 수 있다.
예외	해양지역	해양에서의 경찰 및 오염방제에 관한 사무를 관장하기 위하여 해양수산부장관 소속으로 해양경찰청을 둔다(「정부조직법」 제43조 제2항).
	역 구내 열차 안	① 국토교통부와 그 소속기관에 근무하는 철도공안의 수사관할이다. ② 열차사고 발생시의 수사는 여전히 경찰의 관할이다.
	국회	① 국회의 경호를 위하여 국회에 경위를 둔다(「국회법」 제144조 제1항). ② 국회의장은 국회의 경호를 위하여 필요할 때에는 국회운영위원회(국가경찰위원회 ×)의 동의를 받아 일정한 기간을 정하여 정부에 경찰공무원의 파견을 요청할 수 있다(「국회법」 제144조 제2항). ③ 경호업무는 의장의 지휘를 받아 수행하되, 경위는 회의장 건물 안에서, 경찰공무원은 회의장 건물 밖에서 경호한다(「국회법」 제144조 제3항). ④ 경위나 경찰공무원은 국회 안에 현행범인이 있을 때에는 체포한 후 의장의 지시를 받아야 한다(암기TIP 선체포 후지시). 다만, 회의장 안에서는 의장의 명령 없이 국회의원을 체포할 수 없다(「국회법」 제150조).
	법정	① 재판장은 법정에 있어서의 질서유지를 위하여 필요하다고 인정할 때에는 개정 전·후에 상관없이 관할 경찰서장에게 경찰공무원의 파견을 요구할 수 있다(「법원조직법」 제60조 제1항). ② 파견된 경찰공무원은 법정 내·외의 질서유지에 관하여 재판장의 지휘를 받는다(「법원조직법」 제60조 제2항).
	치외법권	① 외교공관과 외교관의 개인주택(승용차, 보트, 비행기 등 교통수단을 포함)은 국제법상 치외법권지역이므로, 원칙적으로 대한민국 경찰은 외교사절의 요구나 동의가 없는 한 들어갈 수 없다. ② 화재·전염병의 발생과 같이 공안을 유지하기 위하여 긴급을 요하는 경우에는 외교사절의 동의가 없더라도 공관에 들어갈 수 있다.
	미군 영내	① 미군 영내의 시설 및 구역 내부 경찰권은 원칙적으로 미군이 행사한다. ② 대한민국 경찰은 미군 당국이 동의한 경우와 중대한 죄를 범하고 도주하는 현행범인을 추적하는 때에는 미군 시설 및 구역 내에서 범인을 체포할 수 있다.

제9테마
경찰윤리의 기초

중요도 B급

📖 경찰업무의 특수성(클라이니히 – John Kleinig)

구분	내용
상당한 재량에 의한 경찰권 행사	경찰관은 상당히 강력한 각종 물리력을 사용하는 권한이 주어져 있으며, 그 사용에 있어서도 상당한 재량이 주어져 있다.
위기상황 하에서의 업무수행	위기상황에서 의사결정을 합리적으로 하기 위해서는 일상적인 도덕적 대응만으로는 불충분하고, 경찰관으로서의 윤리의식이 확립되어 있어야 한다.
강한 유혹에의 직면과 노출	경찰관은 다른 사람들보다 더 많은 유혹에 노출되어 있고, 의무불이행의 유혹 역시 내부·외부로부터 초래된다.
주로 비정상적인 상황과 관련	경찰업무의 상당 부분은 정상적이지 않은 상황과 관련되어 있다.

📖 경찰윤리교육의 목적(클라이니히 – John Kleinig)

구분	내용
도덕적 결의의 강화	여러 압력과 유혹에도 불구하고 이에 굴복하지 않고 자신의 소신과 직업의식에 따라 일을 처리하는 것이다.
도덕적 감수성의 배양	다양한계층의 사람들에게 모두 인간으로서 존중하고 이타적으로 공평하게 봉사하는 것이다.
도덕적 전문능력의 함양	조직 내에 관습적으로 내려오는 관행을 비판적으로 검토하고 수용하는 것이다(가장 중요한 목적).

바람직한 경찰의 역할모델

구분		내용
범죄와 싸우는 경찰 모델	의의	법 집행을 통한 범법자 제압 측면을 강조한 모델로서, 시민들은 범인을 제압하는 것이 경찰의 주된 임무라고 인식한다.
	특징	① 경찰의 역할을 명확히 인식시켜 경찰의 전문직화에 기여한다. ② 전체 경찰의 업무를 포괄하는 것은 불가능하다. ③ '범법자는 적이고 경찰은 정의의 사자'라는 흑백논리에 따른 이분법적 오류로 인한 인권침해 우려가 있다. ④ 범죄진압 이외의 업무에 종사하는 경찰관들의 사기를 떨어뜨리고, 다른 분야에 대한 지식이나 기법의 개발을 등한시할 우려가 있다.
치안서비스 제공자로서의 경찰 모델	의의	시민에 대한 서비스활동과 사회봉사활동의 측면을 강조한 모델이다.
	특징	① 경찰활동의 전 부분을 포괄하는 용어로 가장 바람직하다. ② 범죄와의 싸움도 치안서비스의 한 부분에 불과하다. ③ 지역사회 경찰활동과 일맥상통하는 측면이 있다.

경찰의 전문직업화

구분		내용
의의		① 전문직이란 장기간 학습한 체계적 지식을 이용하여 자기의 이익추구에 앞서 공공에 대한 봉사를 우선적으로 하는 직업을 의미한다. ② 경찰이 높은 사회적 지위를 얻기 위하여 미국의 오거스트 볼머(August Vollmer) 등에 의하여 전문직업화가 추진되었다.
장점		전문직은 사회적 위상 제고와 긍지 함양, 자율과 재량의 촉진, 인적 자원의 질적 향상, 보수 상승의 요인이 된다.
단점	부권주의	① 부권주의란 아버지가 자식의 문제를 결정하듯이 전문가가 우월적 지식에 근거하여 비전문가의 판단을 전혀 고려하지 않고 일방적인 자신의 판단으로 대신하려는 윤리적 문제점을 의미한다. ② 부권주의는 치안서비스의 질을 저하시킬 수 있다.
	사적 이용	전문직들은 그들의 지식과 기술로 상당한 힘을 소유하고, 그 힘을 공공의 이익보다는 사적인 이익을 위해서만 이용하기도 한다.
	차별	전문직이 되는데 장기간의 교육과 비용이 들기 때문에 경제적 약자인 가난한 사람은 전문가가 되는 기회를 상실하게 된다(경찰에의 접근을 차단하는 현상).
	소외	전문가가 자신의 국지적인 분야만 보고 전체적인 맥락을 보지 못하게 되는 문제점을 말한다(나무를 보고 숲은 보지 못함).

📖 사회계약설

구분	홉스(Hobbes)	로크(Locke)	루소(Rousseau)
자연상태	① 만인에 대한 만인의 투쟁 ② 약육강식의 투쟁 상태	① 개인의 자유권 소유 ② 개인의 안전의 결여 ③ 자연권 유지의 불안	① 처음에는 자유와 평등이 보장되는 목가적 상태 ② 소유의 불평등 발생 ③ 강자와 약자의 구별
인간본성	성악설(순자)	성선설(맹자)	성선설(맹자)
사회계약	① 자연권의 전부 양도 ② 개인의 자연권 포기	① 자연권의 일부 양도 ② 개인의 자연권 보장	① 일반의지는 시민이 보유(국왕은 보유하지 않음) ② 일반의지는 모든 시민의의지가 통합된 개념
특징	① 국왕의 통치에 절대복종 ② 절대군주정치 ③ 저항권 없음(혁명 불가)	① 2권분립(입법권, 행정권) ② 간접민주정치 ③ 저항권 유보(혁명 가능)	① 국민주권주의 ② 직접민주정치

제10테마

중요도 A급

사회계약설로부터 도출되는 경찰윤리표준

📖 일반론

구분	내용
의의	사회계약설에 기초하여 민주주의 사회에서 경찰관이 지녀야 하는 윤리적 표준이다.
구성	코헨(H. Cohen)과 펠드버그(M. Feldberg)는 공공의 신뢰, 생명과 재산의 안전, 협력과 역할한계, 공정한 접근, 객관성(냉정하고 객관적인 자세)을 제시한다.

📖 공공의 신뢰

구분	내용
의의	시민들이 자신들의 권리행사를 제한하고 치안을 경찰에게 믿고 맡겼다는 것을 인식하고, 경찰이 이러한 시민의 기대에 부응하는 것을 의미한다.
법집행의 확실성	시민은 경찰이 반드시 법집행을 할 것을 신뢰하고 있다.
적법절차의 준수 비례원칙의 준수	시민은 경찰이 강제력을 행사할 때 시민들의 신뢰에 합당한 방식으로 권한을 행사하고 필요한 만큼의 최소한의 강제력을 사용할 것을 신뢰하고 있다.
사익추구 금지	시민은 경찰이 사익을 위해 공권력을 사용하지 않을 것을 신뢰하고 있다.
위반 사례	① A순경은 강도범을 추격 중 골목길에서 칼을 든 강도를 만났는데 추격하는 척하다가 도망가도록 내버려 두었다(**법집행의 확실성 위배**). ② A경찰관이 교통단속 중 스티커를 발부하지 않고 뇌물을 받았다(**법집행의 확실성 위배, 경찰의 사익추구 금지 위배**). ③ A형사는 절도범을 추격 중 달아나는 범인의 등 뒤에서 권총을 쏘아 사망케 하였다(**적법절차의 준수 및 비례원칙의 준수 위배**).

📖 생명과 재산의 안전(경찰활동의 궁극적인 목적)

구분	내용
의의	① 경찰 기능은 한마디로 시민의 생명과 재산의 안전을 위한 법집행이라는 것이다. ② 경찰의 본연의 임무는 국민의 생명과 재산의 보호이고, 이에 가장 부합하는 경찰의 기능은 범죄의 예방과 범죄자의 검거이다.
현존위험의 우선적 보호	위기상황에서 경찰은 현재 위험에 처해 있는 시민의 생명과 재산을 잠재적인 위험보다 더 우선적으로 보호하여야 한다.
위반 사례	① A순경은 10대 폭주족들이 난폭운전을 하는 것을 발견하고 이에 대해 정지명령을 내렸으나, 이를 무시하고 달아나는 폭주족을 무리하게 추격하던 중, 폭주족이 다른 자동차를 들이받아 사망한 경우(생명과 재산의 안전에 대한 위배) ② 도로에 쓰러져 있는 사람의 목숨을 구하는 것이 교통법규의 준수를 위한 단속보다 더 중요하다(현존위험의 우선적 보호) ③ 은행강도가 어린이를 인질로 잡고 차량도주를 하고 있다면, 경찰은 주위 시민들의 안전에 대한 위험에도 불구하고 추격을 하여야 한다(현존위험의 우선적 보호)

📖 협력과 역할한계

구분	내용
의의	경찰은 그들에게 부여된 사회적 역할범위 내에서 활동을 해야 하며(역할한계), 이러한 활동을 함에 있어서 상호협력을 통해 경찰목적을 달성해야 한다는 것(협력)을 의미한다.
위반 사례	① A경장이 특진할 욕심으로 주요 탈옥범을 혼자 검거하려다 실패한 경우(협력 기준에 대한 위배) ② 형사가 범인검거를 넘어 처벌까지 하는 경우(역할한계의 오류)

📖 공정한 접근

구분	내용
의의	상대적으로 동등한 서비스를 필요로 하는 개인들이 상대적으로 동등한 서비스를 받을 기회를 가져야한다는 것을 의미한다.
범위	어느 개인에 대한 편들기, 무사안일, 서비스 제공의 해태 및 무시와 같은 차별적 서비스는 허용되지 않는다.
위반 사례	① 음주단속을 하던 A경찰서 소속의 김 순경이 B경찰서 박 순경의 음주운전을 적발하고도 동료경찰관이라는 이유만으로 이를 눈감아 준 경우(편들기) ② A순경은 순찰근무 중 자신의 부모님이 거주한다는 이유로 순찰시간의 대부분을 B지역에 할애하고 C지역의 순찰을 등한시하는 경우(서비스 제공의 해태 및 무시) ③ A순경이 부자동네에 대한 순찰만 강화하고, 가난한 지역에 대해서는 순찰을 등한시하는 경우(서비스 제공의 해태 및 무시)

📖 객관성(냉정하고 객관적인 자세)

구분	내용
의의	경찰은 사회공공의 안녕과 질서유지라는 공적인 역할을 수행함에 있어서, 사사로운 감정에 잡히지 않고 공평하고 사심이 없어야 한다는 것을 의미한다.
범위	경찰관의 과도한 개입(개인적인 편견이나 선호)이나 그 반대인 무관심한 태도(냉소주의) 모두 허용되지 않는다.
위반 사례	① A순경이 과거 아버지로부터 가정폭력을 많이 경험하여, 가정문제의 모든 잘못은 남자에게 있다고 생각하는 경우.(**개인적인 편견이나 선호**) ② A순경이 과거 도둑을 당한 경험이 있는 경우, 절도범을 검거하여 과거의 경험이 생각나 피의자에게 과도한 욕설과 가혹행위를 한 경우.(**개인적인 편견이나 선호**) ③ A순경이 유흥가 밀집지역의 주취자 신고를 많이 경험한 이후, 주취자에 대한 스트레스로 인해 이들을 위해 노력할 필요를 전혀 느끼지 못하고, 출동 등에도 늑장을 부리며 적극적으로 대처하지 않는 경우.(**냉소주의**)

제11테마
경찰의 부패와 일탈

중요도 A급

📖 부패의 정의(하이덴하이머 – A. J. Heidenheimer)

구분	내용
관직중심적 부패	부패는 뇌물수수행위와 결부되어 있지만, 반드시 금전적일 형태일 필요가 없는 사적인 이익에 대한 고려의 결과로 권위를 남용하는 경우를 포괄하는 용어이다.
시장중심적 부패	고객들은 잘 알려진 위험을 감수하더라도 원하는 이익을 받을 것을 확실하게 하기 위하여 높은 가격(뇌물)을 지불하는 결과이다.
공익중심적 부패	관직을 가진 사람이 법적으로 규정되어 있지 않은 금전적인 또는 다른 형태의 보수에 의하여 그러한 보수를 제공하는 사람들에게 이익이 되는 행위를 함으로써 공중의 이익에 손해를 가져올 때 부패가 발생한다.

📖 부패의 유형(하이덴하이머 – A. J. Heidenheimer)

구분	내용
백색부패	구성원의 다수가 어느 정도 용인하는 선의의 부패 또는 관례화된 부패를 의미한다(예 관련 공직자가 국민들의 동요나 기업활동의 위축을 방지하기 위해서 경제가 회복되고 있다고 선의의 거짓말을 하는 경우).
회색부패	① 엘리트들을 중심으로 일부집단은 처벌을 원하지만, 다른 일부 집단은 처벌을 원하지 않는 경우의 부패를 의미한다. ② 얼마든지 흑색부패로 변질될 수 있는 잠재성을 지니고 있다(예 떡값 같은 적은 액수의 호의 표시, 순찰 경찰관들에게 주민들이 선의로 제공하는 음료수나 과일).
흑색부패	사회 전체에 심각한 해를 끼치는 부패로서 구성원 모두가 인정하고 처벌을 원하는 부패를 의미한다(예 업무와 관련된 대가성 있는 뇌물수수).

> **참고** Dirty Harry(Dirty Hand)
> ① 'Dirty Harry 문제'는 도덕적으로 선한 목적을 위해 윤리적, 정치적, 혹은 법적으로 더러운 수단을 동원하는 것이 적절한가와 관련된 딜레마적 상황이다.
> ② 어떤 사회에 더 나은 결과를 불러오기 위해서라면 정치 지도자는 도덕적으로 그릇된 일을 저질러도 되는가라는 문제이다.
> ③ '더러운 손' 이론을 주장하는 학자들은 도덕적 규범이나 근거가 법, 정치, 문화, 사회적인 다른 모든 이유들에 앞선다는 일반적인 견해와는 반대로, 정치 지도자들이 때로는 도덕적 원리 및 원칙을 어기며 그들의 손을 더럽혀야 할 때도 있다고 주장한다.

경찰부패의 원인에 관한 가설

1. 전체사회가설(사회전체의 부패 → 경찰조직의 부패) : 윌슨

구분	내용
의의	① 윌슨(O. W. Wilson)이 시카고 경찰의 부패를 설명하기 위하여 주장하였다. ② 사회 전체의 풍조와 정서가 경찰조직에 직접적인 영향을 미치게 되는데, 사회 전체가 경찰관의 부패를 묵인하거나 조장할 때, 경찰관은 자연스럽게 부패행위를 하게 된다.
내용	① 부패는 비교적 해악이 없고 좋은 의도를 가진 관행으로부터 시작(처음부터 작은 부패로 시작 ×)하여, 시간이 지남에 따라 명백한 부패로 발전하게 되는데, 이는 전체사회가 그 원인을 제공한 결과인 것이다. ② 미끄러지기 쉬운 경사로 이론과 일맥상통한다.
위반 사례	① 경찰관이 지역주민과 어울려서 도박을 하는 행위 ② 지역주민이 경찰관에게 사건을 청탁하는 것이 관행화된 경우

2. 구조원인가설(경찰조직의 부패 → 경찰개인의 부패) : 니더호퍼, 로벅, 바커

구분	내용
의의	① 니더호퍼(A. Neitherhoffer), 로벅(J. Roebuck), 바커(T. Barker) 등이 주장하였다. ② 경찰부패의 원인을 경찰문화에서 찾고, 신임경찰관들은 선배경찰관들의 부패행위에서 학습하게 된다고 주장한다.
내용	① 신임경찰관들은 선배경찰관들에 의해 조직의 부패문화에 사회화되어 부패의 길에 들어서게 되며, 이런 부패의 관행은 경찰관들 사이에서 문제점을 알면서도 눈감아주는 '침묵의 규범' 등에 의해 조장된다. ② 부패가 구조화된 조직에서는 법규와 현실의 괴리 현상이 발생한다. ③ 부패의 원인은 개인적 결함이 아니라 조직의 체계적 원인으로 본다.
위반 사례	① 유흥업소 등과의 유착관계를 통하여 뇌물을 수수하여 상사에게 전달하거나 동료 간에 주고받거나 부하에게 나누어주는 행위 ② 정직하고 청렴하였던 경찰관이 동료경찰관들이 관내 유흥업소업자들로부터 월정금을 받는 것을 보고 점점 그 방식 등을 답습한 경우 ③ 퇴근 이후 잠깐 들러서 시간외근무를 조작하는 경우 ④ 혼자 출장을 가면서 두 사람 출장비를 공공연하게 청구하는 경우

3. 썩은 사과 가설(경찰개인의 부패 → 경찰조직의 부패)

구분	내용
의의	① 사과상자 속에서 애초에 문제가 있는 사과가 썩듯이, 처음부터 경찰관으로서의 자질이 없는 사람이 경찰관이 됨으로써 부패의 원인이 된다. ② 썩은 사과 가설은 부패의 원인이 경찰관 개인 자체에게 있다고 본다.
내용	부패는 개인의 양심이나 도덕성의 결여에 의해 발생하고, 이러한 부패한 사람은 선천적으로 또는 성장과정 속에서 형성된 개인적 속성으로 인해, 경찰관이 되기에는 자질이 부족하므로 모집단계에서 부패 가능성이 있는 지원자를 배제하여야 한다.

📖 작은 호의에 관한 논의

구분		내용
미끄러지기 쉬운 경사로 이론 (셔먼)	의의	① 셔먼(Sherman)이 주장하였다. ② 사소한 호의일지라도 습관화될 경우에는, 미끄러운 경사로를 타고 내려오듯이 점점 더 큰 부패와 범죄로 연결된다는 가설이다.
	내용	① 부패는 아주 사소한 작은 호의로부터 시작(처음부터 작은 부패로 시작 ×)해서 점차적으로 큰 부패로 이어진다. ② 작은 호의의 수용은 경사로 위에 행위자를 올려놓은 것과 같이 점점 깊이 빠져들게 함으로써, 나중에는 그 속에서 빠져나오지 못하고 부패하게 된다.
	비판	펠드버그(Feldberg)는 미끄러지기 쉬운 경사로 이론은 비현실적이며, 경찰관의 지능에 대한 모독이라고 본다.
작은 호의 찬반론	찬성론 (펠드버그)	① 고마움을 표시하는 것은 시민의 입장에서는 당연한 것이다. ② 작은 사례나 호의는 강제된 것이 아니라 자발적으로 이루어진다. ③ 작은 사례나 호의는 관행적 현상으로 그 관행을 완전히 불식시키는 것은 불가능하다. ④ 작은 사례나 호의는 경찰과 시민과의 원만하고 긍정적인 사회관계를 만들어주는 형성재의 역할을 한다. 형성재 이론은 작은 호의가 시민과의 긍정적 협조관계를 만들어 주는 형성재라는 것으로 작은 호의의 긍정적 효과를 강조하는 이론이다. ⑤ 작은 호의를 받더라도 경찰관은 편파적으로 업무를 처리하지 않는다.
	반대론 (셔먼) (델라트르)	① 작은 호의일지라도 그것이 정례화되면 의무감이나 신세를 가지고 있다는 생각으로 인하여 불공정하게 업무를 처리할 수 있다. ② 지속적으로 작은 호의를 받아들이는 사람들은 점점 더 멈추기 어려운 부패, 즉 미끄러지기 쉬운 경사로 위에 있는 사람들이다. ③ 일부의 경찰관들은 뇌물과 작은 호의를 구별할 능력이 없고 특권의식이 형성될 수 있다. ④ 작은 호의도 대개 불손한 의도를 가지고 있다. ⑤ 작은 사례나 호의를 제공하는 것을 보는 제3자의 인식문제가 있다. ⑥ 경찰은 당연히 할 일을 하고 국가로부터 보수를 받으므로 작은 호의를 받는 것은 최소한 비윤리적이다(전 뉴욕시경 국장 패트릭 머피).

📖 내부고발 – 존 클라이니히(J. Kleinig)

구분		내용
의의		내부고발(Whistle Blowing = Deep Throat)이란, 경찰관이 동료나 상사의 부정부패에 대하여 내부 감찰이나 외부의 언론매체에 대하여 공표하는 것을 말한다.
구별개념	침묵의 규범	부패를 잘못된 행위라고 인식하고 있지만, 동료이기 때문에 모르는 척 하면서 눈감아주는 것
	비지바디니스 (busy bodiness)	남의 비행에 대하여 일일이 참견하여 도덕적 충고를 하는 것
	도덕적 해이 (moral hazard)	도덕적 가치관이 붕괴되어 동료의 부패를 부패라고 인식하지 못하는 것
	예기적 사회화 과정	특정한 신분이 되기 전에 그 신분에 알맞은 생각과 행동을 학습하거나 되는 것
정당성 요건	적절한 도덕적 동기	① 내부고발의 신념에 대한 합리적 근거가 있어야 하며, 조직에 대한 충성과 공익을 모두 고려하여야 한다. ② 개인적인 출세나 복수심에 의한 내부고발은 부당하다.
	중대성 급박성	① 내부고발자는 도덕적 위반이 얼마나 중대한가, 얼마나 급박한가 등의 세심한 고려가 있어야 한다. ② 사소하고 일상적인 경미한 사항은 내부고발의 대상이 아니다.
	합리적 증거	내부고발자는 부적절한 행동을 하도록 지시되었다는 자신의 신념이 합리적 증거(합리적 의심 ×)에 근거하였는지 확인하여야 한다.
	성공가능성	어느 정도의 성공가능성이 있어야 한다.
	최후수단성	① 내부고발자는 특별한 경우를 제외하고는 공표를 하기 전에 자신의의견을 표시하기 위한 내부적 채널을 다 사용했어야 한다. ② 부패가 발견되었다고 해서 가장 먼저 외부에 공표하는 것은 잘못된 일이다.

📖 냉소주의와 회의주의 : 니더호퍼(A. Neitherhoffer)

구분	냉소주의	회의주의
공통점	의심에 근거한 불신을 반영	
대상 특정 유무	대상이 특화되어 있지 않음	대상이 특화되어 있음
대상 의심 유무	아무런 근거 없이 신뢰하지 않음	특정 대상을 합리적으로 의심
개선의지 유무	대상을 개선시키겠다는 의지가 없음	대상을 개선시키겠다는 의지가 있음
비고	냉소주의 극복은 의사결정과정에의 참여를 통한 의견청취, 상사와 부하의 신뢰회복, 맥그리거(Mcgregor)의 Y이론에 입각한 행정관리(민주적 관리), 하의상달의의사전달방법을 활용한 커뮤니케이션 과정의 개선 등이 필요하다.	

제12테마

경찰윤리강령

중요도 B급

📖 일반론

구분	내용
의의	경찰조직의 추상적 행동규범을 문서화한 것을 말한다.
성격	전문직업인의 내부규율로서 선언적 효력을 가질 뿐 법적 효력은 없다.

📖 한국의 경찰윤리강령

구분	내용
제정순서	우리나라는 해방 이후 꾸준히 경찰윤리강령을 제정하여, 경찰공무원으로 하여금 직무수행시 따르도록 하고 있다. 그 제정순서는 다음과 같다. 경찰윤리헌장(1966년) → 새경찰신조(1980년) → 경찰헌장(1991년) → 경찰서비스헌장(1998년)
경찰헌장 (친의공근깨)	① 우리는 모든 사람의 인격을 존중하고 누구에게나 따뜻하게 봉사하는 친절한 경찰이다. ② 우리는 정의의 이름으로 진실을 추구하며 어떠한 불의나 불법과 타협하지 않는 의로운 경찰이다. ③ 우리는 국민의 신뢰를 바탕으로 오직 양심에 따라 법을 집행하는 공정한 경찰이다. ④ 우리는 건전한 상식 위에 전문지식을 갈고 닦아 맡은 일을 성실하게 수행하는 근면한 경찰이다. ⑤ 우리는 화합과 단결 속에 항상 규율을 지키며 검소하게 생활하는 깨끗한 경찰이다.

📖 경찰윤리강령의 문제점

구분	내용
실행가능성의 문제	경찰윤리강령은 법적 강제력 및 구속력이 없기 때문에 위반했을 경우 제재할 방법이 없다.
최소주의의 위험	경찰윤리강령은 경찰관이 최선을 다하여 헌신 및 봉사를 하려다가도 경찰윤리강령에 포함된 정도의 수준으로만 근무를 함으로써 오히려 경찰윤리강령이 근무수행의 최소 기준화가 되는 위험이 있다.
냉소주의 문제	경찰윤리강령은 직원들의 참여에 의하여 이루어진 것이 아니라 상부에서 제정하여 하달된 것으로 냉소주의를 야기할 수 있다.
비자발성의 조장 (비진정성의 조장)	경찰윤리강령은 경찰관의 도덕적 자각에 따른 자발적인 행동이 아니라 외부로부터 요구된 것으로서 타율성으로 인해 진정한 봉사가 이루어지지 않을 수 있다.
행위중심적 성격	경찰윤리강령이 특정 행위를 중심으로 규정되어 있어 행위 이전의 의도나 동기를 소홀히 하고 있다.
우선순위 미결정	경찰윤리강령이 구체적인 경우 그보다 더 곤란한 현실문제에 있어서 무엇을 먼저 하고 무엇을 나중에 해야 할지 우선순위를 결정하는 기준이 되지 못한다.

제13테마

부정청탁금지법

「부정청탁 및 금품등 수수의 금지에 관한 법률」【시행 2022. 6. 8.】

중요도 A급

📖 일반론

구분	내용	
목적	이 법은 공직자등에 대한 부정청탁 및 공직자등의 금품등의 수수를 금지함으로써 공직자등의 공정한 직무수행을 보장하고 공공기관에 대한 국민의 신뢰를 확보하는 것을 목적으로 한다(동법 제1조).	
정의	공공기관	공공기관이라 함은 다음의 어느 하나에 해당하는 기관·단체를 말한다(동법 제2조 제1호). ① **국회, 법원, 헌법재판소, 선거관리위원회, 감사원, 국가인권위원회, 고위공직자범죄수사처, 중앙행정기관(대통령 소속 기관과 국무총리 소속 기관을 포함)과 그 소속 기관 및 지방자치단체** ② 「공직자윤리법」 제3조의2에 따른 **공직유관단체** ③ 「공공기관의 운영에 관한 법률」 제4조에 따른 **공공기관** ④ 「초·중등교육법」, 「고등교육법」, 「유아교육법」 및 그 밖의 다른 법령에 따라 설치된 각급 학교 및 「사립학교법」에 따른 학교법인 ⑤ 「언론중재 및 피해구제 등에 관한 법률」 제2조 제12호에 따른 언론사
	공직자등	공직자등이란 다음의 어느 하나에 해당하는 공직자 또는 공적 업무 종사자를 말한다(동법 제2조 제2호). ① **「국가공무원법」 또는 「지방공무원법」에 따른 공무원**과 그 밖에 다른 법률에 따라 그 자격·임용·교육훈련·복무·보수·신분보장 등에 있어서 공무원으로 인정된 사람 ② 공직유관단체 및 기관의 장과 그 임직원 ③ 각급 학교의 장과 교직원 및 학교법인의 임직원 ④ 언론사의 대표자와 그 임직원
	금품등	금품등이란 다음의 어느 하나에 해당하는 것을 말한다(동법 제2조 제3호). ① 금전, 유가증권, 부동산, 물품, 숙박권, 회원권, 입장권, 할인권, 초대권, 관람권, 부동산 등의 사용권 등 일체의 재산적 이익 ② 음식물·주류·골프 등의 접대·향응 또는 교통·숙박 등의 편의 제공 ③ 채무 면제, 취업 제공, 이권 부여 등 그 밖의 유형·무형의 경제적 이익
처벌	① 공공기관의 장 등은 공직자등이 이 법 또는 이 법에 따른 명령을 위반한 경우에는 징계처분을 하여야 한다(동법 제21조). ② 부정청탁을 받은 공직자등이 그에 따라 직무를 수행한 경우 2년 이하의 징역 또는 2천만원 이하의 벌금에 처한다(동법 제22조 제2항).	

📖 부정청탁의 금지 등

구분	내용
대상	① 누구든지 직접 또는 제3자를 통하여 직무를 수행하는 공직자등에게 부정청탁을 해서는 아니 된다(동법 제5조 제1항). ② 부정청탁을 받은 공직자등은 그에 따라 직무를 수행해서는 아니 된다(동법 제6조).
예외	다음의 어느 하나에 해당하는 경우에는 이 법을 적용하지 아니한다(동법 제5조 제2항). ① 권리침해의 구제·해결을 요구하거나 그와 관련된 법령·기준의 제정·개정·폐지를 제안·건의하는 등 특정한 행위를 요구하는 행위 ② 공개적으로 공직자등에게 특정한 행위를 요구하는 행위 ③ 선출직 공직자, 정당, 시민단체 등이 공익적인 목적으로 제3자의 고충민원을 전달하거나 법령·기준의 제정·개정·폐지 또는 정책·사업·제도 및 그 운영 등의 개선에 관하여 제안·건의하는 행위 ④ 공공기관에 직무를 법정기한 안에 처리하여 줄 것을 신청·요구하거나 그 진행상황·조치결과 등에 대하여 확인·문의 등을 하는 행위 ⑤ 직무 또는 법률관계에 관한 확인·증명 등을 신청·요구하는 행위 ⑥ 질의 또는 상담 형식을 통하여 직무에 관한 법령·제도·절차 등에 대하여 설명이나 해석을 요구하는 행위 ⑦ 그 밖에 사회상규에 위배되지 아니하는 것으로 인정되는 행위
신고	① 공직자등은 부정청탁을 받았을 때에는 부정청탁을 한 자에게 부정청탁임을 알리고 이를 거절하는 의사를 명확히 표시하여야 한다(동법 제7조 제1항). ② 공직자등은 이러한 조치를 하였음에도 불구하고 동일한 부정청탁을 다시 받은 경우에는 이를 소속기관장에게(행동강령책임관에게 ×) 서면으로 신고하여야 한다(동법 제7조 제2항). ③ 공직자등은 부정청탁에 대한 신고를 감독기관·감사원·수사기관 또는 국민권익위원회에도 할 수 있다(동법 제7조 제6항).

처리	① 소속기관장은 부정청탁이 있었던 사실을 알게 된 경우 또는 부정청탁에 관한 신고·확인 과정에서 해당 직무의 수행에 지장이 있다고 인정하는 경우에는 부정청탁을 받은 공직자등에 대하여 직무 참여 일시중지, 직무대리자의 지정, 전보 등의 조치를 할 수 있다(동법 제7조 제4항).
	② 소속기관장은 공직자등이 다음의 어느 하나에 해당하는 경우에는 제4항에도 불구하고 그 공직자등에게 직무를 수행하게 할 수 있다(동법 제7조 제5항).
	    ㉠ 직무를 수행하는 공직자등을 대체하기 지극히 어려운 경우
	    ㉡ 공직자등의 직무수행에 미치는 영향이 크지 아니한 경우
	    ㉢ 국가의 안전보장·경제발전 등 공익증진을 이유로 직무수행의 필요성이 더 큰 경우

📖 금품등의 수수 금지 등

구분	내용
원칙	① 공직자등은 직무 관련 여부 및 기부·후원·증여 등 그 명목에 관계없이 동일인으로부터 1회에 100만원 또는 매 회계연도에 300만원을 초과하는 금품등을 받거나 요구 또는 약속해서는 아니 된다(동법 제8조 제1항). ② 공직자등은 직무와 관련하여 대가성 여부를 불문하고 제1항에서 정한 금액 이하의 금품등을 받거나 요구 또는 약속해서는 아니 된다(동법 제8조 제2항). ③ 직무와 관련하여 금품등을 수수하였는데 대가성이 인정된다면 금액에 상관없이 동법의 적용이 아닌 「형법」상 뇌물죄가 성립 가능하다.
예외	외부강의 등에 관한 사례금 또는 다음의 어느 하나에 해당하는 금품등의 경우에는 수수를 금지하는 금품등에 해당하지 아니한다(동법 제8조 제3항). ① 공공기관이 소속 공직자등이나 파견 공직자등에게 지급하거나 상급 공직자등이 위로·격려·포상 등의 목적으로 하급 공직자등에게 제공하는 금품등 ② 원활한 직무수행 또는 사교·의례 또는 부조의 목적으로 제공되는 음식물·경조사비·선물 등으로서 대통령령으로 정하는 가액 범위 안의 금품등. 다만, 선물 중 농수산물 및 농수산가공품(원료 또는 재료의 50퍼센트를 넘게 사용하여 가공한 제품만 해당)은 대통령령으로 정하는 설날·추석을 포함한 기간에 한정하여 그 가액 범위를 두배로 한다. ③ 사적 거래(증여는 제외한다)로 인한 채무의 이행 등 정당한 권원에 의하여 제공되는 금품등 ④ 공직자등의 친족이 제공하는 금품등 ⑤ 공직자등과 관련된 직원상조회·동호인회·동창회·향우회·친목회·종교단체·사회단체 등이 정하는 기준에 따라 구성원에게 제공하는 금품등 및 그 소속 구성원 등 공직자등과 특별히 장기적·지속적인 친분관계를 맺고 있는 자가 질병·재난 등으로 어려운 처지에 있는 공직자등에게 제공하는 금품등 ⑥ 공직자등의 직무와 관련된 공식적인 행사에서 주최자가 참석자에게 통상적인 범위에서 일률적으로 제공하는 교통, 숙박, 음식물 등의 금품등 ⑦ 불특정 다수인에게 배포하기 위한 기념품 또는 홍보용품 등이나 경연·추첨을 통하여 받는 보상 또는 상품 등 ⑧ 그 밖에 다른 법령·기준 또는 사회상규에 따라 허용되는 금품 등

구분	내용
신고	① 공직자등은 자신 또는 배우자가 수수 금지 금품등을 받거나 그 제공의 약속 또는 의사표시를 받은 경우에는 소속기관장에게(행동강령책임관에게 ×) 지체 없이 서면으로 신고하여야 한다(동법 제9조 제1항). ② 받은 금품등이 다음의 어느 하나에 해당하는 경우에는 소속기관장에게 인도하거나 인도하도록 하여야 한다(동법 제9조 제2항 단서). ㉠ 멸실·부패·변질 등의 우려가 있는 경우 ㉡ 해당 금품등의 제공자를 알 수 없는 경우 ㉢ 그 밖에 제공자에게 반환하기 어려운 사정이 있는 경우 ③ 공직자등은 자신이 수수 금지 금품등을 받거나 그 제공의 약속이나 의사표시를 받은 경우 또는 자신의 배우자가 수수 금지 금품등을 받거나 그 제공의 약속이나 의사표시를 받은 사실을 알게 된 경우에는 이를 제공자에게(소속기관장에게 ×) 지체 없이 반환하거나 반환하도록 하거나 그 거부의사를 밝히거나 밝히도록 하여야 한다(동법 제9조 제2항 본문). ④ 공직자등은 신고나 인도를 감독기관·감사원·수사기관 또는 국민권익위원회에도 할 수 있다(동법 제9조 제6항).
처리	① 소속기관장은 신고를 받거나 금품등을 인도받은 경우 수수 금지 금품등에 해당한다고 인정하는 때에는 반환 또는 인도하게 하거나 거부의사를 표시하도록 하여야 하며, 수사의 필요성이 있다고 인정하는 때에는 그 내용을 지체 없이 수사기관에 통보하여야 한다(동법 제9조 제3항). ② 소속기관장은 공직자등 또는 그 배우자가 수수 금지 금품등을 받거나 그 제공의 약속 또는 의사표시를 받은 사실을 알게 된 경우 수사의 필요성이 있다고 인정하는 때에는 그 내용을 지체 없이 수사기관에 통보하여야 한다(동법 제9조 제4항).

📖 음식물·경조사비·선물 등의 가액 범위(사교·의례·부조의 목적)

구분	내용(동법 시행령 제17조 별표 1)
음식물	제공자와 공직자등이 함께 하는 식사, 다과, 주류, 음료, 그 밖에 이에 준하는 것(5만원)
경조사비	① 축의금·조의금은 5만원. 다만, 축의금·조의금을 대신하는 화환 및 조화는 10만원 ② 축의금·조의금과 화환·조화를 함께 받은 경우에는 이를 합산한 금액이 10만원을 초과해서는 안 되며, 합산금액이 10만원을 초과하지 않더라도 축의금·조의금이 5만원을 초과해서는 안 된다.
선물	① 금전, 유가증권, 음식물 및 경조사비를 제외한(포함한 ×) 일체의 물품, 상품권 및 그 밖에 이에 준하는 것(5만원). 다만, 농수산물 및 농수산가공품(원료 또는 재료의 50퍼센트를 넘게 사용하여 가공한 제품만 해당)과 농수산물·농수산가공품 상품권은 15만원으로 한다. 다만, 설날·추석 전 24일부터 설날·추석 후 5일까지는 30만원으로 한다. ② 선물과 농수산물·농수산가공품 또는 농수산물·농수산가공품 상품권을 함께 받은 경우에는 이를 합산한 금액이 15만원(설날·추석 전 24일부터 설날·추석 후 5일까지는 30만원)을 초과해서는 안 된다.

📖 외부강의등의 사례금 수수 제한

구분	내용
원칙	공직자등은 자신의 직무와 관련되거나 그 지위·직책 등에서 유래되는 사실상의 영향력을 통하여 요청받은 교육·홍보·토론회·세미나·공청회 또는 그 밖의 회의 등에서 한 강의·강연·기고 등의 대가로서 대통령령으로 정하는 금액을 초과하는 사례금을 받아서는 아니 된다(동법 제10조 제1항).
상한액	①「국가공무원법」 또는 「지방공무원법」에 따른 공무원, 그 밖에 다른 법률에 따라 공무원으로 인정된 사람, 공직유관단체 및 기관의 장과 그 임직원 : 40만원 ② 각급 학교의 장과 교직원 및 학교법인의 임직원, 언론사의 대표자와 그 임직원 : 100만원 ③ 국제기구, 외국정부, 외국대학, 외국연구기관, 외국학술단체, 그 밖에 이에 준하는 외국기관에서 지급하는 외부강의 등의 사례금 상한액은 사례금을 지급하는 자의 지급기준에 따른다.
적용기준	① 상한액은 강의 등의 경우 1시간당, 기고의 경우 1건당 상한액으로 한다. ②「국가공무원법」 또는 「지방공무원법」에 따른 공무원, 그 밖에 다른 법률에 따라 공무원으로 인정된 사람, 공직유관단체 및 기관의 장과 그 임직원은 1시간을 초과하여 강의 등을 하는 경우에도 사례금 총액은 강의시간에 관계없이 1시간 상한금액의 100분 150에 해당하는 금액을 초과하지 못한다. ③ 상한액에는 강의료, 원고료, 출연료 등 명목에 관계없이 외부강의 등 사례금 제공자가 외부강의 등과 관련하여 공직자등에게 제공하는 일체의 사례금을 포함한다. ④ 공직자등이 소속기관에서 교통비, 숙박비, 식비 등 여비를 지급받지 못한 경우에는 공공기관별로 적용되는 여비 규정의 기준 내에서 실비수준으로 제공되는 교통비·숙박비·식비는 사례금에 포함되지 않는다.

📖 외부강의등의 신고

구분		내용
외부강의등 신고	원칙	① 공직자등은 사례금을 받는 외부강의등을 할 때에는 대통령령으로 정하는 바에 따라 외부강의등의 요청 명세 등을 소속기관장에게 그 외부강의등을 마친 날부터 10일 이내에 서면으로 신고하여야 한다(동법 제10조 제2항). ② 소속기관장은 공직자등이 신고한 외부강의등이 공정한 직무수행을 저해할 수 있다고 판단하는 경우에는 그 공직자등의 외부강의등을 제한할 수 있다(동법 제10조 제4항). ③ 외부강의등을 신고하려는 공직자등은 신고자의 성명·소속·직급 및 연락처, 외부강의등의 일시·강의시간 및 장소, 외부강의 등의 주제, 사례금 총액 및 상세 명세, 외부강의등의 요청자·담당자 및 연락처를 적은 서면을 소속기관장에게 제출하여야 한다(동법 시행령 제26조 제1항). ④ 신고를 할 때 상세 명세 또는 사례금 총액 등을 미리 알 수 없는 경우에는 해당 사항을 제외한 사항을 신고한 후 해당 사항을 안 날부터 5일 이내에 보완하여야 한다(동법 시행령 제26조 제2항).
	예외	① 사례금을 받지 않는 외부강의등은 신고의무에서 제외된다. ② 외부강의등을 요청한 자가 국가나 지방자치단체인 경우에는 신고의무에서 제외된다(동법 제10조 제2항 단서).
초과사례금 신고	반환	공직자등은 금액을 초과하는 사례금을 받은 경우에는 대통령령으로 정하는 바에 따라 소속기관장에게 신고하고, 제공자에게(소속기관장에게 ×) 그 초과금액을 지체 없이 반환하여야 한다(동법 제10조 제5항).
	신고	① 공직자등은 초과사례금을 받은 경우에는 초과사례금을 받은 사실을 안 날부터 2일 이내에 초과사례금의 액수 및 초과사례금의 반환 여부를 서면으로 소속기관장에게 신고하여야 한다(동법 시행령 제27조 제1항). ② 신고를 받은 소속기관장은 초과사례금을 반환하지 아니한 공직자등에 대하여 신고사항을 확인한 후 7일 이내에 반환하여야 할 초과사례금의 액수를 산정하여 해당 공직자등에게 통지하여야 한다(동법 시행령 제27조 제2항). ③ 통지를 받은 공직자등은 지체 없이 초과사례금을 제공자에게 반환하고 그 사실을 소속기관장에게 알려야 한다(동법 시행령 제27조 제3항).

제14테마

이해충돌방지법

중요도 A급

「공직자의 이해충돌 방지법」【시행 2022. 5. 19.】

📖 일반론

구분	내용
목적	이 법은 공직자의 직무수행과 관련한 사적 이익추구를 금지함으로써 공직자의 직무수행 중 발생할 수 있는 이해충돌을 방지하여 공정한 직무수행을 보장하고 공공기관에 대한 국민의 신뢰를 확보하는 것을 목적으로 한다(동법 제1조).
정의 - 공공기관	공공기관이란 다음의 어느 하나에 해당하는 기관·단체를 말한다(동법 제2조 제1호). ① 국회, 법원, 헌법재판소, 선거관리위원회, 감사원, 고위공직자범죄수사처, 국가인권위원회, 중앙행정기관(대통령 소속 기관과 국무총리 소속 기관을 포함)과 그 소속 기관 ② 지방자치단체의 집행기관 및 지방의회 ③ 교육행정기관 ④ 공직유관단체 ⑤ 「공공기관의 운영에 관한 법률」 제4조에 따른 공공기관 ⑥ 각급 국립·공립 학교(사립학교 ×)
정의 - 공직자	공직자란 다음의 어느 하나에 해당하는 사람을 말한다(동법 제2조 제2호). ① 「국가공무원법」 또는 「지방공무원법」에 따른 공무원과 그 밖에 다른 법률에 따라 그 자격·임용·교육훈련·복무·보수·신분보장 등에 있어서 공무원으로 인정된 사람 ② 공공기관의 장과 그 임직원 ③ 각급 국립·공립 학교의 장과 교직원(사립학교 ×)
정의 - 고위공직자	고위공직자란 경찰공무원의 경우 치안감 이상의 경찰공무원 및 특별시·광역시·특별자치시·도·특별자치도의 시·도경찰청장을 말한다(동법 제2조 제3호).
정의 - 이해충돌	이해충돌이란 공직자가 직무를 수행할 때에 자신의 사적 이해관계가 관련되어 공정하고 청렴한 직무수행이 저해되거나 저해될 우려가 있는 상황을 말한다(동법 제2조 제4호).

📖 사적이해관계자

구분	내용
의의	사적이해관계자란 다음의 어느 하나에 해당하는 자를 말한다(동법 제2조 제6호 및 동법 시행령 제3조).

종류	① 공직자 자신 또는 그 가족(「민법」 제779조에 따른 가족)
	② 공직자 자신 또는 그 가족이 임원·대표자·관리자 또는 사외이사로 재직하고 있는 법인 또는 단체
	③ 공직자 자신이나 그 가족이 대리하거나 고문·자문 등을 제공하는 개인이나 법인 또는 단체
	④ 공직자로 채용·임용되기 전 2년 이내에 공직자 자신이 재직하였던 법인 또는 단체
	⑤ 공직자로 채용·임용되기 전 2년 이내에 공직자 자신이 대리하거나 고문·자문 등을 제공하였던 개인이나 법인 또는 단체
	⑥ 공직자 자신 또는 그 가족이 대통령령으로 정하는 일정 비율 이상의 주식·지분 또는 자본금 등을 소유하고 있는 법인 또는 단체
	
	    ㉠ 공직자 자신이나 그 가족이 단독으로 또는 합산하여 발행주식 총수의 100분의 30 이상을 소유하고 있는 법인 또는 단체
	    ㉡ 공직자 자신이나 그 가족이 단독으로 또는 합산하여 출자지분 총수의 100분의 30 이상을 소유하고 있는 법인 또는 단체
	    ㉢ 공직자 자신이나 그 가족이 단독으로 또는 합산하여 자본금 총액의 100분의 50 이상을 소유하고 있는 법인 또는 단체
	
	⑦ 최근 2년 이내에 퇴직한 공직자로서 퇴직일 전 2년 이내에 제5조 제1항 각 호의 어느 하나에 해당하는 직무를 수행하는 공직자와 국회규칙, 대법원규칙, 헌법재판소규칙, 중앙선거관리위원회규칙 또는 대통령령으로 정하는 범위의 부서에서 같이 근무하였던 사람
	⑧ 그 밖에 공직자의 사적 이해관계와 관련되는 자로서 국회규칙, 대법원규칙, 헌법재판소규칙, 중앙선거관리위원회규칙 또는 대통령령으로 정하는 자

📖 공직자의 이해충돌 방지 및 관리

1. 사적이해관계자의 신고 및 회피·기피 신청

구분	내용
원칙	① 공직자는 직무관련자(직무관련자의 대리인을 포함)가 사적이해관계자임을 안 경우 안 날부터 14일 이내에 소속기관장에게 그 사실을 서면으로 신고하고 회피를 신청하여야 한다(동법 제5조 제1항). ② 직무관련자 또는 공직자의 직무수행과 관련하여 직접적인 이해관계가 있는 자는 그 공직자의 소속기관장에게 기피를 신청할 수 있다(동법 제5조 제2항).
제외	다음의 어느 하나에 해당하는 경우에는 사적이해관계자의 신고 및 회피·기피 신청을 적용하지 아니한다(동법 제5조 제3항). ① 직무와 관련하여 불특정다수를 대상으로 하는 법률이나 대통령령의 제정·개정 또는 폐지를 수반하는 경우 ② 특정한 사실 또는 법률관계에 관한 확인·증명을 신청하는 민원에 따라 해당 서류를 발급하는 경우

2. 공공기관 직무 관련 부동산 보유·매수 신고

구분	내용
신고	① 부동산을 직접적으로 취급(간접적으로 취급 ×)하는 대통령령으로 정하는 공공기관의 공직자는 다음의 어느 하나에 해당하는 사람이 소속 공공기관의 업무와 관련된 부동산을 보유하고 있거나 매수하는 경우 소속기관장에게 그 사실을 서면으로 신고하여야 한다(동법 제6조 제1항). 　㉠ 공직자 자신, 배우자 　㉡ 공직자와 생계를 같이하는 직계존속·비속(배우자의 직계존속·비속으로 생계를 같이하는 경우를 포함) ② 제1항에 따른 공공기관 외의 공공기관의 공직자는 소속 공공기관이 택지개발, 지구 지정 등 대통령령으로 정하는 부동산 개발 업무를 하는 경우 제1항의 어느 하나에 해당하는 사람이 그 부동산을 보유하고 있거나 매수하는 경우 소속기관장에게 그 사실을 서면으로 신고하여야 한다(동법 제6조 제2항).
기간	신고는 부동산을 보유한 사실을 알게 된 날부터 14일 이내, 매수 후 등기를 완료한 날부터 14일 이내에 하여야 한다(동법 제6조 제3항).

3. 사적이해관계자의 신고 등에 대한 조치

구분	내용
원칙	신고·회피신청이나 기피신청 또는 부동산 보유·매수 신고를 받은 소속기관장은 해당 공직자의 직무수행에 지장이 있다고 인정하는 경우에는 다음의 어느 하나에 해당하는 조치를 하여야 한다(동법 제7조 제1항). ① 직무수행의 일시 중지 명령 ② 직무 대리자 또는 직무 공동수행자의 지정 ③ 직무 재배정 또는 전보
예외	소속기관장은 제1항에도 불구하고 다음의 어느 하나에 해당하는 경우에는 해당 공직자가 계속 그 직무를 수행하도록 할 수 있다. 이 경우 이해충돌방지담당관 또는 다른 공직자로 하여금 공정한 직무수행 여부를 확인·점검하게 하여야 한다(동법 제7조 제2항). ① 직무를 수행하는 공직자를 대체하기가 지극히 어려운 경우 ② 국가의 안전보장·경제발전 등 공익 증진을 위하여 직무수행의 필요성이 더 큰 경우
신고·고발	부동산 보유 또는 매수 신고를 받은 소속기관장은 해당 부동산 보유·매수가 이 법 또는 다른 법률에 위반되는 것으로 의심될 경우 지체 없이 수사기관·감사원·감독기관 또는 국민권익위원회에 신고하거나 고발하여야 한다(동법 제7조 제4항).

4. 고위공직자의 민간 부문 업무활동 내역 제출 및 공개

구분	내용
제출	고위공직자는 그 직위에 임용되거나 임기를 개시하기 전 3년 이내에 민간 부문에서 업무활동을 한 경우, 그 활동 내역을 그 직위에 임용되거나 임기를 개시한 날부터 30일 이내에 소속기관장에게 제출하여야 한다(동법 제8조 제1항).
공개	소속기관장은 다른 법령에서 정보공개가 금지되지 아니하는 범위에서 제2항의 업무활동 내역을 공개할 수 있다(동법 제8조 제4항).

5. 직무관련자와의 거래 신고

구분	내용
사전에 안 경우	공직자는 자신, 배우자 또는 직계존속·비속 또는 특수관계사업자가 공직자 자신의 직무관련자(「민법」 제777조에 따른 친족인 경우는 제외)와 다음의 어느 하나에 해당하는 행위를 한다는 것을 사전에 안 경우에는 안 날부터 14일 이내에 소속기관장에게 그 사실을 서면으로 신고하여야 한다(동법 제9조 제1항). ① 금전을 빌리거나 빌려주는 행위 및 유가증권을 거래하는 행위. 다만, 금융회사등, 대부업자등이나 그 밖의 금융회사로부터 통상적인 조건으로 금전을 빌리는 행위 및 유가증권을 거래하는 행위는 제외한다. ② 토지 또는 건축물 등 부동산을 거래하는 행위. 다만, 공개모집에 의한 분양이나 공매·경매·입찰을 통한 재산상 거래 행위는 제외한다. ③ 위의 ①, ②의 거래 행위 외의 물품·용역·공사 등의 계약을 체결하는 행위. 다만, 공매·경매·입찰을 통한계약 체결 행위 또는 거래관행상 불특정 다수를 대상으로 반복적으로 행하여지는 계약 체결 행위는 제외한다.
사후에 알게 된 경우	공직자는 제1항 각 호에 따른 행위가 있었음을 사후에 알게 된 경우에도 안 날부터 14일 이내에 소속기관장에게 그 사실을 서면으로 신고하여야 한다(동법 제9조 제2항).

6. 기타 관련 규정

구분	내용
수의계약 체결 제한	공공기관은 특정 직무관련자 등과 물품·용역·공사 등의 수의계약을 체결할 수 없다. 다만, 해당 물품의 생산자가 1명뿐인 경우 등 대통령령으로 정하는 불가피한 사유가 있는 경우에는 그러하지 아니하다(동법 제12조 제1항).
공공기관 물품 등 사적 사용·수익 금지	공직자는 공공기관이 소유하거나 임차한 물품·차량·선박·항공기·건물·토지·시설 등을 사적인 용도로 사용·수익하거나 제3자로 하여금 사용·수익하게 하여서는 아니 된다. 다만, 다른 법령·기준 또는 사회상규에 따라 허용되는 경우에는 그러하지 아니하다(동법 제13조).
직무상 비밀의 이용 금지	공직자(공직자가 아니게 된 날부터 3년이 경과하지 아니한 사람을 포함)는 직무수행 중 알게 된 비밀 또는 소속 공공기관의 미공개정보를 이용하여 재물 또는 재산상의 이익을 취득하거나 제3자로 하여금 재물 또는 재산상의 이익을 취득하게 하여서는 아니 된다(동법 제14조 제1항).
퇴직자 사적 접촉 신고	공직자는 직무관련자인 소속 기관의 퇴직자(공직자가 아니게 된 날부터 2년이 지나지 아니한 사람만 해당)와 사적 접촉(골프, 여행, 사행성 오락을 같이 하는 행위를 말한다)을 하는 경우 소속기관장에게 신고하여야 한다. 다만, 사회상규에 따라 허용되는 경우에는 그러하지 아니하다(동법 제15조 제1항).

이해충돌 방지에 관한 업무의 총괄 등(국민권익위원회)

구분	내용
신고권자	누구든지 이 법의 위반행위가 발생하였거나 발생하고 있다는 사실을 알게 된 경우에는 다음의 어느 하나에 해당하는 기관에 신고할 수 있다(동법 제18조 제1항). ① 이 법의 위반행위가 발생한 공공기관 또는 그 감독기관 ② 감사원 또는 수사기관 ③ 국민권익위원회
신고방법	신고를 하려는 자는 자신의 인적사항과 신고의 취지·이유·내용을 적고 서명한 문서와 함께 신고 대상 및 증거 등을 제출하여야 한다(동법 제18조 제3항).
보호·보상 제외	신고자가 다음의 어느 하나에 해당하는 경우에는 이 법에 따른 보호 및 보상을 받지 못한다(동법 제18조 제2항). ① 신고의 내용이 거짓이라는 사실을 알았거나 알 수 있었음에도 불구하고 신고한 경우 ② 신고와 관련하여 금품이나 근로관계상의 특혜를 요구한 경우 ③ 그 밖에 부정한 목적으로 신고한 경우
신고자 등의 보호·보상	① 이 법의 위반행위를 한 자가 위반사실을 자진하여 신고하거나 신고자등이 신고등을 함으로 인하여 자신이 한 이 법의 위반행위가 발견된 경우에는 그 위반행위에 대한 형사처벌, 과태료 부과, 징계처분, 그 밖의 행정처분 등을 감경하거나 면제할 수 있다(동법 제20조 제3항). ② 국민권익위원회는 신고로 인하여 공공기관에 재산상 이익을 가져오거나 손실을 방지한 경우 또는 공익을 증진시킨 경우에는 그 신고자에게 포상금을 지급할 수 있다(동법 제20조 제5항). ③ 국민권익위원회는 신고로 인하여 공공기관에 직접적인 수입의 회복·증대 또는 비용의 절감을 가져온 경우에는 그 신고자의 신청에 의하여 보상금을 지급하여야 한다(동법 제20조 제6항).
위법한 직무처리에 대한 조치	공공기관의 장은 소속 공직자가 이 법 또는 이 법에 따른 명령을 위반한 경우에는 징계처분을 하여야 한다(동법 제26조).
부당이득 환수	① 소속기관장은 공직자가 신고 의무를 위반하여 수행한 직무가 위법한 것으로 확정된 경우에는 그 직무를 통하여 공직자 또는 제3자가 얻은 재산상 이익을 환수하여야 한다(동법 제22조 제1항). ② 소속기관장은 공직자가 공공기관 물품 등의 사적 사용·수익 금지 의무를 위반한 경우에는 공직자 또는 제3자가 얻은 재산상 이익을 환수하여야 한다(동법 제22조 제2항).
교육	공공기관의 장은 공직자에게 이해충돌 방지에 관한 내용을 매년 1회 이상 정기적으로 교육하여야 한다(동법 제24조 제1항).
이해충돌 방지담당관	① 공공기관의 장은 소속 공직자 중에서 이해충돌방지담당관을 지정하여야 한다(동법 제25조 제1항). ② 소속기관장에게 신고·신청·제출하여야 하는 사람이 소속기관장 자신인 경우에는 해당 신고·신청·제출을 이해충돌방지담당관에게 하여야 한다(동법 제25조 제2항).

제15테마

부패방지권익위법

중요도 C급

「부패방지 및 국민권익위원회의 설치·운영에 관한 법률」【시행 2024. 8. 14.】

📖 신고 및 신고자 등 보호

구분		내용
신고	신고권자	누구든지 부패행위를 알게 된 때에는 이를 위원회에 신고할 수 있다(동법 제55조).
	신고의무자	공직자는 그 직무를 행함에 있어 다른 공직자가 부패행위를 한 사실을 알게 되었거나 부패행위를 강요 또는 제의받은 경우에는 지체 없이 이를 수사기관·감사원 또는 위원회에 신고하여야 한다(동법 제56조).
성실의무		부패행위 신고를 한 자가 신고의 내용이 허위라는 사실을 알았거나 알 수 있었음에도 불구하고 신고한 경우에는 이 법의 보호를 받지 못한다(동법 제57조).
방법		① 신고를 하려는 자는 본인의 인적사항과 신고취지 및 이유를 기재한 기명의 문서로써 신고하여야 하며, 신고대상과 부패행위의 증거 등을 함께 제시하여야 한다(동법 제58조). ② 신고자는 자신의 인적사항을 밝히지 아니하고 변호사를 선임하여 신고를 대리하게 할 수 있다. 이 경우 신고자의 인적사항 및 기명의 문서는 변호사의 인적사항 및 변호사 이름의 문서로 갈음한다(동법 제58조의2).
처리	이첩	위원회는 접수된 신고사항에 대하여 감사·수사 또는 조사가 필요한 경우 이를 감사원, 수사기관 또는 해당 공공기관의 감독기관(감독기관이 없는 경우에는 해당 공공기관)에 이첩하여야 한다. 다만, 신고가 다음의 어느 하나에 해당하는 경우에는 이를 조사기관에 이첩하지 아니하고 종결할 수 있다(동법 제59조 제3항). ① 신고의 내용이 명백히 거짓인 경우 ② 신고자의 인적사항을 알 수 없는 경우 ③ 신고자가 신고서나 증명자료 등에 대한 보완 요청을 2회 이상 받고도 위원회가 정하는 보완요청 기간 내에 보완하지 아니한 경우 ④ 신고에 대한 처리 결과를 통지받은 사항에 대하여 정당한 사유 없이 다시 신고한 경우 ⑤ 신고의 내용이 언론매체 등을 통하여 공개된 내용에 해당하고 공개된 내용 외에 새로운 증거가 없는 경우 ⑥ 다른 법령에 따라 해당 부패행위에 대한 감사·수사 또는 조사가 시작되었거나 이미 끝난 경우 ⑦ 그 밖에 부패행위에 대한 감사·수사 또는 조사가 필요하지 아니한 경우로서 대통령령으로 정하는 경우
	고발	위원회에 신고가 접수된 당해 부패행위의 혐의대상자가 경무관급 이상의 경찰공무원에 해당하는 고위공직자로서 부패혐의의 내용이 형사처벌을 위한 수사 및 공소제기의 필요성이 있는 경우에는 위원회의 명의로(신고자의 명의로 ×) 검찰, 수사처, 경찰 등 관할 수사기관에 고발을 하여야 한다(동법 제59조 제6항).
	처리기간	위원회는 접수된 신고사항을 그 접수일로부터 60일 이내에 처리하여야 한다. 이 경우 그 기간을 30일 이내에서 연장할 수 있다(동법 제59조 제8항).

📖 조사결과의 처리

구분	내용
종결기간	조사기관은 신고를 이첩 또는 송부받은 날부터 60일 이내에 감사·수사 또는 조사를 종결하여야 한다. 다만, 정당한 사유가 있는 경우에는 그 기간을 연장할 수 있으며, 위원회에 그 연장사유 및 연장기간을 통보하여야 한다(동법 제60조 제1항).
통보	신고를 이첩 또는 송부받은 조사기관은 감사·수사 또는 조사결과를 감사·수사 또는 조사 종료 후 10일 이내에 위원회에 통보하여야 한다(동법 제60조 제2항).
재조사의 요구	① 위원회는 조사기관의 감사·수사 또는 조사가 충분하지 아니하다고 인정되는 경우에는 감사·수사 또는 조사결과를 통보받은 날부터 30일 이내에 새로운 증거자료의 제출 등 합리적인 이유를 들어 조사기관에 대하여 재조사를 요구할 수 있다(동법 제60조 제5항). ② 재조사를 요구받은 조사기관은 재조사를 종료한 날부터 7일 이내에 그 결과를 위원회에 통보하여야 한다. 이 경우 위원회는 통보를 받은 즉시 신고자에게 재조사 결과의 요지를 통지하여야 한다(동법 제60조 제6항).
이의신청	신고자는 위원회에 감사·수사 또는 조사결과에 대한 이의를 신청할 수 있다(동법 제60조 제4항).

📖 국민감사청구

구분		내용
청구	원칙	18세 이상의 국민은 공공기관의 사무처리가 법령위반 또는 부패행위로 인하여 공익을 현저히 해하는 경우 대통령령으로 정하는 일정한 수 이상(300인 이상)의 국민의 연서로 감사원에 감사를 청구할 수 있다. 다만, 국회·법원·헌법재판소·선거관리위원회 또는 감사원의 사무에 대하여는 국회의장·대법원장·헌법재판소장·중앙선거관리위원회 위원장 또는 감사원장에게 감사를 청구하여야 한다(동법 제72조 제1항).
	제외	다음의 어느 하나에 해당하는 사항은 감사청구의 대상에서 제외한다(동법 제72조 제2항). ① 국가의 기밀 및 안전보장에 관한 사항 ② 수사·재판 및 형집행에 관한 사항 ③ 사적인 권리관계 또는 개인의 사생활에 관한 사항 ④ 다른 기관에서 감사하였거나 감사중인 사항. 다만, 다른 기관에서 감사한 사항이라도 새로운 사항이 발견되거나 중요사항이 감사에서 누락된 경우에는 그러하지 아니하다. ⑤ 그 밖에 감사를 실시하는 것이 적절하지 아니한 정당한 사유가 있는 경우로서 대통령령이 정하는 사항
방법		감사청구를 하고자 하는 자는 청구인의 인적사항과 감사청구의 취지 및 이유를 기재한 기명의 문서로 하여야 한다(동법 제73조).
실시		① 감사원 또는 당해 기관의 장은 감사를 실시하기로 결정한 날부터 60일 이내에 감사를 종결하여야 한다. 다만, 정당한 사유가 있는 경우에는 그 기간을 연장할 수 있다(동법 제75조 제1항). ② 감사원 또는 당해 기관의 장은 감사가 종결된 날부터 10일 이내에 그 결과를 감사청구인에게 통보하여야 한다(동법 제75조 제2항).

제16테마

중요도 A급

경찰청 공무원 행동강령

「경찰청 공무원 행동강령」【시행 2022. 10. 7.】

📖 일반론

구분	내용
목적	이 규칙은 경찰청(소속기관, 시·도경찰청, 경찰서를 포함) 소속 공무원이 준수하여야 할 행동기준을 규정하는 것을 목적으로 한다(동 강령 제1조).
적용범위	이 규칙은 경찰청 소속 공무원과 경찰청에 파견된 공무원에게 적용한다(동 강령 제3조).

📖 공정한 직무수행

구분	내용
공정한 직무수행을 해치는 지시	① 공무원은 상급자가 자기 또는 타인의 부당한 이익을 위하여 공정한 직무수행을 현저하게 해치는 지시를 하였을 때에는 그 사유를 서식 또는 전자우편 등의 방법으로 상급자에게 소명하고 지시에 따르지 아니하거나, 행동강령에 관한 업무를 담당하는 공무원과 상담할 수 있다(동 강령 제4조 제1항). ② 위와 같은 지시를 이행하지 아니하였는데도 같은 지시가 반복될 때에는 즉시 행동강령책임관과 상담하여야 한다(동 강령 제4조 제2항). ③ 상담 요청을 받은 행동강령책임관은 지시 내용을 확인하여 지시를 취소하거나 변경할 필요가 있다고 인정되면 소속 기관의 장에게 보고하여야 한다. 다만, 지시 내용을 확인하는 과정에서 부당한 지시를 한 상급자가 스스로 그 지시를 취소하거나 변경하였을 때에는 소속 기관의 장에게 보고하지 아니할 수 있다(동 강령 제4조 제3항). ④ 보고를 받은 소속 기관의 장은 필요하다고 인정되면 지시를 취소·변경하는 등 적절한 조치를 하여야 한다. 이 경우 공정한 직무수행을 해치는 지시를 이행하지 아니하였는데도 같은 지시를 반복한 상급자에게는 징계 등 필요한 조치를 할 수 있다(동 강령 제4조 제4항).
부당한 수사지휘에 대한 이의제기	① 공무원은 「범죄수사규칙」 제30조에 따른 경찰관서 내 수사 지휘에 대한 이의제기와 관련하여 행동강령책임관에게 상담을 요청할 수 있다(동 강령 제4조의2 제1항). ② 상담요청을 받은 행동강령책임관은 해당 지휘의 취소·변경이 필요하다고 인정되면 소속기관장에게 보고하여야 한다(동 강령 제4조의2 제2항).

수사·단속업무의 공정성 강화	① 공무원은 수사·단속의 대상이 되는 업소 중 경찰청장이 지정하는 유형의 업소 관계자와 부적절한 사적 접촉을 하여서는 아니 되며, 공적 또는 사적으로 접촉한 경우 경찰청장이 정하는 방법에 따라 신고하여야 한다(동 강령 제5조의2 제1항). ② 공무원은 수사 중인 사건의 관계자와 부적절한 사적 접촉을 하여서는 아니 되며, 소속 경찰관서 내에서만 접촉하여야 한다. 다만, 현장조사 등 공무상 필요한 경우 외부에서 접촉할 수 있으며, 이 경우에는 수사서류 등 공문서에 기록하여야 한다(동 강령 제5조의2 제2항).
정치인 등의 부당한 요구	공무원은 정치인이나 정당 등으로부터 부당한 직무수행을 강요받거나 청탁을 받은 경우에는 서식 또는 전자우편 등의 방법으로 소속 기관의 장에게 보고하거나 행동강령책임관과 상담하여야 한다(동 강령 제8조 제1항).

📖 부당이득의 수수 금지

1. 부당이득의 수수 금지 등

구분	내용
직무 관련 정보를 이용한 거래 제한	공무원은 직무수행 중 알게 된 정보를 이용하여 유가증권, 부동산 등과 관련된 재산상 거래 또는 투자를 하거나 타인에게 그러한 정보를 제공하여 재산상 거래 또는 투자를 돕는 행위를 해서는 아니 된다(동 강령 제12조).
가상자산 정보를 이용한 거래 제한	공무원은 다음에 해당하는 행위를 해서는 아니 된다(동 강령 제12조의2 제1항). ① 직무수행 중 알게 된 가상자산과 관련된 정보를 이용한 거래·투자 행위 ② 가상자산 정보를 타인에게 제공하여 재산상 거래나 투자를 돕는 행위
사적 노무 요구 금지	공무원은 자신의 직무권한을 행사하거나 지위·직책 등에서 유래되는 사실상 영향력을 행사하여 직무관련자 또는 직무관련공무원으로부터 사적 노무를 제공받거나 요구 또는 약속해서는 아니 된다. 다만, 다른 법령 또는 사회상규에 따라 허용되는 경우에는 그러하지 아니하다(동 강령 제13조의2).

2. 금품등을 받는 행위의 제한

구분	내용
원칙	① 공무원은 직무 관련 여부 및 기부·후원·증여 등 그 명목에 관계없이 동일인으로부터 1회에 100만원 또는 매 회계연도에 300만원을 초과하는 금품등을 받거나 요구 또는 약속해서는 아니 된다(동 강령 제14조 제1항). ② 공무원은 직무와 관련하여 대가성 여부를 불문하고 제1항에서 정한 금액 이하의 금품등을 받거나 요구 또는 약속해서는 아니 된다(동 강령 제14조 제2항).

예외	① 외부강의등에 관한 사례금 또는 다음의 어느 하나에 해당하는 금품등은 수수를 금지하는 금품등에 해당하지 아니한다(동 강령 제14조 제3항). ㉠ 소속 기관의 장등이 소속 공무원이나 파견 공무원에게 지급하거나 상급자가 위로·격려·포상 등의 목적으로 하급자에게 제공하는 금품등 ㉡ 원활한 직무수행 또는 사교·의례 또는 부조의 목적으로 제공되는 음식물·경조사비·선물 등으로서 가액 범위 내의 금품등 ㉢ 사적 거래(증여는 제외)로 인한 채무의 이행 등 정당한 권원에 의하여 제공되는 금품등 ㉣ 공무원의 친족이 제공하는 금품등 ㉤ 공무원과 관련된 직원상조회·동호인회·동창회·향우회·친목회·종교단체·사회단체 등이 정하는 기준에 따라 구성원에게 제공하는 금품등 및 그 소속 구성원 등 공무원과 특별히 장기적·지속적인 친분관계를 맺고 있는 자가 질병·재난 등으로 어려운 처지에 있는 공무원에게 제공하는 금품등 ㉥ 공무원의 직무와 관련된 공식적인 행사에서 주최자가 참석자에게 통상적인 범위에서 일률적으로 제공하는 교통, 숙박, 음식물 등의 금품등 ㉦ 불특정 다수인에게 배포하기 위한 기념품 또는 홍보용품 등이나 경연·추첨을 통하여 받는 보상 또는 상품 등 ㉧ 그 밖에 다른 법령·기준 또는 사회상규에 따라 허용되는 금품 등 ② 공무원은 특별히 장기적·지속적인 친분관계를 맺고 있는 자가 직무관련자 또는 직무관련공무원으로서 금품등을 제공한 경우에는 그 수수 사실을 소속 기관의 장에게 신고하여야 한다(동 강령 제14조 제4항).

📖 건전한 공직풍토의 조성

1. 외부강의등의 사례금 수수 제한

구분	내용
금액	공무원은 자신의 직무와 관련되거나 그 지위·직책 등에서 유래되는 사실상의 영향력을 통하여 요청받은 교육·홍보·토론회·세미나·공청회 또는 그 밖의 회의 등에서 한 강의·강연·기고 등의 대가로서 직급 구분 없이 40만원을 초과하는 사례금을 받아서는 아니 된다(동 강령 제15조 제1항 및 별표 2).
신고	공무원은 사례금을 받는 외부강의등을 할 때에는 소속 기관의 장에게 그 외부강의등을 마친 날부터 10일 이내에 신고하여야 한다. 다만, 외부강의등을 요청한 자가 국가나 지방자치단체인 경우에는 그러하지 아니하다(동 강령 제15조 제2항).
보완신고	공무원은 신고를 할 때 신고사항 중 상세 명세 또는 사례금 총액 등을 알 수 없는 경우에는 해당 사항을 제외한 사항을 신고한 후 해당 사항을 안 날부터 5일 이내에 보완하여야 한다(동 강령 제15조 제3항).
횟수	① 공무원이 대가를 받고 수행하는 외부강의등은 월 3회를 초과할 수 없다. 국가나 지방자치 단체에서 요청하거나 겸직 허가를 받고 수행하는 외부강의등은 그 횟수에 포함되지 아니한다(동 강령 제15조 제4항). ② 공무원은 월 3회를 초과하여 대가를 받고 외부강의등을 하려는 경우에는 미리 소속 기관의 장의 승인(신고 ×)을 받아야 한다(동 강령 제15조 제5항).

2. 외부강의등 사례금 상한액

구분	내용
상한액	① 직급 구분없이 40만원 ② 국제기구, 외국정부, 외국대학, 외국연구기관, 외국학술단체, 그 밖에 이에 준하는 외국기관에서 지급하는 외부강의 등의 사례금 상한액은 사례금을 지급하는 자의 지급기준에 따른다.
적용기준	① 상한액은 강의 등의 경우 1시간당, 기고의 경우 1건당 상한액으로 한다. ② 1시간을 초과하여 강의 등을 하는 경우에도 사례금 총액은 강의시간에 관계없이 1시간 상한금액의 100분 150에 해당하는 금액을 초과하지 못한다. ③ 상한액에는 강의료, 원고료, 출연료 등 명목에 관계없이 외부강의 등 사례금 제공자가 외부강의 등과 관련하여 공무원에게 제공하는 일체의 사례금을 포함한다. ④ 공무원이 소속기관에서 교통비, 숙박비, 식비 등 여비를 지급받지 못한 경우에는 실비수준으로 제공되는 교통비, 숙박비 및 식비는 사례금에 포함되지 않는다.

3. 초과사례금의 신고 등

구분	내용
신고	공무원은 초과사례금을 받은 경우에는 그 사실을 안 날로부터 2일 이내에 소속기관의 장에게 신고하여야 하며, 제공자에게(소속 기관의 장에게 ×) 그 초과금액을 지체 없이 반환하여야 한다(동 강령 제15조의2 제1항).
통지	신고를 받은 소속기관의 장은 초과사례금을 반환하지 아니한 공무원에 대하여 신고사항을 확인한 후 7일 이내에 반환하여야 할 초과사례금의 액수를 산정하여 해당 공무원에게 통지하여야 한다(동 강령 제15조의2 제2항).

4. 직무관련자와 골프 제한, 사적 여행 제한, 사행성 오락 금지

구분	내용
골프 제한	공무원은 직무관련자와는 비용 부담 여부와 관계없이 골프를 같이 하여서는 아니 된다. 다만, 다음과 같은 부득이한 사정에 따라 골프를 같이 하는 경우에는 소속관서 행동강령책임관에게(소속기관의 장에게 ×) 사전에 신고하여야 하며 사전에 신고하기 어려운 특별한 사유가 있는 경우에는 사후에 즉시 신고하여야 한다(동 강령 제16조의3 제1항). ① 정책의 수립·시행을 위한 의견교환 또는 업무협의 등 공적인 목적을 위하여 필요한 경우 ② 직무관련자인 친족과 골프를 하는 경우 ③ 동창회 등 친목단체에 직무관련자가 있어 부득이 골프를 하는 경우 ④ 그 밖에 위 각 호와 유사한 사유로 부득이하다고 인정되는 경우
사적 여행 제한	공무원은 직무관련자와 함께 사적인 여행을 하여서는 아니 된다. 다만, 위의 각 사유가 있어 행동강령책임관에게(소속기관의 장에게 ×) 신고를 한 경우에는 그러하지 아니하다(동 강령 제16조의3 제2항).
사행성 오락 금지	공무원은 직무관련자와 마작, 화투, 카드 등 우연의 결과나 불확실한 승패에 의하여 금품등 경제적 이익을 취할 목적으로 하는 사행성 오락을 같이 하여서는 아니 된다(동 강령 제16조의4).

5. 경조사의 통지 제한

구분	내용
원칙	공무원은 직무관련자나 직무관련공무원에게 경조사를 알려서는 아니 된다(동 강령 제17조 본문).
예외	다음의 어느 하나에 해당하는 경우에는 경조사를 알릴 수 있다(동 강령 제17조 단서). ① 친족에게 알리는 경우 ② 현재 근무하고 있거나 과거에 근무하였던 기관의 소속 직원에게 알리는 경우 ③ 신문, 방송 또는 직원에게만 열람이 허용되는 내부통신망 등을 통하여 알리는 경우 ④ 공무원 자신이 소속된 종교단체·친목단체 등의 회원에게 알리는 경우

📖 행동강령에 대한 교육

구분	내용
행동강령책임관	① 경찰청, 소속기관, 시·도경찰청, 경찰서에 이 규칙의 시행을 담당하는 행동강령책임관을 둔다(동 강령 제23조). ② 경찰청에 감사관, 시·도경찰청에 청문감사인권담당관, 경찰서에 청문감사인권관을 행동강령책임관으로 한다(소속기관 및 청문감사관제 미운영 관서는 감사업무담당 과장으로 한다).
매년 1회 이상 교육	경찰청장(소속기관장, 시·도경찰청장, 경찰서장 등을 포함한다)은 소속 공무원에 대하여 이 규칙의 준수를 위한 교육계획을 수립·시행하여야 하며, 매년 1회 이상 교육을 하여야 한다(동 강령 제22조 제1항).

제17테마

적극행정과 소극행정

■ 「적극행정 운영규정」【시행 2023. 6. 27.】

중요도 A급

📖 일반론

구분		내용
목적		이 영은 행정부 소속 국가공무원의 적극행정을 장려하고 소극행정을 예방·근절하는 등 국민에게 봉사하는 공직문화를 조성함으로써 국가 경쟁력의 강화와 국민의 삶의 질 향상에 이바지함을 목적으로 한다(동 규정 제1조).
정의	적극행정	공무원이 불합리한 규제를 개선하는 등 공공의 이익을 위해 창의성과 전문성을 바탕으로 적극적으로 업무를 처리하는 행위를 말한다(동 규정 제2조 제1호).
	소극행정	공무원이 부작위 또는 직무태만 등 소극적 업무행태로 국민의 권익을 침해하거나 국가 재정상 손실을 발생하게 하는 행위를 말한다(동 규정 제2조 제2호).
	중앙행정기관	「정부조직법」 제2조 제2항에 따른 중앙행정기관 및 국무조정실(국무총리실 ×)을 말한다(동 규정 제2조 제3호).
다른 법령과의 관계		행정부 소속 국가공무원의 적극행정에 관하여 다른 법령에 규정된 것을 제외하고는 이 영에 따른다(동 규정 제3조).

📖 적극행정의 장려

구분	내용
의견제시 요청	① 자체감사 대상기관의 장은 소속 공무원이 인가·허가·등록·신고 등과 관련한 규제나 불명확한 법령 등으로 인해 업무를 적극적으로 추진하기 곤란한 경우에는 감사기구의 장에게 해당 업무의 처리 방향 등에 관한 의견의 제시를 요청할 수 있다(동 규정 제5조 제1항). ② 의견 제시 요청을 받은 감사기구의 장이 의견을 제시하기 곤란한 경우에는 해당 감사기구의 장이 소속된 중앙행정기관의 장이 감사원에 제1항에 따른 업무의 처리 방향 등에 관한 의견의 제시를 요청할 수 있다(동 규정 제5조 제2항). ③ 공무원은 위원회에 직접 해당 업무의 처리 방향 등에 관한 의견의 제시를 요청할 수 있다(동 규정 제13조).
전담부서 지정	중앙행정기관의 장은 해당 기관의 적극행정 추진에 관한 사항을 총괄·조정하는 적극행정 책임관과 전담부서를 지정해야 한다(동 규정 제6조).

실행계획 수립	① 중앙행정기관의 장은 적극행정 실행계획을 매년 수립·시행해야 한다(동 규정 제7조 제1항). ② 인사혁신처장은 중앙행정기관의 장에게 적극행정 실행계획과 그 성과에 관한 자료의 제출을 요구할 수 있다(동 규정 제7조 제2항). ③ 인사혁신처장은 중앙행정기관의 적극행정 추진사항을 정기적으로 평가하고, 평가 결과에 따라 우수기관 또는 우수공무원에 대해 표창을 수여하거나 포상금을 지급할 수 있다(동 규정 제7조 제3항). ④ 인사혁신처장은 제3항에 따른 평가 결과를 국무회의에 보고해야 한다(동 규정 제7조 제4항).
교육 실시	중앙행정기관의 장은 소속 공무원을 대상으로 적극행정 관련 교육을 연 1회 이상 실시해야 한다(동 규정 제8조 제1항).
우수공무원 선발	중앙행정기관의 장은 반기별로 위원회의 심의를 거쳐 적극행정 우수공무원으로 선발해야 한다(동 규정 제14조 제1항).
인사상 우대조치	중앙행정기관의 장은 선발된 우수공무원 또는 유공공무원에게 적극행정의 성과, 선발된 공무원의 희망, 인사운영 여건 등을 종합적으로 고려하여 인사상 우대 조치 중 하나 이상을 부여해야 한다(동 규정 제15조 제1항).
징계요구 면책	① 공무원이 적극행정을 추진한 결과에 대해 그의 행위에 고의 또는 중대한 과실이 없는 경우에는 징계 요구 또는 문책 요구 등 책임을 묻지 않는다(동 규정 제16조 제1항). ② 공무원이 사전컨설팅 의견대로 업무를 처리한 경우에는 제1항에 따른 면책 요건을 충족한 것으로 추정한다(동 규정 제16조 제2항). ③ 공무원이 제13조에 따라 위원회가 제시한 의견대로 업무를 처리한 경우에는 면책 요건을 충족한 것으로 추정한다(동 규정 제16조 제3항).
징계 면제	① 공무원이 적극행정을 추진한 결과에 대해 그의 행위에 고의 또는 중대한 과실이 없는 경우에는 징계 관련 법령에 따라 징계의결 또는 징계부가금 부과의결을 하지 않는다(동 규정 제17조 제1항). ② 공무원이 사전컨설팅 의견대로 업무를 처리한 경우에는 징계 관계 법령에 따라 징계의결등을 하지 않는다(동 규정 제17조 제2항). ③ 공무원이 제13조에 따라 위원회가 제시한 의견대로 업무를 처리한 경우에는 징계의결등을 하지 않는다(동 규정 제17조 제3항).

📖 적극행정위원회

구분	내용
설치	적극행정 추진에 관한 사항을 심의하기 위하여 각 중앙행정기관에 적극행정위원회를 둔다(동 규정 제11조 제1항).
구성	① 위원회는 위원장 1명을 포함하여 9명 이상 45명 이하의 위원으로 성별을 고려하여 구성한다. 이 경우 위원의 2분의 1 이상은 민간위원으로 한다(동 규정 제12조 제1항). ② 위원회의 위원장은 해당 중앙행정기관의 차관급 공무원 또는 민간위원 중에서 중앙행정기관의 장이 정한다(동 규정 제12조 제2항). ③ 위원회의 위원은 해당 중앙행정기관의 업무에 대한 전문지식과 경험이 풍부한 사람 및 관계 공무원 중에서 중앙행정기관의 장이 임명하거나 위촉하며, 감사기구의 장을 포함해야 한다(동 규정 제12조 제3항). ④ 위원회의 민간위원의 임기는 2년으로 하되, 두 차례만 연임할 수 있다(동 규정 제12조 제4항).
운영	① 위원회의 회의는 위원장과 위원장이 회의마다 지정하는(중앙행정기관의 장이 회의마다 지정하는 ×) 8명 이상의 위원으로 구성한다. 이 경우 위원의 성별을 고려해야 하며, 위원의 2분의 1 이상은 민간위원으로 한다(동 규정 제12조 제5항). ② 위원회의 회의는 제5항에 따른 구성원 과반수의 출석으로 개의하고, 출석위원 과반수의 찬성으로 의결(일반의결정족수)한다(동 규정 제12조 제6항). ③ 위원회의 구성 및 운영에 필요한 사항은 인사혁신처장이 정한다(동 규정 제12조 제9항).

📖 소극행정의 예방·근절

구분		내용
유형	적당편의	문제해결을 위해 노력하지 않고, 적당히 형식만 갖추어 부실하게 처리하는 행태
	업무해태	합리적인 이유 없이 주어진 업무를 게을리하여 불이행하는 행태
	탁상행정	법령이나 지침 등의 변화에도 불구하고 과거 규정에 따라 업무를 처리하거나, 기존의 불합리한 업무관행을 그대로 답습하는 행태
	관 중심 행정	직무권한을 이용하여 부당하게 업무를 처리하거나, 국민의 편익을 위해서가 아니라 자신과 소속 기관의 이익을 위해 자의적으로 처리하는 행태
신고		① 누구든지 공무원의 소극행정을 소속 중앙행정기관의 장이나 제3항에 따른 소극행정 신고센터(국민권익위원회에 설치)에 신고할 수 있다(동 규정 제18조의3 제1항). ② 국민권익위원회는 중앙행정기관 소속 공무원의 소극행정 예방 및 근절을 위해 소극행정 신고센터를 운영하고, 중앙행정기관의 장에게 제1항에 따른 신고사항에 대해 적절한 조치를 하도록 권고할 수 있다(동 규정 제18조의3 제3항). ③ 제3항에 따른 소극행정 신고센터의 운영과 신고사항의 처리 절차 등에 관한 세부 사항은 국민권익위원회가 정한다(동 규정 제18조의3 제4항).
예방·근절		징계의결등 요구권자는 소속 공무원의 소극행정이 발생한 경우 징계 관계 법령에 따라 징계의결등을 요구하는 등 필요한 조치를 해야 한다(동 규정 제19조).

제18테마

경찰의 적극행정에 대한 면책

중요도 A급

「경찰청 적극행정 면책제도 운영규정」【시행 2022. 10. 7.】

📖 일반론

구분		내용
목적		이 규정은 경찰청 소속 공무원 등이 공익을 증진하기 위해 성실하고 능동적으로 업무를 처리하는 과정에서 부분적인 절차상 하자 등의 부작용이 발생하였더라도 일정 요건을 충족한 경우 관련 공무원 등에 대하여 징계 등 불이익한 처분 및 처분요구 등을 하지 않거나 감경 처리하는 「적극행정 면책제도」의 적용대상과 요건, 운영절차 등을 정함을 목적으로 한다(동 운영규정 제1조).
정의	적극행정	경찰청 및 그 소속기관의 공무원 또는 산하단체의 임·직원이 국가 또는 공공의 이익을 증진하기 위해 성실하고 능동적으로 업무를 처리하는 행위 (동 운영규정 제2조 제1호).
	면책	적극행정 과정에서 발생한 부분적인 절차상 하자, 비효율, 손실 등과 관련하여 그 업무를 처리한 경찰청 소속 공무원 등에 대하여 책임을 묻지 않거나 감면하는 것(동 운영규정 제2조 제2호).
	감사 책임자	현장에서 감사활동을 지휘하는 자를 말하며 감사단장 등 현장 지휘자가 없을 경우에는 감사담당관 또는 감찰담당관을 말한다(동 운영규정 제2조 제3호).
	사전컨설팅 감사	불합리한 제도 등으로 인해 적극적인 업무 수행이 어려운 경우, 해당 업무의 수행에 앞서 업무 처리 방향 등에 대하여 미리 감사의견을 듣고 이를 업무처리에 반영하여 적극행정을 추진하는 것(동 운영규정 제2조 제4호).
	사전컨설팅 대상기관·부서의 장	① 각 시·도경찰청장, 부속기관의 장, 산하 공직유관단체의 장, 경찰청 관·국의 장을 말한다(동 운영규정 제2조 제5호). ② 경찰청장은 포함되지 않는다.

📖 적극행정에 대한 면책

구분	내용
대상	이 규정에 의한 면책은 경찰청 및 그 소속기관의 공무원 또는 산하단체의 임·직원 등에게 적용된다(동 운영규정 제4조).
요건	① **자체 감사를 받는 사람이 적극행정 면책을 받기 위해서는** 다음의 요건을 모두 갖추어야 한다(동 운영규정 제5조 제1항). 　　㉠ 감사를 받는 사람의 업무처리가 공공의 이익을 위한 것일 것 　　㉡ 감사를 받는 사람이 대상 업무를 적극적으로 처리한 결과일 것 　　㉢ 감사를 받는 사람의 행위에 고의나 중대한 과실(경과실 ×)이 없을 것 ② 자체감사를 받는 사람이 다음의 요건을 모두 갖추어 업무를 처리한 것으로 인정되는 경우에는 그 행위에 고의나 중대한 과실이 없는 경우에 해당하는 것으로 추정한다(동 운영규정 제5조 제2항). 　　㉠ 자체감사를 받는 사람과 대상 업무 사이에 사적인 이해관계가 없을 것 　　㉡ 대상 업무를 처리하면서 중대한 절차상의 하자가 없었을 것
제외	업무처리과정에서 기본적으로 지켜야 할 의무를 다하지 않았거나 다음에 해당하는 경우에는 면책 대상에서 제외한다(동 운영규정 제6조). ① 금품을 수수한 경우 ② 고의·중과실, 무사안일 및 업무태만의 경우 ③ 자의적인 법 해석 및 집행으로 법령의 본질적인 사항을 위반한 경우 ④ 위법·부당한 민원을 수용한 특혜성 업무처리를 한 경우 ⑤ 그 밖에 위 각 호에 준하는 위법·부당한 행위를 한 경우

📖 사전컨설팅 감사

구분	내용
원칙	사전컨설팅 대상 기관 및 대상 부서의 장은 불합리한 제도 등으로 인하여 공공의 이익이 훼손되는 일이 없도록 사전컨설팅 감사를 적극 활용하여야 한다(동 운영규정 제14조).
대상	① **사전컨설팅 대상 기관등의 장은** 다음의 어느 하나에 해당하는 업무를 수행하기 전에 감사관에게 사전컨설팅 감사를 신청할 수 있다(동 운영규정 제15조 제1항). 　　㉠ 인가·허가·승인 등 규제관련 업무 　　㉡ 법령·행정규칙 등의 해석에 대한 이견 등으로 인하여 능동적인 업무처리가 곤란한 경우 　　㉢ 그 밖에 적극행정 추진을 위해 감사관이 필요하다고 인정하는 경우 ② 행정심판, 소송, 수사 또는 타 기관에서 감사 중인 사항, 타 법령에서 정하고 있는 재심의 절차를 거친 사항 등은 사전컨설팅 감사 대상에서 제외한다(동 운영규정 제15조 제2항).

구분	내용
신청	사전컨설팅 대상 기관등의 장은 사전컨설팅 감사가 필요하다고 인정되는 경우 충분한 자체 검토를 거친 후 신청서를 작성하여 감사관에게 제출할 수 있다(동 운영규정 제16조 제1항).
심사기준	① 감사관은 사전컨설팅 감사 신청서가 다음의 요건을 모두 충족한 경우에 처리한다(동 운영규정 제17조 제1항). 　㉠ 업무처리의 목적이 공공의 이익을 위한 경우로서 관련 공무원 등의 사적 이익 취득이나 특정인에 대한 특혜 부여 등의 비위가 없을 것 　㉡ 법령상의의무 이행, 정부정책의 수립이나 집행, 국민 편익 증진 등을 위해 모든 여건에 비추어 해당 업무를 추진·처리해야 할 필요성과 타당성이 있을 것 ② 감사관은 제1항에도 불구하고 관련 공무원 등이 업무처리 과정에서 기본적으로 지켜야 할 의무를 다하지 않았거나 다음의 어느 하나에 해당하는 경우에는 사전컨설팅 감사 신청서를 반려하여야 한다(동 운영규정 제17조 제2항). 　㉠ 금품수수, 고의·중과실, 무사안일 및 직무태만의 경우 　㉡ 자의적인 법 해석 및 집행으로 법령의 본질적인 사항에 위배되는 경우 　㉢ 위법·부당한 민원을 수용한 특혜성 업무처리의 경우 　㉣ 관련 법령 등에 명확하게 규정되어 있는데도 단순 민원해소 등을 위해 소극행정·책임회피 수단으로 신청하는 경우 　㉤ 그 밖에 위 각 호에 준하는 위법·부당한 행위
실시	사전컨설팅 감사는 서면감사를 원칙으로 하되, 현지 확인 등 실지감사를 함께 할 수 있다(동 운영규정 제18조 제1항).
처리	① 감사관은 사전컨설팅 감사 접수일로부터 30일 이내에 사전컨설팅 감사 의견서를 작성하여 신청서를 제출한 사전컨설팅 대상 기관 등의 장에게 통보하여야 한다. 다만, 사안이 복잡하거나 신중한 처리 등을 위하여 필요한 경우 그 사유를 소명하여 기간을 연장할 수 있다(동 운영규정 제19조 제1항). ② 제1항에 따라 사전컨설팅 감사 의견서를 통보받은 사전컨설팅 대상 기관 등의 장은 특별한 사정이 없으면 사전컨설팅 감사 의견을 반영하여 해당 업무를 처리하여야 한다(동 운영규정 제19조 제2항).
효력	① 감사관은 사전컨설팅 감사 의견을 반영하여 적극행정을 추진한 결과에 대하여 자체감사규정에 따른 감사 시 책임을 묻지 아니한다(동 운영규정 제20조 제1항). ② 감사관은 사전컨설팅 감사 신청서를 검토한 결과 불합리한 제도 등의 개선이 필요하다고 판단되는 경우, 소관 기관 또는 부서에 제도 개선 등 필요한 조치를 요청할 수 있다(동 운영규정 제20조 제2항).
이행결과 제출	① 사전컨설팅 대상 기관 등의 장은 사전컨설팅 감사 의견을 업무에 반영·처리한 결과를 작성하여 감사관에게 제출하여야 한다(동 운영규정 제21조 제1항). ② 불합리한 제도 등의 개선 조치 요청을 받은 기관 및 부서의 장은 사전컨설팅 감사 조치결과 통보서를 작성하여 감사관에게 제출하여야 한다(동 운영규정 제21조 제2항).

제19테마

범죄원인이론

중요도 A급

📖 범죄발생의 4가지 요소 : 실리(Sheley)

구분	내용
요소	실리(Sheley)에 따르면, 범죄가 발생하기 위해서는 범행동기, 사회적 제재로부터의 자유, 범행기술, 범행기회라는 4가지 요소들이 필요하다 (암기TIP 3기 자유).
상호작용	4가지 요소 각각은 범죄실행의 필요조건이지만 충분조건은 되지 못하므로, 범죄실행이 가능하기 위해서는 이들 4가지 요소가 상호작용하여야 한다.

📖 고전주의 범죄학(18세기 – 인간의 자유의지 긍정)

구분	내용(베카리아 & 벤담)
내용	① 인간을 자유의지를 가진 합리적 인간으로 전제한다(의사비결정론). ② 범죄는 일을 덜 하고도 더 많은 보수를 얻을 수 있어서 다른 방법보다 매력이 있어 범죄를 선택하기 쉽다(객관주의). ③ 가장 효과적인 범죄예방은 범죄를 선택하지 못하게 하는 형벌이다(일반예방주의). ④ 범죄행위 그 자체에 초점을 주며, 형벌은 엄격하고, 확실하고, 신속해야 한다.
특징	범죄를 발생시킨 외생변수는 무시하고 그 결과만을 가지고 범죄원인을 분석하므로 의사비결정론, 객관주의, 일반예방주의를 그 특징으로 한다.
영향	고전주의 범죄학은 범죄예방이론 중 억제이론과 합리적 선택이론에 영향을 미쳤다.

📖 실증주의 범죄학(19세기 – 인간의 자유의지 부정)

구분	내용(콩트)
내용	① 범죄가 범죄자 개인의 자유의지보다는 외부적 요소에 의해 강요되는 것이라고 보았다(의사결정론). ② 관심의 초점을 범죄행위로부터 범죄인에게로 전환하였다(주관주의).
특징	범죄인의 처우와 교정전문가들의 역할을 강조하고 형사처분의 다양화를 주장하므로 의사결정론, 주관주의, 특별예방주의를 그 특징으로 한다.
영향	실증주의는 범죄예방이론 중 치료 및 갱생이론에 영향을 미쳤다.

사회학적 범죄학(20세기) : 사회구조이론 + 사회과정이론

1. 사회구조이론

이론	학자	내용
아노미 이론	뒤르켐 (Durkeim)	① 사회규범이 붕괴되어 제대로 작용하지 못하는 상태를 아노미 상태라고 한다. ② 무규범 및 억제력 상실의 상태에서 범죄가 발생한다.
긴장 이론	머튼 (Merton)	① 병리적 사회구조가 특정한 사회 부분에 긴장을 유발시키고, 이것이 어떻게 비행으로 나아가는지를 설명한다. ② 목표(주로 경제적 성공)와 그 목표를 이루기 위한 수단과의 간극이 커지면서 아노미 조건이 유발되어 분노와 좌절이라는 긴장이 초래되고, 그 목적을 달성하기 위한 수단으로서 범죄를 선택한다.
일반긴장 이론	애그뉴 (Agnew)	① 머튼의 긴장이론을 바탕으로 일반긴장이론을 주장하였다. ② 인간에게 긴장으로 초래하는 것은 경제적 성공의 좌절뿐만이 있는 것은 아니다. ③ 사회가 가치 있게 여기고 있는 목표를 달성하지 못하게 되면 긴장이 유발된다. ④ 자기에게 긍정적인 자극을 주고 있는 것들이 제거되거나 박탈당했을 때 또는 자기에게 부정적인 자극이 출현했을 때 긴장이 유발된다.
생태학 이론 (동심원 이론)	파크 (Park) 버제스 (Burgess)	① 지역별 특징에 따라 중심상업지역, 퇴행변이지역, 노동자계층지역, 중간계급지역, 교외지역으로 구분한다. ② 한 지역사회가 다른 지역사회를 지배하고, 이러한 과정에서 경계선에 있는 지역은 문화적 갈등을 일으켜 범죄가 발생한다.
하위문화 이론	코헨 (Cohen) 밀러 (Miller)	① 코헨은 하위계층의 청소년들이 중류계층에 대한 저항으로 비행을 저지르며 목표와 수단과의 괴리를 극복하기 위해 자신들만의 고유한 문화를 형성하게 되는데, 그 하위문화에서 범죄가 발생한다고 하였다. ② 밀러는 범죄는 하위문화의 가치와 규범이 정상적으로 반영된 것이라고 하였다.
사회해체 이론	쇼 (Shaw) 맥케이 (Mckay)	① 도심지의 슬럼지역에서 비행이 일반화되는 이유는 산업화 및 도시화 과정에서 그 지역의 사회조직이 극도로 해체되었기 때문이다. ② 구성원이 바뀌더라도 비행발생률은 감소하지 않는다고 본다.
문화갈등 이론	셀린 (Sellin)	① 1차적 갈등이란 행위를 지배하는 서로 다른 문화가 있을 때 어떤 사람이 다른 문화 속으로 유입되었을 경우에 느끼는 감정을 의미하고, 2차적 갈등이란 큰 문화 속에서 그보다 작은 문화가 일으키는 갈등을 의미한다. ② 행위규범의 갈등은 심리적 갈등의 원인이 되고, 결국에는 범죄의 원인이 된다 (예 기성세대와 신세대의 갈등).
문화전파 이론	쇼 (Shaw) 맥케이 (Mckay)	① 범죄도 문화와 같이 부모로부터 아이에게 전해진다. ② 성장과정에서 정상적인 사회와 과정을 거치지 않고 비행성 등 범죄를 일으킬 수 있는 성향을 띠게 된다. ③ 범죄를 부추기는 가치관으로의 사회화나 자기통제의 상실을 범죄의 원인으로 본다.

2. 사회과정이론(사회통제이론)

이론	학자	내용
견제 이론	렉클레스 (Reckless)	① 강력한 내면적 통제와 이를 보강하는 외부적 통제가 사회적·법적 행위규범의 위반에 대한 하나의 절연체를 구성한다. ② 좋은 자아관념은 주변의 범죄적 환경에도 불구하고 비행행위에 가담하지 않도록 하는 중요한 요소가 된다.
동조성 전념이론	브라이어 (Briar) 필리아빈 (Piliavin)	① 일정한 원인으로 발생하는 관습적 목표를 지향하려는 노력으로 인해 인간의 목표달성 행위를 전념시킴으로서 인간의 범행잠재력을 통제하게 되어 상황적 일탈을 감소시킨다. ② 동조성 전념이 강한 사람은 동조성 전념이 약한 사람보다 범죄행위 가담성이 낮다.
사회유대 이론	허쉬 (Hirschi)	① 사회적 유대가 약해지면 일탈의 가능성이 범죄로 발현된다. ② 비행을 억제하는 사회적 요소에는 애착, 전념, 참여, 신념의 4가지 요소(암기 TIP 애전참신)가 있다.
자기통제 이론	갓프레드슨 (Gottfredson) 허쉬 (Hirschi)	① 자기통제력이 높은 사람은 범죄를 저지를 가능성이 낮으며, 자기통제력이 낮은 사람은 범죄를 저지를 가능성이 높다. ② 낮은 자기통제력과 범죄 환경이 만날 때 범죄가 발생한다.
낙인 이론	탄넨바움 (Tannenbaum)	① 어떤 행위가 일탈이라고 낙인찍히면 그러한 행위를 한 자는 일탈자가 되는데, 이러한 낙인을 찍는 행위는 사회적으로 힘 있는 사람들에 의해서 행해진다. ② 한번 일탈자라고 낙인 찍힌 자들이 스스로 일탈자라고 인식하여 자기관념에 영향을 미치게 되면, 이것이 완전한 범죄인으로 만드는 결과를 낳게 된다. ③ A경찰서가 관내에서 음주소란과 폭행 등으로 적발된 청소년들을 형사입건하는 대신 지역사회 축제에서 실시되는 행사에 보안요원으로 봉사할 수 있는 기회를 제공하는 것은 낙인이론에 기인하는 것이다.

3. 사회과정이론(사회학습이론)

이론	학자	내용
차별적 접촉이론	서덜랜드 (Sutherland) 크레시 (Cressey)	① 범죄행위는 다른 사람들과 상호작용(접촉, 참가, 동조)을 수행하는 과정에서 학습된다. ② 서덜랜드(Sutherland)는 쇼(Shaw)와 맥케이(Mckay)의 사회해체 개념에 대비해 이를 '사회적 분화'라는 개념으로 설명하며 개인의 학습을 '사회적 학습'이라고 규정하였다. ③ 서덜랜드(Sutherland)는 직업 과정에서 존경과 높은 사회적 지위를 가진 사람에 의해 저질러진 범죄로 화이트칼라(white-collar) 범죄를 처음으로 정의하였다. ㉠ 전형적인 화이트 칼라 범죄로는 임금절도, 사기, 뇌물, 폰지 사기, 내부자 거래, 횡령, 사이버 범죄, 저작권 침해, 돈세탁, 신분도용, 위조 등이 포함될 수 있다(살인, 강도, 강간 등은 ×). ㉡ 사람들의 눈에 잘 띄지 않아 발견이 어렵고, 사람들도 무관심하지만 이런 현상이 지속되면 국민들로 하여금 자포자기 의식을 갖게 만들어 사회에 미치는 해독이 큰 범죄이다.
차별적 동일시이론	글래져 (Glaser)	청소년들이 영화의 주인공을 모방하고 자신과 동일시하여 범죄를 학습하게 되고, 그러한 과정에서 범죄가 발생한다.
차별적 강화이론	버제스 (Burgess) 에이커스 (Akers)	① 청소년들의 비행행위는 처벌이 없거나 칭찬을 받게 되면 비행행위가 강화되어 반복적으로 저질러진다. ② 범죄행위의 결과로서 보상이 취득되고 처벌이 회피될 때 그 행위는 강화되는 반면, 보상이 상실되고 처벌이 강화되면 그 행위는 약화된다.
중화기술이론 (변명의 기술)	맛차 (Matza) 사이크스 (Sykes)	① 범죄자는 자기의 범죄나 비행행위에 대하여 자신 또는 타인들로부터의 비난을 의식적으로 합리화 내지 정당화시킴으로써 그 비난을 벗어난 안도감에서 범죄를 저지른다. ② 청소년은 비행의 과정에서 합법적·전통적 관습, 규범, 가치관 등을 중화시킨다. ③ 중화기술의 5가지 유형을 다음과 같이 제시한다. ㉠ 행위에 대한 책임의 회피(예 겁만 주려 했다) ㉡ 행위로 인한 피해발생의 부정(예 빌린거다) ㉢ 피해자의 부정(예 맞을 짓을 한 것이다) ㉣ 보다 높은 충성심에의 호소(예 사랑이다) ㉤ 비난자에 대한 비난(예 너는 깨끗하냐)

제20테마
범죄예방이론

중요도 A급

📖 범죄예방의 유형

구분		내용
제프리 (Jeffery)	범죄억제모델	형벌을 통해서 범죄를 억제한다.
	사회복귀모델	범죄자의 치료와 갱생정책을 통해서 범죄를 통제한다.
	범죄예방모델	사회환경개선을 통해서 범죄를 통제한다.
브랜팅햄 (Brantingham) 파우스트 (Faust)	1차적 범죄예방	일반대중을 대상으로 범죄원인이 되는 물리적·사회적·경제적 환경조건들을 개선시키는 데 초점을 둔다.
	2차적 범죄예방	잠재적 범죄자를 대상으로 초기에 발견하고 비합법적 행위가 발생하기 전에 예방하고자 하는 것이다.
	3차적 범죄예방	실제 범죄자를 대상으로 범죄자들이 더 이상 범죄를 저지르지 않도록 하는 활동이다.

📖 억제이론(고전주의 범죄예방이론)

구분	내용
의의	① 억제이론은 18세기 고전학파 범죄이론을 바탕으로 하여, 형벌의 억제효과를 통해서 범죄를 예방하고자 하는 시도이다. ② 범죄에 대한 책임은 전적으로 개인에게 있음을 강조하고, 범죄자보다 범죄행위에 관심을 집중한다. ③ 형벌을 통한 범죄억제가 효과적이기 위해서 처벌의 신속성, 확실성, 엄격성이 요구된다.
한계	① 합리적 선택이론에 근거하고 있어서 절도 등의 재산범죄에는 어느 정도 적용되지만, 폭력과 같은 충동적 범죄에는 적용되기 어렵다. ② 어떤 범죄를 저지르면 어떤 처벌을 받을 것이라는 것을 일반시민이 인지하고 있어야 하지만, 현실은 그렇지 못하다.

치료 및 갱생이론(실증주의 범죄예방이론)

구분	내용
의의	① 치료 및 갱생이론은 19세기 실증주의 범죄이론을 바탕으로 하여, 범죄자를 내재적인 결함이 있는 존재로 봄으로써 범죄자는 처벌받아야 하는 것이 아니라 치료받아야 한다고 주장하였다. ② 범죄를 개인의 책임이 아니라 사회적 책임으로 인식하고, 범죄행위보다 범죄자의 속성에 더 관심을 두었다.
한계	① 비교적 비용이 많이 든다. ② 적극적인 범죄예방에는 한계가 있다. ③ 수형자는 자유인의 환경에 적응하는 것이 아니라 수형자의 환경에 더 잘 적응한다.

현대적 범죄예방이론

1. 상황적 범죄예방이론

이론	학자	내용
합리적 선택이론	클락 (Clarke) 코니쉬 (Cornish)	① 인간의 자유의지를 인정하는 의사비결정론적(의사결정론적 ×) 인간관계에 입각하여 범죄자는 자신의 범죄행위에 있어서 비용과 이익을 계산하고, 자신에게 유리한 경우에 범죄를 행한다. ② 체포의 위험성과 처벌의 확실성을 높여야 한다. ③ 미시적(거시적 ×) 범죄예방모델에 입각한 일반예방효과(특별예방효과 ×)에 중점을 둔다.
일상생활이론 (일상활동이론)	코헨 (Cohen) 펠슨 (Felson)	① 모든 개인을 잠재적 범죄자로 파악한다. ② 지역사회의 차등적 범죄율과 변화를 개인들의 일상활동의 변화에서 찾고 있다. ③ 구체적·미시적 범죄분석에 중점을 둔다. ④ 범죄는 범죄를 저지르고자 하는 범죄자, 범죄에 적당한 대상, 보호자의 부재라는 3가지 조건이 충족될 때 발생한다. ⑤ 범죄자의 속성을 범죄의 결정적 요소로 보지 않는다. ⑥ 범죄자의 입장에서 범죄를 결정하는 4가지 요소로 대상의 가치(Value), 이동의 용이성(Inertia), 가시성(Visibility), 접근성(Access)을 제시하였다(VIVA 모델).
범죄패턴이론	브랜팅햄 (Brantingham)	① 범죄에는 일정한 장소적 패턴(시간적 패턴 ×)이 있으며, 이는 범죄자의 일상적인 행동패턴과 유사하다. ② 지리적 프로파일링을 통한 범죄지역의 예측활성화에 기여함으로써 연쇄범죄 해결에 유용하다.
한계성		① 범죄기회를 줄인다고 해서 실제적으로 범죄가 줄어드는 것이 아니라 다른 곳으로 전이되어 전체 범죄는 줄어들지 않는다(전이효과). ② 모든 사람을 잠재적 범죄인으로 보아 범죄를 줄이기 위해 개인의 사생활 등을 국가가 과도하게 통제하여 인권이나 기본권이 침해될 수 있다(국가통제사회).

2. 방어공간이론(환경범죄학) : 뉴먼(Newman)

구분		내용
의의		주거에 대한 영역성의 강화를 통해 주민들이 살고 있는 지역이나 장소를 자신들의 영역이라 생각하고 감시를 게을리하지 않으면 어떤 지역이든 범죄로부터 안전할 수 있다.
구성요소 (영감이환)	영역성	지역에 대한 소유의식은 일상적이지 않은 일이 있을 때 주민들로 하여금 행동을 취하도록 자극한다.
	감시	특별한 장치의 도움 없이 실내와 실외의 활동을 관찰할 수 있는 능력이다.
	이미지	지역의 외관이 다른 지역과 고립되어 있지 않고 보호되고 있으며, 범행을 하기 쉬운 대상이라는 느낌을 주지 않도록 이미지를 설계한다.
	환경	안전하다고 생각되는 도시지역에 주거지역을 선정한다.

3. 집합적 효율성이론 : 샘슨(Sampson)

구분	내용
의의	지역주민 간의 상호신뢰·연대감과 범죄에 대한 적극적 개입의 결합을 의미한다.
특징	① 지역사회 구성원들이 범죄문제를 해결하기 위하여 적극적으로 참여하는 것이 중요한 범죄예방의 핵심이다. ② 사회해체가 심한 지역은 지역주민 간의 사회적 응집력과 범죄문제 해결을 위한 지역주민 간의 협력이 부족하여 범죄통제력이 낮아지고 범죄피해율이 높아진다.

4. 깨어진 유리창 이론 : 윌슨(Wilson)과 켈링(Kelling)

구분	내용
의의	무질서한 행위와 환경을 그대로 방치하면 주민들은 공공장소를 회피하게 되고 범죄에 대한 두려움을 증가시키며, 증가된 무질서와 약화된 사회통제는 범죄를 증가시킨다.
특징	① 직접적인 피해자가 없는 사소한 무질서행위에 대한 경찰의 강경한 대응을 강조한다(무관용의 원칙). ② 무관용 경찰활동은 1990년대 뉴욕에서 본격적으로 시행되었다. ③ 경미한 비행자에 대한 무관용 개입은 낙인효과를 유발할 수 있다는 비판이 있다. ④ 경미한 무질서에 대한 무관용의 정책과 집합적 효율성 강화가 범죄예방에 효과적이다.

제21테마

환경설계를 통한 범죄예방(CPTED)

중요도 B급

구분		내용
의의		① 물리적 환경의 설계를 통해 범죄기회를 차단하고, 범죄자에게는 범죄로 인한 이익보다는 비용을 많이 발생하게 함으로써, 범죄를 포기하도록 하는 범죄예방기법을 의미한다. ② 제프리(Jeffery)가 처음으로 CPTED라는 용어를 사용하였다.
기본원리	자연적 감시	자연적 감시란 건축물이나 시설을 설계함에 있어 가시권을 최대한 확보하고, 범죄행위에 대한 감시기능을 확대함으로써, 범죄기회를 감소시키거나 범죄를 포기하도록 하는 원리이다(예 조명, 조경, 가시권 확대를 위한 위치선정 등).
	(자연적) 접근통제	접근통제란 일정한 지역에 접근하는 사람들을 정해진 공간으로 유도하거나 외부인의 출입을 통제하도록 설계하여, 접근에 대한 심리적 부담을 증대시켜 범죄를 예방하는 원리이다(예 차단기, 방범창, 잠금장치, 통행로의 설계, 출입구의 최소화 등).
	영역성의 강화 (사적 공간)	영역성의 강화란 사적 공간에 대한 경계를 표시함으로써 주민들의 책임의식 및 소유의식을 증대시키고, 사적 공간에 대한 관리권과 권리를 강화시키며, 외부인들에게는 침입에 대한 불법사실을 인식시켜 범죄기회를 차단하는 원리이다(예 사적·공적 공간의 분리, 울타리·펜스의 설치 등).
	활동성의 증대 (공적 공간)	활동성의 증대란 지역사회 설계시 주민들이 모여서 상호의견을 교환하고 유대감을 증진할 수 있는 공공장소를 설치·이용하도록 함으로써, 거리의 눈을 활용한 자연적 감시와 접근통제의 기능을 확대하는 원리이다(예 놀이터·공원의 설치, 체육시설의 접근성과 이용의 증대, 벤치 및 정자의 설치 등).
	유지관리	기능의 유지관리란 처음 설계된 대로 혹은 개선된 의도대로 기능을 지속적으로 유지·관리함으로써, 범죄예방을 위한 환경설계의 장기적·지속적 효과를 유지하는 원리이다(예 파손의 즉시 보수, 청결유지, 조명 및 조경의 관리 등).

제22테마
지역사회 경찰활동(Community Policing)

중요도 A급

📖 일반론

구분	내용
의의	지역사회의 범죄나 무질서 등의 문제를 발견하고 지역사회의 모든 자원을 동원하여 그 문제의 해결책을 찾는 경찰과 지역사회의 공동노력이다.
특징 (스콜닉)	① 지역사회의 비공식적 통제능력을 행사하여 범죄예방 ② 순찰체계는 차량순찰에서 도보순찰로 전환 ③ 주민에 대한 경찰책임성의 중시 ④ 정책결정과정에서의 주민참여를 포함한 권한의 분산화

📖 전통적인 경찰활동과 지역사회 경찰활동의 비교

구분	전통적인 경찰활동	지역사회 경찰활동
주체	경찰이 법집행의 책임을 지는 유일한 정부기관임	경찰과 시민 모두에게 범죄방지의무가 있음
경찰의 역할	범죄해결(법집행자, 범죄해결자)	문제해결(서비스제공, 문제해결자)
업무평가 방식	범인 검거율(사후통제)	범죄 및 무질서의 감소율(사전통제)
업무의 우선순위	범죄와 폭력의 퇴치	범죄와 폭력의 퇴치 + 주민 문제해결
효율성의 측정	범죄 신고에 대한 반응시간	주민의 경찰업무에의 협조의 정도
가장 중요한 정보	범죄사건 정보	범죄자 정보
언론 부서 역할	비판 여론 차단	원활한 소통창구
조직구조	집권화	분권화
타 기관과의 관계	권한과 책임 문제로 인한 갈등구조	공동목적 수행을 위한 협동·상생구조
강조사항	법과 규범에 의한 규제	분권화된 경찰관 개개인의 능력 강조

📖 지역사회 경찰활동 프로그램

구분		내용
지역중심적 경찰활동	의의	지역사회와 경찰 사이의 새로운 관계를 증진시키는 조직적인 전략 및 원리로서, 지역사회에서의 전반적인 삶의 질 향상을 목표로 한다.
	내용	경찰과 지역사회가 전반적인 지역의 문제들을 확인하고 우선순위를 정하여 해결하고자 노력한다.
전략지향적 경찰활동	의의	① 경찰활동과 관련하여 경찰은 확인된 문제들에 대해서 경찰의 자원을 재분배하고 전통적인 경찰활동 및 절차들을 이용하는 것을 의미한다. ② 범죄의 요소나 사회 무질서의 원인을 제거하고 지역사회를 교정하는데 있어서 지역사회에 그 기초를 확립할 기회를 제공해 주는 것이다. ③ 경찰의 전문적인 범죄진압능력을 향상시키는 것을 포함하고 있다.
	내용	① 관할구역을 넘어서 활동하는 직업적 범죄자들과 조직범죄들을 그 목표로 한다. ② 광역성 범죄를 통제하기 위하여 여러 관할을 담당하는 특별수사대, 전문 수사반 등을 이용한다. ③ 지역사회의 참여가 경찰의 중요한 측면임을 인식하고, 법집행을 한다.
이웃지향적 경찰활동	의의	① 1960년대에 처음으로 시작되었고, 대표적인 학자는 윌리엄스(Williams)이다. ② 지역주민들이 서로 친밀한 관계를 유지하여 이웃사람들의 습관이나 일상 활동에 대해 잘 알게 되면 자신들의 구역 내에서 의심스러운 사람이나 행동을 쉽게 발견할 수 있어 이를 통해 지역 내의 범죄를 예방하려는 프로그램이다.
	내용	① 지역에서 범죄는 비공식적 사회통제의 약화와 경제적 궁핍이 소외를 정당화하기 때문에 발생한다. ② 지역조직은 거주자들에게 지역에 관한 정보를 제공하여 경찰과 협동해서 범죄를 억제하는 기능을 수행하여야 한다. ③ 지역조직은 경찰관에게 중요한 역할을 부여받으며, 서로를 위해 감시하고 공식적인 민간순찰을 실시한다.
문제지향적 경찰활동	의의	① 경찰이 사건에 토대를 둔 반응전략에서 문제지향적 전략으로 바꿔야 한다는 것이다. ② 골드슈타인(Goldstein)이 제시한 문제지향적 경찰활동은 지역사회로부터의 투입과 함께 그 문제를 해결하는 데 일차적인 관심을 가지는 경찰활동이다.
	내용	① 문제해결 과정은 조사(Scanning) → 분석(Analysis) → 대응(Response) → 평가(Assessment)순으로 이루어진다(SARA모델 : 에크 & 스펠만). ② 일선경찰관에게 문제해결권한과 필요한 시간을 부여하고 범죄분석 자료를 제공하며, 대중정보와 비평을 적극적으로 수용할 수 있어야 한다.
	과정	① 조사란 문제라고 여겨지는 개인과 관련되는 사건들을 유형별로 분류하고 문제들을 조사하는 과정으로서, 문제의 범주를 넓히는 단계이다. ② 분석이란 발견된 문제의 원인과 범위, 그리고 효과들을 파악하는 것으로서, 경찰과 지역사회와의 협력이 필요한 단계이다. ③ 대응이란 분석된 문제의 원인을 제거하는 등 문제를 해결하기 위하여 행동하는 단계이다. ④ 평가란 대응책이 적절하였는지 여부를 평가하는 단계로서, 효과평가와 성과평가로 구분된다.

정보기반 경찰활동	의의	① 범죄를 감소시키기 위해서는 범죄의 정보와 분석기법을 통합한 법집행 위주의 경찰활동이다. ② 지역사회정보와 감시, 범죄의 분석 등을 통해 정보에 입각한 범죄다발지역에 대한 강력한 순찰 및 법집행, 그리고 범죄예방활동을 진행한다(⑩ 지리정보시스템의 활용 등). ③ 경찰의 효과성 향상을 위한 전략으로 볼 수 있다.
	배경	지역사회 경찰활동이나 문제지향적 경찰활동이 범죄의 해결보다는 근분적인 지역의 문제에 더욱 치중한다고 보아, 이것이 경찰활동을 비효율적으로 만드는 것이라고 비판하면서 이에 대한 개선의 필요성으로 제시되었다.
증거기반 경찰활동	배경	1990년대 후반 셔먼(Sherman)이 경찰활동을 방법론적으로 엄격히 평가하는 연구활동이 필요하다고 주장하였다.
	내용	① 엄격하고 체계적인 연구들은 경찰에게 편향되지 않은 객관적인 정보를 제공하고 보다 효과적인 정책결정을 이끌 수 있다. ② 연구결과를 수용하고 이를 정책 활동에 반영하려는 일선 경찰관들의 능동적인 태도와 수용의지는 증거기반 경찰활동의 성공적인 도입과 실행에 핵심적인 요인이다.

📖 순찰활동

구분		내용
기능	해일 (Hale)	순찰의 기능을 범죄예방과 범인검거, 법집행, 질서유지, 대민서비스 제공, 교통지도단속 등 5가지로 설명한다(암기TIP 범법질교대).
	워커 (Walker)	순찰은 경찰활동의 핵심이며 범죄의 억제, 공공안전감의 증진, 대민서비스 제공의 기능을 한다(암기TIP 범공대).
연구	뉴욕경찰 25구역 (1954~1966)	맨하탄 동부 25구역에 4개월간 경찰관을 2배로 증원·배치하여 순찰근무를 하게 되었다(불완전 실험으로서 그 신뢰도가 낮다).
	캔자스시 예방순찰 (1972)	순찰의 증감이 범죄율과 시민의 안전감에 영향을 미치지 못한다는 결과를 도출하여 경찰의 순찰활동 전략을 재고하게 만든 최초의 과학적 연구라는데 그 의의가 있다.
	뉴어크시 도보순찰 (1978~1979)	도보순찰을 증가시켜도 범죄발생은 감소되지 않았으나, 주민들은 자신들의 구역 내에서 범죄가 감소하고 있다고 생각하였다.
	플린트시 도보순찰 (1979)	범죄가 실험기간 동안에 증가하였음에도 불구하고, 도보순찰의 결과 시민들은 오히려 더 안전하다고 느끼고 있음이 밝혀졌다.

제23테마

범죄피해자학

중요도 C급

📖 범죄피해자학에서 다루고 있는 문제점

구분	내용
범죄와의 근접성	피해자와 범죄자의 물리적 근접성으로 피해의 가능성은 증가하게 된다는 것으로 범죄가 많은 지역일수록 범죄자와의 접촉가능성이 높아지기 때문에 범죄피해의 가능성이 높다.
범죄에의 노출	개인의 주요 일상활동·여가활동 등의 생활양식에 의해 범죄의 피해가능성은 결정된다는 것이다.
범죄대상의 매력	일상생활이론의 범죄유발요소 가운에 적절한 피해자나 물건의 개념과 유사하다.
보호능력	피해의 대상이 될 수 있는 사람이나 물건의 범죄발생방지 능력을 말하는 것으로, 보호능력이 없는 경우 범죄피해발생의 가능성은 높아진다.

📖 멘델존(Mendelshon)의 범죄피해자 유형론

구분	피해자의 개념	내용(사례)
완전히 책임 없는 피해자	순수한 피해자 (무자각)	① 영아살해에 있어서의 영아 ② 유아나 아동유괴에 있어서의 유괴당한 아동
책임이 조금 있는 피해자	무지에 의하여 책임이 적은 피해자	인공유산을 시도하다 사망한 임산부
가해자와 같은 정도의 책임이 있는 피해자	자발적인 피해자	① 촉탁살인에 의한 피살자 ② 자살미수 피해자 ③ 동반자살 피해자
가해자보다 더 책임이 있는 피해자	범죄자의 가해행위를 유발시킨 피해자	① 자신의 부주의로 인한 피해자 ② 부모에게 살해된 패륜아
가해 책임이 높은 피해자	타인을 공격하다 반격을 당한 피해자	① 정당방위의 상대자인 공격적 피해자 ② 무고죄의 범인 같은 기만적 피해자

제24테마

범죄피해자의 보호

중요도 B급

■ 「범죄피해자 보호법」【시행 2017. 3. 14.】

📖 일반론

구분		내용
목적		이 법은 범죄피해자 보호·지원의 기본 정책 등을 정하고 타인의 범죄행위로 인하여 생명·신체에 피해를 받은 사람을 구조함으로써 범죄피해자의 복지증진에 기여함을 목적으로 한다(동법 제1조).
정의	범죄피해자	① 타인의 범죄행위로 피해를 당한 사람과 그 배우자(사실상의 혼인관계를 포함), 직계친족, 형제자매를 말한다(동법 제3조 제1항 제1호). ② 범죄피해 방지 및 범죄피해자 구조 활동으로 피해를 당한 사람도 범죄피해자로 본다(동법 제3조 제2항).
	범죄피해자 보호·지원	범죄피해자의 손실 복구, 정당한 권리행사 및 복지 증진에 기여하는 행위를 말한다. 다만, 수사·변호 또는 재판에 부당한 영향을 미치는 행위는 포함되지 아니한다(동법 제3조 제1항 제2호).
	구조대상 범죄피해	대한민국의 영역 안에서 또는 대한민국의 영역 밖에 있는 대한민국의 선박이나 항공기 안에서 행하여진 사람의 생명 또는 신체를 해하는 죄에 해당하는 행위로 인하여 사망하거나 장해 또는 중상해(상해 ×)를 입은 것을 말한다(동법 제3조 제1항 제4호).
기본정책	손실 복구 지원	국가 및 지방자치단체는 범죄피해자의 피해정도 및 보호·지원의 필요성 등에 따라 상담, 의료제공, 구조금 지급, 법률구조, 취업 관련 지원, 주거지원, 그 밖에 범죄피해자의 보호에 필요한 대책을 마련하여야 한다(동법 제7조 제1항).
	형사절차 참여	① 국가는 범죄피해자가 해당 사건과 관련하여 형사절차상의 권리를 행사할 수 있도록 보장하여야 한다(동법 제8조 제1항). ② 국가는 범죄피해자가 요청하면 가해자에 대한 수사 결과, 공판기일, 재판 결과, 형 집행 및 보호관찰 집행상황 등 형사절차 관련 정보를 대통령령으로 정하는 바에 따라 제공할 수 있다(동법 제8조 제2항).
	정보제공	국가는 수사 및 재판 과정에서 다음의 정보를 범죄피해자에게 제공하여야 한다(동법 제8조의2 제1항). ① 형사절차상 범죄피해자의 권리에 관한 정보 ② 범죄피해자 구조금 지급 및 범죄피해자 보호·지원 단체 현황 등 범죄피해자의 지원에 관한 정보 ③ 그 밖에 범죄피해자의 권리보호 및 복지증진을 위하여 필요하다고 인정되는 정보
기본계획 수립		① 법무부장관은 범죄피해자보호위원회의 심의를 거쳐 범죄피해자 보호·지원에 관한 기본계획을 5년마다 수립하여야 한다(동법 제12조 제1항). ② 법무부장관, 관계 중앙행정기관의 장과 특별시장·광역시장·도지사·특별자치도지사는 기본계획에 따라 연도별 시행계획을 수립·시행하여야 한다(동법 제13조 제1항).

📖 구조대상 범죄피해자에 대한 구조

1. 구조금의 내용

구분	내용
지급요건	국가는 구조대상 범죄피해를 받은 사람이 **다음의 어느 하나에 해당하면** 구조피해자 또는 그 유족에게 범죄피해 구조금을 지급한다(동법 제16조). ① 구조피해자가 피해의 전부 또는 일부를 배상받지 못하는 경우 ② 자기 또는 타인의 형사사건의 수사 또는 재판에서 고소·고발 등 수사단서를 제공하거나 진술, 증언 또는 자료제출을 하다가 구조피해자가 된 경우
다른 법령과의 관계	구조피해자나 유족이 해당 구조대상 범죄피해를 원인으로 하여 「국가배상법」이나 그 밖의 다른 법령에 따른 급여 등을 받을 수 있는 경우에는 대통령령으로 정하는 바에 따라 구조금을 지급하지 아니한다(동법 제20조).
손해배상과의 관계	① 국가는 구조피해자나 유족이 해당 구조대상 범죄피해를 원인으로 하여 손해배상을 받았으면 그 범위에서 구조금을 지급하지 아니한다(동법 제21조 제1항). ② 국가는 지급한 구조금의 범위에서 해당 구조금을 받은 사람이 구조대상 범죄피해를 원인으로 하여 가지고 있는 손해배상청구권을 대위한다(동법 제21조 제2항).
외국인에 대한 구조	이 법은 외국인이 구조피해자이거나 유족인 경우에는 해당 국가의 상호보증(조약 ×)이 있는 경우에만 적용한다(동법 제23조).
지급신청	① 구조금을 받으려는 사람은 법무부령으로 정하는 바에 따라 그 주소지, 거주지 또는 범죄발생지를 관할하는 지구심의회에 신청하여야 한다(동법 제25조 제1항). ② 신청은 해당 구조대상 범죄피해의 발생을 안 날부터 3년이 지나거나 해당 구조대상 범죄피해가 발생한 날부터 10년이 지나면 할 수 없다(동법 제25조 제2항).
구조결정	지구심의회는 신청을 받으면 신속하게 구조금을 지급하거나 지급하지 아니한다는 결정을 하여야 한다(동법 제26조).
재심신청	① 지구심의회에서 구조금 지급신청을 기각 또는 각하하면 신청인은 결정의 정본이 송달된 날부터 2주일 이내에 그 지구심의회를 거쳐 본부심의회에 재심을 신청할 수 있다(동법 제27조 제1항). ② 재심신청이 있으면 지구심의회는 1주일 이내에 구조금 지급신청 기록 일체를 본부심의회에 송부하여야 한다(동법 제27조 제2항). ③ 본부심의회는 신청에 대하여 심의를 거쳐 4주일 이내에 다시 구조결정을 하여야 한다(동법 제27조 제3항).

2. 구조금의 종류 · 금액

구분	내용
유족구조금	① 구조피해자가 사망하였을 때 맨 앞의 순위인 유족에게 지급한다. 다만, 순위가 같은 유족이 2명 이상이면 똑같이 나누어 지급한다(동법 제17조 제2항). ② 구조피해자의 사망 당시의 월급액이나 월실수입액 또는 평균임금에 24개월 이상 48개월 이하의 범위에서 유족의 수와 연령 및 생계유지상황 등을 고려하여 대통령령으로 정하는 개월 수를 곱한 금액으로 한다(동법 제22조 제1항).
장해구조금 중상해구조금	① 해당 구조피해자에게 지급한다(동법 제17조 제3항). ② 구조피해자가 신체에 손상을 입은 당시의 월급액이나 월실수입액 또는 평균임금에 2개월 이상 48개월 이하의 범위에서 피해자의 장해 또는 중상해의 정도와 부양가족의 수 및 생계유지상황 등을 고려하여 대통령령으로 정한 개월 수를 곱한 금액으로 한다(동법 제22조 제2항).
비고	유족구조금 · 장해구조금 · 중상해구조금은 일시금으로 지급한다(동법 제17조 제1항).

3. 구조금의 환수 · 소멸시효 · 수급권의 보호

구분	내용
환수	국가는 이 법에 따라 구조금을 받은 사람이 다음의 어느 하나에 해당하면 지구심의회 또는 본부심의회의 결정을 거쳐 그가 받은 구조금의 전부 또는 일부를 환수할 수 있다(동법 제30조 제1항). ① 거짓이나 그 밖의 부정한 방법으로 구조금을 받은 경우 ② 구조금을 받은 후 제19조(구조금을 지급하지 아니할 수 있는 사유)에 규정된 사유가 발견된 경우 ③ 구조금이 잘못 지급된 경우
소멸시효	구조금을 받을 권리는 그 구조결정이 해당 신청인에게 송달된 날부터 2년간 행사하지 아니하면 시효로 인하여 소멸한다(동법 제31조).
수급권의 보호	구조금을 받을 권리는 양도하거나 담보로 제공하거나 압류할 수 없다(동법 제32조).

제25테마

경찰과 인권보장

「경찰 인권보호 규칙」【시행 2022. 10. 7.】

중요도 A급

📖 일반론

구분		내용
목적		이 규칙은 경찰청과 그 소속기관에서 인권보호 업무를 하는 데 필요한 사항을 규정함으로써 모든 사람의 기본적 인권을 보호함을 목적으로 한다(동 규칙 제1조).
정의	경찰관등	경찰청과 그 소속기관의 경찰공무원, 일반직공무원, 무기계약근로자 및 기간제근로자, 의무경찰을 의미한다(동 규칙 제2조 제1호).
	인권침해	경찰관등이 직무를 수행하는 과정에서 모든 사람에게 보장된 인권을 침해하는 것을 말한다(동 규칙 제2조 제2호).
	조사담당자	인권침해를 내용으로 하는 진정을 조사하고 이에 따른 구제 업무 등을 수행하는 경찰청과 그 소속기관에 근무하는 공무원을 말한다(동 규칙 제2조 제3호).

📖 인권위원회(자문기구)

구분	내용
설치 (필수기관)	경찰 활동 전반에 걸친 민주적 통제를 구현하여 경찰력 오·남용을 예방하고, 경찰행정의 인권 지향성을 높여 인권을 존중하는 경찰 활동을 정립하기 위해 경찰청장 및 시·도경찰청장의 자문기구(심의기구 ×)로서 각각 경찰청 인권위원회, 시·도경찰청 인권위원회를 설치하여 운영한다(경찰서 인권위원회 ×)(동 규칙 제3조).
권고 의견표명	인권위원회는 권고 또는 의견표명을 할 수 있다(동 규칙 제4조).
구성	① 인권위원회는 위원장 1명을 포함하여 7명 이상 13명 이하의 위원으로 구성한다. 특정 성별이 전체 위원 수의 10분의 6을 초과하지 아니해야 한다(아니하도록 노력하여야 한다 ×)(동 규칙 제5조 제1항). ② 위원장은 위원회에서 호선하며, 위원은 당연직 위원과 위촉 위원으로 구분한다(동 규칙 제5조 제2항). ③ 당연직 위원은 경찰청은 감사관, 시·도경찰청은 청문감사인권담당관으로 한다(동 규칙 제5조 제3항).

위원의 자격	위촉 위원은 인권 분야에 전문적인 지식과 경험이 있고 다음의 어느 하나에 해당하는 사람 중에서 **경찰청장 또는 시·도경찰청장이 위촉**한다. 이때 각 사항에 해당하는 사람이 **반드시 1명 이상 포함**되어야 한다(동 규칙 제5조 제4항). ① 판사·검사 또는 변호사로 3년 이상의 경력이 있는 사람 ② 학교에서 교원 또는 교직원으로 3년 이상 근무한 경력이 있는 사람 ③ 비영리민간단체에서 인권 분야에 3년 이상 활동한 경력이 있거나 그러한 단체로부터 인권위원으로 위촉되기에 적합하다고 추천을 받은 사람 ④ 그 밖에 사회적 약자 등 다양한 사회 구성원의 목소리를 반영할 수 있는 사람
위원의 결격사유	다음의 어느 하나에 해당하는 사람은 위원이 될 수 없다(동 규칙 제6조 제1항). ① 선거에 후보자(예비후보자)로 등록한 사람 ② 선거에 의하여 취임한 공무원이거나 그 직에서 퇴직한 날부터 3년이 지나지 아니한 사람 ③ 경찰의 직에 있거나 그 직에서 퇴직한 날부터 3년이 지나지 아니한 사람 ④ 선거사무관계자 및 정당의 당원
위원의 임기	① 위원장과 위촉 위원의 임기는 위촉된 날로부터(위촉된 날의 다음 날부터 ×) **2년**으로 하며 위원장의 직은 연임할 수 없고, 위촉 위원은 두 차례만 연임할 수 있다(동 규칙 제7조 제1항). ② 위촉 위원에 결원이 생긴 경우 새로 위촉할 수 있고, 이 경우 **새로 위촉된 위원의 임기는 위촉된 날부터(위촉된 날의 다음 날부터 ×) 기산**한다(동 규칙 제7조 제2항).
위원의 해촉	다음의 어느 하나에 해당하는 경우에는 경찰청장 및 시·도경찰청장은 **위원회의 의견을 들어 위원을 해촉할 수 있다**(동 규칙 제8조). ① 입건 전 조사·수사 중인 사건에 청탁 또는 경찰 인사에 관여하는 행위를 하거나 기타 직무 관련 비위사실이 있는 경우 ② 위원회의 명예를 실추시키거나 위원으로서의 품위를 손상시키는 행위를 한 경우 ③ 특별한 사유 없이 연속으로 정기회의에 3회 불참 등 직무를 태만히 한 경우 ④ 위원 스스로 직무를 수행하는 것이 곤란하다고 의사를 밝힌 경우 ⑤ 그 밖에 부득이한 사유로 업무를 수행할 수 없는 경우
위원장	① 위원장은 위원회를 대표하며, 위원회의 업무를 총괄한다(동 규칙 제10조 제1항). ② 위원장이 일시적인 사유로 그 직무를 수행할 수 없을 경우에는 **위원 중에서 위촉 일자가 빠른 순으로 그 직무를 대행**한다. 다만, 위촉 일자가 같을 때에는 연장자 순으로 대행한다(동 규칙 제10조 제2항). ③ 위원장이 직무를 계속하여 수행할 수 없는 사유가 발생하거나 직무를 수행할 수 없다는 의사표시를 한 경우에는 직무대행자는 그 사유가 발생하거나 의사를 표시한 날로부터 **30일 이내에 회의를 개최하여 위원장을 선출**하여야 한다. 단, **위원장의 잔여 임기가 6개월 미만일 때에는 위원장을 선출하지 않을 수 있다**(동 규칙 제10조 제3항). ④ 제3항에 따라 선출된 위원장의 임기는 **전임 위원장의 잔여 임기로 한다**(동 규칙 제10조 제4항).
회의	① 위원회의 회의는 정기회의와 임시회의로 구분하며, **재적위원 과반수의 출석으로 개의하고, 출석위원 과반수의 찬성으로 의결(일반의결정족수)**한다(동 규칙 제11조 제1항). ② **정기회의는 경찰청은 월 1회, 시·도경찰청은 분기 1회 개최**한다(동 규칙 제11조 제2항). ③ **임시회의는 위원장이 필요하다고 인정하거나 청장 또는 재적위원 3분의 1 이상이 소집을 요구하는 경우 위원장이 소집**한다(동 규칙 제11조 제3항).

📖 경찰 인권정책 기본계획 및 인권교육

구분	내용
경찰 인권정책 기본계획	경찰청장은 국민의 인권보호와 증진을 위하여 **경찰 인권정책 기본계획을 5년마다 수립**해야 한다(동 규칙 제18조 제1항).
경찰 인권교육계획	① 경찰청장은 경찰관등이 근무하는 동안 지속적·체계적으로 교육을 받을 수 있도록 3년 단위로 인권교육종합계획을 수립하여 시행하여야 한다(동 규칙 제18조의2 제1항). ② 경찰관서의 장은 인권교육종합계획을 반영하여 매년 인권교육 계획을 수립하여 시행하여야 한다(동 규칙 제18조의2 제2항).
인권교육 대상 인권교육 시간	인권교육은 다음의 구분에 따라 실시한다(동 규칙 제20조의2). ① 신규 임용예정 경찰관등에 대한 인권교육(각 교육기관 교육기간 중 5시간 이상) ② 재직경찰관등에 대한 인권교육(연 6시간 이상) ③ 경찰관서의 장에 대한 인권교육(연 6시간 이상) ④ 교육기관에 입교한 경찰관등에 대한 인권교육(보수·직무교육 등 교육과정 중 1시간 이상) ⑤ 인권 강사 경찰관등에 대한 인권교육(연 40시간 이상)

📖 인권영향평가

구분		내용
실시	원칙	경찰청장은 인권침해를 예방하고, 인권친화적인 치안 행정이 구현되도록 **다음 사항에 대하여 인권영향평가를 실시하여야 한다**(동 규칙 제21조 제1항). ① 제·개정하려는 법령 및 행정규칙 ② 국민의 인권에 영향을 미치는 정책 및 계획 ③ 참가인원, 내용, 동원 경력의 규모, 배치 장비 등을 고려하여 인권침해 가능성이 높다고 판단되는 집회 및 시위
	제외	다음의 어느 하나에 해당하는 경우에는 인권영향평가 대상에서 제외한다(동 규칙 제21조 제2항). ① 제·개정하려는 법령 및 행정규칙의 내용이 경미한 경우 ② 사전에 청문, 공청회 등 의견 청취 절차를 거친 정책 및 계획
기준		경찰청장은 다음의 기준에 따라 인권영향평가를 실시한다(동 규칙 제22조). ① 법률유보의 원칙 ② 비례의 원칙, 평등의 원칙 등 불문법원칙 ③ 적법절차의 원칙 ④ 인권침해를 유발할 수 있는 재량권의 존재 여부 및 통제할 수 있는 장치의 존재 여부

구분	내용
절차	경찰청장은 다음의 구분에 따른 기한 내에 인권영향평가를 실시하여야 한다(동 규칙 제23조 제1항). 다만, 부득이한 사유가 발생한 경우에는 기한에 관계없이 평가를 실시할 수 있다(동 규칙 제23조 제2항). ① 제·개정하려는 법령 및 행정규칙 : 해당 안건을 국가경찰위원회에 상정하기 60일 이전 ② 국민의 인권에 영향을 미치는 정책 및 계획 : 해당 사안이 확정되기 이전 ③ 참가인원, 내용, 동원 경력의 규모, 배치 장비 등을 고려하여 인권침해 가능성이 높다고 판단되는 집회 및 시위 : 집회 및 시위 종료일로부터 30일 이전
점검	인권보호담당관은 반기 1회 이상 인권영향평가의 이행 여부를 점검하고, 이를 경찰청 인권위원회에 제출(국가경찰위원회에 제출 ×)하여야 한다(동 규칙 제24조).

📖 인권진단

구분	내용
기간	인권보호담당관은 인권침해를 예방하고 제도를 개선하기 위해 연 1회 이상 다음의 사항을 진단하여야 한다(동 규칙 제25조).
내용	① 인권 관련 정책 이행 실태 ② 인권교육 추진 현황 ③ 경찰청과 소속기관의 청사 및 부속 시설 전반의 인권침해적 요소의 존재 여부

📖 인권침해 사건의 조사·처리

구분	내용
진정의 접수·처리	① 인권침해 진정은 문서나 전화 또는 구두로 접수 받으며, 담당 부서는 경찰청 인권보호담당관실로 한다(동 규칙 제28조 제1항). ② 경찰청 인권보호담당관실은 진정이 제기되지 아니하였더라도 경찰청장이 직접 조사를 명하거나 중대하고 긴급한 조치가 필요하다고 판단한 사안 또는 인권침해의 단서가 되는 사실을 알게 되었을 경우에는 직접 조사할 수 있다(직접 조사하여야 한다 ×)(동 규칙 제28조 제2항).
진정의 각하 (암기 ×)	경찰청 및 그 소속기관의 장은 다음의 어느 하나에 해당할 경우에는 그 진정을 각하할 수 있다(동 규칙 제29조 제1항). ① 진정 내용이 인권침해에 해당하지 아니하는 것이 명백한 경우 ② 진정 내용이 명백히 사실이 아니거나 이유가 없다고 인정되는 경우 ③ 피해자가 아닌 사람이 한 진정으로서 피해자가 조사를 원하지 않는다는 의사표시를 명백하게 한 경우 ④ 진정의 원인이 된 사실이 시효 등이 모두 완성된 경우 ⑤ 진정의 원인이 된 사실에 관하여 법원이나 헌법재판소의 재판, 수사기관의 수사 또는 그 밖에 법률에 따른 권리 구제절차가 진행 중이거나 종결된 경우 ⑥ 진정이 익명이거나 가명으로 제출된 경우 ⑦ 진정인이 진정을 취소한 경우

진정의 각하 (암기 ×)	⑧ 기각 또는 각하된 진정과 동일한 내용으로 다시 진정한 경우 ⑨ 진정 내용이 업무를 방해할 의도로 진정한 것으로 판단되는 경우 ⑩ 진정의 취지가 그 진정의 원인이 된 사실에 관한 법원의 확정 판결이나 헌법재판소의 결정에 반대되는 경우 ⑪ 국가인권위원회에서 이미 조사 중이거나 조사한 사실이 확인된 경우
진정의 기각 (암기 ○)	경찰청 및 그 소속기관의 장은 진정 내용을 조사한 결과 다음의 어느 하나에 해당하는 경우에는 그 진정을 기각할 수 있다(동 규칙 제37조). ① 진정 내용이 사실이 아니거나 사실 여부를 확인하는 것이 불가능한 경우 ② 진정 내용이 이미 피해회복이 이루어지는 등 따로 구제조치가 필요하지 아니하다고 인정되는 경우 ③ 진정 내용은 사실이나 인권침해에 해당하지 아니하는 경우
물건 등의 보관	조사담당자는 제출자가 보관 중인 물건의 반환을 요구하는 경우에는 반환하여야 하며, 다음의 어느 하나에 해당하는 경우에는 제출자가 요구하지 않더라도 반환할 수 있다(동 규칙 제32조 제4항). ① 진정인이 진정을 취소한 사건에서 진정인이 제출한 물건이 있는 경우 ② 사건이 종결되어 더 이상 보관할 필요가 없는 경우 ③ 그 밖에 물건을 계속 보관하는 것이 적절하지 않은 경우
조사중지	① 조사담당자는 인권침해 사건을 조사하는 과정에서 다음의 어느 하나에 해당하는 사유로 사건 조사를 진행할 수 없는 경우에는 조사를 중지할 수 있다(조사를 중지하여야 한다 ×). 다만, 확인된 인권침해 사실에 대한 구제 절차는 계속하여 이행할 수 있다(계속하여 이행하여야 한다 ×)(동 규칙 제35조 제1항). ㉠ 진정인이나 피해자의 소재를 알 수 없는 경우 ㉡ 사건 해결과 진상 규명에 핵심적인 중요 참고인의 소재를 알 수 없는 경우 ㉢ 그 밖에 더 이상 사건 조사를 진행할 수 없는 경우 ㉣ 감사원의 조사, 경찰·검찰 등 수사기관에서 조사 또는 수사가 개시된 경우 ② 조사중지 사유가 해소된 경우에는 조사담당자는 사건 표지에 새롭게 사건을 재개한 사유를 적고 즉시 조사를 다시 시작하여야 한다(다시 시작할 수 있다 ×)(동 규칙 제35조 제2항).

제2장

한국경찰의 역사와 제도

제26테마~제32테마

제26테마
전근대적 경찰(1894년 갑오개혁 이전)

중요도 C급

📖 갑오개혁 이전 시대의 경찰제도의 특성

구분	내용
경찰기능의 미분화	경찰기능은 다른 행정기능 및 군사기능과 분화되지 아니하고, 지방장관이 경찰권을 비롯하여 행정권·사법권·군사권 등을 통합적으로 행사하였다.
전제왕권의 공고화	부족국가시대의 주된 경찰이념은 가부장적 질서와 생명·신체 및 사유재산의 보호였지만, 그 이후 시대의 주된 경찰이념은 치안질서를 유지하여 전제왕권을 공고화하는 것이었다.
전제적 경찰권	경찰기관이 명확한 법적 근거 없이 필요에 따라 전제적 경찰권을 행사하였다.
전문화된 경찰기관의 부존재	조선시대의 포도청 이외에 법적 근거 및 체계를 가진 전문적인 경찰기관은 존재하지 않았다.

📖 부족국가시대의 경찰제도

1. 고조선시대(8조 금법)

구분		내용
의의		① 제1조목(살인) 사람을 죽인 자는 바로 죽인다. ② 제2조목(상해) 남에게 상해를 가한 자는 곡물로 배상한다. ③ 제3조목(절도) 남의 물건을 훔친 자가 남자인 경우 그 집의 '노'로, 여자인 경우 '비'로 되니, 스스로 속하려 하는 자는 오십 만전을 내야 한다.
내용	개인적 법익 보호	개인의 생명·신체 및 재산의 보호에 관심을 가지는 등 개인적 법익을 보호하고 있다.
	농경사회 사유재산제도	상해죄의 경우 곡물로 배상한다는 점에 비추어 보면 농경사회이며, 사유재산을 인정하는 사회였음을 알 수 있다.
	신분사회 화폐의 사용	① 절도죄의 경우 훔친 자는 노비가 된다는 것을 볼 때 당시는 신분사회였음을 짐작할 수 있다. ② 속(죄를 씻으려고 벌 대신에 재물이나 노력 따위를 바치는 것)하려면 50만전을 내어야 한다는 점에서 이미 화폐를 사용하는 경제사회였음을 알 수 있다.

2. 남·북 부족국가시대

구분		내용
부여	엄격한 형벌	① 살인자는 사형에 처하고 그 가족은 노비로 삼았다(연좌제). ② 남녀 간에 간음을 범한 자와 부인으로서 투기하는 자는 모두 사형에 처하였다.
	일책십이법	남의 물건을 훔친 자는 12배의 배상을 하도록 하였다.
	제천행사	제천행사인 영고 때에는 형옥을 중단하고 죄인들을 석방하였다.
고구려	뇌옥의 부존재 (엄격한 형벌)	① 뇌옥(감옥)이 없었으나, 부여와 같이 형벌이 엄격하였다. ② 중대한 범죄자는 귀족회의인 제가평의회의 결정에 따라 사형에 처하였고, 그 가족을 노비로 삼았다(연좌제).
	일책십이법	절도범은 부여와 같이 12배의 배상을 하도록 하였다.
동예	관제	왕이 없이 거수들이 읍락을 지배하였다.
	책화제도	① 각 읍락마다 경계가 설정되어 있어서 서로 경계를 침범하는 일이 있으면 노예나 우마로써 배상하도록 하였다. ② 살인자는 사형에 처하였고, 도둑이 적었다고 전해진다.
삼한	제정분리	① 삼한(마한·진한·변한)은 부족공동체 사회로서 제사와 정치가 분리되어 있었다. ② 신지 또는 읍차 등으로 불린 부족 지배자들에 의해서 세속의 질서가 유지되었다.
	소도	소도라는 별읍은 천관(천군)이라는 신관이 다스렸는데, 이 곳으로 죄인이 도망하여도 잡지 못하였으므로, 오늘날의 치외법권지역에 해당된다.

📖 삼국시대의 경찰제도

1. 고구려의 경찰제도

구분		내용
중앙관제 (14관등체계)		대대로에서 선인에 이르는 14관등체계를 갖추고 있었다.
지방관제 (5부)		지방을 5부로 나누어 욕살이라는 지방장관을 두어 다스렸으며, 욕살이 지방에서 경찰업무를 담당하도록 하였다.
엄격한 형벌	일책십이법 연좌제	① 물건을 훔친 자(절도죄)에게는 12배의 배상을 하도록 하였다. ② 가난하여 배상하지 못할 경우 및 공사간 부채가 있는 경우에는 그 자녀를 노비로 삼았다(연좌제).
	기타 범죄	외환죄와 내란죄 등의 반역죄, 전쟁에 임하여 패배하거나 항복한 죄, 살인행겁죄(살인하여 빼앗는 범죄), 가축상실죄 등이 있었다.

2. 백제의 경찰제도

구분	내용
중앙관제 (6좌평제)	6좌평제를 두었으며, 이 중에서 위사좌평(숙위 및 군사담당), 조정좌평(사법 및 치안담당), 병관좌평(지방군사 담당)이 경찰기능의 수행과 관련이 있다.
지방관제 (5부 5방)	5부: 수도에는 5부를 두어 달솔로 하여금 행정과 치안책임을 병행하여 수행하도록 하였다.
	5방: 지방에는 5방으로 나누어 방령으로 하여금 행정과 치안책임을 병행하여 수행하도록 하였다.
엄격한 형벌	국가의 존립, 관직의 기강, 사회의 질서유지를 위해서 반역죄, 절도죄, 간음죄 등에 대하여 엄격한 형벌을 가하였다.
최초의 공무원 범죄	관인수재죄(오늘날의 수뢰죄)를 처벌함으로써 공무원에 해당하는 관인들의 범죄가 새롭게 처벌의 대상이 되었다.

3. 신라의 경찰제도

구분	내용
중앙관제 (골품제도) (17관등체계)	엄격한 골품제도와 이벌찬에서 조위에 이르는 17관등체계를 통하여 신분질서를 유지하는 지배체제를 구축하였고, 필요에 따라 병부, 품주, 사정부 등의 관부를 설치하여 국사를 담당하였다.
지방관제 (5주 2소경)	5주 2소경을 두어 5주에는 군주, 2소경에는 사신으로 하여금 군사는 물론 경찰업무도 병행하여 담당하였다.
엄격한 형벌	반역자는 사형에 처하였고, 그 가족은 노비로 삼았으며, 감옥이 설치되어 범죄자를 투옥하였다.
화랑제도	성골·진골 출신의 화랑과 그 밑의 낭도로 구성되었는데, 이들은 귀족군의 보충을 위해 조직된 향토예비군 역할을 하였으며, 통일이 될 때까지 수도 및 지방의 치안을 함께 담당하였다.

📖 통일신라시대의 경찰제도

구분		내용
중앙관제	집사부	최고의 행정관청이었다.
	병부	내·외의 병마사를 담당하였다.
	사정부	감찰과 규찰을 담당하는 풍속경찰의 역할을 수행하였다.
	이방부	범죄의 수사와 집행을 담당하였다.
지방관제	9주 5소경	9주 5소경으로 나누고 9주에는 총관, 5소경에는 사신을 두었다.
	9서당 10정	9서당 10정의 지방군사조직과 함께 총관, 사신, 태수, 현령 등의 지방장관이 경찰기능을 담당하였다.

기타	해양경찰	장보고가 청해진(오늘날의 완도)을 건설하여 해적소탕과 인신매매를 근절함으로써 경이적인 해양경찰활동으로 평가받고 있다.
	통상적 범죄	군·부·모·조부·조모에 대한 살인의 오역죄, 절도죄
	왕권보호 범죄	모반죄(외환죄), 모대역죄(내란죄), 지역사불고언죄(『국가보안법』상 불고지죄)
	공무원 범죄	불휼국사죄(직무유기죄), 배공영사죄(직권남용죄)

📖 고려시대의 경찰제도

1. 고려 전기의 경찰제도

구분		내용
중앙관제 (3성 6부)	병부	무관의 인사행정, 군사업무 외에 병부관원의 순찰 기타 경찰의 업무를 수행하였다.
	형부	① 인간의 범죄를 수사하고 형벌을 부과하는 업무는 오늘날의 사법경찰의 업무에 해당된다. ② 형부의 하부기관으로서 죄인을 수감하는 업무를 담당하는 전옥서와, 상인들의 부정행위를 단속하는 업무를 담당하는 경시서(오늘날의 경제경찰)가 있었다.
	금오위	수도 개경을 중심으로 궁궐 및 도성의 수비·순찰, 야간통행금지, 내·외의 포도·금란 및 비위행위를 맡았다.
	중추원	숙직 경비(오늘날의 청와대 경비), 군사 기무, 왕명의 출납 등의 업무를 담당하였다.
	어사대	관리를 규찰하고 탄핵하는 업무와 풍속위반을 단속하는 업무를 담당하였다.
지방관제 (5도 양계)	안찰사	5도에는 안찰사(관찰사 ×)를 두고, 도 밑에는 부·목·군·현을 두어 각 지방의 장이 행정·사법·군사·경찰 등의 업무를 통합하여 처리하였다.
	병마사	양계에는 병마사를 두고, 계 밑에는 진을 설치하여 각 지방의 장이 행정·사법·군사·경찰 등의 업무를 통합하여 처리하였다.
	주현군	안찰사와 병마사 밑의 군·현에 배치된 주현군은 적의 침입에 대비하였고, 관내 치안유지업무도 담당하였다.
	현위	지방장관과는 별도로 현위를 장으로 하는 위아가 설치되었는데, 현위는 현재의 경찰서장, 위아는 현재의 경찰서에 해당된다.
	순관	고려 전기부터 존재하던 지방관원으로서, 지역 육상교통수단을 담당했던 병참을 관할하는 교통·연락의 임무를 담당하였다.

2. 무신정권기의 경찰제도

구분	내용
야별초	도적·폭행의 방지를 목적으로, 야간에 순찰을 행하는 방범경찰 역할을 했던 특별조직이다.
삼별초	① 중앙과 지방에서 군사·경찰의 임무를 수행하였다. ② 무신정권기의 권력기초가 되었을 뿐 아니라 몽고 항쟁을 위한 핵심부대가 되었다.
도방	집권층의 경호만 담당한 것이 아니라, 국가의 경찰업무도 수행하였고, 국가비상시에 동원되기도 했던 특별사설경찰기관이었다.
홀치	친원시대에 왕실을 경호·숙직하는 임무를 수행하기 위하여 설치되었으나, 나중에는 순찰 및 대외경비 등 여러 업무도 담당하였다.

3. 고려 후기의 경찰제도

구분		내용
중앙관제	2군 6위의 무력화	① 무신집권층은 자기 세력을 유지하기 위해 사병을 양성하였다. ② 국가 병력의 중심이었던 2군 6위는 무력해지고, 수도의 경비·치안을 담당하던 금오위의 활동도 위축되었다.
	순마소 (순군만호부)	① 원나라의 주·현의 포도기관이었던 순마소를 고려에도 설치하여 개성의 방도, 순찰·포도·형옥과 관련된 업무를 담당하게 하였다. ② 1300년에는 순군만호부로 확대 개편되어 실질적인 중앙의 군사·경찰 기능을 수행하였으며, 왕권보호 등의 정치경찰적 활동도 수행하였다.
	가구소	범죄자를 유치하고 치죄하는 업무를 담당하였다.
지방관제	지방별초	현위(오늘날의 경찰서장)가 폐지된 후, 지방별초는 혼란이나 전쟁 중에 지방의 질서를 유지하고, 적으로부터 지방을 방어하는 중요한 역할을 수행하였다.
	판관·사록·법조	주·군에는 판관이, 부·목에서는 사록 및 법조가 경찰 및 사법업무를 담당하였다.

📖 조선시대의 경찰제도

1. 중앙관제

구분	내용
형조	① 법률·소방·노예 등에 관한 업무를 담당하였다. ② 의금부가 왕명을 받은 조정의 큰 사건들을 담당하였다면, 형조는 일반절도나 폭행사건 등을 담당하여 처벌하였다.
사헌부	주로 사정을 비판하고, 모든 관리들을 규찰하는 감찰사무를 담당하던 기관임과 동시에 풍속경찰과 민정을 살피고 권력남용을 금지하는 등 행정경찰업무도 주관하였다.
한성부	① 한성의 일반행정업무뿐만 아니라 치안업무 및 이와 관련된 사법업무도 수행하였다. ② 최하위 경찰기관인 경수소를 설치하여 도적의 예방과 구금을 위해 야간순찰을 실시하였다.

의금부	① 순군만호부가 조선시대에 순위부, 의용순금사로 개칭되고, 다시 태종 14년에 의금부로 개칭되었다. ② 의금부는 왕명을 받들고, 왕족의 범죄, 현관·음관으로 관규를 문란케 한 자, 군사범·모역죄·반역죄 등에 관한 사건, 사교에 관한 금령을 범한 자, 상인의 황실 및 왕족에 대한 범죄사건, 사헌부에서 탄핵한 중요한 특별범죄를 관장하였다.
포도청	① 우리나라 최초의 전문적·독립적 경찰기관이었다. ② 설치 목적은 도둑을 예방하고 체포하는 것이었으며, 이를 위해 야간순찰을 행하였다. ③ 양반집의 수색과 여자 도적의 체포를 주된 임무로 하는 여자관비인 다모가 있었다.

2. 기타 중앙경찰기관

구분	내용
암행어사	지방관리의 근무상태를 알아보기 위해 비밀리에 파견되었다(감찰기능).
수성금화사	궁궐·도성·도로·교량수축의 수성업무와, 궁궐·관청·관할 내 민간의 소방업무를 담당하였다(건축경찰기능 + 소방경찰기능).
평시서	시전을 순회 점검하고 단속하여 가격의 폭등 및 폭락을 막는 업무를 담당하였다(경제경찰기능).
사산참군	수목의 벌목 단속 및 그 보호를 담당하였다(산림경찰기능).
활인서	수도에 있는 환자를 무료로 치료해 주었다(위생경찰기능).
장예원	형조의 속아문으로 노예의 장적과 노비송사를 담당하였다.
전옥서	형조의 속아문으로 감옥과 죄수에 관한 사무를 담당하였다.

3. 지방관제(8도)

구분	내용
관찰사 수령	① 관찰사는 수령에 대한 규찰 및 고과를 담당·통합하는 것을 주된 임무로 하였고, 수령(부윤, 목사, 군수, 현령)은 행정구역에 따라 각 지방을 다스렸던 지방관을 의미한다. ② 관찰사와 각 수령들이 행정기능과 경찰기능 등을 통합하여 수행하였다.
토포사	① 도둑을 잡는 업무를 전담하기 위해 토포사를 두었다. ② 정규 관직이 아니었고, 필요에 따라 특정 수령에게 임시적으로 겸임발령하였다.
향청	향청은 지방의 풍속을 건전하게 하고(풍속경찰), 부사나 군수의 업무를 보좌하였다.
오가작통법	① 조선시대의 최하위 지방조직으로서 최초의 국민적 지방자치조직이었다. ② 목적은 호적·호구를 명백히 하고, 상호 감시·부조 및 예방경찰의 효과를 갖는 것이었다(현대의 이웃지향적 경찰활동).

4. 직수아문(경찰권의 다원화)

구분	내용
경찰권의 다양화	① 조선시대의 경찰권은 포도청으로 일원화되지 못하고, 중앙의 각 관청이 소관사무와 관련하여 직권에 의하여 범죄자를 체포하고 구금할 수 있는 직수아문제도를 운영하였다. ② 병조·형조·사헌부·한성부·승정원·관찰사·수령(부윤, 목사, 군수, 현령)과, 비변사·포도청에게 경찰권이 주어져 있었다.
폐지 (갑오개혁)	직수아문은 1894년 갑오개혁 때 「경무청관제직장」이 제정되면서 금지·폐지되고, 경찰권이 일원화된다.

제27테마
근대적 경찰(1894~1910)

중요도 A급

📖 근대적 경찰제도의 특성

구분	내용
경찰기능의 분리	1894년 갑오개혁을 계기로 경찰기능이 타 기능들과 분리되기 시작하였다.
통치권의 보호 제국주의적 침략	경찰이념은 국민의 인권을 보호하는 데 있지 아니하고, 통치권의 보호와 일본의 제국주의적 침략을 확보하는 데 있다.
근대국가적 경찰	갑오개혁을 통하여 경찰에 관한 조직법적·작용법적 근거가 마련되어 적어도 외형상으로는 근대국가적 경찰체제가 갖추어졌다.
전제적 경찰권	「행정경찰장정」에 의해 법적 규제가 행해졌지만, 경찰임무가 포괄적이었고, 각종 명령을 통하여 경찰권이 발동되어 전제적 수준에 머물러 있었다.
비자주적 개혁	우리나라 근대경찰의 창설은 일본의 요구에 의하여 일본이 주도권을 가지고 일본의 경찰제도를 모방한 것으로 비자주적 개혁에 해당한다.

📖 근대경찰의 창설

1. 창설 결정

구분	내용
일본 내각의 각의 결정	1894년 일본 내각이 조선에 경찰을 창설하기로 결정하였고, 일본은 일본 관리를 통해 경성 및 주요 도시에 2년 이내에 완전한 경찰을 설치할 것을 요구하였다.
법무아문 ↓ 내무아문	친일 김홍집 내각은 일본 각의에 의해 경찰 창설을 요구받고 1894년 「각아문관제」에서 처음으로 근대적 의미의 경찰이라는 용어를 사용하였으며, 경찰을 법무아문 소속 하에 창설할 것을 정하였으나, 실제 창설시 내무아문 소속으로 변경하였다.

2. 근대경찰의 창설

구분	내용
경무청의 창설	① 1894년 좌·우 포도청을 합설하여 한성부에 경무청을 신설하여, 한성부 내(전국 관할 ×)의 일체의 경찰사무를 관장토록 하였다. ② 경무청의 장인 경무사로 하여금 경찰사무와 감옥사무를 총괄하도록 하였고, 범죄인을 체포 및 수사하여 법사에 이송하도록 하는 임무를 부여받았다.
경찰지서의 설치	① 한성부의 5부 내에 경찰지서를 설치하였고, 경무관을 서장으로 보하였다. ② 사법관의 재판 없이 죄벌을 가하는 것도 금지되었다.

구분	내용
경무청관제직장 (최초의 조직법)	① 1894년 제정된 「경무청관제직장」은 한국 최초의 경찰조직법으로서, 일본의 「경시청관제」를 모방한 것으로서 일본의 제도를 그대로 이식한 것이다. ② 「경무청관제직장」에 의해 한성부에 경무청을 창설하였다.
행정경찰장정 (최초의 작용법)	① 1894년 제정된 「행정경찰장정」은 한국 최초의 경찰작용법으로서, 일본의 「행정경찰규칙」(1875)과 「위경죄즉결례」(1885)를 혼합하여 한글로 옮겨 놓은 것이었다. ② 「행정경찰장정」은 경무청으로 광범위한 업무를 담당하도록 하였다(예 영업·시장·회사에 관한 사무, 위생사무, 결사·집회·신문잡지·도서에 관한 사무 등). ③ 경무청이 담당했던 직무활동범위의 광범성은 경찰업무와 일반행정업무의 미분화현상을 보여 준다.

📖 내부경찰제도의 정비

구분	내용
내부대신의 권한 강화	① 1895년 「내부관제」가 제정되어 종래의 내무아문이 내부로 바뀌어 내부대신이 지방행정·경찰·감옥 등의 사무를 관리하고, 경무사와 지방관을 감독하도록 하여, 내부대신의 경찰에 대한 관리권과 수도경찰에 대한 감독권이 확립되었다. ② 내부대신은 관찰사를 통하여 지방경찰을 감독하였다.
중앙경찰제도	① 경무사는 내부대신의 지휘·감독을 받아 한성부 5부의 경찰·소방·감옥 등 사무를 총괄하였다. ② 한성부의 경찰지서가 경무서로 승격되었고, 궁내에는 궁내경무서를 신설하여 왕궁 내외의 경비를 담당하게 하였다.
지방경찰제도	① 1895년 「지방관제」에 의해서 한성부 이외의 부에 관찰사의 지휘·감독을 받는 경무관 1인, 경무관보 1인, 총순 2인 이하가 최초로 배치되었다. ② 1896년 지방경찰의 작용법인 「지방경찰규칙」이 제정되어 지방경찰의 작용법적 근거가 마련되었는데, 그 내용은 「행정경찰장정」과 거의 동일한 내용으로 구성되었다.

📖 광무개혁에 따른 경부경찰제도

구분	내용
광무개혁	1897년 연호를 광무로 바꾸고, 국왕을 황제로 칭하고, 국호를 대한으로 바꾸었으며, 경찰제도에 대한 개혁도 이루어졌다.
경부의 설치	① 1900년 「경부관제」에 의해서 중앙관청인 경부가 설치되었다. ② 내부의 직할이었던 경찰이 내부와 동등한 중앙관청인 경부에 의해서 관장(최초로 행정부서로부터 완전히 독립함)되었고, 경부가 한성 및 각 개항시장의 경찰업무와 감옥서를 통할하였다.
중앙경찰제도	중앙에는 궁내경찰서, 한성부 5개 경찰서, 3개 분서를 두었고, 이를 지휘하는 경무감독소(경부감독소 ×)를 두었다.

구분	내용
지방경찰제도	지방의 각 관찰부에는 관찰사 밑에 총순을 파견하여 관찰사를 보좌하여 치안업무를 담당하게 하였다.
경부경찰제도의 실패	① 1902년 「경무청관제」를 통하여 내부 소속의 경무청을 다시 설치하여 경무청이 경부의 업무를 관리하게 되었다. ② (구)경무청이 한성부만을 대상으로 하였다면, 여기에서의 (신)경무청은 전국을 관할하는 기관이었던 점에서 오늘날 경찰청의 원형으로 볼 수 있다.

📖 통감부 경무부 경찰제도

구분	내용
통감부의 설치	1905년 을사보호조약(제2차 한일협약)에 의거하여 한국 외교를 일본이 감리·지휘하도록 하는 것 이외에, 일본은 「통감부 및 이사청관제」를 제정하여, 통감부에 의한 통감정치를 시행함으로써 한국을 보호국화하였다.
경무부로의 독립	내부대신의 관할 하에 있던 경찰이 경무부로 독립되어, 경무총장(경무부장 ×)이 경찰사무를 관장하였다.
경무서의 설치	① 1906년 지방에 경무관을 장으로 하는 경무서가 설치되었다. ② 경무서는 최초의 근대적 지방경찰기관이며, 지방의 경무관은 각 도의 관찰사의 지휘를 받아 관내 경찰사무를 관장하였다.
경무분서의 설치	1906년 지방에 총순을 장으로 하는 경무분서가 설치됨으로써, 지방경찰 체제가 정비되었다.

📖 통감부의 내부 소속 경무국 경찰제도

구분	내용
감옥사무의 이관	일본은 1907년 내부에 경무국을 두고 경찰사무를 총괄하게 하였는데, 감옥사무가 경찰사무에서 제외되어 법부로 이관하였다.
경찰서·경찰분서로의 명칭 변경	지방의 경무서와 경무분서는 일본과 마찬가지로 경찰서와 경찰분서로 명칭이 변경되었다.
각 도 경찰부의 설치	1908년 각 도에 내무부와 경찰부를 두어 경시의 경찰부장이 관찰사를 보좌하여 도 내의 경찰사무를 관장하게 하였는데, 경찰부는 이 당시 지방경찰의 지휘조직으로서, 오늘날 시·도경찰청의 원형이라고 할 수 있다.

📖 한국경찰권의 상실과정

구분	내용
경찰사무에 관한 취극서 (1908)	재한국 일본인에 대한 경찰사무의 지휘·감독권을 일본관헌의 지휘·감독을 받아 일본계 한국경찰관이 행사하도록 위양하였다.
재한국 외국인민에 대한 경찰에 관한 한일협정 (1909)	재한국 외국인에 대한 경찰사무의 지휘·감독권을 일본관헌의 지휘·감독을 받아 일본계 한국경찰관이 행사하도록 위양하였다.
한국 사법 및 감옥사무 위탁에 관한 각서 (1909)	한국의 사법경찰권을 포함하는 사법과 감옥사무가 일본에 위탁되었다.
한국경찰사무 위탁에 관한 각서 (1910)	한국의 경찰사무를 완전히 일본국 정부에 위탁하였다.
한일합병조약 (1910)	한국의 주권이 완전히 상실되었다.

> **참고** 경찰조직의 변천(갑오개혁 이후부터 한일합병 이전까지)
> 경무청(1894년, 갑오개혁) → 경부(1900년, 광무개혁) → (신)경무청(1902년, 광무개혁 실패)
> → 통감부 경무부(1905년) → 통감부 내부 경무국(1907년) → 통감부 경무총감부(한일합병 이전)

제28테마

식민지시대의 경찰(1910~1945)

중요도 A급

📖 식민지시대의 경찰제도의 특성

구분	내용
지배체제의 공고화	① 1910년 한국을 합병한 일본은 통감부를 폐지하고 1910년 조선총독부를 설치하여 한국의 전권을 장악하게 되었다. ② 당시 경찰은 헌병경찰기이든 보통경찰기이든 관계없이 일본 식민지배의 중추기관이었다.
경찰활동영역 확대	① 경찰의 대상영역은 특별고등경찰활동을 통해서 인간의 사상이나 이념까지도 통제하는 사상경찰적 영역까지 확대되었다. ② 1937년 중일전쟁이 발발하면서 경찰업무가 경제경찰과 외사경찰의 영역까지 확대되었다.
조선총독부의 설치	① 조선총독에게는 입법권인 제령권이 부여되었고, 경무총장·경무부장에게는 명령권이 부여되었다. ② 조선총독은 제령권을 통하여 행정·입법·사법의 3권뿐만 아니라 총독부 권력의 핵심인 경찰권을 행사하였다.

📖 헌병경찰제도의 시행(1910. 8~1919. 3)

구분	내용
헌병의 일반치안 담당	① 1910년 헌병이 그 신분을 유지한 채 일반경찰관의 직무를 수행할 수 있게 하여 헌병과 경찰을 통합조직으로 운영하였다. ② 일반경찰관은 주로 개항장이나 조시에 배치되었지만, 헌병은 주로 군사경찰상 필요한 지역 및 의병활동지역 등에 배치되었다.
광범위한 영향력	헌병경찰은 첩보수집 및 의병토벌 등에 그치지 아니하고, 민사소송 조정, 집달관 업무, 국경 세관 업무, 일본어 보급, 부업장려 등 광범위하게 영향력을 행사하였다.
경무총장·경무부장의 명령권	경무총장과 경무부장에게 경찰명령권을 부여하여, 전제적인 경찰권을 행사하도록 하였다.
특별고등경찰활동	특별고등경찰활동을 통하여 인간의 사상이나 이념까지도 통제하는 사상경찰적 영역까지 확대되었다.
주요 법령	① 법률로써 「보안법」, 「집회단속에 관한 법률」, 「신문지법」, 「출판법」 등을 제정하였다. ② 조선 총독의 제령권에 의해 「범죄즉결례」, 「조선태형령」, 「경찰범처벌규칙」, 「행정집행령」 등을 제정하였다.

📖 보통경찰제도로의 전환(1919. 3~1945. 8)

구분	내용
3·1운동	1919년 3·1운동으로 인해 일본의 헌병경찰제도는 보통경찰제도로 전환되었다.
경무국·경무부 설치	① 1919년 조선총독부 직속의 경무총감부는 폐지되고, 그 대신에 경무국을 설치하여 전국의 경찰사무와 위생사무를 감독하도록 하였다. ② 지방의 경우 각 도에 제3부를 설치하였으나 1920년에 다시 경무부로 개칭하였다.
1937년 중일전쟁 이전	① 헌병경찰제도에서 보통경찰제도로 전환되었지만, 기본적으로는 경찰의 직무·권한은 변화되지 않았다. ② 종래 헌병이 행하던 것을 경찰관에게 이양한 것일 뿐, 치안유지를 중심으로 한 경찰 본래의 업무 외에도 각종 조장행정원조, 검사사무, 민사소송 조정사무, 집달관 사무 등도 그대로 수행되었다. ③ 3·1운동을 계기로 1919년 제정된「정치에 관한 범죄처벌의 건」(정치범처벌법)에 의하여, 또한 1925년 일본에서 제정(우리나라에서 제정 ×)된「치안유지법」이 우리나라에 그대로 적용되는 등 오히려 탄압체제가 강화되었다.
1937년 중일전쟁 이후	① 1937년 중일전쟁과 1941년 태평양전쟁의 발발로 인해 일본의 군국주의적 활동이 본격화되었다. ② 식민지 경찰업무로서 외사경찰과 경제경찰이 신설되었다. ③ 방공경호체계의 확립, 경방단의 조직과 지도(현재의 소방업무) 등 경찰업무가 확대되었다. ④ 1941년「예비검속법」과「조선임시보안령」을 제정하여, 한국의 독립운동에 대한 탄압을 강화하고, 전시동원체제를 강화하였다.

제29테마
대한민국 임시정부의 경찰

중요도 A급

📖 일반론

구분	내용
의의	① 1919년 3·1운동으로 태어난 대한민국임시정부는 임시헌장에서 우리 민족 최초의 민주공화제를 선포하였다. ② 「헌법」은 전문에서 '대한민국임시정부의 법통을 계승한다'라고 규정함으로서, 임시정부의 경찰은 오늘날 한국경찰의 뿌리라고 할 수 있다.
민주경찰의 효시	대한민국 임시정부의 경찰은 우리 역사상 최초로 민주경찰의 효시라는 제도사적 의의를 가진다.

📖 대한민국 임시정부 경찰의 조직

구분		내용
상해 시기 (1919~1932)	경무국	① 1919년 「대한민국임시정부장정」에 의해서 임시정부 경찰조직인 내무부 아래 「경무국직제」와 경찰사무가 처음으로 규정되었다. ② 초대 경무국장으로 백범 김구 선생이 임명되면서 경무국의 구성과 활동이 본격적으로 시작되었다. ③ 경무국의 소관 사무는 행정경찰에 관한 사항, 고등경찰에 관한 사항, 도서출판 및 저작권에 관한 사항, 일체의 위생에 관한 사항 등으로 규정되었다. ④ 정식예산이 편성되었으며, 소정의 월급이 지급되었다.
	연통제	① 임시정부는 지역적 한계를 극복하고 국내와 연계하여 연락 및 정보수집, 선전활동 및 정부 재정 확보 등을 수행하기 위해 연통제를 실시하였다. ② 국내 각 도 단위에 지방행정기관으로 독판부를 설치하였으며, 독판부 산하의 경찰기구로 경무사를 두었다.
	의경대	상해 교민단 산하의 의경대는 교민단의 치안을 보전하고 밀정을 색출하는 역할을 수행하였다.
중경 시기 (1940~1945)	경무과	① 1940년 임시정부가 중국 정부의 임시수도인 중경에 자리를 잡으면서 「정부조직법」 또한 개편되는데, 「대한민국잠행관제」에 따라 내무부 경무과가 만들어졌다. ② 경무과는 내무부의 하부조직으로 경찰사무, 인구조사, 징병 및 징발, 국내 정보 및 적에 대한 정보수집 등의 업무를 수행하였다.
	경위대	① 1941년 내무부 직속으로 경찰 조직인 경위대를 설치하였다. ② 경위대의 주요 임무는 임시정부 청사에 대한 경비, 임시정부 요인의 보호 등 임시정부 수호의 최일선을 담당하였다.

제30테마
미군정시대의 경찰(1945~1948)

중요도 B급

📖 미군정시대의 경찰제도의 특성

구분	내용
조직법적 정비 작용법적 정비	① 미군정시대에 경무국을 경무부로 승격시키고, 고등경찰을 폐지하였다. ② 경제경찰업무를 경찰업무로부터 제외하고, 각종 치안입법(「정치범처벌법」, 「치안유지법」, 「예비검속법」, 「보안법」 등)을 정비함으로써 조직법적·작용법적 정비를 하였다. ③ 당시의 미군정청은 좌익세력에 대항하기 위하여 부득이하게 식민지시대의 경찰조직 및 인력을 그대로 활용하는 정책을 실시하였다.
비경찰화 작업	① 미군정시대에 경찰의 치안유지기능 이외의 기능을 다른 행정관서로 이관시키는 비경찰화 작업을 실시하여 경찰의 역할이 축소되었다. ② 위생경찰을 위생국으로 이관, 경제경찰 및 고등경찰의 폐지(정보경찰은 신설), 소방업무를 시·읍·면·동의 소방부로 이관 등이 행해졌다.
민주적 요소 강화	① 경찰의 임무는 국민의 생명과 재산의 보호라는 새로운 자각이 일어나고, 경찰의 조직 측면에서도 중앙경찰위원회(1947)를 통한 경찰통제를 시도하는 등 민주적 요소가 강화되었다. ② 봉사와 질서를 경찰의 표어로 정하고, 그 정신을 함양하기 위하여 그 표어 마크를 제복에 패용하도록 하였다. ③ 형사소송법규를 개정하여 영미법계의 장점을 도입하게 하였다.

📖 미군 진주~국방사령부 경무국 설치 전(1945. 9~1945. 10)

구분	내용
미군정청의 경찰권 접수	1945년 9월 미군이 진주하면서 경찰관서를 접수하게 된다.
미군정청의 경무국 창설	① 1945년 10월 미군정청에 경무국이 창설되었다. ② 대한민국의 주권 아래에서 운영되었던 경찰이 아니라, 미국의 군 정권에 근거를 둔 경찰이었다.
치안입법 정비	1945년 10월 「정치범처벌법」, 「치안유지법」, 「예비검속법」 등이 폐지되었고, 1948년 4월에는 「보안법」이 폐지되었다.

📖 국방사령부 경무국 설치~경무부 독립 전(1945. 11~1946. 3)

구분	내용
국방사령부의 경찰기능 관장	1945년 11월 미군정장관 예하에 국방사령부를 설치하고, 국방사령부장 밑에 군무국과 경무국을 두었다.
경찰봉의 도입	1945년 11월 경찰검을 폐지하고, 경찰봉을 휴대하고 근무하도록 하였다.
도 경찰부의 도입	1945년 12월 미군정장관의 명령에 따라 각 도지사의 권한 하에 있던 경찰행정권을 분리하여 각 도 경찰부를 독립시켰다.
범죄수사업무의 경무국 이관	1945년 12월 검사의 기본직무는 법원에 공소를 제기하는 것이고 자세한 범죄조사는 검사의 직무가 아니며, 경무국에 의뢰하도록 하였다.

📖 경무부 독립~대한민국정부 수립 전(1946. 3~1948. 8)

구분	내용
경무부로의 승격	① 1946년 3월 경무국은 국방사령부장의 지휘·감독하에 벗어나 미군정장관 예하로 독립되었다. ② 경무국이 국방사령부와 동급인 경무부로 승격되었다. ③ 경무부장은 경찰의 인사·보급·행정에 관한 권한을 행사하게 되었다. ④ 한말기 경부에 이어 2번째 경찰조직의 독립이었다.
경무총감부 설치 관구경찰청 설치	1946년 9월 서울·대구·전주 3개소에 경무총감부를 설치하고, 그 산하에 경무총감부가 관할하는 10개소의 관구경찰청(시·군에는 152개의 경찰서)을 설치하는 등 조직 개편이 이루어졌다.
여자경찰제도도입	① 1946년 5월에 최초로 여자경찰관이 채용되어 국립경찰학교에서 교육을 받은 후 1946년 7월에 졸업하였다. ② 여자경찰관은 여자경찰서(1947~1957)에서 14세 미만의 소년범죄와 여성관련 업무를 담당하였다.
공보업무 창설 정보경찰 창설	① 1947년 3월 각 관구경찰청에 경찰공보실을 설치하였다. ② 정보업무를 담당할 정보과가 신설(폐지 ×)되었다.
중앙경찰위원회의 설치	① 1947년 11월 군정장관이 임명하는 6인의 위원으로 구성된 중앙경찰위원회를 설치하여 경찰의 민주화를 추진하였다. ② 경찰의 민주화를 위한 조치가 마련되었으나, 성공을 거두지는 못하였다.

제31테마
현대적 경찰(1948~현재)

중요도 A급

📖 치안국시대(1948~1974)의 경찰제도의 특성

구분	내용
최초의 자주적 경찰	① 우리나라가 독립국가로서 자주적인 입장에서 경찰을 최초로 운용했던 시기로서, 내무부 소속 하의 국가경찰제도를 운영하였다. ② 과거 식민통치에 이용되던 경찰이 처음으로 국가의 존립과 안녕, 공공의 안녕과 질서유지, 국민의 생명과 신체 및 재산의 보호라는 경찰 본연의 임무를 수행하게 되었다.
경찰의 정치화	① 대한민국 정부수립 이후 경찰업무의 민주적·능률적 수행보다는 식민지 시대의 경찰에 대한 폐해로 인해 경찰의 기능을 축소해야 한다는 분위기가 지배적이었다. ② 내무부의 1국(치안국)에 불과했던 경찰은 정치에 예속되어, 4.19 혁명을 야기하는 도화선이 되었으며, 경찰력은 더욱 약화되고 국민 불신의 대상이 되었다.

📖 치안본부시대(1974~1991)의 경찰제도의 특성

구분	내용
치안본부로 승격	1974년 12월 「정부조직법」을 개정하여 치안국을 치안본부로 승격시키고, 치안본부장을 차관급으로 격상하였다.
경찰 중립화 여론	1988년 이후 경찰 중립화에 대한 여론이 형성된 결과, 1991년 5월 「경찰법」이 국회를 통과하였다.

📖 경찰청시대(1991~현재)의 경찰제도의 특성

구분	내용
경찰법의 제정	1991년 5월 경찰조직의 기본법이라고 할 수 있는 「경찰법」이 제정되었다.
내무부의 외청화	경찰의 정치적 중립성을 확보하기 위해, 내무부의 보조기관이었던 치안본부를 내무부의 외청인 경찰청으로 분리·승격시켰다.
경찰청의 설치	내무부의 외청으로 경찰청을 설치하여, 내무부장관의 보조기관이 아닌 독립적인 행정관청으로서의 형태를 취하였다.
지방경찰청의 설치 (시·도경찰청)	서울특별시장, 광역시장, 도지사 소속하에 지방경찰청(시·도경찰청)을 설치하였다.
경찰행정관청화	① 경찰청장과 지방경찰청장을 경찰행정관청화하였다. ② 경찰서장의 경우 「경찰법」 제정 이전에도 경찰행정관청이었다.

경찰위원회 제도 (국가경찰위원회)	합의제 의결기관인 경찰위원회(현재는 국가경찰위원회)를 도입하여, 경찰에 대한 정치적 중립성 및 민주적인 의사결정시스템의 초석을 마련하였다.
대국·대과 체제	업무의 전문성과 효율성을 높일 수 있도록 대국·대과 체제로 개편하였다.
비고	① 2020. 12. 22 「경찰법」을 「국가경찰과 자치경찰의 조직 및 운영에 관한 법률」로 전면 개정하였다. ② 문재인 정부에서 추진한 두 가지 경찰개혁의 일환으로 추진된 결과로써, 검찰과 경찰의 수사권 조정과, 자치경찰제의 도입에 따른 것이다.

📖 광복 이후 현대적 경찰조직의 연혁

구분	내용
1945	국립경찰의 창설(우리나라 경찰의 창설기념일)
1946	최초의 여자경찰 모집
1947	중앙경찰위원회의 설치(6인으로 구성)
1948	치안국 시대(내무부 치안국)
1949	경찰병원 설치
1953	「경찰관 직무집행법」의 제정(국민의 생명·신체 및 재산의 보호라는 영미법적 사고가 최초로 반영된 경찰작용에 관한 기본법)
1953	해양경찰대 설치
1954	「경범죄 처벌법」의 제정
1955	국립과학수사연구소 설치
1962	「청원경찰법」 제정
1966	경찰관 해외주재관 제도 신설, 경찰윤리헌장 제정
1968	전투경찰대 설치(1.21 김신조 사태 계기)
1969	「경찰공무원법」 제정(경정, 경장 2계급 신설)
1974	치안본부 시대(내무부 치안본부)
1975	내무부 치안본부의 소방업무가 내무부 민방위본부로 이관
1979	「경찰대학설치법」 제정(1981년 경찰대학 개교)
1982	의무경찰제도 도입
1991	「경찰법」 제정(경찰조직에 관한 기본법)
1991	경찰청 시대(내무부의 외청), 경찰헌장 제정, 경찰위원회 설치(국가경찰위원회)
1996	해양경찰청의 해양수산부로의 이관
1999	경찰서에 청문감사관제도 도입
1999	경찰청장 직속의 운전면허시험관리단 신설(운전면허시험장의 책임운영기관화) → 2010년 도로교통공단으로 변경

2000	사이버테러대응센터 신설
2004	파출소를 지구대 · 파출소 체제로 개편
2005	경찰병원의 책임운영기관화
2006	제주특별자치도 자치경찰출범
2020	경찰과 검찰의 대등 협력관계 구축(수사는 경찰, 기소는 검찰)
2021	① 자치경찰제의 시행(시 · 도지사 소속으로 시 · 도자치경찰위원회의 출범) ② 「경찰법」의 전면개정(「국가경찰과 자치경찰의 조직 및 운영에 관한 법률」) ③ 국가경찰사무와 자치경찰사무로의 구분 ④ 국가수사본부 신설(수사사무에 대한 배타적 지휘 · 감독권) ⑤ 「검사와 사법경찰관의 상호협력 및 일반적 수사준칙에 관한 규정」 등 시행
2022	① 행정안전부장관이 경찰국을 설치(경찰행정 지원 업무) ② 「행정안전부장관의 소속청장 지휘에 관한 규칙」(행정안전부령) 제정

제32테마
한국경찰사의 자랑스러운 경찰의 표상

중요도 A급

📖 대한민국 임시정부 경찰의 주요 인물

구분	내용
김구 선생	① 1919년 상해에서 수립한 대한민국 임시정부의 초대 경무국장 ② 1932년에는 직접 대한교민단 의경대장으로 취임하여 일제의 밀정 색출, 친일파 처단 및 교민사회의 질서유지 등 임무수행 ③ 1940년에는 대한민국 임시정부 주석으로 선출 ④ 1947년 민주경찰 창간호에서 자주독립과 민주경찰의 중요성을 강조함
나석주 의사	임시정부 경무국 경호원 및 의경대원으로 활동하면서 식민지 수탈의 핵심인 식산은행과 동양척식회사에 폭탄을 투척하였다.
김용원 열사	① 김구 선생의 뒤를 이어 제2대 경무국장을 역임하였다. ② 지병으로 인하여 귀국 후 군자금 모금, 체포 및 보석을 반복하다 옥살이의 후유증으로 1934년 순국하였다.
김석 선생	의경대원으로 활동하면서 윤봉길 의사를 배후 지원하였다.
김철 선생	① 의경대 심판을 역임하였다. ② 1932년 상하이에서 일제 경찰에 체포 및 감금되었고, 이후 석방되었으나 1934년 고문 후유증으로 생애를 마감하였다.

📖 6·25 전쟁 중 경찰의 주요 인물

구분	내용
노종해	1950년 6월 25일 양구경찰서 내평지서장 노종해 경감 등은 10여명의 인력으로 북한군의 춘천으로 가는 길목을 지키고 북한군 1만여명의 진격을 1시간 이상 지연시킨 후 전사하였다(춘천내평전투).
김해수	1948년 간부후보생 3기로 입직하여 1950년 7월 7일 영월화력발전소 탈환작전 도중 47명의 결사대와 함께 73명의 적을 사살하고 전사하였다(영월전투).
라희봉	① 1949년 순경으로 입직 후 1951년 순창서 쌍치지서장으로 재직하면서 다수의 공비를 토벌하였다. ② 1952년 11월 700여명에 달하는 공비와의 전투 중 24세의 나이로 전사하였다.
권영도	1950년 순경으로 입직 후 산청군 및 함양군 일대에서 공비 소탕작전에 선봉으로 투입되었다.
최천	① 전라남도·전라북도·경상남도 3개 도 경찰관 6,800명 및 미군 25사단 일부는 1950년 북한군 4개 사단을 격퇴하고 방어선을 수호하였다. ② 당시 경남경찰 3,400명을 지휘한 경남경찰국장이 독립운동가 출신인 최천 경무관이다.
안종삼	구례경찰서 안종삼 서장은 1950년 7월 24일 전쟁발발로 예비검속된 보도연맹원들에 대한 총살 명령이 내려오자 480명의 예비검속자 앞에서 "내가 죽더라도 방면하겠으니, 국가를 위해 충성해 달라"라고 연설한 후 전원을 방면하여 구명하였다.

한국경찰사의 자랑스러운 경찰의 표상

구분	내용
안맥결 총경 (제1기 여성간부)	① 도산 안창호 선생의 조카딸로서, 1910년 10월 평양 숭의여학교 재학 중 만세시위에 참가하여 체포되어 20일간 구금됨 ② 1936년 임시정부 군자금 조달 혐의로 5개월간 구금 ③ 1937년 일제가 조작한 수양동우회 사건으로 만삭의 몸으로 서대문형무소에 수감 후 가석방됨 ④ 1946년 5월 미군정하 제1기 여성경찰간부로 임용되며, 경찰에 입직함 ⑤ 1952년부터 2년 동안 서울여자경찰서장을 역임하며 풍속·소년·여성보호 등의 업무를 담당함 ⑥ 1957년 국립경찰전문학교 교수로 발령받은 후 1961년 5·16군사정변이 발생하자 군사정권에 협력할 수 없다며 사표를 제출함
차일혁 경무관 (호국·인권·문화경찰) (2019년 경찰영웅)	① 전북 18전투경찰대대장으로 재직시 남부군 사령관 이현상을 사살하고 빨치산을 토벌한 주역임(호국경찰) ② 남부군 사령관 이현상을 적장의 예우로써 화장해 주고, 생포한 공비들에 대하여 관용과 포용으로 귀순을 유도함(인권경찰 및 인본경찰) ③ 공비들의 근거지가 될 수 있는 사찰들을 불태우라는 상부의 명령에 대하여 "절을 태우는 데는 한나절이면 족하지만, 세우는 데는 천 년 이상의 세월로도 부족하다"라고 하며, 사찰의 문짝만 태움으로써 화엄사 등 사찰과 문화재를 보호함(문화경찰) ④ 충주경찰서장 재직 당시 충주직업소년학원을 설립하여 불우아동들에게 배움의 기회를 제공함(문화경찰)
최규식 경무관 정종수 경사 (호국경찰)	1968년 1.21 무장공비침투사건(김신조 사건) 당시 최규식·정종수 등 경찰관 10여명이 격투 끝에 청와대를 사수하는 공적을 세움
문형순 경감 (민주·인권경찰) (2018년 경찰영웅)	① 신흥무관학교를 졸업한 독립군 출신으로 광복 이후 경찰간부로 경력채용되어 경찰에 입직함 ② 제주 4·3사건 당시인 1948년 12월에 제주에서 검거된 좌익세력 총책의 명단에 연루된 100여명의 제주 주민들이 처형 위기에 처하자 당시 경찰서장 문형순은 이들에게 선처를 베풀어 자수토록 하고, 후에 자신의 결정으로 전원을 훈방하였다. ③ 1950년 8월 30일 성산포경찰서장으로 재직시 계엄군의 예비검속자 총살 명령에 대하여 "부당함으로 불이행한다"고 명령을 거부하며 278명을 방면함
안병하 치안감 (민주·인권경찰) (2017년 경찰영웅)	5·18 광주 민주화운동 당시에 무장 강경진압 명령이 내려오자 안병하 국장은 전남 경찰들에게 분산되는 자는 추적하지 말 것을 지시하고, 또한 부상자가 발생되지 않도록 할 것을 지시하였고, 연행과정에서는 학생들의 피해가 없도록 유의할 것을 당부하면서 비례의 원칙에 입각한 경찰권 행사 및 시위대에 대한 인권보호를 강조
이준규 총경 (민주·인권경찰)	1980년 5·18 당시 목포서장으로서 안병하 국장의 방침에 따라 경찰 총기 등을 군부대로 이동시키고, 자체 방호를 위해 가지고 있던 소총마저 격발할 수 없도록 방아쇠 뭉치를 제거함으로써 원천적으로 시민들과의 유혈충돌을 피하도록 조치하였다.

최중락 총경 (수사경찰) (2019년 경찰영웅)	치안국의 검거왕으로 선정되었고 재직 중 1,300여명의 범인을 검거하는 등 수사경찰의 상징적인 존재로 여겨짐(MBC드라마 '수사반장'의 실제모델).
박재표 경위 (첫 내부고발자)	1956년 8 · 13 지방선거 당시 자유당이 저지른 '환표(換票)사건'을 세상에 처음 알린 인물이다.
김학재 경사 (2018년 경찰영웅)	부천남부경찰서 형사였던 김학재 경사는 1998년 5월 강도강간 신고출동 현장에서 피의자로부터 좌측 흉부를 칼로 피습당한 가운데에서도 끝까지 격투를 벌여 범인 검거 후 순직함
강삼수 경위 (2023년 경찰영웅)	경남 산청경찰서 사찰유격대장으로 6 · 25 전쟁 당시 불과 10명의 부대원들을 이끌고 총 62회의 크고 작은 전투를 치르며 무장공비를 소탕하는 등 자유 대한민국을 수호하는 데 이바지 함(지리산의 귀신)
이강석 경정 (2023년 경찰영웅)	화성서부경찰서 남양파출소장으로 근무 당시 2015년 2월 27일 '총격사건이 일어났다'는 신고가 접수되자 가장 먼저 현장에 출동, 총격당한 부상자를 구하기 위해 직접 범인 설득을 시도하던 중 총격을 입고 순직
이종우 경감 (2023년 경찰영웅)	① 춘천경찰서 서부지구대 의암호 담당 순찰정장으로 근무 당시 폭우로 높아진 의암댐 수위에 수초섬 유실 방지 작업을 지원하던 중, 민간업체 보트가 전복되자 1초의 망설임 없이 구조를 위해 접근했다가 함께 전복되어 순직 ② 국제형사경찰기구(인터폴)가 대한민국 최초로 순직 경찰관으로 인증

서진호
경찰학

 독한경찰 | police.dokgong.com

제3장

외국경찰의 역사와 제도

제33테마~제38테마

제33테마
비교경찰사 기초이론

중요도 C급

📖 경찰제도의 3가지 패러다임

1. 중앙집권화 경찰제도(프랑스)

구분	내용
전국적으로 통일된 경찰조직	경찰권이 중앙정부의 직접적인 통제하에 있으므로, 경찰조직은 전국적으로 통일된 국가경찰조직을 취하고 있다.
지방경찰기관의 제한된 재량권	강력한 관료체제와 중앙정부에 집권화된 운영형태의 결과 지방경찰기관의 재량권은 매우 제한되어 있다.

2. 지방분권화 경찰제도(미국)

구분	내용
지방정부의 통제	① 지방정부가 경찰업무에 대한 책임을 맡고, 특히 시민에 의한 경찰관리 방식이 취해지고 있다. ② 미국경찰의 경우 종적 발전보다는 횡적 발전이 활성화되어 있다.
제한된 경찰권한	경찰권은 법률에 의해서 엄격히 제한되고, 국민은 법집행절차의 적법성을 기대하고 있으므로, 경찰관은 법률상 기준을 반드시 준수하여야 한다.

3. 통합형 경찰제도(영국, 일본, 독일, 우리나라)

구분	내용
분권적 경찰통제	① 중앙정부와 지방정부가 함께 경찰통제를 분권화하는 형태를 취하고 있다. ② 경찰업무가 지방정부에 의해서 실질적으로 통제되고 있지만, 국가적 표준과 방침에 따라야만 한다.
민주성과 효율성의 조화	중앙집권화 경찰제도보다는 민주적이고, 지방분권화 경찰제도보다는 효율적이라고 볼 수 있다.

📖 국가별 사법제도의 구분

구분	영국·미국	독일·프랑스	일본
경찰과 검찰의 관계	대등협력관계	수직적 관계	대등협력관계
기소권	검찰	검찰	검찰
수사권	경찰	검찰	경찰(1차), 검찰(2차)
수사종결권	경찰	검찰	검찰
영장청구권	경찰	검찰	경찰 및 검찰

제34테마

중요도 A급

영국경찰의 역사와 제도

📖 영국경찰의 역사

1. 고대시대

구분	내용
10인 조합	① 지역사회에 조직된 최초의 경찰활동형태로서, 서로를 경찰활동하는 것에 책임이 있는 10명의 남자들로 구성된 자조적 원칙 및 집단책임의 원칙에 기초하고 있다. ② 구성원들 중에 1인이 범죄로 인해 고소되면, 그들은 피고인을 지방법원으로 데려가야 하는 책임이 있었고, 만약 실패하면 법원은 10인 조합의 다른 구성원들에게 벌금을 부과하였다.
100인 조합	① 10인 조합이 모여 100인 조합을 형성하고, 100인 조합을 관리하기 위해 1인의 관리책임자를 임명하였다. ② 오늘날의 영국경찰관의 기원이 되었다.
샤이어 (Shire)	① 100인 조합이 다시 합쳐져서 샤이어가 되었고, 국왕은 각 샤이어의 치안유지를 위하여 군인이면서 또한 법관인 국왕대관을 임명하였다. ② 오늘날 보안관(Sheriff)의 기원이 되었다. ③ 국왕대관은 국왕을 대표하여 세금 징수, 치안 유지, 재판권의 행사 등을 하였다.

2. 중세시대

구분		내용
「윈체스터법」	의의	10인 조합에 의한 사회질서 유지가 어려워지자, 지방도시를 위한 「윈체스터법」(Winchester)과 「수도 런던에 관한 법률」을 제정하였다.
	내용	① 일몰과 일출 사이 동안 경비를 수행할 야경원제도를 도입하였다. ② 모든 지역사회가 도망가는 중범죄자를 추적하는 범인추적협조제도를 부활하였다. ③ 15세~60세 사이의 모든 남자들은 방어목적을 위한 무기를 소유하도록 하는 무기법령의 유지(폐지 ×)를 강조하였다.
「치안판사법」	의의	① 치안유지자들에게 판사의 직함을 제공하였다. ② 「윈체스터법」에서 제시된 3가지 사항을 포함하고, 2가지 원칙들을 추가로 제시하였다.
	내용	① 모든 사람들에게 범죄자들을 체포하도록 허용함으로써 평화를 유지하는 의무를 강조한다. ② 범죄자들을 지방법원으로 데려오도록 하여야 한다.
특별경찰		상공업의 발달로 인하여 범죄대처능력이 부족해 진 결과, 산림경찰과 상업경찰과 같은 특별경찰이 등장하였다.

3. 근대시대 : 산업혁명시대

구분	내용
절도체포대 기마순찰대 도보순찰대	헨리 필딩(Henry Fielding)은 런던 최초의 직업경찰관인 절도체포대, 기마순찰대, 도보순찰대를 창설하였다. **참고** 헨리 필딩(Henry Fielding)의 주장 ① 경찰업무란 원래 도시의 한 기능이고, 여기에는 충분한 보수를 받는 자가 필요하다. ② 공공도로의 보호를 위해 이동순찰이 필요하다. ③ 범죄현장에 신속히 달려갈 경찰관이 별도로 필요하다. ④ 별도의 경찰법원이 설치되어야 한다.
「수도경찰법」	'영국 근대경찰의 아버지'라고 불리는 로버트 필(Robert Peel)의 제안으로 제정된 「수도경찰법」에 따라 수도경찰청이 설립되었으며, 그 책임자는 경찰청장이 되었다.
「도시자치법」	경찰위원회를 발족하여 전국 경찰관리를 표준화하였다.
「도 경찰법」	시골지역의 경찰을 개혁하였다(인구 1천명당 1인의 경찰관을 임용).

4. 현대시대 : 20세기 이후

구분	내용
경찰개혁 (1931)	트렌차드(Hugh Trenchard)는 경찰의 조직 및 운영에 관한 개혁을 단행하여 훈방제도의 강화, 일선경찰의 통합, 관할구역의 변경, 법률부의 신설, 순찰제도의 개선, 경찰시설의 확충, 교육기관의 설치, 10년 단기 순경제 등을 실시하였다.
왕립경찰위원회 (1960)	경찰개혁을 위한 왕립경찰위원회가 설립되어, 각종 조사 및 연구를 실시하였다.
「경찰법」 (1964)	① 왕립경찰위원회의 보고서를 계기로 「경찰법」이 제정되었다. ② 지방경찰기관의 통·폐합을 실시하였다. ③ 수도경찰과 런던시 경찰청을 제외한 경찰기관의 관리기구를 경찰위원회로 통일화되었으며, 내무부장관에게 경찰본부 합병권이 부여되었다.
「경찰 및 형사증거법」 (1984)	치안상황의 악화로 인해 경찰력을 강화하고, 범죄로부터 국민을 보호할 목적으로 「경찰 및 형사증거법」이 제정되었다.
국립기소청 창설 (1985)	종래 경찰이 행사하던 기소와 공소유지 업무를 국립기소청이 담당하게 되었다.
「경찰개혁법」 (2002)	「경찰개혁법」을 제정하여 국가경찰활동 계획과 조화될 수 있는 지방경찰활동계획 작성을 각 지방경찰위원회에 부과하고, 경찰관이 아닌 민간인에게 제한적 경찰권을 부여하는 등 개혁을 단행하였다.
「경찰개혁 및 사회책임법」 (2011)	① 「경찰개혁 및 사회책임법」의 채택으로 인해, 전국 경찰에 대한 중앙정부의 광범위한 통제에서 벗어나, 지방경찰기관 중심으로 변화하였다. ② 지방경찰위원회가 폐지되고, 지역치안위원장으로 대체되었다. ③ 각 지방경찰이 지역치안평의회를 구성하도록 요구하였다. ④ 현재 영국 지방경찰의 4원 체제를 확립하였다.

📖 영국경찰의 제도

1. 내무부장관

구분	내용
지위	① 영국경찰의 조직계층에 있어서 맨 상위에 있으며, 내각에서 선임 장관들 중 1명이며, 의회의 구성원이다. ② 의회 구성원들은 경찰업무에 관하여 내무부장관에게 질문할 수 있다.
권한	① 경찰의 국가적 전략방향을 검토한다. ② 지방경찰 및 범죄계획에 대해 지침을 제공한다. ③ 수도경찰청장 제청권을 가지고 있고, 지방경찰청장의 임명에 관하여 의견을 제시하고, 지방경찰청장에게 사임 또는 퇴직을 요구할 수 있다. ④ 경찰의 조직 및 관리에 관한 규정을 제정할 수 있다. ⑤ 가장 중요한 권한은 전국 모든 경찰의 관리에 영향을 미치는 행정회보의 발간과 각 경찰기관의 예산을 위해 필요로 되는 자금들 중 50%를 제공하는 것이다. ⑥ 영국 경찰서비스에 대하여 행정적 권한 및 통제를 갖고 있다(경찰을 지휘하거나 경찰에게 명령할 권한을 갖고 있지는 않다).

2. 수도경찰청(런던광역경찰청)

구분	내용
창설	1829년 로버트 필(Robert Peel)에 의해 창설되었다.
관할구역	런던의 메트로폴리탄 지역에 경찰서비스를 제공하는 책임이 있다.
수도경찰청장	① 고위 경찰간부나 민간인 중에서 내무부장관의 제청을 통해 국왕이 임명한다. ② 내무부장관의 관리 외에는 대외적으로 독립한 지위를 갖는다.

3. 런던시 경찰청

구분	내용
성격	수도경찰청과는 독립된 자치제 경찰이다.
관할구역	1제곱 마일의 런던시를 관할구역으로 하며, 관광객뿐만 아니라 대략 6천여명의 시민들과 35만여명의 통근자들에 대해 책임이 있다.
런던시 경찰청장	런던시 의회가 국왕의 승인(동의)를 얻어 임명한다.

4. 지방경찰(4원 체제)

구분	내용
지역치안위원장	① 지역주민의 선거에 의해서 선출되고 지역치안계획을 수립 ② 지방경찰청장·차장의 임면권을 행사(내무부장관의 의견제시) ③ 예산 및 재정을 총괄
지역치안평의회	① 지역치안위원장의 견제기구(각 지방자치단체에서 파견한 선출직 대표와 독립위원으로 구성) ② 경찰예산집행에 대한 감사 ③ 경찰예산안 및 지방경찰청장 임명에 대한 거부권 행사 ④ 지역치안위원장에 대한 정보와 출석요구권 ⑤ 지역치안위원장의 업무에 대한 주민소환 투표
지방경찰청장	① 관할 경찰에 대한 독자적인 지휘·운영 ② 차장 이외의 경찰관에 대한 인사권
내무부장관	① 내무부 지원예산 50%에 대한 감사 ② 국가적 범죄대응에 관련하여 지역경찰에 대한 임무부여 및 조정 ③ 지역치안위원장의 지방경찰청장·차장의 임면권 행사에 대한 의견제시

5. 국립범죄청(NCA)

구분	내용
연혁	① 1992년 국립범죄정보국(NCIS), 1997년에 국립범죄수사국(NCS)을 설치하였다. ② 국립범죄정보국과 국립범죄수사국을 통합하여 2006년 국립조직범죄수사청(SOCA)이 설립되었다. ③ 국립조직범죄수사청은 아동착취 및 온라인 아동범죄대응센터(CEOPC)를 흡수하여 2013년 국립범죄청(NCA)이 설립되었다.
특징	① 내무부 산하의 수사기관으로서 내무부의 지원을 받지만, 그 활동은 내무부로부터 독립되어 있다. ② 지역경찰과의 협력을 위해 내무부장관이 지방경찰청장 중 국립범죄청장을 임명한다.
업무	① 강력범죄에 대한 정보수집과 수사권 및 체포권을 직접 행사할 수 있다(마약범죄, 약물범죄, 조직범죄, 아동범죄, 인신매매, 불법밀입국, 여권·화폐위조범죄, 대테러범죄 등). ② 범죄정보를 수집·분석하고 지방경찰의 활동을 지원하는 범죄정보기관으로서 임무를 수행한다.

제35테마

미국경찰의 역사와 제도

중요도 A급

📖 미국경찰의 역사

1. 정치적 시대(근대경찰)

구분		내용
도시경찰		최초의 도시경찰인 보스턴 경찰(1838)을 필두로 뉴욕시 경찰(1844) 및 필라델피아 경찰(1848)이 창설되었다.
	보스턴 경찰 (1838)	① 1838년 보스턴시 경찰개혁으로 인해 시 보안관 밑에 9인의 경찰관이 임명되어, 체포영장 집행, 질서유지, 소요진압 등의 권한이 주어졌다. ② 최초의 제복경찰관이 등장하였다.
	뉴욕시 경찰 (1844)	1844년 뉴욕시 경찰은 야경제를 폐지·통합하여 주·야간 교대제를 실시하였으며, 시장이 시의회의 동의를 얻어 임명한 경찰청장이 경찰조직을 관리하였다.
주 경찰		① 1835년 최초의 주 경찰인 텍사스 레인저가 창설되었다. ② 1905년 펜실베니아 주 경찰이 창설되었다.
정치와 경찰의 유착		엽관주의 등으로 정치와 경찰의 강한 유착관계에서 경찰에 대한 정치적 영향력이 컸으며, 지나친 분권화로 인한 비능률성이 문제점으로 대두되었다.

2. 개혁시대(1920년 이후)

구분	내용
경찰 전문화	경찰 전문화가 주장되어 경찰을 정치로부터 분리하기 위한 다양한 노력들이 전개되었다.
연방범죄수사국 (FBI)	1908년 루즈벨트 대통령의 지시로 연방정부에 최초로 수사국이 설치되었고, 1935년에 연방범죄수사국으로 변경되었다.
위커샴 위원회	① 1929년 위커샴 위원회가 설치되었다. ② 경찰 전문성의 부족에 대하여 비판하며, 경찰에 대한 정치적 간섭의 배제, 경찰관 채용기준의 강화, 더 나은 임금 및 부가이익을 통한 경찰관의 근무조건 개선, 더 많은 교육훈련 등을 주장하였다.
오거스트 볼머 (August Vollmer)	① 미국 경찰을 전문화하기 위해 많은 활동들을 제도화하였으며, 경찰교육훈련의 일부로서 대학 교육훈련을 실시하였다. ② '현대 미국경찰의 아버지'로서 여겨진다.

윌슨 (O. Wilson)		① 상관인 오거스트 볼머의 경찰전문화 운동을 계승하여 경찰개혁 방안을 제시하였다. ② 전문직업 경찰제도, 자동차를 이용한 순찰 및 1인 순찰제, 무선통신의 효율성을 통한 경찰업무의 혁신, 주기적인 담당구역의 변경 및 시민의 신고에 대한 즉응체제 구축 등을 제시하였다.
연방대법원의 판결 (적법절차의 원칙)		20세기 초 연방대법원의 판결에서는 경찰업무 집행에도 본격적으로 적법절차의 원칙을 요구하게 되었다(제3테마 미국 연방대법원의 판결 참조).

📖 미국경찰의 제도

1. 연방법집행기관

구분		내용
권한		① 국가적 범죄 및 각 주 간의 범죄단속에 제한된다. ② 연방범죄수사국(FBI)를 제외하면, 대부분의 연방법집행기관은 특정한 법영역만을 담당한다. ③ 연방법집행기관은 경찰이 아니라 법집행기관으로 불린다.
법무부	연방범죄 수사국 (FBI)	① 1935년 후버(Hoover) 국장의 노력으로 인해 연방범죄수사국(FBI)이 창설되었다. ② 최우선순위로 대테러업무를 설정하고, 그 다음 우선순위로 대간첩, 사이버범죄, 공직부패, 조직범죄를 설정하고 있다.
	연방검찰청	연방정부가 당사자로 되는 민사소송에서 미국 정부의 대리인 역할을 수행한다.
	연방보안관	① 관할법원의 법정경비, 체포영장 및 소환장의 집행, 연방범죄 피의자의 호송, 증인의 신변안전 도모, 지역적 소요의 진압 업무와 법무부장관의 특별한 지시에 따르는 등의 임무를 담당한다. ② 상원의 조언과 승인에 따라 대통령이 임명한다.
	마약단속국	마약재배·제조·운수 등 약물관련 법규위반에 대한 수사를 실시한다.
국토안보부		① 연방경찰기관에 중복적으로 산재해 있던 대테러 기능들을 통합하여 2003년 3월에 창설되었다. ② 직속기관으로는 해안경비대, 비밀검찰국(대통령 경호임무), 이민·세관 집중국, 연방재난관리청, 교통보안청, 이민국, 관세청 등이 있다.

2. 주 경찰

구분	내용
특징	주 경찰은 각 주마다 임무 및 조직형태가 다르다(하와이 주는 제외).
최초의 주 경찰	미국 최초 주 경찰은 1835년에 창설된 텍사스주 경찰청(텍사스 레인저)이다.
권한	① 실질적인 경찰권을 행사함으로써 연방경찰의 제한적인 활동에 비해 경찰권의 행사 범위가 광범위하다. ② 미국 정부는 주 경찰의 규모 및 활동범위 등을 제한하고 있어, 실질적인 치안유지는 위임받은 지방경찰이 행사한다.

3. 지방경찰

구분	내용
도시경찰	① 미국 법집행기관 중에서 매우 중요하며, 권한범위는 범죄수사와 순찰 등 매우 광범위하다. ② 도시경찰은 자치제경찰이므로 상부기관의 통제를 받지 않는다.
군 보안관	① 도시가 아닌 지역의 범죄수사 및 순찰 등 모든 경찰권을 행사하며, 이외에도 구치소 관리, 세금 징수, 법정 경비 등의 업무를 수행한다. ② 지역주민의 선거로 선출되고, 임기는 2~4년이다.

제36테마
독일경찰의 역사와 제도

중요도 B급

📖 독일경찰의 역사

구분	내용
봉건시대	① 14세기 이후부터 봉건주의적 권한행사를 최대한 보장하기 위하여, 포괄적 기능을 행사하는 경찰이 창설되었다. ② 당시의 경찰권한은 교회권을 제외한 국가작용 일체를 의미하였다.
근대경찰	① 1808년 자치경찰을 선택하였으나, 경찰사무는 국가사무라는 점에서는 변함이 없었다. ② 1812년 정식으로 경찰대를 창설하였고, 1848년 베를린에서 처음으로 국가경찰인 정복경찰이 창설되었다.
제1차 세계대전	① 1919년 내무부장관은 중앙집권적 경찰을 창설하였으나, 1920년 연합국은 중앙집권적 경찰의 해체를 요구하고 중앙집권적 경찰조직을 금지하였다. ② 연합국의 요구에 따라 1920년 새로운 경찰대가 창설되었고, 1934년까지 각 주마다 상이한 경찰제도를 유지하였다.
나치독일시대	① 히틀러(Adolf Hitler)의 나치독일에서는 각 주의 주권을 박탈하고, 경찰권도 독일중앙정부로 귀속하게 하여 법치주의적 경찰제도가 파괴되었다. ② 내무부장관 직속 하에 게슈타포(Gestapo)라는 비밀국가경찰을 설치하여 전국의 정치경찰사무를 담당하였으며, 외부로부터 일체의 간섭을 받지 않는 완전한 독립기관이었다.
제2차 세계대전	① 연합국의 승리로 끝나고, 연합국은 독일경찰의 개혁을 시도하였다. ② 경찰의 지방분권화, 자치단체화, 행정경찰과 집행경찰의 분리 등 3대 목표를 설정하여 추진하였다. ③ 비경찰화 작업을 추진하였다.
기본법의 제정	① 1949년에는 독일의 헌법인 「기본법」을 제정하여 일반경찰권은 주 정부의 권한에 속하도록 하였고, 그 결과 경찰조직의 중심이 다시 주에게 이전되어, 각 주는 고유의 「경찰법」을 제정하게 된다. ② 이것이 자치경찰제도로의 전환은 아니며, 대부분의 주 정부는 자체 입법을 통하여 주 단위의 국가경찰제도(주 단위의 자치경찰제도 ×)를 채택하고 있다.

📖 독일경찰의 제도

1. 연방경찰

구분	내용
연방내무부장관	① 연방내무부장관 소속 하의 연방경찰은 독일의 「기본법」에 근거하여 안보·외교·국방경비 등의 중요한 업무를 담당하고, 이 외에는 주 정부에게 권한이 이양되어 있다. ② 연방 내의 치안정책에 관하여 책임을 지며, 연방의회에 출석하여 치안정책에 대하여 설명할 의무를 가진다.
연방헌법보호청	① 「기본법」 위반의 혐의가 있는 모든 행위에 대하여 감시업무와 정보수집 및 분석업무를 담당한다. ② 경찰기관의 하나이긴 하지만, 법률상 집행업무를 할 수 없고, 경찰 권한도 없어서 구속·압수·수색을 할 수 없고, 신문을 위한 소환이나 강제수단도 행할 수 없다. ③ 수사단계에서는 수사권을 가진 연방범죄수사청이나 주 경찰에 사건을 이관해야 한다. ④ 연방헌법보호청과 주헌법보호청은 조직상 상하관계가 아니고, 각각 독립하여 헌법보호와 관련된 일을 하며, 서로 긴밀한 협조 및 연락체계를 유지한다.
연방경찰청	① 주요 임무는 국경수비, 연방건물·외국대사관·최고법원의 경비, 대규모 행사의 기동대 배치, 공항 및 철도의 안전, 대테러 및 항공기 안전 등의 임무를 수행한다. ② 연방경찰 소속으로 대테러 특수부대인 GSG-9을 두고 있다.
연방범죄수사청	① 범죄수사분야에서 각 주의 협조 및 지원을 행하는 관서이다. ② 각 주에서 발생하는 범죄의 수사는 원칙적으로 주의 권한에 속하지만, 연방범죄수사청은 관할 주 수사기관이 요청 또는 위임, 연방내무부장관의 지시, 연방검사의 요청이 있을 경우에만 제한적으로 수사업무를 담당하게 된다. ③ 연방정부 내무부소속으로 국제범죄, 조직범죄, 마약, 화폐위조, 국제공조수사에 대한 수사권과 범죄정보수집 및 분석, 주 경찰에 대한 지원, 요인경호 임무를 수행하고 있다.

2. 주 경찰

구분	내용
주 단위 국가경찰제도	① 대부분의 주에서는 주 단위의 국가경찰제도를 운용하고 있고, 예외적으로 기초자치경찰을 운용하고 있다. ② 각 주는 대개 고유한 경찰법을 제정하여 독자적으로 경찰을 운용한다. ③ 주 경찰은 주 내무부장관 소속으로서, 주 내무부장관은 주의 최상급 경찰행정관청이며, 각종 법규명령 및 행정규칙 등을 제정한다. ④ 독일의 대부분의 주에서는 경찰청장을 민간인으로 임명하고 있다.
종류	일반경찰, 수사경찰, 기동경찰, 광역수사대, 수상경찰, 경찰특공대
연방경찰과의 관계	① 연방경찰과 주 경찰은 상명하복의 관계가 아닌, 상호 독자적인 지위를 유지한다. ② 예외적으로는 연방경찰 관할에 속하는 업무에 관하여 주 경찰에 대한 어느 정도의 통제를 인정하고 있다.

제37테마

프랑스경찰의 역사와 제도

중요도 B급

📖 **프랑스경찰의 역사**

1. 프랑스혁명 이전(절대군주시대)

구분	내용
로마 법률 로마 경찰제도	① 프랑스혁명 이전의 절대군주시대에는 전통적으로 로마와 동일한 법률 및 경찰제도를 유지하였다. ② 각 지방에 행정권, 사법권 및 경찰권을 부여한 관료를 파견하여 치안을 담당하도록 하였다.
국왕친위순찰대 (프레보)	① 1032년 파리 내의 치안을 유지하기 위하여 국왕친위순찰대인 프레보(prevot)를 창설하였다. ② 프레보는 재판 및 경찰을 담당하고, 오늘날 경찰서장의 시초로 해석되고 있다.
자치경찰의 출현	① 11세기에 도시의 자치권 획득으로 인하여 각 도시마다 장을 선출하고, 이들이 도시 내 경찰권을 행사하게 되었다. ② 오늘날의 지방자치경찰의 시초라고 해석되고 있다(꼬뮌 시장).
군인경찰 (마레쇼세)	1373년 각 지역에 주둔하는 군부대 내의 치안을 담당하던 마레쇼세에게 영주의 권한인 성 내를 제외한 지역의 범죄를 처리하도록 하였다.
경찰국의 창설	① 루이 14세는 1667년 경찰국을 창설하였고, 그 장을 경찰국장으로 임명하였다. ② 지방의 영주에게 속하였던 경찰업무가 직접 왕의 지시와 통제를 받는 경찰국장에게 귀속되게 된다.

2. 프랑스혁명~제정시대

구분	내용
프랑스혁명 (1789)	혁명정부는 1790년 경찰국장 제도를 폐지하고, 폐지된 경찰국장의 역할을 각 자치단체장에게 속하게 하여 지방경찰체제를 수립하도록 하였다.
제정시대 (1799)	① 1799년 나폴레옹(Napoleon)은 제정을 수립하면서 황제의 권한을 강화하기 위해 경찰조직을 정비하고, 중앙집권화된 국가경찰기관을 설치하였다. ② 파리에는 파리경찰청이 창설되었고, 지방에는 군인경찰을 확대 배치하였다.

3. 근대시대

구분	내용
19세기	① 프랑스경찰의 중앙집권화가 가속화되면서, 내무부 안에 경찰청을 창설하였다. ② 군경찰기동대가 창설되고, 파리경찰청은 제복을 착용하게 하였다.
20세기	① 경찰청을 국립경찰청으로 변경하면서 중앙집권화를 강화하였다. ② 국립경찰청은 파리지역을 제외한 모든 지역의 경찰업무를 담당하였다. ③ 내무부의 독립기관이었던 파리경찰청을 국립경찰청 산하에 두도록 하여 국립경찰청으로 일원화하였다.

📖 프랑스경찰의 제도

1. 국립경찰

구분	내용
내무부장관	내무부장관의 지휘를 받는 국립경찰청장이 전국 국립경찰업무의 지시 및 조정을 담당하고 있다.
국립경찰청	① 국립경찰청은 출입국관리, 대통령 경호, 국가정보업무를 담당하는 강력한 경찰기관을 유지하면서도 경찰국가라는 비난에서 자유롭다. ② 국립경찰청장은 국무회의에서 선출되며 경찰이 아닌 민간인의 신분을 가지고 있다.
파리경찰청	① 내무부 직속기관으로 창설하였으나, 현재는 국가경찰로 일원화되어 국립경찰청 소속으로 있다. ② 국립경찰이지만 내무부장관의 지휘를 받고 국립경찰청장의 지휘를 받지 않는다. ③ 내무부장관의 추천으로 대통령이 임명한다. ④ 행정기관으로서 다른 지역의 시·도지사가 갖는 권한의 일부를 맡고 있고, 국립경찰청으로부터 독자적 권한을 갖는다. ⑤ 국가행정업무와 자치행정업무 및 경찰업무를 동시에 수행하는 특수한 제도로 일반경찰업무 외에 교통·운송·민방위 업무를 수행한다.

2. 군인경찰

구분	내용
배치	국립경찰이 배치되어 있지 않은 인구 2만명 미만의 소도시와 농촌지역에서 경찰업무를 수행한다.
임무	① 군사업무를 수행할 때에는 소속은 국방부이지만, 비 군사업무를 수행할 때에는 내무부 소속으로서 도지사의 지휘를 받으면서 경찰법령에 근거하여 업무를 수행한다(행정경찰 기능). ② 사법업무를 수행할 때에는 수사판사 또는 검사의 지휘를 받는다(사법경찰의 기능).

3. 지방자치경찰

구분	내용
설치	① 자치단체장은 자치사무가 적용되는 관할구역 내에 자치경찰을 설치할 수 있다. ② 프랑스는 약 10%의 지역만 지방자치경찰을 실시하고 있으며, 자치단체가 100% 비용을 부담한다. ③ 지방자치경찰의 설치는 의무적인 것이 아니라, 해당 자치단체의 필요성과 재정능력에 따라 선택적으로 설치할 수 있다.
임무	① 지방자치경찰의 임무는 공공의 안녕과 안전, 위생, 질서유지 등 행정경찰영역이며, 자치경찰은 사법경찰보조자로서 사법경찰관의 보좌, 범죄정보수집 등 제한적인 사법경찰권을 행사할 수 있다. ② 국가사무인 범죄수사의 경우에는 도시지역에서는 국립경찰이, 농촌지역에서는 군인경찰이 그 업무를 수행한다. ③ 지방자치경찰은 제한적인 사법경찰권만 가지고, 직접적인 범죄수사는 할 수 없다.

제38테마

일본경찰의 역사와 제도

중요도 C급

📖 일본경찰의 역사

1. 1945년(제2차 세계대전) 이후~(구)경찰법 시대

구분	내용
메이지헌법 폐지 치안입법 폐지	① 1945년 제2차 세계대전에서 일본이 항복하면서 종래의 각종 치안입법들이 폐지된다. ② 정치경찰과 헌병도 폐지됨과 동시에 메이지헌법도 폐지되면서, 기본적 인권의 불가침성과 지방자치를 보장하는 신헌법이 등장하게 된다.
비경찰화 작업	종래 경찰이 관리해 오던 위생사무와 같은 협의의 경찰행정사무를 다른 행정기관에 이전하는 **비경찰화 작업**이 전개되었다.
수사권의 부여	영미법의 영향으로 범죄수사가 「경찰법」에 경찰의 임무로 정식 규정되고, 수사권에 대해서도 전제적 요소로 여겨진 검사의 독점을 철폐하고 경찰에게도 수사권을 부여하였다.
공안위원회 제도	경찰을 민주적으로 관리하기 위하여 국가와 지방에 공안위원회제도를 도입하였다.
2원적 경찰제도	지방분권화를 도모하기 위하여 국가경찰과 자치경찰로 2원화하였다.

2. 신경찰법 시대(1954년 이후)

구분	내용
2원적 경찰제도	국가경찰인 경찰청 및 관구경찰국과, 자치경찰인 동경도 경시청 및 도·부·현 경찰본부로 이루어진 2원 체계를 운영하였다.
공안위원회의 설치	국가공안위원회와 도·도·부·현 공안위원회를 설치하여 민주성과 정치적 중립성을 확보하였다.
경비의 부담	경찰청과 관구경찰국 등 국가경찰의 운영에 따른 경비는 국고로 부담하고, 도·도·부·현 경찰의 경비는 원칙적으로 도·도·부·현이 부담한다.
경찰관의 신분	국가경찰기관에 소속된 경찰관은 국가공무원이고, 도·도·부·현에 소속된 경찰은 지방공무원(단, 경시정 이상은 국가공무원)이다.
경찰의 1차적 수사권	경찰이 영장청구권을 가지고 독자적 수사를 할 수 있는 1차적 수사기관이 되고, 검찰은 공소권의 전담자로서 필요한 경우에 스스로 수사를 할 수 있도록 하여, 수사에서 경찰과 검찰의 관계는 상호협력관계로 되었다.

📖 일본경찰의 제도

1. 국가경찰

구분	내용
국가공안위원회	① 내각총리대신 산하에 설치된 합의제 행정기관이며, 비상설기관이다. ② 위원장 및 5인의 위원으로 구성(총 6인)되고, 위원장은 국무대신이 되고, 위원은 내각총리대신이 양원의 동의를 얻어 임명하며, 임기는 5년이고 1회에 한하여 연임할 수 있다. ③ 국가의 공안과 관계되는 경찰운영과 경찰행정에 관한 조정, 경찰청장관·경시총감 및 도·도·부·현 경찰본부장, 도·도·부·현 경찰의 경시정 이상의 경찰관에 대한 임면권, 내각총리대신에게 포고권고권과 조언의무의 권한을 가진다. ④ 위원장은 회의만을 주재하고 위원으로서의 표결권은 없고, 가부동수인 경우에만 표결권이 인정된다. ⑤ 위원장 및 3인 이상의 위원의 출석이 있어야 개회가 가능하다. ⑥ 의사는 출석위원의 과반수로 결정한다.
경찰청	① 독립된 권한을 가진 행정기관이다. ② 국가공안위원회가 내각총리대신의 승인을 얻어 경찰청장관을 임명한다. ③ 국가공안위원회는 경찰청장관을 통하여 경찰청을 관리하지만, 경찰청장관은 국가경찰 사무에 관하여 도·도·부·현 경찰을 지휘·감독한다.
관구경찰국	경찰청의 지방기관으로서 관구경찰국은 동경도 경시청과 북해도 경찰본부 관할구역을 제외하고 6개가 설치되어 있다.

2. 지방경찰(도·도·부·현 경찰)

구분		내용
도·도·부·현 공안위원회		지사가 지방의회의 동의를 얻어 임명한다.
도·도·부·현 경찰	동경도 경시총감	국가공안위원회가 동경도 공안위원회의 동의와 내각총리대신의 승인을 얻어 임명한다.
	도·부·현 경찰본부장	국가공안위원회가 도·부·현 공안위원회의 동의를 얻어 임명한다.
	경찰서 교번 주재소	도·도·부·현을 나누어 각 구역을 관할하는 경찰서를 두고 있고, 경찰서의 하부기관으로 교번과 주재소를 두고 있다.

제4장

경찰행정법 I – 경찰행정법의 기초

제39테마~제41테마

제39테마

경찰행정법의 법원

중요도 B급

📖 일반론

구분		내용
의의		① 법원이란 경찰행정의 조직과 작용에 관한 법의 존재형식을 의미한다. ② 법원에는 일정한 형식을 갖춘 성문법원과 일정한 형식을 갖추지 않은 불문법원이 있다. ③ 성문법원이 차지하는 비중이 더욱 크며, 경찰행정법의 법원은 성문법주의를 원칙으로 하지만, 다른 법 분야처럼 통일된 단일법전이 존재하지는 않는다. ④ 성문법원이 미비한 부분 내에서는 불문법원도 예외적·보충적으로 법원이 될 수 있다.
범위	법규설 (협의설)	① 직접 행정주체와 국민의 관계를 규율하는 법규만을 법원으로 보는 견해이다. ② 판례는 행정사무의 기준이 되는 행정규칙(훈령)의 법원성을 부정한다.
	법규범설 (광의설)	법규는 물론 행정사무의 기준이 되는 행정규칙(훈령)을 포함하여 일체의 법규범을 법원으로 보는 견해이다.

📖 성문법원(헌법 → 법률·조약·국제법규 → 명령 → 조례 → 규칙)

구분		내용
의의		입법기관(국회)에서 일정한 절차를 거쳐 제정되는 법인 제정법을 의미한다.
종류	헌법	「헌법」은 국가의 기본적 통치구조와 국가작용의 기본원칙을 정한 기본법으로서, 헌법 전 중에서 행정의 조직·작용의 기본원칙을 정한 부분은 그 범위 내에서 경찰행정법의 최고법원이 된다.
	법률	법률은 경찰행정상 법률관계에 있어서 가장 중심적인 법원이며, 경찰의 조직·작용에 관한 기본적 사항은 법률에 의하여 정하여진다.
	조약 국제법규	① 조약이란 문서에 의해 이루어지는 국가 간의 합의를 말한다(예 한미행정협정, 범죄인 인도조약, 외교관 특권과 관련한 비엔나조약 등). ② 국제법규란 조약으로 체결된 것은 아니나, 국제사회에서 일반적으로 규범성이 승인된 것을 말한다(예 주한미군지위협정 등). ③ 「헌법」에 의하여 체결·공포된 조약과 일반적으로 승인된 국제법규는 국내법과 동일한 효력을 가진다(「헌법」 제6조 제1항).
	명령 (법규명령)	① 명령은 국회의의결을 거치지 않고 행정권(행정부)이 만드는 일반적·추상적 규범을 의미한다. ② 명령에는 대통령령(시행령), 총리령·부령(시행규칙)이 있다.
	조례 (자치법규)	① 조례는 지방자치단체의의회가 법령의 범위 안에서 그 사무에 관하여 제정하는 법규를 의미한다(「지방자치법」 제28조 제1항). ② 조례로는 주민의 권리제한 또는 의무부과에 관한 사항을 규정할 수 없고, 죄형법정주의의 원칙상 형벌을 부과할 수 없다. ③ 조례로써 주민의 권리제한 또는 의무부과에 관한 사항이나 벌칙을 정하기 위해서는 반드시 법률의 위임이 필요하다. ④ 지방자치단체는 조례를 위반한 행위에 대하여 조례로써 1천만원 이하의 과태료를 정할 수 있다(「지방자치법」 제34조 제1항).
	규칙 (자치법규)	규칙은 지방자치단체의 장이 법령 또는 조례의 범위에서 그 권한에 속하는 사무에 관하여 제정하는 법규를 말한다(「지방자치법」 제29조).

> **참고** 조약의 법적 효력
>
> ① 조약이 국내에 적용되기 위해서는 국회의 동의가 있으면 된다.
> ② 조약은 그 자체가 바로 국내법적 효력이 인정되므로, 우리나라에서 시행되기 위해서는 별도의 국내법을 제정할 필요는 없다.
> ③ 조약의 동의 또는 비준은 그 내용 전체에 대해 하여야 한다.
> ④ 조약의 국제법적 효력은 대통령의 비준에 의해서 발생되나, 국내법적 효력은 대통령의 비준과 국회의 비준 동의에 의해서 발생된다.
> ⑤ 국회의 동의를 얻지 못한 조약은 국내법적으로는 효력을 상실하나, 국제법적으로는 효력을 상실하는 것이 아니다.

📖 불문법원

구분		내용
의의		① 성문법원과는 달리 문장의 형식을 취하지 않는 법을 의미한다. ② 성문법의 공백을 메우거나 보충·해석하기 위하여 불문법원이 보충적·예외적으로 적용된다.
종류	관습법	① 관습법이란 사람과 사람 사이에 다년간 걸쳐 행해진 관습이 법적 확신을 얻어 법적 규율로서 여겨지는 것을 말한다(관습법 = 관습 + 법적 확신). ② 행정선례법은 행정청의 반복적 관행이 국민 사이에서 법적 확신을 얻게 되어 형성된 관습법을 말한다. ③ 행정선례법은 불문법으로서의 지위를 가지므로 법률의 개정에 의해 그 효력을 부인할 수 있으나, 법규성이 부정되는 훈령에 의한 행정선례법의 변경은 법률의 변경에 의하지 않는 한 불가능하다고 보는 것이 타당하다.
	판례법	① 판례법이란 동일한 판결의 내용이 반복되어 그 내용이 법으로서 확신되는 경우를 의미한다(실정법의 미비나 불비에 대한 보완을 위해 필요). ② 실정법이 불확실개념을 사용하고 있는 경우에는 판례법이 형성될 수 있다(예 재량권 행사의 한계, 총기사용의 한계 등). ③ 우리나라의 경우에는 대법원 판결이 하급법원을 사실상 구속하고 행정기관이 대법원 판례를 위반하기 어렵다는 점에서 법원성이 사실상 인정된다. ④ 헌법재판소에 의해서 위헌 결정된 법률이나 조항은 효력을 상실하게 되어 국가기관을 구속하므로, 헌법재판소의 위헌결정은 법원성이 인정된다.
	조리	① 조리는 법령상 명시되어 있지는 않으나, 일반적으로 정의에 합치되는 보편적 원리로 인정되는 원칙을 의미한다. ② 최근에는 조리상 원칙들이 점차 성문화되어 가고 있다. ③ 경찰행정관청의 행위가 형식상 적법하더라도, 조리에 위반할 경우에는 위헌 또는 위법의 문제가 발생하여 무효 또는 취소사유가 될 수 있다. ④ 조리는 성문법·관습법·판례법이 모두 없는 경우에 적용되는 최후의 보충적 법원으로 그 기능을 수행한다. ⑤ 조리는 법령해석의 기준으로서 그리고 재량권 행사의 한계로서 기능을 수행한다.

제40테마

행정입법(법규명령과 행정규칙)

중요도 A급

📖 법규명령

1. 일반론

구분	내용
의의	① 행정기관이 정립하는 법형식을 의미한다. 즉, 법률의 위임에 의하여 행정권이 정립하는 일반적·추상적인 규범으로서 법규성을 지닌 것을 말한다. ② 입법부인 국회가 제정하는 법형식을 의미하는 법률과는 구분된다. ③ 행정기관은 법률의 근거규정 없이 독자적으로 법규명령을 제정할 수 없다.
성질	일반국민과 행정관청을 구속하는 대외적 구속력 및 양면적 구속력을 갖고 있기 때문에, 법규명령에 위반하는 경찰작용은 위법하다.

2. 법형식에 따른 법규명령의 분류

구분	내용
대통령령	대통령이 법률에서 구체적으로 범위를 정하여 위임받은 사항(위임명령)이나, 법률을 집행하기 위하여 필요한 사항(집행명령)에 관하여 발하는 명령이다.
총리령 부령	① 국무총리 또는 행정각부의 장이 법률이나 대통령령의 위임 또는 직권에 의하여 발하는 명령이다(「헌법」제95조). ② 총리령과 부령의 효력은 동일한 것으로 본다.

3. 법내용에 따른 법규명령의 분류

구분	위임명령	집행명령
의의	법률 또는 상위명령에 의하여 개별적·구체적으로 위임받은 사항을 보충하기 위하여 발하는 명령	법률 또는 상위명령의 규정의 범위 안에서 그 집행에 관한 세부적 사항을 정하는 명령
목적	법률의 내용 보충 (보충명령)	법률의 집행 (절차나 형식)
입법사항	국민의 권리·의무에 관한 새로운 입법사항을 정할 수 있음	국민의 권리·의무에 관한 새로운 입법사항을 정할 수 없음
수권규범	법률의 명시적인 수권이 필요	법률의 명시적인 수권이 불필요
비고	위임명령과 집행명령은 모두 법규명령으로서 법규성을 가진다.	

4. 법규명령의 효력

구분	내용
원칙	대통령령·총리령·부령은 특별한 규정이 없는 한 공포일로부터 20일이 경과해야 효력이 발생한다. 다만, 그 시행일이 정해진 경우에는 그 날부터 효력을 발생한다(「법령등 공포에 관한 법률」 제13조). **참고** 법률의 경우 ① 국회에서 의결된 법률안은 정부에 이송되어 15일 이내에 대통령이 공포한다(「헌법」 제53조 제1항). ② 법률은 특별한 규정이 없는 한 공포한 날로부터 20일을 경과함으로써 효력을 발생한다(「헌법」 제53조 제7항).
예외	국민의 권리제한 또는 의무부과와 직접 관련되는 법률, 대통령령·총리령·부령은 긴급히 시행하여야 할 특별한 사유가 있는 경우를 제외하고는, 공포일로부터 적어도 30일이 경과한 날부터 시행되도록 하여야 한다(노력하여야 한다 ×)(「법령등 공포에 관한 법률」 제13조의2).
법규명령에 위반한 행정청의 행위	법규명령에 위반한 행정청의 행위는 위법행위로서 무효 또는 취소사유가 되고, 이로 인해 자신의 권익이 침해된 국민은 행정소송이나 국가배상을 통하여 권리를 구제받을 수 있다.
행정규칙의 실질을 가지는 경우	법규명령의 형식을 취하고 있지만, 그 내용이 행정규칙의 성질을 가지는 경우에는 당해 규범을 행정규칙으로 본다.

5. 법규명령의 한계

구분	내용
위임명령의 한계	① 입법권자가 모든 입법권을 행정부에 전면적(일반적·포괄적)으로 위임하는 것은 원칙적으로 금지된다(개별적·구체적 위임은 가능). ② 국회의 전속적 입법사항의 위임은 원칙적으로 금지된다(일정한 범위에서 구체적으로 범위를 정하면 위임이 가능). ③ 죄형법정주의 원칙상 처벌(벌칙) 규정의 위임은 원칙적으로 금지된다(법률이 구성요건부분에 있어서 처벌대상행위의 구체적인 기준을 정하고, 형벌의 종류와 상한과 폭을 정하여 위임하는 것은 허용). ④ 하위명령에의 전면적인 재위임은 원칙적으로 금지된다(위임받은 사항에 대하여 대강을 정하고 보충을 위한 구체적 사항을 일부 재위임하는 것은 가능).
집행명령의 한계	집행명령은 상위법을 시행하기 위하여 필요한 절차나 형식 등을 규정할 수 있을 뿐, 국민의 권리·의무에 관한 새로운 입법사항을 정할 수 없다.

6. 법규명령 관련 판례

① 법령의 위임이 없음에도 법령에 규정된 처분요건에 해당하는 사항을 부령에서 변경하여 규정한 경우에는 그 부령의 규정은 행정청 내부의 사무처리기준 등을 정한 것으로서, 행정조직 내에서 적용되는 행정규칙의 성격을 지닐 뿐 국민에 대한 구속력은 없다.

② 일반적으로 법률의 위임에 의하여 효력을 갖는 법규명령의 경우, 구법에 위임의 근거가 없어 무효였더라도 사후에 법 개정으로 위임의 근거가 부여되면 그때부터는(소급하여 ×) 유효한 법규명령이 된다. 어떤 법령의 위임근거 유무에 따른 유효 여부를 심사하려면 법 개정의 전후에 걸쳐 모두 심사하여야만 그 법규명령의 시기에 따른 유효·무효를 판단할 수 있다.

③ 법령의 위임관계는 반드시 하위법령의 개별조항에서 위임의 근거가 되는 상위법령의 해당 조항을 구체적으로 명시하고 있어야만 하는 것은 아니다.

④ 처벌법규나 조세법규와 같이 국민의 기본권을 직접적으로 제한하거나 침해할 소지가 있는 영역에서는 일반적인 급부행정의 영역에서보다 위임의 구체성·명확성의 요구가 강화된다.

⑤ 과세요건과 징수절차에 관한 사항을 명령·규칙 등 하위법령에 위임하여 규정하게 할 수 없는 것은 아니고, 이러한 사항을 하위법령에 위임하여 규정하게 하는 경우 구체적·개별적 위임만이 허용되며, 포괄적·백지적 위임은 허용되지 아니한다(과세요건법정주의).

⑥ 법률에서 위임받은 사항을 전혀 규정하지 아니하고 그대로 재위임하는 것은 허용되지 않으며 위임받은 사항에 관하여 대강을 정하고 그 중의 특정사항을 범위를 정하여 하위법령에 다시 위임하는 경우에만 재위임이 허용된다.

⑦ 법률의 시행령은 모법인 법률에 의하여 위임받은 사항이나 법률이 규정한 범위 내에서 법률을 현실적으로 집행하는 데 필요한 세부적인 사항만을 규정할 수 있을 뿐, 법률에 의한 위임이 없는 한 법률이 규정한 개인의 권리·의무에 관한 내용을 변경·보충하거나 법률에 규정되지 아니한 새로운 내용을 규정할 수는 없다.

⑧ 법규명령의 위임근거가 되는 법률에 대하여 위헌결정이 선고되면 그 위임에 근거하여 제정된 법규명령도 원칙적으로 효력을 상실한다.

⑨ 집행명령은 근거법령인 상위법령이 폐지되면 특별한 규정이 없는 한 실효되며, 상위법령이 개정됨에 그친 경우에는 성질상 이와 모순·저촉되지 아니하는 한 개정된 상위법령의 시행을 위한 집행명령이 새로 제정·발효될 때까지는 여전히 그 효력을 유지한다.

⑩ 조례가 집행행위의 개입 없이도 그 자체로서 직접 국민의 구체적인 권리·의무나 법적 이익에 영향을 미치는 등의 법률상 효과를 발생하는 경우 그 조례는 항고소송의 대상이 되는 행정처분에 해당한다.

📖 행정규칙

1. 일반론

구분		내용
의의		① 행정기관이 조직 내부 또는 특별권력관계 내부에서 조직과 활동을 규율하는 일반적·추상적 명령으로서 법규의 성질을 갖지 않는 것을 말한다. ② 행정규칙에는 법률유보의 원칙은 적용되지 않으나, 법률우위의 원칙은 적용된다. ③ 행정기관은 스스로의 권능으로 행정규칙을 정립할 수 있고, 행정규칙의 제정에는 법령의 특별한 수권을 요하지 않는다.
유형	형식에 따른 유형	훈령, 고시, 예규(반복적 행정사무의 처리기준), 일일명령, 지시 등
	내용에 따른 유형	조직규칙, 근무규칙, 영조물 설치 및 관리규칙 등

2. 행정규칙의 요건

구분		내용
성립요건	주체	정당한 권한을 가진 행정기관이 그 권한의 범위 내에서 발해야 한다.
	내용	법령이나 상위규칙에 반하지 않고, 수명자에 대해서는 복종의무의 한계 내의 것이어야 한다.
	형식	문서와 구두 모두 가능하다.
효력요건	시기	특별한 규정이 없는 한 행정규칙은 그 성립요건을 갖춘 때에 효력을 발생하며, 수명기관에 도달한 때부터 내부적 구속력이 발생한다.
	공포	공포의 요건을 필요로 하지 않는다(대부분의 경우 관보에 게재).

3. 행정규칙의 효력

구분	내용
대내적 효력 (인정)	① 행정규칙은 규칙발령기관의 권한이 미치는 범위 내에서 행정조직 내부에서는 일면적인 법적 구속력을 가진다. ② 공무원이나 행정기관은 이를 준수할 의무를 지게 되므로, 이를 위반한 경우에는 반드시 위법이 되는 것은 아니며, 내부적으로 징계책임의 원인이 된다.
대외적 효력 (부정)	행정규칙으로 국민의 권리·의무를 규정하지 못하고, 법원을 구속하지도 못한다.
법규명령의 실질을 가지는 경우	형식은 행정규칙이지만, 상위법령의 구체적인 위임에 근거하여 제정된 것이고, 그 내용이 상위법령을 보충하는 형식을 가지는 경우에는 상위의 법령과 결합하여 법규성을 갖는다고 본다.

4. 재량준칙의 문제

구분	내용
의의	상급행정관청이 하급행정관청의 재량권 행사에 관한 기준을 정한 것으로, 행정청의 재량권을 통일적이고 공평하게 행사하기 위한 행정규칙이다.
근거	① 재량준칙은 행정규칙으로서 별도의 법적 근거 없이도 제정이 가능하다. ② 재량준칙의 제정은 행정청에게 재량권이 인정되는 경우에만 가능하고, 행정청이 기속권만을 갖는 경우에는 인정될 수 없다.
법규성 유무	① 재량준칙은 원칙적으로는 법규성이 인정되지 않는다. 다만, 평등의 원칙과 행정의 자기구속의 법리와 관련하여 간접적·대외적 효력을 갖는다. ② 재량준칙에 따른 관행이 성립되어 행정이 자기구속을 받는 경우에는 행정청이 합리적 이유 없이 재량준칙에 의해 성립된 관행에 위반된 행위를 하여서는 아니 된다. ③ 관행이 성립된 재량준칙에 위반한 경우 손해를 입은 상대방은 행정규칙 위반이 아니라 평등의 원칙 또는 행정의 자기구속의 법리 등의 위반을 이유로 위법성을 주장할 수 있다.

5. 행정규칙 관련 판례

① 행정기관이 소속 공무원이나 하급행정기관에 대하여 세부적인 업무처리절차나 법령의 해석·적용기준을 정해주는 행정규칙은 상위법령의 구체적인 위임이 있지 않는 한 조직 내부에서만 효력을 가질 뿐 대외적으로 국민이나 법원을 구속하는 효력이 없다.
② 행정관청 내부의 사무처리규정에 불과한 전결규정에 위반하여 원래의 전결권자가 아닌 보조기관 등이 처분권자인 행정관청의 이름으로 행정처분을 한 경우, 그 처분은 무효는 아니다.
③ 운전면허행정처분기준의 하나로 삼고 있는 벌점이란 행정청 내의 사무처리에 관한 재량준칙에 지나지 아니할 뿐 법규적 효력을 가지는 것은 아니다. 벌점의 부과는 국민의 권리·의무에 변동을 가져오는 행정처분에 해당하지 아니하고, 국민도 법원도 모두 구속하지 않는다.
④ 법령의 규정이 특정 행정기관에게 그 법령 내용의 구체적 사항을 정할 수 있는 권한을 부여하면서 그 권한행사의 절차나 방법을 특정하고 있지 아니한 관계로 수임행정기관이 행정규칙의 형식으로 그 법령의 내용이 될 사항을 구체적으로 정하고 있다면, 이와 같은 행정규칙은 당해 법령의 위임한계를 벗어나지 아니하는 한 그것들과 결합하여 대외적인 구속력이 있는 법규명령으로서의 효력을 갖게 된다(법령보충적 행정규칙).
⑤ 상위법령에서 세부사항 등을 시행규칙으로 정하도록 위임하였음에도 이를 고시 등 행정규칙으로 정하였다면, 그 역시 대외적 구속력을 가지는 법규명령으로서 효력이 인정될 수 없다.
⑥ 재량권행사의 준칙인 규칙이 그 정한 바에 따라 되풀이 시행되어 행정관행이 이룩하게 되면, 평등의 원칙이나 신뢰보호의 원칙에 따라 행정기관은 그 상대방에 대한 관계에서 그 규칙에 따라야 할 자기구속을 당하게 되는 경우에는 대외적인 구속력을 가지게 되는 바, 이러한 경우에는 헌법소원의 대상이 될 수도 있다.

제41테마

경찰행정법의 일반원칙

▎「행정기본법」【시행 2024. 1. 16.】

중요도 A급

📖 법치행정의 원칙

구분		내용
의의		① 행정작용은 법률에 위반되어서는 아니 되며(법률우위의 원칙), 국민의 권리를 제한하거나 의무를 부과하는 경우와 그 밖에 국민생활에 중요한 영향을 미치는 경우에는 법률에 근거하여야 한다(법률유보의 원칙)(동법 제8조). ② 「헌법」 제37조 제2항은 "국민의 모든 자유와 권리는 국가안전보장·질서유지 또는 공공복리를 위하여 필요한 경우에 한하여 법률로써 제한할 수 있으며, 제한하는 경우에도 자유와 권리의 본질적인 내용을 침해할 수 없다"고 규정하고 있다.
내용	법규창조력 (조직규범)	국민의 권리와 의무에 관한 사항은 반드시 국회가 제정한 법률 또는 법률의 위임에 의한 명령만으로 일반국민을 구속하는 법규를 규정할 수 있고, 법률의 수권(위임)이 없는 한 경찰권은 스스로 법규를 만들지 못한다는 원칙이다.
	법률의 우위 (제약규범)	① 법률의 형식으로 표현된 국가의사는 다른 모든 국가작용보다 우위에 있으므로, 어떤 경찰활동도 법률 규정에 위반해서는 안 된다는 원칙이다. ② 법률우위의 원칙에 위반한 행정작용은 그 효력이 부인되며 그로 인해 피해를 입은 국민은 행정구제를 받을 수 있다. ③ 모든 행정작용에는 법률우위의 원칙이 적용된다.
	법률의 유보 (근거규범)	① 법률에 일정한 행위를 일정한 요건 하에 수행하도록 수권하는 근거규정, 즉 근거규범이 없으면 경찰기관은 자기의 판단에 따라 독창적으로 행위할 수 없다는 원칙이다. ② 근거규범은 국민의 자유와 권리를 제한하고, 국민에게 의무를 부과하는 권력적 영역에서만 적용된다. ③ 근거규범은 비권력적 수단이나 순수한 서비스 활동과 같은 비권력적 작용에서는 요하지 않는다.

> **판례** 법치행정의 원칙

① 구 「국가를 당사자로 하는 계약에 관한 법률」상의 요건과 절차를 거치지 않고 체결한 국가와 사인 간의 사법상 계약은 무효이다(법률의 우위).
② 개인택시운송사업자에게 운전면허 취소사유가 있으나 그에 따른 운전면허취소처분이 이루어지지 않은 경우 관할관청이 개인택시운송사업면허를 취소할 수는 없다(법률의 유보).
③ 법률유보의 원칙은 '법률에 의한' 규율만을 뜻하는 것이 아니라 '법률에 근거한' 규율을 요청하는 것이므로 기본권 제한의 형식이 반드시 법률의 형식일 필요는 없고 법률에 근거를 두면서 「헌법」제75조가 요구하는 위임의 구체성과 명확성을 구비하기만 하면 위임입법에 의하여도 기본권 제한을 할 수 있다(법률의 유보).
④ 오늘날 법률유보원칙은 단순히 행정작용이 법률에 근거를 두기만 하면 충분한 것이 아니라 국민의 기본권 실현과 관련된 영역에 있어서는 입법자가 그 본질적 사항에 대해 스스로 결정하여야 한다는 의회유보 요구까지 내포하는 것으로 이해된다(법률의 유보).

📖 평등의 원칙

구분	내용
의의	① 행정청은 합리적 이유 없이 국민을 차별하여서는 아니 된다(동법 제9조). ② 「헌법」상 원칙(제11조)이며, 비례의 원칙과 함께 재량권 행사에 있어서 한계를 결정하는 중요한 역할을 한다.
기능	재량준칙을 외부적 효력을 갖는 법규로서 전환시키는 전환규범으로서의 기능을 한다.
효과	평등의 원칙을 위반한 국가작용은 위헌·위법이 된다.

> **판례** 평등의 원칙을 위반한 경우

① 함께 동석하여 화투놀이를 한 4명 중 3명에게는 견책처분을 하고, 1명에게는 파면처분을 한 경우
② 공무원시험에서 국가유공자의 가족들에게 10%의 가산점을 부여하고 있는 규정
③ 공무원시험에서 제대군인에 대해 만점의 5% 또는 3%의 가산점을 부여한 규정
④ 국·공립사범대학 출신자를 사립사범대학 출신자보다 우선적으로 교육공무원으로 채용하는 경우

> **판례** 평등의 원칙을 위반하지 않은 경우

① 비위를 저지른 사립중학교 교사들 중 잘못을 시인한 교사 및 잘못을 시인하지 아니한 교사들에게 서로 다른 징계를 한 경우
② 유예기간 없이 개인택시 운송사업면허 기준을 변경하고 그에 기한 행정청의 면허신청 접수 거부처분
③ 일반직 직원의 정년을 58세로 규정하면서 전화교환직렬 직원만을 정년을 53세로 규정하여 5년간의 정년 차등을 둔 규정

행정의 자기구속의 원칙

구분	내용
의의	행정청에게 일정한 처분과 관련하여 재량권이 있음에도 불구하고, 그 재량권의 행사에 관한 일정한 관행이 형성되어 있는 경우에는 그 관행에 스스로 구속되는 원칙을 의미한다.
기능	행정규칙이 평등의 원칙을 매개로 하여 국가와 국민 간의 관계를 규율하는 법규로 전환시키는 전환규범으로서의 기능을 한다.
요건	① 행정의 재량영역에서 자기구속의 원칙이 적용된다. ② 동종의 사안에 대한 행정의 선례가 존재하여야 한다. ③ 행정선례 내지는 재량준칙이 적법해야 한다.
효과	행정청에 대하여 제3자에게 적용한 재량준칙인 행정규칙에 따라 동일한 처분을 해 줄 것을 주장하고 그에 위반하여 처분을 한 때에는 평등의 원칙 또는 자기구속의 원칙의 위반을 이유로 행정소송과 손해배상을 청구할 수 있다.

> **판례** 행정의 자기구속의 원칙
> ① 행정규칙인 재량준칙이 정한 바에 따라 행정관행이 이룩하게 되면 평등의 원칙이나 신뢰보호의 원칙에 따라 행정기관은 그 규칙에 따라야 할 자기구속을 당하게 되고 그러한 경우 행정규칙은 대외적 구속력을 가지게 된다.
> ② 특정인에 대해서만 재량처분기준을 과도하게 초과하는 처분을 한 경우에는 재량권의 한계를 일탈하였다고 볼 만한 여지가 충분하다.
> ③ 위법한 행정처분이 수차례에 걸쳐 반복적으로 행하여졌다 하더라도 그러한 처분이 위법한 것인 때에는 행정청에 대하여 자기구속력을 갖게 된다고 할 수 없다.

비례의 원칙(과잉금지의 원칙)

구분	내용
의의	① 행정작용은 다음의 원칙에 따라야 한다(동법 제10조). 　㉠ 행정목적을 달성하는 데 유효하고 적절할 것 　㉡ 행정목적을 달성하는 데 필요한 최소한도에 그칠 것 　㉢ 행정작용으로 인한 국민의 이익 침해가 그 행정작용이 의도하는 공익보다 크지 아니할 것 ②「경찰관 직무집행법」제1조 제2항에서는 "경찰관의 직권은 그 직무수행에 필요한 최소한도 내에서 행사되어야 하며, 남용되어서는 아니 된다"고 명시적으로 규정하고 있다.
기능	① 비례의 원칙은 일반조항에 근거하여 경찰권을 발동하는 경우는 물론 개별적 수권조항에 근거하여 경찰권을 발동하는 경우에도 적용된다. ② 비례의 원칙은 평등의 원칙과 함께 재량권 행사에 있어서 한계를 결정하는 중요한 역할을 한다.

내용	① 행정청의 특정한 행위가 공익이라는 목적 달성을 위해 적합해야 한다(적합성의 원칙). ② 공익 목적달성을 위한 수단 중 국민에게 가장 피해가 적게 가는 수단을 선택하고 사용하여야 한다(필요성의 원칙 = 최소침해의 원칙). ③ 행정작용으로 인하여 달성되는 공익이 그로 인해 침해되는 사익과 비교하여 더 커야 한다(상당성의 원칙 = 협의의 비례원칙). ④ 비례의 원칙이 충족되기 위해서는 적합성의 원칙, 필요성의 원칙, 상당성의 원칙이 모두 충족되어야 한다(한 가지 요건만 충족하면 된다 ×).
효과	비례의 원칙에 위반한 국가작용은 위법한 국가작용으로서 행정소송의 대상이 될 수 있고, 국가배상책임이 성립될 수 있다.

> **판례** 비례의 원칙을 위반한 경우

① 이익형량을 전혀 하지 아니하였거나 이익형량의 고려대상에 포함시켜야 할 중요한 사항을 누락한 경우 또는 이익형량을 하기는 하였으나 그것이 비례의 원칙에 어긋나게 된 경우에는 그 행정계획은 재량권을 일탈·남용한 위법한 처분이다.
② 경찰관으로서는 인체에 대한 위해를 방지하기 위하여 상대방과 근접한 거리에서 상대방의 얼굴을 향하여 이를 발사하지 않는 등 가스총 사용시 요구되는 최소한의 안전수칙을 준수함으로써 장비사용으로 인한 사고 발생을 미리 막아야 할 주의의무가 있다.
③ 일반적으로 징계사유로 삼은 비행의 정도에 비하여 균형을 잃은 과중한 징계처분을 선택한 경우 이러한 징계처분은 재량권의 한계를 벗어난 처분으로서 위법하다.
④ 단지 1회의 훈령에 위반하여 요정 출입을 하다가 적발된 것만으로 파면처분을 한 것은 이른바 비례의 원칙에 어긋난 것으로서 그 재량권의 범위를 넘어서 한 위법한 처분이라고 아니할 수 없다.
⑤ 주유소 영업의 양도인이 등유가 섞인 유사휘발유를 판매한 위법사유를 들어 그 양수인에게 대하여 한 6개월의 석유판매영업정지처분은 재량권의 일탈로서 위법하다.

> **판례** 비례의 원칙을 위반하지 않은 경우

① 도로교통법 제148조의2 제1항에서 정한 '도로교통법 제44조 제1항 또는 제2항(음주운전)을 2회 이상 위반한 사람'에 구 도로교통법 제44조 제1항 또는 제2항을 위반한 전과가 포함된다고 해석하더라도 형법불소급의 원칙이나 일사부재리의 원칙에 위배되지 않는다.
② 알콜혈중농도 0.18% 상태에서 음주운전을 하다가 물적 교통사고를 낸 택시운전사에 대하여 운전면허를 취소한 처분은 재량권의 일탈이 아니다. 음주운전으로 인한 교통사고를 방지할 공익상의 필요가 그 취소로 인하여 입게 될 당사자의 불이익보다 더 크므로 면허취소처분은 적법하다.

📖 성실의무 및 권한남용금지의 원칙

구분	내용
신의성실의 원칙	행정청은 법령등에 따른 의무를 성실히 수행하여야 한다(동법 제11조 제1항).
권한남용금지의 원칙	행정청은 행정권한을 남용하거나 그 권한의 범위를 넘어서는 아니 된다(동법 제11조 제2항).

> **판례** 신의성실의 원칙
> ① 근로복지공단의 요양불승인처분에 대한 취소소송을 제기하여 승소확정판결을 받은 근로자가 요양으로 인하여 취업하지 못한 기간의 휴업급여를 청구한 경우, 그 휴업급여청구권이 시효완성으로 소멸하였다는 근로복지공단의 항변은 신의성실의 원칙에 반하여 허용될 수 없다.
> ② 지방공무원 임용신청 당시 잘못 기재된 호적상 출생년월일을 생년월일로 기재하고, 이에 근거한 공무원 인사기록카드의 생년월일 기재에 대하여 처음 임용한 때부터 약 36년 동안 전혀 이의를 제기하지 않다가, 정년을 1년 3개월 앞두고 호적상 출생년월일을 정정한 후 그 출생년월일을 기준으로 정년의 연장을 요구하는 것은 신의성실의 원칙에 반하지 않는다.
>
> **판례** 권한남용금지의 원칙
> 세무조사가 과세자료의 수집 또는 신고내용의 정확성 검증이라는 본연의 목적이 아니라 부정한 목적을 위하여 행하여진 것이라면 이는 세무조사에 대한 중대한 위법사유가 있는 경우에 해당하고 이러한 세무조사에 의하여 수집된 과세자료를 기초로 한 과세처분 역시 위법하다.

📖 신뢰보호의 원칙

구분	내용
의의	① 행정청은 공익 또는 제3자의 이익을 현저히 해칠 우려가 있는 경우를 제외하고는 행정에 대한 국민의 정당하고 합리적인 신뢰를 보호하여야 한다(동법 제12조 제1항). ② 행정청은 권한 행사의 기회가 있음에도 불구하고 장기간 권한을 행사하지 아니하여 국민이 그 권한이 행사되지 아니할 것으로 믿을 만한 정당한 사유가 있는 경우에는 그 권한을 행사해서는 아니 된다. 다만, 공익 또는 제3자의 이익을 현저히 해칠 우려가 있는 경우는 예외로 한다(동법 제12조 제2항). ③ 행정청은 법령 등의 해석 또는 행정청의 관행이 일반적으로 국민들에게 받아들여진 때에는 공익 또는 제3자의 정당한 이익을 현저히 해할 우려가 있는 경우를 제외하고는 새로운 해석 또는 관행에 의하여 소급하여 불리하게 처리하여서는 아니 된다(「행정절차법」 제4조 제2항).
요건	① 먼저 행정청의 선행조치가 있어야 하며, 선행조치는 '공적 견해표명'에 한정된다(처분청 자신의 견해, 처분청 소속의 보조기관이 행한 조치, 명시적·묵시적 의사표시, 법률행위·사실행위, 권력적·비권력적 행위를 모두 포함). ② 행정청의 선행조치의 정당성이나 존속에 대한 개인의 신뢰가 보호가치가 있는 것이어야 한다. ③ 행정청의 선행조치를 믿고 일정한 행위(후행행위)를 하여야 한다. ④ 선행조치에 대한 신뢰와 상대방의 후행행위 사이에 인과관계가 필요하다. ⑤ 선행조치에 반하는 행정청의 처분 또는 부작위의 존재가 요구되며 그로 인하여 선행조치를 신뢰한 개인의 권익이 침해되어야 한다.
효과	① 신뢰보호의 원칙에 반하는 행정청의 처분행위는 원칙적으로 취소사유가 되고, 예외적으로 무효가 될 수 있다. ② 위법·불법에 있어서도 신뢰보호의 원칙을 주장할 수 있다.

판례 신뢰보호의 원칙을 위반한 경우

① 도시계획구역 내 생산녹지로 답(畓)인 토지에 대하여 종교회관 건립을 이용목적으로 하는 토지거래계약의 허가를 받으면서 담당공무원이 관련 법규상 허용된다고 하여 이를 신뢰하고 건축준비를 하였으나, 그 후 토지형질변경허가신청을 불허한 것은 신뢰보호의 원칙에 반한다.
② 위반사실이 있은 후 3년이 지나 행정제재를 하면서 운전면허를 취소하는 행정처분을 한 경우 신뢰보호의 원칙에 위반된다.
③ 폐기물처리업에 대하여 관할관청의 사전 적정통보를 받고 막대한 비용을 들여 허가요건을 갖춘 다음 허가신청을 하였음에도 청소업자의 난립으로 효율적인 청소업무의 수행에 지장이 있다는 이유로 한 불허가처분은 신뢰보호의 원칙을 위반한 위법한 처분이다.
④ 운전면허 취소사유에 해당하는 음주운전을 적발한 경찰관의 소속 경찰서장이 사무착오로 위반자에게 운전면허정지처분을 한 상태에서 위반자의 주소지 관할 시·도경찰청장이 위반자에게 운전면허취소처분을 한 것은 선행처분에 대한 당사자의 신뢰 및 법적 안정성을 저해하는 것으로서 허용될 수 없다.
⑤ 시의 도시계획과장과 도시계획국장이 도시계획사업의 준공과 동시에 사업부지에 편입한 토지에 대한 완충녹지 지정을 해제함과 아울러 당초의 토지소유자들에게 환매하겠다는 약속을 했음에도, 이를 믿고 토지를 협의매매한 토지소유자의 완충녹지 지정해제신청을 거부한 것은 신뢰보호의 원칙에 위반된다.

판례 신뢰보호의 원칙을 위반하지 않은 경우

① 헌법재판소의 위헌결정은 행정청이 개인에 대하여 신뢰의 대상이 되는 공적인 견해를 표명한 것이라고 할 수 없으므로 신뢰보호의 원칙이 적용되지 아니한다.
② 폐기물처리업 사업계획에 대하여 적정통보를 한 것만으로 그 사업부지 토지에 대한 국토이용계획 변경신청을 승인하여 주겠다는 취지의 공적인 견해표명을 한 것으로 볼 수 없다.
③ 수익적 행정처분의 하자가 당사자의 사실은폐나 기타 사위의 방법에 의한 신청행위에 기인한 것이라면 당사자는 처분에 의한 이익이 위법하게 취득되었음을 알아 취소가능성도 예상하고 있었다고 할 것이므로, 그 자신이 처분에 관한 신뢰이익을 원용할 수 없음은 물론 행정청이 이를 고려하지 아니하였더라도 재량권의 남용이 되지 아니한다.
④ 공무원임용결격자에 대한 공무원 임용행위는 무효이며 이 경우 임용결격자는 신뢰보호의 원칙을 주장할 수 없다.
⑤ 중대한 교통사고를 이유로 사고로부터 1년 10개월 후 사고택시에 대하여 한 운송사업면허의 취소는 신뢰보호의 원칙에 위반되지 않는 적법한 처분이다.

부당결부금지의 원칙

구분	내용
의의	행정청은 행정작용을 할 때 상대방에게 해당 행정작용과 실질적인 관련이 없는 의무를 부과해서는 아니 된다(동법 제13조).
효과	부당결부금지의 원칙에 위반한 행정작용은 위헌·위법이 되며 행정쟁송이나 손해배상을 통해 구제받을 수 있다.

> **판례** 부당결부금지의 원칙을 위반한 경우
> ① 주택사업계획승인을 하면서 주택사업과는 아무런 관련이 없는 토지를 기부채납하도록 하는 부관을 붙인 경우 그 부관은 부당결부금지원칙에 위반되어 위법하다.
> ② 2종 소형면허, 1종 대형면허, 1종 대형면허를 소지한 자가 220cc 이륜자동차를 음주운전하다가 적발된 경우 220cc 이륜자동차의 운전은 2종 소형면허로 운전할 수 있을 뿐 1종 대형면허와 1종보통면허로는 운전을 할 수 없다. 따라서 이륜자동차의 운전과 1종 대형면허, 1종 보통면허는 아무런 관련이 없으므로 1종 대형면허, 1종 보통면허를 취소한 것은 부당결부금지원칙에 반하는 위법한 처분이 된다.
>
> **판례** 부당결부금지의 원칙을 위반하지 않은 경우
> ① 고속도로 관리청이 고속도로 부지와 접도구역에 송유관 매설을 허가하면서 상대방과 체결한 협약에 따라 송유관 시설을 이전하게 될 경우 그 비용을 상대방에게 부담하도록 한 경우 위 협약에 포함된 부관이 부당결부금지의 원칙에 반하지 않는다.
> ② 제1종 보통면허로 운전할 수 있는 차량을 음주운전한 경우와 이와 관련된 면허인 제1종 대형면허와 원동기장치자전거 면허까지 취소할 수 있다(제1종 보통면허의 취소에는 원동기장치자전거의 운전까지 금지하는 취지가 포함되어 있다고 본다).

📖 기간 및 나이의 계산

구분	내용
행정에 관한 기간의 계산	① 행정에 관한 기간의 계산에 관하여는 이 법 또는 다른 법령 등에 특별한 규정이 있는 경우를 제외하고는 「민법」을 준용한다(동법 제6조 제1항). ② 법령등 또는 처분에서 국민의 권익을 제한하거나 의무를 부과하는 경우 권익이 제한되거나 의무가 지속되는 기간의 계산은 다음의 기준에 따른다. 다만, 다음의 기준에 따르는 것이 국민에게 불리한 경우에는 그러하지 아니하다(동법 제6조 제2항). ㅤㅤ㉠ 기간을 일, 주, 월 또는 연으로 정한 경우에는 기간의 첫날을 산입한다. ㅤㅤ㉡ 기간의 말일이 토요일 또는 공휴일인 경우에도 기간은 그 날로 한다.
법령등 시행일의 기간 계산	법령등(훈령·예규·고시·지침 등을 포함)의 시행일을 정하거나 계산할 때에는 다음의 기준에 따른다(동법 제7조). ① 법령등을 공포한 날부터 시행하는 경우에는 공포한 날을 시행일로 한다. ② 법령등을 공포한 날부터 일정 기간이 경과한 날부터 시행하는 경우 법령등을 공포한 날을 첫날에 산입하지 아니한다. ③ 법령등을 공포한 날부터 일정 기간이 경과한 날부터 시행하는 경우 그 기간의 말일이 토요일 또는 공휴일인 때에는 그 말일로 기간이 만료한다.
행정에 관한 나이의 계산·표시	행정에 관한 나이는 다른 법령등에 특별한 규정이 있는 경우를 제외하고는 출생일을 산입하여 만(滿) 나이로 계산하고, 연수로 표시한다. 다만, 1세에 이르지 아니한 경우에는 월수로 표시할 수 있다(동법 제7조의2).

제5장

경찰행정법 II – 경찰조직과 법

제42테마~제54테마

제42테마

경찰의 사무

중요도 A급

「국가경찰과 자치경찰의 조직 및 운영에 관한 법률」【시행 2023. 2. 16.】

📖 일반론

구분	내용
국가경찰사무	국가경찰사무란 경찰의 임무를 수행하기 위한 사무를 말한다. 다만, 자치경찰사무는 제외한다(동법 제4조 제1항 제1호).
자치경찰사무	① 자치경찰사무란 경찰의 임무 범위에서 관할 지역의 생활안전·교통·경비·수사 등에 관한 다음의 사무를 말한다(동법 제4조 제1항 제2호). ② 생활안전·교통·경비의 자치경찰사무에 관한 구체적인 사항 및 범위 등은 대통령령으로 정하는 기준에 따라 시·도 조례로 정한다(동법 제4조 제2항). ③ 수사 자치경찰사무에 관한 구체적인 사항 및 범위 등은 대통령령으로 정한다(동법 제4조 제3항).
직무수행의 원칙	① 경찰은 그 직무를 수행할 때 「헌법」과 법률에 따라 국민의 자유와 권리 및 모든 개인이 가지는 불가침의 기본적 인권을 보호하고, 국민 전체에 대한 봉사자로서 공정·중립을 지켜야 하며, 부여된 권한을 남용하여서는 아니 된다(동법 제5조). ② **경찰공무원은** 구체적 사건수사와 관련된 지휘·감독의 적법성 또는 정당성에 대하여 이견이 있을 때에는 이의를 제기할 수 있다(동법 제6조 제2항).

📖 자치경찰사무의 범위 및 예산

구분		내용
범위	생활안전	① 생활안전을 위한 순찰 및 시설의 운영 ② 주민참여 방범활동의 지원 및 지도 ③ 안전사고 및 재해·재난시 긴급구조지원 ④ 아동·청소년·노인·여성·장애인 등 사회적 보호가 필요한 사람에 대한 보호 업무 및 가정폭력·학교폭력·성폭력 등의 예방 ⑤ 주민의 일상생활과 관련된 사회질서의 유지 및 그 위반행위의 지도·단속 ⑥ 그 밖에 지역주민의 생활안전에 관한 사무
	교통	① 교통법규 위반에 대한 지도·단속 ② 교통안전시설 및 무인 교통단속용 장비의 심의·설치·관리 ③ 교통안전에 대한 교육 및 홍보 ④ 주민참여 지역 교통활동의 지원 및 지도 ⑤ 통행 허가, 어린이 통학버스의 신고, 긴급자동차의 지정 신청 등 각종 허가 및 신고에 관한 사무 ⑥ 그 밖에 지역 내의 교통안전 및 소통에 관한 사무
	경비	지역 내 다중운집 행사 관련 혼잡 교통 및 안전 관리
	수사	① 학교폭력 등 소년범죄(19세 미만인 사람을 말한다) ② 가정폭력범죄, 아동학대범죄 ③ 교통사고 및 교통 관련 범죄(다만, 고속도로에서 발생한 교통사고 및 교통 관련 범죄는 제외) ④ 공연음란 및 성적 목적을 위한 다중이용장소 침입행위에 관한 범죄 ⑤ 경범죄 및 기초질서 관련 범죄 ⑥ 가출인 및 실종아동등 관련 수색 및 범죄
예산		① 국가는 지방자치단체가 이관받은 사무를 원활히 수행할 수 있도록 인력, 장비 등에 소요되는 비용에 대하여 재정적 지원을 하여야 한다(동법 제34조). ② 자치경찰사무의 수행에 필요한 예산은 시·도자치경찰위원회의 심의·의결을 거쳐 시·도지사가 수립한다. 이 경우 시·도자치경찰위원회는 경찰청장의의견(시·도경찰청장의의견 ×)을 들어야 한다(동법 제35조 제1항). ③ 시·도지사는 자치경찰사무 담당 공무원에게 조례에서 정하는 예산의 범위에서 재정적 지원 등을 할 수 있다(동법 제35조 제2항). ④ 시·도의회는 관련 예산의 효율적인 관리를 위하여 의결로써 자치경찰사무에 대해 시·도자치경찰위원회 위원장의 출석 및 자료 제출을 요구할 수 있다(동법 제35조 제3항).

제43테마
행정안전부장관의 경찰청장 지휘

중요도 C급

「행정안전부장관의 소속청장 지휘에 관한 규칙」【시행 2022. 8. 2.】

구분		내용
승인사항		경찰청장은 다음의 사항에 관하여 미리 행정안전부장관의 승인을 받아야 한다(동 규칙 제2조 제1항). ① 법령 제정·개정이 필요한 경찰 분야 기본계획의 수립과 그 변경에 관한 사항 ② 국제협력에 관한 중요 계획의 수립과 그 변경에 관한 사항 ③ 국제기구의 가입과 국제협정의 체결에 관한 사항
보고사항	선 보고 (미리 보고)	경찰청장은 다음의 사항에 관하여 미리 행정안전부장관에게 보고해야 한다(동 규칙 제2조 제2항). ① 국무회의에 상정할 사항 ② 청장의 국제회의 참석 및 국외출장에 관한 사항
	일반 보고	경찰청장은 다음의 사항에 관하여 행정안전부장관에게 보고해야 한다(동 규칙 제2조 제3항). ① 대통령·국무총리 및 장관의 지시사항에 대한 추진계획과 그 실적 ② 중요 정책 및 계획의 추진실적 ③ 대통령·국무총리 및 그 직속기관과 국회 및 감사원 등에 보고하거나 제출하는 자료 중 중요한 사항 ④ 감사원의 감사 결과 및 처분 요구사항 중 중요 정책과 관련된 사항 ⑤ 그 밖에 법령에 규정된 권한 행사 및 책무 수행에 필요하다고 인정하여 장관이 요청하는 사항
예산자료		경찰청장은 기획재정부에 제출하는 예산 관련 자료 중 중요 사항을 행정안전부장관에게 보고해야 한다(동 규칙 제3조).
법령 질의		경찰청장은 소관 법령의 해석에 관하여 다른 중앙행정기관의 장에게 질의하여 회신을 받았을 때에는 지체 없이 그 사본을 행정안전부장관에게 제출해야 한다(동 규칙 제4조).
정책협의회		행정안전부장관은 중요 정책에 대한 업무협의를 위하여 필요한 때에는 경찰청장과 정책협의회를 개최할 수 있다(동 규칙 제5조).

제44테마

경찰행정관청(경찰청장)

▎「국가경찰과 자치경찰의 조직 및 운영에 관한 법률」【시행 2023. 2. 16.】
▎「경찰청과 그 소속기관 직제」【시행 2024. 7. 31.】

중요도 A급

📖 경찰행정관청의 상·하 계층적 구조

구분	내용
경찰의 사무와 지역적 분장	① 치안에 관한 사무를 관장하게 하기 위하여 행정안전부장관 소속으로 경찰청을 둔다(동법 제12조). ② 경찰의 사무를 지역적으로 분담하여 수행하게 하기 위하여 특별시·광역시·특별자치시·도·특별자치도에 시·도경찰청을 두고, 시·도경찰청장 소속으로 경찰서를 둔다. 이 경우 인구, 행정구역, 면적, 지리적 특성, 교통 및 그 밖의 조건을 고려하여 시·도에 2개의 시·도경찰청을 둘 수 있다(동법 제13조).
책임의 귀속	① 보통경찰행정관청 상호간은 경찰청장을 중심으로 상·하 계층적 구조로 형성되어 있어서, 상급 경찰행정관청이 하급 경찰행정관청을 지휘·감독한다. ② 경찰행정의 책임은 종국적으로는 경찰청장에게 귀속된다.

📖 경찰청장 일반론

구분	내용
계급	경찰청에 경찰청장을 두며, 경찰청장은 치안총감으로 보한다(동법 제14조 제1항).
임기	경찰청장의 임기는 2년으로 하고, 중임할 수 없다(동법 제14조 제4항).
임명절차	① 경찰청장은 국가경찰위원회의 동의를 받아 행정안전부장관의 제청으로 국무총리를 거쳐 대통령이 임명한다. 이 경우 국회의 인사청문을 거쳐야 한다(동법 제14조 제2항). 국가경찰위원회의 동의 → 행정안전부장관의 제청 → 국무총리 → 대통령 ② 국회의 인사청문회는 경찰청장 임명시 필수절차이나, 그 결과가 대통령을 구속하지 않는다.
국회의 탄핵소추 의결	경찰청장이 직무를 집행하면서 「헌법」이나 법률을 위배하였을 때에는 국회는 탄핵소추를 의결할 수 있다(동법 제14조 제5항).
부속기관	① 경찰청장의 관장사무를 지원하기 위하여 경찰청장 소속으로 경찰대학·경찰인재개발원·중앙경찰학교 및 경찰수사연수원을 둔다(동 직제 제2조 제1항). ② 경찰청장의 관장사무를 지원하기 위하여 경찰청장 소속의 책임운영기관으로 경찰병원을 둔다(동 직제 제2조 제2항). ③ 국립과학수사연구원의 경우 경찰청장 소속이 아니라 행정안전부 소속이다.
차장의 임명 (필수기관)	① 경찰청에 차장을 두며, 차장은 치안정감으로 보한다(동법 제15조 제1항). ② 차장은 경찰청장을 보좌하며, 경찰청장이 부득이한 사유로 직무를 수행할 수 없을 때에는 그 직무를 대행한다(동법 제15조 제2항).

📖 경찰청장의 권한

구분	내용
일반적 권한	경찰청장은 국가경찰사무를 총괄하고 경찰청 업무를 관장하며 소속 공무원 및 각급 경찰기관의 장을 지휘·감독한다(동법 제14조 제3항).
수사	① 경찰청장은 경찰의 수사에 관한 사무의 경우에는 개별 사건의 수사에 대하여 구체적으로 지휘·감독할 수 없다. 다만, 국민의 생명·신체·재산 또는 공공의 안전 등에 중대한 위험을 초래하는 긴급하고 중요한 사건의 수사에 있어서 경찰의 자원을 대규모로 동원하는 등 통합적으로 현장 대응할 필요가 있다고 판단할 만한 상당한 이유가 있는 때에는 국가수사본부장을 통하여 개별 사건의 수사에 대하여 구체적으로 지휘·감독할 수 있다(동법 제14조 제6항). ② 경찰청장은 개별 사건의 수사에 대한 구체적 지휘·감독을 개시한 때에는 국가경찰위원회에 보고하여야 한다(동법 제14조 제7항). ③ 경찰청장은 긴급하고 중요한 사건의 사유가 해소된 경우에는 개별 사건의 수사에 대한 구체적 지휘·감독을 중단하여야 한다(동법 제14조 제8항). ④ 경찰청장은 국사수사본부장이 긴급하고 중요한 사건의 사유가 해소되었다고 판단하여 구체적 지휘·감독의 중단을 건의하는 경우 특별한 사유가 없으면 이를 승인하여야 한다(동법 제14조 제9항).

자치경찰	① 경찰청장은 다음의 경우에는 자치경찰사무를 수행하는 경찰공무원을 직접 지휘·명령할 수 있다(동법 제32조 제1항).
	    ㉠ 전시·사변·천재지변·그 밖에 이에 준하는 국가비상사태, 대규모의 테러 또는 소요사태가 발생하였거나 발생할 우려가 있어 전국적인 치안유지를 위하여 긴급한 조치가 필요하다고 인정할 만한 충분한 사유가 있는 경우
	    ㉡ 국민안전에 중대한 영향을 미치는 사안에 대하여 다수의 시·도에 동일하게 적용되는 치안정책을 시행할 필요가 있다고 인정할 만한 충분한 사유가 있는 경우
	    ㉢ 자치경찰사무와 관련하여 해당 시·도의 경찰력으로는 국민의 생명·신체·재산의 보호 및 공공의 안녕과 질서유지가 어려워 경찰청장의 지원·조정이 필요하다고 인정할 만한 충분한 사유가 있는 경우
	② 경찰청장은 제1항에 따른 조치가 필요한 경우에는 시·도자치경찰위원회에(시·도지사에 ×) 자치경찰사무를 담당하는 경찰공무원을 직접 지휘·명령하려는 사유 및 내용 등을 구체적으로 제시하여야 한다(동법 제32조 제2항).
	③ 제2항에 따른 통보를 받은 시·도자치경찰위원회는 정당한 사유가 없으면 즉시 자치경찰사무를 담당하는 경찰공무원에게 경찰청장의 지휘·명령을 받을 것을 명하여야 하며, 제1항에 규정된 사유에 해당하지 아니한다고 인정하면 시·도자치경찰위원회의의결을 거쳐 경찰청장에게 그 지휘·명령의 중단을 요구할 수 있다(동법 제32조 제3항).
	④ 경찰청장이 제1항에 따라 지휘·명령을 하는 경우에는 국가경찰위원회에 즉시 보고하여야 한다. 다만, 제1항 제3호의 경우에는 미리 국가경찰위원회의의결을 거쳐야 하며 긴급한 경우에는 우선조치 후 지체 없이 국가경찰위원회의의결을 거쳐야 한다(동법 제32조 제4항).

| 자치경찰 | ⑤ 제4항에 따라 보고를 받은 국가경찰위원회는 제1항에 규정된 사유에 해당하지 아니한다고 인정하면 그 지휘·명령을 중단할 것을 의결하여 경찰청장에게 통보할 수 있다(동법 제32조 제5항).
⑥ 경찰청장은 제1항에 따라 지휘·명령할 수 있는 사유가 해소된 때에는 경찰공무원에 대한 지휘·명령을 즉시 중단하여야 한다(동법 제32조 제6항).
⑦ 시·도자치경찰위원회는 제1항 제3호에 해당하는 경우 의결로 지원·조정의 범위·기간 등을 정하여 경찰청장에게 지원·조정을 요청할 수 있다(동법 제32조 제7항). |

📖 **경찰청장의 수사에 관한 권한 중 긴급하고 중요한 사건의 범위 등**(「국가경찰과 자치경찰의 조직 및 운영에 관한 법률 제14조 제10항에 따른 긴급하고 중요한 사건의 범위 등에 관한 규정」)

구분	내용
범위	① 「국가경찰과 자치경찰의 조직 및 운영에 관한 법률」 제14조 제6항 단서에 따른 긴급하고 중요한 사건은 다음의 어느 하나에 해당하는 사건 및 이와 직접적인 관련이 있는 사건으로 한다(동 규정 제2조 제1항). 　㉠ 전시·사변 또는 이에 준하는 국가비상사태가 발생하거나 발생이 임박하여 전국적인 치안 유지가 필요한 사건 　㉡ 재난, 테러 등이 발생하여 공공의 안전에 대한 급박한 위해나 범죄로 인한 피해의 급속한 확산을 방지하기 위해 신속한 조치가 필요한 사건 　㉢ 국가중요시설의 파괴·기능마비, 대규모 집단의 폭행·협박·손괴·방화 등에 대하여 경찰의 자원을 대규모로 동원할 필요가 있는 사건 　㉣ 전국 또는 일부 지역에서 연쇄적·동시다발적으로 발생하거나 광역화된 범죄에 대하여 경찰력의 집중적인 배치, 경찰 각 기능의 종합적 대응 또는 국가기관·지방자치단체·공공기관과의 공조가 필요한 사건 ② 경찰청장은 개별 사건의 수사에 대해 구체적 지휘·감독을 하려는 경우에는 그 필요성 등을 신중하게 판단해야 한다(동 규정 제2조 제2항).
방식	① 경찰청장은 국가수사본부장에게 개별 사건의 수사에 대한 구체적 지휘를 하는 경우에는 서면으로 지휘해야 한다(동 규정 제3조 제1항). ② 경찰청장은 서면 지휘가 불가능하거나 현저히 곤란한 경우에는 구두나 전화 등 서면 외의 방식으로 지휘할 수 있다. 이 경우 사후에 신속하게 서면으로 지휘 내용을 송부해야 한다(동 규정 제3조 제2항).

제45테마

중요도 B급

경찰행정관청(시·도경찰청장)

▎「국가경찰과 자치경찰의 조직 및 운영에 관한 법률」【시행 2023. 2. 16.】
▎「경찰청과 그 소속기관 직제」【시행 2024. 7. 31.】

구분		내용
계급		① 시·도경찰청에 시·도경찰청장을 두며, 시·도경찰청장은 치안정감·치안감·경무관으로 보한다(동법 제28조 제1항). ② 서울특별시·부산광역시·인천광역시 및 경기도남부의 시·도경찰청장은 치안정감으로, 그 밖의 시·도경찰청장은 치안감 또는 경무관으로 보한다(동 직제 제39조 제3항).
임무	국가경찰사무	시·도경찰청장은 국가경찰사무에 대해서는 경찰청장의 지휘·감독을 받아 관할구역의 소관 사무를 관장하고 소속 공무원 및 소속 경찰기관의 장을 지휘·감독한다(동법 제28조 제3항).
	자치경찰사무	① 시·도경찰청장은 자치경찰사무에 대해서는 시·도자치경찰위원회의 지휘·감독을 받아 관할구역의 소관 사무를 관장하고 소속 공무원 및 소속 경찰기관의 장을 지휘·감독한다(동법 제28조 제3항). ② 시·도자치경찰위원회는 자치경찰사무에 대해 심의·의결을 통하여 시·도경찰청장을 지휘·감독한다. 다만, 시·도자치경찰위원회가 심의·의결할 시간적 여유가 없거나 심의·의결이 곤란한 경우 대통령령으로 정하는 바에 따라 시·도자치경찰위원회의 지휘·감독권을 시·도경찰청장에게 위임한 것으로 본다(동법 제28조 제4항).
	수사경찰사무	시·도경찰청장은 수사에 관한 사무에 대해서는 국가수사본부장의 지휘·감독을 받아 관할구역의 소관 사무를 관장하고 소속 공무원 및 소속 경찰기관의 장을 지휘·감독한다(동법 제28조 제3항).
임명절차		① 시·도경찰청장은 경찰청장이 시·도자치경찰위원회와 협의하여 추천한 사람 중에서 행정안전부장관의 제청으로 국무총리를 거쳐 대통령이 임용한다(동법 제28조 제2항). 경찰청장의 추천(시·도자치경찰위원회와 협의) → 행정안전부장관의 제청 → 국무총리 → 대통령 ② 대통령의 시·도경찰청장 임명시에는 국회의 인사청문 절차가 필요하지 않다.
차장의 임명 (임의기관)		① 시·도경찰청에 차장을 둘 수 있다(동법 제29조 제1항). ② 차장은 시·도경찰청장을 보좌하여 소관 사무를 처리하고 시·도경찰청장이 부득이한 사유로 직무를 수행할 수 없을 때에는 그 직무를 대행한다(동법 제29조 제2항).

제46테마

경찰행정관청(경찰서장)

중요도 B급

▌「국가경찰과 자치경찰의 조직 및 운영에 관한 법률」【시행 2023. 2. 16.】
▌「경찰청과 그 소속기관 직제」【시행 2024. 7. 31.】

구분	내용
소속	① 경찰의 사무를 지역적으로 분담하여 수행하게 하기 위하여 **특별시·광역시·특별자치시·도·특별자치도에 시·도경찰청을 두고**, 시·도경찰청장 소속으로 경찰서를 둔다(동법 제13조). ② 시·도경찰청장의 소관사무를 분장하기 위하여 시·도경찰청장 소속으로 259개 경찰서의 범위에서 경찰서를 둔다(동 직제 제42조 제1항).
계급	경찰서에 경찰서장을 두며, 경찰서장은 경무관, 총경 또는 경정으로 보한다(동법 제30조 제1항).
임무	경찰서장은 시·도경찰청장의 지휘·감독을 받아 관할구역의 소관 사무를 관장하고 소속 공무원을 지휘·감독한다(동법 제30조 제2항).
지구대 파출소	① 경찰서장 소속으로 지구대 또는 파출소를 두고, 그 설치기준은 치안수요·교통·지리 등 관할구역의 특성을 고려하여 정한다. 다만, **필요한 경우에는 출장소를 둘 수 있다**(동법 제30조 제3항). ② 시·도경찰청장은 경찰서장의 소관 사무를 분장하기 위하여 행정안전부령(대통령령 ×)으로 정하는 바에 따라 경찰청장의 승인을 받아 지구대 또는 파출소를 둘 수 있다(동 직제 제43조 제1항). ③ 시·도경찰청장은 사무분장이 임시로 필요한 경우에는 출장소를 둘 수 있다(동 직제 제43조 제2항). ④ 지구대·파출소 및 출장소의 명칭·위치 및 관할구역과 그 밖에 필요한 사항은 시·도경찰청장(경찰서장 ×)이 정한다(동 직제 제43조 제3항).
평가	시·도자치경찰위원회는 정기적으로 경찰서장의 자치경찰사무 수행에 관한 평가결과를 경찰청장에게 통보하여야 하며 경찰청장은 이를 반영하여야 한다(동법 제30조 제4항).

제47테마

경찰보조기관(국가수사본부장)

중요도 A급

「국가경찰과 자치경찰의 조직 및 운영에 관한 법률」【시행 2023. 2. 16.】

구분	내용
소속계급	경찰청에 국가수사본부를 두며, 국가수사본부장은 치안정감으로 보한다(동법 제16조 제1항).
권한	국가수사본부장은 「형사소송법」에 따른(「경찰관 직무집행법」에 따른 ×) 경찰의 수사에 관하여 각 시·도경찰청장과 경찰서장 및 수사부서 소속 공무원을 지휘·감독한다(동법 제16조 제2항).
임기	① 국가수사본부장의 임기는 2년으로 하며, 중임할 수 없다(동법 제16조 제3항). ② 국가수사본부장은 임기가 끝나면 당연히 퇴직한다(동법 제16조 제4항).
국회의 탄핵소추 의결	국가수사본부장이 직무를 집행하면서 「헌법」이나 법률을 위배하였을 때에는 국회는 탄핵소추를 의결할 수 있다(동법 제16조 제5항).
임용자격 (외부임용)	국가수사본부장을 경찰청 외부를 대상으로 모집하여 임용할 필요가 있는 때에는 다음의 자격을 갖춘 사람 중에서 임용한다(동법 제16조 제6항). ① 10년 이상 수사업무에 종사한 사람 중 고위공무원단에 속하는 공무원, 3급 이상 공무원 또는 총경 이상 경찰공무원으로 재직한 경력이 있는 사람 ② 판사·검사 또는 변호사의 직에 10년 이상 있었던 사람 ③ 변호사 자격이 있는 사람으로서 국가기관, 지방자치단체, 공공기관에서 법률에 관한 사무에 10년 이상 종사한 경력이 있는 사람 ④ 대학이나 공인된 연구기관에서 법률학·경찰학 분야에서 조교수 이상의 직이나 이에 상당하는 직에 10년 이상 있었던 사람 (암기 TIP 법경조 10년 이상) ⑤ 제1호부터 제4호까지의 경력 기간의 합산이 15년 이상
결격사유	다음의 어느 하나에 해당하는 사람은 국가수사본부장이 될 수 없다(동법 제16조 제7항). ① 「경찰공무원법」 제8조 제2항 각 호의 결격사유에 해당하는 사람 ② 정당의 당원이거나 당적을 이탈한 날부터 3년이 지나지 아니한 사람 ③ 선거에 의하여 취임하는 공직에 있거나 그 공직에서 퇴직한 날부터 3년이 지나지 아니한 사람 ④ 제6항 제1호에 해당하는 공무원 또는 제6항 제2호의 판사·검사의 직에서 퇴직한 날로부터 1년이 지나지 아니한 사람 ⑤ 제6항 제3호에 해당하는 사람으로서 국가기관 등에서 퇴직한 날로부터 1년이 지나지 아니한 사람

제48테마

중요도 B급

경찰청 예하 본부·국의 담당업무

▎「경찰청과 그 소속기관 직제」【시행 2024. 7. 31.】
▎「경찰청과 그 소속기관 직제 시행규칙」【시행 2024. 7. 31.】

📖 경찰청 국가수사본부

구분	내용
소속	경찰청에 국가수사본부를 둔다(동 직제 제4조 제1항).
관장사항	국가수사본부는 경찰수사 관련 정책의 수립·총괄·조정, 경찰수사 및 수사 지휘·감독 기능을 수행한다(동 직제 제16조 제1항).
조직구성	국가수사본부에 수사국, 형사국, 안보수사국을 둔다(동 직제 제16조 제2항).

1. 수사국의 담당업무

구분	내용
국장	① 수사국에 국장 1명을 둔다(동 직제 제19조 제1항). ② 국장은 치안감 또는 경무관으로 보한다(동 직제 제19조 제2항).
담당업무	국장은 다음 사항을 분장한다(동 직제 제19조 제3항). ① 부패범죄, 공공범죄, 경제범죄 및 금융범죄에 관한 수사 지휘·감독 ② 위의 ①의 범죄 수사에 관한 기획, 정책·수사지침 수립·연구·분석 및 수사기법 개발 ③ 위의 ①의 범죄에 대한 통계 및 수사자료 분석 ④ 국가수사본부장이 지정하는 중요 범죄에 대한 정보수집 및 수사 ⑤ 중요 범죄정보의 수집 및 분석에 관한 사항 ⑥ 사이버범죄 정보의 수집·분석 ⑦ 사이버범죄 신고·상담 ⑧ 사이버범죄 예방에 관한 사항 ⑨ 사이버범죄 수사에 관한 사항 ⑩ 사이버수사에 관한 기법 연구 ⑪ 사이버수사 관련 국제공조에 관한 사항 ⑫ 디지털포렌식에 관한 사항
하부조직	수사국에 경제범죄수사과, 반부패·공공범죄수사과, 중대범죄수사과, 범죄정보과, 사이버범죄수사과, 사이버테러대응과, 디지털포렌식센터를 둔다(동 직제 시행규칙 제16조 제3항).

2. 형사국의 담당업무

구분	내용
국장	① 형사국에 **국장 1명**을 둔다(동 직제 제20조 제1항). ② **국장은 치안감 또는 경무관**으로 보한다(동 직제 제20조 제2항).
담당업무	국장은 다음 사항을 분장한다(동 직제 제20조 제3항). ① **강력범죄, 폭력범죄 및 교통사고·교통범죄에 관한 수사 지휘·감독** ② **마약류 범죄 및 조직범죄에 관한 수사 지휘·감독** ③ **성폭력범죄, 아동·청소년 대상 성매매, 가정폭력, 아동학대, 학교폭력 및 실종사건에 관한 수사 지휘·감독** 및 아동·청소년 대상 성매매 단속 ④ **외국인 관련 범죄 수사에 관한 기획, 정책·수사지침 수립·연구·분석 및 수사기법 개발** ⑤ **외국인 관련 범죄에 대한 통계 및 수사자료 분석** ⑥ **과학수사의 기획 및 지도, 범죄감식 및 증거분석** ⑦ **범죄기록 및 주민등록지문의 수집·관리**
하부조직	형사국에 강력범죄수사과, 마약조직범죄수사과, 여성청소년범죄수사과, 과학수사과, 범죄분석과를 둔다(동 직제 시행규칙 제17조 제3항).

3. 안보수사국의 담당업무

구분	내용
국장	① 안보수사국에 **국장 1명**을 둔다(동 직제 제22조 제1항). ② **국장은 치안감 또는 경무관**으로 보한다(동 직제 제22조 제2항).
담당업무	국장은 다음 사항을 분장한다(동 직제 제22조 제3항). ① **안보수사경찰업무에 관한 기획 및 교육** ② **보안관찰 및 경호안전대책 업무에 관한 사항** ③ **북한이탈주민 신변보호** ④ **국가안보와 국익에 반하는 범죄에 대한 수사의 지휘·감독** ⑤ **안보범죄정보 및 보안정보의 수집·분석 및 관리** ⑥ **국내외 유관기관과의 안보범죄정보 협력에 관한 사항** ⑦ **남북교류와 관련되는 안보수사경찰업무** ⑧ **국가안보와 국익에 반하는 중요 범죄에 대한 수사** ⑨ **외사보안업무의 지도·조정** ⑩ **공항 및 항만의 안보활동에 관한계획 및 지도**
하부조직	안보수사국에 안보기획관리과, 안보수사지휘과, 안보수사1과, 안보수사2과를 둔다(동 직제 시행규칙 제19조 제3항).

📖 경찰청 미래치안정책국

구분	내용
국장	① 미래치안정책국에 **국장 1명**을 둔다(동 직제 제10조의2 제1항). ② **국장**은 고위공무원단에 속하는 일반직공무원 또는 **치안감**으로 보한다(동 직제 제10조의2 제2항).
담당업무	국장은 다음 사항을 분장한다(동 직제 제10조의2 제3항). ① **중장기 미래치안전략의 수립·종합 및 조정** ② **치안분야 과학기술 연구개발의 총괄·조정** ③ 치안분야 과학기술의 진흥 및 산업의 육성 ④ **경찰청 정보화사업의 총괄·조정** ⑤ 정보통신 운영·교육 및 보안에 관한 사항 ⑥ **경찰장비의 운영 및 발전에 관한 사항** ⑦ 청 내 공공데이터의 제공 및 이용 활성화에 관한 사항 ⑧ 청 내 데이터기반행정 활성화에 관한 사항
하부조직	미래치안정책국 미래치안정책과, 정보화기반과, 장비운영과, 과학치안산업팀, 데이터정책팀을 둔다(동 직제 시행규칙 제6조 제2항).

📖 경찰청 범죄예방대응국

구분	내용
국장	① 범죄예방대응국에 **국장 1명**을 둔다(동 직제 제10조의3 제1항). ② **국장은 치안감 또는 경무관**으로 보한다(동 직제 제10조의3 제2항).
담당업무	국장은 다음 사항을 분장한다(동 직제 제10조의3 제3항). ① **범죄예방에 관한 기획·조정·연구 등 예방적 경찰활동 총괄** ② 범죄예방진단 및 범죄예방순찰에 관한 기획·운영 ③ **경비업에 관한 연구·지도** ④ **풍속 및 성매매**(아동·청소년 대상 성매매는 제외한다) **사범에 대한 지도·단속** ⑤ 총포·도검·화약류 등의 지도·단속 ⑥ **즉결심판청구업무의 지도** ⑦ 각종 안전사고의 예방에 관한 사항 ⑧ 지구대·파출소 운영체계의 기획 및 관리 ⑨ 지구대·파출소의 외근활동 기획 및 운영 ⑩ 지구대·파출소의 근무자에 대한 교육 ⑪ 112신고제도의 기획·운영 및 112치안종합상황실의 운영 총괄 ⑫ 치안 상황의 접수·상황판단, 전파 및 초동조치 등에 관한 사항 ⑬ 치안상황실 운영에 관한 사항
하부조직	범죄예방대응국에 범죄예방정책과, 지역경찰운영과, 지역경찰역량강화과, 치안상황과를 둔다(동 직제 시행규칙 제7조 제3항).

📖 경찰청 생활안전교통국

구분	내용
국장	① 생활안전교통국에 국장 1명을 둔다(동 직제 제11조 제1항). ② 국장은 치안감 또는 경무관으로 보한다(동 직제 제11조 제2항).
담당업무	국장은 다음 사항을 분장한다(동 직제 제11조 제3항). ① 자치경찰제도 관련 기획 및 조정 ② 자치경찰제도 관련 법령 사무 총괄 ③ 자치경찰제도 관련 예산의 편성·조정 및 결산에 관한 사항 ④ 자치경찰제도 관련 특별시·광역시·특별자치시·도·특별자치도 및 시·도자치경찰위원회와의 협력에 관한 사항 ⑤ 소년비행 방지에 관한 업무 ⑥ 소년 대상 범죄의 예방에 관한 업무 ⑦ 아동학대의 예방 및 피해자 보호에 관한 업무 ⑧ 가출인 및 실종아동등과 관련된 업무 ⑨ 실종아동등 찾기를 위한 신고체계 운영 ⑩ 여성 대상 범죄와 관련된 주요 정책의 총괄 수립·조정 ⑪ 여성 대상 범죄 유관기관과의 협력 업무 ⑫ 성폭력 및 가정폭력 예방 및 피해자 보호에 관한 업무 ⑬ 스토킹·성매매 예방 및 피해자 보호에 관한 업무 ⑭ 경찰 수사 과정에서의 범죄피해자 보호 및 지원에 관한 업무 ⑮ 도로교통에 관련되는 종합기획 및 심사분석 ⑯ 도로교통에 관련되는 법령의 정비 및 행정제도의 연구 ⑰ 교통경찰공무원에 대한 교육 및 지도 ⑱ 교통안전시설의 관리 ⑲ 자동차운전면허의 관리 ⑳ 도로교통사고의 예방을 위한 홍보·지도 및 단속 ㉑ 고속도로순찰대의 운영 및 지도
하부조직	생활안전교통국에 교통기획과, 교통안전과, 자치경찰과, 여성안전기획과, 청소년보호과를 둔다(동 직제 시행규칙 제8조 제1항).

📖 경찰청 경비국

구분	내용
국장	① **경비국에 국장 1명을 둔다**(동 직제 제13조 제1항). ② 국장은 치안감 또는 경무관으로 보한다(동 직제 제13조 제2항).
담당업무	국장은 다음 사항을 분장한다(동 직제 제13조 제3항). ① **경비에 관한계획의 수립 및 지도** ② 경찰부대의 운영·지도 및 감독 ③ 청원경찰의 운영 및 지도 ④ 민방위업무의 협조에 관한 사항 ⑤ 경찰작전·경찰전시훈련 및 비상계획에 관한계획의 수립·지도 ⑥ 중요시설의 방호 및 지도 ⑦ 예비군의 무기 및 탄약 관리의 지도 ⑧ 대테러 예방 및 진압대책의 수립·지도 ⑨ 안전관리·재난상황 및 위기상황 관리기관과의 연계체계 구축·운영 ⑩ **의무경찰의 복무 및 교육훈련** ⑪ 의무경찰의 인사 및 정원의 관리 ⑫ 경호 및 주요 인사 보호 계획의 수립·지도 ⑬ 경찰항공기의 관리·운영 및 항공요원의 교육훈련 ⑭ 경찰업무수행과 관련된 항공지원업무
하부조직	경비국에 경비과, 위기관리센터, 경호과, 항공과를 둔다(동 직제 시행규칙 제10조 제1항).

📖 경찰청 치안정보국

구분	내용
국장	① **치안정보국에 국장 1명을 둔다**(동 직제 제14조 제1항). ② 국장은 치안감 또는 경무관으로 보한다(동 직제 제14조 제2항).
담당업무	국장은 다음 사항을 분장한다(동 직제 제14조 제3항). ① 공공안녕에 대한 위험의 예방과 대응을 위한 정보업무 기획·지도 및 조정 ② 국민안전과 국가안보를 저해하는 위험 요인에 관한 정보활동 ③ 국가중요시설 및 주요 인사의 안전·보호에 관한 정보활동 ④ 집회·시위 등 공공갈등과 다중운집에 따른 질서 및 안전 유지에 관한 정보활동 ⑤ 국민의 생명·신체의 안전이나 재산의 보호 등 생활의 평온과 관련된 정책에 관한 정보활동 ⑥ 국가기관·지방자치단체·공공기관의 장이 요청한 신원조사 및 사실확인에 관한 정보활동 ⑦ 외사정보의 수집·분석 및 관리 등 외사정보활동 ⑧ 그 밖에 범죄·재난·공공갈등 등 공공안녕에 대한 위험의 예방과 대응을 위한 정보활동으로서 위의 ①부터 ⑦까지에 준하는 정보활동
하부조직	치안정보국에 치안정보상황과, 치안정보분석과, 치안정보협력과를 둔다(동 직제 시행규칙 제11조 제3항).

📖 기타 주요 조직

1. 국제협력관

구분	내용
계급	국제협력관은 경무관으로 보한다(동 직제 제9조 제1항).
담당업무	국제협력관은 다음 사항에 관하여 경찰청 차장을 보좌한다(동 직제 제9조 제2항). ① 치안 분야 국제협력 정책의 수립·총괄·조정 ② 외국경찰기관과의 교류·협력 ③ 국제형사경찰기구(인터폴)에 관련되는 업무
하부조직	국제협력관 밑에 국제협력담당관, 국제공조담당관 각 1명을 둔다(동 직제 시행규칙 제5조의2 제1항).

2. 치안상황관리관

구분	내용
소속계급	범죄예방대응국장 밑에 두는 보좌기관은 치안상황관리관으로 하며, 치안상황관리관은 경무관으로 보한다(동 직제 시행규칙 제7조 제1항).
담당업무	① 112신고제도의 기획·운영 및 112치안종합상황실의 운영 총괄 ② 치안 상황의 접수·상황판단, 전파 및 초동조치 등에 관한 사항 ③ 치안상황실 운영에 관한 사항

제49테마

중요도 A급

지역경찰

「지역경찰의 조직 및 운영에 관한 규칙」【시행 2022. 5. 31.】

📖 지역경찰관서

구분	내용
의의	지구대 및 파출소(치안센터 ×)를 말한다(동 규칙 제2조 제1호).
설치	시·도경찰청장은 인구, 면적, 행정구역, 교통·지리적 여건, 각종 사건·사고 발생 등을 고려하여 경찰서의 관할구역을 나누어 지역경찰관서를 설치한다(설치할 수 있다 ×)(동 규칙 제4조 제1항).

📖 지역경찰관서장

구분		내용
지구대장 파출소장		① 지역경찰관서에 지구대장 및 파출소장을 둔다(동 규칙 제5조 제1항). ② 지구대장은 경정 또는 경감, 파출소장은 경정·경감 또는 경위로 한다(「경찰청과 그 소속기관 조직 및 정원관리규칙」 제10조 제2항).
직무		지역경찰관서장은 다음의 직무를 수행한다(동 규칙 제5조 제3항). ① 관내 치안상황의 분석 및 대책 수립 ② 지역경찰관서의 시설·예산·장비의 관리 ③ 소속 지역경찰의 근무와 관련된 제반사항에 대한 지휘 및 감독 ④ 경찰 중요 시책의 홍보 및 협력치안 활동
하부조직	관리팀	① 지역경찰관서에는 관리팀을 둔다(동 규칙 제6조 제1항). ② 관리팀은 문서의 접수 및 처리, 시설 및 장비의 관리, 예산의 집행 등 지역경찰관서의 행정업무를 담당한다(동 규칙 제7조).
	순찰팀	① 지역경찰관서에는 상시·교대근무로 운영하는 복수의 순찰팀을 둔다(동 규칙 제6조 제1항). ② 순찰팀은 범죄예방 순찰, 각종 사건·사고에 대한 초동조치 등 현장 치안활동을 담당하며, 순찰팀장은 경감 또는 경위로 보한다(동 규칙 제8조 제1항). ③ 순찰팀장을 보좌하고 순찰팀장 부재시 업무를 대행하기 위해 순찰팀별로 부팀장을 둘 수 있다(동 규칙 제8조 제3항). ④ 순찰팀장은 다음의 직무를 수행한다(동 규칙 제8조 제2항). ㉠ 근무교대시 주요 취급사항 및 장비 등의 인수인계 확인 ㉡ 관리팀원 및 순찰팀원에 대한 일일근무 지정 및 지휘·감독 ㉢ 관내 중요 사건 발생시 현장 지휘 ㉣ 지역경찰관서장 부재시 업무 대행 ㉤ 순찰팀원의 업무역량 향상을 위한 교육

하부조직	순찰팀의 수	순찰팀의 수는 지역 치안수요 및 인력여건 등을 고려하여 시·도경찰청장이 결정한다(동 규칙 제6조 제2항).
	관리팀·순찰팀의 인원	관리팀 및 순찰팀의 인원은 지역 치안수요 및 인력여건 등을 고려하여 경찰서장이 결정한다(동 규칙 제6조 제3항).

📖 치안센터

1. 치안센터 일반론

구분	내용
설치	시·도경찰청장은 지역치안을 효율적으로 수행하기 위하여 **지역경찰관서장 소속하에** 치안센터를 설치할 수 있다(설치하여야 한다 ×)(동 규칙 제10조 제1항).
소속	치안센터는 지역경찰관서장의 소속하에 두며, 치안센터의 인원·장비·예산 등은 지역경찰관서에서 통합 관리한다(동 규칙 제11조 제1항).
관할	① 치안센터의 관할 구역은 소속 지역경찰관서 관할 구역의 일부로 한다(동 규칙 제11조 제2항). ② 치안센터 관할구역의 크기는 설치목적, 배치 인원 및 장비, 교통·지리적 여건 등을 고려하여 경찰서장이 정한다(동 규칙 제11조 제3항).
운영시간	① 치안센터는 24시간 상시 운영을 원칙으로 한다(동 규칙 제12조 제1항). ② 경찰서장은 지역 치안여건 및 인원여건을 고려하여 운영시간을 탄력적으로 조정할 수 있다(동 규칙 제12조 제2항).
근무자의 배치	① 치안센터 운영시간에는 치안센터 관할 구역에 근무자를 배치함을 원칙으로 한다(동 규칙 제13조 제1항). ② 경찰서장은 치안센터의 종류 및 지리적 여건 등을 고려하여 필요한 경우 치안센터에 전담근무자를 배치할 수 있다(동 규칙 제13조 제2항).
치안센터장	경찰서장은 치안센터에 전담근무자를 배치하는 경우 전담근무자 중 1명을 치안센터장으로 지정할 수 있으며, 치안센터장의 임무는 다음과 같다(동 규칙 제14조 제1항). ① 경찰 민원 접수 및 처리 ② 관할 지역 내 주민 여론 수렴 및 보고 ③ 타 기관 협조 등 협력방범활동 ④ 기타 치안센터 운영과 관련된 문제점 및 개선대책 수립 및 보고

2. 치안센터의 종류

구분		내용
검문소형	설치	검문소형 치안센터는 적의 침투 예상로 또는 주요 간선도로의 취약요소 등에 교통통제 요소 등을 고려하여 설치한다. 다만, 시·도경찰청 및 경찰서 관할의 경계에는 인접 관서장과 협의하여 단일 치안센터를 설치하는 것을 원칙으로 한다(동 규칙 제16조 제1항).
	임무	① 거점 형성에 의한 지역 경계 ② 불심검문 및 범법자의 단속·검거 ③ 지역경찰관서에서 즉시 출동하기 어려운 사건·사고 발생 시 초동조치
출장소형	설치	① 출장소형 치안센터는 지역 치안활동의 효율성 및 주민 편의 등을 고려하여 필요한 지역에 설치한다(동 규칙 제17조 제1항). ② 경찰서장은 출장소형 치안센터에 검문소형 치안센터의 임무를 병행토록 할 수 있다(동 규칙 제17조 제3항).
	임무	① 관할 내 주민여론 청취 등 지역사회 경찰활동 ② 방문 민원 접수 및 처리 ③ 범죄예방 순찰 및 위험발생 방지 ④ 지역경찰관서에서 즉시 출동하기 어려운 사건·사고 발생 시 초동조치
직주일체형	의의	출장소형 치안센터 중 근무자가 치안센터 내에서 거주하면서 근무하는 형태의 치안센터를 말한다(동 규칙 제18조 제1항).
	운영	① 직주일체형 치안센터에는 배우자와 함께 거주함을 원칙으로 하며, 배우자는 근무자 부재시 방문 민원접수·처리 등 보조 역할을 수행한다(동 규칙 제18조 제2항). ② 직주일체형 치안센터에 배치된 근무자는 근무 종료 후에도 관할구역 내에 위치하며, 지역경찰관서와 연락체계를 유지하여야 한다. 다만, 휴무일은 제외한다(동 규칙 제18조 제3항).
	특례	① 경찰서장은 직주일체형 치안센터에서 거주하는 근무자의 배우자에게 조력사례금을 지급하여야 하며, 지급 기준 및 금액은 경찰청장이 정한다(동 규칙 제19조 제1항). ② 직주일체형 치안센터 근무자의 근무기간은 1년 이상으로 하며, 임기를 마친 경찰관은 희망부서로 배치하고, 차기 경비부서의 차출순서에서 1회 면제한다(동 규칙 제19조 제2항).

📖 지역경찰의 근무

1. 근무의 복장 및 휴대장비

구분	내용
복장	지역경찰은 근무 중 규정된 근무장을 착용하는 것을 원칙으로 한다(동 규칙 제20조 제1항).
휴대장비	지역경찰은 근무 중 근무수행에 필요한 경찰봉, 수갑 등 경찰장구, 무기 및 무전기 등을 휴대하여야 한다(휴대할 수 있다 ×)(동 규칙 제20조 제2항).
조정	지역경찰관서장 및 순찰팀장은 필요한 경우 지역경찰의 복장 및 휴대장비를 조정할 수 있다(동 규칙 제20조 제3항).

2. 근무형태 및 근무시간

구분	내용
지역경찰관서장	지역경찰관서장은 일근근무를 원칙으로 한다. 다만, 경찰서장은 필요하다고 인정되는 경우에는 지역경찰관서장의 근무시간을 조정하거나, 시간외·휴일근무 등을 명할 수 있다(동 규칙 제21조 제1항).
관리팀	관리팀은 일근근무를 원칙으로 한다. 다만, 지역경찰관서장은 필요하다고 인정되는 경우에는 관리팀의 근무시간을 조정하거나, 시간외·휴일근무 등을 명할 수 있다(동 규칙 제21조 제2항).
순찰팀장 순찰팀원	순찰팀장 및 순찰팀원은 상시·교대근무를 원칙으로 하며, 근무교대 시간 및 휴게시간, 휴무횟수 등 구체적인 사항은 시·도경찰청장이 정한다(동 규칙 제21조 제3항).
치안센터 전담근무자	치안센터 전담근무자의 근무형태 및 근무시간은 치안센터의 종류 및 운영시간 등을 고려하여 경찰서장이 정한다(동 규칙 제21조 제4항).

3. 근무의 종류 및 업무

구분	업무
행정근무	행정근무를 지정받은 지역경찰은 지역경찰관서 내에서 다음 업무를 수행한다(동 규칙 제23조). ① 문서의 접수 및 처리 ② 시설·장비의 관리 및 예산의 집행 ③ 각종 현황, 통계, 자료, 부책 관리 ④ 기타 행정업무 및 지역경찰관서장이 지시한 업무
상황근무	상황근무를 지정받은 지역경찰은 지역경찰관서 및 치안센터 내에서 다음 업무를 수행한다(동 규칙 제24조). ① 시설 및 장비의 작동여부 확인 ② 방문민원 및 각종 신고사건의 접수 및 처리 ③ 요보호자 또는 피의자에 대한 보호·감시 ④ 중요 사건·사고 발생시 보고·전파 ⑤ 기타 필요한 문서의 작성

구분	내용
순찰근무	순찰근무를 지정받은 지역경찰은 지정된 근무구역에서 다음 업무를 수행한다(동 규칙 제25조 제3항). ① 주민여론 및 범죄첩보 수집 ② 각종 사건사고 발생시 초동조치 및 보고, 전파 ③ 범죄예방 및 위험발생 방지 활동 ④ 범법자의 단속 및 검거 ⑤ 경찰방문 및 방범진단 ⑥ 통행인 및 차량에 대한 검문검색 등
경계근무	경계근무를 지정받은 지역경찰은 지정된 장소에서 다음 업무를 수행한다(동 규칙 제26조 제2항). ① 범법자 등을 단속·검거하기 위한 통행인 및 차량·선박 등에 대한 검문 검색 및 후속조치 ② 비상 및 작전사태 등 발생시 차량·선박 등의 통행 통제
대기근무	① 대기근무의 장소는 지역경찰관서 및 치안센터 내로 한다. 단, 식사시간을 대기근무로 지정한 경우에는 식사장소를 대기근무 장소로 지정할 수 있다(동 규칙 제27조 제2항). ② 대기근무를 지정받은 지역경찰은 지정된 장소에서 휴식을 취하되, 무전기를 청취하며 10분 이내 출동이 가능한 상태를 유지하여야 한다(동 규칙 제27조 제3항).
기타근무	① 기타근무는 치안상황에 효과적으로 대응하기 위하여 지역경찰 관리자가 지정하는 근무를 말한다(동 규칙 제28조 제1항). ② 기타근무의 근무내용 및 방법 등은 지역경찰관리자가 정한다(동 규칙 제28조 제2항).

4. 일일근무의 지정

구분	내용
지역경찰관서장의 결정	지역경찰관서장은 지역경찰관서 및 치안센터의 설치목적, 근무인원, 치안수요, 기타 업무량 등을 고려하여 근무의 종류 및 실시 기준을 정한다(동 규칙 제29조 제1항).
순찰팀장의 구체적 지정	① 순찰팀장은 지역경찰관서장이 정한 기준을 준수하여 당해 근무시간 내 관리팀원, 순찰팀원 및 치안센터 전담근무자의 개인별 근무 종류, 근무 장소, 중점 근무사항 등을 근무일지에 구체적으로 지정하여야 한다(동 규칙 제29조 제2항). ② 순찰팀장은 관리팀원에게 행정근무를 지정하고, 순찰팀원에게는 상황 또는 순찰근무를 지정하는 것을 원칙으로 하되, 필요한 경우에는 다른 근무를 지정하거나 병행하여 수행하도록 지정할 수 있다(동 규칙 제29조 제3항).
대기근무로의 지정	지역경찰관리자는 신고출동태세 유지 등을 위해 필요한 경우에는 휴게 및 식사시간도 대기근무로 지정할 수 있다(동 규칙 제29조 제6항).
근무내용의 변경	관리팀원 및 순찰팀원이 물품구입, 등서 등 기타사유로 지정된 근무종류 및 근무구역을 변경하고자 할 때에는 순찰팀장에게 보고(지역경찰관서장에게 보고 ×)하여야 한다(동 규칙 제30조).

📖 지역경찰의 동원

구분	내용
동원 사유	시·도경찰청장 또는 경찰서장은 다음의 사유에 해당하는 경우로서 특히 필요하다고 인정되는 때에 한하여, 지역경찰의 기본근무에 지장을 초래하지 않는 범위 내에서 지역경찰을 다른 근무에 동원할 수 있다(동 규칙 제31조 제1항). ① 다중범죄진압, 대간첩작전 기타의 비상사태 ② 경호경비 또는 각종 집회 및 행사의 경비 ③ 중요범인의 체포를 위한 긴급배치 ④ 화재, 폭발물, 풍수설해 등 중요사고의 발생 ⑤ 기타 다수 경찰관의 동원을 필요로 하는 행사 또는 업무
동원 순서	① 지역경찰 동원은 근무자 동원을 원칙으로 하되, 불가피한 경우에 한하여 비번자, 휴무자 순으로 동원할 수 있다(동 규칙 제31조 제2항). 근무자 → 비번자 → 휴무자 (암기 TIP 근비휴) ② 시·도경찰청장 또는 경찰서장은 비번자 또는 휴무자를 동원한 때에는 초과근무수당을 지급하거나 추가 휴무를 부여하여야 한다(동 규칙 제31조 제3항).

📖 인사관리 · 교육 · 지도방문 · 평가

구분	내용
인사관리	① 경찰서장은 지역경찰관서의 관할면적, 치안수요 등을 고려하여 지역경찰관서에 적정한 인원을 배치하여야 한다(동 규칙 제37조 제1항). ② 경찰서장은 지역경찰의 정원을 다른 부서에 우선하여 충원하여야 한다(동 규칙 제37조 제2항). ③ 시·도경찰청장은 소속 시·도경찰청의 지역경찰 정원 충원 현황을 연 2회 이상 점검하고 현원이 정원에 미달할 경우, 지역경찰 정원 충원 대책을 수립·시행하여야 한다(동 규칙 제37조 제3항).
교육	① 시·도경찰청장 및 경찰서장은 지역경찰의 올바른 직무수행 및 자질 향상을 위해 필요한 교육을 실시하여야 한다(동 규칙 제39조 제1항). ② 교육시간, 방법, 내용 등 지역경찰 교육과 관련된 세부적인 기준은 경찰청장이 따로 정한다(동 규칙 제39조 제2항).
지도방문	시·도경찰청장 및 경찰서장은 소속 지역경찰의 업무 지도 및 현장 의견 수렴, 사기관리 등을 위하여 지도방문 계획을 수립·시행하여야 한다(동 규칙 제40조).
평가	경찰청장, 시·도경찰청장 및 경찰서장은 지역경찰의 사기진작 및 지역경찰활동의 활성화를 위하여 근무실적에 대한 공정한 평가를 실시하고 우수 경찰공무원을 포상하여야 한다(동 규칙 제41조).

📖 문서관리

구분	내용
근무일지의 기록 · 보관	① 지역경찰은 근무 중 주요사항을 근무일지에 기재하여야 한다(동 규칙 제42조 제1항). ② 근무일지는 3년간 보관한다(동 규칙 제42조 제2항).
근무일지 작성	근무일지, 112순찰차 점검일지는 전산화 업무시스템에 작성한다. 다만, 천재지변 등으로 전산화 업무시스템을 사용할 수 없는 경우에는 수기로 작성할 수 있다(동 규칙 제42조의2).
정기보고 기간	① 지역경찰 업무담당부서에서 지역경찰관서장에게 각종 현황 및 통계 등을 정기적으로 보고하도록 지시한 경우 지시의 효력은 최초 보고받은 날로부터 1년이 경과하면 자동으로 소멸한다(동 규칙 제43조 제1항). ② 지역경찰 업무담당부서에서는 지시의 효력을 연장시킬 필요가 있는 경우 소속 관서의 112치안종합상황실장과 협의하여 1년 단위로 연장할 수 있다(동 규칙 제43조 제2항).
문서부책	① 지구대와 파출소 등에는 업무수행에 필요한 최소한의 부책만을 비치하여야 한다(동 규칙 제44조 제1항). ② 비치 문서와 부책은 시 · 도경찰청장이 정한다(동 규칙 제44조 제2항).
기본현황 작성	지구대장 및 파출소장은 관내개황과 업무현황을 정확히 파악 · 기록하기 위하여 지구대 및 파출소 기본현황을 작성 · 관리하여야 한다(동 규칙 제45조 제1항).

제50테마

경찰의결기관(국가경찰위원회)

중요도 A급

▎「국가경찰과 자치경찰의 조직 및 운영에 관한 법률」【시행 2023. 2. 16.】
▎「국가경찰위원회 규정」【시행 2023. 4. 18.】

📖 일반론

구분	내용
의의	국가경찰위원회는 국가경찰행정의 민주적 운영과 정치적 중립보장을 목적으로, 행정안전부 소속 하에 있으면서 국가경찰사무와 자치경찰사무의 정책사항에 대해 심의·의결하는 기관이다.
성격	① 국가경찰위원회는 대외적인 의사표시 권한까지는 없다는 점에서 경찰행정관청과는 구별된다. ② 국가경찰위원회는 합의제 심의·의결기관으로서 의결의 구속력이 인정된다. ③ 국가경찰위원회의 심의·의결사항에 대하여, 경찰행정관청이 국가경찰위원회의 의결을 거치지 않고 권한을 행사한 경우에는 무권한의 행위가 되어 무효이다.
설치	국가경찰행정에 관한 사항을 심의·의결하기 위하여 행정안전부에 국가경찰위원회를 둔다(동법 제7조 제1항).
구성	① 국가경찰위원회는 위원장 1명을 포함한 7명의 위원으로 구성하되, 위원장 및 5명의 위원은 비상임으로 하고, 1명의 위원은 상임위원으로 한다(동법 제7조 제2항). ② 위원 중 상임위원은 정무직으로 한다(동법 제7조 제3항 및 동 규정 제3조 제2항).
사무 수행	국가경찰위원회의 사무는 경찰청에서 수행(행정안전부에서 수행 ×)한다(동법 제11조 제1항).

📖 국가경찰위원회의 위원과 위원장

구분	내용
임명절차	위원은 행정안전부장관의 제청으로 국무총리를 거쳐 대통령이 임명한다(동법 제8조 제1항). 행정안전부장관의 제청 → 국무총리 → 대통령
자격	위원 중 2명은 법관의 자격이 있는 사람이어야 한다(동법 제8조 제3항).
성별 고려	① 위원은 특정 성이 10분의 6을 초과하지 아니하도록 노력하여야 한다(동법 제8조 제4항). ② '노력하여야 한다'는 의미는 법적 구속력이 인정되지 않으므로, 특정 성이 10분의 6을 초과하더라도 문제되지 않는다.
결격사유	다음의 어느 하나에 해당하는 사람은 위원이 될 수 없으며, 위원이 다음의 어느 하나에 해당하는 경우에는 당연퇴직한다(동법 제8조 제5항). ① 정당의 당원이거나 당적을 이탈한 날부터 3년이 지나지 아니한 사람 ② 선거에 의하여 취임하는 공직에 있거나 그 공직에서 퇴직한 날부터 3년이 지나지 아니한 사람 ③ 경찰, 검찰, 국가정보원 직원 또는 군인의 직에 있거나 그 직에서 퇴직한 날부터 3년이 지나지 아니한 사람 (암기 TIP 경검국군 3년) ④ 「국가공무원법」상의 결격사유에 해당하여 공무원으로 임용될 수 없는 사람

구분	내용
임기	위원의 임기는 3년으로 하며, 연임할 수 없다. 이 경우 보궐위원의 임기는 전임자 임기의 남은 기간으로 한다(동법 제9조 제1항).
신분보장	① 위원은 중대한 신체상 또는 정신상의 장애로 직무를 수행할 수 없게 된 경우를 제외하고는 그 의사에 반하여 면직되지 아니한다(동법 제9조 제2항). ② 위원이 중대한 심신상의 장애로 직무를 수행할 수 없게 되어 면직하는 경우에는 위원회의 의결이 있어야 한다(동 규정 제4조 제1항). ③ 면직에 대한 의결요구는 위원장(경찰청장 ×) 또는 행정안전부장관이 한다(동 규정 제4조 제2항).
예우	위원 중 상임이 아닌 위원에게는 예산의 범위 안에서 수당과 여비를 지급할 수 있다(동 규정 제3조 제1항).
의무	위원은 비밀엄수의무 및 정치운동금지의의무를 진다(동법 제8조 제6항).
위원장	① 위원장은 위원회를 대표하며, 위원회의 사무를 총괄한다(동 규정 제2조 제1항). ② 위원장은 비상임위원 중에서 호선한다(동 규정 제2조 제2항). ③ 위원장이 사고가 있을 때에는 상임위원, 위원 중 연장자순으로 위원장의 직무를 대리한다(동 규정 제2조 제3항).

📖 국가경찰위원회의 권한

구분	내용
경찰청장 임명동의권	국가경찰위원회는 경찰청장의 임명에 있어서 동의권을 행사한다(동법 제14조 제2항).
심의·의결권	다음의 사항은 국가경찰위원회의 심의·의결을 거쳐야 한다(동법 제10조 제1항, 동 규정 제5조). ① 국가경찰사무에 관한 인사, 예산, 장비, 통신 등에 관한 주요정책 및 경찰업무 발전에 관한 사항 ② 국가경찰사무에 관한 인권보호와 관련되는 경찰의 운영·개선에 관한 사항 ③ 국가경찰사무 담당공무원의 부패 방지·청렴도 향상에 관한 주요 정책사항 ④ 국가경찰사무 외에(국가경찰사무와 관련하여 ×) 다른 국가기관으로부터의 업무협조 요청에 관한 사항 ⑤ 제주특별자치도의 자치경찰에 대한 경찰의 지원·협조 및 협약체결의 조정 등에 관한 주요 정책사항 ⑥ 시·도자치경찰위원회 위원 추천, 자치경찰사무에 대한 주요 법령·정책 등에 관한 사항, 시·도자치경찰위원회 의결에 대한 재의 요구에 관한 사항 ⑦ 국민의 생명·신체 및 재산을 보호하고 공공의 안녕과 질서유지에 필요한 시책 수립에 관한 사항 ⑧ 국가비상사태 등 전국적 치안유지를 위한 경찰청장의 지휘·명령에 관한 사항 ⑨ 그 밖에 행정안전부장관 및 경찰청장이 중요하다고 인정하여 국가경찰위원회의 회의에 부친 사항

📖 행정안전부장관의 재의요구권

구분	내용
재의요구	① 행정안전부장관은 심의·의결된 내용이 적정하지 아니하다고 판단할 때에는 재의를 요구할 수 있다(동법 제10조 제2항). ② 행정안전부장관이 재의를 요구하는 경우에는 의결한 날부터 10일 이내에 재의요구서를 위원회에 제출하여야 한다(동 규정 제6조 제1항).
재의결	위원장은 재의요구가 있는 경우에는 그 요구를 받은 날부터 7일 이내에 회의를 소집하여 다시 의결하여야 한다(동 규정 제6조 제2항).

📖 국가경찰위원회의 회의

구분	내용
의결정족수	국가경찰위원회의 회의는 재적위원 과반수의 출석과 출석위원 과반수의 찬성으로 의결(일반의결정족수)한다(동법 제11조 제2항).
회의의 종류	위원회의 회의는 정기회의와 임시회의로 구분한다(동 규정 제7조 제1항).
정기회의	정기회의는 특별한 사유가 있는 경우를 제외하고는 매월 2회 위원장이 소집한다(동 규정 제7조 제2항).
임시회의	① 위원장은 필요한 경우 임시회의를 소집할 수 있으며, 위원 3인 이상과 행정안전부장관 또는 경찰청장은 위원장에게 임시회의의 소집을 요구할 수 있다(동 규정 제7조 제3항). ② 임시회의 소집요구가 있는 경우에는 위원장은 특별한 사유가 없는 한 회의를 소집하여야 한다(동 규정 제7조 제4항).

제51테마

중요도 A급

합의제 행정기관(시·도자치경찰위원회)

▎「국가경찰과 자치경찰의 조직 및 운영에 관한 법률」【시행 2023. 2. 16.】
▎「시·도자치경찰위원회의 조직 및 운영에 관한 규정」【시행 2023. 11. 10.】

📖 일반론

구분	내용
설치	① 자치경찰사무를 관장하게 하기 위하여 특별시장·광역시장·특별자치시장·도지사·특별자치도지사(이하 '시·도지사'라 한다) 소속으로 시·도자치경찰위원회를 둔다. 다만, 시·도에 2개의 시·도경찰청을 두는 경우 시·도지사 소속으로 2개의 시·도자치경찰위원회를 둘 수 있다(동법 제18조 제1항). ② 제1항 단서에 따라 2개의 시·도자치경찰위원회를 두는 경우 해당 시·도자치경찰위원회의 명칭, 관할구역, 사무분장, 그 밖에 필요한 사항은 대통령령으로 정한다(동법 제18조 제3항). ③ 경기도지사 소속으로 경기도남부자치경찰위원회(경기도남부경찰청의 관할구역)와 경기도북부자치경찰위원회(경기도북부경찰청의 관할구역)를 둔다(동 규정 제4조).
성격	시·도자치경찰위원회는 합의제 행정기관으로서 그 권한에 속하는 업무를 독립적으로 수행한다(동법 제18조 제2항).
구성	① 시·도자치경찰위원회는 위원장 1명을 포함한 7명의 위원으로 구성하되, 위원장과 1명의 위원은 상임으로 하고, 5명의 위원은 비상임으로 한다(동법 제19조 제1항). ② 위원은 특정 성이 10분의 6을 초과하지 아니하도록 노력하여야 한다(동법 제19조 제2항). ③ 위원 중 1명은 인권문제에 관하여 전문적인 지식과 경험이 있는 사람이 임명될 수 있도록 노력하여야 한다(임명될 수 있도록 하여야 한다 ×)(동법 제19조 제3항).

📖 시·도자치경찰위원회의 위원과 위원장

구분	내용
임명	① 시·도자치경찰위원회 위원은 다음의 사람을 시·도지사가 임명한다(동법 제20조 제1항). 　㉠ 시·도의회가 추천하는 2명 　㉡ 국가경찰위원회가 추천하는 1명 　㉢ 해당 시·도 교육감이 추천하는 1명 　㉣ 시·도자치경찰위원회 위원추천위원회가 추천하는 2명 　㉤ 시·도지사가 지명하는(추천하는 ×) 1명 ② 위원장은 위원 중에서 시·도지사가 임명하고, 상임위원은 시·도자치경찰위원회의의결을 거쳐 위원 중에서 위원장의 제청으로 시·도지사가 임명한다. 이 경우 위원장과 상임위원은 지방자치단체 공무원으로 한다(동법 제20조 제3항).

구분	내용
임명 방법·절차	① 시·도지사는 시·도자치경찰위원회의 위원을 임명하기 위하여 추천권자에게 위원으로 임명할 사람의 추천을 요청해야 한다(동 규정 제4조의2 제1항). ② 시·도지사는 위원의 임기가 만료되는 경우에는 그 임기 만료 30일 전까지 추천권자에게 위원으로 임명할 사람의 추천을 요청해야 한다(동 규정 제4조의2 제2항). ③ 시·도지사는 시·도자치경찰위원회 위원 중 결원이 생겼을 때에는 지체 없이 결원된 위원을 추천한 추천권자에게 위원으로 임명할 사람의 추천을 요청해야 한다(동 규정 제4조의2 제3항).
자격	시·도자치경찰위원회 위원은 다음의 어느 하나에 해당하는 자격을 갖추어야 한다(동법 제20조 제2항). ① 판사·검사·변호사 또는 경찰의 직에 5년 이상 있었던 사람 ② 변호사 자격이 있는 사람으로서 국가기관 등에서 법률에 관한 사무에 5년 이상 종사한 경력이 있는 사람 ③ 대학이나 공인된 연구기관에서 법률학·행정학 또는 경찰학 분야의 조교수 이상의 직이나 이에 상당하는 직에 5년 이상 있었던 사람 (암기 TIP 법행경조 5년 이상) ④ 그 밖에 관할 지역주민 중에서 지방자치행정 또는 경찰행정 등의 분야에 경험이 풍부하고 학식과 덕망을 갖춘 사람
결격사유	다음의 어느 하나에 해당하는 사람은 위원이 될 수 없다. 위원이 다음의 어느 하나에 해당한 경우에는 당연퇴직한다(동법 제20조 제7항). ① 정당의 당원이거나 당적을 이탈한 날부터 3년이 지나지 아니한 사람 ② 선거에 의하여 취임하는 공직에 있거나 그 공직에서 퇴직한 날부터 3년이 지나지 아니한 사람 ③ 경찰, 검찰, 국가정보원 직원 또는 군인의 직에 있거나 그 직에서 퇴직한 날부터 3년이 지나지 아니한 사람 (암기 TIP 경검국군 3년) ④ 국가 및 지방자치단체의 공무원이거나 공무원이었던 사람으로서 퇴직한 날부터 3년이 지나지 아니한 사람. ⑤ 「지방공무원법」상(「국가공무원법」상 ×)의 결격사유에 해당하여 공무원으로 임용될 수 없는 사람
임기	① 시·도자치경찰위원회 위원장과 위원의 임기는 3년으로 하며, 연임할 수 없다(동법 제23조 제1항). ② 보궐위원의 임기는 전임자 임기의 남은 기간으로 하되, 전임자의 남은 임기가 1년 미만인 경우 그 보궐위원은 한 차례만 연임할 수 있다(동법 제23조 제2항).
신분보장	위원은 중대한 신체상 또는 정신상의 장애로 직무를 수행할 수 없게 된 경우를 제외하고는 그 의사에 반하여 면직되지 아니한다(동법 제23조 제3항).
의무	① 위원은 정치적 중립을 지켜야 하며, 권한을 남용하여서는 아니 된다(동법 제20조 제4항). ② 공무원이 아닌 위원은 그 소관 사무와 관련하여 「형법」이나 그 밖의 법률에 따른 벌칙을 적용할 때에는 공무원으로 본다(동법 제20조 제6항).
위원장	① 시·도자치경찰위원회 위원장은 시·도자치경찰위원회를 대표하고 회의를 주재하며 시·도자치경찰위원회의의결을 거쳐 업무를 수행한다(동법 제22조 제1항). ② 시·도자치경찰위원회 위원장이 부득이한 사유로 직무를 수행할 수 없을 때에는 상임위원, 시·도자치경찰위원회 위원 중 연장자순으로 그 직무를 대행한다(동법 제22조 제2항).

📖 시·도자치경찰위원회의 소관 사무 및 심의·의결사항

구분	내용
소관 사무	시·도자치경찰위원회의 소관 사무는 다음과 같다(동법 제24조 제1항). ① 자치경찰사무에 관한 목표의 수립 및 평가 ② **자치경찰사무에 관한 인사, 예산, 장비, 통신 등에 관한 주요정책 및 그 운영지원** ③ 자치경찰사무 담당 공무원의 임용, 평가 및 인사위원회 운영 ④ 자치경찰사무 담당 공무원의 부패 방지와 청렴도 향상에 관한 주요 정책 및 인권침해 또는 권한 남용 소지가 있는 규칙, 제도, 정책, 관행 등의 개선 ⑤ 국민의 생명·신체 및 재산을 보호하고 공공의 안녕과 질서유지에 필요한 시책 수립 사항 ⑥ 시·도경찰청장의 임용과 관련한 경찰청장과의 협의, 경찰서장의 자치경찰사무 수행에 관한 평가 및 결과의 경찰청장에게의 통보 ⑦ 자치경찰사무 감사 및 감사의뢰 ⑧ 자치경찰사무 담당 공무원의 주요 비위사건에 대한 감찰요구 ⑨ 자치경찰사무 담당 공무원에 대한 징계요구 ⑩ 자치경찰사무 담당 공무원의 고충심사 및 사기진작 ⑪ 자치경찰사무와 관련된 중요사건·사고 및 현안의 점검 ⑫ 자치경찰사무에 관한 규칙의 제정·개정 또는 폐지 ⑬ 지방행정(국가행정 ×)과 치안행정의 업무조정과 그 밖에 필요한 협의·조정 ⑭ 국가비상사태 등 전국적 치안유지를 위한 경찰청장의 지휘·명령에 관한 사무 ⑮ 국가경찰사무·자치경찰사무의 협력·조정과 관련하여 경찰청장과 협의(시·도경찰청장과 협의 ×) ⑯ 국가경찰위원회에 대한 심의·조정 요청 ⑰ 그 밖에 시·도지사, 시·도경찰청장이 중요하다고 인정하여 시·도자치경찰위원회의 회의에 부친 사항에 대한 심의·의결
심의·의결사항	시·도자치경찰위원회는 제24조(소관 사무)의 사무에 대하여 심의·의결한다(동법 제25조 제1항).

📖 시·도자치경찰위원회의의결에 대한 재의요구권

구분	내용
재의요구	시·도지사는 시·도자치경찰위원회의의결이 적정하지 아니하다고 판단할 때에는 재의를 요구할 수 있다(동법 제25조 제3항).
재의요구 요청	위원회의의결이 법령에 위반되거나 공익을 현저히 해친다고 판단(위원회의의결이 적정하지 아니하다고 판단 ×)되면 ㉠ 행정안전부장관은 미리 경찰청장의의견을 들어 국가경찰위원회를 거쳐 시·도지사에게 재의를 요구하게 할 수 있고, ㉡ 경찰청장은 국가경찰위원회와 행정안전부장관을 거쳐 시·도지사에게 재의를 요구하게 할 수 있다(동법 제25조 제4항).
재의결	① 시·도자치경찰위원회의 위원장은 재의요구를 받은 날부터 7일 이내에 회의를 소집하여 재의결하여야 한다(동법 제25조 제5항 본문). ② 이 경우 재적위원 과반수의 출석과 출석위원 3분의 2 이상의 찬성(특별의결정족수)으로 전과 같은 의결을 하면 그 의결사항은 확정된다(동법 제25조 제5항 단서).

📖 시·도자치경찰위원회의 회의·운영

구분	내용
의결정족수	시·도자치경찰위원회의 회의는 재적위원 과반수의 출석과 출석위원 과반수의 찬성으로 의결(일반의결정족수)한다(동법 제25조 제2항).
회의의 종류·소집	① 시·도자치경찰위원회의 회의는 정기적으로 개최하여야 한다. 다만, 위원장이 필요하다고 인정하는 경우, 위원 2명 이상이 요구하는 경우 및 시·도지사가 필요하다고 인정하는 경우에는 임시회의를 개최할 수 있다(동법 제26조 제1항). ② 시·도자치경찰위원회 위원장은 정기회의와 임시회의를 소집·개최한다. 이 경우 정기회의는 특별한 사유가 있는 경우를 제외하고는 월 1회 이상 소집·개최한다(동 규정 제13조 제1항). ③ 시·도자치경찰위원회 위원장은 회의를 소집하려면 회의 개최 3일 전까지 회의의 일시·장소 및 안건 등을 위원에게 알려야 한다. 다만, 긴급한 사정이나 그 밖의 부득이한 사유가 있는 경우에는 그렇지 않다(동 규정 제13조 제2항). ④ 시·도자치경찰위원회는 회의의 효율적 운영을 위하여 필요한 경우 서면으로 심의·의결하거나 원격영상회의 방식으로 할 수 있다. 이 경우 서면으로 심의·의결할 수 있는 대상과 원격영상회의의 운영 등에 관한 사항은 해당 시·도의 조례로 정한다(동 규정 제13조 제5항). ⑤ 시·도자치경찰위원회의 회의를 원격영상회의 방식으로 하는 경우 해당 회의에 참석한 위원은 동일한 회의장에 출석한 것으로 본다(동 규정 제13조 제6항). ⑥ 회의록에는 위원장과 출석한 위원이 서명·날인해야 한다(동 규정 제14조 제4항).
위원장협의회	① 시·도자치경찰위원회는 상호 간의 교류와 협력을 증진하고, 공동의 문제를 협의하기 위하여 각 시·도자치경찰위원회 위원장을 구성원으로 하여 시·도자치경찰위원장 협의회를 설립할 수 있다(설립하여야 한다 ×)(동 규정 제20조 제1항). ② 위원장협의회의 조직·운영과 그 밖에 필요한 사항은 위원장협의회에서 정한다(동 규정 제20조 제2항).

제52테마
경찰행정관청 권한의 대리

중요도 B급

📖 일반론

구분	내용
의의	① 권한의 대리란 대리기관(보통은 보조기관)이 피대리관청의 권한의 전부 또는 일부를 피대리관청을 위한 것임을 표시하고, 대리기관 자신의 명의로 대행하고(현명주의), 그 행위의 법률상 효과는 피대리관청의 행위로서 효력을 발생토록 하는 것을 의미한다. ② 권한의 대리에는 임의대리와 법정대리가 있는데, 일반적으로는 대리는 임의대리를 의미한다.
권한의 이전성	① 권한의 대리에 의해서 권한이 대리기관에게 이전되지는 않는다. ② 대리기관은 자신의 명의로 사무처리를 하지만, 그 법적 효과는 피대리관청의 행위로서 발생한다.

📖 임의대리

구분	내용
의의	① 임의대리란 피대리관청의 수권행위, 즉 대리권 수여에 의하여 대리관계가 발생하는 것을 말한다. ② 수권행위는 피대리관청의 일방적 행위로서 대리기관의 동의를 필요로 하지 않고 또한 수권행위를 외부에 표시하는 공시도 요하지 않는다.
법적 근거	임의대리는 법령의 명시적인 근거를 요하지 않는다.
권한행사	임의대리는 피대리관청을 위한 것임을 표시하고 대리기관이 자신의 명의로 권한을 행사한다.
상대방	일반적으로 피대리관청의 보조기관이 임의대리의 상대방이 된다.
허용범위	① 임의대리는 피대리관청의 일반적·포괄적 권한의 일부에 대해서만 대리가 가능하며, 권한의 전부대리는 인정되지 않는다(일부대리 가능). ② 대통령령·부령의 제정권 등과 같은 형식적 권한은 임의대리의 대상이 될 수 없다(형식적 권한 대리불가).
효과의 귀속	임의대리의 경우 대리기관의 법률행위는 항상 피대리관청의 행위로서 효과가 발생한다(권한이 이전되지 않는다).
감독·책임	임의대리의 경우 피대리관청은 대리기관의 권한행사를 지휘·감독할 수 있고, 대리기관의 행위에 대해 지휘·감독의 책임을 진다.
행정소송 피고	임의대리의 경우 대리행위에 대한 행정소송의 피고는 피대리관청이 된다.
복대리	임의대리의 경우 신임관계에 의한 대리권 수여이므로 복대리가 허용되지 아니한다.
대리권 소멸	임의대리는 피대리관청에 의한 대리명령의 철회에 의하여 대리권이 소멸한다.

📖 법정대리

구분	내용
의의	① 법정대리란 일정한 법정사실이 발생하였을 때 직접 법령에 의하여 대리관계가 발생하는 경우를 말한다. ② 피대리관청의 수권행위는 필요로 하지 않는다.
법적 근거	법정대리는 반드시 법령상의 근거가 있어야 한다.
권한 행사	대리기관은 피대리관청을 위한 것임을 표시하고 자신의 명의로 권한을 행사한다.
상대방	일반적으로 피대리관청의 보조기관인 것이 보통이나, 다른 경찰행정관청이 되는 경우도 있다.
종류	**협의의 법정대리**: 일정한 법정사유가 발생하면 법률상 당연히 대리권이 발생하는 경우를 말한다 (예 경찰청장이 사고가 있을 때 차장의 대행). **지정대리**: 일정한 법정사유가 발생하면 지정권자가 대리자를 지정함으로써 성립하는 경우를 말한다(예 손실보상심의위원회의 위원장이 부득이한 사유로 직무를 수행할 수 없을 때에는 위원장이 미리 지명한 위원).
허용범위	① 대리권은 피대리관청의 권한의 전부에 대하여 미친다(전부대리 가능). ② 대통령령·부령의 제정권 등과 같은 형식적 권한도 법정대리의 대상이 된다(형식적 권한 대리 가능).
효과의 귀속	대리기관의 행위는 피대리관청의 행위로서 효과가 발생한다.
감독·책임	피대리관청은 대리기관의 권한행사를 지휘·감독할 수 없고, 대리기관은 자기의 책임으로 권한을 행사한다.
행정소송 피고	피대리관청의 행위로 표시되므로 행정소송의 피고는 피대리관청이 된다.
복대리	법정대리의 경우 신임관계를 전제로 하지 않으므로 복대리가 가능하다.
대리권 소멸	대리권을 발생케 한 법률사실의 소멸에 의하여 대리권이 소멸한다.

📖 임의대리와 법정대리의 구분

구분	임의대리	법정대리
수권행위	피대리관청의 수권행위 필요	피대리관청의 수권행위 불필요
법적 근거	법령의 명시적인 근거 불필요	법령의 명시적인 근거 필요
상대방	피대리관청의 보조기관	피대리관청의 보조기관(예외 경우 있음)
허용범위	일부대리 가능 형식적 권한 대리불가	전부대리 가능 형식적 권한 대리가능
효과의 귀속	피대리관청	
감독·책임	피대리관청의 지휘·감독권 인정	피대리관청의 지휘·감독권 불인정
행정소송 피고	피대리관청	
복대리의 허용	복대리가 허용되지 않음	복대리가 허용됨
대리권의 소멸	피대리관청에 의한 대리명령의 철회	대리권을 발생케 한 법률사실의 소멸

제53테마

경찰행정관청 권한의 위임

「행정권한의 위임 및 위탁에 관한 규정」【시행 2024. 7. 24.】

중요도 A급

📖 일반론

구분	내용
의의	① 권한의 위임이란 경찰행정관청(위임관청)이 법령에 근거하여 자신의 권한 일부를 다른 경찰행정기관(수임관청)에게 이전하여, 수임관청 자신의 명의와 책임 하에서 권한을 행사하도록 하는 것을 말한다(예 경찰청장이 경감 이하의 임용권을 시·도경찰청장에게 위임하는 경우 등). ② 수임사무에 관한 권한을 행사할 때에는 수임기관의 명의로 하여야 한다.
법적 근거	권한의 위임은 권한의 법적 귀속을 변경하는 것이므로 반드시 법적 근거가 있어야 하며, 법률의 근거가 없는 권한의 위임은 무효이다.
권한의 이전성	① 권한의 위임은 법령에 근거한 위임관청의 일방적 행위로서 수임관청의 동의를 요하지 않는다. ② 권한의 위임은 권한 자체가 이전되므로 외부에의 공시를 요한다.

📖 권한의 위임의 허용범위 및 상대방

구분	내용
허용범위	① 권한의 위임은 위임관청의 권한의 일부에 대해서만 가능하고, 권한의 전부나 주요부분에 대해서는 위임이 허용되지 않는다(일부위임 가능). ② 대통령령·부령의 제정권 등과 같은 형식적 권한은 위임의 대상이 될 수 없다(형식적 권한 위임 불가). ③ 수임관청은 법령의 근거가 있다면 위임받은 권한의 일부를 보조기관이나 하급행정 관청에 재위임할 수 있다(재위임 가능).
상대방	권한의 위임은 일반적으로 하급경찰행정관청에게 위임하나, 사인에 대한 위임(예 폐기물 처리업무를 민간사업자에게 위탁)도 가능하다.

📖 권한의 위임의 효과

구분	내용
권한의 법적 귀속 변경	권한이 위임되면 위임관청의 권한이 수임관청의 권한으로 법적 귀속이 변경된다.
위임관청의 권한 상실	권한이 위임되면 위임관청은 사무를 처리할 권한을 상실하게 된다.
위임관청의 대집행 불가	권한이 위임되면 수임관청이 권한을 행사하지 않는 경우에도 위임관청이라고 하여 그 권한을 대행할 수 없다.
명의와 책임	권한이 위임되면 수임관청은 자신의 명의와 책임으로 권한을 행사한다.
행정소송 피고	권한이 위임되면 수임관청이 행정소송의 피고가 된다(예 경찰청장의 권한을 시·도경찰청장에게 위임했을 경우, 위임사항에 관한 시·도경찰청장의 경찰처분에 불복이 있을 때에는 시·도경찰청장을 피고로 행정소송을 제기).

📖 권한의 위임에 대한 지휘·감독 및 비용부담

구분	내용
지휘·감독	① 수임관청이 위임관청의 지휘·감독하에 있는 기관인 경우에는 위임기관은 수임기관의 수임사무처리에 대하여 지휘·감독이 가능하고, 해당 수임사무처리가 위법하거나 부당하다고 인정될 때에는 이를 취소하거나 정지시킬 수 있다(동 규정 제 6조). ② 수임관청이 위임관청의 지휘·감독하에 있는 기관이 아닌 경우에는 지휘·감독할 수 없다는 것이 원칙이다.
비용부담	위임사무의 처리에 소요되는 인력·예산 등은 원칙적으로 위임관청이 부담한다(위임자 부담의 원칙).

📖 권한의 위임과 구별되는 개념

구분	내용
내부위임	내부위임이란 상급경찰행정관청이 자신의 권한을 하급경찰행정관청에게 외부에 표시함이 없이 내부적으로 사무처리에 관한 결재권만을 위임하는 것을 말한다.
위임전결	위임전결이란 상급경찰행정관청이 자신의 권한을 보조기관에게 외부에 표시함이 없이 내부적으로 사무처리에 관한 결재권만을 위임하는 것을 말한다.
대결	대결이란 경찰행정관청 내부에서 결재권자가 휴가·출장·사고 등의 일시적인 부재시에 보조기관에게 대신 결재를 맡기는 것을 말한다.
공통점	권한 자체의 이전이 없으므로, 법령상 근거를 요하지 않는다.

📖 「행정권한의 위임 및 위탁에 관한 규정」

구분	내용
의의	① 위임이란 법률에 규정된 행정기관의 장의 권한 중 일부를 그 보조기관 또는 하급행정기관의 장이나 지방자치단체의 장에게 맡겨 그의 권한과 책임 아래 행사하도록 하는 것을 말한다(동 규정 제2조 제1호). ② 위탁이란 법률에 규정된 행정기관의 장의 권한 중 일부를 다른 행정기관의 장에게 맡겨 그의 권한과 책임 아래 행사하도록 하는 것을 말한다(동 규정 제2조 제2호).
기준	① 행정기관의 장은 허가·인가·등록 등 민원에 관한 사무, 정책의 구체화에 따른 집행사무 및 일상적으로 반복되는 사무로서 그가 직접 시행하여야 할 사무를 제외한 일부 권한을 그 보조기관 또는 하급행정기관의 장, 다른 행정기관의 장, 지방자치단체의 장에게 위임 및 위탁한다(동 규정 제3조 제1항). ② 행정기관의 장은 행정권한을 위임 및 위탁할 때에는 위임 및 위탁하기 전에 수임기관의 수임능력 여부를 점검하고, 필요한 인력 및 예산을 이관하여야 한다(이관할 수 있다 ×)(동 규정 제3조 제2항). ③ 행정기관의 장은 행정권한을 위임 및 위탁할 때에는 위임 및 위탁하기 전에 단순한 사무인 경우를 제외하고는 수임 및 수탁기관에 대하여 수임 및 수탁사무 처리에 필요한 교육을 하여야 하며, 수임 및 수탁사무의 처리지침을 통보하여야 한다(통보할 수 있다 ×)(동 규정 제3조 제3항).
지휘·감독	위임 및 위탁기관은 수임 및 수탁기관의 수임 및 수탁사무 처리에 대하여 지휘·감독하고, 그 처리가 위법하거나 부당하다고 인정될 때에는 이를 취소하거나 정지시킬 수 있다(취소하거나 정지시켜야 한다 ×)(동 규정 제6조).
사전승인 제한	수임 및 수탁사무의 처리에 관하여 위임 및 위탁기관은 수임 및 수탁기관에 대하여 사전승인을 받거나 협의를 할 것을 요구할 수 없다(요구할 수 있다 ×)(동 규정 제7조).
책임의 소재	① 수임 및 수탁사무의 처리에 관한 책임은 수임 및 수탁기관에 있으며, 위임 및 위탁기관의 장은 그에 대한 감독책임을 진다(동 규정 제8조 제1항). ② 수임 및 수탁사무에 관한 권한을 행사할 때에는 수임 및 수탁기관의 명의로 하여야 한다(동 규정 제8조 제2항).
감사	위임 및 위탁기관은 위임 및 위탁사무 처리의 적정성을 확보하기 위하여 필요한 경우에는 수임 및 수탁기관의 수임 및 수탁사무 처리 상황을 수시로 감사할 수 있다(감사하여야 한다 ×)(동 규정 제9조).
판례	수임 및 수탁사무의 처리가 부당한지 여부의 판단은 위법성 판단과 달리 합목적적·정책적 고려도 포함되므로, 위임 및 위탁기관이 그 사무처리에 관하여 일반적인 지휘·감독을 하는 경우는 물론이고 나아가 수임 및 수탁사무의 처리가 부당하다는 이유로 그 사무처리를 취소하는 경우에도 광범위한 재량이 허용된다고 보아야 한다. 다만, 이해관계 있는 제3자나 이미 형성된 법률관계가 존재하는 경우에는 이를 취소할 때 상대적으로 엄격한 재량통제의 필요성이 인정된다.

📖 권한의 대리와 위임의 구분

구분	권한의 대리	권한의 위임
권한 이전	권한이 대리기관에게 이전되지 않는다.	권한이 수임관청에게 이전된다.
법적 근거	① 임의대리(법령상 근거를 요하지 않는다) ② 법정대리(법령상 근거를 요한다)	법령상의 명시적인 근거를 필요로 한다.
기관 지위	일반적으로 피대리관청의 보조기관	일반적으로 위임관청의 하급관청
행위 방식	대리기관의 명의로 행사	수임관청이 자신의 명의로 행사
효과 귀속	피대리관청에게 효과가 귀속	수임관청에게 효과가 귀속
피고적격	행정소송의 피고는 피대리관청	행정소송의 피고는 수임관청
허용범위	① 임의대리의 경우 일부대리만 가능하나, 법정대리의 경우 전부대리도 가능 ② 임의대리는 형식적 권한의 대리가 불가하지만, 법정대리는 형식적 권한의 대리가 가능 ③ 임의대리는 복대리가 불가하지만, 법정대리는 복대리가 가능	① 일부위임만 가능(전부위임 불가, 주요한 부분 위임 불가) ② 형식적 권한 위임 불가 ③ 법령의 근거만 있다면 재위임 가능
지휘·감독	임의대리는 피대리관청의 지휘·감독이 가능하나, 법정대리는 피대리관청의 지휘·감독이 불가능	위임관청의 지휘·감독이 가능

제54테마
훈령권과 직무명령권

중요도 A급

📖 훈령권

1. 일반론

구분	내용
의의	① 훈령이란 상급경찰행정관청이 하급경찰행정관청의 권한행사를 지휘·감독하기 위하여 발하는 명령(행정규칙)을 말한다. ② 훈령은 원칙적으로 일반적·추상적 사항에 대해서 발하지만, 개별적·구체적 사항에 대해서도 발해질 수 있다.
성질	① 훈령은 행정조직 내부 또는 특별권력관계 내부에서만 효력이 있고, 원칙적으로 국민에 대한 대외적 효력이 없어 법규성이 부정된다. ② 훈령은 법원(재판규범)을 구속하지 못하며, 법령의 구체적인 근거 없이도 발할 수 있다 (법률유보의 원칙은 적용되지 않는다). ③ 법률우위의 원칙은 그대로 적용된다.
형식	훈령은 특별한 형식이 없고, 구두·문서의 형식으로 발할 수 있다.
절차	① 훈령은 상대방에게 도달함으로써 그 효력이 발생한다. ② 훈령은 공포의 절차를 필요로 하지 않는다.
위반의 효과	① 훈령은 법규의 성질을 갖지 않으므로 하급경찰행정관청의 행위가 훈령에 위반하여 행해진 경우에도 그 행위는 위법이 아니며, 행위 자체의 효력도 그대로 유효하다. ② 훈령을 위반한 경우 직무상 의무 위반으로 인해 징계의 대상이 될 수 있다.

2. 훈령의 종류

구분	내용
협의의 훈령	협의의 훈령이란 상급경찰행정관청이 하급경찰행정관청에 대하여 그 권한행사를 장기간에 걸쳐 일반적으로 지휘하기 위하여 직권으로 발하는 명령을 말한다.
지시	지시란 상급경찰행정관청이 하급경찰행정관청에 대하여 개별적·구체적으로 발하는 명령을 말한다.
예규	예규란 하급경찰행정관청에 대하여 반복적 행정사무의 기준을 제시하기 위하여 발하는 명령을 말한다.
일일명령	일일명령이란 당직, 출장, 특근, 휴가 등 일일업무에 관하여 발하는 명령을 말한다.

3. 훈령의 요건

구분	내용
형식적 요건	① 정당한 권한을 가진 상급경찰행정관청이 발한 것이어야 한다. ② 하급경찰행정관청의 권한 내의 사항에 관한 것이어야 한다. ③ 하급경찰행정관청의 직무상 독립된 범위에 속하는 사항이 아니어야 한다(하급기관에게 권한행사의 독립성이 보장되어 있는 사항에 대해서는 훈령을 발할 수 없다).
실질적 요건	① 상위 법규에 저촉되지 않아야 한다. ② 공익에 반하지 않아야 한다. ③ 실현 가능하고 명백하여야 한다.

4. 훈령의 경합

구분	내용
상급관청의 훈령이 모순	하급관청은 주관 상급관청의 훈령에 따라야 한다.
주관 상급관청이 서로 상·하 관계	하급관청은 직근상급관청의 훈령에 따라야 한다.
주관 상급관청이 불명확한 경우	주관쟁의의 방법으로 해결하여야 한다.

직무명령권

1. 일반론

구분	내용
의의	① 직무명령이란 상관이 직무에 대하여 부하공무원에게 발하는 명령을 말한다. ② 직무명령은 법령의 구체적인 근거 없이도 발할 수 있다. ③ 법률을 위반하는 직무명령은 발할 수 없다.
성질	① 직무명령은 법규성이 없으므로 직무명령에 위반한 행위도 위법이 아니며, 행위 자체의 효력도 그대로 유효하다. ② 직무명령 위반에 대하여는 내부적으로 징계의 사유는 될 수 있다.
범위	① 상관의 직무명령은 직무집행과 직·간접적으로 관련이 있는 사항이어야 한다. ② 직무와 관련 없는 사생활까지는 규율할 수 없다.
형식	직무명령은 특별한 형식이 없고 구두나 서면 모두 가능하다.

2. 직무명령의 요건

구분	내용
형식적 요건	① 권한 있는 상관이 발한 것이어야 한다. ② 부하공무원의 직무상 범위 내에 속하는 사항이어야 한다. ③ 부하공무원의 직무상 독립된 범위에 속하는 사항이 아니어야 한다. ④ 법정의 형식과 절차가 있으면 이를 구비하여야 한다.
실질적 요건	① 내용이 법령에 저촉되지 않아야 한다. ② 내용이 타당하고 공익에 적합하여야 한다. ③ 내용이 실현 가능하고 명백하여야 한다.

📖 훈령과 직무명령의 구분

구분	훈령	직무명령
구성원의 변동	기관 구성원이 변경되더라도 효력에 영향이 없다(경찰기관의의사를 구속).	경찰공무원의 변경에 의해 당연히 효력을 상실한다(경찰공무원 개인을 구속).
양자의 관계	훈령은 동시에 직무명령을 겸할 수 있다.	직무명령은 훈령의 성질을 가질 수 없다.

서진호
경찰학

제6장

경찰행정법 III – 경찰공무원과 법

제55테마~제67테마

제55테마

경과제도와 경찰공무원인사위원회

중요도 C급

▌「경찰공무원법」【시행 2024. 8. 14.】
▌「경찰공무원 임용령」【시행 2024. 8. 14.】
▌「경찰공무원 임용령 시행규칙」【시행 2025. 1. 1.】

📖 경과제도

구분		내용
의의		① 경과는 개개 경찰관의 특성·자격·능력·경력을 활용하기 위해 수평적으로 분류한 것을 말한다. ② 경찰공무원은 그 직무의 종류에 따라 경과에 의하여 구분할 수 있다(동법 제4조 제1항).
부여시기 부여대상		① 임용권자 또는 임용제청권자는 경찰공무원을 신규채용할 때에 경과를 부여해야 한다(부여할 수 있다 ×)(동령 제3조 제2항). ② 총경 이하의 경찰공무원은 경과로 구분한다. 다만, 수사경과 및 안보수사경과는 경정 이하 경찰공무원에게만 부여한다(동령 제3조 제1항). ③ 경찰청장은 전시·사변 또는 이에 준하는 비상사태가 발생한 경우에는 경과의 일부를 폐지 또는 병합하거나 신설할 수 있다(동령 제3조 제3항).
종류	일반경과 (총경 이하)	일반경과는 기획, 감사, 경무, 생활안전, 교통, 경비, 작전, 정보, 외사나 그 밖에 수사경과·안보수사경과 및 특수경과에 속하지 아니하는 직무를 말한다(동령 시행규칙 제19조 제1호).
	수사경과 (경정 이하)	① 수사경과는 범죄수사에 관한 직무를 말한다(동령 시행규칙 제19조 제2호). ② 수사경과 유효기간은 수사경과 발령일 또는 갱신일로부터 5년으로 한다.
	안보수사경과 (경정 이하)	안보수사경과는 보안경찰에 관한 직무를 말한다(동령 시행규칙 제19조 제3호).
	특수경과 (총경 이하)	특수경과 중 항공경과는 경찰항공기의 운영·관리에 관한 직무, 정보통신경과는 경찰정보통신의 운영·관리에 관한 직무를 말한다(동령 시행규칙 제19조 제4호).
신규채용자 경과부여		신규채용된 경찰공무원에게는 일반경과를 부여한다. 다만, 수사, 안보수사, 항공, 정보통신분야로 채용된 경찰공무원에게는 임용예정 직위의 업무와 관련된 경과를 부여한다(동령 시행규칙 제22조).

📖 경찰공무원인사위원회(자문기관)

구분	내용
의의	① 경찰공무원의 인사에 관한 중요 사항에 대하여 경찰청장 또는 해양경찰청장의 자문에 응하게 하기 위하여 경찰청과 해양경찰청에 경찰공무원인사위원회를 둔다(동법 제5조 제1항). ② 경찰청장과 해양경찰청장은 경찰공무원인사위원회의 결정에 구속되지 않는다.
기능	경찰공무원인사위원회는 다음의 사항을 심의한다(동법 제6조). ① 경찰공무원의 인사행정에 관한 방침과 기준 및 기본계획 ② 경찰공무원의 인사에 관한 법령의 제정·개정 또는 폐지에 관한 사항 ③ 그 밖에 경찰청장 또는 해양경찰청장이 인사위원회의 회의에 부치는 사항
구성	① 경찰공무원인사위원회는 위원장을 포함하여 5명 이상 7명 이하의 위원으로 구성한다(동령 제9조 제1항). ② 인사위원회의 위원장은 경찰청 인사담당국장이 되고, 위원은 경찰청 소속 총경 이상 경찰공무원 중에서 경찰청장이 각각 임명(위원장이 각각 임명 ×)한다(동령 제9조 제2항).
위원장	① 위원장은 인사위원회를 대표하며, 인사위원회의 사무를 총괄한다(동령 제10조 제1항). ② 위원장이 부득이한 사유로 직무를 수행할 수 없을 때에는 위원 중에서 최상위계급 또는 선임의 경찰공무원이 그 직무를 대행한다(동령 제10조 제2항). ③ 위원장은 인사위원회에서 심의된 사항을 지체 없이 경찰청장에게 보고하여야 한다(동령 제13조).
회의	① 위원장은 인사위원회의 회의를 소집하고 그 의장이 된다(동령 제11조 제1항). ② 회의는 재적위원 과반수의 찬성으로 의결(특별의결정족수)한다(동령 제11조 제2항).

제56테마

경찰공무원의 임용

중요도 A급

▎「경찰공무원법」【시행 2024. 8. 14.】
▎「경찰공무원 임용령」【시행 2024. 8. 14.】

📖 일반론

구분	내용
의의	① 임용은 특정인에게 경찰공무원의 신분을 부여하여 경찰공무원 근무관계를 설정하는 행위를 말한다(신규채용의 경우에는 임명으로 주로 사용). ② 임용이란 신규채용·승진·전보·파견·휴직·직위해제·정직·강등·복직·면직·해임 및 파면을 말한다(동법 제2조 제1호). ③ 전직·강임·겸임은 일반공무원의 임용에는 포함되나, 경찰공무원의 임용에는 포함되지 않는다.
법적 성질	① 임용은 상대방의 동의를 전제로 하는 행정행위로서, 임용이 유효하게 성립되기 위해서는 상대방의 동의가 절대적 요건이라는 쌍방적 행정행위설이 타당하다(다수설). ② 상대방의 동의가 없는 임용행위는 무효이며, 임용이 거부되었을 때 그 처분성이 인정되어 항고소송의 대상이 된다.
형식	경찰공무원의 임용은 임용장 또는 임용통지서의 교부로서 행하여지는 것이 원칙이다(임용의 유효요건이 아니라 임용행위를 형식적으로 표시·증명하는 선언적·공증적 효력).
효력발생시기 (원칙)	① 경찰공무원은 임용장이나 임용통지서에 적힌 날짜에 임용된 것으로 보며, 임용일자를 소급해서는 아니 된다(동령 제5조 제1항). ② 사망으로 인한 면직은 사망한 다음 날에 면직된 것으로 본다(동령 제5조 제2항).

임용시기 특례
(예외)
	다음의 어느 하나에 해당하는 경우에는 다음의 구분에 따른 일자에 임용된 것으로 본다(동령 제6조).
	① 전사하거나 순직한 사람을 다음의 어느 하나에 해당하는 날을 임용일자로 하여 특별승진임용하는 경우
	    ㉠ 재직 중 사망한 경우 : 사망일의 전날
	    ㉡ 퇴직 후 사망한 경우 : 퇴직일의 전날
	② 「국가공무원법」 제70조 제1항 제4호에 따라 직권으로 면직시키는 경우 : 휴직기간의 만료일 또는 휴직사유의 소멸일
	③ 경위공개경쟁채용시험합격자, 경찰대학의 학생 또는 시보임용예정자가 경찰공무원의 직무수행과 관련된 실무 수습 중 사망한 경우 : 사망일의 전날

📖 임용권자

구분	내용
총경 이상	① **총경 이상 경찰공무원**은 경찰청장 또는 해양경찰청장의 추천을 받아 행정안전부장관 또는 해양수산부장관의 제청으로 국무총리를 거쳐 대통령이 임용한다(동법 제7조 제1항 본문). 경찰청장의 추천 → 행정안전부장관의 제청 → 국무총리 → 대통령 ② 다만, **총경의 전보, 휴직, 직위해제, 강등, 정직 및 복직**(암기TIP 총경의 전휴직강정복)은 경찰청장 또는 해양경찰청장이 한다(동법 제7조 제1항 단서).
경정 이하	① **경정 이하의 경찰공무원**은 경찰청장 또는 해양경찰청장이 임용한다(동법 제7조 제2항 본문). ② 다만, **경정으로의 신규채용, 승진임용 및 면직**(암기TIP 경정으로의 신승면)은 경찰청장 또는 해양경찰청장의 제청으로 국무총리를 거쳐 대통령이 한다(동법 제7조 제2항 단서). 경찰청장의 제청 → 국무총리 → 대통령

📖 임용권의 위임과 재위임

1. 「경찰공무원법」상 임용권의 위임

구분	내용
규정 (위임할 수 있다)	① **경찰청장**은 경찰공무원의 임용에 관한 권한의 일부를 ⊙ 특별시장·광역시장·도지사·특별자치시장 또는 특별자치도지사(이하 '시·도지사'라 한다), ⓒ 국가수사본부장, ⓒ 소속 기관의 장, ⓔ 시·도경찰청장에게 위임할 수 있다(동법 제7조 제3항 본문). ② **시·도지사**는 위임받은 권한의 일부를 ⊙ 시·도자치경찰위원회, ⓒ 시·도경찰청장에게 다시 위임할 수 있다(동법 제7조 제3항 단서).

2. 「경찰공무원 임용령」상 임용권의 위임

구분	내용
경찰청장 → 시·도지사 (위임한다)	경찰청장은 시·도지사에게 해당 시·도의 자치경찰사무를 담당하는 경찰공무원(시·도자치경찰위원회, 시·도경찰청, 경찰서에서 근무하는 경찰공무원. 다만, 지구대 및 파출소는 제외) 중 경정의 전보·파견·휴직·직위해제 및 복직에 관한 권한(암기TIP 경정의 전파휴직복)과 경감 이하의 임용권(신규채용 및 면직에 관한 권한은 제외)을 위임한다(동령 제4조 제1항).
경찰청장 → 국가수사본부장 (위임한다)	경찰청장은 국가수사본부장에게 국가수사본부 안에서의 경정 이하에 대한 전보권을 위임한다(동령 제4조 제2항).
경찰청장 → 소속 기관의 장 경찰청장 → 시·도경찰청장 (위임한다)	경찰청장은 소속기관의 장(경찰대학·경찰인재개발원·중앙경찰학교·경찰수사연수원·경찰병원) 및 시·도경찰청의 장에게 그 소속 경찰공무원 중 경정의 전보·파견·휴직·직위해제 및 복직에 관한 권한(암기TIP 경정의 전파휴직복)과 경감 이하의 임용권을 위임한다(동령 제4조 제3항).

3. 임용권의 재위임

구분	내용
시·도지사 → 시·도자치경찰위원회 (위임한다)	경찰청장으로부터 임용권을 위임받은 시·도지사는 경감 또는 경위로의 승진임용에 관한 권한을 제외한 임용권을 시·도자치경찰위원회에 다시 위임한다(동령 제4조 제4항).
시·도자치경찰위원회 → 시·도경찰청장 (위임할 수 있다)	시·도지사로부터 임용권을 위임받은 시·도자치경찰위원회는 시·도지사와 시·도경찰청장의 의견을 들어 권한의 일부를 시·도경찰청장에게 다시 위임할 수 있다(동령 제4조 제5항).
시·도경찰청장 → 경찰서장 (위임할 수 있다)	경찰청장 및 시·도자치경찰위원회로부터 임용권을 위임받은 시·도경찰청장은 소속 경감 이하 경찰공무원에 대한 해당 경찰서 안에서의 전보권을 경찰서장에게 다시 위임할 수 있다(동령 제4조 제6항).

4. 임용권의 행사에 따른 제한사항

구분	내용
경찰청장	경찰청장은 수사부서에서 총경을 보직하는 경우에는 국가수사본부장의 추천을 받아야 한다(동령 제4조 제7항).
시·도자치경찰위원회	시·도자치경찰위원회는 임용권을 행사하는 경우에는 시·도경찰청장의 추천을 받아야 한다(동령 제4조 제8항).
시·도경찰청장 경찰서장	시·도경찰청장 및 경찰서장은 지구대장 및 파출소장을 보직하는 경우에는 시·도자치경찰위원회의 의견(승인 ×)을 사전에 들어야 한다(동령 제4조 제9항).
소속기관등의 장	소속기관등의 장은 경감 또는 경위를 신규채용하거나 경위 또는 경사를 승진시키려면 미리 경찰청장의 승인을 받아야 한다(동령 제4조 제10항).

📖 임용의 요건

구분	내용

신규채용	① 경정 및 순경의 신규채용은 공개경쟁시험으로 한다(동법 제10조 제1항).
	② 경위의 신규채용은 다음의 어느 하나에 해당하는 사람 중에서 한다(동법 제10조 제2항).
	  ㉠ 경찰대학을 졸업한 사람
	  ㉡ 경위공개경쟁채용시험합격자로서 교육훈련을 마치고 시험에 합격한 사람
	③ 다음의 어느 하나에 해당하는 경우에는 경력경쟁채용시험으로 경찰공무원을 신규채용할 수 있다(동법 제10조 제3항).
	  ㉠ 퇴직한 경찰공무원을 퇴직한 날부터 3년 이내에 퇴직 시에 재직한계급의 경찰공무원으로 재임용하는 경우
	  ㉡ 임용예정 직무에 관련된 자격증 소지자를 임용하는 경우
	  ㉢ 임용예정직에 상응하는 근무경력 또는 연구경력이 있거나 전문지식을 가진 사람을 임용하는 경우
	  ㉣ 5급 공무원의 공개경쟁채용시험이나 사법시험에 합격한 사람을 경정 이하의 경찰공무원으로 임용하는 경우
	  ㉤ 특수지역(섬, 외딴 곳 등)에서 근무할 사람을 임용하는 경우
	  ㉥ 외국어에 능통한 사람을 임용하는 경우
	  ㉦ 제주특별자치도의 자치경찰공무원을 그 계급에 상응하는 경찰공무원으로 임용하는 경우
	  ㉧ 경찰청 외부를 대상으로 모집하여 국가수사본부장을 임용하는 경우

결격사유	다음의 어느 하나에 해당하는 사람은 경찰공무원으로 임용될 수 없다(동법 제8조 제2항).
	① 대한민국 국적을 가지지 아니한 사람
	②「국적법」제11조의2 제1항에 따른 복수국적자
	③ 피성년후견인 또는 피한정후견인
	④ 파산선고를 받고 복권되지 아니한 사람
	⑤ 자격정지 이상의 형을 선고받은 사람
	⑥ 자격정지 이상의 형의 선고유예를 선고받고 그 유예기간 중에 있는 사람
	⑦ 공무원으로 재직기간 중 직무와 관련하여「형법」제355조(횡령, 배임) 및 제356조(업무상의 횡령과 배임)에 규정된 죄를 범한 자로서 300만원 이상의 벌금형을 선고받고 그 형이 확정된 후 2년이 지나지 아니한 사람
	⑧「성폭력범죄의 처벌 등에 관한 특례법」제2조에 규정된 죄를 범한 사람으로서 100만원 이상의 벌금형을 선고받고 그 형이 확정된 후 3년이 지나지 아니한 사람
	⑨ 미성년자에 대한 다음의 어느 하나에 해당하는 죄를 저질러 형 또는 치료감호가 확정된 사람(집행유예를 선고받은 후 그 집행유예기간이 경과한 사람을 포함)
	  ㉠「성폭력범죄의 처벌 등에 관한 특례법」제2조에 따른 성폭력범죄
	  ㉡「아동·청소년의 성보호에 관한 법률」제2조에 따른 아동·청소년대상 성범죄
	⑩ 징계에 의하여 파면 또는 해임처분을 받은 사람

부정행위자	① **경찰청장 또는 해양경찰청장은** 경찰공무원의 신규채용시험(경위공개경쟁채용시험을 포함), 승진시험 또는 그 밖의 시험에서 다른 사람에게 대신하여 응시하게 하는 행위 등 대통령령으로 정하는 **부정행위를 한 사람에 대하여 대통령령으로 정하는 바에 따라** 해당 시험의 정지·무효 또는 합격 취소 처분을 할 수 있다(동법 제11조 제1항). ② 제1항에 따른 처분을 받은 사람에 대해서는 처분이 있은 날부터 5년의 범위에서 대통령령으로 정하는 기간 동안 신규채용시험, 승진시험 또는 그 밖의 시험의 응시자격을 정지한다(동법 제11조 제2항).
합격 취소	① 경찰청장 또는 해양경찰청장은 누구든지 경찰공무원의 채용과 관련하여 대통령령으로 정하는 비위를 저질러 유죄판결이 확정된 경우에는 그 비위 행위로 인하여 채용시험에 합격하거나 임용된 사람에 대하여 대통령령으로 정하는 바에 따라 합격 또는 임용을 취소할 수 있다(동법 제11조의2 제1항). ② 제1항에 따른 취소 처분은 합격 또는 임용 당시로 소급하여 효력이 발생한다(동법 제11조의2 제3항).

> **참고** 「국가공무원법」상 공무원 결격사유
>
> 다음의 어느 하나에 해당하는 자는 공무원으로 임용될 수 없다(「국가공무원법」 제33조).
> ① 피성년후견인
> ② 파산선고를 받고 복권되지 아니한 자
> ③ 금고 이상의 실형을 선고받고 그 집행이 끝나거나 집행이 면제된 날부터 5년이 지나지 아니한 자
> ④ 금고 이상의 형의 집행유예를 선고받고 그 유예기간이 끝난 날부터 2년이 지나지 아니한 자
> ⑤ 금고 이상의 형의 선고유예를 받은 경우에 그 선고유예 기간 중에 있는 자
> ⑥ 법원의 판결 또는 다른 법률에 따라 자격이 상실되거나 정지된 자
> ⑦ 공무원으로 재직기간 중 직무와 관련하여 「형법」 제355조(횡령, 배임) 및 제356조(업무상의 횡령과 배임)에 규정된 죄를 범한 자로서 300만원 이상의 벌금형을 선고받고 그 형이 확정된 후 2년이 지나지 아니한 자
> ⑧ 다음의 어느 하나에 해당하는 죄를 범한 사람으로서 100만원 이상의 벌금형을 선고받고 그 형이 확정된 후 3년이 지나지 아니한 사람
>
>> ㉠ 「성폭력범죄의 처벌 등에 관한 특례법」 제2조에 따른 성폭력범죄
>> ㉡ 음란한 부호·문언·음향·화상 또는 영상을 배포·판매·임대하거나 공공연하게 전시한 자
>> ㉢ 공포심이나 불안감을 유발하는 부호·문언·음향·화상 또는 영상을 반복적으로 상대방에게 도달하게 한 자
>> ㉣ 「스토킹범죄의 처벌 등에 관한 법률」 제2조 제2호에 따른 스토킹범죄
>
> ⑨ 미성년자에 대한 다음의 어느 하나에 해당하는 죄를 저질러 파면·해임되거나 형 또는 치료감호를 선고받아 그 형 또는 치료감호가 확정된 사람(집행유예를 선고받은 후 그 집행유예기간이 경과한 사람을 포함)
>
>> ㉠ 「성폭력범죄의 처벌 등에 관한 특례법」 제2조에 따른 성폭력범죄
>> ㉡ 「아동·청소년의 성보호에 관한 법률」 제2조 제2호에 따른 아동·청소년대상 성범죄
>
> ⑩ 징계로 파면처분을 받은 때부터 5년, 해임처분을 받은 때부터 3년이 지나지 아니한 자

📖 임용의 절차

구분	내용
채용후보자 등록	① 경정 및 순경 공개경쟁채용시험, 경위공개경쟁채용시험 및 경력경쟁채용시험등에 **합격한 사람은 행정안전부령으로 정하는 바에 따라 임용권자 또는 임용제청권자에게 채용후보자등록을 하여야 한다**(동령 제17조 제1항). ② 채용후보자등록을 하지 아니한 사람은 경찰공무원으로 임용될 의사가 없는 것으로 본다(동령 제17조 제2항).
채용후보자 명부의 작성	① **경찰청장 또는 해양경찰청장은** 신규채용시험에 합격한 사람(경찰대학을 졸업한 사람과 경위공개경쟁채용시험합격자를 포함)을 대통령령으로 정하는 바에 따라 성적 순위에 따라 **채용후보자 명부에 등재**하여야 한다(동법 제12조 제1항). ② **경찰공무원의 신규채용은 채용후보자 명부의 등재 순위에 따른다.** 다만, 채용후보자가 경찰교육기관에서 신임교육을 받은 경우에는 그 교육성적 순위에 따른다(동법 제12조 제2항). ③ **채용후보자 명부는 임용예정계급별로 작성**하되, 채용후보자의 서류를 심사하여 임용 적격자만을 등재한다(동령 제18조 제1항). ④ 임용권자 또는 임용제청권자는 채용후보자 명부에의 등재 여부를 본인에게 알려야 한다(동령 제18조 제2항).
채용후보자 명부의 유효기간	① **채용후보자 명부의 유효기간은 2년**으로 하되, 경찰청장은 필요에 따라 **1년의 범위에서 그 기간을 연장할 수 있다**(동법 제12조 제3항 및 동령 제18조 제3항). ② 다음의 어느 하나에 해당하는 기간은 제3항에 따른 기간에 넣어 계산하지 아니한다(동법 제12조 제4항). ㉠ 신규채용시험에 합격한 사람이 채용후보자 명부에 등재된 이후 그 유효기간 내에 「병역법」에 따른 병역 복무를 위하여 군에 입대한 경우(대학생 군사훈련 과정 이수자를 포함)의 의무 복무 기간 ㉡ 그 밖에 대통령령으로 정하는 사유로 임용되지 못한 기간
임용유예	임용권자 또는 임용제청권자는 채용후보자 명부에 등재된 채용후보자가 다음의 어느 하나에 해당하는 경우에는 채용후보자 명부의 유효기간의 범위에서 기간을 정하여 임용 또는 임용제청을 유예할 수 있다. 다만, 유예기간 중이라도 그 사유가 소멸한 경우에는 임용 또는 임용제청을 할 수 있다(동령 제18조의2 제1항). ① 「병역법」에 따른 병역복무를 위하여 징집 또는 소집되는 경우 ② 학업을 계속하는 경우 ③ 6개월 이상의 장기요양이 필요한 질병이 있는 경우 ④ 임신하거나 출산한 경우 ⑤ 임용 또는 임용제청의 유예가 부득이하다고 인정되는 경우
채용후보자의 자격상실	채용후보자가 다음의 어느 하나에 해당하는 경우에는 채용후보자로서의 자격을 상실한다(동령 제19조). ① 채용후보자가 임용 또는 임용제청에 응하지 아니한 경우 ② 채용후보자로서 받아야 할 **교육훈련에 응하지 아니한 경우** ③ 채용후보자로서 받은 **교육훈련성적이 수료점수에 미달되는 경우** ④ 채용후보자로서 **교육훈련을 받는 중에 퇴학처분을 받은 경우**(질병 등 교육훈련을 계속할 수 없는 불가피한 사정으로 퇴학처분을 받은 경우는 제외).

📖 시보임용

구분	내용
의의	시보임용이란 신규채용시험에 합격한 자를 바로 정규 경찰공무원으로 임명하는 것이 아니라 시보로 임용하여, 일정 기간 동안 경찰공무원으로서의 자질과 적성 등을 검토하고 부적격이라고 인정될 때에는 임용권자의 재량으로 면직시킬 수 있는 제도를 말한다.
법적 성질	시보임용 중에 있는 경찰공무원은 정규 경찰공무원이 아니기 때문에 신분이 보장되지 못하지만, 징계나 면직처분에 대하여 소청심사를 청구하거나 소송을 제기할 수 있다.
대상·기간	① 경정 이하의 경찰공무원을 신규채용할 때에는 1년간 시보로 임용하고, 그 기간이 만료된 다음 날(그 기간이 만료된 날 ×)에 정규 경찰공무원으로 임용한다(동법 제13조 제1항). ② 휴직기간, 직위해제기간 및 정직처분 또는 감봉처분을 받은 기간(견책처분 ×)은 시보임용기간에 산입하지 아니한다(동법 제13조 제2항).
면제대상	다음의 경우에는 시보임용을 거치지 아니한다(동법 제13조 제4항). ① 경찰대학을 졸업한 사람 또는 경위공개경쟁채용시험합격자로서 정하여진 교육훈련을 마친 사람을 경위로 임용하는 경우 ② 경찰공무원으로서 대통령령으로 정하는 상위계급으로의 승진에 필요한 자격 요건을 갖추고 임용예정 계급에 상응하는 공개경쟁채용시험에 합격한 사람을 해당 계급의 경찰공무원으로 임용하는 경우 ③ 퇴직한 경찰공무원으로서 퇴직 시에 재직하였던 계급의 채용시험에 합격한 사람을 재임용하는 경우 ④ 자치경찰공무원을 그 계급에 상응하는 경찰공무원으로 임용하는 경우
지도·감독	임용권자 또는 임용제청권자는 시보임용 기간 중에 있는 경찰공무원의 근무사항을 항상 지도·감독하여야 한다(동령 제20조 제1항).
면직대상	① 시보임용기간 중에 있는 경찰공무원이 근무성적 또는 교육훈련성적이 불량할 때에는 면직시키거나 면직을 제청할 수 있다(동법 제13조 제3항). ② 임용권자 또는 임용제청권자는 시보임용경찰공무원이 다음의 어느 하나에 해당하여 정규경찰공무원으로 임용하는 것이 부적당하다고 인정되는 경우에는 정규임용심사위원회의 심사를 거쳐 해당 시보임용경찰공무원을 면직시키거나 면직을 제청할 수 있다(동령 제20조 제2항). 　㉠ 징계사유에 해당하는 경우 　㉡ 교육훈련성적이 만점의 60퍼센트 미만이거나 생활기록이 극히 불량한 경우 　㉢ 제2평정요소의 평정점이 만점의 50퍼센트 미만인 경우 **참고** 정규임용심사위원회 ① 위원장 1명을 포함한 위원 5명 이상 7명 이하로 구성한다(동령 시행규칙 제9조 제1항). ② 위원은 소속 경감 이상 경찰공무원 중에서 위원회가 설치된 기관의 장이 임명하되, 심사대상자보다 상위 계급자로 한다(동령 시행규칙 제9조 제3항). ③ 위원회는 재적위원 3분의 2 이상 출석과 출석위원 과반수 찬성으로 의결(특별의결정족수)한다(동령 시행규칙 제9조 제4항).
교육훈련	시보임용예정자에게 교육훈련을 받는 기간 동안 예산의 범위에서 임용예정계급의 1호봉에 해당하는 봉급의 80퍼센트에 해당하는 금액 등을 지급할 수 있다(동령 제21조 제1항).

제57테마

중요도 B급

경찰공무원의 승진

- 「경찰공무원법」【시행 2024. 8. 14.】
- 「경찰공무원 승진임용 규정」【시행 2024. 7. 1.】
- 「경찰공무원 승진임용 규정 시행규칙」【시행 2024. 7. 1.】

📖 일반론

구분	내용
의의	① 승진은 하위계급에서 상위계급으로 수직적으로 이동하는 것을 뜻하며, 승진을 하면 보수뿐만 아니라 직무의 책임과 곤란성도 증대된다. ② 경찰공무원은 바로 아래 하위계급에 있는 경찰공무원 중에서 근무성적평정, 경력평정, 그 밖의 능력을 실증하여 승진임용한다(동법 제15조 제1항).
방법	① 경찰공무원의 승진임용은 심사승진임용 · 시험승진임용 · 특별승진임용으로 구분한다(동 규정 제3조). ② 경무관 이하 계급으로의 승진은 승진심사에 의하여 한다. 다만, 경정 이하 계급으로의 승진은 대통령령으로 정하는 비율에 따라 승진시험과 승진심사를 병행할 수 있다(동법 제15조 제2항).

📖 승진소요 최저근무연수

구분	내용			
재직기간	경찰공무원이 승진하려면 다음의 구분에 따른 기간 동안 해당 계급에 재직하여야 한다(동 규정 제5조 제1항).			
	총경	경정 · 경감	경위 · 경사 · 경장 · 순경	
	3년 이상	2년 이상	1년 이상	
포함하지 않는 경우	① 휴직기간, 직위해제기간, 징계처분 기간, 승진임용 제한기간은 승진소요 최저근무연수에 포함하지 아니한다(동 규정 제5조 제2항 본문). ② 경찰대학을 졸업하고 경위로 임용된 사람이 의무경찰대의 대원으로 복무한 기간은 승진소요 최저근무연수에 포함하지 아니한다(동 규정 제5조 제3항).			

📖 심사승진

구분	내용

승진대상자 명부의 작성	① **총경 이하의 경찰공무원**에 대해서는 대통령령으로 정하는 바에 따라 계급별로 승진대상자 명부를 작성하여야 한다(동법 제15조 제3항).
	② 총경 이하의 경찰공무원에 대한 승진대상자 명부는 다음의 구분에 따른 경찰기관의 장이 계급별로 작성한다(동 규정 제11조 제1항).
	
	    ㉠ 경정 이상 경찰공무원과 경찰청 소속 경위 이상 경찰공무원 : **경찰청장**
	    ㉡ 경감 이하 경찰공무원 : **경찰대학, 경찰인재개발원, 중앙경찰학교, 경찰수사연수원, 경찰병원 및 시·도경찰청의 장**
	    ㉢ 경찰청 소속 경사 이하 경찰공무원 : **경찰청의 각 국 단위급 부서별 국장급 부서장**
	    ㉣ 경찰서 소속 경사 이하 경찰공무원 : **경찰서장**
	
	③ 승진대상자 명부는 다음의 비율로 반영하여 작성한다(동 규정 제11조 제2항).
	
	    ㉠ 근무성적 평정점 : **65퍼센트**
	    ㉡ 경력 평정점 : **35퍼센트**
	
	④ 승진대상자 명부는 **매년 1월 1일**을 기준으로 작성한다. 다만, **경무관 및 총경으로의 승진대상자 명부는 매년 11월 1일**을 기준으로 작성한다(동 규정 제11조 제6항).
	⑤ **경정 이하 계급으로의 승진심사는 1월 2일부터 3월 31일 사이에 연 1회 실시**한다(동 규정 제14조 2항).

승진심사 대상	승진심사는 승진대상자 명부의 선순위자(승진시험에 합격한 사람은 제외) 순으로 **심사승진임용 예정 인원의 5배수**를 대상으로 한다(동 규정 제20조).
승진심사 결과의 보고	① 승진심사위원회는 승진심사를 마쳤을 때에는 **지체 없이** 승진심사 의결서, 승진심사 종합평가서, 승진임용예정자로 선발된 사람의 명부를 작성하여 **중앙승진심사위원회의 경우에는 경찰청장에게, 보통승진심사위원회의 경우에는 그 위원회가 설치된 경찰기관의 장에게 보고해야 한다**(동 규정 제23조 제1항). ② 승진임용예정자로 선발된 사람의 명부는 승진심사 종합평가성적이 우수한 사람 순으로 작성한다(동 규정 제23조 제2항).
승진후보자 명부의 작성	① 경찰청장은 승진시험에 합격한 사람과 승진후보자로 선발된 사람을 대통령령으로 정하는 바에 따라 승진후보자 명부에 등재하여야 한다(동법 제18조 제1항). ② 경무관 이하 계급으로의 승진은 승진후보자 명부의 등재 순위에 따른다(동법 제18조 제2항). ③ 승진후보자 명부에 등재된 사람이 승진임용 전에 전사하거나 순직한 경우에는 그 사망일 전날을 승진일로 하여 승진 예정 계급으로 승진한 것으로 본다(동법 제15조의2). ④ 임용권자나 임용제청권자는 심사승진후보자 명부에 기록된 사람이 **승진임용되기 전에 정직 이상(감봉 이상 ×)의 징계처분을 받은 경우에는 심사승진후보자 명부에서 그 사람을 제외하여야 한다**(동 규정 제24조 제2항).

📖 근속승진

구분	내용
기간	경찰청장은 다음의 해당 계급에서 다음의 기간 동안 재직한 사람을 경장, 경사, 경위, 경감으로 각각 근속승진임용할 수 있다. 다만, 인사교류 경력이 있거나 주요 업무의 추진 실적이 우수한 공무원 등 경찰행정 발전에 기여한 공이 크다고 인정되는 경우에는 대통령령으로 정하는 바에 따라 그 기간을 단축할 수 있다(동법 제16조 제1항). ① 순경을 경장으로 근속승진임용 : 해당 계급에서 4년 이상 근속자 ② 경장을 경사로 근속승진임용 : 해당 계급에서 5년 이상 근속자 ③ 경사를 경위로 근속승진임용 : 해당 계급에서 6년 6개월 이상 근속자 ④ 경위를 경감으로 근속승진임용 : 해당 계급에서 8년 이상 근속자
기간 계산	다음의 경찰공무원을 근속승진임용하는 경우에는 해당 구분에 따른 기간을 근속승진 기간에서 단축할 수 있다(동 규정 제26조 제2항). ① 인사교류 기간 중에 있거나 인사교류 경력이 있는 경찰공무원 : 인사교류 기간의 2분의 1에 해당하는 기간 ② 국정과제 등 주요 업무의 추진실적이 우수한 경찰공무원이나 적극행정 수행태도가 돋보인 경찰공무원 : 1년
인원 제한	① 임용권자는 경감으로의 근속승진임용을 위한 심사를 할 때에는 연도별로 합산하여 해당 기관의 근속승진 대상자의 100분의 50에 해당하는 인원수를 초과하여 근속승진임용할 수 없다(동 규정 제26조 제4항). ② 임용권자는 제4항에 따라 심사를 실시하려는 경우 근속승진임용일 20일 전까지 해당 기관의 근속승진 대상자 및 근속승진임용 예정 인원을 경찰청장에게 보고해야 한다(동 규정 제26조 제5항).

📖 특별승진

구분	내용
1계급 특별승진 (전체 계급)	경찰공무원으로서 다음의 어느 하나에 해당되는 사람에 대하여는 1계급 특별승진시킬 수 있다(동법 제19조 제1항 본문). ①「국가공무원법」제40조의4 제1항 제1호부터 제4호까지의 규정 중 어느 하나에 해당되는 사람 　㉠ 청렴하고 투철한 봉사정신으로 직무에 모든 힘을 다하여 공무 집행의 공정성을 유지하고 깨끗한 공직사회를 구현하는 데에 다른 공무원의 귀감이 되는 자 　㉡ 직무수행능력이 탁월하여 행정발전에 큰 공헌을 한 자 　㉢ 제안의 채택·시행으로 국가예산을 절감하는 등 행정운영발전에 뚜렷한 실적이 있는 자 　㉣ 재직 중 공적이 특히 뚜렷한 자가 명예퇴직할 때 ② 전사하거나 순직한 사람 ③ 직무수행 중 현저한 공적을 세운 사람
2계급 특별승진 (경위 이하)	경위 이하의 경찰공무원으로서 모든 경찰공무원의 귀감이 되는 공을 세우고 전사하거나 순직한 사람에 대하여는 2계급 특별승진시킬 수 있다(동법 제19조 제1항 단서).

승진임용의 제한

구분	내용
제한사유 제한기간	다음의 어느 하나에 해당하는 경찰공무원은 승진임용될 수 없다(동 규정 제6조 제1항). ① 징계의결 요구, 징계처분, 직위해제, 휴직(공무상 질병 또는 부상 등의 경우는 제외), 시보임용 기간 중에 있는 사람 ② 징계처분의 집행이 끝난 날부터 다음의 구분에 따른 기간(금품 및 향응 수수, 공금의 횡령·유용, 소극행정, 음주운전, 음주측정 불응, 성폭력, 성희롱, 성매매에 따른 징계처분의 경우에는 각각 6개월을 더한 기간)이 지나지 않은 사람 　　㉠ 강등·정직 : 18개월　　㉡ 감봉 : 12개월　　㉢ 견책 : 6개월 ③ 계급정년이 연장된 사람
제한기간 중의 징계처분	승진임용 제한기간 중에 있는 사람이 다시 징계처분을 받은 경우 승진임용 제한기간은 전 처분에 대한 승진임용 제한기간이 끝난 날부터 계산하고, 징계처분으로 승진임용 제한기간 중에 있는 사람이 휴직하거나 직위해제처분을 받는 경우 징계처분에 따른 남은 승진임용 제한기간은 복직일부터 계산한다(동 규정 제6조 제2항).
제한기간 단축	경찰공무원이 징계처분을 받은 후 해당 계급에서 다음의 포상을 받은 경우에는 제1항 제2호 및 제3호에 따른 승진임용 제한기간의 2분의 1을 단축할 수 있다(동 규정 제6조 제3항). ① 훈장 ② 포장 ③ 모범공무원 포상 ④ 대통령 표창 또는 국무총리 표창(경찰청장 등 표창 ×) ⑤ 제안이 채택·시행되어 받은 포상

대우공무원제도

구분	내용
의의	임용권자나 임용제청권자는 해당 계급에서 승진소요 최저근무연수 이상 근무하고, 승진임용의 제한사유가 없고, 근무실적이 우수한 자를 바로 위 계급의 대우공무원으로 선발할 수 있다(동 규정 제43조 제1항).
적용대상	대우공무원으로 선발되기 위해서는 승진소요 최저근무연수가 지난 총경 이하 경찰공무원으로서 해당 계급에서 다음 기간 동안 근무하여야 한다. 다만, 국정과제를 담당하여 높은 성과를 내거나 적극적인 업무수행으로 경찰공무원의 업무행태 개선에 기여하는 등 직무수행능력이 탁월하고 경찰행정 발전에 공헌을 했다고 경찰청장 또는 소속기관 등의 장이 인정하는 경우에는 그 기간을 1년 단축할 수 있다(동 규정 시행규칙 제35조 제1항). | 총경·경정 | 경감 이하 | |---|---| | 7년 이상 | 4년 이상 |

선발	임용권자나 임용제청권자는 매 월말(분기별 ×) 5일 전까지 대우공무원 발령일을 기준으로 대우공무원 선발요건을 충족하는 대상자를 결정하여야 하고, 그 다음 달 1일에 일괄하여 대우공무원으로 발령하여야 한다(동 규정 시행규칙 제36조 제1항).
수당지급	① 대우공무원에게는 「공무원 수당 등에 관한 규정」에서 정하는 바에 따라 수당을 지급할 수 있다(동 규정 제43조 제3항). ② 대우공무원으로 선발된 경찰공무원에게는 해당 공무원 월 봉급액의 4.1%를 대우공무원 수당으로 지급한다(동 규정 시행규칙 제37조 제1항). ③ 대우공무원이 징계 또는 직위해제 처분을 받거나 휴직하여도 대우공무원수당은 계속 지급하지만, 줄여 지급한다(동 규정 시행규칙 제37조 제2항). ④ 대우공무원의 선발 또는 수당 지급에 중대한 착오가 발생한 경우 임용권자 또는 임용제청권자는 이를 정정하여 대우공무원 발령을 하고 대우공무원수당을 소급하여 지급할 수 있다(동 규정 시행규칙 제37조 제3항).
자격상실	대우공무원이 다음에 해당하는 경우 그 해당일에 대우공무원의 자격은 별도 조치 없이 당연히 상실된다(동 규정 시행규칙 제38조).

상위계급으로 승진임용되는 경우	강등되는 경우
승진임용일	강등일

📖 승진심사위원회

구분		내용
중앙승진 심사위원회	설치	경찰청에 중앙승진심사위원회를 둔다(동법 제17조 제1항 전단).
	관할	중앙승진심사위원회는 총경 이상 계급으로서의 승진심사를 관할한다(동 규정 제17조 제1항 제1호).
	위원 임명	위원은 회의 소집일 전에 승진심사대상자보다 상위계급인 경찰공무원 중에서 경찰청장이 임명한다(동 규정 제15조 제4항).
	회의 소집	중앙승진심사위원회의 회의는 경찰청장이 소집(위원장이 소집 ×)한다(동 규정 제18조 제1항 전단).
보통승진 심사위원회	설치	① 경찰청·시·도경찰청·대통령령으로 정하는 경찰기관에 보통승진심사위원회를 둔다(동법 제17조 제1항 후단). ② 보통승진심사위원회는 경찰청·소속기관등 및 경찰서에 둔다(동 규정 제16조 제1항).
	관할	① 경정 이하 계급으로의 승진심사는 해당 경찰관이 소속한 경찰기관의 보통승진심사위원회가 담당한다(동 규정 제17조 제1항 제2호). ② 경찰서 소속 경찰공무원의 경감 이상 계급으로의 승진심사는 시·도경찰청 보통승진심사위원회가 담당한다(동 규정 제17조 제1항 제3호).

보통승진 심사위원회	위원 임명	① 보통승진심사위원회 위원은 그 보통승진심사위원회가 설치된 경찰기관의 장이 승진심사대상자보다 상위계급인 경위 이상 소속 경찰공무원 중에서 임명한다(동 규정 제16조 제3항 전단). ② 시·도경찰청 및 경찰서에 두는 보통승진심사위원회 위원 중 2명은 승진심사대상자보다 상위계급인 경위 이상 소속 경찰공무원 중에서 시·도자치경찰위원회의 추천(동의 ×)을 받아 그 보통승진심사위원회가 설치된 경찰기관의 장이 임명한다(동 규정 제16조 제4항).
	회의 소집	보통승진심사위원회의 회의는 해당 경찰기관의 장이 경찰청장(경찰서 보통승진심사위원회 회의의 경우 시·도경찰청장)의 승인을 받아 소집한다(동 규정 제18조 제1항 후단).
공통사항	구성	승진심사위원회는 위원장을 포함한 5명 이상 7명 이하의 위원으로 구성한다(동 규정 제15조 제1항 및 제16조 제2항).
	위원장	위원장은 위원 중 최상위계급 또는 선임인 경찰공무원이 된다(동 규정 제15조 제5항 및 제16조 제3항).
	의결정족수	승진심사위원회의 회의는 재적위원 과반수의 찬성으로 의결(특별의결정족수)한다(동 규정 제18조 제2항 및 제18조 제2항).
	회의 비공개	승진심사위원회의 회의는 비공개로 한다(동 규정 제18조 제3항).

📖 근무성적평정제도

구분	내용
의의	총경 이하의 경찰공무원을 대상으로 매년 1회 실시하며, 근무성적 평정의 결과는 승진 등 인사관리에 반영하여야 한다(동 규정 제7조 제1항 및 동 규정 시행규칙 제4조 제1항).
요소	① 근무성적평정의 요소는 제1평정요소(객관적 평정요소)와 제2평정요소(주관적 평정요소)로 구별된다(동 규정 제7조 제2항). ② 근무성적의 총평정점은 50점을 만점으로 한다(동 규정 시행규칙 제7조 제1항). | 제1평정요소(객관적 평정요소) : 30점 | 제2평정요소(주관적 평정요소) : 20점 | |---|---| | ㉠ 경찰업무 발전에 대한 기여도(6점) ㉡ 포상 실적(9점) ㉢ 교육훈련(13점) ㉣ 근무태도(2점) | ㉠ 근무실적(6점) ㉡ 직무수행능력(8점) ㉢ 직무수행태도(6점) |

대상	총경	① 총경은 제2평정요소에 의하여만 평정한다(동 규정 시행규칙 제7조 제2항). ② 1차 평정자가 20점을 최고점으로 하여 평정한 점수와 2차·3차 평정자가 각각 15점을 최고점으로 하여 평정한 점수를 합산한다.
	경정 이하	① 경정 이하의 경우에는 제1평정요소와 제2평정요소를 모두 평정하여 합산한다(동 규정 시행규칙 제7조 제3항). ② 제1평정요소에 대해서는 1차평정자가 30점을 최고점으로 하여 평정한 점수를 2차 평정자와 3차평정자가 확인한다. ③ 제2평정요소에 대해서는 1차평정자가 10점을 최고점으로 하여 평정한 점수와 2차·3차평정자가 각각 5점을 최고점으로 하여 평정한 점수를 합산한다.
절차		근무성적의 평정은 총 3인으로 하고, 총 3차의 평가절차로 진행한다(동 규정 시행규칙 제6조 제1항).
시기		근무성적 평정은 10월 31일을 기준으로 한다(동 규정 시행규칙 제4조 제2항).
방법		평정의 집중화·관대화 경향을 막기 위한 방법으로서, 그 평정결과는 수(20%), 우(40%), 양(30%), 가(10%)의 분포비율에 맞도록 하되, '가'에 해당하는 사람이 없을 때에는 '양'의 비율에 가산한다(동 규정 제7조 제3항).
활용		근무성적평정의 결과는 공개하지 아니한다. 다만, 경찰청장은 근무성적 평정이 완료되면(완료되기 전이라도 ×) 평정 대상 경찰공무원에게 해당 근무성적평정 결과를 통보할 수 있다(동 규정 제7조 제5항).
예외		① 휴직·직위해제 등의 사유로 해당 연도의 평정기관에서 6개월 이상 근무하지 아니한 경찰공무원에 대해서는 근무성적을 평정하지 아니한다(동 규정 제8조 제1항). ② 교육훈련 외의 사유로 국가기관, 지방자치단체 또는 인사혁신처장이 지정하는 기관에 2개월 이상 파견근무하게 된 경찰공무원에 대해서는 파견받은 기관의의견을 고려하여 근무성적을 평정하여야 한다(동 규정 제8조 제3항). ③ 정기평정 이후에 신규채용되거나 승진임용된 경찰공무원에 대해서는 2개월이 지난 후부터 근무성적을 평정하여야 한다(동 규정 제8조 제5항).

제58테마

경찰공무원의 전보

중요도 C급

- 「경찰공무원법」【시행 2024. 8. 14.】
- 「경찰공무원 임용령」【시행 2024. 8. 14.】

구분		내용
의의		임용권자 또는 임용제청권자는 장기근무 또는 잦은 전보로 인한 업무능률 저하를 방지하기 위하여 특별한 사정이 없으면 정기적으로 전보를 실시하여야 한다(동령 제26조).
전보 제한 (원칙)	제한 기간	임용권자 또는 임용제청권자는 소속 경찰공무원이 해당 직위에 임용된 날부터 1년 이내(감사업무를 담당하는 경찰공무원의 경우에는 2년 이내)에 다른 직위에 전보할 수 없다(동령 제27조 제1항 본문).
	전문 직위	임용권자 또는 임용제청권자는 전문직위에 임용된 경찰공무원을 해당 직위에 임용된 날부터 3년의 범위에서 경찰청장이 정하는 기간이 지나야 다른 직위에 전보할 수 있다(동령 제25조 제1항).
	교수 요원	교육훈련기관의 교수요원으로 임용된 사람은 그 임용일부터 1년 이상 3년 이하의 범위에서 경찰청장이 정하는 기간 안에는 다른 직위에 전보할 수 없다(동령 제27조 제2항).
	특수 지역	특수지역(섬, 외딴곳 등)에 채용된 경찰공무원은 그 채용일부터 5년의 범위에서 경찰청장이 정하는 기간(휴직기간, 직위해제기간 및 정직기간은 포함하지 않는다) 안에는 채용조건에 해당하는 기관 또는 부서 외의 기관 또는 부서로 전보할 수 없다(동령 제27조 제3항).
전보 제한 (예외)		다음의 어느 하나에 해당하는 경우에는 전보제한의 기간이 적용되지 아니한다(동령 제27조 제1항 단서). ① 직제상 최저단위인 보조기관 또는 보좌기관 내에서 전보하는 경우 ② 경찰청과 소속기관등 또는 소속기관등 상호 간의 교류를 위하여 전보하는 경우 ③ 기구의 개편, 직제 또는 정원의 변경으로 해당 경찰공무원을 전보하는 경우 ④ 승진임용된 경찰공무원을 전보하는 경우 ⑤ 전문직위로 경찰공무원을 전보하는 경우 ⑥ 징계처분을 받은 경우 ⑦ 형사사건에 관련되어 수사기관에서 조사를 받고 있는 경우 ⑧ 비위로 인한 감사 또는 조사가 진행 중이어서 해당 직위를 유지하는 것이 부적절하다고 판단되는 경찰공무원을 전보하는 경우 ⑨ 경찰기동대 등 경비부서에서 정기적으로 교체하는 경우 ⑩ 교육훈련기관의 교수요원으로 보직하는 경우 ⑪ 시보임용 중인 경우 ⑫ 신규채용된 경찰공무원을 해당 계급의 보직관리기준에 따라 전보하는 경우 및 이와 관련한 전보의 경우 ⑬ 감사담당 경찰공무원 가운데 부적격자로 인정되는 경우 ⑭ 경정 이하의 경찰공무원을 배우자 또는 직계존속이 거주하는 시·군·자치구 지역의 경찰기관으로 전보하는 경우 ⑮ 임신 중인 경찰공무원 또는 출산 후 1년이 지나지 않은 경찰공무원의 모성보호, 육아 등을 위하여 필요한 경우

제59테마

경찰공무원의 휴직

중요도 A급

▍「국가공무원법」【시행 2023. 10. 12.】

구분		내용
의의		① 휴직이란 신분을 유지하면서, 일정기간 직무를 담당하지 않는 것을 의미한다. ② 휴직은 제재적 성격이 없고 복직이 보장되며, 원칙적으로 봉급이 지급되지 아니한다.
유형	직권 휴직	공무원이 다음의 어느 하나에 해당하면 임용권자는 본인의사에도 불구하고 휴직을 명하여야 한다(동법 제71조 제1항). ① 신체·정신상의 장애로 장기요양이 필요한 때(휴직기간은 1년 이내로 하되, 부득이한 경우 1년의 범위에서 연장할 수 있다). 다만, 공무상 부상 또는 질병으로 인한 휴업기간은 3년으로 하되, 의학적 소견 등을 고려하여 2년의 범위에서 연장할 수 있다(경찰공무원의 경우 5년 이내, 3년의 범위). ② 병역 복무를 마치기 위하여 징집 또는 소집된 때(휴직기간은 그 복무기간이 끝날 때까지) ③ 천재지변이나 전시·사변, 그 밖의 사유로 생사 또는 소재가 불명확하게 된 때(휴직기간은 3개월 이내) ④ 법률의 규정에 따른 의무를 수행하기 위하여 직무를 이탈하게 된 때(휴직기간은 그 복무기간이 끝날 때까지) ⑤ 노동조합 전임자로 종사하게 된 때(휴직기간은 그 전임기간)
	의원 휴직	임용권자는 공무원이 다음의 어느 하나에 해당하는 사유로 휴직을 원하면 휴직을 명할 수 있다(동법 제71조 제2항). ① 국제기구, 외국 기관, 국내외의 대학·연구기관, 다른 국가기관 또는 대통령령으로 정하는 민간기업, 그 밖의 기관에 임시로 채용될 때(휴직기간은 그 채용기간). 다만, 민간기업이나 그 밖의 기관에 채용되면 3년 이내로 한다. ② 국외 유학을 하게 된 때(휴직기간은 3년 이내로 하되, 부득이한 경우 2년의 범위에서 연장) ③ 연수하게 된 때(휴직기간은 2년 이내) ④ 만 8세 이하 또는 초등학교 2학년 이하의 자녀를 양육하기 위하여 필요하거나, 여성공무원이 임신 또는 출산하게 된 때(휴직기간은 자녀 1명에 대하여 3년 이내). 이 경우 특별한 사정이 없으면 휴직을 명하여야 한다. ⑤ 조부모, 부모(배우자의 부모를 포함), 배우자, 자녀 또는 손자녀를 부양하거나 돌보기 위하여 필요한 경우(휴직기간은 1년 이내로 하되, 재직기간 중 총 3년을 넘을 수 없다) ⑥ 외국에서 근무·유학 또는 연수하게 되는 배우자를 동반하게 된 때(휴직기간은 3년 이내로 하되, 부득이한 경우 2년의 범위에서 연장) ⑦ 직무관련 연구과제 수행 또는 자기개발을 위하여 학습·연구 등을 하게 된 때(휴직기간은 1년 이내)
효력		① 휴직 중인 공무원은 신분은 보유하나 직무에 종사하지 못한다(동법 제73조 제1항). ② 휴직기간 중 그 사유가 없어지면 30일 이내에 임용권자 또는 임용제청권자에게 신고하여야 하며, 임용권자는 지체 없이 복직을 명하여야 한다(동법 제73조 제2항). ③ 휴직기간이 끝난 공무원이 30일 이내에 복귀 신고를 하면 당연히 복직된다(동법 제73조 제3항).

제60테마
경찰공무원의 직위해제

「국가공무원법」【시행 2023. 10. 12.】

중요도 A급

구분	내용	
의의	① 직위해제란 일정한 사유로 인해 경찰공무원 신분은 보유하나 직위를 부여하지 않는 것을 의미한다. ② 휴직과는 달리 제재적 성격을 가지는 보직의 해제이며, 복직이 보장되지 않는다.	
법적 성질	① 직위해제의 여부는 직위해제권자의 재량사항이다. ② 직위해제는 휴직과 달리 본인에게 귀책사유가 있을 때 행하는 것이다. ③ 직위해제는 징계처분과는 그 성질이 다르므로, 동일한 사유로 직위해제와 징계처분을 병과해도 일사부재리의 원칙이나 이중처벌금지의 원칙에 위배되지 않는다.	
사유	임용권자는 다음의 어느 하나에 해당하는 자에게는 직위를 부여하지 아니할 수 있다(동법 제73조의3 제1항).	
	직무수행능력이 부족하거나 근무성적이 극히 나쁜 자. 이 경우 3개월의 범위에서 대기를 명한 후 임용권자 또는 임용제청권자는 대기명령을 받은 자에게 능력 회복이나 근무성적의 향상을 위한 교육훈련 또는 특별한 연구과제의 부여 등 필요한 조치를 하여야 한다(동법 제73조의3 제3항 및 제4항).	봉급의 80% 지급
	파면·해임·강등·정직에 해당하는 징계 의결이 요구 중인 자	봉급의 50% 지급
	형사 사건으로 기소된 자(약식명령이 청구된 자는 제외)	봉급의 50% 지급
	고위공무원단에 속하는 일반직공무원으로서 적격심사를 요구받은 자	봉급의 70% 지급
	금품비위, 성범죄 등 대통령령으로 정하는 비위행위로 인하여 감사원 및 검찰·경찰 등 수사기관에서 조사나 수사 중인 자로서 비위의 정도가 중대하고 이로 인하여 정상적인 업무수행을 기대하기 현저히 어려운 자	봉급의 50% 지급
봉급 감액 지급	① 고위공무원단에 속하는 일반직공무원으로서 적격심사를 요구받아 직위해제된 사람의 경우 직위해제일로부터 3개월이 지나도 직위를 부여받지 못한 경우에는 그 3개월이 지난 후의 기간 중에는 봉급의 40퍼센트를 지급한다. ② 파면·해임·강등·정직에 해당하는 징계 의결이 요구 중인 자, 형사 사건으로 기소된 자(약식명령이 청구된 자는 제외), 금품비위, 성범죄 등 대통령령으로 정하는 비위행위로 인하여 감사원 및 검찰·경찰 등 수사기관에서 조사나 수사 중인 자로서 비위의 정도가 중대하고 이로 인하여 정상적인 업무수행을 기대하기 현저히 어려운 자로서 직위해제된 사람의 경우 직위해제일로부터 3개월이 지나도 직위를 부여받지 못한 경우에는 그 3개월이 지난 후의 기간 중에는 봉급의 30퍼센트를 지급한다.	
효력	임용권자 또는 임용제청권자는 직위해제의 사유가 소멸되면 지체 없이 직위를 부여하여야 한다(동법 제73조의3 제2항).	

제61테마

중요도 A급

경찰공무원의 퇴직

- 「경찰공무원법」【시행 2024. 8. 14.】
- 「경찰공무원 임용령」【시행 2024. 8. 14.】

📖 당연퇴직

구분	내용
의의	당연퇴직이란 일정한 법정사유가 발생하면, 별도의 조치를 기다릴 필요 없이 법률의 규정에 의하여 경찰공무원 근무관계가 소멸하는 경우를 의미한다.
법적 성질	당연퇴직의 인사발령은 임용권자의 처분에 의해서가 아니고, 일정한 사유의 발생으로 인하여 퇴직된 사실을 알리는 관념의 통지에 불과하다.
사유	경찰공무원이 다음의 어느 하나에 해당하게 된 경우에는 당연히 퇴직한다(동법 제27조). ① 경찰공무원이 임용 결격사유에 해당하는 경우. 다만, 제4호와 제6호는 아래의 경우에만 당연퇴직 사유에 해당한다. 　㉠ 파산선고를 받고 복권되지 아니한 사람. 이 경우에는 파산선고를 받은 사람으로서 신청기한 내에 면책신청을 하지 아니하였거나 면책불허가 결정 또는 면책취소가 확정된 경우만 당연퇴직의 사유가 된다. 　㉡ 자격정지 이상의 형의 선고유예를 선고받고 그 선고유예기간 중에 있는 자(수뢰, 성폭력범죄, 아동·청소년대상 성범죄, 횡령·배임의 경우만 해당) ② 사망한 경우 ③ 연령정년(60세)에 도달한 경우 ④ 계급정년에 도달한 경우

📖 정년퇴직

구분		내용
연령정년 (연장불가)		① 경찰공무원의 연령정년은 60세이다(동법 제30조 제1항 제1호). ② 경찰공무원은 그 정년이 된 날이 1월에서 6월 사이에 있으면 6월 30일에 당연퇴직하고, 7월에서 12월 사이에 있으면 12월 31일에 당연퇴직한다(동법 제30조 제5항).
계급정년	원칙	치안감 4년, 경무관 6년, 총경 11년, 경정 14년이다(동법 제30조 제1항 제2호).
	예외	① 수사, 정보, 외사, 안보, 자치경찰사무 등 특수 부문에 근무하는 경찰공무원으로서 지정을 받은 사람은 총경 및 경정의 경우에는 4년의 범위에서 계급정년을 연장할 수 있다(동법 제30조 제3항). ② 경찰청장은 전시·사변이나 그 밖에 이에 준하는 비상사태에서는 2년의 범위에서 계급정년을 연장할 수 있다(동법 제30조 제4항). ⊙ 경무관 이상의 경찰공무원에 대해서는 행정안전부장관과 국무총리를 거쳐 대통령의 승인을 받아야 한다. ⓒ 총경·경정의 경찰공무원에 대해서는 국무총리를 거쳐 대통령의 승인을 받아야 한다. ③ 계급정년을 산정할 때 제주특별자치도의 자치경찰공무원으로 근무한 경력이 있는 경찰공무원의 경우에는 그 계급에 상응하는 자치경찰공무원으로 근무한 연수를 산입한다(동법 제30조 제6항).

제62테마

경찰공무원의 면직

중요도 B급

■ 「국가공무원법」【시행 2023. 10. 12.】
■ 「경찰공무원법」【시행 2024. 8. 14.】

📖 의원면직

구분	내용
의의	의원면직이란 경찰공무원 근무관계의 소멸이 법정사유에 의해서가 아니라 공무원 본인의의사에 의하여 행하여지는 것을 의미한다.
법적 성질	의원면직은 경찰공무원 본인의의사에 기초하여 임용권자가 이를 수락함으로써 경찰공무원 근무관계를 소멸시키는 쌍방적 행정행위이다.
효력발생	의원면직의 효과가 발생하기 위해서는 사직의의사표시만으로는 부족하고, 서면에 의한 사직서를 제출하여 임명권자의 승인을 받아야 한다.

📖 직권면직

구분	내용	
의의	직권면직이란 법정사유가 발생하여 본인의의사 여부에 상관없이 임용권자가 직권으로 경찰공무원의 신분을 상실시키는 경우를 의미한다.	
법적 성질	직권면직에 대해서는 처분성이 인정되고 행정소송의 대상이 된다.	
사유	① 임용권자는 경찰공무원이 다음의 어느 하나에 해당될 때에는 직권으로 면직시킬 수 있다(「경찰공무원법」 제28조 제1항). ② 일정한 경우에는 징계위원회의 동의가 필요하다(「경찰공무원법」 제28조 제2항).	
	직제와 정원의 개폐 또는 예산의 감소 등에 따라 폐직 또는 과원이 되었을 때(「국가공무원법」 제70조 제1항 제3호)	징계위원회 동의(×)
	휴직기간이 끝나거나 휴직사유가 소멸된 후에도 직무에 복귀하지 아니하거나 직무를 감당할 수 없을 때(「국가공무원법」 제70조 제1항 제4호)	징계위원회 동의(×)
	직위해제에 따라 대기명령을 받은 자가 그 기간에 능력 또는 근무성적의 향상을 기대하기 어렵다고 인정된 때(「국가공무원법」 제70조 제1항 제5호)	징계위원회 동의(○)
	경찰공무원으로는 부적합할 정도로 직무 수행능력이나 성실성이 현저하게 결여된 사람으로서 대통령령으로 정하는 사유에 해당된다고 인정될 때(「경찰공무원법」 제28조 제1항 제2호)	징계위원회 동의(○)
	직무를 수행하는 데에 위험을 일으킬 우려가 있을 정도의 성격적 또는 도덕적 결함이 있는 사람으로서 대통령령으로 정하는 사유에 해당된다고 인정될 때(「경찰공무원법」 제28조 제1항 제3호)	징계위원회 동의(○)
	해당 경과에서 직무를 수행하는 데 필요한 자격증의 효력이 상실되거나 면허가 취소되어 담당 직무를 수행할 수 없게 되었을 때(「경찰공무원법」 제28조 제1항 제4호)	징계위원회 동의(×)

제63테마

경찰공무원의 의무

중요도 A급

- 「국가공무원법」【시행 2023. 10. 12.】
- 「경찰공무원법」【시행 2024. 8. 14.】
- 「경찰공무원 복무규정」【시행 2021. 1. 5.】
- 「공직자윤리법」【시행 2024. 6. 27.】

📖 기본적 의무

국가 공무원법	선서의무	공무원은 취임할 때에 소속기관장 앞에서 선서하여야 한다. 다만, 불가피한 사유가 있으면 취임 후에 선서하게 할 수 있다(동법 제55조).
	성실의무	① 모든 공무원은 법령을 준수하며 성실히 직무를 수행하여야 한다(동법 제56조). ② 성실의무는 명시적인 법적 근거를 갖고 있고, 공무원의 기본적 의무이며, 모든 의무의 원천이기도 하다.

📖 직무상의의무

구분		내용
국가 공무원법	법령 준수의무	① 모든 공무원은 법령을 준수하며 성실히 직무를 수행하여야 한다(동법 제56조). ② 경찰공무원의 법령 위반은 위법·불법행위로서 무효·취소의 원인이 되고, 징계책임·형사책임·민사상 배상책임을 지게 된다.
	복종의무	① 공무원은 직무를 수행할 때 소속 상관의 직무상 명령에 복종하여야 한다(동법 제57조). ② 직무상 명령에는 직무와 직·간접적으로 관련이 없는 사생활까지 미치는 것은 아니다. ③ 경찰공무원은 구체적 사건 수사와 관련된 소속 상관의 지휘·감독의 적법성 또는 정당성에 대하여 이견이 있을 때에는 이의를 제기할 수 있다(「국가경찰과 자치경찰의 조직 및 운영에 관한 법률」 제6조 제2항).
	직장이탈 금지의무	① 공무원은 소속 상관의 허가(소속 기관장의 허가 ×) 또는 정당한 사유가 없으면 직장을 이탈하지 못한다(동법 제58조 제1항). ② 수사기관이 공무원을 구속하려면 그 소속기관의 장에게 미리 통보하여야 한다. 다만, 현행범은 그러하지 아니하다(동법 제58조 제2항).
	영리업무 금지의무	① 공무원은 공무 외에 영리를 목적으로 하는 업무에 종사하지 못한다(동법 제64조 제1항). ② 소속 기관장의 허가를 받아도 영리업무에 종사할 수 없다.

국가 공무원법	겸직 금지의무	① 공무원은 소속 기관장의 허가 없이 다른 직무를 겸할 수 없다(동법 제64조 제1항). ② 소속 기관장의 허가를 받으면 다른 직무를 겸할 수 있다.
	친절 공정의무	공무원은 국민 전체의 봉사자로서 친절하고 공정하게 직무를 수행하여야 한다(동법 제59조).
	종교 중립의무	① 공무원은 종교에 따른 차별 없이 직무를 수행하여야 한다(동법 제59조의2 제1항). ② 소속 상관이 종교중립의무에 위배되는 직무상 명령을 한 경우에는 이에 따르지 아니할 수 있다(아니하여야 한다 ×)(동법 제59조의2 제2항).
경찰 공무원법	거짓보고 금지의무	경찰공무원은 직무에 관하여 거짓으로 보고나 통보를 하여서는 아니 된다(동법 제24조 제1항).
	직무유기 금지의무	경찰공무원은 직무를 게을리하거나 유기해서는 아니 된다(동법 제24조 제2항).
	지휘권 남용 금지의무	전시·사변, 그 밖에 이에 준하는 비상사태이거나 작전수행 중인 경우 또는 많은 인명 손상이나 국가재산 손실의 우려가 있는 위급한 사태가 발생한 경우에, 경찰공무원을 지휘·감독하는 사람은 정당한 사유 없이 그 직무수행을 거부 또는 유기하거나 경찰공무원을 지정된 근무지에서 진출·퇴각 또는 이탈하게 하여서는 아니 된다(동법 제25조).
	제복 착용의무	① 경찰공무원은 제복을 착용하여야 한다(동법 제26조 제1항). ② 제복착용의무는 경찰공무원의 권리임과 동시에 의무이기도 하다.

경찰
공무원
복무규정

① 경찰공무원은 다음의 기본강령에 따라 복무해야 한다(동 규정 제3조).

경찰사명	국민의 생명·신체 및 재산을 보호하고, 공공의 안녕과 질서를 유지함을 그 사명으로 한다.
경찰정신	국민의 자유와 권리를 존중하는 호국·봉사·정의의 정신을 그 바탕으로 삼는다.
규율	직무상의 명령에 복종하며, 상사에 대한 존경과 부하에 대한 존중으로써 규율을 지켜야 한다.
단결	경찰공무원은 한마음 한뜻으로 굳게 뭉쳐 임무수행에 모든 역량을 기울여야 한다.
책임	경찰공무원은 직무수행의 결과에 대하여 책임을 진다.
성실·청렴	경찰공무원은 성실하고 청렴한 생활태도로 국민의 모범이 되어야 한다.

② 경찰공무원은 상사(소속 기관의 장 ×)의 허가를 받거나 그 명령에 의한 경우를 제외하고는 직무와 관계없는 장소에서 직무수행을 하여서는 아니 된다(동 규정 제8조).
③ 경찰공무원은 근무시간 중 음주를 하여서는 아니 된다. 다만, 특별한 사정이 있는 경우에는 예외로 하되, 이 경우 주기가 있는 상태에서 직무를 수행하여서는 아니 된다(동 규정 제9조).
④ 경찰공무원은 직위 또는 직권을 이용하여 부당하게 타인의 민사분쟁에 개입하여서는 아니 된다(동 규정 제10조).
⑤ 경찰공무원은 휴무일 또는 근무시간 외에 2시간 이내에 직무에 복귀하기 어려운 지역으로 여행을 하고자 할 때에는 소속 경찰기관의 장에게 신고를 하여야 한다. 다만, 치안상 특별한 사정이 있어 경찰청장 또는 경찰기관의 장이 지정하는 기간 중에는 소속 경찰기관의 장의 허가를 받아야 한다(동 규정 제13조).

경찰공무원 복무규정	⑥ 경찰기관의 장은 근무성적이 탁월하거나 다른 경찰공무원의 모범이 될 공적이 있는 경찰공무원에 대하여 1회 10일 이내의 포상휴가를 허가할 수 있다. 이 경우의 포상휴가기간은 연가일수에 산입하지 아니한다(동 규정 제18조).
	⑦ 경찰기관의 장은 특별한 사정이 없는 한 다음과 같이 휴무를 허가하여야 한다(동 규정 제19조).
	㉠ 연일근무자 및 공휴일근무자에 대하여는 그 다음날 1일의 휴무
	㉡ 당직 또는 철야근무자에 대하여는 다음 날 오후 2시를 기준으로 하여 오전 또는 오후의 휴무

📖 신분상의 의무

구분		내용
국가 공무원법	비밀 엄수의무	① 공무원은 재직 중은 물론 퇴직 후에도 직무상 알게 된 비밀을 엄수하여야 한다(동법 제60조). ② 비밀엄수의무 위반시 재직 중에는 형사처벌 및 징계처분이 가능하며, 퇴직 후에는 형사처벌이 가능하다.
	청렴의무	① 공무원은 직무와 관련하여 직접적이든 간접적이든 사례·증여 또는 향응을 주거나 받을 수 없다(동법 제61조 제1항). ② 직무상의 관계가 있든 없든 그 소속 상관에게 증여하거나 소속 공무원으로부터 증여를 받아서는 아니 된다(동법 제61조 제2항).
	영예·증여 제한의무	공무원이 외국정부로부터 영예나 증여를 받을 경우에는 대통령의 허가(신고 ×)를 받아야 한다(동법 제62조).
	품위 유지의무	① 공무원은 직무의 내·외를 불문하고 그 품위가 손상되는 행위를 하여서는 아니 된다(동법 제63조). ② 공무원의 사생활에까지 해당되는 것은 아니다.
	정치운동 금지의무	공무원은 정당이나 그 밖의 정치단체의 결성에 관여하거나 이에 가입할 수 없다(동법 제65조 제1항).
	집단행위 금지의무	① 공무원은 노동운동이나 그 밖에 공무 외의 일을 위한 집단행위를 하여서는 아니 된다. 다만, 사실상 노무에 종사하는 공무원은 예외로 한다(동법 제66조 제1항). ② 경찰공무원으로서 집단행동 금지의무를 위반한 사람은 2년 이하의 징역 또는 200만원 이하의 벌금에 처한다(동법 제37조 제4항).
경찰 공무원법	정치관여 금지의무	① 경찰공무원은 정당이나 정치단체에 가입하거나 정치활동에 관여하는 행위를 하여서는 아니 된다(동법 제23조 제1항). ② 경찰공무원으로서 정당이나 정치단체에 가입하거나 정치활동에 관여하는 행위를 한 사람은 5년 이하의 징역과 5년 이하의 자격정지에 처하고, 그 죄에 대한 공소시효의 기간은 10년으로 한다(동법 제37조 제3항).

공직자 윤리법	재산등록의무 (경사 이상)	공직자윤리법	총경 이상의 경찰공무원(자치총경 포함)
		공직자윤리법 시행령	경찰공무원 중 경정, 경감, 경위, 경사 (자치경정·자치경감·자치경위·자치경사 포함)
	재산공개의무 (배우자 등 포함)	① 치안감 이상의 경찰공무원 ② 시·도경찰청장	
	취업제한의무 (총경 이상)	총경 이상의 경찰공무원은 퇴직일로부터 3년간 퇴직 전 5년 동안 소속하였던 부서 또는 기관의 업무와 밀접한 관련이 있는 일정 규모 이상의 영리사기업체 또는 협회에 취업할 수 없다. 다만, 관할 공직자윤리위원회의 승인을 받은 때에는 그러하지 아니하다(동법 제17조 제1항).	
	선물수령 신고의무 (경찰 전체) (가족 포함)	① 미국 화폐 100달러 이상이거나 국내 시가로 10만원 이상(현금 제외) ② 신고된 선물은 신고 즉시 국가 또는 지방자치단체에 귀속된다(동법 제16조 제1항).	

제64테마

중요도 A급

경찰공무원의 징계

▌「경찰공무원법」【시행 2024. 8. 14.】
▌「경찰공무원 징계령」【시행 2022. 3. 15.】
▌「경찰공무원 징계령 세부시행규칙」【시행 2021. 12. 30.】

📖 일반론

구분	내용
의의	징계책임이란 경찰공무원이 「국가공무원법」 또는 「경찰공무원법」의 의무를 위반하거나 비행을 행한 경우, 공법상 특별권력관계의 내부질서를 유지하기 위하여 임용권자에 의해서 부과되는 책임을 말한다.
법적 성질	① 경찰공무원의 징계는 경찰행정관청의 권력적 의사표시로서 경찰처분의 일종이다. ② 징계사유가 있는 때에는 징계요구권자는 반드시 징계의결 등을 요구해야 하고, 그 결과에 따라 징계처분 등을 하여야 한다는 점에서 징계요구와 처분의 기속성이 인정된다. ③ 징계의 요건 자체에 대한 재량은 인정되지 않는다. 다만, 징계의 종류 중 어느 것을 선택할 수 있는지에 관한 선택재량은 인정된다.
형벌과의 관계	징계벌과 형벌은 대상·목적 등을 달리하기 때문에 동일한 행위에 대하여 양자를 병과하더라도 일사부재리의 원칙에 저촉되지 않는다.
사유 (법정주의)	공무원이 다음의 어느 하나에 해당하면 징계의결을 요구(징계요구의 기속성)하여야 하고, 그 징계의결의 결과에 따라 징계처분(징계처분의 기속성)을 하여야 한다(「국가공무원법」 제78조 제1항). ① 「국가공무원법」 및 「국가공무원법」에 따른 명령에 위반한 때 ② 직무상 의무를 위반하거나 직무를 태만히 한 때 ③ 직무의 내·외를 불문하고, 그 체면 또는 위신을 손상하는 행위를 한 때
특징	① 행위자의 고의·과실의 유무는 묻지 않는다. ② 임명 전의 행위라도 징계사유가 될 수 있다. ③ 소멸시효의 기산은 행위를 한 때가 아닌 공무원으로 임용된 때로부터 기산한다.
소멸시효	① 징계의결의 요구는 징계사유가 발생한 날로부터 3년 이내이다. ② 금품 및 향응 수수, 공금의 횡령·유용의 경우는 5년 이내이다. ③ 성범죄 관련의 경우는 10년 이내이다.

📖 징계권자

구분	내용
원칙	징계권자는 임용권자가 되는 것이 원칙이다.

중징계의 집행	① 파면 · 해임 · 강등 · 정직은 징계위원회의의결을 거쳐 당해 경찰공무원의 임용권자가 행한다(동법 제33조 후문). ② 경무관 이상의 강등 및 정직과 경정 이상의 파면 및 해임은 경찰청장의 제청으로 행정안전부장관과 국무총리를 거쳐 대통령이 행한다(동법 제33조 후문). ③ 총경 및 경정의 강등 및 정직은 경찰청장이 행한다(동법 제33조 후문). ④ 경감 이하의 파면 · 해임 · 강등 · 정직은 경찰청장이 행한다.
경징계의 집행	징계위원회의의결을 거쳐 징계위원회가 설치된 소속기관의 장이 하되, 국무총리 소속하에 설치된 징계위원회에서 의결한 징계는 경찰청장이 행한다(동법 제33조 전문).

📖 징계의 종류

구분		내용
중징계	파면	① 경찰관 신분을 박탈 ② 향후 경찰관 임용이 불가능(일반공무원의 파면의 경우에는 5년간 임용 제한) ③ 퇴직급여액의 감액지급 　　㉠ 재직기간이 5년 미만인 자 : 퇴직급여액의 4분의 1을 감액하고 지급 　　㉡ 재직기간이 5년 이상인 자 : 퇴직급여액의 2분의 1을 감액하고 지급
	해임	① 경찰관 신분을 박탈 ② 향후 경찰관 임용이 불가능(일반공무원의 해임의 경우에는 3년간 임용 제한) ③ 퇴직급여액의 전액지급 원칙 ④ 금품 · 향응 수수, 공금횡령 · 유용으로 해임된 경우 감액지급 　　㉠ 재직기간이 5년 미만인 자 : 퇴직급여액의 8분의 1을 감액하고 지급 　　㉡ 재직기간이 5년 이상인 자 : 퇴직급여액의 4분의 1을 감액하고 지급
	강등	① 1계급 강등 + 정직 3개월 ② 경찰관 신분은 그대로 보유, 직무정지, 정직 3개월 기간 보수의 전액 감액 ③ 정직 3개월 + 18개월 승진임용 · 호봉승급 제한, 승진소요 최저근무연수에 불포함 ④ 금품 · 향응 수수, 공금횡령 · 유용, 소극행정, 음주운전, 음주측정불응, 성폭력, 성희롱, 성매매로 인한 강등의 경우에는 6개월을 더한 기간 승진 및 승급 제한 ⑤ 강등 이전의 계급 정년을 그대로 유지
	정직	① 1개월 이상 3개월 이하 정직 ② 경찰관 신분은 그대로 보유, 직무정지, 정직 기간 보수의 전액 감액 ③ 정직기간 + 18개월 동안 승진임용 · 호봉승급 제한, 승진소요 최저근무연수에 불포함 ④ 금품 · 향응 수수, 공금횡령 · 유용, 소극행정, 음주운전, 음주측정불응, 성폭력, 성희롱, 성매매로 인한 정직의 경우에는 6개월을 더한 기간 승진 및 승급 제한 ⑤ 정직은 1개월~3개월의 기간을 정하여야 하고, 해당 기간을 추가하는 것은 불가

경징계	감봉	① 1개월 이상 3개월 이하의 기간 동안 보수의 3분의 1을 감액하고 지급 ② 직무에는 그대로 종사 ③ 감봉기간 + 12개월 동안 승진임용·호봉승급 제한, 승진소요 최저근무연수에 불포함 ④ 금품·향응 수수, 공금횡령·유용, 소극행정, 음주운전, 음주측정불응, 성폭력, 성희롱, 성매매로 인한 감봉의 경우에는 6개월을 더한 기간 승진 및 승급 제한 ⑤ 감봉은 1개월~3개월의 기간을 정하여야 하고, 해당 기간을 추가하는 것은 불가
	견책	① 잘못에 대하여 훈계하고 반성하도록 하는 처분 ② 보수는 그대로 전액 지급 ③ 6개월 동안 승진임용·호봉승급 제한, 승진소요 최저근무연수에 불포함 ④ 금품·향응 수수, 공금횡령·유용, 소극행정, 음주운전, 음주측정불응, 성폭력, 성희롱, 성매매로 인한 견책의 경우에는 6개월을 더한 기간 승진 및 승급 제한

📖 징계위원회

1. 징계위원회 일반론

구분		내용
의의		경찰공무원의 징계시 징계위원회의 심의·의결을 거쳐야 한다.
법적 성질		징계위원회는 경찰공무원의 징계에 관한 의결을 행할 뿐, 그 대외적 의사표시는 징계권자가 행하므로 징계위원회의 법적 성질은 의결기관이다.
종류		징계위원회는 국무총리 소속 징계위원회, 경찰공무원 중앙징계위원회, 경찰공무원 보통징계위원회로 구성한다(동법 제32조 및 동령 제3조 내지 제6조).
사건 관할	상위계급과 하위계급	상위 계급과 하위 계급의 경찰공무원이 관련된 징계등 사건은 상위 계급의 경찰공무원을 관할하는 징계위원회에서 의결한다(동령 제5조 제1항).
	상급기관과 하급기관	상급 경찰기관과 하급 경찰기관에 소속된 경찰공무원이 관련된 징계등 사건은 상급 경찰기관에 설치된 징계위원회에서 심의·의결한다(동령 제5조 제1항).
	소속이 다른 경우	소속이 다른 2명 이상의 경찰공무원이 관련된 징계등 사건으로서 관할 징계위원회가 서로 다른 경우에는 모두를 관할하는 바로 위 상급 경찰기관에 설치된 징계위원회에서 심의·의결한다(동령 제5조 제2항).
	분리 심의·의결	관할 징계위원회는 관련자에 대한 징계등 사건을 분리하여 심의·의결하는 것이 타당하다고 인정되는 경우에는 해당 징계위원회의 의결로 관련자에 대한 징계등 사건을 관할 징계위원회로 이송할 수 있다(동령 제5조 제4항).
회의 구성		① 징계위원회의 회의는 위원장과 징계위원회가 설치된 경찰기관의 장이 회의마다 지정하는(위원장이 지정하는 ×) 4명 이상 6명 이하의 위원으로 성별을 고려하여 구성하되, 민간위원의 수는 위원장을 포함한 위원 수의 2분의 1 이상이어야 한다(동령 제7조 제1항). ② 징계사유가 다음의 어느 하나에 해당하는 징계 사건이 속한 징계위원회의 회의를 구성하는 경우에는 피해자와 같은 성별의 위원이 위원장을 제외한(위원장을 포함한 ×) 위원 수의 3분의 1 이상 포함되어야 한다(동령 제7조 제2항). ⊙「성폭력범죄의 처벌 등에 관한 특례법」에 따른 성폭력범죄 ⓒ「양성평등기본법」에 따른 성희롱

2. 징계위원회의 종류

구분		내용
국무총리 소속 징계위원회	설치 관할	**경무관 이상의 경찰공무원에 대한 징계 의결**은 국무총리 소속으로 설치된 징계위원회에서 의결한다(동법 제32조 제1항).
	구성	국무총리 소속 징계위원회는 위원장 1명을 포함하여 17명 이상 33명 이하의 공무원위원과 민간위원으로 구성한다. 이 경우 민간위원의 수는 위원장을 제외한 위원 수의 2분의 1 이상이어야 한다(「공무원 징계령」 제4조 제1항).
경찰공무원 중앙징계위원회	설치 관할	① 중앙징계위원회는 경찰청 및 해양경찰청에 둔다(동령 제3조 제2항). ② 중앙징계위원회는 총경 및 경정에 대한 징계 또는 징계부가금 부과 사건에 대한 심의·의결을 담당한다(동령 제4조 제1항).
	구성	① 중앙징계위원회는 위원장 1명을 포함하여 11명 이상 51명 이하의 공무원위원과 민간위원으로 구성한다(동령 제6조 제1항). ② 중앙징계위원회는 위원 수의 2분의 1 이상을 민간위원으로 위촉한다. 이 경우 특정 성별의 위원이 민간위원 수의 10분의 6을 초과하지 않도록 해야 한다(동령 제6조 제3항).
경찰공무원 보통징계위원회	설치 관할	① 보통징계위원회는 경찰청, 시·도경찰청, 경찰대학, 경찰인재개발원, 중앙경찰학교, 경찰수사연수원, 경찰병원, 경찰서, 경찰기동대, 의무경찰대 및 경찰청장이 지정하는 경감 이상(경정 이상 ×)의 경찰공무원을 장으로 하는 기관에 둔다(동령 제3조 제2항). ② 보통징계위원회는 해당 징계위원회가 설치된 경찰기관 소속 경감 이하 경찰공무원에 대한 징계등 사건을 심의·의결한다(동령 제4조 제2항). ③ 경정 이상의 경찰공무원을 장으로 하는 경찰서, 경찰기동대 등 총경 이상의 경찰공무원을 장으로 하는 경찰기관에 설치된 보통징계위원회는 소속 경위 이하의 경찰공무원에 대한 징계를 심의·의결한다(동령 제4조 제2항 제1호). ④ 의무경찰대 등 경감 이상의 경찰공무원을 장으로 하는 경찰기관에 설치된 보통징계위원회는 소속 경사 이하의 경찰공무원에 대한 징계를 심의·의결한다(동령 제4조 제2항 제2호). ⑤ 경찰청에 설치된 보통징계위원회는 경찰청장이 징계등 의결을 요구하는 경찰공무원에 대한 징계등 사건을 심의·의결한다(동령 제4조 제3항). ⑥ 보통징계위원회의 징계 관할에서 제외되는 경찰공무원의 징계등 사건은 바로 위 상급 경찰기관에 설치된 보통징계위원회에서 심의·의결한다(동령 제4조 제4항).
	구성	① 보통징계위원회는 위원장 1명을 포함하여 11명 이상 51명 이하의 공무원위원과 민간위원으로 구성한다(동령 제6조 제1항). ② 보통징계위원회는 위원 수의 2분의 1 이상을 민간위원으로 위촉한다. 이 경우 특정 성별의 위원이 민간위원 수의 10분의 6을 초과하지 않도록 해야 한다(동령 제6조 제3항).

3. 징계위원회의 위원 및 위원장

구분		내용
임기		징계위원회의 위원 중 위촉되는 민간위원의 임기는 2년으로 하며, 한 차례만 연임할 수 있다(동령 제6조의2).
자격	공무원위원	① 징계위원회가 설치된 경찰기관의 장은 징계등 심의대상자보다 상위 계급인 경위 이상의 소속 경찰공무원 또는 상위 직급에 있는 6급 이상의 소속 공무원 중에서 징계위원회의 공무원위원을 임명한다(동령 제6조 제2항 본문). ② 다만, 보통징계위원회의 경우 위의 ①의 인원이 미달되는 등의 사유로 보통징계위원회를 구성하는 것이 곤란한 경우에는 징계등 심의대상자보다 상위 계급인 경사 이하의 소속 경찰공무원 또는 상위 직급에 있는 7급 이하의 소속공무원 중에서 임명할 수 있으며, 이 경우에는 3개월 이하의 감봉 또는 견책(경징계)에 해당하는 징계 등 사건만을 심의·의결한다(동령 제6조 제2항 단서).
	중앙징계위원회 민간위원	① 법관·검사 또는 변호사로 10년 이상 근무한 사람 ②「고등교육법」제2조에 따른 학교 또는 이에 준하는 교육기관에서 경찰 관련 학문을 담당하는 정교수 이상(부교수 이상 ×)으로 재직 중인 사람 ③ 총경 또는 4급 이상의 공무원으로 근무하고 퇴직한 사람 ④ 민간부문에서 인사·감사 업무를 담당하는 임원급 또는 이에 상응하는 직위에 근무한 경력이 있는 사람
	보통징계위원회 민간위원	① 법관·검사 또는 변호사로 5년 이상 근무한 사람 ② 대학에서 경찰 관련 학문을 담당하는 부교수 이상(조교수 이상 ×)으로 재직 중인 사람 ③ 공무원으로 20년 이상 근속하고 퇴직한 사람 ④ 민간부문에서 인사·감사 업무를 담당하는 임원급 또는 이에 상응하는 직위에 근무한 경력이 있는 사람
위원장		① 징계위원회의 위원장은 공무원위원 중 최상위 계급 또는 이에 상응하는 직급에 있거나 최상위 계급 또는 이에 상응하는 직급에 먼저 승진임용된 공무원이 된다(동령 제6조 제4항). ② 징계위원회 위원장은 위원회의 사무를 총괄하며 위원회를 대표한다(동령 제7조 제3항). ③ 징계위원회의 회의는 위원장이 소집하며, 위원장은 표결권을 가진다(동령 제7조 제4항 및 제5항). ④ 위원장이 부득이한 사유로 직무를 수행할 수 없거나 위원장이 필요하다고 인정하는 경우에는 출석한 위원 중 최상위 계급 또는 이에 상응하는 직급에 있거나 최상위 계급 또는 이에 상응하는 직급에 먼저 승진임용된 공무원이 위원장이 된다(동령 제7조 제6항).

📖 징계의 절차

1. 감사원의 조사개시 통보 등의 경우

구분	내용
감사원에서 조사 중인 사건	감사원에서 조사 중인 사건에 대하여는 조사개시 통보를 받은 날부터 징계의결의 요구나 그 밖의 징계절차를 진행하지 못한다(「국가공무원법」 제83조 제1항).
수사기관에서 수사 중인 사건	검찰·경찰 그 밖의 수사기관에서 수사 중인 사건에 대하여는 수사개시 통보를 받은 날부터 징계의결의 요구나 그 밖의 징계절차를 진행하지 아니할 수 있다(「국가공무원법」 제83조 제2항).
통보	감사원과 검찰·경찰, 그 밖의 수사기관은 조사나 수사를 시작한 때와 마친 때에는 10일 이내에 소속기관의 장에게 그 사실을 통보하여야 한다(「국가공무원법」 제83조 제3항).

2. 징계의결의 요청(경찰기관의 장 → 징계위원회)

구분	내용
지체 없이 징계의결 요청	① 경찰기관의 장은 징계사유가 있다고 인정하거나 징계의결 요구의 신청을 받은 때에는, 지체 없이 관할 징계위원회를 구성하여 징계의결을 요청하여야 한다(동령 제9조 제1항). ② 경찰기관의 장이 징계등 의결 요구 또는 그 신청을 할 때에는 중징계 또는 경징계로 구분하여 요구하거나 신청하여야 한다(동령 제9조 제4항). ③ 경찰기관의 장은 징계등 의결을 요구할 때에는 경찰공무원 징계의결 또는 징계부가금 부과 의결 요구서 사본을 징계등 심의대상자에게 보내야 한다(동령 제9조 제5항).
징계 등 사건의 통지	① 경찰기관의 장은 그 소속이 아닌 경찰공무원에게 징계 사유가 있다고 인정될 때에는 해당 경찰기관의 장에게 그 사실을 증명할 만한 충분한 사유를 명확히 밝혀 통지하여야 한다(동령 제10조 제1항). ② 징계 사유를 통지받은 경찰기관의 장은 타당한 이유가 없으면 통지를 받은 날부터 30일 이내에 관할 징계위원회에 징계등 의결을 요구하거나 그 상급 경찰기관의 장에게 징계등 의결의 요구를 신청하여야 한다(동령 제10조 제2항).
30일 이내 징계의결	① 징계등 의결을 요구받은 징계위원회는 그 요구서를 받은 날로부터 30일 이내에 징계 등에 관한 의결을 하여야 한다. 다만, 부득이한 사유가 있을 때에는 해당 징계등 의결을 요구한 경찰기관의 장의 승인(해당 징계등 심의대상자의 동의 ×)을 받아 30일 이내의 범위 안에서 그 기한을 연기할 수 있다(동령 제11조 제1항). ② 징계등 의결이 요구된 사건에 대한 징계 등 절차의 진행이 감사원이나 수사기관의 조사·수사개시 통지에 따라 중지되었을 때에는 그 중지된 기간은 징계등 의결기한에서 제외한다(동령 제11조 제2항).
징계부가금 부과의결 요청	공무원의 징계의결을 요구하는 경우 그 징계사유가 금전·물품·부동산·향응 또는 그 밖에 대통령령으로 정하는 재산상 이익을 취득하거나 제공한 경우 예산 등의 횡령·배임·절도·사기 또는 유통으로 인해서 취득하거나 제공한 금전 또는 재산상 이득의 5배 내의 징계부가금 의결을 징계위원회에 요구하여야 한다(「국가공무원법」 제78조의2 제1항).

3. 징계위원회에의 출석심사

구분	내용
출석요구	① 징계위원회가 징계등 심의대상자의 출석을 요구할 때에는 출석통지서로 하되, 징계위원회 개최일 5일 전까지 그 징계등 심의대상자에게 도달되도록 하여야 한다(동령 제12조 제1항). ② 징계위원회는 징계등 심의대상자가 그 징계위원회에 출석하여 진술하기를 원하지 아니할 때에는 진술권 포기서를 제출하게 하여 이를 기록에 첨부하고 서면심사로 징계등 의결을 할 수 있다(동령 제12조 제2항). ③ 징계위원회는 출석 통지를 하였음에도 불구하고 징계등 심의대상자가 정당한 사유 없이 출석하지 아니하였을 때에는 그 사실을 기록에 분명히 적고 서면심사로 징계등 의결을 할 수 있다(동령 제12조 제3항 본문).
소재가 분명하지 아니한 경우	징계등 심의대상자의 소재가 분명하지 아니한 때에는 출석통지를 관보에 게재하고, 그 게재일로부터 10일이 지나면 출석통지가 송달된 것으로 보며, 징계등 의결을 할 때에는 관보 게재의 사유와 그 사실을 기록에 분명히 적어야 한다(동령 제12조 제3항 단서).

4. 심문과 진술권 등

구분	내용
심문권	① 징계위원회는 출석한 징계등 심의대상자에게 징계사유에 해당하는 사실에 관한 심문을 하고 심사를 위하여 필요하다고 인정될 때에는 관계인을 출석하게 하여 심문할 수 있다(동령 제13조 제1항). ② 징계등 의결을 요구한 자 또는 징계등 의결의 요구를 신청한 자는 징계위원회에 출석하여 의견을 진술하거나 서면으로 의견을 진술할 수 있다. 다만, 중징계나 중징계 관련 징계부가금 요구사건의 경우에는 특별한 사유가 없는 한 징계위원회에 출석하여 의견을 진술해야 한다(동령 제13조 제4항).
진술·증거제출	징계위원회는 징계등 심의대상자에게 진술할 수 있는 기회를 충분히 주어야 하며, 징계등 심의대상자는 의견서 또는 말로 자기에게 이익이 되는 사실을 진술하거나 증거를 제출할 수 있다(동령 제13조 제2항).
증인 심문 신청	징계등 심의대상자는 증인의 심문을 신청할 수 있다. 이 경우 징계위원회는 의결로써 (위원장의 결정으로 ×) 그 채택 여부를 결정하여야 한다(동령 제13조 제3항).
검증·감정	징계위원회는 필요하다고 인정할 때에는 사실조사를 하거나 특별한 학식·경험이 있는 사람에게 검증 또는 감정을 의뢰할 수 있다(동령 제13조 제5항).

5. 징계의의결 및 통지

구분	내용
의결정족수	**징계위원회의의결은** 위원장을 포함한 위원 과반수의 출석과 출석위원 과반수의 찬성(일반의결정족수)으로 의결하되, 의견이 나뉘어 출석위원 과반수의 찬성을 얻지 못한 경우에는 출석위원 과반수가 될 때까지 징계 등 심의대상자에게 가장 불리한 의견을 제시한 위원의 수를 그 다음으로 불리한 의견을 제시한 위원의 수에 차례로 더하여 그 의견을 합의된 의견으로 본다(동령 제14조 제1항).

구분	내용
고려사항	징계위원회는 징계등 사건을 의결할 때에는 징계등 심의대상자의 비위행위 당시 계급 및 직위, 비위행위가 공직 내외에 미치는 영향, 평소 행실, 공적, 뉘우치는 정도나 그 밖의 정상과 징계등 의결을 요구한 자의 의견을 고려해야 한다(고려할 수 있다 ×)(동령 제16조).
비공개	징계위원회의 의결 내용은 공개하지 아니한다(동령 제14조 제5항).
통지	징계위원회는 징계등 의결을 하였을 때에는 지체 없이 징계등 의결을 요구한 자에게 의결서 정본을 보내어 통지하여야 한다(동령 제17조).

6. 징계의결의 집행

구분		내용
경징계		① 징계등 의결을 요구한 자는 경징계의 징계등 의결을 통지받았을 때에는 통지받은 날부터 15일 이내에 징계등을 집행하여야 한다(동령 제18조 제1항). ② 징계등 의결을 요구한 자는 징계등 의결을 집행할 때에는 의결서 사본에 징계등 처분 사유 설명서를 첨부하여 징계등 처분 대상자에게 보내야 한다(동령 제18조 제2항).
중징계	처분 제청	① 징계등 의결을 요구한 자는 중징계의 징계등 의결을 통지받았을 때에는 지체 없이 징계등 처분 대상자의 임용권자에게 의결서 정본을 보내어 해당 징계등 처분을 제청하여야 한다(동령 제19조 제1항 본문). ② 중징계 처분의 제청을 받은 임용권자는 15일 이내에 의결서 사본에 징계등 처분 사유 설명서를 첨부하여 징계등 처분 대상자에게 보내야 한다(동령 제19조 제2항).
	집행	경무관 이상의 강등 및 정직, 경정 이상의 파면 및 해임 처분의 제청, 총경 및 경정의 강등 및 정직의 집행은 경찰청장이 한다(동령 제19조 제1항 단서).

7. 징계의결에의 불복

구분	내용
소청심사	처분 사유 설명서를 받은 공무원이 그 처분에 불복할 때에는 그 설명서를 받은 날부터, 공무원이 처분 외에 본인의 의사에 반한 불리한 처분을 받았을 때에는 그 처분이 있은 것을 안 날부터 30일 이내에 소청심사위원회에 이에 대한 심사를 청구할 수 있다. 이 경우 변호사를 대리인으로 선임할 수 있다(「국가공무원법」 제76조 제1항).
행정소송	① 소청을 제기한 자가 소청심사위원회의 결정에 대해서 불복이 있는 때에는 소청결정서 정본을 송달받은 날로부터 90일 이내에 행정법원에 행정소송을 제기할 수 있다. ② 징계처분, 휴직처분, 면직처분, 그 밖에 의사에 반하는 불리한 처분에 대한 행정소송은 경찰청장을 피고로 한다. 다만, 임용권을 위임한 때에는 그 위임을 받은 자를 피고로 한다(동법 제34조).

📖 징계책임의 감경·가중

1. 징계책임의 감경사유

구분	내용
행위자 감경사유	① 징계요구권자 또는 징계위원회는 다음의 어느 하나에 해당하는 사유가 있을 때에는 행위자의 징계책임을 감경하여 징계의결 요구 또는 징계의결하거나 징계책임을 묻지 아니할 수 있다(아니하여야 한다 ×)(동령 세부시행규칙 제4조 제2항). ㉠ 과실로 인한 의무위반행위가 다른 법령에 의해 처벌사유가 되지 않고 비난가능성이 없는 때 ㉡ 국가 또는 공공의 이익을 증진하기 위해 성실하고 능동적으로 업무를 처리하는 과정에서 부분적인 절차상 하자 또는 비효율, 손실 등의 잘못이 발생한 때 ㉢ 업무매뉴얼에 규정된 직무상의 절차를 충실히 이행한 때 ㉣ 의무위반행위의 발생을 방지하기 위해 최선을 다하였으나 부득이한 사유로 결과가 발생하였을 때 ㉤ 발생한 의무위반행위에 대하여 자진신고하거나 사후조치에 최선을 다하여 원상회복에 크게 기여한 때 ㉥ 간첩 또는 사회이목을 집중시킨 중요사건의 범인을 검거한 공로가 있을 때 ㉦ 의무위반행위 중 직무와 관련이 없는 사고로 인한 의무위반행위로서 사회통념에 비추어 공무원의 품위를 손상하지 아니한 때 ② 징계의결 요구권자는 공금횡령·유용, 업무상 배임의 금액이 300만원 이상일 경우에는 중징계 의결을 요구하여야 한다(동령 세부시행규칙 제4조 제1항).
감독자 감경사유	징계요구권자 또는 징계위원회는 감독자에게 다음의 어느 하나에 해당하는 사유가 있을 때에는 징계책임을 감경하여 징계의결 요구 또는 징계의결하거나 징계책임을 묻지 아니할 수 있다(아니하여야 한다 ×)(동령 세부시행규칙 제5조 제2항). ① 부하직원의 의무위반행위를 사전에 발견하여 적법 타당하게 조치한 때 ② 부하직원의 의무위반행위가 감독자 또는 행위자의 비번일, 휴가기간, 교육기간 등에 발생하거나, 소관업무와 직접 관련 없는 등 감독자의 실질적 감독범위를 벗어났다고 인정된 때 ③ 부임기간이 1개월 미만으로 부하직원에 대한 실질적인 감독이 곤란하다고 인정된 때 ④ 교정이 불가능하다고 판단된 부하직원의 사유를 명시하여 인사상 조치를 상신하는 등 성실히 관리한 이후에 같은 부하직원이 의무위반행위를 야기하였을 때 ⑤ 부하직원에 대하여 평소 철저한 교양감독 등 감독자로서의 임무를 성실히 수행하였다고 인정된 때
공적이 있는 경우	징계위원회는 징계의결이 요구된 자가 다음의 어느 하나에 해당하는 공적이 있는 경우 징계를 감경할 수 있다(감경하여야 한다 ×)(동령 세부시행규칙 제8조 제1항). ① 훈장 또는 포장을 받은 공적 ② 국무총리 이상의 표창을 받은 공적(경감 이하의 경찰공무원 등은 경찰청장 또는 중앙행정기관 차관급 이상 표창을 받은 공적) ③ 모범공무원으로 선발된 공적

2. 징계책임의 가중사유

구분	내용
서로 관련이 없는 2개 이상의 의무위반행위	징계의결 요구권자 또는 징계위원회는 서로 관련이 없는 2개 이상의 의무위반행위가 경합될 때에는 그 중 책임이 중한 의무위반행위에 해당하는 징계보다 1단계 위의 징계의결 요구 또는 징계의결을 할 수 있다(동령 세부시행규칙 제7조 제1항).
하나의 행위가 여러 종류의 의무위반행위	하나의 행위가 동시에 여러 종류의 의무위반행위에 해당될 때에도 또한 같다(동령 세부시행규칙 제7조 제2항).
승진임용 제한기간 중 발생한 비위	징계위원회는 징계처분을 받은 사람에 대하여 승진임용 제한기간 중에 발생한 비위로 다시 징계의결이 요구된 경우에는 그 비위에 해당하는 징계보다 2단계 위의 징계로 의결할 수 있다(동령 세부시행규칙 제7조 제3항 전단).
승진임용 제한기간이 끝난 후부터 1년 이내	승진임용 제한기간이 끝난 후부터 1년 이내에 발생한 비위로 징계의결이 요구된 경우에는 1단계 위의 징계로 의결할 수 있다(동령 세부시행규칙 제7조 제3항 후단).

제65테마

소청심사제도

「국가공무원법」【시행 2023. 10. 12.】

> **참고** 처분사유 설명서의 교부
> ① 공무원에 대하여 징계처분 등을 할 때나 강임(경찰공무원은 제외)·휴직·직위해제 또는 면직처분을 할 때에는 그 처분권자 또는 처분제청권자는 처분사유를 적은 설명서를 교부하여야 한다(동법 제75조 제1항).
> ② 처분권자는 피해자가 요청하는 경우 다음의 어느 하나에 해당하는 사유로 처분사유 설명서를 교부할 때에는 그 징계처분결과를 피해자에게 함께 통보하여야 한다(동법 제75조 제2항).
>> ㉠ 「성폭력범죄의 처벌 등에 관한 특례법」 제2조에 따른 **성폭력범죄**
>> ㉡ 「양성평등기본법」 제3조제2호에 따른 **성희롱**
>> ㉢ 직장에서의 지위나 관계 등의 우위를 이용하여 업무상 적정범위를 넘어 다른 공무원 등에게 부당한 행위를 하거나 신체적·정신적 고통을 주는 등의 행위(직장 내 괴롭힘)
>
> ③ 본인의 원에 따른 강임(경찰공무원은 제외)·휴직 또는 면직처분은 처분사유 설명서를 교부하지 않는다(동법 제75조 제2항 단서).

📖 일반론

구분	내용
의의	소청이란 공무원이 징계처분 기타 본인의의사에 반하는 불리한 처분을 받은 자가 관할 소청심사위원회에 심사를 청구하는 제도로서 일종의 특별행정심판이다.
대상	① 소청의 대상은 징계처분·강임(경찰공무원은 미적용)·휴직·직위해제·면직처분 기타 본인의 의사에 반하는 불리한 처분이다. ② 본인의의사에 반하는 불리한 처분에는 불리한 경력평정, 전직(경찰공무원은 미적용), 대기명령, 의원면직의 형식에 의한 면직 등이 있다.

구분		내용
설치	행정부 소속 (인사혁신처)	① 행정기관 소속 공무원의 징계처분, 그 밖의 그 의사에 반하는 불리한 처분, 부작위에 대한 소청을 심사·결정하게 하기 위하여 인사혁신처에 소청심사위원회를 둔다(동법 제9조 제1항). ② 소청심사위원회는 합의제 행정관청이며, 소청심사는 행정관청의 징계처분에 대한 행정심판의 일종으로 볼 수 있다.
	행정부 외 소속 (해당 기관)	국회, 법원, 헌법재판소 및 선거관리위원회 소속 공무원의 소청에 관한 사항을 심사·결정하게 하기 위하여 각각 해당 소청심사위원회를 둔다(동법 제9조 제2항).
구성		인사혁신처에 설치된 소청심사위원회는 위원장 1명을 포함한 5명 이상 7명 이하의 상임위원과 상임위원 수의 2분의 1 이상인 비상임위원으로 구성하되, 위원장은 정무직으로 보한다(동법 제9조 제3항).

📖 소청심사위원회의 위원

구분	내용
임명절차	소청심사위원은 인사혁신처장의 제청으로 국무총리를 경유하여 대통령이 임명한다(동법 제10조 제1항). 인사혁신처장의 제청 → 국무총리 경유 → 대통령의 임명
자격	① 상임위원의 자격은 다음의 어느 하나에 해당하는 자 중에서 임명하여야 한다(동법 제10조 제1항). 　㉠ 법관·검사 또는 변호사의 직에 5년 이상 근무한 자 　㉡ 대학에서 행정학·정치학 또는 법률학(경찰학 ×)을 담당한 부교수 이상의 직에 5년 이상 근무한 자 (암기 TIP 행정법부 5년 이상) 　㉢ 3급 이상 해당 공무원 또는 고위공무원단에 속하는 공무원으로서 3년 이상 근무한 자 ② 비상임위원의 자격은 다음의 어느 하나에 해당하는 자 중에서 임명하여야 한다(동법 제10조 제1항). 　㉠ 법관·검사 또는 변호사의 직에 5년 이상 근무한 자 　㉡ 대학에서 행정학·정치학 또는 법률학(경찰학 ×)을 담당한 부교수 이상의 직에 5년 이상 근무한 자 (암기 TIP 행정법부 5년 이상)
임기	① 상임위원의 임기는 3년(비상임위원의 임기는 2년)으로 하되, 한 번만 연임할 수 있으며, 다른 직무를 겸할 수 없다(동법 제10조 제2항 및 제4항). ② 소청심사위원회의 공무원이 아닌 위원은 「형법」이나 그 밖의 법률에 다른 벌칙을 적용할 때 공무원으로 본다(동법 제10조 제5항).
결격사유	다음의 어느 하나에 해당하는 자는 소청심사위원회의 위원이 될 수 없다(동법 제10조의2 제1항). ① 「국가공무원법」상(「경찰공무원법」상 ×) 공무원 결격사유에 해당하는 자 ② 「정당법」에 따른 정당의 당원 ③ 「공직선거법」에 따라 실시하는 선거에 후보자로 등록한 자
당연퇴직	소청심사위원회의 위원이 결격사유에 해당하게 된 때에는 당연히 퇴직한다(동법 제10조의2 제2항).
신분보장	소청심사위원은 금고(벌금 ×) 이상의 형벌이나 장기의 심신쇠약으로 직무를 수행할 수 없게 된 경우 외에는 본인의의사에 반하여 면직되지 아니한다(동법 제11조).

📖 소청심사의 청구·심사

구분	내용
청구	징계처분·강임(경찰공무원은 미적용)·휴직·직위해제·면직처분에 따른 처분사유 설명서를 받은 공무원이 그 처분에 불복할 때에는 그 설명서를 받은 날부터, 그 밖에 본인의의사에 반한 불리한 처분을 받았을 때에는 그 처분이 있은 것을 안 날부터 각각 30일 이내에 소청심사위원회에 이에 대한 심사를 청구할 수 있다. 이 경우 변호사를 대리인으로 선임할 수 있다(동법 제76조 제1항).
심사	소청심사위원회는 소청이 접수되었을 때에는 지체 없이 이를 심사하여야 한다(동법 제12조 제1항).
소청인의 진술권	① 소청사건을 심사할 때에는 소청인 또는 대리인에게 반드시 진술할 기회를 부여하여야 한다(동법 제13조 제1항). ② 진술의 기회를 부여하지 아니하고 한 결정은 무효이다(동법 제13조 제2항).

📖 소청심사위원회의 결정

구분	내용
기한	소청심사위원회는 소청심사청구를 접수한 날부터 60일 이내에 이에 대한 결정을 하여야 하고, 다만 불가피하다고 인정되면 소청심사위원회의의결(위원장의 결정 ×)로 30일을 연장할 수 있다(동법 제76조 제5항).
결정 정족수	① 소청사건의 결정은 재적위원 3분의 2 이상의 출석과 출석위원 과반수의 합의(특별의결정족수)에 따르되, 의견이 나뉠 경우에는 출석위원 과반수에 이를 때까지 소청인에게 가장 불리한 의견에 차례로 유리한 의견을 더하여 그 중 가장 유리한 의견을 합의된 의견으로 본다(동법 제14조 제1항). ② 파면·해임·강등 또는 정직에 해당하는 징계처분(즉, 중징계의 경우)을 취소 또는 변경하려는 경우와 효력 유무 또는 존재 여부에 대한 확인을 하려는 경우(즉, 무효확인결정 또는 부존재확인결정)에는 재적위원 3분의 2 이상의 출석과 출석위원 3분의 2이상의 합의(특별의결정족수)가 있어야 한다. 이 경우 구체적인 결정의 내용은 출석위원 과반수의 합의에 따르되, 의견이 나뉘어 출석위원 과반수의 합의에 이르지 못하였을 때에는 과반수에 이를 때까지 소청인에게 가장 불리한 의견에 차례로 유리한 의견을 더하여 그 중 가장 유리한 의견을 합의된 의견으로 본다(동법 제14조 제2항).
불이익변경의 금지	소청심사위원회가 징계처분을 받은 자의 청구에 따라 소청을 심사할 경우에는 원징계처분보다 무거운 징계 또는 원징계부가금 부과처분보다 무거운 징계부가금을 부과하는 결정을 하지 못한다(동법 제14조 제8항).
종류	소청심사위원회의 결정은 각하결정, 기각결정, 인용결정(취소결정, 변경결정, 무효확인결정, 부존재확인결정, 의무이행결정으로 구분한다(동법 제14조 제6항).

구분	내용
효력	① 소청심사위원회의 결정은 처분행정청을 기속한다(동법 제15조). ② 소청심사위원회는 직접 처분의 취소·변경을 하거나, 처분청에 명할 수 있다. ③ 인사혁신처장은 소청심사위원회의 결정이 부당하다고 인정될 때에도 재심을 청구할 수 없다(청구할 수 있다 ×). ④ 소청심사위원회의 취소명령 또는 변경명령 결정은 그에 따른 징계나 그 밖의 처분이 있을 때까지는 종전에 행한 징계처분 또는 징계부가금 부과 처분에 영향을 미치지 아니한다(동법 제14조 제7항).

소청심사위원회의 결정에 따른 불복

구분	내용
재심청구불가	인사혁신처장은 소청심사위원회의 결정이 부당하다고 인정될 때에도 재심을 청구할 수 없다(청구할 수 있다 ×).
행정소송 제기	① 경찰공무원은 소청심사위원회의 결정이 위법하다고 인정되는 경우, 소청제기 후 60일이 경과하여도 소청심사위원회의 결정이 없는 경우에는 행정소송을 제기할 수 있다. ② 징계처분, 휴직처분, 면직처분, 그 밖에 본인의사에 반하는 불리한 처분에 대한 행정소송의 경우에는 경찰청장을 피고로 한다. 다만, 임용권을 위임한 경우에는 그 위임을 받은 자를 피고로 한다(「경찰공무원법」 제34조).
소청심사 전치주의	징계처분·강임(경찰공무원은 미적용)·휴직·직위해제 또는 면직처분, 그 밖에 본인의의사에 반한 불리한 처분이나 부작위에 관한 행정소송은 소청심사위원회의 심사·결정을 거치지 아니하면 제기할 수 없다(동법 제16조 제1항). 참고 행정심판전치주의가 대표적으로 적용되는 경우 ① 공무원에 대한 징계처분(소청심사) ② 조세소송(「국세기본법」상 조세심판, 「관세법」상 관세처분 심사청구) ③ 「도로교통법」상 운전면허 정지·취소처분에 대한 심판 ④ 「선박안전법」상 국토교통부장관 등의 선박검사 등 처분

제66테마

고충심사제도

중요도 B급

- 「국가공무원법」【시행 2023. 10. 12.】
- 「경찰공무원법」【시행 2024. 8. 14.】
- 「공무원고충처리규정」【시행 2022. 4. 15.】

📖 일반론

구분	내용
의의	① 고충심사란 인사·조직·처우 등 각종 직무조건, 그 밖에 신상 문제와 관련한 고충에 대하여 공무원의 고충심사 청구가 있는 경우에 고충심사위원회에서 심사하는 제도를 의미한다. ② 중앙인사기관의 장, 임용권자 또는 임용제청권자는 상담을 신청받은 경우에는 소속 공무원을 지정하여 상담하게 하고, 심사를 청구받은 경우에는 관할 고충심사위원회에 부쳐 심사하도록 하여야 하며, 그 결과에 따라 고충의 해소 등 공정한 처리를 위하여 노력하여야 한다(「국가공무원법」 제76조의2 제2항).
청구신고	공무원은 인사·조직·처우 등 각종 직무 조건과 그 밖에 신상문제와 관련한 고충에 대하여 상담을 신청하거나 심사를 청구할 수 있으며, 누구나 기관 내 성폭력 범죄 또는 성희롱 발생 사실을 알게 된 경우 이를 신고할 수 있다. 이 경우 상담 신청이나 심사 청구 또는 신고를 이유로 불이익한 처분이나 대우를 받지 아니한다(「국가공무원법」 제76조의2 제1항).
대상	① 공무원은 누구나 인사·조직·처우 등 직무조건과 관련된 신상 문제와 「성폭력범죄의 처벌 등에 관한 특례법」 제2조에 따른 성폭력 범죄, 「양성평등기본법」 제3조 제2호에 따른 성희롱 및 「공무원 행동강령」 제13조의3에 따른 부당한 행위 등으로 인한 신상 문제와 관련된 고충의 처리를 요구할 수 있다(동 규정 제2조 제1항). ② 직무와 관련된 모든 문제가 고충심사의 대상이 된다.
조치	중앙인사기관의 장, 임용권자 또는 임용제청권자는 기관 내 성폭력 범죄 또는 성희롱 발생사실의 신고를 받은 경우에는 지체 없이 사실 확인을 위한 조사를 하고(할 수 있고 ×) 그에 따라 필요한 조치를 하여야 한다(할 수 있다 ×)(「국가공무원법」 제76조의2 제3항).
청구기간	고충심사의 청구에는 특별한 청구기간의 제약이 없다.

📖 중앙고충심사위원회

구분	내용
설치	① 중앙고충심사위원회는 실제 기구는 두지 아니하고, 현재 소청심사위원회에서 중앙고충심사위원회의 직무를 관장한다. ② 공무원의 고충을 심사하기 위하여 중앙인사관장기관에 중앙고충심사위원회를, 임용권자 또는 임용제청권자 단위로 보통고충심사위원회를 두되, 중앙고충심사위원회의 기능은 소청심사위원회에서 관장한다(「국가공무원법」 제76조의2 제4항).
심사대상	경찰공무원 고충심사위원회의 심사를 거친 재심청구와 경정 이상의 경찰공무원의 인사상담 및 고충심사는 중앙고충심사위원회에서 한다(「경찰공무원법」 제31조 제2항).

📖 경찰공무원 고충심사위원회(보통고충심사위원회)

구분	내용
설치	① 경찰공무원의 인사상담 및 고충을 심사하기 위하여 경찰청, 해양경찰청, 시·도자치경찰위원회, 시·도경찰청, 대통령령으로 정하는 경찰기관 및 지방해양 경찰관서에 경찰공무원 고충심사위원회를 둔다(「경찰공무원법」 제31조 제1항). ② 대통령령으로 정하는 경찰기관이라 함은 경찰대학, 경찰인재개발원, 중앙경찰학교, 경찰수사연수원, 경찰서, 경찰기동대 기타 경감 이상의 경찰공무원을 장으로 하는 기관 중 행정안전부장관(경찰청장 ×)이 지정하는 경찰기관을 말한다(동 규정 제3조의2 제1항).
심사대상	위원회는 경감 이하 경찰공무원의 고충심사를 담당한다.
구성	위원장 1명을 포함하여 7명 이상 15명 이하의 공무원위원과 민간위원으로 구성한다. 이 경우 민간위원의 수는 위원장을 제외한(위원장을 포함한 ×) 위원 수의 2분의 1 이상이어야 한다(동 규정 제3조의2 제2항).
위원장	위원장은 설치기관 소속 공무원 중에서 인사 또는 감사 업무를 담당하는 과장 또는 이에 상당하는 직위를 가진 사람이 된다(동 규정 제3조의2 제3항).
위원의 자격	① 공무원위원은 청구인보다 상위 계급 또는 이에 상당하는 소속 공무원 중에서 설치기관의 장이 임명한다(동 규정 제3조의2 제4항). ② 민간위원은 다음의 어느 하나에 해당하는 사람 중에서 설치기관의 장이 위촉한다(동 규정 제3조의2 제5항). 　㉠ 경찰공무원으로 20년 이상 근무하고 퇴직한 사람 　㉡ 대학에서 법학·행정학·심리학·정신건강의학 또는 경찰학을 담당하는 사람으로서 조교수 이상으로 재직 중인 사람 　㉢ 변호사 또는 공인노무사로 5년 이상 근무한 사람
위원의 임기	민간위원의 임기는 2년으로 하며, 한 번만 연임할 수 있다(동 규정 제3조의2 제6항).
회의	회의는 위원장과 위원장이 회의마다 지정하는(설치기관의 장이 회의마다 지정하는 ×) 5명 이상 7명 이하의 위원으로 성별을 고려하여 구성한다. 이 경우 민간위원이 3분의 1 이상 포함되어야 한다(동 규정 제3조의2 제7항).

📖 고충심사의 절차

구분	내용
고충심사 결정	고충심사위원회가 청구서를 접수한 때에는 30일 이내에 고충심사에 대한 결정을 하여야 한다. 다만, 부득이하다고 인정되는 경우에는 고충심사위원회의의결(위원장의 결정 ×)로 30일의 범위에서 그 기한을 연기할 수 있다(동 규정 제7조 제1항).
심사일의 통지	① 고충심사위원회는 심사일 5일 전까지 청구인 및 처분청에 심사일시 및 장소를 알려야 한다(동 규정 제8조 제1항). ② 고충심사위원회는 청구인 및 처분청에 심사에 출석하여 의견을 진술하거나 서면으로 의견을 제출할 기회를 주어야 한다(동 규정 제8조 제2항). ③ 고충심사위원회는 청구인 및 처분청이 심사일에 특별한 이유 없이 출석하지 아니한 때에는 진술 없이 심사·결정할 수 있다(동 규정 제8조 제3항).

📖 고충심사위원회의 결정

구분		내용
결정정족수	중앙고충심사위원회	중앙고충심사위원회의 결정은 위원 3분의 2 이상의 출석과 출석위원 과반수의 합의(특별의결정족수)에 따른다(동 규정 제10조 제2항).
	경찰공무원 고충심사위원회	경찰공무원 고충심사위원회의 결정은 위원 5명 이상의 출석과 출석위원 과반수의 합의(특별의결정족수)에 따른다(동 규정 제10조 제1항).
결정의 종류		경찰공무원 고충심사위원회의 결정은 시정요청, 개선권고 또는 의견표명, 기각결정, 각하결정으로 구분한다(동 규정 제10조 제3항).

📖 고충심사 결과의 처리 및 재심의 청구

구분	내용
결과의 처리	① 고충심사청구에 대한 고충심사위원회의 결정서를 송부 받은 설치기관의 장은 청구인, 처분청 또는 관계기관의 장에게 심사결과를 통보하여야 한다(동 규정 제12조 제1항). ② 심사결과 중 시정을 요청받은 처분청 또는 관계기관의 장은 특별한 사유가 없으면 이를 이행하고, 시정 요청을 받은 날부터 30일 이내에 그 처리 결과를 설치기관의 장에게 알려야 한다. 다만, 특별한 사유로 이행할 수 없는 경우 그 사유를 설치기관의 장에게 문서로 통보하여야 한다(동 규정 제12조 제2항). ③ 심사결과 중 개선 권고를 받은 처분청 또는 관계기관의 장은 이를 이행하도록 노력해야 한다(동 규정 제12조 제3항).
재심의 청구	보통고충심사위원회의 고충심사 결정에 불복하여 중앙고충심사위원회에 재심을 청구하는 경우에는 그 심사결과를 통보받은 날로부터 30일 이내에 청구서를 제출하여야 한다(동 규정 제13조).

제67테마

성희롱·성폭력범죄의 신고 및 조사

「성희롱·성폭력 근절을 위한 공무원 인사관리규정」 【시행 2018. 11. 27.】

중요도 B급

구분		내용
의의	성희롱	성희롱이란 「양성평등기본법」 제3조 제2호 각 목에 따른 행위를 말한다(동 규정 제2조 제1호).
	성폭력	성폭력이란 「성폭력범죄의 처벌 등에 관한 특례법」 제2조 제1항 각 호에 규정된 죄에 해당하는 행위를 말한다(동 규정 제2조 제2호).
신고		행정부 소속 국가공무원은 누구나 공직 내 성희롱 또는 성폭력 발생 사실을 알게 된 경우 그 사실을 임용권자 또는 임용제청권자에게 신고할 수 있다(동 규정 제3조).
조사		① 임용권자 등은 신고를 받거나 공직 내 성희롱 또는 성폭력 발생 사실을 알게 된 경우에는 지체 없이 그 사실 확인을 위한 조사를 하여야 하며(할 수 있으며 ×), 수사의 필요성이 있다고 인정하는 경우 수사기관에 통보하여야 한다(통보할 수 있다 ×)(동 규정 제4조 제1항). ② 임용권자 등은 조사 기간 동안 피해자 등이 요청한 경우로서 피해자 등을 보호하기 위하여 필요하다고 인정하는 경우 그 피해자 등이나 성희롱 또는 성폭력과 관련하여 가해행위를 했다고 신고된 사람에 대하여 근무 장소의 변경, 휴가 사용 권고 등 적절한 조치를 하여야 한다(할 수 있다 ×)(동 규정 제4조 제3항).
피해자 보호		임용권자 등은 조사 결과 공직 내 성희롱 또는 성폭력 발생 사실이 확인되면 피해자에게 다음의 어느 하나에 해당하는 조치를 할 수 있다. 다만, 임용권자 등은 피해자의의사에 반하여 조치를 하여서는 아니 된다(동 규정 제5조 제1항). ① 교육훈련 등 파견근무 ② 다른 직위에의 전보 ③ 근무 장소의 변경, 휴가 사용 권고 및 그 밖에 임용권자 등이 필요하다고 인정하는 적절한 조치
신고자 보호		임용권자 등은 성희롱 또는 성폭력 발생 사실을 신고한 사람이 그 신고를 이유로 집단 따돌림, 폭행 또는 폭언으로 인한 정신적·신체적 피해를 호소하는 경우에는 제1항 각 호의 어느 하나에 해당하는 조치를 할 수 있다. 다만, 임용권자 등은 신고자의의사에 반하여 조치를 하여서는 아니 된다(동 규정 제5조 제2항).
불이익조치 금지		임용권자등은 피해자등 또는 신고자에게 그 피해 발생 사실이나 신고를 이유로 인사상 불이익 조치를 하여서는 아니 된다(동 규정 제7조).
비밀 누설 금지		성희롱 또는 성폭력 발생 사실을 조사한 사람, 조사 내용을 보고 받은 사람 또는 그 밖에 조사 과정에 참여한 사람은 그 조사 과정에서 알게 된 비밀을 피해자등의의사에 반하여 다른 사람에게 누설해서는 아니 된다. 다만, 조사와 관련된 내용을 임용권자등에게 보고하거나 관계 기관의 요청에 따라 필요한 정보를 제공하는 경우는 예외로 한다(동 규정 제10조).

서진호 경찰학

독한경찰 | police.dokgong.com

제7장

경찰행정법 IV - 경찰작용법 일반론

제68테마~제82테마

제68테마

경찰권 발동의 근거

중요도 C급

▌「경찰관 직무집행법」【시행 2024. 9. 20.】

📖 수권조항

구분	내용
개괄적 수권조항 (조직법적 근거)	① 개괄적 수권조항(일반적 수권조항)이란 법률에 의한 개별적·구체적 수권 없이, 경찰권의 발동 권한을 포괄적으로 수권하는 규정을 의미한다. ② 입법기관이 경찰권의 모든 발동 상황을 예상해서 모든 요건을 법률에 구체적으로 규정하는 것은 불가능하므로, 개괄적 수권조항이 필요하다(예 「경찰관 직무집행법」 제2조 제7호의 규정).
개별적 수권조항 (작용법적 근거)	개별적 수권조항이란 개별적·구체적 사안에 대하여 경찰행정관청이 발동할 수 있는 경찰권의 종류·내용에 대해서 구체적으로 수권하는 규정을 의미한다(예 「경찰관 직무집행법」 제3조 내지 제10조의4의 규정).
양자의 관계	개괄적 수권조항은 개별적 수권조항에 대하여 보충적으로 적용되므로, 개별적 수권조항이 별도로 있는 경우에는 개괄적 수권조항은 적용되지 않는다.

📖 개괄적 수권조항의 인정 여부(「경찰관 직무집행법」 제2조 제7호)

구분		내용
논의의 소재		「경찰관 직무집행법」 제2조 제7호, 즉 '그 밖에 공공의 안녕과 질서 유지'를 개괄적 수권조항으로 인정하여 구체적인 경찰상 조치를 취할 수 있는지에 대해서는 견해의 대립이 있다.
학설의 대립	긍정설	① 입법기관이 미리 경찰권의 발동사태를 상정해서 모든 요건들을 법률에 규정하는 것은 불가능하다. ② 개괄적 수권조항은 개별적 수권조항이 없는 때에 한하여 제2차적, 보충적으로 적용된다. ③ 개괄적 수권조항을 근거로 행한 경찰권 발동과 관련된 법원칙이 충분히 발달되어 통제할 수 있다.
	부정설	① 법률유보의 원칙에 따라 경찰권의 발동에는 개별 작용법에 의한 구체적인 수권조항이 필요하다. ② 「경찰관 직무집행법」 제2조 제7호는 경찰권의 발동근거에 관한 일반적 조항은 아니고 단지 경찰의 직무범위만을 규정한 것으로, 본질적으로는 조직법적 성질의 규정이다.
판례의 태도		「경찰관 직무집행법」 제2조 제7호를 개괄적 수권조항으로 보고 있다.

제69테마
경찰개입청구권

중요도 B급

📖 일반론

구분	내용
의의	① 경찰개입청구권이란 경찰권의 불행사, 즉 부작위로 인하여 권익을 침해당한 자가 자기의 이익을 위하여 타인에 대한 경찰권의 발동을 청구할 수 있는 권리를 말한다. ② 경찰개입청구권은 1960년 독일의 연방헌법재판소의 띠톱판결에서 시작하여 학설과 판례상 정착한 개념이다.
법적 성질	① 경찰개입청구권은 행정청의 부작위로 인하여 권익을 침해당한 자가 당해 행정청에 대하여 행정권의 발동을 청구할 수 있는 실체법상 권리임과 동시에 행정청에 대하여 적극적으로 행정행위 기타 행정작용을 할 것을 요구하는 적극적 공권에 해당한다. ② 경찰개입청구권은 재량권의 행사와 관련하여 결정재량이 문제되는 경우에 논의되는 것이므로 선택재량이 관련된 경우에는 논의의 대상이 되지 못한다. ③ 경찰개입청구권은 행정청의 부작위에 대한 사전예방적 권리임과 동시에 사후구제적 성격도 갖는다.
띠톱판결	① 띠톱판결(1960년 독일의 연방헌법재판소)은 주거지역에 설치된 석탄제조업체에서 사용하는 띠톱에서 배출되는 먼지와 소음으로 피해를 받고 있던 인근 주민이 행정청에서 건축경찰상의 금지처분을 발할 것을 청구한 것에 대해 연방헌법재판소가 경찰개입청구권을 인정한 효시로 평가받고 있다. ② 이 판결은 인근 주민의 무하자 재량행사청구권을 인정하고, 반사적 이익론의 극복과 재량권의 0으로의 수축법리를 모두 채택하고 있는 점에서 그 의의가 있다.
군산윤락업소 화재사건	윤락녀들이 윤락업소에 감금된 채로 윤락을 강요받으면서 생활하고 있음을 쉽게 알 수 있는 상황이었음에도, 경찰관들이 이러한 감금 및 윤락 강요행위를 제지하거나 윤락업주들을 체포·수사하는 등 필요한 조치를 취하지 아니하고 방치한 것은 경찰관의 직무상 의무에 위반하여 위법하므로 국가에 배상의무가 있다고 판시하여 경찰개입청구권의 법리를 인정하였다.
극동호 유람선 화재사건	1987년 6월 16일 일어난 유람선 화재 사건으로, 충무시(현재 통영시) 항남동 충무항을 출발하여 한산도 제승항을 거쳐 거제도 해금강 주변을 선회 관광하고 시속 13노트로 귀항하던 24톤급 극동호가 항해 도중 엔진 과열로 불이 나 침몰한 사건이다. 당시 이 배는 인명보험을 들지 않아 사망자의 보험문제가 상당한 이슈가 되었다. 이 때문에 소송으로 대법원까지 갔는데 대법원은 충무시가 극동호 유람선 화재에 대해 공무원들이 수선, 사용 및 운행 제한, 금지명령을 불행사한 부작위가 인정된다고 하여, 국가배상을 할 것을 판결하였다.

📖 경찰개입청구권의 성립요건, 구제수단

구분		내용
성립요건	개입의무	① 법규에 의하여 행정권 발동에 대한 행정청의 개입의무(작위의무)가 인정되어야 한다. ② 기속행위의 경우에는 당연히 인정되며, 재량행위의 경우에도 재량권이 0으로 수축되는 경우에는 개입의무가 인정된다.
	사익보호성	① 행정청의 개입의무를 부여하는 당해 관련법규가 공익실현만을 목적으로 하는 것이 아니고 사익보호도 동시에 하고 있는 보호규범이어야 한다. ② 경찰권의 행사로 인해 국민이 받는 이익이 반사적 이익에 해당하는 경우에는 법적 보호의 대상이 될 수 없기 때문에 경찰개입청구권이 인정될 수가 없다.
	보충성	타 수단으로 목적을 달성할 수 있는 경우 경찰개입청구권이 인정되지 않는다.
구제수단	행정쟁송	경찰개입청구권을 행사하였음에도 불구하고 행정청이 부작위로 경찰권을 발동하지 않으면 행정쟁송(의무이행심판, 부작위위법확인소송)을 통하여 구제받을 수 있다.
	손해배상	경찰개입청구권의 행사에도 불구하고 경찰권이 발동되지 않아 국민에게 손해가 발생한 경우에는 국가에 대하여 손해배상청구가 가능하다.

📖 경찰재량권의 0으로의 수축이론

구분	내용
의의	① 경찰재량권 0으로의 수축이란 경찰권의 발동 여부는 행정편의주의에 따른 재량행사이나, 예외적으로 국민의 생명·신체·재산에 중대한 침해를 받을 우려가 있는 상황하에서는 오직 하나의 결정, 즉 경찰개입결정만이 의무에 합당한 재량권 행사로 인정되는 경우를 말한다. ② 경찰재량의 영역에서 인정된다(기속행위의 경우 인정되지 아니한다). ③ 결정재량의 영역에서 인정된다(선택재량의 경우 인정되지 아니한다).
한계	경찰이 개입한 경우(작위)에는 하자 있는 재량행위의 문제와 비례의 원칙의 문제로서 경찰권 개입에 대한 법적 제한을 가하게 되고, 경찰이 개입하지 않은 경우(부작위)에는 경찰재량권의 0으로의 수축이론의 법리가 작용한다.
요건	경찰재량권이 0으로 수축되기 위해서는 목전의 상황이 매우 중대하고 긴박한 것이거나, 그로 인하여 국민의 중대한 법익이 침해될 우려가 있어야 하며, 타 수단으로 목적을 달성할 수 없는 경우이어야 한다.
효과	① 경찰재량권이 0으로 수축된 경우에는 개인에게 경찰권 발동을 청구할 수 있는 경찰개입청구권이 발생한다. ② 경찰재량권이 0으로 수축되면 당해 재량행위는 기속행위로 전환된다.
김신조 사건 (무장공비침투)	'아무리 경찰의 출동 유무가 재량에 달려 있을지라도, 위급·긴급한 상황이 발생함에 따라 재량이 0으로 수축되면 즉시 개입해야 한다'는 원칙이 확정되어 오늘날까지 이르고 있다.

제70테마
경찰권 발동의 조리상 한계

중요도 A급

📖 일반론

구분	내용
의의	경찰권 발동의 조리상 한계이론은 개괄적 수권조항(일반적 수권조항)의 인정을 전제로, 즉 광범위한 재량권이 있음을 전제로 하여 경찰권 발동의 남용을 통제하기 위해 발전된 이론이다.
적용	① 경찰권 발동의 조리상 한계를 위반하면 그것은 위법행위로서 사법심사의 대상 및 무효·취소의 사유가 되며, 경찰권의 발동으로 손해가 발생한 경우에는 배상하여야 한다. ② 개괄적 수권조항 및 개별적 수권조항에 근거하여 경찰권을 발동하는 경우 모두 적용된다.

📖 경찰소극목적의 원칙

구분	내용
의의	① 경찰소극목적의 원칙이란 경찰권은 공공의 안녕·질서유지를 위한 소극적인 위해방지에 한정되어야 하고, 적극적으로 공공복리의 증진을 위해서는 발동될 수 없다는 원칙을 말한다. ② 경찰소극목적의 원칙은 실질적 의미의 경찰(형식적 의미의 경찰 ×) 개념에서 도출된다.
확립	1882년 독일의 프로이센 고등행정법원의 크로이쯔베르크(Kreuzberg) 판결은 경찰소극목적의 원칙을 최초로 확립하는 계기가 되었다.

📖 경찰공공의 원칙

구분		내용
의의		경찰공공의 원칙이란 경찰권은 공공의 안녕·질서유지에 관계없는 사적 관계에 대해서는 발동되어서는 안 되며, 그것이 공공의 안녕과 질서유지에 영향을 미치는 경우에 한하여 그 범위 안에서만 발동될 수 있다는 원칙을 말한다.
내용	사생활 불간섭	① 사생활 불간섭의 원칙은 경찰은 공공의 안녕과 질서의 유지에 직접적인 관계가 없는 개인의 사생활에 대하여는 간섭할 수 없다는 원칙을 말한다. ② 사생활이라고 할지라도 동시에 공공의 안녕·질서유지에 영향을 미치는 경우에는 그 범위 안에서 경찰의 개입이 허용된다(예 고성방가 단속, 정신착란자 보호조치, 법정 전염병 감염자의 강제격리 및 치료).

	구분	내용
내용	사주소 불가침	① 사주소 불가침의 원칙은 경찰은 사주소 내의 활동에 대하여는 개입할 수 없다는 원칙을 말한다. ② 사주소 내의 행위라도 그것이 직접 공공의 안녕·질서유지에 영향을 미쳐 그에 대한 장해가 되는 경우에는 그 한도에서 경찰의 개입이 허용된다(예 신체의 과다노출, 피아노 소음으로 인한 주민의 고통, 층간소음 등).
	민사관계 불간섭	① 민사관계 불간섭의 원칙은 경찰은 개인의 재산권의 행사 및 계약관계 등 민사관계의 영역에 대하여는 개입할 수 없다는 원칙을 말한다. ② 민사상 법률관계라 할지라도 동시에 공공의 안녕·질서유지와 관련성이 있다면 경찰이 개입할 수 있다(예 암표매매, 총포·도검·화약류의 매매, 청소년에게 술과 담배 판매 등).

📖 경찰책임의 원칙

1. 일반론

구분		내용
의의		① 경찰책임의 원칙이란 경찰권은 원칙적으로 경찰위반상태를 야기한 자(경찰책임자)에게만 발동될 수 있고, 이와 관계없는 제3자에게는 발동될 수 없다는 원칙을 말한다. ② 긴급한 필요가 있고 법령상 근거가 있는 경우에는, 예외적으로 경찰책임자가 아닌 제3자에게 대해서도 경찰권을 발동할 수 있다(예 화재현장에 있는 자에 대한 소화작업 동원, 수난구호를 위한 징용 등).
성질		실정법상 명문으로 인정된 것은 아니다.
주체	자연인·법인	경찰위반상태는 공공의 안녕·질서를 위협하는 행위 또는 상태로부터 나오므로 자연인과 법인 모두 경찰책임자가 될 수 있다.
	고의·과실 유무	경찰위반상태가 발생한 경우에는, 그것에 대한 고의·과실 유무, 행위능력·책임능력 유무, 위법성 유무, 정당한 권원 유무, 위험에 대한 인식 여부 등을 묻지 않고 경찰책임을 지게 된다.
	일부 또는 전체	다수인의 행위 또는 다수인이 지배하는 물건의 상태로 인하여 하나의 질서위반상태가 발생한 경우에, 위반사항에 따라서 책임자 중 일부 또는 전체에 대하여 경찰권이 발동될 수 있다.
효과		경찰책임의 원칙에 위반하는 경찰권 발동은 위법이며, 무효 또는 취소사유가 된다.

2. 경찰책임의 종류

구분		내용
행위 책임	의의	행위책임이란 공공의 안녕·질서에 대한 위험이 자기 또는 자기의 보호·감독하에 있는 자의 행위로 인하여 경찰위반상태가 발생한 경우에 지는 책임을 말한다.
	자기책임 (대위책임 ×)	타인을 보호·감독할 지위에 있는 자(친권자, 사용자 등)는 자신의 지배를 받는 자의 행위로부터 발생하는 경찰위반상태에 대하여도 책임을 지며, 이는 자기책임이며 대위책임이 아니다.

행위책임	책임 귀속	① 경찰위반상태에 대해 직접적인 원인을 야기한 자에게만 행위책임이 귀속(직접원인설)된다. ② 경찰상 위해에 대해 단지 간접적인 원인을 제공한 사람은 경찰책임자로서 경찰권 발동의 대상이 아니다. ③ 유명연예인이 팬들에게 둘러싸여 교통을 마비시킨 경우 경찰책임자는 팬들이며, 상점의 TV에서 하는 스포츠 중계를 보려고 군중이 모여 도로 통행에 방해를 준 경우 경찰책임자는 군중이다.
상태책임	의의	상태책임이란 물건 또는 동물의 소유자·점유자 기타 이를 사실상 관리하고 있는 자가 그 범위 내에서 그 물건 또는 동물로 말미암아 질서위반의 상태가 발생한 경우에 지는 책임을 말한다.
	범위	원칙적으로 상태책임의 인정범위에는 제한이 없으며, 상태책임자는 그 원인 여하를 불문하고 책임을 진다.
	책임 귀속	현실적 지배권을 가지는 자(점유자 또는 관리자)가 책임을 지게 된다.

3. 경찰책임의 예외(경찰긴급권)

구분	내용
의의	경찰긴급권은 경찰권은 경찰위반의 직접 책임자에게만 발동되는 것이 원칙이지만, 예외적으로 '긴급한 필요'가 있고 '법령상의 근거'에 기하여서만 질서위반의 책임이 없는 제3자에게 경찰권의 발동이 허용되는 경우를 말한다.
법적 근거	① 경찰긴급권은 예외적인 것으로 목전에 급박한 위해를 제거하는 경우에 한하여 반드시 법령에 근거하여 행해져야 한다. ② 경찰긴급권에 대한 일반법은 존재하지 않는다. 개별법으로서 「소방기본법」, 「경찰관 직무집행법」, 「경범죄 처벌법」, 「수상에서의 수색·구조 등에 관한 법률」 등이 있다.

📖 경찰비례의 원칙

구분	내용
의의	① 경찰비례의 원칙이란 경찰권은 공공의 안녕·질서의 유지를 위하여 묵과할 수 없는 장해가 발생한 경우에 이를 해결하기 위하여 필요한 최소한도 범위 내에서 발동되어야 한다는 원칙을 말한다. ② 「헌법」 제37조 제2항, 「경찰관 직무집행법」 제1조 제2항, 「행정기본법」 제10조 등에 규정되어 있다.
적용범위	경찰비례의 원칙은 오늘날 모든 행정영역에서 적용되는 원칙으로서, 개괄적 수권조항에 근거하여 경찰권을 발동하는 경우는 물론이고, 개별적 수권조항에 근거하여 경찰권을 발동하는 경우에도 적용된다.
성립요건	경찰비례의 원칙의 세부내용은 단계적으로 적용되며 3가지 원칙 모두를 충족해야 적법한 행정작용이 될 수 있다.

구분		내용
내용	적합성의 원칙	경찰기관의 조치는 그 목적을 달성하는 데 적합하여야 한다.
	필요성의 원칙 (최소침해의 원칙)	① 경찰기관의 조치는 그 목적달성을 위해 필요한 한도 이상으로 행해져서는 안 된다. ② 경찰목적을 달성할 수 있는 여러 가지의 수단이 있는 경우에, 경찰기관은 관계자에게 그 수단 중 가장 적은 부담을 주는 수단을 선택하여야 한다.
	상당성의 원칙 (협의의 비례원칙)	경찰기관의 어떤 조치가 경찰목적 달성을 위해 필요한 경우라고 하더라도, 그 조치를 취함에 따른 불이익이 그 조치로 인해 발생하는 이익보다 큰 경우에는 그 조치를 취해서는 안 된다(공익 > 사익).
효과		① 경찰행정관청의 행위가 형식상 적법하다고 하더라도 비례의 원칙에 위반하는 경우에는 위헌·위법의 문제가 발생할 수 있다. ② 비례의 원칙을 위반한 국가작용은 위법한 국가작용으로 행정소송의 대상이 되며, 국가배상책임이 성립할 수 있다.

경찰평등의 원칙

구분	내용
의의	경찰평등의 원칙이란 경찰권은 그 대상이 되는 모든 사람에게 차별 없이 평등하게 행사되어야 한다는 것을 의미한다.
법적 근거	「헌법」제11조, 「행정기본법」제9조 등에 규정되어 있다.

제71테마

행정행위와 처분

중요도 C급

▎「행정기본법」【시행 2024. 1. 16.】

📖 일반론

구분	내용
의의	① 행정행위는 개념은 본래 실정법상의 개념이 아니라 강학상의 개념이며 실정법상으로는 허가·인가·하명·특허·결정 등의 여러 가지 명칭으로 불리어지고 있으며, **일반적으로는 처분이라는 개념을 사용하고 있다.** ② 처분이란 행정청이 구체적 사실에 관하여 행하는 법 집행으로서 공권력의 행사 또는 그 거부와 그 밖에 이에 준하는 행정작용을 말한다(「행정기본법」 제2조 제4호).
통설·판례 (최협의설)	행정행위(처분)는 권력적 단독행위(법률행위적 행정행위, 준법률행위적 행정행위)는 포함되지만, 비권력적 행위(공법상 계약, 공법상 합동행위 등)는 포함되지 않는다.

📖 행정행위의 개념적 요소

구분	내용
행정청의 행위	① 행정행위는 행정청의 행위이다. ② 행정청이란 다음의 자를 말한다(「행정기본법」 제2조 제2호). 　㉠ 행정에 관한 의사를 결정하여 표시하는 국가 또는 지방자치단체의 기관 　㉡ 그 밖에 법령등에 따라 행정에 관한 의사를 결정하여 표시하는 권한을 가지고 있거나 그 권한을 위임 또는 위탁받은 공공단체 또는 그 기관이나 사인 ③ 공무수탁사인의 행위도 포함된다(예 토지수용에 있어서의 사업시행자, 학위를 수여하는 사립대학 총장, 선박항해 중인 선장, 별정우체국장 등). ④ 경찰과의 계약에 의하여 주차위반차량을 단순히 견인하는 민간사업자의 경우에는 사법상 계약에 의하여 경영을 위탁받은 자에 불과하다. ⑤ 사고현장에서 경찰의 부탁에 의하여 단순히 경찰을 돕는 자는 임무를 자기 책임 하에 수행함이 없이 단순한 기술적 집행만을 행하는 사인으로서 행정보조자에 해당한다.
법적행위	① 행정행위는 법적행위로서 공법적 행위를 말하며, 국고행위는 제외된다. ② 물품구입이나 국유재산매각과 같은 사법행위는 행정행위에 해당하지 아니한다.
구체적 사실에 관한 법집행행위	① 행정행위는 개별적·구체적 사실에 관한 법집행위이다. ② 일반적·추상적인 사실의 규율에 불과한 행정입법은 행정행위가 될 수 없다. ③ 불특정 다수인을 상대로 하는 일반적·구체적 규율인 일반처분과 개별적·추상적 규율도 모두 행정행위의 개념에 포함된다(예 입산금지·출입금지 등).
권력적 단독행위	① 행정행위는 행정주체가 우월한 지위에서 행하는 공권력행사이다. ② 행정상 입법이나 통치행위와는 구별이 되며, 비권력적 법률행위(예 공법상 계약, 공법상 합동행위 등)는 행정행위에 포함되지 않는다.

📖 행정행위의 종류(분류기준에 따른 구별)

1. 의사표시에 따른 구별

구분	내용
법률행위적 행정행위	행정주체의 의사표시를 구성요소로 하고 그에 따라 법률효과가 발생하는 행정행위를 말한다.
준법률행위적 행정행위	의사표시 외에 정신작용을 구성요소로 하고 법률의 규정에 따라 효과가 발생하는 행정행위를 말한다.

2. 법적 구속의 정도에 따른 구별

구분	내용
기속행위	행정청이 법률에 규정된 바에 따라서만 행하여야 하는 행정행위를 말한다.
재량행위	행정청의 판단에 재량을 인정해주는 행정행위를 말한다.

3. 법률효과에 따른 구별

구분		내용
부담적 행정행위		국민의 권리·자유를 제한하거나 의무를 부과하는 행정행위를 말한다.
수익적 행정행위		국민에게 권익을 부여하거나 의무를 해제하여 주는 행정행위를 말한다.
복효적 행정행위		하나의 행정행위가 이익과 불이익의 효과를 동시에 발생시키는 행정행위를 말한다.
	혼합효 행정행위	하나의 행정행위가 상대방에 대하여 동시에 수익적 효과와 침해적 효과가 발생하는 행정행위를 말한다(⑩ 운전면허 발급시 수수료의 납부 등).
	제3자효 행정행위	하나의 행정행위가 일방에게는 수익적이지만, 다른 일방에게는 부담을 주는 행정행위를 말한다(⑩ 연탄공장 건축허가, 당선인 결정, 합격자 결정, 토지수용재결, 공매처분, 경원면허 등).

4. 상대방의 협력 여부에 따른 구별

구분	내용
단독적 행정행위	행정청이 상대방의 의사와는 상관없이 직권으로 행하는 행정행위를 말한다(⑩ 하명, 행정행위의 취소·철회 등).
쌍방적 행정행위	상대방의 협력, 즉 신청(⑩ 허가, 인가, 특허 등) 또는 동의(⑩ 공무원의 임명)를 요하는 행정행위를 말한다.

제72테마

법률행위적·준법률행위적 행정행위

중요도 B급

📖 법률행위적 행정행위

1. 일반론

구분	내용
의의	법률행위적 행정행위는 하명·허가·면제와 같이 행정주체의의사표시를 구성요소로 하고 그 효과의사의 내용에 따라 법률적 효과가 발생하는 행위를 말한다.
종류	① 법률행위적 행정행위는 법률효과의 내용에 따라 명령적 행정행위와 형성적 행정행위로 구분된다. ② 명령적 행정행위는 인간이 본래 가지는 자연적 자유를 규율하는 행위인 반면에 형성적 행정행위는 상대방에게 권리나 능력을 창설하는 행위라는 점에서 양자는 구별된다.

2. 명령적 행정행위(적법요건)

구분		내용
의의		① 명령적 행정행위란 공공의 필요에 의하여 인간이 본래 가지는 자연적 자유를 규율하는 행위로서, 행정행위의 상대방에 대하여 일정한 의무(작위·부작위·수인·급부)를 과하거나, 이미 과하여진 의무를 해제함을 내용으로 하는 행정행위를 말한다. ② 경찰작용은 일반적으로 명령적 행정행위에 해당하며, 이는 행위의 적법·위법만을 판단하므로 적법요건이라고도 한다.
종류	경찰하명	작위·부작위(금지)·급부·수인의무의 부과
	경찰허가	부작위(금지)의 해제
	경찰면제	작위·급부·수인의무의 해제

3. 형성적 행정행위(유효요건)

구분	내용
의의	① 형성적 행정행위란 국민에게 새로운 권리, 능력 기타 포괄적 법률관계를 발생·변경·소멸시키는 행정행위를 말한다. ② 경찰작용과는 관계가 적어 그 중요성이 떨어지며, 행위의 유효·무효를 결정하므로 이를 유효요건이라고도 한다.

종류	특허	특허란 직접 상대방을 위하여 권리·능력·기타 포괄적 법률관계를 설정·변경·소멸시키는 행위를 말한다.
	인가	인가란 행정객체가 제3자와 하는 법률적 행위를 보충함으로써 그 법률적 행위의 효력을 완성시켜 주는 행정행위를 말한다(예 협동조합의 임원의 선출에 관한 행정청의 인가, 비영리법인 설립인가, 특허기업의 사업양도 허가, 감독청의 취임승인, 재개발조합 설립인가, 사립학교 이사의 선임행위 등).
	대리	대리는 제3자가 행하여야 할 행위를 행정주체가 대신하여 행하고 그 행위의 법률적 효과가 당해 제3자에게 귀속하는 것을 말한다(예 감독청에 의한 공법인의 정관작성 또는 임원의 임명 등).

📖 준법률행위적 행정행위

구분		내용
의의		준법률행위적 행정행위란 효과의사 이외의 정신작용(판단, 인식, 관념 등)을 구성요소로 하고 그 법적 효과가 행정주체의의사여하와 관계없이 직접 법률에 규정되어 있는 바에 따라 발생하는 행정행위를 말한다.
종류	확인	확인이란 특정한 법률사실 또는 법률관계에 관하여 의문이 있거나 다툼이 있는 경우에 행정청이 공권적 권위를 가지고 그 존부를 판단·확정하는 행정행위를 말한다(예 당선인 결정, 국가시험 합격자의 결정, 행정심판의 재결, 이의신청의 결정, 교과서의 검정 등).
	공증	공증이란 확인과는 달리 의문이나 다툼이 없는 사항을 대상으로 특정의 사실 또는 법률관계의 존재를 공적으로 증명하는 행위를 말한다(예 등기부등록부에의 등기·등록, 각종 증명서의 발급, 운전면허증의 교부, 당선증 교부 등).
	통지	통지란 특정인 또는 불특정다수인에게 특정한 사실을 알리는 행정행위로서, 통지행위는 그 자체가 일정한 법률효과를 발생시키는 행정행위이다(예 대집행의 계고, 납세의 독촉, 사업인정의 고시, 특허출원의 공고, 귀화의 고시 등).
	수리	수리란 행정청에 대한 행정객체의 행위를 행정주체가 유효한 것으로 받아들이는 행위를 말한다(예 사직서의 수리, 행정심판청구서의 수리, 혼인신고서의 수리 등).

📖 법률행위적 행정행위와 준법률행위적 행정행위의 구분

구분	법률행위적 행정행위	준법률행위적 행정행위
구성요소	의사표시(효과의사)	효과의사 이외의 정신작용
효과	효과의사의 내용에 따라 법률적 효과가 발생	직접 법률에 규정되어 있는 바에 따라 법률효과가 발생
부관가능성	가능	불가능
재량성	재량이 있음	재량이 없음
형식	일반적으로 불요식행위임	원칙적으로 요식행위임

제73테마
재량행위와 기속행위

중요도 B급

📖 일반론

구분		내용
의의	재량행위	재량행위란 행정관청이 법률에서 규정한 행위요건을 실현함에 있어서 복수행위 간에 선택의 자유가 인정되는 경우를 의미한다.
	결정재량	결정재량이란 법규가 허용한 조치를 할 수도 안할 수도 있는 재량을 의미한다.
	선택재량	선택재량이란 법규가 허용한 여러 조치들 중에서 어떤 조치를 할 것인지, 누구에 대해 조치를 할 것인지의 재량을 의미한다.
	기속행위	기속행위란 행정법규가 어떤 요건에 해당될 때 어떤 행위를 할 것인지 여부에 대하여 확정적으로 규정함으로써, 행정관청은 법규가 정한 것을 단순히 집행하는 경우를 말한다.
구별기준		그 구분은 당해 행위의 근거가 된 법규의 체재·형식과 그 문언, 당해 행위가 속하는 행정 분야의 주된 목적과 특성, 당해 행위 자체의 개별적 성질과 유형 등을 모두 고려하여 판단하여야 한다.

📖 판례 검토

구분	재량행위	기속행위
판례	① 마을버스운송사업면허 ② 개인택시운송사업면허 ③「출입국관리법」상 체류자격 변경허가 ④ 재외동포에 대한 사증발급 ⑤ 국토의 계획·이용에 관한 개발행위허가 ⑥「주택법」상 주택건설사업계획의 승인	①국유재산의 무단점유 등 변상금의 징수 ②「국가공무원법」상 유아휴직 중 복직명령 ③「국적법」상 귀화불허처분

📖 양자의 구별 실익

구분		내용
사법심사	재량행위	법원이 '독자적 결론을 도출함이 없이' 행정청의 행위에 재량권의 일탈·남용이 있는지 여부만을 심사한다.
	기속행위	법원이 '일정한 결론을 도출한 후' 그 결론에 비추어 행정청이 한 판단의 적법 여부를 판단한다.

행정소송	재량행위	① 행정심판이나 직권취소는 가능하지만, 행정소송은 불가능하다. ② 재량을 일탈·남용한 경우 위법이 되므로, 행정소송이 가능하다.
	기속행위	위반하거나 그르치면 위법이 되므로, 행정소송이 가능하다.
부관	재량행위	부관을 붙일 수 있다.
	기속행위	법률에 특별한 규정이 없는 한 부관을 붙일 수 없다.
공권	재량행위	① 상대방에게는 특정한 청구권이 생기지 않는다. ② 재량권이 0으로 수축되는 경우에는 공권이 성립할 수 있다.
	기속행위	상대방에게는 그 행위를 요구할 수 있는 공권이 성립한다.

📖 재량권의 한계(재량권의 일탈·남용)

구분		내용
의의		재량은 의무에 합당한 재량을 뜻하며 재량권이 그 한계를 넘게 되면, 즉 재량권의 일탈·남용이 있으면 재량의 하자가 있게 되고 위법하게 되어 사법심사의 대상이 된다.
유형	재량권의 일탈	재량권의 외적 한계(법적·객관적 한계)를 벗어난 것을 말한다.
	재량권의 남용	재량권의 내적 한계(재량권이 부여된 내재적 목적)를 벗어난 것을 말한다.
판례	인정 (처분의 부정)	① 공정한 업무수행에 대한 사의로 두고 간 돈 30만원이 든 봉투를 소지함으로써 피동적으로 금품을 수수하였다가 돌려 준 20여 년 근속의 경찰공무원에 대한 해임처분 ② 전출명령에 동의한 바 없는 공무원에 대한 감봉 3개월의 징계처분 ③ 앞지르기 위반자를 적발하고 2만원을 받고 가볍게 처리한 경찰관에 대한 파면
	부정 (처분의 긍정)	① 교통경찰관이 법규위반자에게 만원권 지폐 한 장을 두 번 접어서 면허증과 함께 달라고 한 경우에 내려진 해임처분(뇌물수수에의 적극개입 인정) ② 미성년자 출입으로 과징금을 받은지 1개월 만에 다시 미성년자를 출입시킨 행위에 대한 영업허가 취소처분 ③ 교통사고를 일으켜 피해자 2인에게 각각 전치 2주의 상해를 입히고 약 30만원 상당의 손해를 입히고도 구호조치 없이 도주한 수사 담당 경찰관에 대한 해임처분 ④ 허위의 무사고증명을 제출하여 개인택시면허를 받은 자에 대한 면허를 취소한 경우

제74테마

행정작용

중요도 A급

▎「행정기본법」【시행 2024. 1. 16.】

📖 행정작용으로서의 처분

구분	내용
의의	① 처분이란 행정청이 구체적 사실에 관하여 행하는 법 집행으로서 공권력의 행사 또는 그 거부와 그 밖에 이에 준하는 행정작용을 말한다(동법 제2조 제4호). ② 제재처분이란 법령등에 따른 의무를 위반하거나 이행하지 아니하였음을 이유로 당사자에게 의무를 부과하거나 권익을 제한하는 처분을 말한다. 다만, 행정상 강제는 제외한다(동법 제2조 제5호).
법 적용의 기준	① 새로운 법령등은 법령등에 특별한 규정이 있는 경우를 제외하고는 그 법령등의 효력 발생 전에 완성되거나 종결된 사실관계 또는 법률관계에 대해서는 적용되지 아니한다(동법 제14조 제1항). ② 당사자의 신청에 따른 처분은 법령등에 특별한 규정이 있거나 처분 당시의 법령등을 적용하기 곤란한 특별한 사정이 있는 경우를 제외하고는 처분 당시의 법령등에 따른다(동법 제14조 제2항). ③ 법령등을 위반한 행위의 성립과 이에 대한 제재처분은 법령등에 특별한 규정이 있는 경우를 제외하고는 법령등을 위반한 행위 당시의 법령등에 따른다. 다만, 법령등을 위반한 행위 후 법령등의 변경에 의하여 그 행위가 법령등을 위반한 행위에 해당하지 아니하거나 제재처분 기준이 가벼워진 경우로서, 해당 법령등에 특별한 규정이 없는 경우에는 변경된 법령등을 적용한다(동법 제14조 제3항).
처분의 효력	처분은 권한이 있는 기관이 취소 또는 철회하거나 기간의 경과 등으로 소멸되기 전까지는 유효한 것으로 통용된다. 다만, 무효인 처분은 처음부터 그 효력이 발생하지 아니한다(동법 제15조).

결격사유	① 자격이나 신분 등을 취득 또는 부여할 수 없거나 인가, 허가, 지정, 승인, 영업등록, 신고 수리 등을 필요로 하는 영업 또는 사업 등을 할 수 없는 사유는 법률로 정한다(동법 제16조 제1항).
	② 결격사유를 규정할 때에는 다음 각 호의 기준에 따른다(동법 제16조 제2항).
	    ㉠ 규정의 필요성이 분명할 것
	    ㉡ 필요한 항목만 최소한으로 규정할 것
	    ㉢ 대상이 되는 자격, 신분, 영업 또는 사업 등과 실질적인 관련이 있을 것
	    ㉣ 유사한 다른 제도와 균형을 이룰 것

부관	① **행정청은** 처분에 재량이 있는 경우에는 부관을 붙일 수 있다(동법 제17조 제1항). ② **행정청은** 처분에 재량이 없는 경우에는 법률에 근거가 있는 경우에 부관을 붙일 수 있다(동법 제17조 제2항). ③ 행정청은 다음의 어느 하나에 해당하는 경우에는 그 처분을 한 후에도 부관을 새로 붙이거나 종전의 부관을 변경할 수 있다(동법 제17조 제3항). ㉠ 법률에 근거가 있는 경우 ㉡ 당사자의 동의가 있는 경우 ㉢ 사정이 변경되어 부관을 새로 붙이거나 종전의 부관을 변경하지 아니하면 해당 처분의 목적을 달성할 수 없다고 인정하는 경우
처분의 취소	① **행정청은** 위법 또는 부당한 처분의 전부나 일부를 소급하여 취소할 수 있다. 다만, 당사자의 신뢰를 보호할 가치가 있는 등 정당한 사유가 있는 경우에는 장래를 향하여 취소할 수 있다(동법 제18조 제1항). ② 행정청은 당사자에게 권리나 이익을 부여하는 처분을 취소하려는 경우에는 취소로 인하여 당사자가 입게 될 불이익을 취소로 달성되는 공익과 비교·형량하여야 한다(동법 제18조 제2항).
적법한 처분의 철회	① **행정청은** 적법한 처분이 다음의 어느 하나에 해당하는 경우에는 그 처분의 전부 또는 일부를 장래를 향하여 철회할 수 있다(동법 제19조 제1항). ㉠ 법률에서 정한 철회 사유에 해당하게 된 경우 ㉡ 법령등의 변경이나 사정변경으로 처분을 더 이상 존속시킬 필요가 없게 된 경우 ㉢ 중대한 공익을 위하여 필요한 경우 ② 행정청은 처분을 철회하려는 경우에는 철회로 인하여 당사자가 입게 될 불이익을 철회로 달성되는 공익과 비교·형량하여야 한다(동법 제19조 제2항).
자동적 처분	**행정청은 법률로 정하는 바에 따라 완전히 자동화된 시스템으로 처분을 할 수 있다.** 다만, 처분에 재량이 있는 경우는 그러하지 아니하다(동법 제20조).
재량행사 기준	행정청은 재량이 있는 처분을 할 때에는 관련 이익을 정당하게 형량하여야 하며, 그 재량권의 범위를 넘어서는 아니 된다(동법 제21조).
제재처분 기준	**제재처분의 근거가 되는 법률에는 제재처분의 주체, 사유, 유형 및 상한을 명확하게 규정하여야 한다.** 이 경우 제재처분의 유형 및 상한을 정할 때에는 해당 위반행위의 특수성 및 유사한 위반행위와의 형평성 등을 종합적으로 고려하여야 한다(동법 제22조 제1항).

구분	내용
제재처분의 제척기간	① 행정청은 법령등의 위반행위가 종료된 날부터 5년이 지나면 해당 위반행위에 대하여 제재처분(예 인허가의 정지·취소, 철회, 등록 말소, 영업소 폐쇄와 정지를 갈음하는 과징금 부과)을 할 수 없다(동법 제23조 제1항). ② 다음의 어느 하나에 해당하는 경우에는 제1항을 적용하지 아니한다(동법 제23조 제2항). 　㉠ 거짓이나 그 밖의 부정한 방법으로 인허가를 받거나 신고를 한 경우 　㉡ 당사자가 인허가나 신고의 위법성을 알고 있었거나 중대한 과실로 알지 못한 경우 　㉢ 정당한 사유 없이 행정청의 조사·출입·검사를 기피·방해·거부하여 제척기간이 지난 경우 　㉣ 제재처분을 하지 아니하면 국민의 안전·생명 또는 환경을 심각하게 해치거나 해칠 우려가 있는 경우 ③ 행정청은 행정심판의 재결이나 법원의 판결에 따라 제재처분이 취소·철회된 경우에는 재결이나 판결이 확정된 날부터 1년(합의제 행정기관은 2년)이 지나기 전까지는 그 취지에 따른 새로운 제재처분을 할 수 있다(동법 제23조 제3항). ④ 다른 법률에서 제1항 및 제3항의 기간보다 짧거나 긴 기간을 규정하고 있으면 그 법률에서(이 법에서 ×) 정하는 바에 따른다(동법 제23조 제4항).

📖 행정작용으로서의 인허가의제

구분	내용
의의	인허가의제란 하나의 인허가(주된 인허가)를 받으면 법률로 정하는 바에 따라 관련된 여러 인허가(관련 인허가)를 받은 것으로 보는 것을 말한다(동법 제24조 제1항).
기준	① 인허가의제를 받으려면 주된 인허가를 신청할 때 관련 인허가에 필요한 서류를 함께 제출하여야 한다(동법 제24조 제2항). ② 주된 인허가 행정청은 주된 인허가를 하기 전에 관련 인허가에 관하여 미리 관련 인허가 행정청과 협의(합의 ×)하여야 한다(동법 제24조 제3항). ③ 관련 인허가 행정청은 협의를 요청받으면 그 요청을 받은 날부터 20일 이내에 의견을 제출하여야 한다. 이 경우 기간 내에 협의 여부에 관하여 의견을 제출하지 아니하면 협의가 된 것으로 본다(동법 제24조 제4항). ④ 협의를 요청받은 관련 인허가 행정청은 해당 법령을 위반하여 협의에 응해서는 아니 된다. 다만, 관련 인허가에 필요한 심의, 의견 청취 등 절차에 관하여는 법률에 인허가의제시에도 해당 절차를 거친다는 명시적인 규정이 있는 경우에만 이를 거친다(동법 제24조 제5항).
효과	① 협의가 된 사항에 대해서는 주된 인허가를 받았을 때 관련 인허가를 받은 것으로 본다(동법 제25조 제1항). ② 인허가의제의 효과는 주된 인허가의 해당 법률에 규정된 관련 인허가에 한정된다(동법 제25조 제2항).
사후관리	인허가의제의 경우 관련 인허가 행정청(주된 인허가 행정청 ×)은 관련 인허가를 직접 한 것으로 보아 관계 법령에 따른 관리·감독 등 필요한 조치를 하여야 한다(동법 제26조 제1항).

📖 행정작용으로서의 공법상 계약

구분	내용
의의	① 공법상 계약이란 공법상 법률관계의 변동, 즉 공법적 효과를 발생시키기 위한 행위로서 적어도 한쪽 당사자는 행정주체인 양 당사자 간의 반대방향의의사합치를 말한다. ② 행정청은 법령등을 위반하지 아니하는 범위에서 행정목적을 달성하기 위하여 필요한 경우에는 공법상 법률관계에 관한계약(공법상 계약)을 체결할 수 있다. 이 경우 계약의 목적 및 내용을 명확하게 적은 계약서를 작성하여야 한다(작성할 수 있다 ×)(동법 제27조 제1항). ③ 행정청은 공법상 계약의 상대방을 선정하고 계약 내용을 정할 때 공법상 계약의 공공성과 제3자의 이해관계를 고려하여야 한다(동법 제27조 제2항).
특징	① 공법상 계약은 비권력적 성질을 가지므로, 상대방의의무불이행이 있더라도 행정청은 자력으로 의무이행을 강제할 수 없다. ② 공법상 계약에 관한 분쟁은 「행정소송법」상 당사자소송으로 해결하여야 한다. ③ 공법상 계약은 법령을 위반하여서는 아니 되나(법률우위의 원칙 ○), 원칙적으로 법적 근거가 없이 의사의 합치만 있으면 체결할 수 있다(법률유보의 원칙 ×).
종류	① 행정주체 상호 간의 공법상 계약(예 공공단체 상호 간의 사무위탁 등) ② 행정주체와 사인 간의 공법상 계약(예 전문직 공무원의 채용계약, 서울특별시립무용단원의 위촉, 광주시립합창단원의 재위촉, 공중보건의사 채용계약 등) ③ 사인 상호 간의 공법상 계약(예 공무수탁사인과 일반사인 간에 성립하는 계약)

📖 행정작용으로서의 과징금

구분	내용
기준	① 행정청은 법령등에 따른 의무를 위반한 자에 대하여 법률로 정하는 바에 따라 그 위반행위에 대한 제재로서 과징금을 부과할 수 있다(동법 제28조 제1항). ② 과징금의 근거가 되는 법률에는 과징금에 관한 다음의 사항을 명확하게 규정하여야 한다(동법 제28조 제2항). ⠀⠀㉠ 부과·징수 주체 ⠀⠀㉡ 부과 사유 ⠀⠀㉢ 상한액 ⠀⠀㉣ 가산금을 징수하려는 경우 그 사항 ⠀⠀㉤ 과징금 또는 가산금 체납 시 강제징수를 하려는 경우 그 사항
납부연기 분할납부	과징금은 한꺼번에 납부하는 것을 원칙으로 한다. 다만, 행정청은 과징금을 부과받은 자가 다음의 어느 하나에 해당하는 사유로 과징금 전액을 한꺼번에 내기 어렵다고 인정될 때에는 그 납부기한을 연기하거나 분할납부하게 할 수 있으며, 이 경우 필요하다고 인정하면 담보를 제공하게 할 수 있다(동법 제29조). ① 재해 등으로 재산에 현저한 손실을 입은 경우 ② 사업 여건의 악화로 사업이 중대한 위기에 처한 경우 ③ 과징금을 한꺼번에 내면 자금 사정에 현저한 어려움이 예상되는 경우 ④ 그 밖에 대통령령으로 정하는 사유가 있는 경우

📖 행정작용으로서의 행정상 강제 : 제79테마, 제80테마 참조

📖 그 밖의 행정작용

구분	내용
수리 여부에 따른 신고의 효력	법령등으로 정하는 바에 따라 행정청에 일정한 사항을 통지하여야 하는 신고로서 법률에 신고의 수리가 필요하다고 명시되어 있는 경우에는 행정청이 수리하여야 효력이 발생한다(동법 제34조).
수수료 등	① 행정청은 특정인을 위한 행정서비스를 제공받는 자에게 법령으로 정하는 바에 따라 수수료를 받을 수 있다(동법 제35조 제1항). ② 행정청은 공공시설 및 재산 등의 이용 또는 사용에 대하여 사전에 공개된 금액이나 기준에 따라 사용료를 받을 수 있다(동법 제35조 제2항).

📖 처분에 대한 이의신청

구분	내용
기간	행정청의 처분(「행정심판법」 제3조에 따라 같은 법에 따른 행정심판의 대상이 되는 처분을 말한다)에 이의가 있는 당사자는 처분을 받은 날부터 30일 이내에 해당 행정청에 이의신청을 할 수 있다(동법 제36조 제1항).
결과 통지	행정청은 이의신청을 받으면 그 신청을 받은 날부터 14일 이내에 그 이의신청에 대한 결과를 신청인에게 통지하여야 한다. 다만, 부득이한 사유로 14일 이내에 통지할 수 없는 경우에는 그 기간을 만료일 다음 날부터 기산(만료한 날부터 기산 ×)하여 10일의 범위에서 한 차례 연장할 수 있으며, 연장 사유를 신청인에게 통지하여야 한다(동법 제36조 제2항).
행정쟁송	① 이의신청을 한 경우에도 그 이의신청과 관계없이 「행정심판법」에 따른 행정심판 또는 「행정소송법」에 따른 행정소송을 제기할 수 있다(동법 제36조 제3항). ② 이의신청에 대한 결과를 통지받은 후 행정심판 또는 행정소송을 제기하려는 자는 그 결과를 통지받은 날부터 90일 이내에 행정심판 또는 행정소송을 제기할 수 있다(동법 제36조 제4항).
작용배제	다음 각 호의 어느 하나에 해당하는 사항에 관하여는 이 조를 적용하지 아니한다(동법 제36조 제7항). ① 공무원 인사 관계 법령에 따른 징계 등 처분에 관한 사항 ② 「국가인권위원회법」 제30조에 따른 진정에 대한 국가인권위원회의 결정 ③ 「노동위원회법」 제2조의2에 따라 노동위원회의의결을 거쳐 행하는 사항 ④ 형사, 행형 및 보안처분 관계 법령에 따라 행하는 사항 ⑤ 외국인의 출입국 · 난민인정 · 귀화 · 국적회복에 관한 사항 ⑥ 과태료 부과 및 징수에 관한 사항

📖 행정상 사실행위

구분	내용
의의	사실행위란 일정한 법률효과의 발생을 목적으로 하는 것이 아니라, 직접적으로 사실상의 효과만을 가져오는 행정주체의 행위형식 전체를 말한다.
법적 근거	① 사실행위도 행정작용인 이상 조직법상의 근거가 필요하며, 법률우위의 원칙이 적용된다. ② 권력적 사실행위의 경우에는 법률의 근거가 필요하나(법률유보의 원칙 ○), 비권력적 사실행위에는 원칙적으로 법적 근거가 필요하지 않다(법률유보의 원칙 ×).

구분		내용
종류	권력적 사실행위	① 권력적 사실행위란 당해 행위가 공권력의 행사로서 행하여지는 것을 말한다(예 즉시강제, 직접강제, 행정대집행의 실행, 권력적 행정조사 등). ② 권력적 사실행위는 처분에 해당하는 것으로서 취소심판·취소소송 등의 대상이 된다.
	비권력적 사실행위	① 비권력적 사실행위란 국민의 협조를 전제로 하는 행정작용을 말한다(예 단순한 교통경찰관의 지시, 교통정리, 교통안전시설의 설치관리, 행정지도, 비권력적 행정조사 등). ② 비권력적 사실행위는 처분성이 부정되어 행정쟁송의 대상이 되지 않는다.

제75테마

경찰하명

중요도 A급

📖 일반론

구분	내용
의의	경찰하명이란 경찰상 목적을 달성하기 위하여, 국가의 일반통치권에 의거하여, 국민에 대하여 특정한 작위·부작위·수인·급부의의무를 명하는 법률행위를 말한다.
법적 성질	① 경찰하명은 일반통치권에 의거한 것이기 때문에 일반국민에게 부과한다. ② 경찰하명은 새로운 의무를 과하는 부담적 행정행위이기 때문에 반드시 법적 근거가 있어야 하는 기속행위의 성질을 가진다. ③ 경찰하명은 효과의사의 표시를 구성요소로 하고, 그 효과의사의 내용에 따라서 법률효과를 발생시키는 법률행위이다(법률행위적 행정행위). ④ 경찰하명은 국민의 자유의 제한을 내용으로 하는 명령적 행정행위이다.

📖 경찰하명의 종류

구분		내용
내용	작위하명	① 작위하명은 적극적으로 어떠한 행위를 하도록 의무를 명하는 경찰하명이다(예 사체에 대한 신고의무, 화재발생시 신속히 통지할 의무 등). ② 경찰의무는 공공의 안녕·질서를 유지하기 위한 최소한의의무이어야 하므로, 불특정한 일반인에게 적용되는 작위하명은 급박한 경우라든가 경미한 부담의 경우에 한하여 행사한다.
	부작위하명	① 부작위하명은 소극적으로 어떠한 행위를 하지 아니할 의무를 명하는 경찰하명이다. 절대적 금지와 상대적 금지로 구분된다. ② 절대적 금지는 어떠한 경우에도 절대적으로 해제할 수 없는 금지를 의미하며, 법규하명의 형식으로 존재한다(예 부패식품 판매금지, 매음금지, 마약의 제조·판매금지, 청소년에게 주류 및 담배판매 금지 등). ③ 상대적 금지는 특정한 경우에는 허가로서 해제할 수 있는 금지를 의미하며, 허가를 유보한 금지로서 경찰허가라는 별도의 행정행위에 의해 비로소 금지가 해제된다(예 건축금지, 유흥업소 영업금지, 총포소지·거래금지 등).
	수인하명	① 수인하명은 경찰권 발동에 의한 자기의 신체·재산·가택에 대한 사실상의 침해를 감수하고, 이에 저항하지 않을 의무를 명하는 경찰하명이다(예 경찰관이 영업장소에 출입 시 영업주가 출입을 허용하는 것 등). ② 상대방은 실력행사를 감수하고 이에 저항하지 아니할 공법상 의무가 발생하며, 이에 위반하면 공무집행방해죄가 성립할 수 있다.
	급부하명	급부하명은 금전 또는 물품의 급부의무를 과하는 경찰하명이다(예 대집행의 비용징수, 운전면허시험의 수수료 납부의무부과 등).

대상	개별하명 일반하명	경찰하명의 대상자가 특정인인지 또는 불특정 다수인인지에 따른 분류이다.
	대인적 하명 대물적 하명	사람의 행위에 중점을 둔 것인지 또는 물적인 상태에 중점을 둔 것인지에 따른 분류이다.
	혼합적 하명	대인적 하명과 대물적 하명의 요소를 아울러 가지고 있는 하명이다.

경찰하명의 형식

구분	내용
법규하명	① 법규하명이란 구체적인 행정행위의 존재를 요하지 않고 법령의 규정만으로 일정한 경찰하명의 효과를 발생하게 하는 것을 말한다(예 무면허운전금지, 음주운전금지, 보행자의 좌측통행의무, 음란퇴폐행위금지 등). ② 법규하명은 반복적으로 적용되는 성질의 사건에 대하여 그 법규 자체가 행정행위의 효력을 가지는 것으로서, 법규하명으로 금지한 것은 절대적 금지가 된다.
경찰처분	① 경찰처분이란 법률에는 하명의 권한에 대한 근거만 규정되어 있어 이에 의거하여 구체적으로 명령하거나 금지하는 행정행위가 있음으로써 비로소 하명의 효과가 발생하는 경우를 말한다(예 범칙금 납부통고서 발부, 운전면허의 정지·취소, 통행제한, 위험한 도로의 통행금지, 차량정지명령, 대피명령 등). ② 경찰처분은 법령에 의거하여 특정한 경찰의무를 과하기 위해 행사하는 구체적인 행정행위로서, 경찰처분으로 금지한 것은 상대적 금지가 된다.
문서·구두	경찰하명의 형식은 문서에 의하는 것이 원칙이나, 구두나 행동 등 여러 가지 방법을 통해서도 행해질 수 있다(예 경찰관의 수신호 등).

경찰하명의 효과

구분	내용
의무의 발생	① 경찰하명의 상대방은 경찰하명의 내용에 따라 일정한 행위를 하여야 할 또는 하지 않아야 할 공법상 의무를 지게 된다. ② 경찰하명의 상대방은 행정주체(국가 또는 공공단체)에 대해서 경찰상 의무를 이행할 책임을 지며, 그 이외의 제3자에 대해서 책임을 부담하는 것은 아니다. ③ 경찰상 의무이행의 강제도 행정주체인 국가만이 가능하고 제3자는 의무이행을 강제할 수 없다.
의무위반행위의 효과	① 경찰상 의무를 불이행한 경우에는 경찰상 강제집행이 가능하며, 경찰상 의무위반에 대해서는 그 제재로서 경찰벌이 가능하다. ② 경찰상 의무위반행위는 처벌의 대상이 되지만, 경찰상 의무위반행위의 사법상 효과가 무효로 되는 것은 아니다(예 영업정지명령에 위반하여 영업을 계속하였을 경우 당해 영업에 관한 거래행위의 효력까지 부인되는 것은 아니다).

📖 경찰하명에 대한 구제

구분	내용
적법한 경찰하명	① 적법한 경찰하명으로 인하여 경찰하명의 상대방에게 손실이 발생하더라도 상대방은 수인의무를 지게 되므로, 국가에 대하여 손실보상을 청구할 수 없다. ② 예외적으로 경찰상 적법한 행위로 인하여 경찰하명의 상대방 또는 책임 없는 제3자에게 특별한 희생을 가한 경우에, 그에 대한 손실보상청구가 가능하다.
위법·부당한 경찰하명	위법·부당한 경찰하명의 경우 행정청은 감독권 발동에 의한 취소·정지를 할 수 있으며, 경찰하명의 상대방은 행정쟁송의 제기 또는 손해배상청구 등을 할 수 있다.

제76테마
경찰허가

중요도 A급

📖 일반론

구분	내용
의의	① 경찰허가란 법령에 근거한 일반적·상대적 금지, 즉 부작위의무를 특정한 경우에 해제하여 적법하게 일정한 행위를 할 수 있게 하는 법률행위를 말한다(예 운전면허의 허가, 총포영업의 허가, 총포소지의 허가, 건축허가, 수렵허가 등). ② 경찰허가는 허가가 유보된 상대적 금지에 한하여 인정되고 절대적 금지의 경우에 경찰허가는 인정되지 않는다.
법적 근거	① 허가는 원칙적으로 처분 당시의 법령 및 허가기준에 따른다(「행정기본법」 제14조 제2항). ② 행정처분 전에 법령의 개정으로 허가기준에 변경이 있게 되면, 허가는 원칙적으로 개정 법령에 따라야 한다. ③ 허가를 신청한 후 '행정청이 정당한 이유 없이 지연하다가 법령이 개정'되어 개정된 법령으로는 허가의 요건을 충족하지 못하는 경우에는 허가 신청 당시의 법령에 따라 허가를 행하여야 한다.
법적 성질	① 경찰허가는 행정주체의의사표시, 즉 효과의사를 구성요소로 하는 법률행위적 행정행위이다. ② 경찰허가는 일반국민에 대하여 부작위의무를 해제하는 명령적 행정행위이다. ③ 경찰허가는 원칙상 당사자의 신청을 필요로 하는 쌍방적 행정행위에 해당한다. 그러나 예외적으로 신청 없이 이루어지는 허가도 있으나, 이 경우에는 불특정 다수인에게 효과가 발생한다(예 통행금지의 해제, 입산금지해제, 교통신호기의 파란신호 등). ④ 경찰허가는 상대방에게 권리·이익을 부여하는 효과를 발생하는 수익적 행정행위이다.

> **참고** 경찰면제
> ① 경찰면제란 법령에 의하여 일반적으로 부과된 경찰상 작위·수인·급부의무를 특정한 경우에 해제하여 주는 경찰상 법률행위를 말한다(예 병역면제, 조세면제 등).
> ② 경찰면제는 경찰상의의무를 해제하여 주는 행위이므로 명령적 행정행위에 속한다.
> ③ 경찰면제는 의무를 해제한다는 면에서는 경찰허가와 그 성질이 같지만, 경찰면제는 작위·수인·급부의무를 해제하는 반면에, 경찰허가는 부작위의무를 해제한다.

경찰허가의 종류

구분	내용
대인적 허가	사람의 능력·자격과 같은 주관적 요소를 심사대상으로 하는 허가로서, 타인에게 이전이 불가능하다(예 의사면허, 건축사면허, 자동차운전면허, 마약류취급면허, 총포류 소지허가 등).
대물적 허가	물건의 객관적 사정을 심사대상으로 하는 허가로서, 타인에게 이전이 가능하다(예 차량검사 합격처분, 건축허가, 석유판매업허가, 주류제조면허 등).
혼합적 허가	사람과 물건을 모두 심사대상으로 하는 허가로서, 타인에게 이전이 제한된다(예 총포류 제조판매허가, 자동차운전학원의 허가, 풍속영업허가 등).

경찰허가의 형식

구분	내용
당사자의 신청	① 경찰허가는 당사자의 신청을 필요로 하는 쌍방적 행정행위이다. ② 예외적으로 신청 없이도 가능하고 이 경우에는 불특정 다수인에게 효과가 발생한다. ③ 경찰허가인 때에는 반드시 허가 내용이 신청의 내용과 일치될 필요는 없으며 신청내용의 일부를 변경하거나 부관을 붙여 허가하는 것도 가능하다(수정허가도 가능).
처분형식	경찰허가는 일반적·상대적 금지를 특정한 경우에 해제하는 행위이므로, 언제나 구체적인 경찰행정관청의 행정행위, 즉 경찰처분의 형식으로 행하여진다.
불요식행위	경찰허가는 상대방의 신청(출원)에 의하여 서면으로 행하여지는 것이 보통이나 법령에 특별한 규정이 없는 한 반드시 요식행위는 아니다.

경찰허가의 효과

구분	내용
자유의 회복	① 경찰허가가 있으면 일반적·상대적 금지가 해제되어 피허가자는 적법하게 허가된 행위를 할 수 있지만, 타 법에서 제한된 것까지 해제되는 것은 아니다. ② 공무원이 음식점 영업허가를 받은 경우 「식품위생법」상 금지만을 해제한 것이고, 「국가공무원법」상 영리업무금지까지 해제되는 것은 아니다.
무허가행위의 효과 (적법요건)	① 경찰허가는 특정 행위를 사실상 적법하게 할 수 있도록 하는 적법요건에 불과하지 유효요건은 아니다. ② 무허가행위는 강제집행이나 경찰벌의 대상은 되지만, 행위 자체의 효력은 유효하다(예 무허가로 유흥주점영업을 한 경우 손님들과 체결한계약).

📖 허가의 갱신

구분	내용
기한 도래 전	① 기한의 도래 전 갱신은 기존허가의 기간연장에 불과하여 허가의 효력을 지속시키는 것이지 종전허가와 무관한 새로운 행위가 아니다. ② 다만, 허가에 붙은 기한이 그 허가된 사업의 성질상 부당하게 짧은 경우 갱신기간(존속기간 ×)으로 보아, 이 경우 기간이 도래하기 전에 상대방이 신청할 경우 특별한 사정이 없는 한 기간연장을 한다.
기한 도래 후	① 기한의 도래 후의 갱신신청에 따른 허가는 별개의 새로운 허가이다. ② 이 경우 허가권자는 이를 새로운 허가신청으로 보아 법의 관계 규정에 의하여 허가요건의 적합 여부를 새로이 판단하여 그 허가 여부를 결정하여야 할 것이다.

제77테마

행정행위의 부관

「행정기본법」【시행 2024. 1. 16.】

중요도 A급

📖 일반론

구분		내용
의의		부관이란 일반적으로 행정행위의 일반적 효력을 제한하기 위하여 주된 행정행위에 부가된 종된 의사표시(규율)를 말한다(강학상의 개념).
요건		부관은 다음의 요건에 적합하여야 한다(「행정기본법」 제17조 제4항). ① 해당 처분의 목적에 위배되지 아니할 것 ② 해당 처분과 실질적인 관련이 있을 것 ③ 해당 처분의 목적을 달성하기 위하여 필요한 최소한의 범위일 것
구별개념	법정부관	① 법정부관의 경우 처분의 효과제한이 직접 법규에 의해서 부여되는 부관으로서, 이는 행정행위의 부관과는 구별되는 개념이다. ② 법정부관은 원칙적으로 행정행위의 부관의 개념에 포함되지 않는다.
	기간	① 기간이란 어느 시점에서 다른 시점까지의 계속된 시간의 구분을 말한다. ② 기간은 행정행위의 부관의 개념에 포함되지 않는다.
가능성	법률행위적 행정행위	법률행위적 행정행위에는 법적 근거가 없이도 부관을 붙일 수 있다.
	준법률행위적 행정행위	준법률행위적 행정행위는 의사표시를 요소로 하지 않으므로 부관을 붙일 수 없다는 것이 통설과 판례의 입장이다.
	재량행위	행정청은 처분에 재량이 있는 경우에는 부관을 붙일 수 있다(「행정기본법」 제17조 제1항).
	기속행위	① 행정청은 처분에 재량이 없는 경우에는 법률에 근거가 있는 경우에 부관을 붙일 수 있다(「행정기본법」 제17조 제2항). ② 기속행위에는 원칙적으로 부관을 붙일 수 없고, 부관을 붙였다고 하더라도 이는 무효이다.
판례		① 건축허가를 하면서 일정 토지를 기부채납하도록 한 허가조건은 기속행위 내지 기속적 재량행위인 건축허가에 붙인 부담이거나 또는 법령상 아무런 근거가 없는 부관이어서 무효이다. ② 재량행위에 있어서는 관계법령에 명시적인 금지규정이 없는 한 행정목적을 달성하기 위하여 조건이나 기한, 부담 등의 부관을 붙일 수 있다. ③ 공유수면매립면허와 같은 기속적 행정행위가 아닌 재량적 행정행위에 있어서는 법령상의 근거가 없다고 하더라도 부관을 붙일 수 있음은 당연하다. ④ 행정처분과 실질적인 관련성이 없어 부관으로 붙일 수 없는 부담을 사법상 계약의 형식으로 행정처분의 상대방에게 부과할 수는 없다. ⑤ 공무원이 공법상의 제한을 회피할 목적으로 행정처분의 상대방과 사이에 사법상 계약을 체결하는 형식을 취하였다면 이는 법치행정의 원리에 반하는 것으로서 위법하다.

📖 부관의 종류

1. 조건(장래의 불확실한 사실)

구분		내용
의의		조건이란 행정행위의 효과의 발생 또는 소멸을 장래의 불확실한 사실에 의존시키는 부관을 말한다.
유형	정지조건 (발생)	① 정지조건이란 행정행위의 효과의 발생을 장래의 불확실한 사실에 의존시키는 것을 말한다. ② 조건이 성취되면 그 때부터 행정행위의 효력이 발생하고 조건이 성취될 수 없음이 확정되면 행정행위의 효력은 발생하지 않는다(예 우천이 아닐 경우 옥외집회장소 허가 등).
	해제조건 (소멸)	① 해제조건이란 행정행위의 효과의 소멸을 장래의 불확실한 사실에 의존시키는 것을 말한다. ② 일단 행정행위와 동시에 효력은 발생하지만 해제조건이 성취되면 그 때부터 행정행위의 효력은 소멸하고, 반대로 해제조건이 성취될 수 없는 것으로 확정되면 행정행위의 효력은 소멸하지 않고 완전히 유효한 것으로 확정된다(예 건축허가를 하면서 3개월 이내에 공사에 착공하지 않으면 효력을 상실한다).

2. 기한(장래의 확실한 사실)

구분		내용
의의		기한이란 행정행위의 효력의 발생 또는 소멸을 장래의 확실한 사실에 의존케 하는 행정청의의사표시를 말한다.
유형	시기 (발생)	시기란 기한의 도래로 행정행위가 당연히 효력을 발생하는 경우를 말한다(예 ○월 ○일부터 허가 등).
	종기 (소멸)	종기란 기한의 도래로 행정행위가 당연히 효력이 소멸하는 경우를 말한다(예 ○월 ○일까지 허가 등).
판례		① 일반적으로 행정처분에 효력기간이 정하여져 있는 경우에는 그 기간의 경과로 그 행정처분의 효력은 상실된다. 다만 허가에 붙은 기한이 그 허가된 사업의 성질상 부당하게 짧은 경우에는 이를 그 허가 자체의 존속기간이 아니라, 그 허가 조건의 존속기간으로 보아 그 기한이 도래함으로써 그 조건의 개정을 고려한다는 뜻으로 해석할 수 있다. ② 기부채납받은 행정재산에 대한 사용·수익허가에서 사용·수익허가의 기간에 대하여 독립하여 행정소송을 제기할 수 없으며, 이러한 청구는 부적법하다. ③ 어업면허처분을 함에 있어 그 면허의 유효기간을 1년으로 정한 경우, 위 면허의 유효기간은 행정행위의 부관이라 할 것이고, 이러한 행정행위의 부관은 독립하여 행정소송의 대상이 될 수 없는 것이므로 위 어업면허처분 중 그 면허유효기간만의 취소를 구하는 청구는 허용될 수 없다.

3. 법률효과의 일부배제

구분	내용
의의	법률효과의 일부배제란 행정청의 주된 의사표시에 부가하여, 법률에서 일반적으로 그 행위에 부여한 법률효과 중의 일부의 발생을 배제하는 행정청의의사표시를 말한다(예 도로점용을 허가하되 시간을 야간에만 제한하는 것, 격일제운행을 조건으로 하는 택시영업허가, 야간에만 개시할 것을 조건으로 하는 시장개설허가 등).
특징	법률효과의 일부배제는 법률이 부여한 행정행위의 효과를 배제하는 것이므로 원칙적으로 법률에 특별한 근거가 있을 때에 한하여 인정된다.
판례	매립지 일부에 대해 국가에 소유권을 귀속시킨 처분은 법률효과의 일부배제라는 부관을 붙인 것이므로 이러한 행정행위의 부관에 대하여는 독립하여 행정소송의 대상으로 삼을 수 없다.

4. 수정부담

구분	내용
의의	수정부담이란 행정행위의 상대방이 신청한 것과 다르게 행정행위의 내용을 정하는 부관을 말한다(예 A국으로부터의 수입허가를 신청하였으나 허가관청이 B국으로부터의 수입을 허가하는 경우 등).
특징	① 수정부담은 수정된 내용에 대하여 상대방의 동의가 있어야 효력이 발생한다. ② 다수설은 부관으로 보지 않는다(일반적으로는 수정허가로 본다).
판례	공유재산에 대한 40년간의 사용허가신청에 대해 행정청이 20년간 사용허가한 경우에 사용허가 기간에 대해서 독립하여 행정소송을 제기할 수 없다.

5. 철회권의 유보

구분	내용
의의	철회권의 유보란 행정행위의 주된 의사표시에 부가하여 특정한 경우에 행정행위를 철회할 수 있는 권리를 미리 유보하는 행정청의의사표시를 말한다(예 미성년자를 고용하게 되면 유흥주점의 영업허가를 철회하겠다고 부가한 경우 등).
특징	유보된 철회사유가 발생한 경우 당연히 효력이 소멸하는 것이 아니라, 행정청의 철회의의사표시가 있어야 효력이 소멸한다.
제한	철회권을 유보한 경우에 있어서도 무조건적으로 철회권을 행사할 수 있는 것은 아니고, 철회를 필요로 할 만한 공익상의 필요가 있는 경우에 한하여 철회권을 행사할 수 있다.

6. 부담

구분	내용
의의	부담이란 행정행위의 주된 의사표시에 부가하여 그 효과를 받는 상대방에게 작위·부작위·수인·급부의무를 명하는 행정청의의사표시를 말한다(⑩ 영업허가를 하면서 종업원의 정기 건강진단의무를 부과하는 경우, 도로나 하천점용허가를 하면서 일정한 점용료를 납부하도록 하는 것, 주택사업계획승인을 하면서 주택진입로 확장의무를 부과하는 것).
조건과의 구별	① 정지조건은 조건의 성취에 의해 효력이 발생하나, 부담은 처음부터 완전히 효력이 발생한다. ② 해제조건은 조건의 성취에 의해 당연히 효력이 소멸하나, 부담은 그 불이행이 있더라도 당연히 효력이 소멸되는 것이 아니라 행정청의 철회의사표시가 있어야 효력이 소멸한다. ③ 부담과정지조건의 구별이 불분명한 경우에는 최소침해의 원칙에 따라 부담으로 본다.
특징	① 부담은 독립성이 인정되지 않는 다른 부관과는 달리 그 자체가 하나의 독립된 행정행위이고 이는 하명으로서의 성질을 가진다. ② 부관은 행정행위의 일부이므로 원칙적으로 독립하여 쟁송대상으로 할 수 없으나, 독립적인 처분성이 인정되는 부담에 대해서는 독자적인 취소소송의 대상으로 할 수 있다. ③ 부담은 허가·특허 등 수익적 행정행위에 붙여지는 것이 보통이다. ④ 부담은 사후부관의 형태로도 부가할 수 있고, 부담의 내용에 대해 행정청은 강제집행도 할 수 있다.
부담의 불이행	부담을 이행하지 않는 경우, 먼저 부담 자체에 대하여 강제집행이나 경찰벌을 부과하여야 한다.
판례	① 수익적 행정처분에 있어서는 법령에 특별한 근거규정이 없다고 하더라도 그 부관으로서 부담을 붙일 수 있고, 그와 같은 부담은 행정청이 행정처분을 하면서 일방적으로 부가할 수도 있지만 부담을 부가하기 이전에 상대방과 협의하여 부담의 내용을 협약의 형식으로 미리 정한 다음 행정처분을 하면서 이를 부가할 수도 있다. ② 행정청이 수익적 행정처분을 하면서 사전에 상대방과 체결한 협약상의의무를 부담으로 부가하였는데 부담의 전제가 된 주된 행정처분의 근거법령이 개정되어 부관을 붙일 수 없게 된 경우라도 위 협약의 효력이 소멸하는 것은 아니다. ③ 부관 그 자체만을 독립된 쟁송의 대상으로 할 수 없는 것이 원칙이나 행정행위의 부관 중에서도 부담의 경우에는 다른 부관과는 달리 행정행위의 불가분적 요소가 아니고 그 존속의 본체인 행정행위의 존재를 전제로 하는 것일 뿐이므로, 부담 그 자체로서 행정쟁송의 대상이 될 수 있다. ④ 토지소유자가 토지형질변경행위허가에 붙은 기부채납의 부관에 따라 토지를 기부채납(증여)한 경우 기부채납의 부관이 당연무효이거나 취소되지 않은 상태에서 그 부관으로 인하여 증여계약의 중요부분에 착오가 있음을 이유로 증여계약을 취소할 수 없다. ⑤ 행정처분에 붙인 부담인 부관이 무효가 되더라도 그 부담의 이행으로 한 사법상 법률행위가 당연히 무효가 되는 것은 아니다.

📖 사후부관(부관의 시간적 한계)

구분	내용
의의	행정청은 부관을 붙일 수 있는 처분이 다음의 어느 하나에 해당하는 경우에는 그 처분을 한 후에도 부관을 새로 붙이거나 종전의 부관을 변경할 수 있다(「행정기본법」 제17조 제3항). ① 법률에 근거가 있는 경우 ② 당사자의 동의가 있는 경우 ③ 사정이 변경되어 부관을 새로 붙이거나 종전의 부관을 변경하지 아니하면 해당 처분의 목적을 달성할 수 없다고 인정되는 경우
판례	① 부관은 면허 발급 당시에 붙이는 것뿐만 아니라 면허 발급 이후에 붙이는 것도 법률에 명문의 규정이 있거나 변경이 미리 유보되어 있는 경우 또는 상대방의 동의가 있는 경우 등에는 특별한 사정이 없는 한 허용된다. ② 부관의 사후변경은 법률에 명문의 규정이 있거나 그 변경이 미리 유보되어 있는 경우 또는 상대방의 동의가 있는 경우에 한하여 허용되는 것이 원칙이지만, 사정변경으로 인하여 당초에 부담을 부가한 목적을 달성할 수 없게 된 경우에도 그 목적달성에 필요한 범위 내에서 예외적으로 허용된다.

제78테마
경찰상 의무이행확보수단의 기초

중요도 C급

📖 전통적 수단과 새로운 수단

구분	종류	내용
전통적 수단	경찰강제 (직접적 수단)	① 경찰상 강제집행(대집행, 집행벌, 직접강제, 강제징수) ② 경찰상 즉시강제(대인적·대물적·대가택적) ③ 경찰상 조사
	경찰벌 (간접적 수단)	① 경찰형벌(형벌 부과) ② 경찰질서벌(과태료 부과)
새로운 수단	금전적 제재	① 과징금(부가금) ② 가산세 ③ 가산금(중가산금)
	비금전적 제재	① 공급거부 ② 명단공개(경찰상 공표) ③ 관허사업의 제한 ④ 수익적 행정행위의 취소·철회 ⑤ 취업제한 ⑥ 해외여행제한

📖 직접적 수단과 간접적 수단

구분	내용
직접적 수단	① 경찰상 강제집행(대집행, 직접강제, 강제징수) ② 경찰상 즉시강제(대인적·대물적·대가택적)
간접적 수단	① 경찰상 강제집행 중 집행벌 ② 경찰벌(경찰형벌, 경찰질서벌) ③ 금전적 제재 ④ 비금전적 제재

제79테마

경찰상 강제집행

「행정기본법」【시행 2024. 1. 16.】

📖 일반론

구분	내용
의의	① 경찰상 강제집행이란 경찰하명에 따른 경찰의무의 불이행이 있는 경우에, 상대방의 신체·재산·주거 등에 실력을 행사하여 경찰권 자신이 강제적으로 의무를 이행시키거나 이행된 것과 동일한 상태를 실현시키는 작용을 말한다. ② 경찰상 강제집행은 경찰의무의 존재 및 그 불이행을 전제로 하는 점에서 경찰상 즉시강제와 구별된다.
성질	경찰상 강제집행은 법치행정의 원칙이 엄격히 적용되는 영역에 해당한다.
종류	경찰상 강제집행의 종류로는 대집행, 집행벌(이행강제금), 직접강제, 강제징수가 있다.
적용 제외	형사, 행형, 보안처분 관계 법령에 따라 행하는 사항이나 외국인의 출입국·난민인정·귀화·국적회복에 관한 사항에 관하여는 적용하지 아니한다(「동법」 제30조 제3항).

📖 대집행

구분	내용	
의의	① 대집행이란 경찰상 대체적 작위의무(비대체적 작위의무 ×)를 진 자의 의무불이행시 경찰행정관청이 스스로 또는 제3자로 하여금 의무자가 하여야 할 행위를 하게 함으로써 의무의 이행이 있는 것과 같은 상태를 실현시킨 후, 그에 관한 비용을 의무자로부터 징수하는 경찰상 강제집행을 말한다(동법 제30조 제1항 제1호). ② 주차위반차량에 대한 대집행, 이동명령에 불응하는 차량에 대한 강제견인조치, 철거명령에 불응하는 건물 강제철거 등이 있다. ③ 신체검사·증인출석의무와 같이 대체성이 없는 비대체적 작위의무는 대집행의 대상이 될 수 없다.	
	대체적 작위의무	타인이 대신하여 이행할 수 있는 작위의무를 말한다.
	비대체적 작위의무	신체검사, 증인출석 의무, 사람이 점유하고 있는 토지·건물 등의 퇴거 또는 명도, 군복무를 위한 징집소환 영장에의 불응, 국유지로부터의 퇴거의무 등
법적 근거	행정대집행에 관한 일반법으로는 「행정기본법」, 「행정대집행법」이 있다.	

주체	① 대집행의 주체는 대집행을 결정하고 이를 실행할 수 있는 권한을 가진 자로서 의무를 부과한 행정청(제3자 ×)이다. ② 행정청이라 함은, 처분을 한 행정청(처분청)으로서, 감독청, 대집행의 위임을 받아 대집행을 실행하는 제3자는 대집행의 주체가 될 수 없다. ③ 행정청의 위임이 있는 경우 수임청의 경우에는 대집행의 주체가 될 수 있다.	
요건	① 공법상 의무의 불이행(대체적 작위의무의 불이행)이 있어야 한다. ② 다른 수단으로서는 그 이행을 확보하기가 곤란한 것이어야 한다(보충성의 원칙). ③ 불이행의 방치가 심히 공익을 해하는 것이어야 한다(공익성). ④ 대집행의 요건 충족의 입증책임은 처분 행정청에 있다.	
구제	대집행의 계고, 대집행영장에 의한 통지, 대집행의 실행과 비용징수는 그 처분성이 인정되어 행정쟁송의 대상이 된다.	
절차	계고	① 대집행을 하고자 할 때에는 상당한 이행기간을 정하여 그 기한까지 이행되지 아니할 때에는 대집행을 한다는 뜻을 미리 문서로써 계고하여야 한다. ② 대집행의 계고는 준법률행위적 행정행위(통지)에 속한다. ③ 계고의 경우 대집행할 행위의 내용 및 범위가 구체적으로 특정되어야 하나, 그 행위의 내용 및 범위는 반드시 대집행계고서에 의하여서만 특정되어야 하는 것은 아니며, 계고처분 전후에 송달된 문서나 기타 사정에 의하여 내용이 특정될 수 있다. ④ 상당한 이행기간을 정하여 계고하지 않고 행한 행정대집행은 적법절차에 위반된 위법한 처분이다. ⑤ 한 장의 문서로 위법건축물에 대한 자진철거를 명함과 동시에 그에 필요한 상당한 기간 경과 후에도 자진철거를 하지 않을 때에는 대집행할 뜻을 미리 계고한 경우 당해 계고처분은 적법하다. ⑥ 위법건축물에 대한 철거대집행 계고처분에 불응하여 제2차, 제3차 계고처분을 한 경우, 제2차, 제3차의 계고처분은 새로운 철거의무를 부과한 것이 아니라 대집행기한의 연기통지에 불과하므로 행정처분이 아니므로 제2차, 제3차 계고처분은 행정소송의 대상이 되지 않는다.
	통지	① 의무자가 계고를 받고 지정기한까지 그 의무를 이행하지 아니할 때에는 당해 행정청은 대집행영장으로서 대집행을 할 시기, 대집행을 시키기 위하여 파견하는 집행책임자의 성명과 대집행에 요하는 비용의 견적액을 의무자에게 통지하여야 한다. ② 대집행의 통지는 준법률행위적 행정행위(통지)에 속한다.
	실행	① 대집행의 실행은 권력적 사실행위에 속한다. ② 대집행책임자는 그가 집행책임자라는 것을 표시한 증표를 휴대하여 대집행시 이해관계인에게 제시하여야 한다.
	비용징수	대집행에 요한 비용은 「국세징수법」의 예에 의하여 징수할 수 있다.

집행벌(이행강제금)

구분	내용
의의	집행벌(이행강제금)이란 경찰상 부작위의무 또는 비대체적 작위의무를 이행하지 않는 경우에, 그 의무의 이행을 간접적으로 강제하기 위한 심리적 압박수단으로 부과하는 수단을 말한다(예 「도로교통법」상 범칙금 납부기한 초과시 범칙금의 100분의 20을 더한 금액 부담 등).
법적 근거	① 집행벌의 일반법으로는 「행정기본법」이 있다. ② 개별법은 「건축법」의 이행강제금, 「농지법」상의 이행강제금, 등이 있다.
법적 성질	① 이행강제금은 장래의의무이행을 의무자에게 심리적인 압박을 주어 간접적·심리적으로 의무이행을 강제하기 위한 것으로 의무이행상태가 있을 때까지 계속적 부과도 가능하다. ② 집행벌(이행강제금)과 경찰벌은 병과될 수 있다. ③ 이행강제금과 형사처벌이 병과되더라도 이중처벌금지의 원칙에 반하지 않는다. ④ 행정청은 의무불이행의 동기, 목적 및 결과 등을 고려하여 이행강제금의 부과금액을 가중하거나 감경할 수 있다(동법 제31조 제2항).
대상	이행강제금은 부작위의무나 비대체적 작위의무의 위반에 대한 강제집행 수단으로 부과될 수도 있으며, 대체적 작위의무의 위반에 대하여도 부과될 수 있다.
요건	이행강제금 부과의 근거가 되는 법률에는 이행강제금에 관한 다음의 사항을 명확하게 규정하여야 한다(동법 제31조 제1항). ① 부과·징수 주체 ② 부과 요건 ③ 부과 금액 ④ 부과 금액 산정기준 ⑤ 연간 부과 횟수나 횟수의 상한
절차	① 행정청은 이행강제금을 부과하기 전에 미리 의무자에게 적절한 이행기간을 정하여 그 기한까지 행정상 의무를 이행하지 아니하면 이행강제금을 부과한다는 뜻을 문서로 계고하여야 한다(동법 제31조 제3항). ② 행정청은 의무자가 제3항에 따른 계고에서 정한 기한까지 행정상 의무를 이행하지 아니한 경우 이행강제금의 부과 금액·사유·시기를 문서로 명확하게 적어 의무자에게 통지하여야 한다(동법 제31조 제4항). ③ 행정청은 의무자가 행정상 의무를 이행할 때까지 이행강제금을 반복하여 부과할 수 있다. 다만, 의무자가 의무를 이행하면 새로운 이행강제금의 부과를 즉시 중지하되, 이미 부과한 이행강제금은 징수하여야 한다(동법 제31조 제5항). ④ 행정청은 이행강제금을 부과받은 자가 납부기한까지 이행강제금을 내지 아니하면 국세강제징수의 예 또는 「지방행정제재·부과금의 징수 등에 관한 법률」에 따라 징수한다(동법 제31조 제6항).
구제 / 특별규정(×)	이행강제금의 부과는 항고소송의 대상인 처분으로 행정쟁송의 대상이 된다.
구제 / 특별규정(○)	이의제기에 대한 규정이 있고, 「비송사건절차법」의 절차에 따라 이행강제금을 결정하는 것으로 규정하고 있는 경우에는 이행강제금 부과처분이 항고소송의 대상이 되는 처분이 되지 않는다.

📖 직접강제

구분	내용
의의	직접강제란 구체적인 의무부과를 전제로 경찰상 의무불이행이 있는 경우에 경찰상 최후 수단으로서 의무자의 신체·재산 등에 직접적으로 실력을 가함으로써 경찰상 의무의 이행과 동일한 상태를 실현하는 작용을 말한다(동법 제30조 제1항 제3호).
법적 근거	① 직접강제의 일반법으로는「행정기본법」이 있다. ② 개별법으로서「출입국관리법」상 강제퇴거,「도로교통법」상 위험방지를 위한 조치,「식품위생법」상 폐쇄조치,「공중위생관리법」상 공중위생영업소의 폐쇄 등이 있다.
대상	직접강제는 대체적 작위의무뿐만 아니라 비대체적 작위의무, 부작위의무, 수인의무 등 모든 의무의 불이행에 대하여 활용할 수 있다(예 해산명령 불이행에 대한 해산조치, 사증 없이 입국한 외국인의 강제퇴거, 불법영업소 강제폐쇄조치 등).
한계	① 직접강제는 강제집행 수단 중 가장 강력한 수단이 된다. ② 직접강제는 행정대집행이나 이행강제금 부과의 방법으로는 행정상 의무 이행을 확보할 수 없거나 그 실현이 불가능한 경우에 실시하여야 한다(동법 제32조 제1항). ③ 직접강제를 실시하기 위하여 현장에 파견되는 집행책임자는 그가 집행책임자임을 표시하는 증표를 보여 주어야 한다(동법 제32조 제2항).

📖 강제징수

구분		내용
의의		① 강제징수란 경찰상 금전급부의무를 이행하지 않는 경우에, 경찰기관이 의무자의 재산에 실력을 가하여 경찰상 의무의 이행이 있었던 것과 동일한 상태를 실현하는 작용을 말한다(동법 제30조 제1항 제4호). ② 주차위반 차량에 대한 대집행에 따른 비용의 강제징수, 조세의 강제징수 등이 있다.
법적 근거		① 강제징수의 일반법으로는 「행정기본법」, 「국세징수법」이 있다. ② 개별법으로는 「지방세법」, 「토지수용법」 등이 있다.
절차	독촉	① 독촉은 의무자에게 금전급부의무의 이행을 최고하고 최고기한까지 납부하지 않을 때에는 체납처분을 하겠다는 뜻을 예고하는 통지행위로서, 준법률행위적 행정행위에 속한다. ② 독촉의 처분성은 인정되지만, 반복된 독촉의 처분성은 부정한다. ③ 독촉은 반드시 문서로 한다(납부기간 경과 후 10일 이내에 발부).
	체납처분	① 체납처분의 순서는 압류 → 매각 → 청산의 순으로 한다. ② 압류(법관의 영장이 필요)는 원칙상 의무자가 지정된 기한까지 금전급부의무를 이행하지 아니한 때 행하여지는 권력적 사실행위로서, 그 처분성이 인정되며, 항고소송의 대상이 된다. ③ 매각은 원칙적으로 공매(입찰 또는 경매)에 의하여야 한다. 공매는 공법상 대리로서 행정소송의 대상이 된다. ④ 청산은 압류재산의 매각대금 등 체납처분에 의해 취득한 금전을 국세·가산금과 체납처분비 기타의 채권에 분배하고, 배분한 금전에 잔액이 있을 때에는 이를 체납자에게 지급하는 행정절차로서, 체납처분은 부과처분의 집행을 위한 절차에 불과하므로 조세부과처분이 무효인 경우 체납처분도 무효이다.
	결손처분	① 처분 목적물의 총 추산가액이 체납처분비 충당 후 잔여액이 없을 때 체납처분을 중지하고 결손처분한다. ② 체납처분의 중지·결손처분이 있더라도, 납세의무는 그대로 잔존한다.
구제		① 강제징수에 대한 불복에 대하여는 「국세기본법」에서 특별한 이의신청 절차규정을 두고 있다. ② 「국세기본법」에 따른 심사청구 또는 심판청구와 그에 대한 결정을 거치지 아니하면 행정소송을 제기할 수 없다.

제80테마

경찰상 즉시강제

「행정기본법」【시행 2024. 1. 16.】

📖 일반론

구분	내용
의의	① 경찰상 즉시강제란 목전의 급박한 경찰상 장해를 미연에 제거하고 장해발생을 예방하기 위하여 미리 의무를 명할 시간적 여유가 없을 때 또는 그 성질상 의무를 명하는 것으로는 그 목적을 달성하기 곤란할 때에 직접 국민의 신체 또는 재산에 실력을 가하여 경찰상 필요한 상태를 실현하는 작용을 말한다(동법 제30조 제1항). ② 경미한 위해를 제거하기 위하여 개인의 권리에 대한 중대한 영향을 미치는 경찰상 즉시강제는 할 수 없다. ③ 경찰상의의무의 부과 및 그 불이행을 전제로 하지 않는 점에서, 법령 또는 행정처분에 의한 선행의 구체적 의무의 존재와 그 불이행을 전제로 하는 경찰상 강제집행과는 구별된다.
법적 성질	경찰상 즉시강제는 권력적 사실행위에 속하며, 행정쟁송의 대상이 되는 처분 등에 해당된다.
법적 근거	경찰상 즉시강제의 일반법으로는 「행정기본법」, 「경찰관 직무집행법」이 있다.
요건	① 즉시강제는 다른 수단으로는 행정목적을 달성할 수 없는 경우에만 허용되며, 이 경우에도 최소한으로만 실시하여야 한다(동법 제33조 제1항). ② 즉시강제를 실시하기 위하여 현장에 파견되는 집행책임자는 그가 집행책임자임을 표시하는 증표를 보여 주어야 하며, 즉시강제의 이유와 내용을 고지하여야 한다(동법 제33조 제2항). ③ 제2항에도 불구하고 집행책임자는 즉시강제를 하려는 재산의 소유자 또는 점유자를 알 수 없거나 현장에서 그 소재를 즉시 확인하기 어려운 경우에는 즉시강제를 실시한 후 집행책임자의 이름 및 그 이유와 내용을 고지할 수 있다(동법 제33조 제3항).

📖 경찰상 즉시강제의 종류

구분	내용
대인적 즉시강제	사람의 신체의 자유를 구속하는 경찰강제를 말한다(예 전염병 환자의 강제격리, 보호조치, 위험발생의 방지, 범죄의 예방 및 제지, 무기사용, 경찰장구의 사용, 분사기 등의 사용 등).
대물적 즉시강제	물건에 대한 소유권 등 권리를 침해하는 경찰강제를 말한다(예 물건 등의 임시영치, 위험발생의 방지조치 등).
대가택적 즉시강제	소유자 또는 관리자의의사에 반하여 타인의 건물 등에 들어가 위해의 방지나 구조 등 경찰상 필요한 조치를 취하는 경찰강제를 말한다(예 위험방지를 위한 가택출입·검색 등).

📖 경찰상 즉시강제의 한계

구분	내용
법규상 한계	경찰상 즉시강제는 의무를 전제로 하지 않고 국민의 신체·재산에 실력을 가하여 행정상 필요한 상태를 실현하는 작용이라는 점에서 엄격한 실정법적 근거를 요한다.
조리상 한계	**급박성** 경찰상 장해가 목전에 급박하여야 한다. **소극성** 공공의 안녕·질서를 유지하기 위해 필요한 한도 내에 그쳐야 한다. **비례성** ① 적합성, 필요성(최소침해의 원칙), 상당성의 원칙(협의의 비례원칙)을 갖추어야 한다. ② 경찰상 즉시강제의 경우 필요 이상으로 실력을 행사하여 경찰책임자 이외의 자에게 유형력을 행사하는 것은 위법이 된다. **보충성** ① 다른 수단으로는 경찰목적을 달성할 수 없어야 한다. ② 경찰상 강제집행으로 목적달성이 가능한 경우에는 경찰상 즉시강제는 불가능하다. ③ 행정강제는 행정상 강제집행을 원칙으로 하며, 법치국가적 요청인 예측가능성과 법적 안정성에 반하고, 기본권 침해의 소지가 큰 권력작용인 행정상 즉시강제는 어디까지나 예외적인 강제수단이라고 할 것이다.
절차상 한계 (영장주의)	① 경찰상 즉시강제에도 영장주의를 인정하는 것이 원칙이나, 예외적으로 행정목적의 달성을 위하여 불가피하다고 인정할 만한 합리적인 사유가 있는 경우에 한하여 영장주의의 적용이 배제될 수 있다. ② 행정상 즉시강제는 그 본질상 급박성을 요건으로 하고 있어 법관의 영장을 기다려서는 그 목적을 달성할 수 없다고 할 것이므로, 즉시강제의 특성상 사전적 절차와 친하기 어렵다는 점을 고려하면, 단속하기 전에 甲에게 사전통지나 의견제출의 기회를 부여하지 않았다고 하여 적법절차원칙에 위반되는 것으로는 볼 수 없다.

📖 경찰상 즉시강제에 대한 구제

구분	내용
행정쟁송	① 경찰상 즉시강제는 권력적 사실행위로서 행정쟁송의 대상인 처분에 해당한다. ② 다만, 경찰상 즉시강제는 그 성질상 단시간 내에 종료되어 행정처분과 같이 취소·변경을 구할 법률상의 이익이 존재하지 않는 경우가 대부분이므로 행정쟁송에 의한 구제는 경찰상 즉시강제에 적합하지 아니하다. ③ 소의 이익이 존재하지 않아 행정쟁송을 통해 구제받기는 어렵기 때문에 손해배상·원상회복을 청구할 수밖에 없다.
손해배상	위법한 경찰상 즉시강제에 의하여 권리·이익의 침해를 받은 개인은 「국가배상법」에 의한 손해배상청구를 통해서 구제받을 수 있다.
손실보상	적법한 경찰상 즉시강제에 의하여 수인한도를 넘는 특별한 희생을 받은 경우 손실보상을 청구할 수 있다(「경찰관 직무집행법」제11조의2).
정당방위 긴급피난	① 위법한 경찰상 즉시강제에 대해서는 정당방위가 가능하고, 이 경우 정당방위는 공무집행방해죄에 해당되지 않는다. ② 일정한 요건하에서는 「형법」상 위법성조각사유에 해당하는 긴급피난도 가능하다.

제81테마

경찰상 조사

「행정조사기본법」【시행 2024. 1. 18.】

📖 일반론

구분		내용
정의	행정조사	행정조사란 행정기관이 정책을 결정하거나 직무를 수행하는 데 필요한 정보나 자료를 수집하기 위하여 현장조사·문서열람·시료채취 등을 하거나 조사대상자에게 보고요구·자료제출요구 및 출석·진술요구를 행하는 활동을 말한다(동법 제2조 제1호).
	조사원	조사원이란 행정조사업무를 수행하는 행정기관의 공무원·직원 또는 개인을 말한다(동법 제2조 제3호).
	조사대상자	조사대상자란 행정조사의 대상이 되는 법인·단체 또는 그 기관이나 개인을 말한다(동법 제2조 제4호).
적용범위	원칙	행정조사에 관하여 다른 법률에 특별한 규정이 있는 경우를 제외하고는 이 법으로 정하는 바에 따른다(동법 제3조 제1항).
	예외 (미적용)	① 행정조사를 한다는 사실이나 조사내용이 공개될 경우 국가의 존립을 위태롭게 하거나 국가의 중대한 이익을 현저히 해칠 우려가 있는 국가안전보장·통일 및 외교에 관한 사항 ② 국방 및 안전에 관한 사항 ③ 국가안전보장과 관련된 정보의 분석을 목적으로 수집하거나 작성한 정보 ④ 근로감독관의 직무에 관한 사항 ⑤ 조세·형사·행형 및 보안처분에 관한 사항 ⑥ 금융감독기관의 감독·검사·조사 및 감리에 관한 사항 ⑦ 공정거래위원회의 법률위반행위 조사에 관한 사항
기본원칙		① 행정기관은 조사목적에 적합하도록 조사대상자를 선정하여 행정조사를 실시하여야 한다(동법 제4조 제2항). ② 행정기관은 동일하거나 유사한 사안에 대하여는 공동조사 등을 실시함으로써 행정조사가 중복되지 아니하도록 하여야 한다(동법 제4조 제3항). ③ 행정조사는 법령등의 위반에 대한 처벌보다는 법령등을 준수하도록 유도하는 데 중점을 두어야 한다(동법 제4조 제4항). ④ 다른 법률에 따르지 아니하고는 행정조사의 대상자 또는 행정조사의 내용을 공표하거나 직무상 알게 된 비밀을 누설하여서는 아니 된다(동법 제4조 제5항).

구분	내용
근거	행정기관은 법령등에서 행정조사를 규정하고 있는 경우에 한하여 행정조사를 실시할 수 있다. 다만, 조사대상자의 자발적인 협조를 얻어 실시하는 행정조사의 경우에는 그러하지 아니하다(동법 제5조).
판례	① 「고용보험법」상 '실업인정대상기간 중의 취업사실'에 대한 행정조사 절차에는 수사절차에서의 진술거부권 고지의무에 관한 「형사소송법」 규정이 준용되지 않는다. ② 국가경찰공무원이 「도로교통법」 규정에 따라 호흡측정 또는 혈액 검사 등의 방법으로 운전자가 술에 취한 상태에서 운전하였는지를 조사하는 것은, 형사소송에서 사용될 증거를 수집하기 위한 수사로서의 성격을 가짐과 아울러 운전면허 정지·취소의 행정처분을 위한 자료를 수집하는 행정조사의 성격을 동시에 가지고 있다고 볼 수 있다.

📖 조사계획의 수립 및 조사대상의 선정

구분	내용
연도별 행정조사운영계획의 수립·제출	① 행정기관의 장은 매년 12월말까지 다음 연도의 행정조사운영계획을 수립하여 국무조정실장(국무총리 ×)에게 제출하여야 한다(동법 제6조 제1항). ② 국무조정실장은 행정조사운영계획을 검토한 후 그에 대한 보완을 요청할 수 있다. 행정기관의 장은 특별한 사정이 없는 한 이에 응하여야 한다(동법 제6조 제4항).
조사의 주기	행정조사는 법령등 또는 행정조사운영계획으로 정하는 바에 따라 정기적으로 실시함을 원칙으로 한다. 다만, 다음의 어느 하나에 해당하는 경우에는 수시조사를 할 수 있다(동법 제7조). ① 법률에서 수시조사를 규정하고 있는 경우 ② 법령등의 위반에 대하여 혐의가 있는 경우 ③ 다른 행정기관으로부터 법령등의 위반에 관한 혐의를 통보 또는 이첩받은 경우 ④ 법령등의 위반에 대한 신고를 받거나 민원이 접수된 경우 ⑤ 그 밖에 행정조사의 필요성이 인정되는 사항으로서 대통령령으로 정하는 경우
조사대상자의 선정	① 행정기관의 장은 명백하고 객관적인 기준에 따라 행정조사의 대상을 선정하여야 한다(동법 제8조 제1항). ② 조사대상자는 조사대상 선정기준에 대한 열람을 행정기관의 장에게 신청할 수 있다(동법 제8조 제2항). ③ 행정기관의 장이 열람신청을 받은 때에는 다음의 어느 하나에 해당하는 경우를 제외하고 신청인이 조사대상 선정기준을 열람할 수 있도록 하여야 한다(동법 제8조 제3항). ㉠ 행정기관이 당해 행정조사업무를 수행할 수 없을 정도로 조사활동에 지장을 초래하는 경우 ㉡ 내부고발자 등 제3자에 대한 보호가 필요한 경우

📖 행정조사의 방법

구분	내용
출석요구 진술요구	① 행정기관의 장이 조사대상자의 출석·진술을 요구하는 때에는 출석요구서를 발송하여야 한다(동법 제9조 제1항). ② 조사대상자는 지정된 출석일시에 출석하는 경우 업무 또는 생활에 지장이 있는 때에는 행정기관의 장에게 출석일시를 변경하여 줄 것을 신청할 수 있으며, 변경신청을 받은 행정기관의 장은 행정조사의 목적을 달성할 수 있는 범위 안에서 출석일시를 변경할 수 있다(동법 제9조 제2항). ③ 출석한 조사대상자가 출석요구서에 기재된 내용을 이행하지 아니하여 행정조사의 목적을 달성할 수 없는 경우를 제외하고는 조사원은 조사대상자의 1회 출석으로 당해 조사를 종결하여야 한다(동법 제9조 제3항).
보고요구 자료제출요구	① 행정기관의 장은 조사대상자에게 조사사항에 대하여 보고를 요구하는 때에는 보고요구서를 발송하여야 한다(동법 제10조 제1항). ② 행정기관의 장은 조사대상자에게 장부·서류나 그 밖의 자료를 제출하도록 요구하는 때에는 자료제출요구서를 발송하여야 한다(동법 제10조 제2항).

현장조사	① 조사원이 가택·사무실 또는 사업장 등에 출입하여 현장조사를 실시하는 경우에는 행정기관의 장은 현장출입조사서 등을 조사대상자에게 발송하여야 한다(동법 제11조 제1항).
	② 현장조사는 해가 뜨기 전이나 해가 진 뒤에는 할 수 없다. 다만, 다음의 어느 하나에 해당하는 경우에는 그러하지 아니하다(동법 제11조 제2항).
	   ㉠ 조사대상자(대리인 및 관리책임이 있는 자를 포함)가 동의한 경우
	   ㉡ 사무실 또는 사업장 등의 업무시간에 행정조사를 실시하는 경우
	   ㉢ 해가 뜬 후부터 해가 지기 전까지 행정조사를 실시하는 경우에는 조사목적의 달성이 불가능하거나 증거인멸로 인하여 조사대상자의 법령등의 위반 여부를 확인할 수 없는 경우

공동조사	① 행정기관의 장은 다음의 어느 하나에 해당하는 행정조사를 하는 경우에는 공동조사를 하여야 한다(할 수 있다 ×)(동법 제14조 제1항).
	   ㉠ 당해 행정기관 내의 2 이상의 부서가 동일하거나 유사한 업무분야에 대하여 동일한 조사대상자에게 행정조사를 실시하는 경우
	   ㉡ 서로 다른 행정기관이 대통령령으로 정하는 분야에 대하여 동일한 조사대상자에게 행정조사를 실시하는 경우
	② 행정조사의 사전통지를 받은 조사대상자는 관계 행정기관의 장에게 공동조사를 실시하여 줄 것을 신청할 수 있다(동법 제14조 제2항).
	③ 공동조사를 요청받은 행정기관의 장은 이에 응하여야 한다(동법 제14조 제3항).

중복조사 제한	정기조사 또는 수시조사를 실시한 행정기관의 장은 동일한 사안에 대하여 동일한 조사대상자를 재조사하여서는 아니 된다. 다만, 당해 행정기관이 이미 조사를 받은 조사대상자에 대하여 위법행위가 의심되는 새로운 증거를 확보한 경우에는 그러하지 아니하다(동법 제15조 제1항).

📖 행정조사의 실시

구분	내용
개별조사계획 수립	행정조사를 실시하고자 하는 행정기관의 장은 사전통지를 하기 전에 개별조사계획을 수립하여야 한다. 다만, 행정조사의 시급성으로 행정조사계획을 수립할 수 없는 경우에는 행정조사에 대한 결과보고서로 개별조사계획을 갈음할 수 있다(동법 제16조 제1항).
조사의 사전통지	행정조사를 실시하고자 하는 행정기관의 장은 출석요구서, 보고요구서·자료제출요구서 및 현장출입조사서를 조사개시 7일 전까지 조사대상자에게 서면으로 통지하여야 한다. 다만, 다음의 어느 하나에 해당하는 경우에는 행정조사의 개시와 동시에 출석요구서등을 조사대상자에게 제시하거나 행정조사의 목적 등을 조사대상자에게 구두로 통지할 수 있다(동법 제17조 제1항). ① 행정조사를 실시하기 전에 관련 사항을 미리 통지하는 때에는 증거인멸 등으로 행정조사의 목적을 달성할 수 없다고 판단되는 경우 ② 지정통계의 작성을 위하여 조사하는 경우 ③ 조사대상자의 자발적인 협조를 얻어 실시하는 행정조사의 경우
조사의 연기신청	① 출석요구서등을 통지받은 자가 천재지변이나 그 밖에 대통령령으로 정하는 사유로 인하여 행정조사를 받을 수 없는 때에는 당해 행정조사를 연기하여 줄 것을 행정기관의 장에게 요청할 수 있다(동법 제18조 제1항). ② 행정기관의 장은 행정조사의 연기요청을 받은 때에는 연기요청을 받은 날부터 7일 이내에 조사의 연기 여부를 결정하여 조사대상자에게 통지하여야 한다(동법 제18조 제3항).
자발적인 협조에 따른 행정조사	① 행정기관의 장이 조사대상자의 자발적인 협조를 얻어 행정조사를 실시하고자 하는 경우 조사대상자는 문서·전화·구두 등의 방법으로 당해 행정조사를 거부할 수 있다(동법 제20조 제1항). ② 행정조사에 대하여 조사대상자가 조사에 응할 것인지에 대한 응답을 하지 아니하는 경우에는 법령등에 특별한 규정이 없는 한 그 조사를 거부한 것으로 본다(응한 것으로 본다 ×)(동법 제20조 제2항).
조사원 교체신청	① 조사대상자는 조사원에게 공정한 행정조사를 기대하기 어려운 사정이 있다고 판단되는 경우에는 행정기관의 장에게 당해 조사원의 교체를 신청할 수 있다(동법 제22조 제1항). ② 교체신청은 그 이유를 명시한 서면으로 행정기관의 장에게 하여야 한다(동법 제22조 제2항).
조사권 행사 제한	① 조사원은 사전에 발송된 사항에 한하여 조사대상자를 조사하되, 사전통지한 사항과 관련된 추가적인 행정조사가 필요할 경우에는 조사대상자에게 서면이나 구두로 통보한 후 추가조사를 실시할 수 있다(동법 제23조 제1항). ② 조사대상자와 조사원은 조사과정을 방해하지 아니하는 범위 안에서 행정조사의 과정을 녹음하거나 녹화할 수 있다. 이 경우 녹음·녹화의 범위 등은 상호 협의하여 정하여야 한다(동법 제23조 제3항). ③ 조사대상자와 조사원이 녹음이나 녹화를 하는 경우에는 사전에 이를 당해 행정기관의 장에게 통지하여야 한다(동법 제23조 제4항).
조사결과 통지	행정기관의 장은 법령등에 특별한 규정이 있는 경우를 제외하고는 행정조사의 결과를 확정한 날부터 7일 이내에 그 결과를 조사대상자에게 통지하여야 한다(동법 제24조).

제82테마

경찰벌

중요도 A급

「질서위반행위규제법」【시행 2021. 1. 1.】

📖 일반론

구분	내용	
의의	경찰벌은 경찰상 의무를 위반한 경우 국가의 일반통치권에 의거하여 사후적으로 부과하는 처벌을 말한다.	
법적 성질	① 경찰벌은 제재적 성격을 가지고 있기 때문에 반드시 법률의 근거가 필요하다. ② 경찰벌은 의무불이행에 대해서도 부과하도록 함으로써 간접적으로 의무이행의 확보를 도모하고 있다. ③ 경찰벌에 대한 통칙적 규정은 없고, 각 단행법에서 개별적 규정을 두고 있다. ④ 경찰질서벌인 과태료의 부과처분과 형사처벌은 그 성질이나 목적을 달리하는 별개의 것이므로 이를 일사부재리의 원칙에 반하는 것이라고 할 수 없으므로, 병과가 가능하다.	
종류	경찰형벌	경찰형벌은 경찰상 의무위반에 대한 제재로서 「형법」제41조의 형(사형·징역·금고·구류·자격정지·자격상실·벌금·과료·몰수)을 부과하는 것을 말한다.
	경찰질서벌	경찰질서벌은 경찰상 의무위반에 대한 제재로서 과태료를 부과하는 것을 말한다.

📖 경찰형벌

구분	내용	
원칙	「형사소송법」이 정하는 절차에 따라 검사의 공소제기에 의해 법원이 부과한다.	
예외	통고처분	형사소송절차에 대신하여 경찰행정관청이 벌금·과료에 상당하는 금액, 즉 범칙금 납부를 명하는 준사법적 행정행위이다(예 도로교통사범, 기초질서사범, 조세범, 관세범, 출입국관리사범 등).
	즉결심판	20만원 이하의 벌금·구류 또는 과료의 경찰형벌은 「즉결심판에 관한 절차법」에 따라 과하여지며, 경찰서장이 집행한다.

📖 경찰질서벌

1. 일반론

구분	내용
의의	질서위반행위란 법률(지방자치단체의 조례를 포함)상의 의무를 위반하여 과태료를 부과하는 행위를 말한다(동법 제2조 제1호).
다른 법률과의 관계	과태료의 부과·징수, 재판 및 집행 등의 절차에 관한 다른 법령의 규정 중 이 법의 규정에 저촉되는 것은 이 법으로 정하는 바에 따른다(동법 제5조).
행정쟁송 유무	과태료 부과처분은 행정청을 피고로 하는 행정쟁송의 대상이 되는 행정처분이라고 볼 수 없다.

2. 질서위반행위의 적용범위

구분	내용
시간적 범위	① 질서위반행위의 성립과 과태료 처분은 행위 시(처분 시 ×)의 법률에 따른다(동법 제3조 제1항). ② 질서위반행위 후 법률이 변경되어 그 행위가 질서위반행위에 해당하지 아니하게 되거나 과태료가 변경되기 전의 법률보다 가볍게 된 때에는 법률에 특별한 규정이 없는 한 변경된 법률을 적용한다(동법 제3조 제2항). ③ 행정청의 과태료 처분이나 법원의 과태료 재판이 확정된 후 법률이 변경되어 그 행위가 질서위반행위에 해당하지 아니하게 된 때에는 변경된 법률에 특별한 규정이 없는 한 과태료의 징수 또는 집행을 면제한다(동법 제3조 제3항).
장소적 범위	① 대한민국 영역 안에서 질서위반행위를 한 자에게 적용한다(동법 제4조 제1항). ② 대한민국 영역 밖에서 질서위반행위를 한 대한민국의 국민에게 적용한다(동법 제4조 제2항). ③ 대한민국 영역 밖에 있는 대한민국의 선박 또는 항공기 안에서 질서위반행위를 한 외국인에게 적용한다(동법 제4조 제3항).
인적 범위	① 자신의 행위가 위법하지 아니한 것으로 오인하고 행한 질서위반행위는 그 오인에 정당한 이유가 있는 때에 한하여 과태료를 부과하지 아니한다(동법 제8조). ② 14세가 되지 아니한 자의 질서위반행위는 과태료를 부과하지 아니한다. 다만, 다른 법률에 특별한 규정이 있는 경우에는 그러하지 아니하다(동법 제9조). ③ 심신장애로 인하여 행위의 옳고 그름을 판단할 능력이 없거나 그 판단에 따른 행위를 할 능력이 없는 자의 질서위반행위는 과태료를 부과하지 아니한다(동법 제10조 제1항). ④ 심신장애로 인하여 행위의 옳고 그름을 판단할 능력이 미약한 자의 질서위반행위는 과태료를 감경한다(동법 제10조 제2항). ⑤ 스스로 심신장애 상태를 일으켜 질서위반행위를 한 자에 대하여는 과태료의 면제 및 감경이 적용되지 아니한다(동법 제10조 제3항).

3. 질서위반행위의 요건

구분	내용
법정주의	법률에 따르지 아니하고는 어떤 행위도 질서위반행위로 과태료를 부과하지 아니한다(동법 제6조).
고의·과실	고의 또는 과실이 없는 질서위반행위는 과태료를 부과하지 아니한다(동법 제7조).

4. 질서위반행위의 처리

구분	내용
법인의 경우	법인의 대표자, 법인 또는 개인의 대리인·사용인 및 그 밖의 종업원이 업무에 관하여 **법인 또는 그 개인**에게 부과된 법률상의 의무를 위반한 때에는 법인 또는 그 개인에게 과태료를 부과한다(동법 제11조 제1항).
다수인의 질서위반행위	① 2인 이상이 질서위반행위에 가담한 때에는 각자가 질서위반행위를 한 것으로 본다(동법 제12조 제1항). ② 신분에 의하여 성립하는 질서위반행위에 신분이 없는 자가 가담한 때에는 신분이 없는 자에 대하여도 질서위반행위가 성립한다(동법 제12조 제2항). ③ 신분에 의하여 과태료를 감경 또는 가중하거나 과태료를 부과하지 아니하는 때에는 그 신분의 효과는 신분이 없는 자에게는 미치지 아니한다(동법 제12조 제3항).
수개의 질서위반행위	① 하나의 행위가 2 이상의 질서위반행위에 해당하는 경우에는 각 질서위반행위에 대하여 정한 과태료 중 가장 중한 과태료를 부과한다(동법 제13조 제1항). ② 제1항의 경우를 제외하고 2 이상의 질서위반행위가 경합하는 경우에는 각 질서위반행위에 대하여 정한 과태료를 각각 부과한다. 다만, 다른 법령에 특별한 규정이 있는 경우에는 그 법령으로 정하는 바에 따른다(동법 제13조 제2항).

5. 과태료의 부과 등

구분	내용
시효	① 과태료는 행정청의 과태료 부과처분이나 법원의 과태료 재판이 확정된 후 5년간 징수하지 아니하거나 집행하지 아니하면 시효로 인하여 소멸한다(동법 제15조). ② 행정청은 질서위반행위가 종료된 날(다수인이 질서위반행위에 가담한 경우에는 최종행위가 종료된 날)부터 5년이 경과한 경우에는 해당 질서위반행위에 대하여 과태료를 부과할 수 없다(동법 제19조 제1항).
사전통지	행정청이 질서위반행위에 대하여 과태료를 부과하고자 하는 때에는 미리 당사자에게 대통령령으로 정하는 사항을 통지하고, 10일 이상의 기간을 정하여 의견을 제출할 기회를 주어야 한다. 이 경우 지정된 기일까지 의견 제출이 없는 경우에는 의견이 없는 것으로 본다(동법 제16조 제1항).
부과	행정청은 의견 제출 절차를 마친 후에 서면(당사자가 동의하는 경우에는 전자문서를 포함)으로 과태료를 부과하여야 한다(동법 제17조 제1항).
감경	행정청은 당사자가 의견 제출 기한 이내에 과태료를 자진하여 납부하고자 하는 경우에는 과태료를 감경할 수 있다(감경하여야 한다 ×)(동법 제18조 제1항).

종료		당사자가 감경된 과태료를 납부한 경우에는 해당 질서위반행위에 대한 과태료 부과 및 징수절차는 종료한다(동법 제18조 제2항).
이의제기		① 과태료 부과에 불복하는 당사자는 과태료 부과 통지를 받은 날부터 60일 이내에 해당 행정청에 서면으로 이의제기를 할 수 있다(동법 제20조 제1항). ② 이의제기가 있는 경우에는 행정청의 과태료 부과처분은 그 효력을 상실한다(동법 제20조 제2항).
법원에의 통보		이의제기를 받은 행정청은 이의제기를 받은 날부터 14일 이내에 관할 법원에 통보하여야 한다. 다만, 다음의 어느 하나에 해당하는 경우에는 그러하지 아니하다(동법 제21조 제1항). ① 당사자가 이의제기를 철회한 경우 ② 당사자의 이의제기에 이유가 있어 과태료를 부과할 필요가 없는 경우
가산금의 징수		① 행정청은 당사자가 납부기한까지 과태료를 납부하지 아니한 때에는 납부기한을 경과한 날부터 체납된 과태료에 대하여 100분의 3에 상당하는 가산금을 징수한다(동법 제24조 제1항). ② 체납된 과태료를 납부하지 아니한 때에는 납부기한이 경과한 날부터 매 1개월이 경과할 때마다 체납된 과태료의 1천분의 12에 상당하는 가산금(중가산금)을 제1항에 따른 가산금에 가산하여 징수한다. 이 경우 중가산금을 가산하여 징수하는 기간은 60개월을 초과하지 못한다(동법 제24조 제2항).
체납처분		행정청은 당사자가 기한 이내에 이의를 제기하지 아니하고 가산금을 납부하지 아니한 때에는 국세 또는 지방세 체납처분의 예에 따라 징수한다(동법 제24조 제3항).
징수유예	기간	① 행정청은 당사자가 과태료(체납된 과태료와 가산금, 중가산금 및 체납처분비를 포함)를 납부하기가 곤란하다고 인정되면 1년의 범위에서 대통령령으로 정하는 바에 따라 과태료의 분할납부나 납부기일의 연기를 결정할 수 있다(동법 제24조의3 제1항). ② 행정청은 과태료의 분할납부나 납부기일의 연기를 결정하는 경우 그 기간을 그 징수유예 등을 결정한 다음 날부터 9개월 이내로 하여야 한다(최초 징수유예). 다만, 그 기간이 만료될 때까지 징수유예 등의 사유가 해소되지 아니하는 경우에는 1회에 한정하여 3개월의 범위에서 그 기간을 연장(연장 징수유예)할 수 있다(동법 시행령 제7조의2).
	신청	징수유예 등을 받으려는 당사자는 이를 행정청에 신청할 수 있다(동법 제24조의3 제2항).

서진호
경찰학

제8장

경찰행정법 V − 행정절차와 개인정보의 보호

제83테마~제84테마

제83테마

행정절차

중요도 A급

■ 「행정절차법」【시행 2023. 3. 24.】

📖 일반론

구분		내용
목적		이 법은 행정절차에 관한 공통적인 사항을 규정하여 국민의 행정 참여를 도모함으로써 행정의 공정성·투명성 및 신뢰성을 확보하고 국민의 권익을 보호함을 목적으로 한다(동법 제1조).
정의	행정청	행정청이란 다음의 자를 말한다(동법 제2조 제1호). ① 행정에 관한 의사를 결정하여 표시하는 국가 또는 지방자치단체의 기관 ② 그 밖에 법령 또는 자치법규에 따라 행정권한을 가지고 있거나 위임 또는 위탁받은 공공단체 또는 그 기관이나 사인
	처분	처분이란 행정청이 행하는 구체적 사실에 관한 법 집행으로서의 공권력의 행사 또는 그 거부와 그 밖에 이에 준하는 행정작용을 말한다(동법 제2조 제2호).
	당사자등	당사자등이란 다음의 자를 말한다(동법 제2조 제4호). ① 행정청의 처분에 대하여 직접 그 상대가 되는 당사자 ② 행정청이 직권으로 또는 신청에 따라 행정절차에 참여하게 한 이해관계인

📖 행정절차의 적용범위 및 원칙

1. 행정절차가 적용되는 경우

구분	내용
적용 (O)	처분, 신고, 확약, 위반사실 등의 공표, 행정계획, 행정상 입법예고, 행정예고, 행정지도의 절차에 관하여 다른 법률에 특별한 규정이 있는 경우를 제외하고는 이 법에서 정하는 바에 따른다(동법 제3조 제1항).
판례	① 진급예정자명단에 포함된 자에 대하여 의견제출의 기회를 부여하지 아니한 채 진급선발을 취소하는 처분을 한 경우 ② 별정직공무원에 대한 직권면직처분 ③ 육군3사관학교 생도에 대한 퇴학처분과 같이 신분을 박탈하는 징계처분 ④ 공정거래위원회의 시정조치 및 과징금납부명령 ⑤ 미국 국적을 가진 교민(외국인)에 대한 사증발급 신청에 대한 거부처분

2. 행정절차가 적용되지 않는 경우

구분	내용
적용 (×)	이 법은 다음의 어느 하나에 해당하는 사항에 대하여는 적용하지 아니한다(동법 제3조 제2항). ① 국회 또는 지방의회의의결을 거치거나 동의 또는 승인을 받아 행하는 사항 ② 법원 또는 군사법원의 재판에 의하거나 그 집행으로 행하는 사항 ③ 헌법재판소의 심판을 거쳐 행하는 사항 ④ 각급 선거관리위원회의의결을 거쳐 행하는 사항 ⑤ 감사원이 감사위원회의의결을 거쳐 행하는 사항 ⑥ 형사, 행형 및 보안처분 관계 법령에 따라 행하는 사항 ⑦ 국가안전보장·국방·외교 또는 통일에 관한 사항 중 행정절차를 거칠 경우 국가의 중대한 이익을 현저히 해칠 우려가 있는 사항 ⑧ 심사청구, 해양안전심판, 조세심판, 특허심판, 행정심판, 그 밖의 불복절차에 관한 사항 ⑨ 「병역법」에 따른 징집·소집, 외국인의 출입국·난민인정·귀화, 공무원 인사 관계 법령에 따른 징계와 그 밖의 처분, 이해 조정을 목적으로 하는 법령에 따른 알선·조정·중재·재정 또는 그 밖의 처분 등 해당 행정작용의 성질상 행정절차를 거치기 곤란하거나 거칠 필요가 없다고 인정되는 사항과 행정절차에 준하는 절차를 거친 사항으로서 대통령령으로 정하는 사항
판례	① 「국가공무원법」상 직위해제처분 ② 「군인사법」상 보직해임처분

3. 행정절차의 원칙

구분	내용
신의성실의 원칙	행정청은 직무를 수행할 때 신의에 따라 성실히 하여야 한다(동법 제4조 제1항).
신뢰보호의 원칙	행정청은 법령 등의 해석 또는 행정청의 관행이 일반적으로 국민들에게 받아들여졌을 때에는 공익 또는 제3자의 정당한 이익을 현저히 해칠 우려가 있는 경우를 제외하고는 새로운 해석 또는 관행에 따라 소급하여 불리하게 처리하여서는 아니 된다(동법 제4조 제2항).
투명성의 원칙	① 행정청이 행하는 행정작용은 그 내용이 구체적이고 명확하여야 한다(동법 제5조 제1항). ② 행정작용의 근거가 되는 법령 등의 내용이 명확하지 아니한 경우 상대방은 해당 행정청에 그 해석을 요청할 수 있으며, 해당 행정청은 특별한 사유가 없으면 그 요청에 따라야 한다(동법 제5조 제2항). ③ 행정청은 상대방에게 행정작용과 관련된 정보를 충분히 제공하여야 한다(동법 제5조 제3항).

📖 행정청의 관할 및 행정응원

구분		내용
관할	이송	행정청이 그 관할에 속하지 아니하는 사안을 접수하였거나 이송받은 경우에는 지체 없이 이를 관할 행정청에 이송하여야 하고 그 사실을 신청인에게 통지하여야 한다. 행정청이 접수하거나 이송받은 후 관할이 변경된 경우에도 또한 같다(동법 제6조 제1항).
	결정	행정청의 관할이 분명하지 아니한 경우에는 해당 행정청을 공통으로 감독하는 상급행정청이 그 관할을 결정하며, 공통으로 감독하는 상급행정청이 없는 경우에는 각 상급행정청이 협의하여 그 관할을 결정한다(동법 제6조 제2항).
행정응원	요청	① 행정청은 다음의 어느 하나에 해당하는 경우에는 다른 행정청에 행정응원을 요청할 수 있다(동법 제8조 제1항). 　㉠ 법령등의 이유로 독자적인 직무 수행이 어려운 경우 　㉡ 인원·장비의 부족 등 사실상의 이유로 독자적인 직무 수행이 어려운 경우 　㉢ 다른 행정청에 소속되어 있는 전문기관의 협조가 필요한 경우 　㉣ 다른 행정청이 관리하고 있는 문서·통계 등 행정자료가 직무 수행을 위하여 필요한 경우 　㉤ 다른 행정청의 응원을 받아 처리하는 것이 보다 능률적·경제적인 경우 ② 행정응원은 해당 직무를 직접 응원할 수 있는 행정청에 요청하여야 한다(동법 제8조 제3항).
	거부	행정응원을 요청받은 행정청은 다음의 어느 하나에 해당하는 경우에는 응원을 거부할 수 있다(동법 제8조 제2항). ① 다른 행정청이 보다 능률적이거나 경제적으로 응원할 수 있는 명백한 이유가 있는 경우 ② 행정응원으로 인하여 고유의 직무 수행이 현저히 지장받을 것으로 인정되는 명백한 이유가 있는 경우
	감독 비용	① 행정응원을 위하여 파견된 직원은 응원을 요청한 행정청의 지휘·감독을 받는다(동법 제8조 제5항). ② 행정응원에 드는 비용은 응원을 요청한 행정청이 부담하며, 그 부담금액 및 부담방법은 응원을 요청한 행정청과 응원을 하는 행정청이 협의하여 결정한다(동법 제8조 제6항).

📖 송달 및 기간·기한의 특례

구분		내용
송달	방법	① 송달은 우편, 교부 또는 정보통신망 이용 등의 방법으로 하되, 송달을 받을 자의 주소·거소·영업소·사무소 또는 전자우편주소로 한다. 다만, 송달을 받을 자가 동의하는 경우에는 그를 만나는 장소에서 송달할 수 있다(동법 제14조 제1항). ② 교부에 의한 송달은 수령확인서를 받고 문서를 교부함으로써 하며, 송달하는 장소에서 송달받을 자를 만나지 못한 경우에는 그 사무원·피용자 또는 동거인으로서 사리를 분별할 지능이 있는 사람에게 문서를 교부할 수 있다. 다만, 문서를 송달받을 자 또는 그 사무원 등이 정당한 사유 없이 송달받기를 거부하는 때에는 그 사실을 수령확인서에 적고, 문서를 송달할 장소에 놓아둘 수 있다(동법 제14조 제2항). ③ 정보통신망을 이용한 송달은 송달 받을 자가 동의하는 경우에만 한다(동법 제14조 제3항). ④ 송달받을 자의 주소 등을 통상적인 방법으로 확인할 수 없는 경우, 송달이 불가능한 경우에는 송달받을 자가 알기 쉽도록 관보, 공보, 게시판, 일간신문 중 하나 이상에 공고하고 인터넷에도 공고하여야 한다(동법 제14조 제4항).
	효력	① 송달은 다른 법령 등에 특별한 규정이 있는 경우를 제외하고는 해당 문서가 송달받을 자에게 도달됨으로써 그 효력이 발생한다(동법 제15조 제1항). ② 정보통신망을 이용하여 전자문서로 송달하는 경우에는 송달받을 자가 지정한 컴퓨터(행정청의 컴퓨터 ×) 등에 입력된 때에 도달된 것으로 본다(동법 제15조 제2항). ③ 관보 등 인터넷에 공고하는 경우에는 다른 법령 등에 특별한 규정이 있는 경우를 제외하고는 공고일부터 14일이 지난 때에 그 효력이 발생한다. 다만, 긴급히 시행하여야 할 특별한 사유가 있어 효력발생시기를 달리 정하여 공고한 경우에는 그에 따른다(동법 제15조 제3항).
기한·기간의 특례		① 당사자 등에게 책임이 없는 사유로 기간 및 기한을 지킬 수 없는 경우에는 그 사유가 끝나는 날까지 기간의 진행이 정지된다(동법 제16조 제1항). ② 외국에 거주하거나 체류하는 자에 대한 기간 및 기한은 행정청이 그 우편이나 통신에 걸리는 일수를 고려하여 정하여야 한다(동법 제16조 제2항).

📖 수익적 처분의 절차

1. 처분의 신청

구분	내용
신청방법	① 행정청에 처분을 구하는 신청은 문서로 하여야 한다. 다만, 다른 법령 등에 특별한 규정이 있는 경우와 행정청이 미리 다른 방법을 정하여 공시한 경우에는 그러하지 아니하다(동법 제17조 제1항). ② 처분을 신청할 때 전자문서로 하는 경우에는 행정청의 컴퓨터 등(신청인의 컴퓨터 등 ×)에 입력된 때에 신청한 것으로 본다(동법 제17조 제2항). ③ 행정청은 신청에 필요한 구비서류, 접수기관, 처리기간, 그 밖에 필요한 사항을 게시하거나 이에 대한 편람을 갖추어 두고 누구나 열람할 수 있도록 하여야 한다(동법 제17조 제3항). ④ 행정청은 신청을 받았을 때에는 다른 법령 등에 특별한 규정이 있는 경우를 제외하고는 그 접수를 보류·거부하거나 부당하게 되돌려 보내서는 아니 되며, 신청을 접수한 경우에는 신청인에게 접수증을 주어야 한다(동법 제17조 제4항).
보완요구	① 행정청은 신청에 구비서류의 미비 등 흠이 있는 경우에는 보완에 필요한 상당한 기간을 정하여 지체 없이 신청인에게 보완을 요구하여야 한다(동법 제17조 제5항). ② 행정청은 신청인이 그 기간 내에 보완을 하지 아니하였을 때에는 그 이유를 구체적으로 밝혀 접수된 신청을 되돌려 보낼 수 있다(동법 제17조 제6항).
다른 행정청에 신청의 접수	행정청은 신청인의 편의(행정청의 편의 ×)를 위하여 다른 행정청에 신청을 접수하게 할 수 있다. 이 경우 행정청은 다른 행정청에 접수할 수 있는 신청의 종류를 미리 정하여 공시하여야 한다(동법 제17조 제7항).
신청의 보완·변경·취하	신청인은 처분이 있기 전에는 그 신청의 내용을 보완·변경하거나 취하할 수 있다. 다만, 다른 법령 등에 특별한 규정이 있거나 그 신청의 성질상 보완·변경하거나 취하할 수 없는 경우에는 그러하지 아니하다(동법 제17조 제8항).

2. 처리기간의 설정·공표

구분	내용
설정·공표	① 행정청은 신청인의 편의를 위하여 처분의 처리기간을 종류별로 미리 정하여 공표하여야 한다(동법 제19조 제1항). ② 행정청이 정당한 처리기간 내에 처리하지 아니하였을 때에는 신청인은 해당 행정청 또는 그 감독행정청에 신속한 처리를 요청할 수 있다(동법 제19조 제4항).
기간 연장	행정청은 부득이한 사유로 처리기간 내에 처분을 처리하기 곤란한 경우에는 해당 처분의 처리기간의 범위에서 한 번만 그 기간을 연장할 수 있으며, 처리기간을 연장할 때에는 지체 없이 신청인에게 통지하여야 한다(동법 제19조 제2항 및 제3항).
판례	처분이나 민원의 처리기간을 정하는 것은 신청에 따른 사무를 가능한 한 조속히 처리하도록 하기 위한 것이다. 처리기간에 관한 규정은 훈시규정에 불과할 뿐 강행규정이라고 볼 수 없으며, 행정청이 처리기간이 지나 처분을 하였더라도 이를 처분을 취소할 절차상 하자로 볼 수 없다.

📖 침익적 처분의 절차

구분	내용
사전통지	행정청은 당사자에게 의무를 부과하거나 권익을 제한하는 처분을 하는 경우에는 미리 다음의 사항을 당사자 등에게 통지하여야 한다(동법 제21조 제1항). ① 처분의 제목 ② 당사자의 성명 또는 명칭과 주소 ③ 처분하려는 원인이 되는 사실과 처분의 내용 및 법적 근거 ④ 제3호에 대하여 의견을 제출할 수 있다는 뜻과 의견을 제출하지 아니하는 경우의 처리방법 ⑤ 의견제출기관의 명칭과 주소 ⑥ 의견제출기한(10일 이상의 기간) ⑦ 그 밖에 필요한 사항
사전통지 예외	다음의 어느 하나에 해당하는 경우에는 처분의 사전 통지를 하지 아니할 수 있다(동법 제21조 제4항). ① 공공의 안전 또는 복리를 위하여 긴급히 처분을 할 필요가 있는 경우 ② 법령 등에서 요구된 자격이 없거나 없어지게 되면 반드시 일정한 처분을 하여야 하는 경우에 그 자격이 없거나 없어지게 된 사실이 법원의 재판 등에 의하여 객관적으로 증명된 경우 ③ 해당 처분의 성질상 의견청취가 현저히 곤란하거나 명백히 불필요하다고 인정될 만한 상당한 이유가 있는 경우

📖 수익적 처분·침익적 처분의 공통절차

구분		내용
처리기준의 설정·공표		① 행정청은 필요한 처분기준을 해당 처분의 성질에 비추어 되도록 구체적으로 정하여 공표하여야 한다(동법 제20조 제1항). ② 당사자 등은 공표된 처분기준이 명확하지 아니한 경우 해당 행정청에 그 해석 또는 설명을 요청할 수 있다.
이유 제시	원칙	행정청은 처분을 할 때에는 그 근거와 이유를 제시하여야 한다(동법 제23조 제1항).
	예외	다음의 어느 하나에 해당하는 경우에는 당사자에게 처분의 근거와 이유를 제시하지 아니할 수 있다(동법 제23조 제1항 단서). ① 신청 내용을 모두 그대로 인정하는 처분인 경우 ② 단순·반복적인 처분 또는 경미한 처분으로서 당사자가 그 이유를 명백히 알 수 있는 경우 ③ 긴급히 처분할 필요가 있는 경우

구분	내용
방식	① 행정청이 처분을 할 때에는 다른 법령등에 특별한 규정이 있는 경우를 제외하고는 문서로 하여야 하며, 당사자가 동의하거나 전자문서로 처분신청을 한 경우에는 전자문서로 할 수 있다(동법 제24조 제1항). ② 공공의 안전 또는 복리를 위하여 긴급히 처분을 할 필요가 있거나 사안이 경미한 경우에는 말, 전화, 휴대전화를 이용한 문자 전송, 팩스 또는 전자우편 등 문서가 아닌 방법으로 처분을 할 수 있다. 이 경우 당사자가 요청하면 지체 없이 처분에 관한 문서를 주어야 한다(동법 제24조 제2항). ③ 처분을 하는 문서에는 그 처분 행정청과 담당자의 소속·성명 및 연락처를 적어야 한다(동법 제24조 제3항).
정정	행정청은 처분에 오기, 오산 또는 그 밖에 이에 준하는 명백한 잘못이 있을 때에는 직권으로 또는 신청에 따라 지체 없이 정정하고 그 사실을 당사자에게 통지하여야 한다(동법 제25조).
고지	행정청이 처분을 할 때에는 당사자에게 그 처분에 관하여 행정심판 및 행정소송을 제기할 수 있는지 여부, 그 밖에 불복을 할 수 있는지 여부, 청구절차 및 청구기간, 그 밖에 필요한 사항을 알려야 한다(동법 제26조).
판례	① 처분기준 사전공표 의무를 위반하여 미리 공표하지 아니한 기준을 적용하여 처분을 하였다고 하더라도, 그러한 사정만으로 곧바로 해당 처분에 취소사유에 이를 정도의 흠이 존재한다고 볼 수는 없다. 다만, 해당 처분에 적용한 기준이 상위법령의 규정이나 신뢰보호의 원칙 등과 같은 법의 일반원칙을 위반하였거나 객관적으로 합리성이 없다고 볼 수 있는 구체적인 사정이 있다면 해당 처분은 위법하다고 평가할 수 있다. ② 취소처분의 근거와 위반사실의 적시를 빠트린 하자는 피처분자가 처분당시 그 취지를 알고 있었다거나 그 후 알게 되었다 하더라도 치유될 수 없다.

📖 의견청취절차(청문·공청회·의견제출)

1. 공통사항

구분	내용
종류	의견청취절차는 청문, 공청회, 의견제출로 구분된다.
효과	의견청취절차를 거치지 않은 불이익처분은 하자 있는 처분이 되어 취소할 수 있다.
원칙	① 행정청은 청문·공청회·의견제출을 거쳤을 때에는 신속히 처분하여 해당 처분이 지연되지 아니하도록 하여야 한다(동법 제22조 제5항). ② 행정청은 처분 후 1년 이내에 당사자등이 요청하는 경우에는 청문·공청회 또는 의견제출을 위하여 제출받은 서류나 그 밖의 물건을 반환하여야 한다(동법 제22조 제6항).
예외	다음의 경우에는 의견청취를 하지 아니할 수 있다(동법 제22조 제4항). ① 공공의 안전 또는 복리를 위하여 긴급히 처분을 할 필요가 있는 경우 ② 법령 등에서 요구된 자격이 없거나 없어지게 되면 반드시 일정한 처분을 하여야 하는 경우에 그 자격이 없거나 없어지게 된 사실이 법원의 재판 등에 의하여 객관적으로 증명된 경우 ③ 해당 처분의 성질상 의견청취가 현저히 곤란하거나 명백히 불필요하다고 인정될 만한 상당한 이유가 있는 경우 ④ 당사자가 의견진술의 기회를 포기한다는 뜻을 명백히 표시한 경우

2. 청문

구분	내용
의의	청문이란 행정청이 어떠한 처분을 하기 전에 당사자들의 의견을 직접 듣고 증거를 조사하는 절차를 말한다(동법 제2조 제5호).
사유	행정청이 처분을 할 때 다음의 어느 하나에 해당하는 경우에는 청문을 한다(청문을 할 수 있다 ×)(동법 제22조 제1항). ① 다른 법령 등에서 청문을 하도록 규정하고 있는 경우 ② 행정청이 필요하다고 인정하는 경우 ③ 인허가 등의 취소 ④ 신분·자격의 박탈 ⑤ 법인이나 조합 등의 설립허가의 취소
통지	행정청은 청문을 하려면, 청문이 시작되는 날부터 10일 전까지 당사자 등에게 통지하여야 한다(동법 제21조 제2항).
주재	① 행정청은 소속 직원 또는 대통령령으로 정하는 자격을 가진 사람 중에서 청문 주재자를 공정하게 선정하여야 한다(동법 제28조 제1항). ② 행정청은 청문이 시작되는 날부터 7일 전까지 청문 주재자에게 청문과 관련한 자료를 미리 통지하여야 한다(동법 제28조 제3항). ③ 청문 주재자는 독립하여 공정하게 직무를 수행하며, 그 직무 수행을 이유로 본인의 의사에 반하여 신분상 어떠한 불이익도 받지 아니한다(동법 제28조 제4항).
공개	청문은 당사자가 공개를 신청하거나 청문 주재자가 필요하다고 인정하는 경우 공개할 수 있다. 다만, 공익 또는 제3자의 정당한 이익을 현저히 해칠 우려가 있는 경우에는 공개하여서는 아니 된다(동법 제30조).
진행	① 청문 주재자가 청문을 시작할 때에는 먼저 예정된 처분의 내용, 그 원인이 되는 사실 및 법적 근거 등을 설명하여야 한다(동법 제31조 제1항). ② 당사자 등이 의견서를 제출한 경우에는 그 내용을 출석하여 진술한 것으로 본다(동법 제31조 제3항).
증거조사	청문 주재자는 직권으로 또는 당사자의 신청에 따라 필요한 조사를 할 수 있으며, 당사자 등이 주장하지 아니한 사실에 대하여도 조사할 수 있다(동법 제33조 제1항).
청문조서	① 청문 주재자는 청문조서를 작성하여야 한다(동법 제34조 제1항). ② 당사자 등은 청문조서의 내용을 열람·확인할 수 있으며, 이의가 있을 때에는 그 정정을 요구할 수 있다(동법 제34조 제2항).
의견서	청문 주재자는 청문 주재자의 의견서를 작성하여야 한다(동법 제34조의2).
종결	① 청문 주재자는 당사자 등의 전부 또는 일부가 정당한 사유 없이 청문 기일에 출석하지 아니하거나 의견서를 제출하지 아니한 경우에는 이들에게 다시 의견진술 및 증거제출의 기회를 주지 아니하고 청문을 마칠 수 있다(동법 제35조 제2항). ② 정당한 사유로 청문기일에 출석하지 못하거나 의견서를 제출하지 못한 경우에는 10일 이상의 기간을 정하여 이들에게 의견진술 및 증거제출을 요구하여야 하며, 해당 기간이 지났을 때에는 청문을 마칠 수 있다(동법 제35조 제3항). ③ 행정청은 처분을 할 때에 이를 충분히 검토하고 상당한 이유가 있다고 인정되는 경우에는 청문결과를 반영하여야 한다(동법 제35조의2).

3. 공청회

구분	내용
의의	① 공청회란 행정청이 공개적인 토론을 통하여 어떠한 행정작용에 대하여 의견을 널리 수렴하는 절차를 말한다(동법 제2조 제6호). ② 「행정절차법」은 공청회를 행정입법예고 및 행정예고뿐만 아니라 행정처분절차에서도 규정하고 있다.
사유	행정청이 처분을 할 때 다음의 어느 하나에 해당하는 경우에는 공청회를 개최한다(개최할 수 있다 ×)(동법 제22조 제2항 및 동법 시행령 제13조의3). ① 다른 법령 등에서 공청회를 개최하도록 규정하고 있는 경우 ② 해당 처분의 영향이 광범위하여 널리 의견을 수렴할 필요가 있다고 행정청이 인정하는 경우 ③ 국민 다수의 생명, 안전 및 건강에 큰 영향을 미치는 처분에 대하여 30명 이상의 당사자 등이 개최를 요구하는 경우 ④ 소음 및 악취 등 국민의 일상생활과 관계되는 환경에 큰 영향을 미치는 처분에 대하여 30명 이상의 당사자 등이 개최를 요청하는 경우
개최	행정청은 공청회를 개최하려는 경우에는 공청회 개최 14일 전까지 당사자 등에게 통지하고 관보, 공보, 인터넷 홈페이지 또는 일간신문 등에 공고하는 등의 방법으로 널리 알려야 한다. 다만, 공청회 개최를 알린 후 예정대로 개최하지 못하여 새로 일시 및 장소 등을 정한 경우에는 공청회 개최 7일 전까지 알려야 한다(동법 제38조).
온라인 공청회	① 행정청은 제38조에 따른 공청회와 병행하여서만 정보통신망을 이용한 공청회를 실시할 수 있다(동법 제38조의2 제1항). ② 다음의 어느 하나에 해당하는 경우에는 온라인공청회를 단독으로 개최할 수 있다(동법 제38조의2 제2항). 　㉠ 국민의 생명·신체·재산의 보호 등 국민의 안전 또는 권익보호 등의 이유로 제38조에 따른 공청회를 개최하기 어려운 경우 　㉡ 제38조에 따른 공청회가 행정청이 책임질 수 없는 사유로 개최되지 못하거나 개최는 되었으나 정상적으로 진행되지 못하고 무산된 횟수가 3회 이상인 경우 　㉢ 행정청이 널리 의견을 수렴하기 위하여 온라인공청회를 단독으로 개최할 필요가 있다고 인정하는 경우
진행	① 공청회의 주재자는 공청회를 공정하게 진행하여야 하며, 공청회의 원활한 진행을 위하여 발표 내용을 제한할 수 있고, 질서유지를 위하여 발언 중지 및 퇴장 명령 등 행정안전부장관이 정하는 필요한 조치를 할 수 있다(동법 제39조 제1항). ② 발표자는 공청회의 내용과 직접 관련된 사항에 대하여만 발표하여야 한다(동법 제39조 제2항). ③ 공청회의 주재자는 발표자의 발표가 끝난 후에는 발표자 상호간에 질의 및 답변을 할 수 있도록 하여야 하며(할 수 있으며 ×), 방청인에게도 의견을 제시할 기회를 주어야 한다(줄 수 있다 ×)(동법 제39조 제3항).
결과	행정청은 처분을 할 때에 공청회, 온라인공청회 및 정보통신망 등을 통하여 제시된 사실 및 의견이 상당한 이유가 있다고 인정하는 경우에는 이를 반영하여야 한다(동법 제39조의2).

4. 의견제출

구분	내용
의의	의견제출이란 행정청이 어떠한 행정작용을 하기 전에 당사자 등이 의견을 제시하는 절차로서 청문이나 공청회에 해당하지 아니하는 절차를 말한다(동법 제2조 제7호).
기회부여	① 행정청이 당사자에게 의무를 부과하거나 권익을 제한하는 처분을 할 때 청문 또는 공청회의 경우 이외에는 당사자 등에게 의견제출의 기회를 주어야 한다(동법 제22조 제3항). ② 법령상 확정된 의무의 부과의 경우에는 의견제출의 기회를 부여하지 않아도 된다.
방법	① 당사자 등은 처분 전에 그 처분의 관할 행정청에 서면이나 말로 또는 정보통신망을 이용하여 의견제출을 할 수 있다(동법 제27조 제1항). ② 행정청은 당사자 등이 말로 의견제출을 하였을 때에는 서면으로 그 진술의 요지와 진술자를 기록하여야 한다(동법 제27조 제3항). ③ 당사자 등이 정당한 이유 없이 의견제출기한(10일 이상의 기간을 고려하여 정한 기간)까지 의견제출을 하지 아니한 경우에는 의견이 없는 것으로 본다(동법 제27조 제4항).
반영	① 행정청은 처분을 할 때에 당사자 등이 제출한 의견이 상당한 이유가 있다고 인정하는 경우에는 이를 반영하여야 한다(동법 제27조의2 제1항). ② 행정청은 당사자 등이 제출한 의견을 반영하지 아니하고 처분을 한 경우 당사자 등이 처분이 있음을 안 날부터 90일 이내에 그 이유의 설명을 요청하면 서면으로 그 이유를 알려야 한다. 다만, 당사자 등이 동의하면 말, 정보통신망 또는 그 밖의 방법으로 알릴 수 있다(동법 제27조의2 제2항).

📖 신고

구분	내용
게시 · 열람	법령 등에서 행정청에 일정한 사항을 통지함으로써 그 의무가 끝나는 신고를 규정하고 있는 경우, 신고를 관장하는 행정청은 신고에 필요한 구비서류, 접수기관, 그 밖에 법령 등에 따른 신고에 필요한 사항을 게시하거나 이에 대한 편람을 갖추어 두고 누구나 열람할 수 있도록 하여야 한다(동법 제40조 제1항).
효력 발생	신고는 다음의 요건을 갖춘 경우에 신고서가 접수기관에 도달된 때에 신고의무가 이행된 것으로 본다(동법 제40조 제2항). ① 신고서의 기재사항에 흠이 없을 것 ② 필요한 구비서류가 첨부되어 있을 것 ③ 그 밖에 법령 등에 규정된 형식상의 요건에 적합할 것
보완	① 행정청은 요건을 갖추지 못한 신고서가 제출된 경우에는 지체 없이 상당한 기간을 정하여 신고인에게 보완을 요구하여야 한다(동법 제40조 제3항). ② 행정청은 보완 기간 내에 보완을 하지 아니하였을 때에는 그 이유를 구체적으로 밝혀 해당 신고서를 되돌려 보내야 한다(동법 제40조 제4항).

📖 확약

구분	내용
의의	확약이란 행정청이 자기구속의의도로 사인에 대해 장래의 작위 또는 부작위를 약속하는 의사표시 중 약속된 대상이 행정행위인 경우를 말한다.
법적 성질	① 확약은 처분성이 인정되지 아니한다. ② 재량행위는 물론 기속행위도 법적 근거가 없더라도 확약이 가능하다.
의사표시	법령등에서 당사자가 신청할 수 있는 처분을 규정하고 있는 경우 행정청은 당사자의 신청에 따라 장래에 어떤 처분을 하거나 하지 아니할 것을 내용으로 하는 의사표시를 할 수 있다(동법 제40조의2 제1항).
방법	확약은 문서로 하여야 한다(동법 제40조의2 제2항).
효과	확약을 발령한 행정기관은 자기구속의무를 지게 되어 확약의 상대방에게 그 내용에 따른 행정행위를 해야 할 의무를 부담하게 되며, 상대방은 행정기관에 대해 확약의 내용을 이행할 것을 청구할 수 있는 권리가 인정된다.

기속되지 않는 경우	① 행정청은 다음의 어느 하나에 해당하는 경우에는 확약에 기속되지 아니한다(동법 제40조의2 제4항).
	  ㉠ 확약을 한 후에 확약의 내용을 이행할 수 없을 정도로 법령등이나 사정이 변경된 경우
	  ㉡ 확약이 위법한 경우
	② 행정청은 확약을 이행할 수 없는 경우에는 지체 없이 당사자에게 그 사실을 통지하여야 한다(동법 제40조의2 제5항).

판례	행정청이 상대방에게 장차 어떤 처분을 하겠다고 확약 또는 공적인 의사표명을 하였다고 하더라도, 그 자체에서 상대방으로 하여금 언제까지 처분의 발령을 신청하도록 유효기간을 두었는데도 그 기간 내에 상대방의 신청이 없었다거나 확약 또는 공적인 의사표명이 있은 후에 사실적·법률적 상태가 변경되었다면, 그와 같은 확약 또는 공적인 의사표명은 행정청의 별다른 의사표시를 기다리지 않고 실효된다.

📖 위반사실 등의 공표

구분	내용
대상	① 행정청은 법령에 따른 의무를 위반한 자의 성명·법인명, 위반사실, 의무 위반을 이유로 한 처분사실 등을 법률로 정하는 바에 따라 일반에게 공표할 수 있다(동법 제40조의3 제1항). ② 행정청은 위반사실등의 공표를 하기 전에 사실과 다른 공표로 인하여 당사자의 명예·신용 등이 훼손되지 아니하도록 객관적이고 타당한 증거와 근거가 있는지를 확인하여야 한다(동법 제40조의3 제2항).

구분	내용
의견제출 기회부여	① 행정청은 위반사실등의 공표를 할 때에는 미리 당사자에게 그 사실을 통지하고 의견제출의 기회를 주어야 한다. 다만, 다음의 어느 하나에 해당하는 경우에는 그러하지 아니하다(동법 제40조의3 제3항). 　㉠ 공공의 안전 또는 복리를 위하여 긴급히 공표를 할 필요가 있는 경우 　㉡ 해당 공표의 성질상 의견청취가 현저히 곤란하거나 명백히 불필요하다고 인정될 만한 타당한 이유가 있는 경우 　㉢ 당사자가 의견진술의 기회를 포기한다는 뜻을 명백히 밝힌 경우 ② 의견제출의 기회를 받은 당사자는 공표 전에 관할 행정청에 서면이나 말 또는 정보통신망을 이용하여 의견을 제출할 수 있다(동법 제40조의3 제4항).
방법	① 위반사실등의 공표는 관보, 공보 또는 인터넷 홈페이지 등을 통하여 한다(동법 제40조의3 제6항). ② 행정청은 위반사실등의 공표를 하기 전에 당사자가 공표와 관련된 의무의 이행, 원상회복, 손해배상 등의 조치를 마친 경우에는 위반사실등의 공표를 하지 아니할 수 있다(동법 제40조의3 제7항).
정정	행정청은 공표된 내용이 사실과 다른 것으로 밝혀지거나 공표에 포함된 처분이 취소된 경우에는 그 내용을 정정하여, 정정한 내용을 지체 없이 해당 공표와 같은 방법으로 공표된 기간 이상 공표하여야 한다. 다만, 당사자가 원하지 아니하면 공표하지 아니할 수 있다(동법 제40조의3 제8항).

📖 행정계획

구분		내용
의의		① 행정계획이란 행정주체가 행정목표를 설정하고 행정목표 달성을 위해 행정수단을 종합·조정함으로써 장래 일정한 시점에서 일정한 목표를 실현하는 것을 내용으로 하는 행정의 행위형식이다. ② 행정청은 행정청이 수립하는 계획 중 국민의 권리·의무에 직접 영향을 미치는 계획을 수립하거나 변경·폐지할 때에는 관련된 여러 이익을 정당하게 형량하여야 한다(동법 제40조의4).
처분성	긍정	국민의 권리·의무에 구체적·개별적인 영향을 미치는 행정계획은 처분성이 긍정된다(예 도시계획결정, 주택재건축정비사업조합의 사업시행계획의 확정 등).
	부정	행정활동의 지침으로서만의 성격에 그치거나 행정조직 내부에서의 효력만을 가지는 행정계획은 처분성이 부정된다(예 도시기본계획 등).
효력발생		행정청이 적법한 절차를 거쳐 도시계획결정 등의 처분을 하였다고 하더라도 이를 관보에 게재하여 고시하지 아니한 이상 대외적으로 아무런 효력이 발생하지 아니한다.

📖 행정상 입법예고절차

구분	내용
의의	법령 등을 제정·개정 또는 폐지하려는 경우에는 해당 입법안을 마련한 행정청은 이를 예고하여야 한다(동법 제41조 제1항 본문).
예외	다음의 어느 하나에 해당하는 경우에는 예고를 하지 아니할 수 있다(동법 제41조 제1항 단서). ① 신속한 국민의 권리 보호 또는 예측 곤란한 특별한 사정의 발생 등 입법이 긴급을 요하는 경우 ② 상위 법령 등의 단순한 집행을 위한 경우 ③ 입법내용이 국민의 권리·의무 또는 일상생활과 관련이 없는 경우 ④ 단순한 표현·자구를 변경하는 경우 등 입법내용의 성질상 예고의 필요가 없거나 곤란하다고 판단되는 경우 ⑤ 예고함이 공공의 안전 또는 복리를 현저히 해칠 우려가 있는 경우
방법	행정청은 입법안의 취지, 주요 내용 또는 전문을 다음의 구분에 따른 방법으로 공고하여야 한다(동법 제42조 제1항). | 법령 | 관보 및 법제처장이 구축·제공하는 정보시스템을 통한 공고 | | 자치법규 | 공보를 통한 공고 |
기간	입법안을 예고할 때에는 특별한 사정이 없는 한 40일 이상(자치법규는 20일 이상)으로 한다(동법 제43조).
의견제출	① 누구든지 예고된 입법안에 대하여 의견을 제출할 수 있다(동법 제44조 제1항). ② 행정청은 의견을 제출한 자에게 그 제출된 의견의 처리결과를 통지하여야 한다(동법 제44조 제4항).

📖 행정예고절차

구분	내용
의의	행정청은 정책, 제도 및 계획을 수립·시행하거나 변경하려는 경우에는 이를 예고하여야 한다(동법 제46조 제1항 본문).

예외	① 다음의 어느 하나에 해당하는 경우에는 예고를 하지 아니할 수 있다(동법 제46조 제1항 단서).
	
	  ㉠ 신속하게 국민의 권리를 보호하여야 하거나 예측이 어려운 특별한 사정이 발생하는 등 긴급한 사유로 예고가 현저히 곤란한 경우
	  ㉡ 법령 등의 단순한 집행을 위한 경우
	  ㉢ 정책 등의 내용이 국민의 권리·의무 또는 일상생활과 관련이 없는 경우
	  ㉣ 정책 등의 예고가 공공의 안전 또는 복리를 현저히 해칠 우려가 상당한 경우
	
	② 법령 등의 입법을 포함하는 행정예고는 입법예고로 갈음할 수 있다(동법 제46조 제2항).

예고기간	① 행정예고기간은 예고 내용의 성격 등을 고려하여 정하되, 20일 이상으로 한다(동법 제46조 제3항). ② 행정목적을 달성하기 위하여 긴급한 필요가 있는 경우에는 행정예고기간을 단축할 수 있다. 이 경우 단축된 행정예고기간은 10일 이상으로 한다(동법 제46조 제4항).

📖 행정지도(비권력적 사실행위)

구분	내용
의의	① 행정지도란 행정기관의 그 소관 사무의 범위에서 일정한 행정목적을 실현하기 위하여 특정인에게 일정한 행위를 하거나 하지 아니하도록 지도, 권고, 조언 등을 하는 행정작용을 말한다(동법 제2조 제3호). ② 행정지도는 상대방의 임의적 협력을 통해 행해지는 비권력적 사실행위라는 점에서 작용법적인 근거는 필요로 하지 않는다. ③ 행정지도는 구속력이 없으며, 그 자체로는 아무런 법적 효과도 발생하지 않는다.
원칙	① 행정지도는 상대방의의사에 반하여 부당하게 강요하여서는 아니 된다(동법 제48조 제1항). ② 행정지도는 그 목적 달성에 있어서 필요한 최소한도에 그쳐야 한다(동법 제48조 제1항). ③ 행정기관은 행정지도의 상대방이 행정지도에 따르지 아니하였다는 것을 이유로 불이익한 조치를 하여서는 아니 된다(동법 제48조 제2항).
방식	① 행정지도를 하는 자는 그 상대방에게 당해 행정지도의 취지·내용 및 신분을 밝혀야 한다(동법 제49조 제1항). ② 행정지도가 말로 이루어지는 경우에 상대방이 서면의 교부를 요구하는 때에는 직무수행에 특별한 지장이 없는 한 이를 교부하여야 한다(동법 제49조 제2항). ③ 행정지도는 반드시 서면으로 하여야 하는 것은 아니다.
의견제출	행정지도의 상대방은 당해 행정지도의 방식·내용 등에 관하여 행정기관에 의견을 제출할 수 있다(동법 제50조).
다수인 대상 행정지도	행정기관이 같은 행정목적을 실현하기 위하여 많은 상대방에게 행정지도를 하려는 경우에는 특별한 사정이 없으면 행정지도에 공통적인 내용이 되는 사항을 공표하여야 한다(동법 제51조).
구제	**행정쟁송** ① 행정지도는 상대방의 자발적인 협력이 없으면 아무런 효과도 발생하지 않는 비권력적 사실행위이기 때문에 그 처분성을 인정할 수 없으므로, 원칙적으로 행정지도는 행정쟁송의 대상이 될 수 없다. ② 사실상 강제력이 인정되는 행정지도의 경우 헌법재판소는 헌법소원의 대상이 된다고 보고 있다(예 교육인적자원부장관의 대학총장들에 대한 학칙시정요구 등). **손해배상** ① 행정지도에 따를 것인지의 여부에 대해 상대방에게 완전한 자유가 보장되어 있는 경우 손해배상이나 손실보상은 원칙적으로 인정되지 않는다. ② 다만, 강제성을 띤 위법한 행정지도이거나 행정지도의 한계를 일탈하여 손해가 발생한 경우, 손해배상을 청구할 수 있다. ③ 「국가배상법」상 공무원의 직무에는 행정지도와 같은 비권력적 작용도 포함되므로 행정지도에는 직무행위성이 인정된다.

제84테마

개인정보의 보호

중요도 B급

▎「개인정보 보호법」【시행 2024. 3. 15.】

📖 일반론

구분		내용
정의	개인정보	개인정보란 살아 있는 개인(사자 ×)에 관한 정보로서 다음의 어느 하나에 해당하는 정보를 말한다(동법 제2조 제1호). ① 성명, 주민등록번호 및 영상 등을 통하여 개인을 알아볼 수 있는 정보 ② 해당 정보만으로는 특정 개인을 알아볼 수 없더라도 다른 정보와 쉽게 결합하여 알아볼 수 있는 정보 ③ 가명처리함으로써 원래의 상태로 복원하기 위한 추가 정보의 사용·결합 없이는 특정 개인을 알아볼 수 없는 정보(가명정보)
	가명처리	가명처리란 개인정보의 일부를 삭제하거나 일부 또는 전부를 대체하는 등의 방법으로 추가 정보가 없이는 특정 개인을 알아볼 수 없도록 처리하는 것을 말한다(동법 제2조 제1의2호).
	정보주체	정보주체란 처리되는 정보에 의하여 알아볼 수 있는 사람으로서 그 정보의 주체가 되는 사람을 말한다(동법 제2조 제3호).
	개인정보파일	개인정보파일이란 개인정보를 쉽게 검색할 수 있도록 일정한 규칙에 따라 체계적으로 배열하거나 구성한 개인정보의 집합물을 말한다(동법 제2조 제4호).
	개인정보처리자	개인정보처리자란 업무를 목적으로 개인정보파일을 운용하기 위하여 스스로 또는 다른 사람을 통하여 개인정보를 처리하는 공공기관, 법인, 단체 및 개인 등을 말한다(동법 제2조 제5호).
원칙		① 개인정보처리자는 개인정보의 처리 목적을 명확하게 하여야 하고 그 목적에 필요한 범위에서 최소한의 개인정보만을 적법하고 정당하게 수집하여야 한다(동법 제3조 제1항). ② 개인정보처리자는 개인정보의 처리 목적에 필요한 범위에서 개인정보의 정확성, 완전성 및 최신성이 보장되도록 하여야 한다(동법 제3조 제3항). ③ 개인정보처리자는 개인정보의 처리 방법 및 종류 등에 따라 정보주체의 권리가 침해받을 가능성과 그 위험 정도를 고려하여 개인정보를 안전하게 관리하여야 한다(동법 제3조 제4항). ④ 개인정보처리자는 개인정보 처리방침 등 개인정보의 처리에 관한 사항을 공개하여야 하며, 열람청구권 등 정보주체의 권리를 보장하여야 한다(동법 제3조 제5항). ⑤ 개인정보처리자는 개인정보를 익명 또는 가명으로 처리하여도 개인정보 수집목적을 달성할 수 있는 경우 익명처리가 가능한 경우에는 익명에 의하여, 익명처리로 목적을 달성할 수 없는 경우에는 가명에 의하여 처리될 수 있도록 하여야 한다(동법 제3조 제7항).

개인정보 보호위원회

구분	내용
소속	개인정보 보호에 관한 사무를 독립적으로 수행하기 위하여 국무총리 소속으로 개인정보 보호위원회를 둔다(동법 제7조 제1항).
구성	① 보호위원회는 상임위원 2명(위원장 1명, 부위원장 1명)을 포함한 9명의 위원으로 구성한다(동법 제7조의2 제1항). ② 보호위원회의 위원은 개인정보 보호에 관한 경력과 전문지식이 풍부한 다음의 사람 중에서 위원장과 부위원장은 국무총리의 제청으로, 그 외 위원 중 2명은 위원장의 제청으로, 2명은 대통령이 소속되거나 소속되었던 정당의 교섭단체 추천으로, 3명은 그 외의 교섭단체 추천으로 대통령이 임명 또는 위촉한다(동법 제7조의2 제2항). ㉠ 개인정보 보호 업무를 담당하는 3급 이상 공무원(고위공무원단에 속하는 공무원을 포함)의 직에 있거나 있었던 사람 ㉡ 판사·검사·변호사의 직에 10년 이상 있거나 있었던 사람 ㉢ 공공기관 또는 단체(개인정보처리자로 구성된 단체를 포함)에 3년 이상 임원으로 재직하였거나 이들 기관 또는 단체로부터 추천받은 사람으로서 개인정보 보호 업무를 3년 이상 담당하였던 사람 ㉣ 개인정보 관련 분야에 전문지식이 있고 「고등교육법」 제2조 제1호에 따른 학교에서 부교수 이상으로 5년 이상 재직하고 있거나 재직하였던 사람 ③ 위원장과 부위원장은 정무직 공무원으로 임명한다(동법 제7조의2 제3항).
임기	① 위원의 임기는 3년으로 하되, 한 차례만 연임할 수 있다(동법 제7조의4 제1항). ② 위원이 궐위된 때에는 지체 없이 새로운 위원을 임명 또는 위촉하여야 한다. 이 경우 후임으로 임명 또는 위촉된 위원의 임기는 새로이 개시된다(동법 제7조의4 제2항).
결격사유	① 다음의 어느 하나에 해당하는 사람은 위원이 될 수 없다(동법 제7조의7 제1항). ㉠ 대한민국 국민이 아닌 사람 ㉡ 「국가공무원법」 제33조 각 호의 어느 하나에 해당하는 사람 ㉢ 「정당법」 제22조에 따른 당원 ② 위원이 제1항의 어느 하나에 해당하게 된 때에는 그 직에서 당연 퇴직한다(동법 제7조의7 제2항).
회의	① 보호위원회의 회의는 위원장이 필요하다고 인정하거나 재적위원 4분의 1 이상의 요구가 있는 경우에 위원장이 소집한다(동법 제7조의10 제1항). ② 위원장 또는 2명 이상의 위원은 보호위원회에 의안을 제의할 수 있다(동법 제7조의10 제2항). ③ 보호위원회의 회의는 재적위원 과반수의 출석으로 개의하고, 출석위원 과반수의 찬성으로 의결(일반의결정족수)한다(동법 제7조의10 제3항).

📖 개인정보의 수집·이용·제공

구분	내용
수집 이용	① 개인정보처리자는 다음의 어느 하나에 해당하는 경우에는 개인정보를 수집할 수 있으며 그 수집 목적의 범위에서 이용할 수 있다(동법 제15조 제1항). 　㉠ 정보주체의 동의를 받은 경우 　㉡ 법률에 특별한 규정이 있거나 법령상 의무를 준수하기 위하여 불가피한 경우 　㉢ 공공기관이 법령 등에서 정하는 소관 업무의 수행을 위하여 불가피한 경우 　㉣ 정보주체와 체결한 계약을 이행하거나 계약을 체결하는 과정에서 정보주체의 요청에 따른 조치를 이행하기 위하여 필요한 경우 　㉤ 명백히 정보주체 또는 제3자의 급박한 생명, 신체, 재산의 이익을 위하여 필요하다고 인정되는 경우 　㉥ 개인정보처리자의 정당한 이익을 달성하기 위하여 필요한 경우로서 명백하게 정보주체의 권리보다 우선하는 경우 　㉦ 공중위생 등 공공의 안전과 안녕을 위하여 긴급히 필요한 경우 ② 개인정보처리자는 동의를 받을 때에는 다음의 사항을 정보주체에게 알려야 한다. 다음의 어느 하나의 사항을 변경하는 경우에도 이를 알리고 동의를 받아야 한다(동법 제15조 제2항). 　㉠ 개인정보의 수집·이용 목적 　㉡ 수집하려는 개인정보의 항목 　㉢ 개인정보의 보유 및 이용 기간 　㉣ 동의를 거부할 권리가 있다는 사실 및 동의 거부에 따른 불이익이 있는 경우에는 그 불이익의 내용 ③ 개인정보처리자는 당초 수집 목적과 합리적으로 관련된 범위에서 정보주체에게 불이익이 발생하는지 여부, 암호화 등 안전성 확보에 필요한 조치를 하였는지 여부 등을 고려하여 대통령령으로 정하는 바에 따라 정보주체의 동의 없이 개인정보를 이용할 수 있다(동법 제15조 제2항).
제공	개인정보처리자는 다음의 어느 하나에 해당되는 경우에는 정보주체의 개인정보를 제3자에게 제공(공유를 포함)할 수 있다(동법 제17조 제1항). ① 정보주체의 동의를 받은 경우 ② 개인정보를 수집한 목적 범위에서 개인정보를 제공하는 경우

📖 개인정보의 수집 · 이용 · 제공의 제한 및 파기

구분	내용
수집 · 이용 제한	① 개인정보처리자는 개인정보를 범위를 초과하여 이용하거나 제3자에게 제공하여서는 아니 된다(동법 제18조 제1항). ② 제1항에도 불구하고 개인정보처리자는 다음의 어느 하나에 해당하는 경우에는 정보주체 또는 제3자의 이익을 부당하게 침해할 우려가 있을 때를 제외하고는 개인정보를 목적 외의 용도로 이용하거나 이를 제3자에게 제공할 수 있다(동법 제18조 제2항). ㉠ 정보주체로부터 별도의 동의를 받은 경우 ㉡ 다른 법률에 특별한 규정이 있는 경우 ㉢ 명백히 정보주체 또는 제3자의 급박한 생명, 신체, 재산의 이익을 위하여 필요하다고 인정되는 경우 ㉣ 개인정보를 목적 외의 용도로 이용하거나 이를 제3자에게 제공하지 아니하면 다른 법률에서 정하는 소관 업무를 수행할 수 없는 경우로서 보호위원회의 심의 · 의결을 거친 경우(공공기관만 해당) ㉤ 조약, 그 밖의 국제협정의 이행을 위하여 외국정부 또는 국제기구에 제공하기 위하여 필요한 경우(공공기관만 해당) ㉥ 범죄의 수사와 공소의 제기 및 유지를 위하여 필요한 경우(공공기관만 해당) ㉦ 법원의 재판업무 수행을 위하여 필요한 경우(공공기관만 해당) ㉧ 형 및 감호, 보호처분의 집행을 위하여 필요한 경우(공공기관만 해당) ㉨ 공중위생 등 공공의 안전과 안녕을 위하여 긴급히 필요한 경우
제공 제한	① 개인정보처리자는 개인정보를 수집하는 경우에는 그 목적에 필요한 최소한의 개인정보를 수집하여야 한다. 이 경우 최소한의 개인정보 수집이라는 입증책임은 개인정보처리자가 부담한다(동법 제16조 제1항). ② 개인정보처리자는 정보주체의 동의를 받아 개인정보를 수집하는 경우 필요한 최소한의 정보 외의 개인정보 수집에는 동의하지 아니할 수 있다는 사실을 구체적으로 알리고 개인정보를 수집하여야 한다(동법 제16조 제2항). ③ 개인정보처리자는 정보주체가 필요한 최소한의 정보 외의 개인정보 수집에 동의하지 아니한다는 이유로 정보주체에게 재화 또는 서비스의 제공을 거부하여서는 아니 된다(동법 제16조 제3항).
개인정보 파기	① 개인정보처리자는 보유기간의 경과, 개인정보의 처리 목적 달성, 가명정보의 처리 기간 경과 등 그 개인정보가 불필요하게 되었을 때에는 지체 없이 그 개인정보를 파기하여야 한다. 다만, 다른 법령에 따라 보존하여야 하는 경우에는 그러하지 아니하다(동법 제21조 제1항). ② 개인정보처리자가 개인정보를 파기할 때에는 복구 또는 재생되지 아니하도록 조치하여야 한다(동법 제21조 제2항). ③ 개인정보처리사가 개인정보를 파기하지 아니하고 보존하여야 하는 경우에는 해당 개인정보 또는 개인정보파일을 다른 개인정보와 분리하여서 저장 · 관리하여야 한다(동법 제21조 제3항).

📖 아동의 개인정보 보호 및 민감정보의 처리 제한

구분	내용
아동의 개인정보 보호	① 개인정보처리자는 만 14세 미만 아동의 개인정보를 처리하기 위하여 이 법에 따른 동의를 받아야 할 때에는 그 법정대리인의 동의를 받아야 하며, 법정대리인이 동의하였는지를 확인하여야 한다(동법 제22조의2 제1항). ② 법정대리인의 동의를 받기 위하여 필요한 최소한의 정보로서 대통령령으로 정하는 정보는 법정대리인의 동의 없이 해당 아동으로부터 직접 수집할 수 있다(동법 제22조의2 제2항). ③ 개인정보처리자는 만 14세 미만의 아동에게 개인정보 처리와 관련한 사항의 고지 등을 할 때에는 이해하기 쉬운 양식과 명확하고 알기 쉬운 언어를 사용하여야 한다(동법 제22조의2 제3항).

민감정보의 처리 제한	① 개인정보처리자는 사상·신념, 노동조합·정당의 가입·탈퇴, 정치적 견해, 건강, 성생활 등에 관한 정보, 그 밖에 정보주체의 사생활을 현저히 침해할 우려가 있는 개인정보로서 민감정보를 처리하여서는 아니 된다. 다만, 다음의 어느 하나에 해당하는 경우에는 그러하지 아니하다(동법 제23조 제1항).
	
	    ㉠ 정보주체에게 다른 개인정보의 처리에 대한 동의와 별도로 동의를 받은 경우
	    ㉡ 법령에서 구체적으로 고유식별정보의 처리를 요구하거나 허용하는 경우
	
	② 개인정보처리자가 제1항 각 호에 따라 민감정보를 처리하는 경우에는 그 고유식별정보가 분실·도난·유출·위조·변조 또는 훼손되지 아니하도록 안전성 확보에 필요한 조치를 하여야 한다(동법 제23조 제2항).
	③ 개인정보처리자는 재화 또는 서비스를 제공하는 과정에서 공개되는 정보에 정보주체의 민감정보가 포함됨으로써 사생활 침해의 위험성이 있다고 판단하는 때에는 재화 또는 서비스의 제공 전에 민감정보의 공개 가능성 및 비공개를 선택하는 방법을 정보주체가 알아보기 쉽게 알려야 한다(동법 제23조 제3항).

📖 고정형 영상정보처리기기

구분	내용
의의	고정형 영상정보처리기기란 일정한 공간에 설치되어 지속적 또는 주기적으로 사람 또는 사물의 영상 등을 촬영하거나 이를 유·무선망을 통하여 전송하는 장치로서 대통령령으로 정하는 장치를 말한다(동법 제2조 제7호).
설치·운영 제한	① 누구든지 다음의 경우를 제외하고는 공개된 장소에 고정형 영상정보처리기기를 설치·운영하여서는 아니 된다(동법 제25조 제1항). ㉠ 법령에서 구체적으로 허용하고 있는 경우 ㉡ 범죄의 예방 및 수사를 위하여 필요한 경우 ㉢ 시설의 안전 및 관리, 화재 예방을 위하여 정당한 권한을 가진 자가 설치·운영하는 경우 ㉣ 교통단속을 위하여 정당한 권한을 가진 자가 설치·운영하는 경우 ㉤ 교통정보의 수집·분석·제공을 위하여 정당한 권한을 가진 자가 설치·운영하는 경우 ㉥ **촬영된 영상정보를 저장하지 아니하는 경우로서 대통령령으로 정하는 경우** ② 누구든지 불특정 다수가 이용하는 목욕실, 화장실, 발한실, 탈의실 등 개인의 사생활을 현저히 침해할 우려가 있는 장소의 내부를 볼 수 있도록 고정형 영상정보처리기기를 설치·운영하여서는 아니 된다. 다만, 교도소, 정신보건 시설 등 법령에 근거하여 사람을 구금하거나 보호하는 시설로서 대통령령으로 정하는 시설에 대하여는 그러하지 아니하다(동법 제25조 제2항). ③ **고정형 영상정보처리기기 운영자는 고정형 영상정보처리기기의 설치 목적과 다른 목적으로 고정형 영상정보처리기기를 임의로 조작하거나 다른 곳을 비춰서는 아니 되며, 녹음기능은 사용할 수 없다**(동법 제25조 제5항).

📖 이동형 영상정보처리기기

구분	내용
의의	이동형 영상정보처리기기란 사람이 신체에 착용 또는 휴대하거나 이동 가능한 물체에 부착 또는 거치하여 사람 또는 사물의 영상 등을 촬영하거나 이를 유·무선망을 통하여 전송하는 장치로서 대통령령으로 정하는 장치를 말한다(동법 제2조 7의2호).
운영 제한	① 업무를 목적으로 이동형 영상정보처리기기를 운영하려는 자는 다음의 경우를 제외하고는 공개된 장소에서 이동형 영상정보처리기기로 사람 또는 그 사람과 관련된 사물의 영상(개인정보에 해당하는 경우로 한정)을 촬영하여서는 아니 된다(동법 제25조의2 제1항). 　㉠ 제15조 제1항 각 호의 어느 하나에 해당하는 경우 　㉡ 촬영 사실을 명확히 표시하여 정보주체가 촬영 사실을 알 수 있도록 하였음에도 불구하고 촬영 거부 의사를 밝히지 아니한 경우 　㉢ 그 밖에 위의 ㉠ 및 ㉡에 준하는 경우로서 대통령령으로 정하는 경우 ② 누구든지 불특정 다수가 이용하는 목욕실, 화장실, 발한실, 탈의실 등 개인의 사생활을 현저히 침해할 우려가 있는 장소의 내부를 볼 수 있는 곳에서 이동형 영상정보처리기기로 사람 또는 그 사람과 관련된 사물의 영상을 촬영하여서는 아니 된다. 다만, 인명의 구조·구급 등을 위하여 필요한 경우로서 대통령령으로 정하는 경우에는 그러하지 아니하다(동법 제25조의2 제2항).

가명정보의 처리에 관한 특례

구분	내용
처리	① 개인정보처리자는 통계작성, 과학적 연구, 공익적 기록보존 등을 위하여 정보주체의 동의 없이 가명정보를 처리할 수 있다(동법 제28조의2 제1항). ② 개인정보처리자는 제1항에 따라 가명정보를 제3자에게 제공하는 경우에는 특정 개인을 알아보기 위하여 사용될 수 있는 정보를 포함해서는 아니 된다(동법 제28조의2 제2항).
결합 제한	통계작성, 과학적 연구, 공익적 기록보존 등을 위한 서로 다른 개인정보처리자 간의 가명정보의 결합은 보호위원회 또는 관계 중앙행정기관의 장이 지정하는 전문기관이 수행한다(동법 제28조의3 제1항).
안전조치의무	① 개인정보처리자는 가명정보를 처리하는 경우에는 원래의 상태로 복원하기 위한 추가 정보를 별도로 분리하여 보관·관리하는 등 해당 정보가 분실·도난·유출·위조·변조 또는 훼손되지 않도록 대통령령으로 정하는 바에 따라 안전성 확보에 필요한 기술적·관리적 및 물리적 조치를 하여야 한다(동법 제28조의4 제1항). ② 개인정보처리자는 가명정보를 처리하는 경우 처리목적 등을 고려하여 가명정보의 처리 기간을 별도로 정할 수 있다(정해야 한다 ×)(동법 제28조의4 제2항). ③ 개인정보처리자는 가명정보를 처리하고자 하는 경우에는 가명정보의 처리 목적, 제3자 제공 시 제공받는 자, 가명정보의 처리 기간 등 가명정보의 처리 내용을 관리하기 위하여 대통령령으로 정하는 사항에 대한 관련 기록을 작성하여 보관하여야 하며, 가명정보를 파기한 경우에는 파기한 날부터 3년 이상 보관하여야 한다(동법 제28조의4 제3항).
금지의무	① 가명정보를 처리하는 자는 특정 개인을 알아보기 위한 목적으로 가명정보를 처리해서는 아니 된다(동법 제28조의5 제1항). ② 개인정보처리자는 가명정보를 처리하는 과정에서 특정 개인을 알아볼 수 있는 정보가 생성된 경우에는 즉시 해당 정보의 처리를 중지하고, 지체 없이 회수·파기하여야 한다(동법 제28조의5 제2항).

서진호
경찰학

독한경찰 | police.dokgong.com

제9장

경찰행정법 VI - 경찰관 직무집행법 등

제85테마~제99테마

제85테마

「경찰관 직무집행법」의 기초

중요도 B급

▎「경찰관 직무집행법」【시행 2024. 9. 20.】

📖 일반론

구분	내용
제정	① 1795년 프랑스의 「죄와 형벌법전」은 1875년 일본의 「행정경찰규칙」에 영향을 주었고, 일본의 행정경찰규칙은 다시 1894년 한국의 「행정경찰장정」의 제정에 영향을 주었다. ② 일본의 1947년 「경찰관등직무집행법」이 제정되었고, 한국은 이를 모방하여 1953년 「경찰관 직무집행법」을 제정하였다.
목적	① 「경찰관 직무집행법」은 국민의 자유와 권리 및 모든 개인이 가지는 불가침의 기본적 인권을 보호하고 사회공공의 질서를 유지하기 위한 경찰관(경찰공무원만 해당한다)의 직무 수행에 필요한 사항을 규정함을 목적으로 한다(동법 제1조 제1항). ② 이 법에 규정된 경찰관의 직권은 그 직무 수행에 필요한 최소한도에서 행사되어야 하며 남용되어서는 아니 된다(동법 제1조 제2항). ③ 이 법에 규정된 경찰관의의무를 위반하거나 직권을 남용하여 다른 사람에게 해를 끼친 사람은 1년 이하의 징역이나 금고 또는 300만원 이하의 벌금에 처한다(동법 제12조).

📖 「경찰관 직무집행법」의 성격

구분	내용
대륙법계·영미법계 요소의 반영	① 「경찰관 직무집행법」은 국민에 대한 권력적·강제적 명령의 대륙법계적 요소와 국민의 생명·신체·재산의 보호라는 영미법계적 요소를 모두 반영하고 있다. ② 「국가경찰과 자치경찰의 조직 및 운영에 관한 법률」도 두 요소를 모두 반영하고 있다.
경찰작용에 관한 일반법	① 경찰관의 직무범위·권리남용의 금지 등을 규정하고 있기 때문에 경찰작용법이 불비한 현 시점에서는 경찰작용에 관한 일반법의 성격을 가지고 있다. ② 「국가경찰과 자치경찰의 조직 및 운영에 관한 법률」은 경찰조직에 관한 일반법으로서의 성격을 가진다.
즉시강제에 관한 일반법	① 경찰상 즉시강제에 관한 일반법으로서의 성격을 가지고 있으며, 강제를 수반하지 않는 임의적 수단에 대해서도 규정하고 있다. ② 경찰상 강제집행에 관한 일반법은 「행정기본법」, 「행정대집행법」 등이 있다.
사실행위의 토대	법률적 효과가 발생하는 경찰하명이나 경찰허가에 대한 규정은 없으나, 경찰권 발동의 주축을 이루는 각종 사실행위들은 이 법을 토대로 한다.
기타	① 경찰장구·경찰착용기록장치·분사기 및 최루탄 사용의 근거법이 된다. ② 무기사용의 근거법이 된다(무기휴대의 근거법은 「경찰공무원법」). ③ 유치장 설치의 근거법이 된다.

📖 「경찰관 직무집행법」의 기본원칙

구분	내용
비례의 원칙	「경찰관 직무집행법」에서 규정된 **경찰관의 직권은 직무수행을 위하여 필요한 최소한도의 범위 내에서 행사하여야 한다**(동법 제1조 제2항).
필요성의 원칙	경찰관은 사실의 확인, 경찰장비의 사용, 경찰장구의 사용, 무기의 사용 등을 위해서는 그러한 조치를 취하여야 할 필요가 있거나 또는 부득이한 경우에 한하여 직권의 행사가 가능하다.
상당성의 원칙	경찰관은 불심검문, 보호조치, 사실의 확인, 정보의 수집, 경찰장비의 사용 등을 위해서는 그러한 조치를 취하여야 할 상당한 이유가 있어야 한다.
보충성의 원칙 (최후수단성)	① **경찰관은** 무기의 사용에 있어서는 최후의 수단으로 사용**하여야 한다.** ② 대간첩작전 수행시 무장간첩이 경찰관의 투항명령을 받고도 이에 불응하는 경우에는 보충성을 요하지 않는다.

📖 「경찰관 직무집행법」상 경찰직무의 범위

「경찰관 직무집행법」상 경찰직무의 범위 (동법 제2조)	「국가경찰과 자치경찰의 조직 및 운영에 관한 법률」상 경찰임무의 범위(동법 제3조)
1. 국민의 생명·신체 및 재산의 보호	1. 국민의 생명·신체 및 재산의 보호
2. 범죄의 예방·진압 및 수사	2. 범죄의 예방·진압 및 수사
2의2. 범죄피해자 보호	3. 범죄피해자 보호
3. **경비,** 주요 인사 경호 **및 대간첩·대테러 작전 수행**	4. **경비·** 요인경호 **및 대간첩·대테러 작전 수행**
4. 공공안녕에 대한 위험의 예방과 대응을 위한 정보의 수집·작성 및 배포	5. 공공안녕에 대한 위험의 예방과 대응을 위한 정보의 수집·작성 및 배포
5. 교통 단속과 교통 위해의 방지	6. 교통의 단속과 위해의 방지
6. 외국 정부기관 및 국제기구와의 국제협력	7. 외국 정부기관 및 국제기구와의 국제협력
7. 그 밖에 공공의 안녕과 질서 유지	8. 그 밖에 공공의 안녕과 질서 유지

제86테마

불심검문

「경찰관 직무집행법」【시행 2024. 9. 20.】

중요도 A급

📖 일반론

구분	내용

의의	① 경찰관은 다음의 어느 하나에 해당하는 사람을 정지시켜 질문할 수 있다(동법 제3조 제1항).
	   ㉠ 수상한 행동이나 그 밖의 주위 사정을 합리적으로 판단하여 볼 때 어떠한 죄를 범하였거나 범하려 하고 있다고 의심할 만한 상당한 이유가 있는 사람
	   ㉡ 이미 행하여진 범죄나 행하여지려고 하는 범죄행위에 관한 사실을 안다고 인정되는 사람
	② 광의의 불심검문은 임의동행 및 흉기조사까지 포함하는 개념이다.

법적 성질	① 불심검문은 생활안전경찰작용에 속한다고 볼 수 있으며, 사법경찰작용과는 구별된다. ② 불심검문 불응자에 대한 대응조치 및 처벌 규정이 없어 불심검문은 대인적 즉시강제라는 견해(다수설)와 임의적 수단이라는 견해가 대립한다. ③ 범죄예방 이외의 위험방지 목적의 불심검문은 규정하고 있지 않다. ④ 불심검문은 범죄처벌 목적이 아니기 때문에 형사책임능력이 없는 어린이나 심신미약자라도 그 대상이 된다.
판단기준	① 불심검문의 대상자에 해당하는지의 여부는 수상한 행동 기타 주위의 사정을 객관적이고 합리적으로 판단해 결정한다(예 복장, 언어, 장소, 소지품, 태도 등). ② 통상의 사회평균인(통상의 경찰관 평균인 ×)이 보더라도 의심을 긍정할 정도의 판단을 요한다.

📖 불심검문의 수단

구분		내용
정지		① 정지란 움직이고 있는 행동을 경찰관 앞에서 중지하게 하는 것을 말한다. ② 불심검문을 위한 정지행위는 원칙적으로 임의수단이지만, 사태의 긴급성 등을 고려하여 강제에 이르지 않는 정도의 유형력 행사는 가능하며, 그 유형력 행사는 질문을 위한 일시적 정지에 그쳐야 한다.
질문		① 질문이란 경찰관이 특정인에 대하여 일정한 사항을 물어봄으로써, 경찰목적상 필요한 사항을 알아내는 것을 말한다. ② 질문은 상대방을 피의자로서 조사하는 것은 아니므로 상대방에게 진술거부권을 고지할 필요는 없다.
	신분증표 제시	① 질문시 경찰관은 제복착용 여부와 관계없이 자신의 신분을 증명하는 증표를 제시하면서 소속과 성명을 밝히고 그 목적과 이유를 설명하여야 한다(동법 제3조 제4항). ② 신분증의 증표는 원칙적으로 경찰공무원의 공무원증만을 인정한다.
	금지사항	질문을 받거나 동행을 요구받은 사람은 형사소송에 관한 법률에 따르지 아니하고는 신체를 구속당하지 아니하며, 그 의사에 반하여 답변을 강요당하지 아니한다(동법 제3조 제7항).

📖 임의동행

구분	내용
의의	경찰관은 불심검문 대상자를 정지시킨 장소에서 질문을 하는 것이 그 사람에게 불리하거나 교통에 방해가 된다고 인정될 때에는 질문을 하기 위하여 가까운 경찰서·지구대·파출소 또는 출장소(지방해양경찰관서를 포함)로 동행할 것을 요구할 수 있다. 이 경우 동행을 요구받은 사람은 그 요구를 거절할 수 있다(동법 제3조 제2항).
요건	① 임의동행은 불심검문 대상자를 정지시킨 장소에서 질문을 하는 것이 그 사람에게 불리하거나 교통에 방해가 된다고 인정될 경우와 반드시 상대방의 동의가 있을 경우에 할 수 있다. ② 경찰관은 동행을 거부할 수 있음을 고지해야 할 의무는 없지만, 동행을 요구받은 사람은 동행 요구를 거절할 수 있다. ③ 동행 후에도 언제든지 퇴거의 자유가 있다.
장소	① 임의동행의 장소는 부근의 경찰서·지구대·파출소 또는 출장소 등이다. ② 상대방의 동의가 있는 경우에는 해당 장소 이외의 다른 장소에서도 할 수 있다.
절차	① 임의동행을 요구할 경우 경찰관은 자신의 신분을 표시하는 증표를 제시하면서 소속과 성명을 밝히고 그 목적과 이유를 설명하여야 하며(설명할 수 있으며 ×), 동행 장소를 밝혀야 한다(밝힐 수 있다 ×)(동법 제3조 제4항). ② 경찰관은 동행한 사람의 가족이나 친지 등에게 동행한 경찰관의 신분, 동행 장소, 동행 목적과 이유를 알리거나 본인으로 하여금 즉시 연락할 수 있는 기회를 주어야 하며, 변호인의 도움을 받을 권리가 있음을 알려야 한다(동법 제3조 제5항). ③ 변호인 조력권은 동행을 요구할 때에는 고지할 필요는 없으나, 경찰관서로 동행한 때에는 고지하여야 한다.
금지사항	임의동행을 요구받은 사람은 형사소송에 관한 법률에 따르지 아니하고는 신체를 구속당하지 아니하며, 그 의사에 반하여 답변을 강요당하지 아니한다(동법 제3조 제7항).
시간	경찰관은 임의동행한 자를 6시간을 초과하여 경찰관서에 머물게 할 수 없다(동법 제3조 제6항).
사후조치	경찰관이 동행하여 검문하였을 때에는 24시간 이내에 동행검문결과보고서를 작성하여 소속 경찰관서의 장에게 보고하여야 한다(동법 시행령 제7조 제1호).

📖 흉기조사(비권력적 사실행위)

구분	내용
의의	① 경찰관은 불심검문의 요건에 해당하는 사람에게 질문을 할 때 그 사람이 흉기를 가지고 있는지를 조사할 수 있다(조사하여야 한다 ×)(동법 제3조 제3항). ② 소지품검사의 대상은 오직 흉기의 소지 여부만을 조사하는 데 그쳐야 한다(강제로 가방을 여는 행위는 할 수 없다).
거부가능성	「경찰관 직무집행법」은 경찰관의 검사 요구에 대한 상대방의 거부가능성에 대하여 별도의 규정을 두고 있지 않다.

📖 불심검문 관련 판례

① 정복착용 경찰관들이 당시 정황상 객관적으로 경찰관의 공무집행임을 누구나 인식할 수 있었고, 피검문자들이 경찰관에 대한 신분 확인을 요구하지 않았다면, 경찰관이 신분증을 제시하지 않았더라도 적법한 공무집행이라고 볼 수 있다.

② 경찰관의 신분증을 증표하는 것은 오로지 국가공무원의 공무원증만을 인정하고 있으므로 현행법상 그 외의 신분증표는 인정되지 않는다.

③ 미리 입수된 용의자에 대한 인상착의와 일부 일치되지 않는 부분이 있다고 하더라도 그것만으로 경찰관이 불심검문 대상자로 삼은 조치가 위법하다고 볼 수 없다.

④ 경찰관은 불심검문 대상자에게 질문을 하기 위하여 범행의 경중, 범행과의 관련성, 상황의 긴박성, 혐의의 정도, 질문의 필요성 등에 비추어 목적 달성에 필요한 최소한의 범위 내에서 사회통념상 용인될 수 있는 상당한 방법으로 대상자를 정지시킬 수 있고 질문에 수반하여 흉기의 소지 여부도 조사할 수 있다.

⑤ 피고인이 경찰관의 불심검문을 받아 운전면허증을 교부한 후 경찰관에게 큰 소리로 욕설을 하였는데, 경찰관이 모욕죄의 현행범으로 체포하겠다고 고지한 후 피고인의 오른쪽 어깨를 붙잡자 반항하면서 경찰관에게 상해를 가한 사안에서, 피고인은 경찰관의 불심검문에 응하여 이미 운전면허증을 교부한 상태이고, 경찰관뿐 아니라 인근 주민도 욕설을 직접 들었으므로, 피고인이 도망하거나 증거를 인멸할 염려가 있다고 보기는 어렵고, 피고인의 모욕 범행은 불심검문에 항의하는 과정에서 저지른 일시적, 우발적인 행위로서 사안 자체가 경미할 뿐 아니라, 피해자인 경찰관이 범행현장에서 즉시 범인을 체포할 급박한 사정이 있다고 보기도 어려우므로, 경찰관이 피고인을 체포한 행위는 적법한 공무집행이라고 볼 수 없고, 피고인이 체포를 면하려고 반항하는 과정에서 상해를 가한 것은 불법체포로 인한 신체에 대한 현재의 부당한 침해에서 벗어나기 위한 행위로서 정당방위에 해당한다.

⑥ 경찰관이 불심검문 대상자 해당 여부를 판단할 때에는 불심검문 당시의 구체적 상황은 물론 사전에 얻은 정보나 전문적 지식 등에 기초하여 불심검문 대상자인지를 객관적·합리적인 기준에 따라 판단하여야 하나, 반드시 불심검문 대상자에게 형사소송법상 체포나 구속에 이를 정도의 혐의가 있을 것을 요한다고 할 수는 없다.

⑦ 수사관이 수사과정에서 당사자의 동의를 받는 형식으로 피의자를 수사관서 등에 동행하는 것은 오로지 피의자의 자발적인 의사에 의하여 수사관서 등에의 동행이 이루어졌음이 객관적인 사정에 의하여 명백하게 입증된 경우에 한하여, 그 적법성이 인정된다.

⑧ 경찰관이 임의동행을 요구하며 손목을 잡고 뒤로 꺾어 올리는 등으로 제압하자 거기에서 벗어나려고 몸싸움을 하는 과정에서 경찰관에게 경미한 상해를 입힌 경우에는 그 위법성이 인정되지 않는다.

⑨ 임의동행 한 피의자가 조사받기를 거부하고 파출소 밖으로 나가려 하자 이를 제지한 경찰관의 행위는 적법한 공무집행으로 볼 수 없고, 이 경찰관을 폭행한 피의자는 공무집행방해죄가 성립하지 않는다.

제87테마

보호조치

중요도 A급

■ 「경찰관 직무집행법」【시행 2024. 9. 20.】

📖 일반론

구분	내용
의의	보호조치란 경찰관이 응급구호를 요하는 자를 발견한 때에, 관계기관에 긴급구호를 요청하거나 경찰관서에 일시적으로 보호하여 구호하는 조치를 말한다.
법적 성질	① 보호조치는 경찰강제 중 대인적 즉시강제의 성질을 가진다. ② 보호조치는 원칙적으로 재량행위이나, 예외적으로 구체적 상황(재량권의 0으로의 수축)하에서는 기속성이 인정되어 국가배상책임의 문제가 발생할 수 있다.
요건	경찰관은 수상한 행동이나 그 밖의 주위 사정을 합리적으로 판단하여 볼 때 다음의 어느 하나에 해당하는 것이 명백하고 응급구호가 필요하다고 믿을 만한 상당한 이유가 있는 사람을 발견하였을 때에는 보건의료기관이나 공공구호기관에 긴급구호를 요청하거나 경찰관서에 보호하는 등 적절한 조치를 할 수 있다(동법 제4조 제1항).
한계	경찰에 의한 직접적인 보호조치는 1차적으로 발동되어서는 안 되고, 최후의 보충적 수단으로 행해져야 한다.

📖 보호조치의 대상자

구분	내용
강제보호조치 (본인의의사 ×)	① 정신착란을 일으키거나 술에 취하여 자신 또는 다른 사람의 생명·신체·재산에 위해를 끼칠 우려가 있는 사람의 경우 경찰관은 본인의의사와는 관계없이 강제보호조치를 할 수 있다(동법 제4조 제1항 제1호). ② 자살을 시도하는 사람의 경우 경찰관은 본인의의사와는 관계없이 강제보호조치를 할 수 있다(동법 제4조 제1항 제2호).
임의보호조치 (본인의의사 ○)	미아, 병자, 부상자 등으로서 적당한 보호자가 없으며 응급구호가 필요하다고 인정되는 사람의 경우 보호조치 대상자에는 해당하지만, 본인이 구호를 거절하는 경우에는 보호조치를 할 수 없다(동법 제4조 제1항 제3호).

📖 보호조치의 방법

구분	내용
긴급구호 요청	① 경찰관은 응급구호를 요하는 사람을 발견한 때에는 보건의료기관이나 공공구호기관에 긴급구호를 요청할 수 있다(동법 제4조 제1항). ② 경찰관의 응급구호를 요청받은 보건의료기관이나 공공구호기관은 정당한 이유 없이 긴급구호를 거절할 수 없다(동법 제4조 제2항). ③ 거절한 경우에는 「응급의료에 관한 법률」에 의거하여(「경찰관 직무집행법」에 의거하여 ×) 3년 이하의 징역 또는 3천만원 이하의 벌금에 처한다.
경찰관서에서 일시보호	피구호자를 보호자나 관계기관에 인계할 때까지 또는 보호조치 사유가 해소될 때까지 일시적으로 보호하는 것으로서, 이 경우 구호대상자를 경찰관서에서 보호하는 기간은 24시간을 초과할 수 없다(동법 제4조 제7항).

📖 사후조치

구분	내용
연고자 등에의 통지	경찰관이 응급구호를 요청하거나 경찰관서에 일시 보호하는 등 조치를 하였을 때에는 지체 없이 구호대상자의 가족·친지 또는 그 밖의 연고자에게 그 사실을 알려야 하며(알릴 수 있으며 ×), 연고자가 발견되지 아니할 때에는 구호대상자를 적당한 공공보건의료기관이나 공공구호기관에 즉시 인계하여야 한다(인계할 수 있다 ×)(동법 제4조 제4항).
경찰서장에게 보고	① 경찰관은 피구호자를 공공보건의료기관 또는 공공구호기관에 인계한 때에는 즉시 그 사실을 소속 경찰서장에게 보고하여야 한다(동법 제4조 제5항). ② 해당 보고를 받은 소속 경찰서장은 대통령령으로 정하는 바에 따라 구호대상자를 인계한 사실을 지체 없이 해당 공공보건의료기관 또는 공공구호기관의 장 및 그 감독행정청에 통보하여야 한다(동법 제4조 제6항).

📖 임시영치

구분	내용
의의	임시영치란 구호대상자가 무기·흉기 등 위험을 일으킬 수 있는 것으로 인정되는 물건을 휴대하고 있는 경우에 일시적으로 그 점유를 박탈하여 경찰관서에 보관하는 것을 말한다(동법 제4조 제3항). 이 경우 상대방의 동의를 요하지 않는다.
법적 성질	임시영치는 경찰강제 중 대물적 즉시강제의 성질을 가진다.
기간	① 임시영치의 기간은 10일을 초과할 수 없다(동법 제4조 제7항). ② 임시영치를 하는 경우에는 24시간 이내에 임시영치보고서를 작성하여 소속 경찰관서의 장에게 보고하여야 한다(동법 시행령 제7조 제3호).
임시영치증명서 교부	경찰공무원이 무기·흉기 등을 임시영치한 때에는 소속 국가경찰서의 장은 그 물건을 소지하였던 자에게 임시영치증명서를 교부하여야 한다(동법 시행령 제2조).

📖 보호조치 관련 판례

① 주취자가 극도의 만취상태에서 병원후송조치까지는 필요가 없어 파출소에 보호하더라도 지속적으로 관찰하여 생명·신체에 위해가 생기지 않도록 보호조치를 취하여야 할 주의의무가 있다.
② 경찰공무원이 보호조치된 운전자에 대하여 음주측정을 요구하였다는 이유만으로 음주측정 요구가 당연히 위법하다거나 보호조치가 당연히 종료된 것으로 볼 수는 없다.
③ '술에 취한 상태'란 피구호자가 술에 만취하여 정상적인 판단능력이나 의사능력을 상실할 정도에 이른 것을 말하고, 이 사건 조항에 따른 보호조치를 필요로 하는 피구호자에 해당하는지는 구체적인 상황을 고려하여 경찰관 평균인(통상의 사회평균인 ×)을 기준으로 판단하되, 그 판단은 보호조치의 취지와 목적에 비추어 현저하게 불합리하여서는 아니 되며, 피구호자의 가족 등에게 피구호자를 인계할 수 있다면 특별한 사정이 없는 한 경찰관서에서 피구호자를 보호하는 것은 허용되지 않는다.
④ 보호조치 요건이 갖추어지지 않았음에도, 경찰관이 실제로는 범죄수사를 목적으로 피의자에 해당하는 사람을 이 사건 조항의 피구호자로 삼아 그의사에 반하여 경찰관서에 데려간 행위는, 달리 현행범체포나 임의동행 등의 적법 요건을 갖추었다고 볼 사정이 없다면, 위법한 체포에 해당한다고 보아야 한다.

제88테마

위험발생의 방지 등

「경찰관 직무집행법」【시행 2024. 9. 20.】

📖 일반론

구분	내용
의의	① 위험발생의 방지란 경찰관이 사람의 생명·신체에 위해를 끼치거나 재산에 중대한 손해를 끼칠 우려가 있는 위험한 사태가 있을 때에 취하는 경찰상 즉시강제조치를 말한다. ② 행정경찰적 목적이기 때문에 사법경찰적 목적에 해당되는 폭력사범의 출현은 그 대상이 될 수 없다.
법적 성질	위험발생의 방지조치는 대인적·대물적·대가택적 즉시강제의 성질을 갖고 있다.
요건	① 경찰관은 사람의 생명·신체에 위해를 끼치거나 재산에 중대한 손해를 끼칠 우려가 있는 천재, 사변, 인공구조물의 파손·붕괴, 교통사고, 위험물의 폭발, 위험한 동물 등의 출현, 극도의 혼잡, 그 밖의 위험한 사태가 있을 때에는 다음의 조치를 할 수 있다(동법 제5조 제1항). ② 위험사태가 현실적으로 발생하였거나 위험가능성이 급박한 경우에 한하여 경찰권이 행사된다.
판례	경찰관이 농민들의 시위를 진압하고 시위과정에 도로상에 방치된 트랙터 1대에 대하여 이를 도로 밖으로 옮기거나 후방에 안전표지판을 설치하는 것과 같은 위험발생 방지조치를 취하지 아니한 채 그대로 방치하고 철수하여 버린 결과, 야간에 그 도로를 진행하던 운전자가 위 방치된 트랙터를 피하려다가 다른 트랙터에 부딪혀 상해를 입은 경우 국가배상책임을 인정한다.

📖 위험발생의 방지의 수단

구분	내용
경고조치	경찰관은 그 장소에 모인 사람, 사물의 관리자, 그 밖의 관계인에게 필요한 경고를 할 수 있다(동법 제5조 제1항 제1호).
억류·피난조치	① 경찰관은 매우 긴급한 경우에는 위해를 입을 우려가 있는 사람을 필요한 한도에서 억류하거나 피난시킬 수 있다(동법 제5조 제1항 제2호). ② 억류 또는 피난조치는 당사자의의사에 반하여 강제로 행해질 수 있다.
직접적인 위해방지 조치	경찰관은 그 장소에 있는 사람, 사물의 관리자, 그 밖의 관계인에게 위해를 방지하기 위하여 필요하다고 인정되는 조치를 하게 하거나, 직접 그 조치를 취할 수 있다(동법 제5조 제1항 제3호).
접근·통행의 제한·금지	경찰관서의 장(경찰관 ×)은 대간첩작전의 수행이나 소요사태의 진압을 위하여 필요하다고 인정되는 상당한 이유가 있을 때에는 대간첩 작전지역 또는 경찰관서·무기고 등 국가중요시설(다중이용시설 ×)에 대한 접근 또는 통행을 제한하거나 금지할 수 있다(동법 제5조 제2항).
보고의무	경찰관은 경고조치, 억류·피난조치 및 직접적인 위해방지 조치를 하였을 때에는 지체 없이 그 사실을 소속 경찰관서의 장에게 보고하여야 한다(동법 제5조 제3항).

제89테마

범죄의 예방과 제지

중요도 A급

▌「경찰관 직무집행법」【시행 2024. 9. 20.】

📖 일반론

구분	내용
의의	경찰관은 범죄행위가 목전에 행하여지려고 하고 있다고 인정될 때에는 이를 예방하기 위하여 관계인에게 필요한 경고를 하고, 그 행위로 인하여 사람의 생명·신체에 위해를 끼치거나 재산에 중대한 손해를 끼칠 우려가 있는 긴급한 경우에는 그 행위를 제지할 수 있다(동법 제6조).
법적 성질	경고 및 제지는 경찰상 대인적 즉시강제의 성질을 가진다.

📖 범죄의 예방과 제지의 수단

구분	내용
경고	경고란 범죄행위가 실행되려고 하는 사태에 직·간접적으로 관계가 있는 사람을 대상으로 하여 범죄예방을 위해 범죄행위로 나아가려고 하는 것을 중지하도록 통고하는 것을 말한다.
제지	① 제지란 목전의 범죄를 범하려고 하는 자 또는 범죄행위를 실행 중인 자를 대상으로 하여 실력에 의한 행위를 통해 강제적 중지상태로 만드는 것을 말한다. ② 제지는 필요한 최소한도 내에서 행해져야 한다.

📖 **범죄의 예방과 제지 관련 판례**

① 「경찰관 직무집행법」 제6조에서 경찰관의 제지에 관한 부분은 범죄의 예방을 위한 경찰행정상 즉시강제에 관한 근거조항이다. 행정상 즉시강제는 그 본질상 행정의 목적달성을 위하여 불가피한 한도 내에서 예외적으로 허용되는 것이므로, 위 조항에 의한 경찰관의 제지 조치 역시 그러한 조치가 불가피한 최소한도 내에서만 행사되도록 그 발동·행사의 요건을 신중하고 엄격하게 해석하여야 한다.

② 「집회 및 시위에 관한 법률」에 의하여 금지된 위법한 집회·시위가 장차 특정지역에서 개최될 것이 예상된다고 하더라도, 이와 시간적·장소적으로 근접하지 않은 다른 지역에서 그 집회·시위에 참가하기 위하여 출발 또는 이동하는 행위를 함부로 제지하는 것은 「경찰관 직무집행법」 제6조의 행정상 즉시강제인 경찰관의 제지의 범위를 명백히 넘어 허용될 수 없다.

③ 경찰관은 형사처벌의 대상이 되는 행위가 눈앞에서 막 이루어지려고 하는 것이 객관적으로 인정될 수 있는 상황이고 그 행위를 당장 제지하지 않으면 곧 인명·신체에 중대한 위해를 미치거나 재산에 손해를 끼칠 우려가 있는 상황이어서, 직접 제지하는 방법 외에는 위와 같은 결과를 막을 수 없는 급박한 상태일 때에만 「경찰관 직무집행법」 제6조에 의하여 적법하게 그 행위를 제지할 수 있다.

④ 경찰관의 제지 조치가 적법한지 여부는 제지 조치 당시의 구체적 상황을 기초로 판단하여야 하고 사후적으로 순수한 객관적 기준에서 판단할 것은 아니다.

⑤ 경찰관의 경고나 제지는 범죄의 예방을 위하여 범죄행위에 관한 실행의 착수 전에 행하여질 수 있을 뿐만 아니라, 이후 범죄행위가 계속되는 중에 그 진압을 위하여도 당연히 행하여질 수 있다고 보아야 한다.

제90테마

위험방지를 위한 출입

중요도 A급

▮「경찰관 직무집행법」【시행 2024. 9. 20.】

📖 일반론

구분	내용
법적 성질	위험방지를 위한 출입은 경찰상 대가택적 즉시강제의 성질을 가진다.
신분증표 제시	경찰관은 위험방지를 위하여 필요한 장소에 출입할 때에는 그 신분을 표시하는 증표를 제시하여야 하며, 함부로 관계인이 하는 정당한 업무를 방해해서는 아니 된다(동법 제7조 제4항).

📖 위험방지를 위한 출입의 종류

구분	내용
긴급출입	① 경찰관은 위험한 사태가 발생하여 사람의 생명·신체 또는 재산에 대한 위해가 임박한 때에 그 위해를 방지하거나 피해자를 구조하기 위하여 부득이하다고 인정하면 합리적으로 판단하여 필요한 한도에서 다른 사람의 토지·건물·배 또는 차에 출입할 수 있다(동법 제7조 제1항). ② 예 여관에 불이 나서 객실에 사람이 쓰러져 있는 경우 등
예방출입	① 흥행장, 여관, 음식점, 역, 그 밖에 많은 사람이 출입하는 장소의 관리자나 그에 준하는 관계인은 경찰관이 범죄나 사람의 생명·신체·재산에 대한 위해를 예방하기 위하여 해당 장소의 영업시간이나 해당 장소가 일반인에게 공개된 시간에 그 장소를 출입하겠다고 요구하면 정당한 이유 없이 그 요구를 거절할 수 없다(동법 제7조 제2항). ② 예 새벽 2시에 영업이 끝난 식당에서 주인만 머무르고 있는 경우 범죄의 예방을 위한 경찰관의 출입 요구 등
검색출입	경찰관은 대간첩작전 수행에 필요한 때에는 작전지역에서 경찰상 공개된 장소를 검색할 수 있다(동법 제7조 제3항).

📖 긴급출입, 예방출입, 검색출입의 구분

구분	긴급출입	예방출입	검색출입
목적	위해방지, 피해자의 구조	범죄예방, 위해예방	대간첩작전을 위한 검색
시간	주·야를 불문 (제한 없음)	영업시간·공개시간 내	주·야를 불문 (제한 없음)
장소	제한 없음	경찰상 공개된 장소	작전지역 안에서의 경찰상 공개된 장소
관리자의 동의	동의를 요하지 않음	동의를 요함 (실무에서는 강제출입권)	동의를 요하지 않음
비고	위험방지를 위한 출입은 범죄수사에 이용할 수 없고, 영장을 필요로 하지 않는다.		

제91테마

사실의 확인 등

▌「경찰관 직무집행법」【시행 2024. 9. 20.】

중요도 C급

📖 사실의 조회·확인

구분	내용
의의	① 경찰관서의 장은 직무수행에 필요하다고 인정되는 상당한 이유가 있을 때에는 국가기관 또는 공사단체 등에 직무수행에 관련된 사실을 조회할 수 있다. 다만, 긴급한 경우에는 소속 경찰관으로 하여금 현장에 나가 해당 기관 또는 단체의 장의 협조를 받아 그 사실을 확인하게 할 수 있다(동법 제8조 제1항). ② 직무수행에 관련된 사실이란 「경찰관 직무집행법」 제2조에서 규정하고 있는 직무의 범위를 가리키는 것으로, 범죄의 예방이나 진압은 물론 경비·교통·작전 등 경찰의 직무수행을 위한 모든 업무에 있어서 그 사실의 조회가 가능하다.
법적 성질	사실의 조회·확인 및 출석요구는 비권력적 사실행위로서 경찰상 즉시강제의 수단에 포함되지 않으며, 강제집행이나 경찰벌의 대상이 되지 않는다.
응답의무	확인대상기관 및 단체에게는 원칙적으로 응답의무가 존재한다.

📖 사실의 확인을 위한 출석요구

구분	내용
출석요구가 가능한 경우	경찰관은 다음의 직무를 수행하기 위해 필요하면 관계인에게 출석하여야 하는 사유·일시 및 장소를 명확히 적은 출석요구서를 보내 경찰관서에 출석할 것을 요구할 수 있다(동법 제8조 제2항). ① 미아를 인수할 보호자 확인 ② 유실물을 인수할 권리자 확인 ③ 사고로 인한 사상자 확인 ④ 행정처분을 위한 교통사고 조사에 필요한 사실 확인
출석요구가 불가능한 경우	수사목적을 위한 출석요구는 「경찰관 직무집행법」에 의해서는 할 수 없고, 「형사소송법」 등에 근거하여 출석을 요구할 수 있다. ① 형사책임을 규명하기 위한 사실조사 ② 범죄 피해내용 확인 ③ 교통사고시의 가해자와 피해자의 합의를 위한 종용 ④ 고소사건처리에 대한 사실 확인

제92테마

정보의 수집 등

중요도 B급

▌「경찰관 직무집행법」【시행 2024. 9. 20.】
▌「경찰관의 정보수집 및 처리 등에 관한 규정」【시행 2021. 3. 23.】

📖 일반론

구분	내용
의의	경찰관은 범죄·재난·공공갈등 등 공공안녕(공공질서 ×)에 대한 위험의 예방과 대응을 위한 정보의 수집·작성·배포와 이에 수반되는 사실의 확인을 할 수 있다(동법 제8조의2 제1항).
범위	정보활동은 국민의 자유와 권리를 보호하는 것을 목적으로 해야 하며, 필요 최소한의 범위에 그쳐야 한다(동 규정 제2조 제1항).
금지행위	경찰관은 정보활동과 관련하여 다음의 행위를 해서는 안 된다(동 규정 제2조 제2항). ① 정치에 관여하기 위해 정보를 수집·작성·배포하는 행위 ② 법령의 직무 범위를 벗어나 개인의 동향 등을 파악하기 위해 사생활에 관한 정보를 수집·작성·배포하는 행위 ③ 상대방의 명시적 의사에 반해 자료 제출이나 의견 표명을 강요하는 행위 ④ 부당한 민원이나 청탁을 직무 관련자에게 전달하는 행위 ⑤ 직무상 알게 된 정보를 누설하거나 개인의 이익을 위해 사용하는 행위 ⑥ 직무와 무관한 비공식적 직함을 사용하는 행위

📖 정보의 수집 및 사실의 확인 절차

구분	내용
원칙	경찰관은 정보를 수집하거나 정보의 수집·작성·배포에 수반되는 사실을 확인하려는 경우에는 상대방에게 자신의 신분을 밝히고 정보 수집 또는 사실 확인의 목적을 설명해야 한다. 이 경우 강제적인 방법을 사용해서는 안 된다(동 규정 제4조 제1항).
예외	다음의 어느 하나에 해당하는 경우에는 신분 제시 및 목적 설명 등의 절차를 생략할 수 있다(동 규정 제4조 제2항). ① 국민의 생명·신체의 안전이나 국가안보에 긴박한 위험이 발생할 우려가 있는 경우 ② 범죄의 대응을 위한 정보활동에 현저한 지장을 초래할 우려가 있는 경우

📖 정보의 범위 및 출입의 한계

구분	내용
범위	경찰관이 수집·작성·배포할 수 있는 정보의 구체적인 범위는 다음과 같다(동 규정 제3조). ① 범죄의 예방과 대응에 필요한 정보 ② 수형자·가석방자의 재범방지 및 피해자의 보호에 필요한 정보 ③ 국가중요시설의 안전 및 주요 인사의 보호에 필요한 정보 ④ 방첩·대테러활동 등 국가안전을 위한 활동에 필요한 정보 ⑤ 재난·안전사고 등으로부터 국민안전을 확보하기 위한 정보 ⑥ 집회·시위 등으로 인한 공공갈등과 다중운집에 따른 질서 및 안전 유지에 필요한 정보 ⑦ 국민의 생명·신체·재산의 보호와 공공안녕에 대한 위험의 예방과 대응을 위한 정책에 관한 정보(해당 정책의 입안·집행·평가를 위해 객관적이고 필요한 사항에 관한 정보로 한정하며, 이와 직접적·구체적으로 관련이 없는 사생활·신조 등에 관한 정보는 제외한다) ⑧ 도로 교통의 위해 방지·제거 및 원활한 소통 확보를 위한 정보 ⑨ 경찰청장이 위탁받은 신원조사 또는 공공기관의 장이 법령에 근거하여 요청한 사실의 확인을 위한 정보 ⑩ 그 밖에 제1호부터 제9호까지에서 규정한 사항에 준하는 정보
출입 한계	경찰관은 다음의 장소에 상시적으로 출입해서는 안 되며, 정보활동을 위해 필요한 경우에 한정하여 일시적으로만 출입해야 한다(동 규정 제5조). ① 언론·교육·종교·시민사회 단체(암기TIP 언교종시) 등 민간단체 ② 민간기업 ③ 정당의 사무소

📖 정보의 작성 및 처리

구분	내용
작성	경찰관은 수집한 정보를 작성할 때 객관적 사실에 기초해 중립적으로 작성해야 하며, 정치에 관여하는 등 특정한 목적을 가지고 그 내용을 왜곡해서는 안 된다(동 규정 제6조).
처리	① 경찰관은 수집·작성한 정보를 그 목적 외의 용도로 사용해서는 안 된다(동 규정 제7조 제1항). ② 경찰관은 공공안녕에 대한 위험의 예방과 대응을 위해 필요한 경우에는 수집·작성한 정보를 관계 기관 등에 통보할 수 있다(동 규정 제7조 제2항). ③ 경찰관은 수집·작성한 정보가 그 목적이 달성되어 불필요하게 되었을 때에는 지체 없이 그 정보를 폐기해야 한다. 다만, 법령에 따라 보존해야 하는 경우는 제외한다(동 규정 제7조 제3항).

제93테마

경찰장비의 사용 등

중요도 A급

▌「경찰관 직무집행법」【시행 2024. 9. 20.】
▌「위해성 경찰장비의 사용기준 등에 관한 규정」【시행 2021. 1. 5.】

📖 경찰장비의 사용

구분		내용
의의		① **경찰관은 직무수행 중 경찰장비를 사용할 수 있다**(동법 제10조 제1항 본문). ② 경찰장비란 무기, 경찰장구, 경찰착용기록장치, 최루제와 그 발사장치, 살수차, 감식기구, 해안 감시기구, 통신기기, 차량·선박·항공기 등 경찰이 직무를 수행할 때 필요한 장치와 기구를 말한다(동법 제10조 제2항).
종류	경찰장구	수갑, 포승, 호송용 포승, 경찰봉, 호신용 경봉, 전자충격기, 방패, 전자방패
	무기	권총, 소총, 기관총(기관단총 포함), 산탄총, 유탄발사기, 박격포, 3인치포, 함포, 크레모아, 수류탄, 폭약류, 도검
	분사기 최루탄 등	근접분사기, 가스분사기, 가스발사총(고무탄 발사겸용 포함), 최루탄(그 발사장치 포함).
	기타 장비	가스차, 살수차, 특수진압차, 물포, 석궁, 다목적발사기, 도주차량 차단장비
사용	안전교육 안전검사	사람의 생명이나 신체에 위해를 끼칠 수 있는 경찰장비, 즉 **위해성 경찰장비를 사용할 때에는 필요한 안전교육과 안전검사를 받은 후 사용하여야 한다**(동법 제10조 제1항 단서).
	개조·임의 장비 부착 금지	경찰관은 경찰장비를 함부로 개조하거나 경찰장비에 임의의 장비를 부착하여 일반적인 사용법과 달리 사용함으로써 다른 사람의 생명·신체에 위해를 끼쳐서는 아니 된다(동법 제10조 제3항).
	비례성의 원칙	① 위해성 경찰장비는 필요한 최소한도에서 사용하여야 한다(동법 제10조 제4항). ② 위해성 경찰장비의 종류 및 그 사용기준, 안전교육·안전검사의 기준 등은 **대통령령으로 정한다**(동법 제10조 제6항).
	새로운 위해성 경찰장비 도입	경찰청장은 위해성 경찰장비를 새로 도입하려는 경우에는 대통령령으로 정하는 바에 따라 **안전성 검사를 실시하여 그 안전성 검사의 결과보고서를 국회 소관 상임위원회**(국가경찰위원회 ×, 국무회의 ×)**에 제출하여야 한다**. 이 경우 **안전성 검사에는 외부 전문가를 참여시켜야 한다**(참여시킬 수 있다 ×)(동법 제10조 제5항).

📖 경찰장구의 사용

구분	내용
의의	경찰장구란 **경찰관이 휴대하여** 범인검거와 범죄진압 등 직무수행에 사용하는 수갑, 포승, 경찰봉, 방패 등을 말한다(동법 제10조의2 제2항).
법적 성질	경찰장구의 사용은 경찰상 **대인적 즉시강제에 해당**한다.

구분	내용
요건	경찰관은 다음의 직무를 수행하기 위하여 필요하다고 인정되는 상당한 이유가 있을 때에는 그 사태를 합리적으로 판단하여 **필요한 한도에서 경찰장구를 사용할 수 있다**(동법 제10조의2 제1항). ① 현행범이나 사형·무기 또는 장기 3년 이상의 징역이나 금고에 해당하는 죄를 범한 범인의 체포 또는 도주의 방지 ② 자신이나 다른 사람의 생명·신체의 방어 및 보호(재산의 방어 및 보호 ×) ③ 공무집행에 대한 항거 제지

📖 분사기·최루탄의 사용

구분	내용
의의	분사기·최루탄 등은 일시적으로 신체적·정신적 기능에 장애를 주는 화학탄의 일종이다.
요건	경찰관은 다음의 직무를 수행하기 위하여 부득이한 경우에는 **현장책임자가 판단하여(경찰관 개인 ×)** 필요한 최소한의 범위에서 **분사기 또는 최루탄을 사용할 수 있다**(동법 제10조의3). ① 범인의 체포 또는 범인의 도주 방지 ② 불법집회·시위로 인한 자신이나 다른 사람의 생명·신체와 재산 및 공공시설 안전에 대한 현저한 위해의 발생 억제

📖 무기의 사용

구분		내용
의의		무기란 사람의 생명 또는 신체에 위해를 끼칠 수 있도록 제작된 권총·소총·도검 등을 말한다(동법 제10조의4 제2항).
요건	위해(×)	① 범인의 체포 또는 범인의 도주 방지 ② 자신이나 다른 사람의 생명·신체의 방어 및 보호(재산의 방어 및 보호 ×) ③ 공무집행에 대한 항거의 제지
	위해(○)	① 「형법」에 규정된 정당방위와 긴급피난에 해당할 때 ② 대간첩작전 수행 과정에서 무장간첩이 항복하라는 경찰관의 명령을 받고도 따르지 아니할 때 ③ 사형·무기 또는 장기 3년 이상의 징역이나 금고에 해당하는 죄를 범하거나 범하였다고 의심할만한 충분한 이유가 있는 사람이 경찰관의 직무집행에 항거하거나 도주하려고 할 때 ④ 체포·구속영장과 압수·수색영장을 집행하는 과정에서 경찰관의 직무집행에 항거하거나 도주하려고 할 때 ⑤ 제3자가 위의 ③과 ④에 해당하는 사람을 도주시키려고 경찰관에게 항거할 때 ⑥ 범인이나 소요를 일으킨 사람이 무기·흉기 등 위험한 물건을 지니고 경찰관으로부터 3회 이상 물건을 버리라는 명령이나 항복하라는 명령을 받고도 따르지 아니하면서 계속 항거할 때

> **참고** 무기 사용 관련 판례

① 무기를 사용하기 위해서는 필요하다고 인정되는 상당한 이유가 있어야 하고, 무기를 사용하지 아니하고는 다른 수단이 없다고 인정되어야 하며, 그 사태를 합리적으로 판단하여, 필요한 한도 내에서 무기를 사용할 수 있다. 경찰관의 무기사용이 이러한 요건을 충족하였는지 여부는 범죄의 종류, 죄질, 피해법익의 경중, 위해의 급박성, 저항의 강약, 범인과 경찰관의 수, 무기의 종류, 무기 사용의 태양, 주변의 상황 등을 고려하여 사회통념상 상당하다고 평가되는지 여부에 따라 판단하여야 한다.

② 경찰관이 범인을 제압하는 과정에서 총기를 사용하여 범인을 사망에 이르게 한 사안에서, 경찰관이 총기 사용에 이르게 된 동기나 목적, 경위 등을 고려하여 형사사건에서 무죄판결이 확정되었더라도 당해 경찰관의 과실의 내용과 그로 인하여 발생한 결과의 중대함에 비추어 민사상 불법행위책임을 인정하였다.

③ 타인의 집대문 앞에 은신하고 있다가 경찰관의 명령에 따라 순순히 손을 들고 나오면서 그대로 도주하는 범인을 경찰관이 뒤따라 추격하면서 등 부위에 권총을 발사하여 사망케 한 경우, 위와 같은 총기사용은 현재의 부당한 침해를 방지하거나 현재의 위난을 피하기 위한 상당성 있는 행위라고 볼 수 없는 것으로서 범인의 체포를 위하여 필요한 한도를 넘어 무기를 사용한 것이다.

④ 경찰관이 길이 40cm 가량의 칼로 반복적으로 위협하며 도주하는 차량 절도 혐의자를 추적하던 중, 도주하기 위하여 등을 돌린 혐의자의 몸 쪽을 향하여 약 2m 거리에서 실탄을 발사하여 혐의자를 복부 관통상으로 사망케 한 경우, 경찰관의 총기사용은 사회통념상 허용범위를 벗어난 위법한 행위이다.

⑤ 야간에 술이 취한 상태에서 병원에 있던 과도로 대형 유리창문을 쳐 깨뜨리고 자신의 복부에 칼을 대고 할복자살하겠다고 난동을 부린 피해자가 출동한 2명의 경찰관들에게 칼을 들고 항거하였다고 하여도 위 경찰관 등이 공포를 발사하거나 소지한 가스총과 경찰봉을 사용하여 항거를 억제할 시간적 여유와 보충적 수단이 있었다고 보여지고, 부득이 총을 발사할 수 밖에 없었다고 하더라도 하체부위를 향하여 발사함으로써 그 위해를 최소한도로 줄일 여지가 있었다고 보여지므로, 경찰관의 총기사용 행위는 총기사용의 한계를 벗어난 것이다.

⑥ 경찰관의 직무수행 및 경찰장비의 사용과 관련한 재량의 범위 및 한계를 고려해 보면, 불법적인 농성을 진압하는 방법 및 그 과정에서 어떤 경찰장비를 사용할 것인지는 '구체적 상황'과 예측되는 피해 발생의 '구체적 위험성'의 내용 등에 비추어 경찰관이 재량의 범위 내에서 정할 수 있다. 그러나 그 직무수행 중 특정한 경찰장비를 필요한 최소한의 범위를 넘어 관계 법령에서 정한 통상의 용법과 달리 사용함으로써 타인의 생명·신체에 위해를 가하였다면, 불법적인 농성의 진압을 위하여 그러한 방법으로라도 해당 경찰장비를 사용할 필요가 있고 그로 인하여 발생할 우려가 있는 타인의 생명·신체에 대한 위해의 정도가 '통상적으로 예견되는 범위 내'에 있다는 등의 특별한 사정이 없는 한 그 직무수행은 위법하다고 보아야 한다. 나아가 경찰관이 농성 진압의 과정에서 경찰장비를 위법하게 사용함으로써 그 직무수행이 적법한 범위를 벗어난 것으로 볼 수밖에 없다면, 상대방이 그로 인한 생명·신체에 대한 위해를 면하기 위하여 '직접적으로 대항하는 과정'에서 경찰장비를 손상시켰더라도 이는 위법한 공무집행으로 인한 신체에 대한 현재의 부당한 침해에서 벗어나기 위한 행위로서 정당방위에 해당한다.

제94테마

경찰착용기록장치의 사용

▮「경찰관 직무집행법」【시행 2024. 9. 20.】
▮「경찰착용기록장치 운영 등에 관한 규정」【시행 2024. 7. 31.】

구분	내용

사용	① 경찰관은 다음의 어느 하나에 해당하는 직무 수행을 위하여 필요한 경우에는 필요한 최소한의 범위에서 경찰착용기록장치를 사용할 수 있다(동법 제10조의5 제1항).
	
	   ㉠ 경찰관이 피의자를 체포 또는 구속하는 경우
	   ㉡ 범죄 수사를 위하여 필요한 경우로서 범행 중이거나 범행 직전 또는 직후일 것, 증거보전의 필요성 및 긴급성이 있을 것
	   ㉢ 인공구조물의 파손이나 붕괴 등의 위험한 사태가 발생한 경우
	   ㉣ 대상자로부터 그 기록의 요청 또는 동의를 받은 경우
	   ㉤ 응급구호가 필요하다고 믿을 만한 상당한 이유가 있는 경우
	   ㉥ 사람의 생명·신체에 위해를 끼치거나 재산에 중대한 손해를 끼칠 우려가 있는 범죄행위를 긴급하게 예방 및 제지하는 경우
	   ㉦ 경찰관이 해상검문검색 또는 추적·나포하는 경우
	   ㉧ 경찰관이 수난구호 업무 시 수색 또는 구조를 하는 경우
	   ㉨ 그 밖에 제1호부터 제8호까지에 준하는 경우로서 대통령령으로 정하는 경우
	
	② 경찰착용기록장치란 경찰관이 신체에 착용 또는 휴대하여 직무수행 과정을 근거리에서 영상·음성으로 기록할 수 있는 기록장치 또는 그 밖에 이와 유사한 기능을 갖춘 기계장치를 말한다(동법 제10조의5 제2항).

고지	① 경찰관이 경찰착용기록장치를 사용하여 기록하는 경우로서 이동형 영상정보처리기기로 사람 또는 그 사람과 관련된 사물의 영상을 촬영하는 때에는 불빛, 소리, 안내판 등 대통령령으로 정하는 바에 따라 촬영 사실을 표시하고 알려야 한다(동법 제10조의6 제1항). ② 제1항에도 불구하고 불가피하게 고지가 곤란한 경우에는 제3항에 따라 영상음성기록을 전송·저장하는 때에 그 고지를 못한 사유를 기록하는 것으로 대체할 수 있다(동법 제10조의6 제2항). ③ 경찰착용기록장치로 기록을 마친 영상음성기록은 지체 없이 제10조의7에 따른 영상음성기록정보 관리체계를 이용하여 영상음성기록정보 데이터베이스에 전송·저장하도록 하여야 하며, 영상음성기록을 임의로 편집·복사하거나 삭제하여서는 아니 된다(동법 제10조의6 제3항).
보관	① 경찰착용기록장치로 기록한 영상음성기록의 보관기간은 해당 기록을 법 제10조의6 제3항에 따라 영상음성기록정보 데이터베이스에 전송·저장한 날부터 30일(해당 영상음성기록이 수사 중인 범죄와 관련된 경우 등 경찰청장 또는 해양경찰청장이 정하는 사항에 해당하는 경우에는 90일)로 한다(동 규정 제5조 제1항). ② 제1항에도 불구하고 경찰청장, 해양경찰청장, 시·도경찰청장, 지방해양경찰청장, 중앙해양특수구조단장, 경찰서장 또는 해양경찰서장은 범죄수사를 위한 증거 보전이 필요한 경우 등 영상음성기록을 계속하여 보관할 필요가 있다고 인정하는 경우에는 90일의 범위에서 한 차례만 보관기간을 연장할 수 있다(동 규정 제5조 제1항).
관리	경찰청장 및 해양경찰청장은 경찰착용기록장치로 기록한 영상·음성을 저장하고 데이터베이스로 관리하는 영상음성기록정보 관리체계를 구축·운영하여야 한다(동법 제10조의7).

제95테마

위해성 경찰장비의 사용

「위해성 경찰장비의 사용기준 등에 관한 규정」【시행 2021. 1. 5.】

중요도 A급

📖 경찰장구의 사용기준

구분	내용
수갑 포승 호송용 포승	① 경찰관은 체포·구속영장을 집행하거나 신체의 자유를 제한하는 판결 또는 처분을 받은 자를 법률이 정한 절차에 따라 호송하거나 수용하기 위하여 필요한 때에는 최소한의 범위 안에서 수갑·포승 또는 호송용 포승을 사용할 수 있다(동 규정 제4조). ② 경찰관은 범인·술에 취한 사람 또는 정신착란자의 자살 또는 자해기도를 방지하기 위하여 필요한 때에는 수갑·포승 또는 호송용 포승을 사용할 수 있다. 이 경우 경찰관은 소속 국가경찰관서의 장(경찰청장·해양경찰청장·시·도경찰청장·지방해양경찰청장·경찰서장 또는 해양경찰서장 기타 경무관·총경·경정 또는 경감을 장으로 하는 국가경찰관서의 장)에게 그 사실을 보고하여야 한다(동 규정 제5조).
경찰봉 호신용 경봉	경찰관은 불법집회·시위로 인하여 발생할 수 있는 타인 또는 경찰관의 생명·신체의 위해와 재산·공공시설의 위험을 방지하기 위하여 필요한 때에는 최소한의 범위 안에서 경찰봉 또는 호신용 경봉을 사용할 수 있다(동 규정 제6조).
전자충격기 전자방패	① 경찰관은 14세 미만의 자 또는 임산부에 대하여 전자충격기 또는 전자방패를 사용하여서는 아니 된다(동 규정 제8조 제1항). ② 경찰관은 전극침 발사장치가 있는 전자충격기를 사용하는 경우 상대방의 얼굴을 향하여 전극침을 발사하여서는 아니 된다(동 규정 제8조 제2항).

📖 무기의 사용기준

구분	내용
총기사용의 경고	경찰관은 사람을 향하여 권총 또는 소총을 발사하고자 하는 때에는 미리 구두 또는 공포탄에 의한 사격으로 상대방에게 경고하여야 한다. 다만, 다음의 어느 하나에 해당하는 경우로서 부득이한 때에는 경고하지 아니할 수 있다(동 규정 제9조). ① 경찰관을 급습하거나 타인의 생명·신체에 대한 중대한 위험을 야기하는 범행이 목전에 실행되고 있는 등 상황이 급박하여 특히 경고할 시간적 여유가 없는 경우 ② 인질·간첩 또는 테러사건에 있어서 은밀히 작전을 수행하는 경우
권총·소총의 사용 제한	① 경찰관은 권총 또는 소총을 사용하는 경우에 있어서 범죄와 무관한 다중의 생명·신체에 위해를 가할 우려가 있는 때에는 이를 사용하여서는 아니 된다. 다만, 권총 또는 소총을 사용하지 아니하고는 타인 또는 경찰관의 생명·신체에 대한 중대한 위험을 방지할 수 없다고 인정되는 때에는 필요한 최소한의 범위 안에서 이를 사용할 수 있다(동 규정 제10조 제1항). ② 경찰관은 총기 또는 폭발물을 가지고 대항하는 경우를 제외하고는 14세 미만의 자 또는 임산부에 대하여 권총 또는 소총을 발사하여서는 아니 된다(동 규정 제10조 제2항).
동물의 사살	경찰관은 공공의 안전을 위협하는 동물을 사살하기 위하여 부득이한 때에는 권총 또는 소총을 사용할 수 있다(동 규정 제11조).

📖 분사기·최루탄 등의 사용기준 – 가스발사총 등의 사용제한

구분	내용
사용제한	경찰관은 범인의 체포 또는 도주 방지, 타인 또는 경찰관의 생명·신체에 대한 방호(재산에 대한 방호 ×), 공무집행에 대한 항거의 억제를 위하여 필요한 때에는 최소한의 범위 안에서 가스발사총을 사용할 수 있다. 이 경우 경찰관은 1미터 이내의 거리에서 상대방의 얼굴을 향하여 이를 발사하여서는 아니 된다(동 규정 제12조 제1항).
최루탄 발사	경찰관은 최루탄발사기로 최루탄을 발사하는 경우 30도 이상의 발사각을 유지하여야 하고, 가스차·살수차 또는 특수진압차의 최루탄발사대로 최루탄을 발사하는 경우에는 15도 이상의 발사각을 유지(암기 TIP 기30 대15)하여야 한다(동 규정 제12조 제2항).

📖 기타 장비의 사용기준

1. 살수차의 사용기준

구분	내용
요건	경찰관은 다음의 어느 하나에 해당하여 살수차 외의 경찰장비로는 그 위험을 제거·완화시키는 것이 현저히 곤란한 경우에는 시·도경찰청장의 명령에 따라 살수차를 배치·사용할 수 있다(동 규정 제13조의2 제1항). ① 소요사태로 인해 타인의 법익이나 공공의 안녕질서에 대한 직접적인 위험이 명백하게 초래되는 경우 ② 「통합방위법」에 따라 지정된 국가중요시설에 대한 직접적인 공격행위로 인해 해당 시설이 파괴되거나 기능이 정지되는 등 급박한 위험이 발생하는 경우
수압기준의 준수	경찰관은 살수차를 사용하는 경우 살수거리별 수압기준에 따라 살수해야 한다(동 규정 제13조의2 제2항). ① 10미터 이하 : 3바(bar) 이하 ② 10미터 초과 20미터 이하 : 5바(bar) 이하 ③ 20미터 초과 25미터 이하 : 7바(bar) 이하 ④ 25미터 초과 : 13바(bar) 이하
최루액의 혼합 사용	경찰관은 살수하는 것으로 위험을 제거·완화시키는 것이 곤란하다고 판단하는 경우에는 시·도경찰청장의 명령에 따라 필요한 최소한의 범위에서 최루액을 혼합하여 살수할 수 있다. 이 경우 최루액의 혼합 살수 절차 및 방법은 경찰청장(시·도경찰청장 ×)이 정한다(동 규정 제13조의2 제3항).
판례	① 혼합살수의 절차 및 방법은 새로운 위해성 경찰장비로서 법령에 근거가 있어야 함에도, 현행 법률 및 대통령령에 근거가 없다. 따라서 「경찰관 직무집행법」이나 이 사건 대통령령 등 법령의 구체적 위임 없이 혼합살수방법을 규정하고 있는 이 사건 지침은 법률유보의 원칙에 위배되고, 이 사건 지침만을 근거로 한 이 사건 혼합살수행위는 청구인들의 신체의 자유와 집회의 자유를 침해한 공권력 행사로 헌법에 위반된다(법률유보의 원칙에는 위배됨). ② 비록 이 사건 혼합살수행위로 청구인의 신체의 자유, 집회의 자유라는 중대한 사익이 제한될 수 있으나, 불법집회·시위의 해산을 통한 공공의 안녕과 질서유지라는 공익이 침해된 사익보다 덜 중요하다고 볼 수 없으므로, 법익 균형성의 요건은 충족한다(과잉금지의 원칙에는 위배되는 것이 아님).

2. 살수차 이외의 기타 장비

구분	내용
가스차 (불법집회 등)	경찰관은 불법집회·시위 또는 소요사태로 인하여 발생할 수 있는 타인 또는 경찰관의 생명·신체의 위해와 재산·공공시설의 위험을 억제하기 위하여 부득이한 경우에는 현장책임자의 판단에 의하여 필요한 최소한의 범위에서 가스차를 사용할 수 있다(동 규정 제13조 제1항).
특수진압차 (소요사태) (대간첩·대테러)	경찰관은 소요사태의 진압, 대간첩·대테러작전의 수행을 위하여 부득이한 경우에는 필요한 최소한의 범위 안에서 특수진압차를 사용할 수 있다(동 규정 제13조 제2항).
물포 (불법해상시위) (선박운항정지)	경찰관은 불법해상시위를 해산시키거나 선박운항정지 명령에 불응하고 도주하는 선박을 정지시키기 위하여 부득이한 경우에는 현장책임자의 판단에 의하여 필요한 최소한의 범위 안에서 경비함정의 물포를 사용할 수 있다. 다만, 사람을 향하여 직접 물포를 발사해서는 안 된다(동 규정 제13조 제3항).
석궁 (인질범) (대간첩·대테러)	경찰관은 총기·폭발물 기타 위험물로 무장한 범인 또는 인질범의 체포, 대간첩·대테러작전 등 국가안전에 관련되는 작전을 은밀히 수행하거나 총기를 사용할 경우에는 화재·폭발의 위험이 있는 등 부득이한 때에 한하여 현장책임자의 판단에 의하여 필요한 최소한의 범위 안에서 석궁을 사용할 수 있다(동 규정 제14조).
다목적발사기 (인질범) (대간첩·대테러)	경찰관은 인질범의 체포 또는 대간첩·대테러작전 등 국가안전에 관련되는 작전을 수행하거나 공공시설의 안전에 대한 현저한 위해의 발생을 방지하기 위하여 필요한 때에는 최소한의 범위 안에서 다목적발사기를 사용할 수 있다(동 규정 제15조).
도주차량 차단장비	경찰관은 무면허운전이나 음주운전 기타 범죄에 이용하였다고 의심할만한 차량 또는 수배 중인 차량이 정당한 검문에 불응하고 도주하거나 차량으로 직무집행 중인 경찰관에게 위해를 가한 후 도주하려는 경우에는 도주차량차단장비를 사용할 수 있다(동 규정 제16조 제1항).
비고	현장책임자의 판단(경찰관 개인의 판단 ×)으로 사용할 수 있는 경찰장비는 다음과 같다. 분사기·최루탄, 가스차, 물포, 석궁

📖 신규 도입 장비의 안전성 검사

구분	내용
안전성 검사의 실시	경찰청장은 위해성 경찰장비를 새로 도입하려는 경우에는 안전성 검사를 실시하여 새로 도입하려는 장비가 사람의 생명이나 신체에 미치는 영향을 평가하여야 한다(동 규정 제18조의2 제1항).
외부전문가의 참여·의견제출	안전성 검사에 참여한 외부 전문가는 안전성 검사가 끝난 후 30일 이내에 신규 도입 장비의 안전성 여부에 대한 의견을 경찰청장에게 제출하여야 한다(동 규정 제18조의2 제3항).
안전성 검사 결과보고서 제출	경찰청장은 신규 도입 장비에 대한 안전성 검사를 실시한 후 3개월 이내에 안전성 검사 결과보고서를 국회 소관 상임위원회(국가경찰위원회 ×, 국무회의 ×)에 제출하여야 한다(동 규정 제18조의2 제4항).

📖 사용기록의 보관 등

구분	내용
보관	무기, 분사기 및 최루탄 등, 살수차(가스차 ×)를 사용하는 경우 그 현장책임자 또는 사용자는 사용보고서를 작성하여 직근 상급감독자에게 보고하고, 직근 상급감독자는 이를 3년간 보관하여야 한다(동 규정 제20조 제1항).
보고	무기의 사용보고를 받은 직근 상급감독자는 지체 없이 지휘계통을 거쳐 경찰청장에게 보고하여야 한다(동 규정 제20조 제2항).
개조	국가경찰관서의 장은 폐기대상인 위해성 경찰장비 또는 성능이 저하된 위해성 경찰장비를 개조할 수 있으며, 소속 경찰관으로 하여금 이를 본래의 용법에 준하여 사용하게 할 수 있다(동 규정 제19조).
부상자 긴급조치	경찰관이 위해성 경찰장비를 사용하여 부상자가 발생한 경우에는 즉시 구호, 그 밖에 필요한 긴급조치를 하여야 한다(동 규정 제21조).

제96테마

손실보상

■ 「경찰관 직무집행법」【시행 2024. 9. 20.】

📖 일반론

구분	내용
의의	손실보상이란 공공의 필요에 의한 적법한 공권력의 행사로 인하여 개인의 생명·신체 또는 재산에 과하여진 특별한 희생에 대하여, 행정주체가 행하는 재산상 전보를 말한다.
지급대상	국가는 경찰관의 적법한 직무집행으로 인하여 다음의 어느 하나에 해당하는 손실을 입은 자에 대하여 정당한 보상을 하여야 한다(할 수 있다 ×)(동법 제11조의2 제1항). ① 손실발생의 원인에 대하여 책임이 없는 자가 생명·신체 또는 재산상의 손실을 입은 경우(손실발생의 원인에 대하여 책임이 없는 자가 경찰관의 직무집행에 자발적으로 협조하거나 물건을 제공하여 생명·신체 또는 재산상의 손실을 입은 경우를 포함) ② 손실발생의 원인에 대하여 책임이 있는 자가 자신의 책임에 상응하는 정도를 초과하는 생명·신체 또는 재산상의 손실을 입은 경우
소멸시효	보상을 청구할 수 있는 권리는 손실이 있음을 안 날부터 3년, 손실이 발생한 날부터 5년간 행사하지 아니하면 시효의 완성으로 소멸한다(동법 제11조의2 제2항).

📖 손실보상의 기준 및 보상금액

구분	내용
물건의 멸실·훼손	손실보상을 할 때 물건을 멸실·훼손한 경우에는 다음의 기준에 따라 보상한다(동법 시행령 제9조 제1항). ① 손실을 입은 물건을 수리할 수 있는 경우 : 수리비에 상당하는 금액 ② 손실을 입은 물건을 수리할 수 없는 경우 : 손실을 입은 당시(교환 당시 ×)의 해당 물건의 교환가액 ③ 영업자가 손실을 입은 물건의 수리나 교환으로 인하여 영업을 계속할 수 없는 경우 : 영업을 계속할 수 없는 기간 중 영업상 이익에 상당하는 금액
멸실·훼손 이외의 경우	물건의 멸실·훼손으로 인한 손실 외의 재산상 손실에 대하여는 직무집행과 상당한 인과관계가 있는 범위에서 보상한다(동법 시행령 제9조 제2항).
생명·신체상의 손실	손실보상을 할 때 생명·신체상의 손실의 경우에는 사망, 부상등급, 부상 등급 외의 부상으로 구분하여 보상한다(동법 시행령 제9조 제3항).
동일 원인 중복수령	보상금을 지급받을 사람이 동일한 원인으로 다른 법령에 따라 보상금 등을 지급받은 경우 그 보상금 등에 상당하는 금액을 제외하고 보상금을 지급한다(동법 시행령 제9조 제4항).

📖 손실보상의 지급절차 및 지급방법

구분	내용
지급청구서 제출	경찰관의 적법한 직무집행으로 인하여 발생한 손실을 보상받으려는 사람은 보상금 지급청구서에 손실내용과 손실금액을 증명할 수 있는 서류를 첨부하여 손실보상청구 사건 발생지를 관할하는 국가경찰관서의 장에게(손실보상심의위원회에 ×) 제출하여야 한다(동법 시행령 제10조 제1항).
지급청구서 이송	보상금 지급청구서를 받은 국가경찰관서의 장은 해당 청구서를 손실보상청구 사건을 심의할 손실보상심의위원회가 설치된 경찰청, 시·도경찰청의 장에게 보내야 한다(동법 시행령 제10조 제2항).

결정	① 보상금 지급청구서를 받은 경찰청장 또는 시·도경찰청장은 손실보상심의위원회의 심의·의결에 따라 보상 여부 및 보상금액을 결정한다(동법 시행령 제10조 제3항).
	② 다음의 어느 하나에 해당하는 경우에는 그 청구를 각하하는 결정을 하여야 한다(동법 시행령 제10조 제3항).
	    ㉠ 청구인이 같은 청구 원인으로 보상신청을 하여 보상금 지급 여부에 대하여 결정을 받은 경우(새로운 증거가 발견되었음을 소명하는 경우는 제외)
	    ㉡ 손실보상 청구가 요건과 절차를 갖추지 못한 경우(잘못된 부분을 시정할 수 있는 경우는 제외)

결정 내용의 통지	경찰청장 등은 그 결정일로부터 10일 이내에 보상금 지급청구 승인통지서 또는 보상금 지급청구 기각·각하 통지서에 결정 내용을 적어서 청구인에게 통지하여야 한다(동법 시행령 제10조 제4항).
현금 지급의 원칙	보상금은 다른 법률에 특별한 규정이 있는 경우를 제외하고는 현금으로 지급하여야 한다(동법 시행령 제10조 제5항).
일시불 지급의 원칙	보상금은 일시불로 지급하되, 예산 부족 등의 사유로 일시금으로 지급할 수 없는 특별한 사정이 있는 경우에는 청구인의 동의(위원회의 결정 ×)를 받아 분할하여 지급할 수 있다(동법 시행령 제10조 제6항).

📖 손실보상심의위원회

구분	내용
설치 (필수기관)	① 소속 경찰공무원의 직무집행으로 인하여 발생한 손실보상청구 사건을 심의하기 위하여 경찰청, 해양경찰청, 시·도경찰청, 지방해양경찰청에 손실보상심의위원회를 설치한다(동법 시행령 제11조 제1항). ② 경찰서의 경우에는 손실보상심의위원회의 설치기관이 아니다.
구성	위원회는 위원장 1명을 포함한 5명 이상 7명 이하의 위원으로 구성한다(동법 시행령 제11조 제2항).

구분	내용
위원의 위촉·임명	위원은 소속 경찰공무원과 다음의 어느 하나에 해당하는 사람 중에서 경찰청장 등이 위촉하거나 임명한다. 이 경우 위원의 과반수 이상은 경찰공무원이 아닌 사람으로 하여야 한다(동법 시행령 제11조 제3항). ① 판사·검사 또는 변호사로 5년 이상 근무한 사람 ②「고등교육법」제2조에 따른 학교에서 법학 또는 행정학(경찰학 ×)을 가르치는 부교수 이상으로 5년 이상 재직한 사람(암기 TIP 법행부 5년 이상) ③ 경찰업무와 손실보상에 관하여 학식과 경험이 풍부한 사람
위원의 임기	위촉위원의 임기는 2년으로 한다(동법 시행령 제11조 제4항).
위원장	① 위원장은 위원 중에서 호선한다(동법 시행령 제12조 제1항). ② 위원장은 위원회를 대표하며, 위원회의 업무를 총괄한다(동법 시행령 제12조 제2항). ③ 위원장이 부득이한 사유로 직무를 수행할 수 없을 때에는 위원장이 미리 지명한 위원이 그 직무를 대행한다(동법 시행령 제12조 제3항). ④ 위원장은 위원회의 회의를 소집하고, 그 의장이 된다(동법 시행령 제13조 제1항).
운영	위원회의 회의는 재적위원 과반수의 출석으로 개의하고, 출석위원 과반수의 찬성으로 의결(일반의결정족수)한다(동법 시행령 제13조 제2항).
위원의 해촉	경찰청장 등은 위원회의 위원이 다음의 어느 하나에 해당하는 경우에는 해당 위원을 해촉할 수 있다(동법 시행령 제15조). ① 심신장애로 인하여 직무를 수행할 수 없게 된 경우 ② 직무태만, 품위손상이나 그 밖의 사유로 위원으로 적합하지 아니하다고 인정되는 경우 ③ 위원의 제척사유에 해당하는 데에도 불구하고 회피하지 아니한 경우 ④ 직무상 알게 된 비밀을 누설한 경우
비밀 누설 금지	위원회의 회의에 참석한 사람은 직무상 알게 된 비밀을 누설해서는 아니 된다(동법 시행령 제16조).
보고	보상금이 지급된 경우 손실보상심의위원회는 국가경찰위원회에 심사 자료와 결과를 반기별(분기별 ×)로 보고하여야 한다(동법 시행령 제17조의3 제1항).

📖 보상금의 환수

구분	내용
환수사유	경찰청장 또는 시·도경찰청장은 손실보상심의위원회의 심의·의결에 따라 보상금을 지급하고, 거짓 또는 부정한 방법으로 보상금을 받은 사람에 대하여는 해당 보상금을 환수하여야 한다(환수할 수 있다 ×)(동법 제11조의2 제4항).
서면통지	보상금을 환수하려는 경우에는 손실보상심의위원회의 심의·의결에 따라 환수 여부 및 환수금액을 결정하고, 거짓 또는 부정한 방법으로 보상금을 받은 사람에게 환수사유, 환수금액, 납부기한, 납부기관을 서면으로 통지해야 한다(동법 시행령 제17조의2 제1항).
보상금의 징수	경찰청장 또는 시·도경찰청장은 보상금을 반환하여야 할 사람이 통지일로부터 40일 이내의 범위에서 정한 기한까지 그 금액을 납부하지 아니하는 때에는 국세강제징수의 예에 따라 징수할 수 있다(동법 제11조의2 제6항 및 동법 시행령 제17조의2 제2항).

제97테마

범인검거 등 공로자 보상

중요도 B급

▎「경찰관 직무집행법」【시행 2024. 9. 20.】
▎「범인검거 등 공로자 보상에 관한 규정」【시행 2024. 4. 4.】

📖 보상금의 지급대상·기준·절차

구분	내용
대상	경찰청장, 해양경찰청장, 시·도경찰청장, 지방해양경찰청장, 경찰서장, 또는 해양경찰서장은 다음의 어느 하나에 해당하는 사람에게 보상금을 지급할 수 있다(동법 제11조의3 제1항 및 동법 시행령 제18조). ① 범인 또는 범인의 소재를 신고하여 검거하게 한 사람 ② 범인을 검거하여 경찰공무원에게 인도한 사람 ③ 테러범죄의 예방활동에 현저한 공로가 있는 사람 ④ 범인의 신원을 특정할 수 있는 정보를 제공한 사람 ⑤ 범죄사실을 입증하는 증거물을 제출한 사람 ⑥ 범인검거와 관련하여 경찰 수사 활동에 협조한 사람 중 보상금 지급 대상자에 해당한다고 보상금 심사위원회가 인정하는 사람
기준	① 보상금의 최고액은 5억원으로 하며, 구체적인 보상금 지급 기준은 경찰청장이 정하여 고시한다(동법 시행령 제20조). ② 보상금의 지급 기준은 다음과 같다(동 규정 제6조 제1항). 다만, 동일한 사람에게 지급 결정일을 기준으로 연간(1월 1일부터 12월 31일까지를 말한다) 5회를 초과하여 보상금을 지급할 수 없다(동 규정 제6조 제5항). 　㉠ 사형, 무기징역·무기금고, 장기 10년 이상의 징역 또는 금고에 해당하는 범죄 : 100만원 　㉡ 장기 10년 미만의 징역 또는 금고에 해당하는 범죄 : 50만원 　㉢ 장기 5년 미만의 징역 또는 금고, 장기 10년 이상의 자격정지 또는 벌금형 : 30만원 ③ 보상금 지급 심사·의결을 거쳐 지급이 이루어진 이후에는 동일한 사건에 대하여 보상금을 지급할 수 없다(동 규정 제9조). ④ 범인검거 등 공로자가 2명 이상인 경우에는 각자의 공로, 당사자 간의 분배 합의 등을 감안해서 배분하여 지급할 수 있다(지급하여야 한다 ×)(동 규정 제10조).
절차	① 경찰청장등은 보상금 지급 사유가 발생한 경우에는 직권으로 또는 보상금을 지급받으려는 사람의 신청에 따라 소속 보상금심사위원회의 심사·의결을 거쳐 보상금을 지급한다(동법 시행령 제21조 제1항). ② 경찰청장등은 소속 보상금심사위원회의 보상금 심사를 위하여 필요한 경우에는 보상금 지급 대상자와 관계 공무원 또는 기관에 사실조사나 자료의 제출 등을 요청할 수 있다(동법 시행령 제21조 제3항).

📖 보상금심사위원회

구분	내용
설치 (필수기관)	① 경찰청장등은 보상금 지급의 심사를 위하여 각각 보상금심사위원회를 설치·운영하여야 한다(동법 제11조의3 제2항). ② 손실보상심의위원회는 경찰서에는 설치하지 않으나, 보상금심사위원회는 경찰서에는 설치한다. ③ 보상금심사위원회는 경찰청장이 정하여 고시한 보상금 지급 기준에 따라 보상금액을 심사·의결한다(동법 시행령 제21조 제2항).
구성	보상금심사위원회는 위원장 1명을 포함한 5명 이내의 위원으로 구성한다(동법 제11조의3 제3항).
임명	① 보상금심사위원회의 위원은 소속 경찰공무원 중에서 경찰청장, 시·도경찰청장 또는 경찰서장이 임명한다(동법 제11조의3 제4항). ② 보상금심사위원회의 위원에는 외부 민간위원이 포함되지 않는다.
위원장	위원장은 각 소속 과장급 이상의 경찰공무원 중에서 각각의 장이 임명하는 사람으로 한다(동법 시행령 제19조 제1항).
심사사항	보상금심사위원회는 다음의 사항을 심사·의결한다(동법 시행령 제19조 제3항). ① 보상금 지급 대상자에 해당하는지 여부 ② 보상금 지급 금액 ③ 보상금 환수 여부 ④ 그 밖에 보상금 지급이나 환수에 필요한 사항
운영	보상금심사위원회의 회의는 재적위원 과반수의 찬성으로 의결(특별의결정족수)한다(동법 시행령 제19조 제4항).

📖 보상금의 환수

구분	내용
환수사유	경찰청장등은 보상금심사위원회의 심사·의결에 따라 보상금을 지급하고, 거짓 또는 부정한 방법으로 보상금을 받은 사람에 대하여는 해당 보상금을 환수한다(환수할 수 있다 ×)(동법 제11조의3 제5항).
서면통지	보상금을 환수하려는 경우에는 보상금심사위원회의 심사·의결에 따라 환수 여부 및 환수금액을 결정하고, 거짓 또는 부정한 방법으로 보상금을 받은 사람에게 환수사유, 환수금액, 납부기한, 납부기관을 서면으로 통지해야 한다(동법 시행령 제21조의2 제1항).
보상금의 징수	경찰청장등은 보상금을 반환하여야 할 사람이 통지일로부터 40일 이내의 범위에서 정한 기한까지 그 금액을 납부하지 아니한 때에는 국세강제징수의 예에 따라 징수할 수 있다(동법 제11조의3 제6항 및 동법 시행령 제21조의2 제2항).

제98테마

국제협력, 유치장, 소송지원, 형의 감면

중요도 B급

▎「경찰관 직무집행법」【시행 2024. 9. 20.】

구분	내용
국제협력	경찰청장 또는 해양경찰청장은 이 법에 따른 경찰관의 직무수행을 위하여 외국 정부기관, 국제기구 등과 자료교환, 국제협력 활동 등을 할 수 있다(동법 제8조의 3).
유치장	① 유치장은 경찰서에 법률이 정한 절차에 따라 체포·구속되거나 신체의 자유를 제한하는 판결 또는 처분을 받은 자를 수용하기 위하여 두는 시설을 말한다(동법 제9조). ② 「경찰관 직무집행법」이 유치장 설치의 법적 근거가 된다. ③ 구속영장이 집행된 피의자나 피고인(구치소에 수용), 보호조치 대상자, 임의동행자는 유치장의 수용대상이 아니다.
소송지원	경찰청장과 해양경찰청장은 경찰관이 제2조 각 호에 따른 직무의 수행으로 인하여 민·형사상 책임과 관련된 소송을 수행할 경우 변호인 선임 등 소송 수행에 필요한 지원을 할 수 있다(하여야 한다 ×)(동법 제11조의4).
형의 감면	다음의 범죄가 행하여지려고 하거나 행하여지고 있어 타인의 생명·신체에 대한 위해 발생의 우려가 명백하고 긴급한 상황에서, 경찰관이 그 위해를 예방하거나 진압하기 위한 행위 또는 범인의 검거 과정에서 경찰관을 향한 직접적인 유형력 행사에 대응하는 행위를 하여 그로 인하여 타인에게 피해가 발생한 경우, 그 경찰관의 직무수행이 불가피한 것이고 필요한 최소한의 범위에서 이루어졌으며 해당 경찰관에게 고의 또는 중대한 과실이 없는 때에는 그 정상을 참작하여 형을 감경하거나 면제할 수 있다(감경하거나 면제하여야 한다 ×)(동법 제11조의5). ① 살인의 죄 ② 상해와 폭행의 죄 ③ 강간에 관한 범죄 ④ 강도에 관한 범죄 ⑤ 위의 ①부터 ④까지의 죄 중 다른 법률에 따라 가중처벌하는 범죄 ⑤ 가정폭력범죄 ⑥ 아동학대범죄

제99테마

중요도 A급

경찰 물리력 행사의 기준과 방법

「경찰 물리력 행사의 기준과 방법에 관한 규칙」【시행 2019. 11. 24.】

📖 일반론

구분		내용
의의		**경찰 물리력이란** 범죄의 예방과 제지, 범인의 체포 또는 도주 방지, 자신이나 다른 사람의 생명·신체의 방어 및 보호, 공무집행에 대한 항거 제지 등 경찰목적을 달성하기 위해 **경찰권발동의 대상자에 대해 행해지는** 일체의 신체적, 도구적 접촉(경찰관의 현장 임장, 언어적 통제 등 직접적인 신체 접촉 전 단계의 행위들도 포함)**을 말한다.**
원칙	객관적 합리성의 원칙	경찰관은 자신이 처해있는 사실과 상황에 비추어 합리적인 현장 경찰관의 관점에서 가장 적절한 물리력을 사용하여야 하며, 이를 위해 범죄의 종류, 피해의 경중, 위해의 급박성, 저항의 강약, 대상자와 경찰관의 수, 대상자가 소지한 무기의 종류, 대상자의 신체 및 건강 상태, 도주 여부, 현장 주변의 상황 등을 종합적으로 고려하여야 한다.
	상응의 원칙	경찰관은 대상자의 행위에 따른 위해의 수준을 계속 평가·판단하여 필요 최소한의 수준으로 물리력을 높이거나 낮추어서 사용하여야 한다.
	위해감소노력 우선의 원칙	① 경찰관은 현장상황이 안전하고 시간적 여유가 있는 경우에는 대상자가 야기하는 위해 수준을 떨어뜨려 보다 덜 위험한 물리력을 통해 상황을 종결시킬 수 있도록 노력하여야 한다. ② 다만, 이러한 노력이 오히려 상황을 악화시킬 가능성이 있거나 급박한 경우에는 이 원칙을 적용하지 않을 수 있다.

📖 대상자의 행위

구분	내용
순응	① 대상자가 경찰관의 지시, 통제에 따르는 상태를 말한다. ② 대상자가 약간의 시간만 지체하는 경우는 순응으로 본다.
소극적 저항	① 대상자가 경찰관의 지시, 통제를 따르지 않고 비협조적이지만 경찰관 또는 제3자에 대해 직접적인 위해를 가하지 않는 상태를 말한다. ② 경찰관이 정당한 이동 명령을 발하였음에도 가만히 서 있거나 앉아 있는 등 전혀 움직이지 않는 상태, 일부러 몸의 힘을 모두 빼거나 고정된 물체를 꽉 잡고 버팀으로써 움직이지 않으려는 상태 등

적극적 저항	① 대상자가 자신에 대한 경찰관의 체포·연행 등 정당한 공무집행을 방해하지만 경찰관 또는 제3자에 대해 위해 수준이 낮은 행위만을 하는 상태를 말한다. ② 대상자가 자신을 체포·연행하려는 경찰관으로부터 물리적으로 이탈하거나 도주하려는 행위, 경찰관을 밀고 잡아끄는 행위, **경찰관에게 침을 뱉는 행위** 등
폭력적 공격	① 대상자가 경찰관 또는 제3자에 대해 신체적 위해를 가하는 상태를 말한다. ② 대상자가 주먹·발 등을 사용해서 경찰관에 대해 신체적 위해를 초래하고 있거나 임박한 상태, 강한 힘으로 경찰관에게 완력을 사용해 체포에서 벗어나려고 하는 상태 등
치명적 공격	① 대상자가 경찰관 또는 제3자에 대해 사망 또는 심각한 부상을 초래할 수 있는 행위를 하는 상태를 말한다. ② 총기류, 흉기, 둔기를 이용하여 경찰관, 제3자에 대해 위력을 행사하고 있거나 위해 발생이 임박한 경우, 경찰관이나 제3자의 목을 세게 조르거나 무차별 폭행하는 등

📖 경찰관의 대응 수준

구분	내용
협조적 통제	순응 이상의 상태인 대상자에 대해 사용할 수 있는 물리력 수준으로서, 대상자의 협조를 유도하거나 협조에 따른 물리력을 말한다. ① 현장 임장 ② 언어적 통제 ③ 체포 등을 위한 수갑 사용 ④ 안내·체포 등에 수반한 신체적 물리력
접촉통제	소극적 저항 이상의 상태인 대상자에 대해 사용할 수 있는 물리력 수준으로서, 대상자 신체 접촉을 통해 경찰목적 달성을 강제하지만, 신체적 부상을 야기할 가능성은 극히 낮은 물리력을 말한다. ① 신체 일부 잡기·밀기·잡아끌기, 쥐기·누르기·비틀기 ② 경찰봉 양 끝 또는 방패를 잡고 대상자의 신체에 안전하게 밀착한 상태에서 대상자를 특정 방향으로 밀거나 잡아당기기
저위험 물리력	적극적 저항 이상의 상태인 대상자에 대해 사용할 수 있는 물리력 수준으로서, 대상자가 통증을 느낄 수 있으나 신체적 부상을 당할 가능성은 낮은 물리력을 말한다. ① 목을 압박하여 제압하거나 관절을 꺾는 방법, 팔·다리를 이용해 움직이지 못하도록 조르는 방법, 다리를 걸거나 들쳐 매는 등 균형을 무너뜨려 넘어뜨리는 방법, 대상자가 넘어진 상태에서 움직이지 못하게 위에서 눌러 제압하는 방법 ② 분사기 사용
중위험 물리력	폭력적 공격 이상의 상태의 대상자에 대해 사용할 수 있는 물리력 수준으로서, 대상자에게 신체적 부상을 입힐 수 있으나 생명·신체에 대한 중대한 위해 발생 가능성은 낮은 물리력을 말한다. ① 손바닥, 주먹, 발 등 신체부위를 이용한 가격 ② 경찰봉으로 중요부위가 아닌 신체 부위를 찌르거나 가격 ③ 방패로 강하게 압박하거나 세게 미는 행위 ④ 전자충격기 사용

고위험 물리력	① 치명적 공격 상태의 대상자로 인해 경찰관 또는 제3자의 생명·신체에 급박하고 중대한 위해가 초래될 가능성이 있는 경우 최후의 수단으로 사용할 수 있는 물리력 수준으로서, 대상자의 사망 또는 심각한 부상을 초래할 수 있는 물리력을 말한다. ㉠ 권총 등 총기류 사용 ㉡ 경찰봉, 방패, 신체적 물리력으로 대상자의 신체 중요 부위 또는 급소 부위 가격, 대상자의 목을 강하게 조르거나 신체를 강한 힘으로 압박하는 행위 ② 경찰관은 대상자의 치명적 공격 상황에서도 현장상황이 급박하지 않은 경우에는 낮은 수준의 물리력을 우선적으로 사용하여 상황을 종결시킬 수 있도록 노력하여야 한다.

서진호
경찰학

독한경찰 | police.dokgong.com

제10장

경찰행정법 VII - 경찰구제법

제100테마~제102테마

제100테마

중요도 A급

국가배상

▎「국가배상법」【시행 2017. 10. 31.】

📖 일반론

구분	내용
목적	이 법은 국가나 지방자치단체의 손해배상의 책임과 배상절차를 규정함을 목적으로 한다(동법 제1조).
유형	행정상 손해배상책임에는 공무원의 위법한 직무행위로 인한 손해배상과 공공영조물의 설치·관리의 하자로 인한 손해배상이 있다.
시초	1873년 프랑스의 블랑코(Blanco) 판결(국가의 공공역무수행에 의한 국가배상책임을 인정하고, 그 관할을 행정재판소가 관장한다는 원칙을 확립한 계기)

📖 공무원의 위법한 직무행위로 인한 손해배상책임

1. 배상책임의 요건

구분	내용
의의	국가나 지방자치단체는 공무원 또는 공무를 위탁 받은 사인이 직무를 집행하면서 고의 또는 과실로 법령을 위반하여 타인에게 손해를 입히거나, 「자동차손해배상 보장법」에 따라 손해배상의 책임이 있을 때에는 이 법에 따라 그 손해를 배상하여야 한다(동법 제2조 제1항 본문).
공무원	① 공무원은 최광의의 공무원으로서 행정부·지방자치단체 소속의 공무원뿐만 아니라 입법부·사법부 소속의 공무원도 포함되고, 기관 그 자체도 공무원의 개념에 포함된다. ② 「국가공무원법」 및 「지방공무원법」상의 공무원뿐만 아니라 공무원의 신분이 아니더라도 널리 공무를 위탁받아 실질적으로 이에 종사하는 공무수탁사인 및 사실상 공무원이 포함된다.
직무를 집행하면서	① 공무원의 직무에는 권력적 작용만이 아니라 행정지도와 같은 비권력적 작용도 포함되며 단지 행정주체가 사경제주체로서 하는 활동만 제외된다. ② 국가의 입법·행정·사법의 모든 작용이 포함된다. ③ 법적 행위이든 사실행위이든 또는 작위·부작위이든 모두 포함된다. ④ 준법률행위적 행정행위도 직무행위에 포함되고, 행정지도 등의 사실행위도 사경제주체로서의 활동이 아닌 한 직무행위에 포함된다. ⑤ 통치행위는 사법심사의 대상이 아니므로 직무행위 범위에서 제한된다. ⑥ 직무를 집행하는 공무원에 대하여는 법령에 의하여 여러 직무상 의무가 부여되는 바, 국가 등의 배상책임이 인정되려면 공무원에게 부과된 이러한 직무가 전적으로 또는 부수적으로라도 사익을 보호하는 것으로 인정되어야 한다.

직무를 집행하면서	⑦ 직무집행에 대한 판단기준은 당해 행위가 현실적으로 공무원의 정당한 권한 내의 것인지 여부도 불문하고, 행위 자체의 외관을 객관적으로 관찰하여 판단하여야 하므로 직무행위로 보여질 때에는 공무원의 행위가 실질적으로 직무행위가 아니거나 또는 주관적으로 공무집행 의사가 없다고 하여도 직무를 집행하는 것으로 보아야 하며, 객관적으로 보아 직무행위의 외형을 갖추고 있는 이상 공무집행행위가 아니라는 사정을 피해자가 알았다 하더라도 국가배상책임이 인정된다.
고의 · 과실 (과실책임)	① 과실책임주의(무과실책임주의 ×)를 취하고 있으므로 당해 공무원에게 고의 · 과실이 없으면 배상청구를 할 수 없다. ② 국가나 지방자치단체는 공무원이 직무를 집행하면서 고의 또는 과실로 위법하게 타인에게 손해를 가한 때에 「국가배상법」상 배상책임을 지고, 공무원의 선임 및 감독에 상당한 주의를 한 경우라고 하더라도 그 배상책임을 면할 수 없다. ③ 고의 · 과실의 여부는 공무원의 선임 및 감독에 있어서의 국가의 과실이 아니라, 당해 공무원을 기준으로 판단한다. ④ 과실은 당해 공무원의 주의의무위반이 아니라 당해 직무를 담당하는 평균적 공무원의 주의능력을 기준으로 판단되는 추상적 과실(구체적 과실 ×)을 의미한다. ⑤ 공무원의 고의 또는 과실에 대한 입증책임은 원고(피해자)가 진다. ⑥ 가해공무원의 특정이 어려운 경우에는 반드시 가해공무원을 특정하지 않더라도 공무원의 행위로 인정되는 한 국가배상책임을 인정해야 한다.
법령을 위반하여	① 법령에 위반한 행위란 단순히 법률과 법규명령에 위반함을 의미하는 것은 아니다. ② 널리 성문법과 불문법뿐만 아니라 조리상의 일반원칙인 인권존중 · 권력남용의 금지 · 비례의 원칙 · 신뢰보호의 원칙 등도 법령의 범위에 모두 포함된다. ③ 경찰관이 주취운전자에 대한 권한 행사가 관계 법률의 규정 형식상 경찰관의 재량에 맡겨져 있다고 하더라도, 그러한 권한을 행사하지 아니한 것이 구체적인 상황 하에서 현저하게 합리성을 잃어 사회적 타당성이 없는 경우에는 경찰관의 직무상 의무를 위배한 것으로서 위법하게 된다. 음주운전으로 적발된 주취운전자가 도로 밖으로 차량을 이동하겠다며 단속 경찰관으로부터 보관 중이던 차량열쇠를 반환받아 몰래 차량을 운전하여 가던 중 사고를 일으킨 경우, 국가배상책임을 인정한다. ④ 불법시위를 진압하는 경찰관들의 직무집행이 법령에 위반한 것이라고 하기 위하여는 그 시위진압이 불필요하거나 또는 불법시위의 태양 및 시위 장소의 상황 등에서 예측되는 피해 발생의 구체적 위험성(추상적 위험성 ×)의 내용에 비추어 시위진압의 계속 수행 내지 그 방법 등이 현저히 합리성을 결하여 이를 위법하다고 평가할 수 있는 경우이어야 한다.
타인에게 손해의 발생	① 타인이란 가해공무원을 제외한 자연인 · 법인을 가리지 않고 모든 자를 의미하며, 가해자인 공무원에게 피해를 받은 공무원도 타인에 해당한다. ② 피해자가 군인, 군무원, 경찰 등인 경우에는 「국가배상법」상 특별규정이 적용된다(동법 제2조 제1항 단서). ③ 손해란 법익의 침해로 나타난 불이익을 의미한다. 재산적 손해 또는 비재산적 손해를 불문한다. 적극적 손해인지, 소극적 손해인지를 역시 불문한다. ④ 피해자가 외국인인 경우 해당 국가와 상호보증(조약 ×)이 있는 경우에 한하여 국가배상청구권을 인정한다(동법 제7조).
상당인과관계	① 가해행위인 직무집행행위와 손해의 발생 사이에는 상당인과관계가 있어야 한다. ② 상당인과관계의 인정 여부에 있어 결과발생의 개연성, 관련법령의 내용, 가해행위의 태양, 피해의 상황 등 제반사정을 종합적으로 고려하여야 한다.

2. 배상책임자

구분	내용
원칙	배상책임자는 국가 또는 지방자치단체이다.
선임감독자와 비용부담자가 다른 경우	① 국가나 지방자치단체가 손해를 배상할 책임이 있는 경우에 공무원의 선임·감독 또는 영조물의 설치·관리를 맡은 자와 공무원의 봉급·급여, 그 밖의 비용 또는 영조물의 설치·관리 비용을 부담하는 자가 동일하지 아니하면 그 비용을 부담하는 자도 손해를 배상하여야 한다(동법 제6조 제1항). ② 이 경우에 손해를 배상한 자는 내부관계에서 그 손해를 배상할 책임이 있는 자에게 구상할 수 있다(동법 제6조 제2항).
국가의 기관위임사무	① 기관위임사무란 국가나 상급지방자치단체의 사무를 지방자치단체의 집행기관에 위임된 사무를 의미한다. ② 기관위임사무의 경우에는 지방자치단체는 국가기관의 일부로 볼 수 있어 사무의 귀속주체는 여전히 위임자인 국가나 상급지방자치단체이다. ③ 하급지방자치단체의 소속 공무원이 기관위임사무를 처리하면서 고의로 타인에게 손해를 가한 경우 상급지방자치단체는 여전히 그 사무귀속의 주체로서 손해배상책임을 진다. ④ 기관위임사무의 처리시 대외적으로 비용을 지방자치단체가 지출한 경우 해당 지방자치단체는 비용부담자로서 배상책임을 진다.
판례	① 지방자치단체장이 교통신호기를 설치하여 그 관리권한이「도로교통법」의 규정에 의하여 관할 시·도경찰청장에게 위임되어 지방자치단체 소속 공무원과 시·도경찰청 소속 공무원이 합동근무하는 교통종합관제센터에서 그 관리업무를 담당하던 중 위 신호기가 고장난 채 방치되어 교통사고가 발생한 경우, 그 권한을 위임한 지방자치단체장이 소속된 지방자치단체라고 할 것이나,「국가배상법」제6조 제1항은 그 비용을 부담하는 자도 손해를 배상하여야 한다고 규정하고 있으므로 교통신호기를 관리하는 시·도경찰청장 산하 경찰관들에 대한 봉급을 부담하는 국가도「국가배상법」제6조 제1항에 의한 배상책임을 부담한다. ② 지방자치단체의 장이 기관위임된 국가행정사무를 처리하는 경우 그에 소요되는 경비의 실질적·궁극적 부담자는 국가라고 하더라도 당해 지방자치단체는 국가로부터 내부적으로 교부된 금원으로 그 사무에 필요한 경비를 대외적으로 지출하는 자이므로, 이러한 경우 지방자치단체는「국가배상법」제6조 제1항 소정의 비용부담자로서 공무원의 불법행위로 인한 같은 법에 의한 손해를 배상할 책임이 있다.

3. 공무원 개인의 배상책임

구분	내용
고의 중과실	① 공무원에게 고의 또는 중대한 과실이 있으면 국가나 지방자치단체는 그 공무원에게 구상할 수 있다(「국가배상법」제2조 제2항). ② 공무원의 고의·중과실이 있는 경우에는 선택적 청구권(피해자에 대한 공무원의 개인책임을 긍정)이 인정된다. ③ 공무원의 고의·중과실이 있는 경우는 국가와 공무원 모두 책임을 진다.
경과실	공무원의 경과실의 경우에는 선택적 청구권이 부인된다.

구분	내용
판례	① **공무원의 위법행위가 고의·중과실에 기한 경우에는** 비록 그 행위가 그의 직무와 관련된 것이라고 하더라도 그와 같은 행위는 그 본질에 있어서 기관행위로서의 품격을 상실하여 국가 등에게 그 책임을 귀속시킬 수 없으므로 **공무원 개인에게 불법행위로 인한 손해배상책임을 부담시키되,** 다만 이러한 경우에도 그 행위의 외관을 객관적으로 관찰하여 공무원의 직무집행으로 보여질 때에는 피해자인 국민을 두텁게 보호하기 위하여 **국가 등이 공무원 개인과 중첩적으로 배상책임을 부담하되 국가 등이 배상책임을 지는 경우에는 공무원 개인에게 구상할 수 있도록 함으로써 궁극적으로 그 책임이 공무원 개인에게 귀속되도록 하려는 것이라고 봄이 합당하다.** ② **공무원이 직무를 수행함에 있어 경과실로 타인에게 손해를 입힌 경우에는** 그 직무 수행상 통상 예기할 수 있는 흠이 있는 것에 불과하므로, 이러한 공무원의 행위는 여전히 국가 등의 기관의 행위로 보아 **그로 인하여 발생한 손해에 대한 배상책임도 전적으로 국가 등에만 귀속시키고 공무원 개인에게는 그로 인한 책임을 부담시키지 아니하여 공무원의 공무집행의 안정성을 확보한다.** ③ **가해공무원 개인에게 고의 또는 중과실이 있는 경우에는 국가 등이 배상책임을 부담하는 외에 가해공무원도 피해자에 대하여 그로 인한 손해배상책임을 부담하고, 가해공무원 개인에게 경과실만이 인정되는 경우에는 공무원 개인은 손해배상책임을 부담하지 아니한다.**

4. 배상책임의 내용

구분	내용
기준	① **타인을 사망하게 한 경우**(타인의 신체에 해를 입혀 그로 인하여 사망하게 한 경우를 포함) 피해자의 상속인(유족)에게 다음의 기준에 따라 배상한다(동법 제3조 제1항). 　㉠ 유족배상 　㉡ 장례비 ② **타인의 신체에 해를 입힌 경우에는 피해자에게 다음의 기준에 따라 배상한다**(동법 제3조 제2항). 　㉠ 필요한 요양을 하거나 이를 대신할 요양비 　㉡ 휴업배상 　㉢ 장해배상 ③ **타인의 물건을 멸실·훼손한 경우에는 피해자에게 다음의 기준에 따라 배상한다**(동법 제3조 제3항). 　㉠ 피해를 입은 당시(교환 당시 ×)의 그 물건의 교환가액 또는 필요한 수리 또는 수리비 　㉡ 수리로 수입에 손실이 있는 경우 수리기간 중 그 손실액의 휴업배상 ④ **생명·신체에 대한 침해와 물건의 멸실·훼손으로 인한 손해 외의 손해는 불법행위와 상당한 인과관계가 있는 범위에서 배상한다**(동법 제3조 제4항). ⑤ **사망하거나 신체의 해를 입은 피해자의 직계존속·직계비속 및 배우자, 신체의 해나 그 밖의 해를 입은 피해자에게는** 대통령령으로 정하는 기준 내에서 피해자의 사회적 지위, 과실의 정도, 생계 상태, 손해배상액 등을 고려하여 **그 정신적 고통에 대한 위자료를 배상하여야 한다**(동법 제3조 제5항).

구분	내용
공제	피해자가 손해를 입은 동시에 이익을 얻은 경우에는 손해배상액에서 그 이익에 상당하는 금액을 빼야 한다(동법 제3조의2 제1항).
소멸시효	국가나 지방자치단체의 손해배상책임에 관하여는 이 법에 규정된 사항 외에는 「민법」에 따른다(동법 제8조). ㉠ 손해와 가해자를 안 날로부터 3년이 지나면 시효로 소멸한다. ㉡ 불법행위를 한 날로부터 10년이 지나면 시효로 소멸한다.
양도·압류 금지	생명·신체의 침해로 인한 국가배상을 받을 권리는 양도하거나 압류하지 못한다(동법 제4조).

5. 배상청구절차

구분	내용
청구권자	① 공무원의 직무상 불법행위로 손해를 받은 국민은 법률이 정하는 바에 의하여 국가 또는 공공단체에 정당한 배상을 청구할 수 있다(「헌법」 제29조 제1항). ② 생명 또는 신체의 해를 입은 피해자의 직계존속·직계비속 및 배우자도 대통령령으로 정하는 기준 내에서 피해자의 사회적 지위, 과실의 정도, 생계 상태, 손해배상액 등을 고려하여 그 정신적 고통에 대한 위자료를 청구할 권리가 있다(동법 제3조 제5항). ③ 외국인이 피해자인 경우에는 해당 국가와 상호보증(조약 ×)이 있을 때에만 적용한다(동법 제7조).
이중배상 금지의 원칙	① 군인·군무원·경찰공무원 또는 예비군대원이 전투·훈련 등 직무집행과 관련하여 전사·순직하거나 공상을 입은 경우에 본인이나 그 유족이 다른 법령에 따라 재해보상금·유족연금·상이연금 등의 보상을 지급받을 수 있을 때에는 이 법 및 「민법」에 따른 손해배상을 청구할 수 없다(동법 제2조 제1항 단서). ② 「국가배상법」 제2조 제1항 단서의 면책조항은 전투·훈련 또는 이에 준하는 직무집행뿐만 아니라 일반 직무집행에 관하여도 국가나 지방자치단체의 배상책임을 제한하는 것이다. ③ 「국가배상법」 제2조 제1항에 열거된 자가 전투, 훈련 기타 직무집행과 관련되는 등으로 공상을 입은 경우라고 하더라도 「군인연금법」 또는 「국가유공자 예우 등에 관한 법률」에 의하여 재해보상금·유족연금·상이연금 등 별도의 보상을 받을 수 없는 경우에는 「국가배상법」 제2조 제1항 단서의 적용 대상에서 제외하여야 한다. ④ 전투·훈련 등 직무집행과 관련하여 공상을 입은 군인이 「국가배상법」에 따라 손해배상금을 지급받은 다음에 「국가유공자 등 예우 및 지원에 관한 법률」이 정한 보훈급여금의 지급을 청구하는 경우, 국가는 「국가배상법」에 따라 손해배상을 받았다는 사정을 들어 보훈급여금의 지급을 거부할 수 없다. 즉, 다른 법률에 따라 보상금을 받고 난 이후에는 「국가배상법」의 손해배상금을 지급받을 수는 없으나, 먼저 「국가배상법」상의 손해배상금을 지급받고 나서 다른 법률에 따라 보상금을 지급받는 경우에는 이를 거부할 수 없다. ⑤ 현역병으로 입대하였으나 교도소의 경비교도대로 된 자 또는 공익근무요원의 경우에는 이중배상청구가 제한되지 않는다.

공동불법 행위자의 구상권	일반 국민이 직무집행중인 군인 등과 공동불법행위로 직무집행중인 다른 군인 등에게 공상을 입힌 경우 그 군인 등이나 유족에게 자신의 귀책부분을 넘어서 손해배상을 한 후 공동불법행위자인 군인 등의 부담부분에 관하여 국가에 대하여 구상권을 행사할 수 있는지 여부가 문제된다.	
	헌법재판소	전부배상책임을 인정하고, 구상권도 인정하였다.
	대법원	연대책임을 부인하고 구상청구도 부인하였다.
행정절차에 의한 배상청구	① 이 법에 따른 손해배상의 소송은 배상심의회에 배상신청을 하지 아니하고도 제기할 수 있다(동법 제9조). ② 배상심의회의 결정은 행정처분이 아니다.	

📖 공공영조물의 설치·관리상의 하자로 인한 손해배상

1. 일반론

구분	내용
의의	영조물의 설치·관리의 하자로 인한 손해배상이란 도로·하천 그 밖의 공공의 영조물의 설치나 관리에 하자가 있기 때문에 타인에게 손해를 발생하게 하였을 때에는 국가나 지방자치단체는 그 손해를 배상하여야 하는 것을 말한다(동법 제5조 제1항 본문).
성질 (무과실책임)	① 공공영조물의 설치·관리의 하자로 인한 손해배상책임은 공무원의 고의·과실을 요건으로 하지 않는 무과실책임주의(과실책임주의 ×)이다. ② 다만, 그 하자의 원인이 불가항력인 경우에는 국가는 공공영조물로 인한 배상책임을 부담하지 아니한다.

2. 배상책임의 요건

구분	내용
공공의 영조물	① 공공의 영조물은 국가나 지방자치단체 등의 행정주체에 의하여 공공의 목적에 제공된 유체물 내지 물적 설비, 즉 공물을 의미한다(예 도로, 하수도, 제방, 댐, 하천, 부동산, 각종 동산 등을 모두 포함). ② 국가 또는 지방자치단체가 소유권, 임차권 그 밖의 권한에 기하여 관리하고 있는 경우뿐만 아니라 사실상의 관리를 하고 있는 경우도 포함한다.
설치·관리의 하자	① 설치·관리의 하자는 공공의 목적에 공여된 영조물이 통상 갖추어야 할 안전성을 결여한 상태에 있음을 말하고, 여기서 '안전성을 결여한 상태'라 함은 타인에게 위해를 끼칠 위험성이 있는 상태를 말한다. ② 하자의 유무에 과실은 문제삼지 않는다(피해자의 구제에 유리). ③ 안전성의 결여 또는 관리의무위반에 대한 입증책임은 피해자인 원고가 부담한다. ④ 손해배상의 예견가능성·회피가능성이 없었다는 것은 관리주체가 입증하여야 한다.

구분	내용
타인에게 손해의 발생	① 공공영조물의 설치·관리의 하자로 타인에게 손해가 발생하여야 한다. ② 타인은 자연인·법인을 불문한다. ③ 손해는 재산적 손해·비재산적 손해 및 적극적 손해·소극적 손해를 모두 포함한다. ④ 공공영조물의 설치·관리의 하자와 타인에게 발생한 손해 사이에는 상당인과관계가 있어야 한다.
판례	① 「국가배상법」 제5조 제1항에 정해진 영조물의 설치 또는 관리의 하자를 영조물이 그 용도에 따라 통상 갖추어야 할 안전성을 갖추지 못한 상태에 있음을 말하는 것으로 보고, 도로 지하에 매설되어 있는 상수도관에 균열이 생겨 그 틈으로 새어 나온 물이 도로 위까지 유출되어 노면이 결빙되었다면 도로로서의 안전성에 결함이 있는 상태로서 설치·관리상의 하자가 있고, 이는 손해방지에 필요한 주의를 해태하지 아니하였다하여 면책을 주장할 수 없다. ② 영조물의 설치 및 관리에 있어서 항상 완전무결한 상태를 유지할 정도의 고도의 안전성을 갖추지 아니하였다고 하여 영조물의 설치 또는 관리에 하자가 있다고 단정할 수는 없다.

3. 배상책임자

구분	내용
원칙	국가사무인 경우에는 국가, 지방자치사무인 경우에는 지방자치단체가 손해배상책임을 진다.
예외	① 설치·관리를 맡은 자와 비용을 부담하는 자가 동일하지 아니한 경우에는 모두 배상책임이 있다(동법 제5조 제1항 단서, 동법 제6조). 따라서 피해자는 어느 쪽에 대하여도 선택적으로 손해배상을 청구할 수 있다. ② 비용부담자로서 배상책임을 지는 자는 영조물의 관리비용을 대외적으로 지급하는 자, 즉 형식상 비용부담자가 된다.
내부적 구상권	① 손해를 배상한 자는 내부관계에서 그 손해를 배상할 책임이 있는 자에게 구상할 수 있다(동법 제6조 제2항). ② 관리주체이거나 비용부담자이거나 실제의 사안에서 손해의 발생에 기여한 자가 최종적인 배상책임을 지고, 기여자가 여러 명인 경우에는 기여한 정도에 비례하여 책임을 분담하여야 한다(기여도설).
국가 등의 구상권	① 국가 등이 손해를 배상한 경우에 손해의 원인에 대하여 책임을 져야 하는 자가 따로 있을 때에는 국가 등은 이들에게 구상할 수 있다(동법 제5조 제2항). ② 영조물이 통상의 안전성을 갖추고 있는 한 천재지변 등과 같은 불가항력에 의하여 손해가 발생하여도 국가배상책임은 인정되지 않는다. ③ 예산상의 부족이 불가항력의 사유는 되지 않는다.

구분	내용
판례	① 시장 등 권한의 위탁은 이른바 기관위임으로서 경찰서장 등은 권한을 위임한 시장 등이 속한 지방자치단체의 산하 행정기관의 지위에서 그 사무를 처리하는 것이므로, 경찰서장 등이 설치·관리하는 신호기의 하자로 인한 「국가배상법」 제5조 소정의 배상책임은 그 사무의 귀속 주체인 시장 등이 속한 지방자치단체가 부담한다. ② 지방자치단체장이 설치하여 관할 시·도경찰청장에게 관리권한이 위임된 교통신호기의 고장으로 교통사고가 발생한 경우 궁극적인 배상책임은 영조물의 설치·관리권한자로서 그 권한을 위임한 지방자치단체라 할 것이나, 교통신호기를 관리하는 시·도경찰청장 산하 경찰관들의 봉급을 부담하는 국가도 비용을 부담하는 자로서 손해를 배상하여야 한다. ③ 여의도광장은 서울특별시가 관리하고 있으며, 그 관리사무 중 일부를 영등포구청장에게 권한위임하고 있는 경우, 도로에 관한 비용은 건설부장관이 관리하는 도로 이외의 도로에 관한 것은 관리청이 속하는 지방자치단체의 부담으로 하도록 되어 있어 여의도광장의 관리비용부담자는 그 위임된 관리사무에 관한 한 관리를 위임받은 영등포구청장이 속한 영등포구가 되므로, 영등포구는 여의도광장에서 차량진입으로 일어난 인신사고에 관하여 소정의 비용부담자로서의 손해배상책임이 있다. ④ 다른 자연적 사실이나 제3자의 행위 또는 피해자의 행위와 결합하여 손해가 발생하더라도 영조물의 설치 또는 관리상의 하자가 공동원인의 하나가 되는 이상 그 손해는 영조물의 설치 또는 관리상의 하자에 의하여 발생한 것으로 본다.

📖 배상심의회

구분	내용
설치	① 국가나 지방자치단체에 대한 배상신청사건을 심의하기 위하여 법무부에(행정안전부에 ×) 본부심의회를 둔다. 다만, 군인이나 군무원이 타인에게 입힌 손해에 대한 배상신청사건을 심의하기 위하여 국방부에 특별심의회를 둔다(동법 제10조 제1항). ② 본부심의회와 특별심의회는 대통령령으로 정하는 바에 따라 지구심의회를 둔다(동법 제10조 제2항). ③ 본부심의회와 특별심의회와 지구심의회는 법무부장관의 지휘를 받아야 한다(동법 제10조 제3항).
위원장	각 심의회에는 위원장을 두며, 위원장은 심의회의 업무를 총괄하고 심의회를 대표한다(동법 제10조 제4항).
배상신청	① 이 법에 따라 배상금을 지급받으려는 자는 그 주소지·소재지 또는 배상원인 발생지를 관할하는 지구심의회에 배상신청을 하여야 한다(동법 제12조 제1항). ② 손해배상의 원인을 발생하게 한 공무원의 소속 기관의 장은 피해자나 유족을 위하여 제1항의 신청을 권장하여야 한다(동법 제12조 제2항).
심의·결정	지구심의회는 배상신청을 받으면 지체 없이 증인신문·감정·검증 등 증거조사를 한 후 그 심의를 거쳐 4주일 이내에 배상금 지급결정, 기각결정 또는 각하결정을 하여야 한다(동법 제13조 제1항).

결정서의 송달	① 심의회는 배상결정을 하면 그 결정을 한 날부터 1주일 이내에 그 결정정본을 신청인에게 송달하여야 한다(동법 제14조 제1항). ② 제1항의 송달에 관하여는 「민사소송법」(「행정소송법」 ×)의 송달에 관한 규정을 준용한다(동법 제14조 제2항).
배상금의 지급	① 배상결정을 받은 신청인은 지체 없이 그 결정에 대한 동의서를 첨부하여 국가나 지방자치단체에 배상금 지급을 청구하여야 한다(동법 제15조 제1항). ② 배상결정을 받은 신청인이 배상금 지급을 청구하지 아니하거나 지방자치단체가 대통령령으로 정하는 기간(2주일) 내에 배상금을 지급하지 아니하면 그 결정에 동의하지 아니한 것으로 본다(동법 제15조 제3항).
재심신청	① 지구심의회에서 배상신청이 기각 또는 각하된 신청인은 결정정본이 송달된 날부터 2주일 이내에 그 심의회를 거쳐 본부심의회나 특별심의회에 재심을 신청할 수 있다(동법 제15조의2 제1항). ② 재심신청을 받은 지구심의회는 1주일 이내에 배상신청기록 일체를 본부심의회나 특별심의회에 송부하여야 한다(동법 제15조의2 제2항). ③ 본부심의회나 특별심의회는 제1항의 신청에 대하여 심의를 거쳐 4주일 이내에 다시 배상결정을 하여야 한다(동법 제15조의2 제3항).

제101테마

행정심판

「행정심판법」【시행 2023. 3. 21.】

중요도 B급

📖 일반론

구분		내용
의의		행정심판이란 행정심판위원회의 심리·재결을 통해서 행정청의 위법 또는 부당한 처분이나 부작위로 침해된 국민의 권리 또는 이익을 구제하고, 행정의 적정한 운영을 위한 것을 의미한다(동법 제1조).
정의	처분	처분이란 행정청이 행하는 구체적 사실에 관한 법집행으로서의 공권력의 행사 또는 그 거부, 그 밖에 이에 준하는 행정작용을 말한다(동법 제2조 제1호).
	부작위	부작위란 행정청이 당사자의 신청에 대하여 상당한 기간 내에 일정한 처분을 하여야 할 법률상 의무가 있는데도 처분을 하지 아니하는 것을 말한다(동법 제2조 제2호).
	재결	재결이란 행정심판의 청구에 대하여 행정심판위원회가 행하는 판단을 말한다(동법 제2조 제3호).
	행정청	행정청이란 행정에 관한 의사를 결정하여 표시하는 국가 또는 지방자치단체의 기관, 그 밖에 법령 또는 자치법규에 따라 행정권한을 가지고 있거나 위탁을 받은 공공단체나 그 기관 또는 사인을 말한다(동법 제2조 제4호).
대상 (개괄주의)		① 행정청의 처분 또는 부작위에 대하여는 다른 법률에 특별한 규정이 있는 경우 외에는 이 법에 따라 행정심판을 청구할 수 있다(동법 제3조 제1항). ② 대통령의 처분 또는 부작위에 대하여는 다른 법률에서 행정심판을 청구할 수 있도록 정한 경우 외에는 행정심판을 청구할 수 없다(동법 제3조 제2항). ③ 행정심판의 대상은 행정청의 위법·부당한 처분 또는 부작위이다.
구별개념	이의신청	① 행정심판은 원칙적으로 모든 위법·부당한 처분 등에 대하여 처분청의 상급 행정청 소속의 행정심판위원회에 제기하는 쟁송이며, 이의신청은 개별법에서 정하고 있는 위법·부당한 처분 등에 대해서만 원칙적으로 처분청에 제기하는 쟁송이라는 점에서 구별된다. ② 행정심판에 대한 재결이 있으면 그 재결 및 같은 처분 또는 부작위에 대하여 다시 행정심판을 청구할 수 없지만, 이의신청이 행정심판이 아니라면 다시 행정심판을 청구할 수 있다는 점에서 구별된다.
	특별행정심판	① 소청심사, 특허심판, 해양안전심판, 조세심판, 중앙노동위원회의 재심, 「감사원법」에 의한 재심청구 등 특별행정심판은 「행정심판법」의 적용이 제한되는 각각의 특별법에 의하여 심판이 행해지는 점에서 행정심판과 구별된다. ② 다른 법률에서 특별행정심판이나 이 법에 따른 행정심판 절차에 대한 특례를 정한 경우에도 그 법률에서 규정하지 아니한 사항에 관하여는 이 법에서 정하는 바에 따른다(동법 제4조 제2항).

📖 행정심판의 종류

구분	내용
취소심판	취소심판이란 행정청의 위법 또는 부당한 처분을 취소하거나 변경하는 행정심판을 의미한다(동법 제5조 제1호).
무효등확인심판	무효등확인심판이란 행정청의 처분의 효력 유무 또는 존재 여부를 확인하는 행정심판을 의미한다(동법 제5조 제2호).
의무이행심판	① 의무이행심판이란 당사자의 신청에 대한 행정청의 위법 또는 부당한 거부처분이나 부작위에 대하여 일정한 처분을 하도록 하는 행정심판을 의미한다(동법 제5조 제3호). ② 행정소송에 있어서는 의무이행소송이 인정되지 않는다.

📖 행정심판위원회

1. 일반론

구분	내용
의의	행정심판위원회는 행정청의 처분 또는 부작위에 대한 행정심판의 청구를 심의·재결하기 위하여 설치한 행정기관이다.
법적 지위	행정심판위원회는 행정청 또는 그 소속 행정청의 처분 또는 부작위에 대한 행정심판청구가 있을 때 심리 및 재결기능을 모두 담당하는 합의제 행정관청이다.

소속	① 다음의 행정청 또는 그 소속 행정청의 처분 또는 부작위에 대한 행정심판의 청구에 대하여는 다음의 행정청에 두는 행정심판위원회에서 심리·재결한다(동법 제6조 제1항).
	    ㉠ 감사원, 국가정보원장, 그 밖에 대통령령으로 정하는 대통령 소속기관의 장
	    ㉡ 국회사무총장·법원행정처장·헌법재판소사무처장 및 중앙선거관리위원회사무총장
	    ㉢ 국가인권위원회, 그 밖에 지위·성격의 독립성과 특수성 등이 인정되어 대통령령으로 정하는 행정청
	② 다음의 행정청의 처분 또는 부작위에 대한 심판청구에 대하여는 국민권익위원회에 두는 중앙행정심판위원회에서 심리·재결한다(동법 제6조 제2항).
	    ㉠ 제1항에 따른 행정청 외의 국가행정기관의 장 또는 그 소속 행정청(경찰청 등)
	    ㉡ 시·도지사 또는 시·도의의회(의장, 위원회의 위원장, 사무처장 등 의회 소속 모든 행정청을 포함)
	    ㉢ 「지방자치법」에 따른 지방자치단체조합 등 관계 법률에 따라 국가·지방자치단체·공공법인 등이 공동으로 설립한 행정청

2. 중앙행정심판위원회

구분	내용
구성	중앙행정심판위원회는 위원장 1명을 포함하여 70명 이내의 위원으로 구성하되, 위원 중 상임위원은 4명 이내로 한다(동법 제8조 제1항).
위원장	중앙행정심판위원회의 위원장은 국민권익위원회의 부위원장 중 1명이 되며, 위원장이 없거나 부득이한 사유로 직무를 수행할 수 없거나 위원장이 필요하다고 인정하는 경우에는 상임위원(상임으로 재직한 기간이 긴 위원 순서로, 재직기간이 같은 경우에는 연장자 순서로 한다)이 위원장의 직무를 대행한다(동법 제8조 제2항).
상임위원	중앙행정심판위원회의 상임위원은 일반직공무원으로서 임기제공무원으로 임명하되, 3급 이상 공무원 또는 고위공무원단에 속하는 일반직공무원으로 3년 이상 근무한 사람이나 그 밖에 행정심판에 관한 지식과 경험이 풍부한 사람 중에서 중앙행정심판위원회의 위원장의 제청으로 국무총리를 거쳐 대통령이 임명한다(동법 제8조 제3항). 위원장의 제청 → 국무총리 → 대통령
비상임위원	중앙행정심판위원회의 비상임위원은 각급 행정심판위원회의 위원이 될 수 있는 사람 중에서 중앙행정심판위원회 위원장의 제청으로 국무총리가 성별을 고려하여 위촉한다(동법 제8조 제4항). 위원장의 제청 → 국무총리
회의	① 중앙행정심판위원회의 회의는 위원장, 상임위원 및 위원장이 회의마다 지정하는 비상임위원을 포함하여 총 9명으로 구성한다(동법 제8조 제5항). ② 「도로교통법」에 따른 자동차운전면허 행정처분에 관한 사건을 심리·의결하게 하기 위하여 4명의 위원으로 구성하는 소위원회를 둘 수 있다(동법 제8조 제6항). ③ 중앙행정심판위원회 및 소위원회는 각각 구성원 과반수의 출석과 출석위원 과반수의 찬성으로 의결(일반의결정족수)한다(동법 제8조 제7항).
위원의 임기	① 지명된 위원(공무원 위원)은 그 직에 재직하는 동안 재임한다(동법 제9조 제1항). ② 중앙행정심판위원회 상임위원의 임기는 3년으로 하며, 1차에 한하여 연임할 수 있다(동법 제9조 제2항). ③ 위촉된 위원의 임기는 2년으로 하되, 2차에 한하여 연임할 수 있다(동법 제9조 제3항).
당연퇴직	다음의 어느 하나에 해당하는 사람은 행정심판위원회의 위원이 될 수 없으며, 위원이 이에 해당하게 된 때에는 당연히 퇴직한다(동법 제9조 제4항). ① 대한민국 국민이 아닌 사람 ② 「국가공무원법」상 결격사유에 해당하는 사람
신분보장	위촉된 위원은 금고 이상의 형(벌금 이상의 형 ×)을 선고받거나 부득이한 사유로 장기간 직무를 수행할 수 없게 되는 경우 외에는 임기 중 그의 의사와 다르게 해촉되지 아니한다(동법 제9조 제5항).
벌칙 적용	위원 중 공무원이 아닌 위원은 「형법」과 그 밖의 법률에 따른 벌칙을 적용할 때에는 공무원으로 본다(동법 제11조).

행정심판의 청구

1. 심판청구서의 제출 등

구분	내용
심판청구서의 제출 (서면주의)	① 행정심판을 청구하려는 자는 심판청구서를 작성하여 피청구인이나 위원회에 제출하여야 한다(동법 제23조 제1항). ② 행정청이 고지를 하지 아니하거나 잘못 고지하여 청구인이 심판청구서를 다른 행정기관에 제출한 경우에는 그 행정기관은 그 심판청구서를 지체 없이 정당한 권한이 있는 피청구인에게 보내야 한다(동법 제23조 제2항). ③ 제2항에 따라 심판청구서를 보낸 행정기관은 지체 없이 그 사실을 청구인에게 알려야 한다(동법 제23조 제3항). ④ 심판청구 기간을 계산할 때에는 피청구인이나 위원회 또는 제2항에 따른 행정기관에 심판청구서가 제출되었을 때에 행정심판이 청구된 것으로 본다(동법 제23조 제4항).
심판청구서 접수 · 처리	① 피청구인이 심판청구서를 접수하거나 송부받으면 10일 이내에 심판청구서와 답변서를 위원회에 보내야 한다. 다만, 청구인이 심판청구를 취하한 경우에는 그러하지 아니하다(동법 제24조 제1항). ② 제1항에도 불구하고 심판청구가 그 내용이 특정되지 아니하는 등 명백히 부적법하다고 판단되는 경우에 피청구인은 답변서를 위원회에 보내지 아니할 수 있다. 이 경우 심판청구서를 접수하거나 송부받은 날부터 10일 이내에 그 사유를 위원회에 문서로 통보하여야 한다(동법 제24조 제2항). ③ 제2항에도 불구하고 위원장이 심판청구에 대하여 답변서 제출을 요구하면 피청구인은 위원장으로부터 답변서 제출을 요구받은 날부터 10일 이내에 위원회에 답변서를 제출하여야 한다(동법 제24조 제3항). ④ 피청구인은 처분의 상대방이 아닌 제3자가 심판청구를 한 경우에는 지체 없이 처분의 상대방에게 그 사실을 알려야 한다(동법 제24조 제4항). ⑤ 피청구인이 제1항 본문에 따라 위원회에 심판청구서를 보낼 때에는 심판청구서에 위원회가 표시되지 아니하였거나 잘못 표시된 경우에도 정당한 권한이 있는 위원회에 보내야 한다(동법 제24조 제5항).
피청구인의 직권취소	① 심판청구서를 받은 피청구인은 그 심판청구가 이유 있다고 인정하면 심판청구의 취지에 따라 직권으로 처분을 취소 · 변경하거나 확인을 하거나 신청에 따른 처분을 할 수 있다. 이 경우 서면으로 청구인에게 알려야 한다(동법 제25조 제1항). ② 피청구인은 직권취소 등을 하였을 때에는 청구인이 심판청구를 취하한 경우가 아니면 직권취소 등의 사실을 증명하는 서류를 위원회에 함께 제출하여야 한다(동법 제25조 제2항).
위원회의 접수 · 처리	위원회는 심판청구서를 받으면 지체 없이 피청구인에게 심판청구서 부본을 보내야 한다(동법 제26조 제1항).

2. 행정심판청구의 기간

구분	내용
원칙	① **행정심판은** 처분이 있음을 알게 된 날부터 90일 이내에 **청구하여야 한다**(동법 제27조 제1항). ② 청구인이 천재지변, 전쟁, 사변, 그 밖의 불가항력으로 인하여 제1항에서 정한 기간에 심판청구를 할 수 없었을 때에는 그 사유가 소멸한 날부터 14일 이내에 행정심판을 청구할 수 있다. 다만, 국외에서 행정심판을 청구하는 경우에는 그 기간을 30일로 한다(동법 제27조 제2항). ③ **행정심판은** 처분이 있었던 날부터 180일이 지나면 청구하지 못한다. 다만, 정당한 사유가 있는 경우에는 그러하지 아니하다(동법 제27조 제3항). ④ 위의 ①과 ②의 기간은 불변기간으로 한다(동법 제27조 제4항). 즉, 위의 두 기간 중 어느 하나라도 먼저 경과하면 심판청구를 제기할 수 없다.
예외	① 행정청이 심판청구 기간을 제1항(90일)에 규정된 기간보다 긴 기간으로 잘못 알린 경우 그 잘못 알린 기간에 심판청구가 있으면 그 행정심판은 제1항에 규정된 기간에 청구된 것으로 본다(동법 제27조 제5항). ② 행정청이 심판청구 기간을 알리지 아니한 경우에는 제3항(180일)에 규정된 기간에 청구된 것으로 본다(동법 제27조 제6항).
적용	① 행정심판청구의 기간의 제한은 취소심판과 거부처분에 대한 의무이행심판에만 적용한다. ② 행정심판청구의 기간의 제한은 무효등확인심판과 부작위에 대한 의무이행심판에는 적용되지 않는다(동법 제27조 제7항).
판례	① '처분이 있음을 알게 된 날'이란 추상적으로 알 수 있었던 날을 의미하는 것이 아니라 현실적으로 알게 된 날을 의미한다. 처분을 기재한 서류가 당사자의 주소에 송달되는 등으로 사회통념상 처분이 있음을 당사자가 알 수 있는 상태에 놓여진 때에는 반증이 없는 한 그 처분이 있음을 알았다고 추정할 수는 있다. ② '처분이 있었던 날'이란 처분이 대외적으로 표시되어 효력을 발생한 날을 의미한다. ③ 제3자가 행정심판을 제기하는 경우에도 심판청구기간은 원칙적으로 처분이 있음을 안 날로부터 90일 이내, 처분이 있었던 날로부터 180일 이내라 할 것이다. 그러나 행정처분의 상대방이 아닌 제3자는 일반적으로 처분이 있는 것을 바로 알 수 없는 처지에 있으므로 처분이 있은 날로부터 180일이 경과하더라도 특별한 사유가 없는 한 정당한 사유가 있는 것으로 보아 심판청구가 가능하나, 그 제3자가 어떤 경위로든 행정처분이 있음을 알았거나 쉽게 알 수 있는 등 사정이 있는 경우에는 그 때로부터 90일 이내에 심판청구를 하여야 한다. ④ 통상 고시 또는 공고에 의하여 행정처분을 하는 경우에는 그 처분의 상대방이 불특정 다수인이고 그 처분의 효력이 불특정 다수인에게 일률적으로 적용되는 것이므로, 고시 또는 공고가 있었다는 사실을 현실적으로 알았는지 여부에 관계없이 고시가 효력을 발생하는 날 행정처분이 있음을 안 것이다.

3. 행정심판청구의 효과

구분	내용
심리·재결의무	행정심판청구가 제기되면 행정심판위원회는 심리·재결할 의무를 진다.
집행부정지원칙 (예외 : 집행정지)	① 행정심판의 청구는 원칙적으로 처분의 효력이나 집행 또는 절차의 속행에 영향을 주지 아니한다(동법 제30조 제1항). ② 행정심판위원회는 처분, 처분의 집행 또는 절차의 속행 때문에 중대한 손해가 생기는 것을 예방할 필요성이 긴급하다고 인정할 때에는 직권으로 또는 당사자의 신청에 의하여 처분의 효력, 처분의 집행 또는 절차의 속행의 전부 또는 일부의 정지(집행정지)를 결정할 수 있다. 다만, 처분의 효력정지는 처분의 집행 또는 절차의 속행을 정지함으로써 그 목적을 달성할 수 있을 때에는 허용되지 아니한다(동법 제30조 제2항). ③ 집행정지는 공공복리에 중대한 영향을 미칠 우려가 있을 때에는 허용되지 아니한다(동법 제30조 제3항). ④ 위원회는 집행정지를 결정한 후에 집행정지가 공공복리에 중대한 영향을 미치거나 그 정지사유가 없어진 경우에는 직권으로 또는 당사자의 신청에 의하여 집행정지 결정을 취소할 수 있다(동법 제30조 제4항).
임시처분	① 위원회는 처분 또는 부작위가 위법·부당하다고 상당히 의심되는 경우로서 처분 또는 부작위 때문에 당사자가 받을 우려가 있는 중대한 불이익이나 당사자에게 생길 급박한 위험을 막기 위하여 임시지위를 정하여야 할 필요가 있는 경우에는 직권으로 또는 당사자의 신청에 의하여 임시처분을 결정할 수 있다(동법 제31조 제1항). ② 임시처분은 집행정지로 목적을 달성할 수 있는 경우에는 허용되지 아니한다(동법 제31조 제3항).
불고불리원칙 (예외 : 직권심리)	① 행정심판위원회는 심판청구의 대상이 되는 처분 또는 부작위 외의 사항에 대해서는 재결하지 못한다(동법 제47조 제1항). ② 다만, 위원회는 필요하면 당사자가 주장하지 아니한 사실에 대해서도 심리할 수 있다(동법 제39조).
불이익변경 금지의 원칙	위원회는 심판청구의 대상이 되는 처분보다 청구인에게 불리한 재결을 하지 못한다(동법 제47조 제2항).

📖 행정심판의 심리

구분	내용
직권심리주의	위원회는 필요하면 당사자가 주장하지 아니한 사실에 대하여도 심리할 수 있다(동법 제39조).
구술심리 서면심리	**행정심판의 심리는 구술심리나 서면심리로 한다.** 다만, 당사자가 구술심리를 신청한 경우에는 서면심리만으로 결정할 수 있다고 인정되는 경우 외에는 구술심리를 하여야 한다(동법 제40조 제1항).
비공개주의	위원회에서 위원이 발언한 내용이나 그 밖에 공개되면 위원회의 심리·재결의 공정성을 해칠 우려가 있는 사항으로서 **대통령령으로 정하는 사항은 공개하지 아니한다**(동법 제41조).

구분	
위법·부당의 판단시점	행정처분의 위법·부당 여부의 판단은 처분시(판결시 ×)의 법령 및 사실을 기준으로 하여 판단하여야 한다.

📖 행정심판의 재결

1. 일반론

구분	내용
의의	① 재결이란 행정심판의 청구에 대하여 행정심판위원회가 행하는 종국적 판단으로서의 의사표시를 말한다(동법 제2조 제3호). ② 재결은 확인행위의 성격과 준사법적 행위의 성격을 동시에 가진다.
기간	① 행정심판의 재결은 피청구인 또는 위원회가 심판청구서를 받은 날부터 60일 이내에 하여야 한다. 다만, 부득이한 사정이 있는 경우에는 위원장이 직권으로(위원회의 의결로 ×) 30일을 연장할 수 있다(동법 제45조 제1항). ② 위원장은 재결기간을 연장할 경우에는 재결기간이 끝나기 7일 전까지 당사자에게 알려야 한다(동법 제45조 제2항).

2. 재결의 종류

구분	내용
각하재결	위원회는 심판청구가 적법하지 아니하면 그 심판청구를 각하한다(동법 제43조 제1항).
기각재결	위원회는 심판청구가 이유가 없다고 인정하면 그 심판청구를 기각한다(동법 제43조 제2항).
인용재결	① 취소심판의 청구가 이유가 있다고 인정하면 처분을 취소 또는 다른 처분으로 변경하거나 처분을 다른 처분으로 변경할 것을 피청구인에게 명한다(동법 제43조 제3항). ② 무효등확인심판의 청구가 이유가 있다고 인정하면 처분의 효력 유무 또는 처분의 존재 여부를 확인한다(동법 제43조 제4항). ③ 의무이행심판의 청구가 이유가 있다고 인정하면 지체 없이 신청에 따른 처분을 하거나 처분을 할 것을 피청구인에게 명한다(동법 제43조 제5항).
사정재결 (특수기각)	① 사정재결은 위원회는 심판청구가 이유가 있다고 인정하는 경우에도, 이를 인용하는 것이 공공복리에 크게 위배된다고 인정하면, 그 심판청구를 기각하는 재결을 할 수 있는 것을 말한다. 따라서 사정재결은 기각재결의 일종(인용재결의 일종 ×)이다. ② 이 경우 위원회는 재결의 주문에서 그 처분 또는 부작위가 위법하거나 부당하다는 것을 구체적으로 밝혀야 한다(동법 제44조 제1항). ③ 위원회는 사정재결을 할 때에는 청구인에 대하여 상당한 구제방법(예 손해배상 등 직접구제)을 취하거나 상당한 구제방법을 취할 것을 피청구인에게 명할 수 있다(명하여야 한다 ×)(동법 제44조 제2항). ④ 사정재결은 취소심판과 의무이행확인심판에만 적용된다. 사정재결은 무효등확인심판에는 적용하지 아니한다(동법 제44조 제3항).

3. 재결의 방식 및 범위

구분	내용
방식	재결은 서면으로 한다(동법 제46조 제1항).
범위	① 위원회는 심판청구의 대상이 되는 처분 또는 부작위 외의 사항에 대하여는 재결하지 못한다(동법 제47조 제1항). ② 위원회는 심판청구의 대상이 되는 처분보다 청구인에게 불리한 재결을 하지 못한다(동법 제47조 제2항).

4. 재결의 송달 및 효력 발생

구분	내용
송달	위원회는 지체 없이 당사자에게 재결서의 정본을 송달하여야 한다. 이 경우 중앙행정심판위원회는 재결 결과를 소관 중앙행정기관의 장에게도 알려야 한다(동법 제48조 제1항).
효력 발생	재결은 청구인에게 송달되었을 때에 그 효력이 생긴다(동법 제48조 제2항).

5. 재결의 효력

구분	내용
구속력 (기속력)	① 재결의 구속력은 인용재결의 경우에만 인정되고, 각하재결·기각재결의 경우에는 인정되지 않는다. ② 기각재결이 있더라도 처분청의 직권취소는 가능하다. ③ 처분청은 정당한 사유가 있으면 원처분을 직권으로 취소·변경할 수 있다.
공정력 불가쟁력 불가변력	① 심판청구에 대한 재결이 있으면 그 재결 및 같은 처분 또는 부작위에 대하여 다시 행정심판을 청구할 수 없다(동법 제51조). ② 재결 자체에 고유한 위법이 있는 경우에 그에 대한 행정소송의 제기가 가능하지만, 이때에도 제소기간이 경과하면 누구라도 더 이상 재결의 효력을 다툴 수 없게 된다. ③ 일단 재결을 한 이상 재결청이 임의로 취소·변경할 수 없다.
형성력	취소재결이 확정되면 당해 처분의 효력은 처분청의 별도의 행위가 없어도 처분시에 소급하여 소멸함으로써 기존의 법률관계의 변동을 초래한다.
법령상의 재결의 효력	① 심판청구를 인용하는 재결은 피청구인과 그 밖의 관계 행정청을 기속한다(동법 제49조 제1항). ② 재결에 의하여 취소되거나 무효 또는 부존재로 확인되는 처분이 당사자의 신청을 거부하는 것을 내용으로 하는 경우에는 그 처분을 한 행정청은 재결의 취지에 따라 다시 이전의 신청에 대한 처분을 하여야 한다(동법 제49조 제2항). ③ 당사자의 신청을 거부하거나 부작위로 방치한 처분의 이행을 명하는 재결이 있으면 행정청은 지체 없이 이전의 신청에 대하여 재결의 취지에 따라 처분을 하여야 한다(동법 제49조 제3항).

구분	내용
위원회의 직접 처분	① 위원회는 피청구인이 처분의 이행을 명하는 재결이 있었음에도 불구하고 처분을 하지 아니하는 경우에는 당사자가 신청하면 기간을 정하여 서면으로 시정을 명하고 그 기간에 이행하지 아니하면 직접 처분을 할 수 있다. 다만, 그 처분의 성질이나 그 밖의 불가피한 사유로 위원회가 직접 처분을 할 수 없는 경우에는 그러하지 아니하다(동법 제50조 제1항). ② 위원회의 직접 처분은 의무이행재결에만 인정된다.
위원회의 간접강제	위원회는 피청구인이 제49조 제2항 또는 제3항에 따른 처분을 하지 아니하면 청구인의 신청에 의하여 결정으로 상당한 기간을 정하고 피청구인이 그 기간 내에 이행하지 아니하는 경우에는 그 지연기간에 따라 일정한 배상을 하도록 명하거나 즉시 배상할 것을 명할 수 있다(동법 제50조의2 제1항).

6. 재결에 대한 불복

구분	내용
재심판청구의 금지	심판청구에 대한 재결이 있으면, 그 재결 및 같은 처분 또는 부작위에 대하여 행정심판을 청구할 수 없다(동법 제51조).
행정소송의 제기	① 재결에 불복하면 행정소송을 제기할 수 있다. ② 「행정소송법」은 원처분주의를 채택하고 있어서, 행정심판이 기각된 경우 그 기각 재결 자체를 행정소송의 대상으로 할 수 없다. ③ 재결 자체에 고유한 위법이 있는 때에는 재결의 취소를 구하는 행정소송을 제기할 수 있다.

제102테마

행정소송

중요도 B급

「행정소송법」【시행 2017. 7. 26.】

📖 일반론

구분		내용
의의		① 행정소송이란 행정법규 적용에 관한 분쟁에 대하여 당사자의 소의 제기를 통하여 제3자적 지위에 있는 법원의 재판절차에 따라 판단하는 정식쟁송을 의미한다. ② 이 법은 행정소송절차를 통하여 행정청의 위법(부당 ×)한 처분 그 밖에 공권력의 행사·불행사 등으로 인한 국민의 권리 또는 이익의 침해를 구제하고, 공법상의 권리관계 또는 법적용에 관한 다툼을 적정하게 해결함을 목적으로 한다(동법 제1조).
정의	처분등	처분등이라 함은 행정청이 행하는 구체적 사실에 관한 법집행으로서의 공권력의 행사 또는 그 거부와 그 밖에 이에 준하는 행정작용 및 행정심판에 대한 재결을 말한다(동법 제2조 제1항 제1호).
	부작위	부작위라 함은 행정청이 당사자의 신청에 대하여 상당한 기간내에 일정한 처분을 하여야 할 법률상 의무가 있음에도 불구하고 이를 하지 아니하는 것을 말한다(동법 제2조 제1항 제2호).
종류	항고소송	① 항고소송이란 행정청의 위법한 처분 등이나 부작위에 대하여 제기하는 소송을 의미한다(동법 제3조 제1호). ② 항고소송은 취소소송, 무효등확인소송, 부작위위법확인소송으로 구분한다(동법 제4조).
		<table><tr><td>취소소송</td><td>취소소송이란 행정청의 위법한 처분 등을 취소 또는 변경하는 소송을 의미한다(동법 제4조 제1호).</td></tr><tr><td>무효등확인소송</td><td>무효등확인소송이란 행정청의 처분 등의 효력 유무 또는 존재여부를 확인하는 소송을 의미한다(동법 제4조 제2호).</td></tr><tr><td>부작위위법확인소송</td><td>부작위위법확인소송이란 행정청의 부작위가 위법하다는 것을 확인하는 소송을 의미한다(동법 제4조 제3호).</td></tr></table>
	당사자소송	당사자소송이란 행정청의 처분 등을 원인으로 하는 법률관계에 관한 소송 그 밖에 공법상의 법률관계에 관한 소송으로서 그 법률관계의 한쪽 당사자를 피고로 하는 소송을 의미한다(동법 제3조 제2호).
	민중소송	민중소송이란 국가 또는 공공단체의 기관이 법률에 위반되는 행위를 한 때에 직접 자기의 법률상 이익과 관계없이 그 시정을 구하기 위하여 제기하는 소송을 말한다(동법 제3조 제3호).
	기관소송	기관소송이란 국가 또는 공공단체의 기관 상호간에 있어서의 권한의 존부 또는 그 행사에 관한 다툼이 있을 때에 이에 대하여 제기하는 소송을 의미한다. 다만, 헌법재판소의 관장사항으로 되는 소송은 제외한다(동법 제3조 제4호).
비고		의무이행소송을 인정할 것인가에 대하여 견해의 대립이 있으나, 판례는 이를 부정한다.

📖 항고소송으로서의 취소소송

1. 일반론

구분	내용
의의	취소소송이란 행정청의 위법한 처분 또는 재결을 취소 또는 변경하는 소송을 말한다(동법 제4조 제1호).
소송물	① 취소소송의 소송물은 특정 처분의 위법성 일반, 즉 위법성 그 자체라고 본다. ② 취소소송의 소송물에는 원고의 권리가 침해되었다는 이른바 원고의 '법적 주장'은 포함되지 않는다.

2. 재판관할

구분	내용
심급관할	① 제1심법원은 서울행정법원을 제외하고는 행정법원이 설치될 때까지 피고의 소재지를 관할하는 지방법원본원이 관할한다. ② 제2심(항소심)은 고등법원, 제3심(상고심)은 대법원이 담당하고 있다.
토지관할	① 취소소송의 제1심 관할법원은 피고의 소재지를 관할하는 행정법원으로 한다(동법 제9조 제1항). ② 제1항에도 불구하고 다음의 어느 하나에 해당하는 피고에 대하여 취소소송을 제기하는 경우에는 대법원 소재지를 관할하는 행정법원에 제기할 수 있다(동법 제9조 제2항). ⑤ 중앙행정기관, 중앙행정기관의 부속기관과 합의제행정기관 또는 그 장 ⓒ 국가의 사무를 위임 또는 위탁받은 공공단체 또는 그 장

3. 당사자 및 당사자능력

구분	내용
당사자	취소소송의 당사자란 원고 및 피고를 말한다.
당사자능력	① 당사자능력이란 소송상 당사자가 될 수 있는 능력을 말한다. ② 당사자능력은 권리능력이 부여된 자연인, 법인뿐만 아니라 권리능력이 없는 비법인사단도 인정될 수 있다. ③ 자연물 또는 자연 그 자체로서는 소송을 수행할 당사자능력을 인정할 수 없다.

4. 원고적격

구분	내용
의의	취소소송은 처분등의 취소를 구할 법률상 이익이 있는 자가 제기할 수 있다. 처분등의 효과가 기간의 경과, 처분등의 집행 그 밖의 사유로 인하여 소멸된 뒤에도 그 처분등의 취소로 인하여 회복되는 법률상 이익이 있는 자의 경우에는 또한 같다(동법 제12조).
법률상 이익	① 위법한 처분에 의해서 침해되는 이익이 실체법상의 권리뿐만 아니라 실정법의 해석상 당해 법규에 의하여 보호되고 있는 이익이 침해된 자도 원고적격이 있다. ② 법률상 이익이 있기만 하면 처분의 직접 상대방이든 제3자이든 자연인이든 법인이든 불문하며, 법인격 없는 사단이나 재단도 대표자나 관리인을 통해 단체의 이름으로 원고적격이 인정될 수 있다. ③ 법률상 보호되는 이익이라 함은 당해 처분의 근거법규 및 관련 법규에 의하여 보호되는 개별적·직접적·구체적 이익이 있는 경우를 말하고, 공익보호의 결과로 국민 일반이 공통적으로 가지는 일반적·간접적·추상적 이익이 생기는 경우에는 법률상 보호되는 이익이 있다고 할 수 없다. ④ 국가 등의 기관은 행정소송의 상대방으로서 원고적격이 없는 것이 원칙이다.
제3자의 원고적격	침익적 처분의 상대방과 관련된 제3자의 경우에는 원고적격이 인정된다(예 제약회사의 보건복지부 고시인 약제급여의 취소소송 등).
협의의 소의 이익	① 취소소송은 처분등의 취소를 구할 법률상 이익이 있는 자가 제기할 수 있다. 처분등의 효과가 기간의 경과, 처분 등의 집행 그 밖의 사유로 인하여 소멸된 뒤에는 그 처분등의 취소로 인하여 회복되는 법률상 이익이 있는 자의 경우에도 또한 같다(동법 제12조). 여기서 전단은 원고적격을, 후단은 협의의 소의 이익을 규정하고 있다. ② 협의의 소의 이익은 소송요건으로서 사실심 변론종결시는 물론 상고심에서도 존속하고 있어야 하며, 협의의 소의 이익이 없게 되면 법원은 부적법 각하판결을 한다. ③ 제재적 처분이 법령 등에서 가중요건일 경우에는 소의 이익을 인정한다(예 건축사업무정지처분이 장래 건축사사무소등록취소라는 가중된 제재적 처분을 받게 될 우려가 있는 경우 등).

5. 피고적격 및 대상적격

구분	내용
원칙 (처분청)	① 취소소송은 다른 법률에 특별한 규정이 없는 한 그 처분등을 행한 행정청을 피고로 한다. 다만, 처분등이 있은 뒤에 그 처분등에 관계되는 권한이 다른 행정청에 승계된 때에는 이를 승계한 행정청을 피고로 한다(동법 제13조 제1항). ② 대외적으로 의사를 표시할 수 있는 기관이 아닌 내부기관은 실질적인 의사가 그 기관에 의하여 결정되더라도 피고적격을 갖지 못한다.
예외	① 「국가공무원법」에 따른 처분, 그 밖에 본인의의사에 반한 불리한 처분이나 부작위에 관한 행정소송을 제기할 때에는 대통령의 처분 또는 부작위의 경우에는 소속 장관을, 중앙선거관리위원회위원장의 처분 또는 부작위의 경우에는 중앙선거관리위원회사무총장을 각각 피고로 한다. ② 처분등이 있은 뒤에 행정청이 없게 된 때에는 그 처분등에 관한 사무가 귀속되는 국가 또는 공공단체를 피고로 한다(동법 제13조 제2항).

구분	내용
대상적격	취소소송은 처분등을 대상으로 한다. 다만, 재결취소소송의 경우에는 재결 자체에 고유한 위법이 있음을 이유로 하는 경우에 한한다(동법 제19조).

6. 제소기간

구분		내용
의의		① 취소소송은 일정한 기간 내에 제기하여야 하며 그 기간을 경과하면 불가쟁력이 발생하여 더 이상 다툴 수 없다. ② 제소기간의 준수여부는 소송요건으로서 법원의 직권조사사항이다.
적용범위		① 부작위위법확인소송의 경우에는 행정심판을 거친 경우에는 재결서의 송달을 받은 날로부터 90일 이내에 소송을 제기하여야 하지만, 행정심판을 거치지 않은 경우에는 제소기간의 적용을 받지 않는다. ② 무효등확인소송의 경우에는 제소기간의 제한이 없다. 다만, 무효를 선언하는 의미의 취소소송은 제소기간의 준수 등 취소소송의 제소요건을 갖추어야 한다.
제소기간	행정심판을 거치지 않은 경우	① 취소소송은 처분등이 있음을 안 날부터 90일 이내에 제기하여야 한다. 다만, 제18조 제1항 단서에 규정한 경우(행정심판전치주의)와 그 밖에 행정심판을 청구할 수 있는 경우 또는 행정청이 행정심판청구를 할 수 있다고 잘못 알린 경우에 행정심판청구가 있은 때의 기간은 재결서의 정본을 송달받은 날부터 기산한다(동법 제20조 제1항). ② 제1항의 규정에 의한 기간은 불변기간으로 한다(동법 제20조 제3항). ③ 취소소송은 처분등이 있은 날부터 1년(제1항 단서의 경우는 재결이 있은 날부터 1년)을 경과하면 이를 제기하지 못한다. 다만, 정당한 사유가 있는 때에는 그러하지 아니하다(동법 제20조 제2항). ④ 처분이 있음을 안 날과 처분이 있은 날 중 어느 하나의 기간만이라도 경과하면 제소할 수 없다.
	행정심판을 거친 경우	① 재결서의 정본을 송달받은 경우에는 재결서의 정본을 송달받은 날부터 90일 이내에 소송을 제기하여야 한다. ② 재결서의 정본을 송달받지 못한 경우에는 재결이 있은 날로부터 1년 내에 소송을 제기하여야 한다.
판례		① 처분이 있음을 안 날이라 함은 당사자가 통지·공고 기타의 방법에 의하여 당해 처분이 있었다는 사실을 현실적으로 안 날을 의미하고, 추상적으로 알 수 있었던 날을 의미하는 것은 아니다. ② 처분을 기재한 서류가 당사자의 주소에 송달되는 등으로 사회통념상 처분이 있음을 당사자가 알 수 있는 상태에 놓여 진 때에는 반증이 없는 한 그 처분이 있음을 알았다고 추정할 수는 있다. ③ 통상 고시 또는 공고에 의하여 행정처분을 하는 경우에는 그 처분의 상대방이 불특정 다수인이고 그 처분의 효력이 불특정 다수인에게 일률적으로 적용되는 것이므로, 그 행정처분에 이해관계를 갖는 자가 고시 또는 공고가 있었다는 사실을 현실적으로 알았는지 여부에 관계없이 고시가 효력을 발생한 날 행정처분이 있음을 알았다고 보아야 한다.

7. 제기효과

구분	내용
집행부정지원칙 (원칙)	취소소송의 제기는 처분 등의 효력이나 그 집행 또는 절차의 속행에 영향을 주지 아니한다(동법 제23조 제1항).
집행정지 (예외)	① 취소소송이 제기된 경우에 처분 등이나 그 집행 또는 절차의 속행으로 인하여 생길 회복하기 어려운 손해를 예방하기 위하여 긴급한 필요가 있다고 인정할 때에는 본안이 계속되고 있는 법원은 당사자의 신청 또는 직권에 의하여 처분 등의 효력이나 그 집행 또는 절차의 속행의 전부 또는 일부의 정지를 결정할 수 있다. 다만, 처분의 효력 정지는 처분 등의 집행 또는 절차의 속행을 정지함으로써 목적을 달성할 수 있는 경우에는 허용되지 아니한다(동법 제23조 제2항). ② 집행정지는 공공복리에 중대한 영향을 미칠 우려가 있을 때에는 허용되지 아니한다(동법 제23조 제3항). ③ 집행정지의 결정을 신청함에 있어서는 그 이유에 대한 소명이 있어야 한다(동법 제23조 제4항). ④ 집행정지결정은 취소판결의 기속력에 준하여 당해 사건에 관하여 당사자인 행정청과 관계행정청을 기속한다(동법 제23조 제6항). ⑤ 집행정지의 결정이 확정된 후 집행정지가 공공복리에 중대한 영향을 미치거나 그 정지사유가 없어진 때에는 당사자의 신청 또는 직권에 의하여 결정으로써 집행정지의 결정을 취소할 수 있다(동법 제24조 제1항).

8. 소의 심리

구분	내용
행정심판기록 제출명령	① 법원은 당사자의 신청이 있는 때에는 결정으로써 재결을 행한 행정청에 대하여 행정심판에 관한 기록의 제출을 명할 수 있다(동법 제25조 제1항). ② 제1항의 규정에 의한 제출명령을 받은 행정청은 지체없이 당해 행정심판에 관한 기록을 법원에 제출하여야 한다(동법 제25조 제2항).
직권심리주의	법원은 필요하다고 인정할 때에는 직권으로 증거조사를 할 수 있고, 당사자가 주장하지 아니한 사실에 대하여도 판단할 수 있다(동법 제26조).
범위	① 법원은 소송의 제기가 없으면 재판할 수 없고, 소송의 제기가 있는 경우에도 당사자가 신청한 사항에 대하여 신청의 범위 내에서 심리·판단하여야 한다(불고불리의 원칙). ② 법원은 재량권 행사가 부당한 것인지 여부는 심리·판단할 수 없다. 다만, 행정청의 재량에 속하는 처분이라도 재량권의 한계를 넘거나 그 남용이 있는 때에는 법원은 이를 취소할 수 있다(취소하여야 한다 ×)(동법 제27조).
입증책임	① 소송요건에 대한 입증책임은 원고가 부담한다는 것이 일반적인 견해이다. ② 소송요건의 존재여부는 법원의 직권조사사항이지만 이에 대한 것이 불분명한 경우에는 원고에게 입증책임이 있다. ③ 항고소송의 경우에는 그 특성에 따라 당해 처분의 적법을 주장하는 피고인 행정청에게 그 적법사유에 대한 입증책임이 있다 할 것인바 이와 상반되는 주장과 입증은 그 상대방인 원고에게 그 책임이 돌아간다고 할 것이다.

구분	내용
위법성 판단시점	행정처분의 위법 여부는 행정처분이 행하여졌을 때의 법령과 사실상태를 기준으로 하여 판단하여야 하고, 처분 후 법령의 개폐나 사실상태의 변동에 영향을 받지 않는다.

9. 판결의 내용

구분	내용
내용	① 소송요건의 심리 결과 소송요건(당사자적격, 재판관할, 제소기간 등)을 결하고 있는 경우 소송을 부적법한 것으로 각하한다(**각하판결**). ② 본안심리 결과 청구가 이유 없다고 하여 원고의 청구를 기각한다(**기각판결**). ③ 본안심리 결과 청구가 이유 있다고 하여 원고의 청구를 인용한다(**인용판결**).

사정판결 (특수기각)	① 원고의 청구가 이유있다고 인정하는 경우에도 처분 등을 취소하는 것이 현저히 공공복리에 적합하지 아니한다고 인정하는 때에는 법원은 원고의 청구를 기각할 수 있다. 이 경우 법원은 그 판결의 주문에서 그 처분 등이 위법함을 명시하여야 한다(동법 제28조 제1항).
	
	    ㉠ 사정판결이 인정되기 위해서는 처분등에 관한 취소소송이어야 한다.
	    ㉡ 사정판결은 무효확인소송, 부작위위법확인소송, 당사자소송에는 허용되지 않는다.
	    ㉢ 사정판결이 인정되기 위해서는 원고의 청구가 이유 있어야 한다.
	    ㉣ 사정판결이 인정되기 위해서는 원고의 청구를 인용함이 현저히 공공복리에 적합하지 않아야 한다.
	
	② 처분의 위법성의 판단에 대한 기준시점은 처분시설이 판례의 입장이지만, 사정판결의 필요성 판단은 판결시(변론종결시)를 기준으로 한다.
	③ 법원이 사정판결을 함에 있어서는 미리 원고가 그로 인하여 입게 될 손해의 정도와 배상방법 그 밖의 사정을 조사하여야 한다(동법 제28조 제2항).

10. 소의 종료

구분	내용
종국판결	취소소송은 소송사건의 전부 또는 일부를 그 심급으로서 완결하는 종국판결을 내림으로써 종료한다.
소의 취하	소의 취하란 원고가 법원에 대해 청구의 전부 또는 일부를 철회하겠다는 일방적 의사를 법원에 표시하는 것을 말한다.
청구의 포기·인낙	① 청구의 포기란 원고가 자신의 소송상의 청구가 이유 없음을 인정하는 법원에 대한 일방적인 의사표시를 말한다. ② 청구의 인낙이란 피고가 원고의 소송상 청구가 이유 있음을 인정하는 법원에 대한 일방적 의사표시를 말한다.
화해	소송상 화해는 소송계속 중 당사자 쌍방이 소송물인 법률관계에 대한 주장을 서로 양보하여 소송을 종료하기로 하는 합의를 의미한다.
당사자 소멸	① 원고가 사망한 경우 이를 승계할 자가 없을 때에는 소송은 종료**된다**. ② 피고인 행정청이 없게 되었을 때에는 그 처분 등에 관한 사무가 귀속되는 국가 또는 공공단체가 피고로 되므로 소송은 종료되지 않는다.

11. 판결의 효력

구분	내용
불가변력	취소소송의 판결 이후에는 선고법원 자신도 판결의 내용을 취소·변경할 수 없다.
불가쟁력	취소소송의 판결 이후에는 당사자가 상소기간의 경과 기타 사유로 상소할 수 없는 때에 판결의 내용을 더 이상 다툴 수 없게 된다.
기판력	① 기판력이란 일단 재판이 확정된 때에는 동일한 소송물에 대하여는 다시 소를 제기할 수 없고, 설령 제기되어도 상대방은 기판사항이라는 항변을 할 수 있으며, 법원도 일사부재리의 원칙에 따라 확정판결과 내용적으로 모순되는 판단을 하지 못하는 효력을 말한다. ② 기판력은 제3자에게는 미치지 않는 것이 원칙이다. 다만, 취소소송에서 피고는 처분청이므로 그 처분의 효력이 귀속하는 처분청이 속한 국가 또는 공공단체에는 기판력이 미친다. ③ 기판력은 판결의 주문에 포함된 소송물로 된 행정처분의 위법성 판단에만 미치고, 판결이유에서 적시된 그 법률관계의 존부, 즉 개개의 위법사유에 관해서는 미치지 않는다. ④ 기판력은 사실심 변론종결시를 기준으로 하여 발생한다.
형성력	① 형성력이란 판결의 취지에 따라 법률관계의 발생·변경·소멸을 가져오는 효력을 말한다. ② 기각판결에는 인정되지 않고, 청구인용판결의 경우에만 인정된다. ③ 처분등을 취소하는 확정판결은 제3자에 대하여도 효력이 있다(동법 제29조 제1항). ④ 취소판결이 확정된 때에는 처분청의 취소를 기다릴 것 없이 당해 처분은 당연히 효력을 상실하고(형성효), 그 취소의 효과는 처분시에 소급한다(소급효). ⑤ 파면처분을 받은 공무원은 법원으로부터 그 취소판결이 있게 되면 소급하여 공무원의 신분을 회복하게 된다.
기속력 (구속력)	① 기속력이란 당사자인 행정청과 관계행정청이 판결의 취지에 따라 행동해야 할 실체법상의 의무를 발생시키는 효력을 말한다. ② 기속력은 처분 등을 취소하는 확정된 인용판결시에만 발생하고, 기각판결이나 각하판결에는 발생하지 않는다. ③ 처분등을 취소하는 확정판결은 그 사건에 관하여 당사자인 행정청과 그 밖의 관계행정청을 기속한다(동법 제30조 제1항). ④ 판결에 의하여 취소되는 처분이 당사자의 신청을 거부하는 것을 내용으로 하는 경우에는 그 처분을 행한 행정청은 판결의 취지에 따라 다시 이전의 신청에 대한 처분을 하여야 한다(동법 제30조 제2항). ⑤ 기속력은 처분 당시까지의(판결 당시까지의 ×) 위법사유에 대해서만 미친다. 따라서 처분 이후에 발생한 새로운 법령이나 사실상태의 변동을 이유로 한 동일 내용의 처분을 다시 하는 것은 기속력에 반하지 않는다. ⑥ 기속력에 위반한 행정청의 행위는 그 하자가 중대하고도 명백한 것이어서 당연무효이다.
간접강제	① 행정청이 거부처분의 취소판결의 취지에 따라 재처분을 하지 아니하는 때에는 제1심수소법원은 당사자의 신청에 의하여 결정으로써 상당한 기간을 정하고 행정청이 그 기간 내에 이행하지 아니하는 때에는 그 지연기간에 따라 일정한 배상을 할 것을 명하거나 즉시 손해배상을 할 것을 명할 수 있다(동법 제34조 제1항). ② 간접강제는 부작위위법확인판결에 준용되며, 무효등확인판결에는 준용되지 않는다.

12. 판결에 대한 불복

구분	내용
상소	판결에 대해서는 항소(제1심법원의 판결 → 상급법원)와 상고(항소심판결 → 대법원)를 통하여 불복이 가능하다.
제3자에 의한 재심청구	① 처분 등을 취소하는 판결에 의하여 권리 또는 이익의 침해를 받은 제3자는 자기에게 책임 없는 사유로 소송에 참가하지 못함으로써 판결의 결과에 영향을 미칠 공격 또는 방어방법을 제출하지 못한 때에는 이를 이유로 확정된 종국판결에 대하여 재심의 청구를 할 수 있다(동법 제31조 제1항). ㉠ 재심청구의 원고는 취소소송의 인용판결에 의하여 권리 또는 이익의 침해를 받은 제3자이다. ㉡ 재심청구의 피고는 확정판결에 나타난 원고와 피고가 모두 공동피고가 된다. ② 제3자에 의한 재심청구는 확정판결이 있음을 안 날로부터 30일 이내, 판결이 확정된 날로부터 1년 이내에 제기하여야 한다(동법 제31조 제2항). ③ 이 기간은 불변기간으로 한다(동법 제31조 제3항).

13. 소송비용

구분	내용
부담	취소청구가 사정판결에 의하여 기각되거나 행정청이 처분 등을 취소 또는 변경함으로 인하여 청구가 각하 또는 기각된 경우에는 소송비용은 피고의 부담으로 한다(동법 제32조).
소송비용에 관한 재판의 효력	소송비용에 관한 재판이 확정된 때에는 피고 또는 참가인이었던 행정청이 소속하는 국가 또는 공공단체에 그 효력을 미친다(동법 제33조).

14. 취소소송과 행정심판과의 관계

구분	내용
원칙 (행정심판임의)	취소소송은 법령의 규정에 의하여 당해 처분에 대한 행정심판을 제기할 수 있는 경우에도 이를 거치지 아니하고(행정심판임의주의) 제기할 수 있다(동법 제18조 제1항 본문).
예외 (행정심판전치)	① 다만, 다른 법률에 당해 처분에 대한 행정심판의 재결을 거치지 아니하면 취소소송을 제기할 수 없다는 규정이 있는 때에는(행정심판전치주의) 그러하지 아니하다(동법 제18조 제1항 단서). ② 행정심판전치주의가 대표적으로 적용되는 경우는 다음과 같다. ㉠ 공무원에 대한 징계처분(소청심사위원회의 결정) ㉡ 조세소송(「국세기본법」의 조세심판,「관세법」상 심사청구) ㉢ 「도로교통법」상 운전면허취소·정지처분에 대한 심판(중앙행정심판위원회) ㉣ 「선박안전법」상 국토교통부장관 등의 선박검사 등 처분

예외 (행정심판전치)	③ 행정심판전치주의가 적용되는 경우에 있어서 그 요건을 구비하였는가의 여부는 소송요건으로서 당사자의 주장 유무에 불구하고 법원이 직권으로 조사할 사항에 속한다. ④ 다음에 해당하는 사유가 있는 때에는 **행정심판의 재결을 거치지 아니하고 취소소송을 제기할 수 있다**(동법 제18조 제2항). 　㉠ 행정심판청구가 있은 날로부터 60일이 지나도 재결이 없는 때 　㉡ 처분의 집행 또는 절차의 속행으로 생길 중대한 손해를 예방하여야 할 긴급한 필요가 있는 때 　㉢ 법령의 규정에 의한 행정심판기관이 의결 또는 재결을 하지 못할 사유가 있는 때 ⑤ 다음에 해당하는 사유가 있는 때에는 **행정심판을 제기함이 없이 취소소송을 제기할 수 있다**(동법 제18조 제3항). 　㉠ 동종사건에 관하여 이미 행정심판의 기각재결이 있은 때 　㉡ 서로 내용상 관련되는 처분 또는 같은 목적을 위하여 단계적으로 진행되는 처분 중 어느 하나가 이미 행정심판의 재결을 거친 때 　㉢ 행정청이 사실심의 변론종결 후 소송의 대상인 처분을 변경하여 당해 변경된 처분에 관하여 소를 제기하는 때 　㉣ 처분을 행한 행정청이 행정심판을 거칠 필요가 없다고 잘못 알린 때 ⑥ 행정심판전치주의는 취소소송과 부작위법확인소송에만 적용되며, 무효등확인소송과 당사자소송에는 적용되지 않는다. ⑦ 무효선언을 구하는 의미에서의 취소소송의 경우 행정심판전치주의가 적용된다. ⑧ 관계법령에서 하나의 처분에 대해서 둘 이상의 행정심판청구가 규정되어 있는 경우에는 특별한 명문의 규정이 없는 한 하나의 절차를 거치는 것으로 족하다. ⑨ 행정심판청구가 기간도과로 인하여 부적법한 경우에는 행정소송 역시 전치의 요건을 충족치 못한 것이 되어 부적법 각하를 면치 못하는 것이고, 이 점은 행정청이 행정심판의 제기기간을 도과한 부적법한 심판에 대하여 그 부적법을 간과한 채 실질적 재결을 하였다 하더라도 달라지는 것은 아니다.

📖 항고소송으로서의 무효등확인소송

1. 일반론

구분	내용
의의	① 무효등확인소송이란 **행정청의 처분 등의 효력유무 또는 존재여부를 확인하는 소송**을 말한다(동법 제4조 제2호). ② 무효등확인소송에는 **무효인 처분의 무효선언을 구하는 취소소송의 형식을 인정하고 있어 취소를 구하는 취지까지 포함된 것으로 본다.**
적용법규	① 무효등확인소송은 취소소송에 관한 규정을 대부분 준용한다(동법 제38조 제1항). ② 무효등확인소송에는 **행정심판전치주의, 제소기간, 재량처분의 취소, 사정판결, 간접강제에 관한 규정은 준용되지 않는다.**

2. 소송요건

구분	내용
소송대상	무효등확인소송도 취소소송과 마찬가지로 소송의 대상은 처분 또는 재결이다.
원고적격	무효등확인소송은 처분 등의 효력 유무 또는 존재 여부의 확인을 구할 법률상 이익이 있는 자가 제기할 수 있다(동법 제35조).
소의 이익	① 행정처분의 무효를 전제로 한 이행소송 등과 같은 직접적인 구제수단이 있는지 여부를 따질 필요가 없이 확인을 구할 법률상 이익이 있는 자는 무효등확인소송을 제기할 수 있다. ② 무효인 과세처분에 근거하여 세금을 납부한 경우 부당이득반환청구의 소로써 직접 위법상태의 제거를 구할 수 있는지 여부와 관계없이 무효확인을 구할 법률상 이익을 가진다.
피고적격	무효등확인소송은 취소소송과 같이 다른 법률에 특별한 규정이 없는 한 그 처분 등을 행한 행정청을 피고로 한다.
제소기간	① 무효등확인소송에는 제소기간의 제한이 없다. ② 다만, 무효를 선언하는 의미의 취소소송의 경우에는 제소기간이 적용되며, 이 경우에는 취소소송의 요건을 모두 갖추어야 한다.

3. 입증책임 및 판결의 효력

구분	내용
입증책임	행정처분의 당연무효를 주장하여 그 무효확인을 구하는 행정소송에 있어서는 원고, 즉 무효를 구하는 사람에게 그 행정처분이 무효인 사유를 주장, 입증할 책임이 있다.
판결의 효력	① 처분 등의 무효를 확인하는 확정판결은 대부분 취소소송에 관한 규정이 준용된다. ② 다만, 무효등확인소송의 경우에는 성질상 형성력은 문제되지 않고, 간접강제도 허용되지 않는다.

📖 항고소송으로서의 부작위위법확인소송

1. 일반론

구분	내용
의의	부작위위법확인소송이란 행정청의 부작위가 위법하다는 확인을 구하는 소송을 말한다(동법 제4조 제3호).
적용법규	① 부작위위법확인소송은 항고소송의 일종으로서 취소소송에 관한 대부분의 규정이 준용된다(동법 제38조 제2항). ② 취소소송에 관한 규정 중 처분을 전제로 하는 제소기간, 처분의 변경으로 인한 소의 변경, 집행정지결정, 사정판결, 피고의 소송비용에 관한 부담은 준용되지 않는다.

2. 소송요건

구분	내용
소송대상	부작위위법확인소송의 대상은 행정청의 부작위이다.
원고적격	① 부작위위법확인소송은 처분의 신청을 한 자로서 부작위의 위법의 확인을 구할 법률상 이익이 있는 자만이 제기할 수 있다(동법 제36조). ② 취소소송이나 부작위위법확인소송에 있어서는 당해 행정처분 또는 부작위의 직접상대방이 아닌 제3자라 하더라도 그 처분의 취소 또는 부작위의 확인을 받을 법률상의 이익이 있는 경우에는 원고적격이 인정된다.
소의 이익	당사자의 신청이 있은 이후 당사자에게 생긴 사정의 변화로 인하여 위 부작위가 위법하다는 확인을 받는다고 하더라도 종국적으로 침해되거나 방해받은 권리와 이익을 보호 또는 구제받는 것이 불가능하게 되었다면 그 부작위가 위법하다는 확인을 구할 이익은 없다.
피고적격	취소소송의 피고적격에 관한 규정이 준용되어, 부작위의 행정청이 피고가 된다.
제소기간	① 부작위위법확인의 소는 부작위상태가 계속되는 한 그 위법을 구할 이익이 있다고 보아야 하므로 원칙적으로 제소기간의 제한을 받지 않는다. ② 행정심판 등 전심절차를 거친 경우에는 제소기간 내에 소를 제기하여야 한다.

3. 소송의 심리

구분	내용
범위	부작위위법확인소송에 있어서 법원의 심리는 부작위의 위법성 여부만을 심사하여야 하고, 만약 실체적 내용을 심리한다면 의무이행소송을 인정하게 되는 결과가 되어 정당하지 않다.
위법판단의 기준시	부작위위법확인소송에서는 처분이 존재하지 않고, 상당한 기간 내에 일정한 처분을 하지 아니한 의무위반상태를 위법이라 하여 그 확인을 구하는 것이므로 위법판단의 기준시는 판결시(사실심의 구두변론 종결시)로 본다.
기타 심리	① 처분이 존재하지 않으므로 처분변경으로 인한 소의 변경에 관한 규정은 적용되지 않는다. ② 부작위위법확인소송의 판결도 기속력과 간접강제에 관한 규정이 적용된다. ③ 개별법에서 행정심판전치주의를 취하고 있는 경우에는 먼저 의무이행심판을 거쳐야 한다.

📖 당사자소송

1. 일반론

구분	내용
의의	당사자소송이란 행정청의 처분 등을 원인으로 하는 법률관계(예 공무원의 지위확인을 구하는 소송 등)에 관한 소송 그 밖에 공법상의 법률관계에 관한 소송으로서 그 법률관계의 한쪽 당사자를 피고로 하는 소송을 말한다(동법 제3조 제2호).

항고소송과의 구별	차이점	① 항고소송은 개인이 행정청의 우월한 공권력 행사인 처분 등을 다투는 소송으로서 행정청을 피고로 하는 소송이다. ② 당사자소송은 서로 대등한 당사자 사이의 법률관계를 대상으로 하여 다투는 소송으로서 법률관계의 한쪽 당사자를 피고로 하는 소송이다.
	준용규정	행정심판전치주의, 제소기간, 집행부정지원칙, 사정판결의 규정은 준용되지 않는다.
	판례	파면처분을 당한 공무원은 그 처분에 취소사유인 하자가 존재하는 경우 파면처분 취소소송을 제기하여야 하고 곧바로 당사자소송으로 공무원지위확인소송을 제기할 수 없다.
당사자소송 인정		① 전문직 공무원인 공중보건의사의 채용계약해지의의사표시 ② 서울특별시립무용단 단원의 위촉 거부 ③ 한국방송공사의 수신료 징수권한 여부를 다투는 소송 ④ 재건축조합을 상대로 그 조합설립변경 결의 또는 사업시행계획 결의의 효력 등을 다투는 소송 ⑤ 재개발조합에 대하여 조합원 자격확인을 구하는 소송 ⑥ 「공무원연금법」의 개정 등으로 퇴직연금 중 일부 금액의 지급이 정지된 경우 미지급 퇴직연금의 지급을 구하는 소송 ⑦ 명예퇴직한 법관의 미지급 명예퇴직수당 청구소송 ⑧ 지방소방공무원의 지방자치단체를 상대로 한 초과근무수당지급청구소송 ⑨ 태극무공훈장을 수여받은 자임에 대한 확인을 구하는 소송
당사자소송 불인정		① 「민주화운동관련자 명예회복 및 보상 등에 관한 법률」에 따른 보상금 등의 지급을 구하는 소송 ② 공무원연금관리공단이 이를 거부하거나 일부 금액만 인정하는 급여지급결정

2. 소송요건

구분	내용
원고적격	① 「행정소송법」은 당사자소송의 원고적격에 관한 별도의 규정을 두고 있지 않다. ② 「민사소송법」을 준용하여 권리보호의 이익이 있는 자가 원고가 된다고 할 것이다.
피고적격	① 당사자소송은 국가·공공단체 그 밖의 권리주체(공무수탁사인 등)를 피고로 한다(동법 제39조). ② 항고소송의 경우와는 달리 행정청을 피고로 하지 않는다.
제소기간	① 당사자소송에 관하여 법령에 제소기간이 정하여져 있는 때에는 그 기간을 불변기간으로 한다(동법 제41조). ② 당사자소송에는 취소소송 등의 제소기간의 규정이 준용되지 않는다.

서진호
경찰학

독한경찰 | police.dokgong.com

제11장

경찰행정학(경찰관리론)

제103테마~제123테마

제103테마
정책결정모델

중요도 C급

구분	내용
합리모델	① 합리모델(rational model)은 관련된 모든 대안들을 고려할 수 있다는 객관적 합리성과, 주어진 목적달성의 극대화를 위하여 최대한의 노력을 한다는 주관적 합리성에 근거하여 합리적 인간을 전제로 한 이론모델이다. ② 합리모형은 정책결정에서 인간의 주관적이고 감정적인 요소를 배제하고 정치적 현실의 역동성을 고려하지 않고, 의사결정자의 완전한 경제적 합리성을 전제로 정책을 결정한다. ③ 외부요인을 고려하지 못하고 정책결정자의 의사결정만을 미시적으로 강조하는 것은 합리모형의 한계이다.
만족모델	① 만족모델(satisfying model)은 합리모형과는 달리, 완전한 합리성이 아닌 제한된 합리성에 기초한 이론모델이다. ② 정책결정자는 최선의 대안을 추구하기 어렵고 만족스러운 대안을 추구하게 된다. ③ 만족모형은 제한된 합리성을 중시하여 정책결정자의 주관적이고 현실적인 판단에 근거하여 합리적 결정을 내리기 위한 최선의 노력을 전제로 한다.
점증모델	① 점증모델(incremental model)은 정책결정은 경제적 합리성만으로 이루어지는 것이 아니고, 시민과 정치인의 지지를 얻을 수 있는 정치적 합리성이 크게 작용한다는 이론모델이다 (예 예산의 전년도 위주의 편성 등). ② 점증모형은 기존 정책을 토대로 수정 보완하여 약간 개선된 상태의 정책대안을 채택한다. ③ 기존의 정책 또는 사업의 축소·종결이 곤란하여 감축관리에 용이하지 않다.
최적모델	① 최적모델(optimal model)은 경제적 합리성뿐만 아니라 직관, 판단력, 창의력과 같은 초합리적 요인을 고려하는 이론모델이다. ② 정책결정자가 자원의 제약, 불확실한 상황, 지식·정보의 부족으로 합리성의 정도를 높이는데 제약을 갖고 있으므로 초합리적인 과정에 의존하여야 한다고 주장한다. ③ 최적모델은 합리모델의 비현실성과 점증모델의 보수성을 극복하기 위하여 이상주의와 현실주의 통합을 시도한 것으로서, 기존의 정책을 바탕으로 이루어지는 점증주의 성향을 비판하면서, 새로운 결정을 할 때마다 정책방향도 다시 검토할 것을 주장한다.
혼합탐사 모델	① 혼합탐사모델(Mixed scanning model)은 점증모델의 단점을 합리모델과의 통합을 통해서 보완하기 위해 주장한 것으로서, 정책결정을 근본적 결정과 세부적 결정으로 나누고, 합리적 결정과 점증적 결정을 적절하게 혼합하여 의사결정을 하는 것을 말한다. ② 혼합탐사모델은 근본적 결정의 경우 합리모형을, 세부적 결정의 경우 점증모형의 의사결정 방식을 따른다.

쓰레기통 모델	① 쓰레기통 모델(Garbage can model)은 정책결정이 일정한 규칙에 따라 이루어지는 것이 아니라, 문제·해결책·선택기회·참여자의 네 요소(암기 TIP 문해선참)가 쓰레기통 속에서와 같이 뒤죽박죽 움직이다가 어떤 계기로 서로 만나게 될 때 이루어진다고 보는 정책결정 모델을 말한다. ② 대형참사를 계기로 그동안 해결하지 못했던 정책문제에 관한 대책을 마련하게 되는 상황을 설명하는 정책모형이다(세월호 사건, 이태원 사건 등). ③ 조직의 구성단위나 구성원 사이의 응집성이 아주 약한 혼란상태에서 이루어지는 의사결정으로서, 위계적인 조직구조에서는 적용이 어렵다.
사이버네틱스 모델	① 사이버네틱스모델(Cybernetics model)은 설정된 목표를 달성하기 위해 정보분석과 환류과정을 통해 자신의 행동을 스스로 조정해 나간다고 가정하는 이론모델이다. ② 시간의 흐름에 따라 환류되는 정보를 분석하여 잘못된 점이 있으면 수정·보완하는 방식이다. ③ 결과예측 후 합리적 대안을 선택하는 인과적 학습이 아니라, 도구적 학습에 의존한다. 즉, 시행착오적인 도구적 학습을 거쳐 터득된 표준운영절차(SPO)에 따라 점진적·자동적으로 적응해나가는 의사결정을 한다.
엘리슨 모델	① 엘리슨 모델(Allison model)은 쿠바 미사일 위기에 따른 미국 정부의 정책결정 과정을 설명하기 위해서 고안된 것으로, 집단적 의사결정을 유형화하여 정부의 정책결정과정을 합리적 행위자모형, 조직과정모형, 관료정치모형을 통해 분석하였다. ｜ 합리적 행위자모형 ｜ ㉠ 합리적 행위자 모형의 기본분석단위는 국가 또는 정부에 의해서 채택되어진 정책이다. ㉡ 행위의 주체인 국가 또는 정부는 단일의 합리적인 정책결정자로 간주한다. ｜ ｜ 조직과정모형 ｜ ㉠ 조직과정모형은 정부의 정책이 여러 조직의 상반된 대안이 최고정책결정자의 조정을 거쳐 반영된 것에 불과하다고 주장한다. ㉡ 조직과정모형은 조직 하위계층에의 적용가능성이 높다. ｜ ｜ 관료정치모형 ｜ ㉠ 관료정치모형은 여러 다양한 문제에 관심을 갖는 다수의 정치적 행위자들의 정치적 게임의 결과로서 정책이 채택된다고 간주한다. ㉡ 관료정치모형은 조직 상위계층에의 적용가능성이 높다. ｜ ② 국제정치적 사건과 위기적 사건에 대응하는 정책결정을 설명하기 위한 모형으로 고안되었으나, 일반정책에도 적용이 가능하다. ③ 세 가지 모형은 상호 배타적인 관계이지만, 실제 하나의 조직에 모두 적용될 수 있다고 본다.

제104테마
경찰조직 편성원리

중요도 A급

📖 계층제의 원리

구분	내용
의의	① 계층제(hierarchy)의 원리란 카톨릭의 교권조직에서 유래한 것으로서, 권한 및 책임의 정도에 따라 직무를 계층화함으로써, 상·하 계층간에 직무상 지휘·감독관계에 있도록 조직하는 원리를 말한다. ② 상위 계층으로 갈수록 권한과 책임이 무거운 직무를 수행하도록 편성하는 것이다. ③ 계층제의 원리는 가장 일반적인 조직의 편성원리이지만, 위원회와 같은 조직에는 적용이 곤란하므로 조직의 모든 부서에 적용되는 것은 아니다.
장점	① 명령·지시, 권한의 위임이나 의사소통의 통로가 된다. ② 목표를 설정하고 업무를 분담하는 통로가 된다. ③ 조직 내의 분쟁·갈등의 해결·조정과 내부통제의 확보수단이 된다. ④ 지휘·감독을 통하여 경찰의 질서유지와 조직의 일체감·통일성을 확보할 수 있다. ⑤ 명령과 지시를 통해 경찰행정의 능률성과 책임소재의 명확성을 보장하는 수단이 된다. ⑥ 경찰승진의 경로가 되어 사기를 진작시킨다. ⑦ 권한과 책임의 배분을 통하여 업무의 신중을 기할 수 있다.
단점	① 조직의 경직화를 초래하고 동태적인 인간관계의 형성을 저해한다. ② 환경변화에 신축성 있게 적응하기 어렵고, 새로운 지식·기술의 도입이 용이하지 않다. ③ 업무처리 과정이 지연되어 관리비용이 증가하게 된다. ④ 의사전달의 지연·왜곡이 가능하고, 하의상달이 곤란하다. ⑤ 계층제를 비합리적인 인간지배의 수단으로 인식하기 쉽다. ⑥ 조직 간 갈등으로 인한 조직할거주의를 초래한다. ⑦ 기관장의 독단화 현상이 나타날 수 있다.

📖 통솔범위의 원리

구분	내용
의의	① 통솔범위(span of control)의 원리란 조직이 효과적으로 기능하기 위해서, 1인의 상관 또는 감독자가 효과적으로 직접 통솔할 수 있는 부하의 수에 관한 원리를 말한다. ② '관리자의 통솔범위로 적정한 부하의 수는 어느 정도인가?'라는 문제로서 관리의 효율성을 좌우하는 중요한 원리이다(구조조정의 원리).

구분		내용
결정요인	조직 규모	조직의 규모가 작을수록 비공식적 접촉의 가능성 증가로 인하여 통솔범위가 넓어진다(반비례관계).
	업무 성질	전문적·창의적·복잡한 업무보다는 동질적·단순한 업무일수록 통솔범위가 넓어진다.
	상황	정상적인 상황이 아닌 위기상황일수록 통솔범위가 넓어진다.
	공간	① 분산된 부서보다는 근접한 부서일수록 통솔범위가 넓어진다. ② 교통기관이 발달할수록 통솔범위는 넓어진다.
	시간	안정된 기성조직일수록 신설조직보다는 통솔범위가 넓다.
	계층	계층의 수가 적어질수록 통솔범위가 넓어진다(반비례관계).
	의사전달	의사전달이 잘 될수록, 정보통신기술이 발달할수록 통솔범위는 넓어진다.

📖 명령통일의 원리

구분	내용
의의	명령통일(Unity of command)의 원리란 한 사람의 부하직원은 오직 한 사람의 상관으로부터 명령을 받고 그 상관에게만 보고하여야 한다는 원리를 말한다.
장점	① 모순된 지시 등으로 발생하는 업무수행의 혼선과 비능률적인 현상을 방지한다. ② 판단이나 행동상의 잘못에 대한 책임을 명백히 함으로써 부하에 대한 통제가 가능하다. ③ 조직 내 혼란방지와 질서유지를 통한 조직의 안정성을 확보한다.
단점	① 횡적 조정을 저해하여 행정능률을 저하시킬 수 있다. ② 분권화와 권한위임을 저해하고 업무의 상호 연관성이 높은 상황에서는 비능률적이다. ③ 관리자의 업무공백상태의 경우, 그 관리자로 인해 업무가 마비될 수 있다(이러한 단점을 보완하기 위해 권한의 위임 및 대리, 유고관리자 사전지정 등이 필요하다).

📖 전문화의 원리(분업화의 원리)

구분	내용
의의	전문화(Specialization)의 원리란 경찰조직의 전체 기능을 성질별로 나누어, 가급적 한 사람에게 동일한 업무를 분담시켜야 한다는 원리를 말한다.
장점	① 업무지연을 최소화함으로써 직무수행의 능률과 질을 향상시킨다. ② 직무수행의 비용이 절감된다. ③ 구성원들에게 보다 큰 직무만족을 제공할 수 있다.
단점	① 조정과 통합이 어려워져서 조직할거주의가 초래될 수 있다. ② 지나친 전문화는 과도한 경쟁을 초래하고, 비밀을 증가시킨다(전문가적 무능현상). ③ 시야가 좁아지고 전체적인 입장에서 보는 넓은 통찰력을 가지기 어렵다. ④ 전문가들은 조직의 기관장이나 지도자로 임명해서는 안 된다(전문가 경계의 법칙).

📖 조정 및 통합의 원리(조직의 제1원리)

구분		내용
의의		① 조정 및 통합(coordination and integration)의 원리란 조직의 집단적 노력을 질서 있게 배열하는 과정으로서, 구성원이나 단위기관들의 개별적 활동을 전체적 관점에서 통일적으로 운영하여 조직의 목표 달성도를 높이려는 원리이다. ② 무니(J. D. Mooney)는 '조직의 제1원리'임과 동시에 가장 '최종적인 원리'라고 하여 그 중요성을 강조하였다.
갈등의 조정·통합방안	갈등 원인의 근원적 해결	갈등이 세분화된 업무처리에서 나오는 것이라면 업무를 더 전문화하기보다는 업무과정을 통합하거나 대화채널을 확보하여야 한다.
	상위목표 이해	더 높은 상위목표를 제시하고, 이해와 양보를 유도하여야 한다.
	우선순위 결정	한정된 인력이나 예산을 가지고 갈등이 생기는 경우에는 가능하면 예산과 인력을 확보하고 업무추진의 우선순위를 관리자가 정해주어야 한다.
	문제해결이 어려운 경우	갈등을 완화하거나, 양자 간의 타협을 도출하거나, 관리자가 갈등해결 결정을 보류 또는 회피하는 방식을 사용한다.
	장기적 대응방안	조직구조, 보상체계, 인사 등의 제도개선과 조직원의 행태를 합리적으로 개선하여야 한다.

제105테마

경찰조직 관리이론

중요도 C급

📖 관료제이론

1. 일반론

구분	내용
의의	막스 베버(Max Weber)의 관료제(Bereaucracy) 이론은 자본주의적 합리성에 기초한 조직원리로서, 상관에 의한 통제의 정당성과 부하에 의한 복종의무에 근거하고 있다.
구조	경찰조직의 구조는 군대식 조직에 가까운 관료제 형태를 띠고 있다.

2. 대표적 특징

구분	내용
직무의 분할	모든 직무는 가능한 한 규모가 작은 단위로 체계적으로 분할되어 있다.
법규의 지배·규칙화	각 직무는 균일성과 통일성을 달성하기 위하여 법규의 지배(관습의 지배 ×)를 받고, 설정된 규칙에 따라서 수행된다.
권한의 계층제	조직의 직위에는(리더로부터 가장 낮은 지위에 이르기까지) 권한뿐만 아니라 책임이 부여되어 있어야 한다.
상관의 책임성	조직의 각 구성원이 내린 결정에 대하여 상관이 책임을 진다.
전문 관료에 의한 직무수행	모든 직무는 전문지식과 기술을 지닌 관료가 담당하며, 이들은 공개 채용된다.
관료의 전임화	직무수행의 대가로 급료를 정기적으로 받고, 승진·퇴직금 등의 보상을 받는다.
형식주의 (공식적 태도)	① 조직의 각 구성원은 비인간적(인간적 ×)이고 공식적인(비공식적인 ×) 태도를 갖고, 법규에 따라 임무를 수행한다. ② 직무의 수행은 문서에 의해서 이루어지며, 기록은 장기간 보존된다.

3. 역기능

구분	내용
조직할거주의 (부서이기주의)	관료는 자기가 소속한 조직단위나 기관에만 관심과 충성을 가질 뿐, 다른 부서에 대한 배려가 없어 조정·협조가 잘 이루어지지 않는다.
변화에 대한 저항과 보수주의	관료들의 자기유지에 대한 불안감으로 인하여 보수주의적 폐단이 생기고, 신기술·신지식 등 도입이 어렵게 된다.
동조과잉	법규의 엄격한 적용과 준수가 강요되기 때문에 관료는 목표를 달성하기 위한 수단인 법규·절차에 지나치게 영합하게 되고, 그 결과 목표와 수단의 전환현상이 발생하게 된다.

	무사안일주의	관료들이 상급자의 권위에 의존하며 책임을 회피하는 현상이 있다.
	인격적 관계의 상실	비인간적이고 공식적인 태도로 인하여 냉담과 무관심 등이 나타나고, 인격적 관계가 상실될 수 있다.
	형식주의	서류절차 및 보관 등과 같은 겉치레를 중시하는 현상이 나타난다.

📖 과학적 관리법

구분		내용
의의		① 테일러(W. Taylor)의 과학적 관리법(Scientific Management)은 절약과 능률을 실현할 수 있는 표준적 업무절차를 만들어 업무의 생산성, 능률성을 향상시키려는 관리기술을 의미한다. ② 오직 한 가지 최선의 방법으로 과업을 수행하고 있는 사람을 일류의 직원으로 인정한다.
특징	과학적 분석	모든 과업은 과학적으로 실험되어야 하고, 그것을 수행하기 위하여 엄격한 규칙이 공식화되어야 한다.
	시간연구 동작연구	모든 과업은 쓸데없는 동작이나 지연을 없애기 위하여 시간에 맞추어야 하고, 자세히 설명되어야 한다.
	최선의 과학적 방법	어떤 주어진 과업을 달성하기 위해서 최선의 과학적 방법이 있으며, 과업은 항상 그러한 방법으로 이루어져야 한다.
	성과급 지급	고정된 보수 대신에 생산성에 따라 보수가 지급되어야 한다.

📖 목표에 의한 관리(MBO)

구분	내용
의의	① 목표에 의한 관리(Management By Objective : MBO)는 기존의 일방적이고 지시적인 관리방식을 탈피하여 관리자와 구성원들의 자발적 참여를 통해 부분·전체의 합의된 목표를 설정하는 것으로서, 구성원 각자의 성과·업적을 측정·평가하여 조직전체 목표를 효율적으로 달성하려는 것이다. ② 하급자가 스스로 상급자와 합의하에 목표를 설정하고 집행하는 탈전통적 모형이다.
장점	① 조직목표에 조직활동을 집중시킴으로써 조직의 효과성 및 능률성을 제고할 수 있다. ② 참여적 방법을 통한 자율적 책임을 강화하고, 사기 및 만족감을 고취시킬 수 있다. ③ 민주적 관리풍토를 조성할 수 있다. ④ 갈등을 감소시키고 결과에 대한 책임의 수용을 정당화할 수 있다. ⑤ 관료제의 부정적 측면을 제거하여 조직을 동태화할 수 있다. ⑥ 조직목표와 개인목표의 통합을 이룰 수 있다.
단점	① 공공부문에 도입할 경우 목표성과의 측정이 어렵다. ② 불확실하고 변동이 심한 상황 속에서는 목표달성이 용이하지 않다. ③ 단기적·양적 목표에 치중하여 장기적·질적 목표를 경시한다. ④ 권력성·강제성을 띤 조직에서는 적용하기 어렵다. ⑤ 절차의 복잡성과 문서주의화의 문제가 있다.

제106테마
계급제와 직위분류제

중요도 A급

📖 계급제 : 일반행정가 중심

구분	내용
의의	① 계급제란 개인의 자격·능력·학력을 기준으로 하여 계급을 부여하고 일정한 신분을 보장해 주는 것에 중점을 두는 공직분류방식이다(인간 중심의 공직분류방식). ② 계급제는 보통 계급의 수가 적고 계급간의 차별이 심하여 외부충원이 힘들다.
장점	① 신분보장의 강화로 행정의 안정화에 기여한다. ② 인사배치의 신축성과 적응성을 통한 부처간 협조와 조정이 용이하다. ③ 직업공무원제의 확립에 기여한다.
단점	① 행정의 전문화가 곤란할 수 있다. ② 계급의 폐쇄화에 따른 상호 배타적인 차별적 긴장과 갈등이 유발된다. ③ 공무원에 대한 민주적 통제가 곤란하다.

📖 직위분류제 : 전문행정가 중심

구분	내용
의의	① 직위분류제란 직무의 특성에 중점을 두고 각 지위에 내포되어 있는 직무의 종류와 책임·난이도를 기준으로 하여 수직적·수평적으로 분류하는 공직분류방식이다(직무 중심의 공직분류방식). ② 직위분류제는 임용·보수 및 인사행정의 합리화를 수단으로 1909년 미국 시카고(뉴욕 ×)에서 처음 도입되었다.
장점	① 보수결정의 합리적 기초를 제공한다. ② 임용과 인사배치의 객관적 기준을 제시한다. ③ 행정의 전문화를 촉진할 수 있다. ④ 권한과 책임의 명확화를 도모할 수 있다.
단점	① 인사배치에 있어서 비신축적이다. ② 직책에 따른 전문화로 기관과의 협조 및 조정 등에 있어 의사소통이 곤란할 수 있다. ③ 신분의 불안전성이 야기된다.

📖 계급제와 직위분류제의 비교

구분	계급제	직위분류제
적용국가	영국, 독일, 프랑스, 한국, 일본 등	1909년 미국의 시카고에서 처음 도입
중심개념	사람 중심(계급)	직무 중심(직위)
충원방식	폐쇄형(내부충원)	개방형(외부충원)
인사배치	신축성 · 융통성 · 탄력성	비신축성 · 비융통성 · 비탄력성
권한과 책임한계	불명확(주로 상관이 책임을 짐)	명확
신분보장	안정적(민주적 통제가 어렵다)	불안정적(민주적 통제가 가능하다)
조정 · 협력관계	용이	곤란(원활한 의사소통의 어려움)
직업공무원제	용이(신분의 안정성)	곤란(신분의 불안정성)
비고	우리나라의 경우 계급제를 기본으로 하되, 직위분류제적 요소를 가미하고 있다.	

제107테마

인사관리의 2대원칙 및 직업공무원제도

중요도 B급

📖 인사관리의 2대 원칙

구분		내용
엽관주의	의의	① 엽관주의란 공직임용에 있어서 개인의 능력·자격·업적보다는 충성심·당파성·정실 등에 기준을 두는 인사제도를 말한다(미국 7대 대통령 앤드류 잭슨에 의해 채택). ② 선거에서 승리한 정당이 모든 관직을 전리품처럼 획득하고 선거에서의 충성도 및 기여도에 따라 공직을 정당원들에게 임의대로 처분할 수 있는 정치적 인사제도로서, 미국의 자유민주정치 발전과정에서 도입되었다.
	가정	행정의 전문성을 간과하여, 모든 행정은 평범한 상식과 이해력이 있는 사람이면 누구나 수행할 수 있다는 가정을 전제로 하고 있다.
	장점	① 정당정치의 발전에 기여하고, 책임행정을 도모할 수 있다. ② 민주적 통제의 강화와 시민의 요구에 따른 행정의 수행이 이루어진다. ③ 공무원의 적극적인 충성심이 유도될 수 있다. ④ 관료주의화를 방지하고 공직침체를 방지할 수 있다.
	단점	① 인사의 기준이 객관적이지 않으므로 부정부패가 만연할 수 있다. ② 행정의 비능률성·비계속성·불안정성이 초래될 수 있다. ③ 정실에 의한 공무원의 임용으로 기회균등의 원리에 위배된다. ④ 공무원은 국민을 위해 봉사하는 것이 아니라, 정당을 위해 봉사한다. ⑤ 불필요한 관직을 증설하여 예산의 낭비를 초래한다.
실적주의	의의	실적주의란 공무원에 대한 공직임면 등의 인사관리를 당파성이나 정실에 의하지 않고, 개인의 능력·자격·성적 등을 기준으로 공직임용과 승진을 시키는 인사제도를 말한다(엽관제가 원인이 되어 1881년에 대통령 제임스 A. 가필드가 암살됨으로써 등장).
	수단	공개경쟁에 의한 공무원의 채용, 공무원의 정치적 중립성의 확보, 공무원의 신분보장, 공직진출에의 기회균등, 독립적인 중앙인사기관의 설치 등이 제시된다.
	장점	① 인사기준의 객관성으로 인하여 공무원의 정치적 중립과 부패방지에 기여할 수 있다. ② 신분보장으로 인한 행정의 능률성·전문성·안정성·계속성을 확보할 수 있다. ③ 공직기회의 균등 실현이 가능하다.
	단점	① 인사행정의 소극화·형식화를 초래할 수 있다. ② 관료의 보수화·특권화가 초래될 수 있다. ③ 정당 이념의 행정에 대한 반영이 곤란하다. ④ 공무원의 신분보장으로 인한 민주적 통제가 곤란하다. ⑤ 국민의 요구에 대응하지 않을 수도 있다.
양자의 조화		① 우리나라는 실적주의를 기반으로 엽관주의의 요소를 가미하여 운영하고 있다. ② 엽관주의나 실적주의는 각각 장·단점이 있으므로 상호 배타적 개념이 아니라 상호 보완적으로 적절히 활용하는 것이 바람직하다. ③ 일반적으로는 고위직에는 엽관주의, 중하위직에는 실적주의가 많이 적용된다.

📖 경찰직업공무원제도

구분	내용
의의	① 직업공무원제도란 유능한 인재를 경찰직에 흡수·확보함은 물론 이들이 경찰직을 일생의 영예로 생각하고 긍지를 느끼게 하는 공직관을 갖는 제도를 말한다. ② 실적주의는 직업공무원제로 발전되어 가는 기반이 되지만, 실적주의 자체가 바로 직업공무원제도를 의미하는 것은 아니다. ③ 실적주의가 직업공무원제도보다 더 넓은 개념이다.
장점	① 장기근무 유도로 행정의 계속성·안정성·일관성을 확보할 수 있다. ② 행정의 정치적 중립성 및 독립성을 확보할 수 있다. ③ 개방형 충원체제로 넓은 시야를 가진 유능한 인재를 등용할 수 있다. ④ 공무원의 일체감과 단결심 및 공직에의 헌신 정신을 강화하는 데 유리하다.
단점	① 채용연령의 제한으로 공직에의 기회균등을 저해할 수 있다. ② 공직집단의 보수화·관료화로 행정통제 및 책임확보가 곤란할 수 있다.

제108테마
사기관리(동기부여이론)

채용 A급

📖 일반론

구분		내용
의의		동기부여란 조직구성원에게 바람직한 행동을 유발시키고, 그 행위를 유지시켜 나가며, 나아가 그 행위를 목표지향적인 방향으로 유도해 가는 과정을 의미한다.
내용이론	의의	① 내용이론은 사람을 움직이고 일하게 하는 구체적인 실체가 인간의 마음 속에 있다는 이론이다. ② 내용이론은 사람이 동기부여되는 과정에서 인간의 욕구가 무엇인가에 대하여 초점을 둔다.
	종류	내용이론의 종류에는 매슬로우의 욕구계층이론, 알더퍼의 ERG이론, 아지리스의 미성숙·성숙이론, 허즈버그의 2요인이론, 맥그리거의 X·Y이론, 맥클랜드의 성취동기이론 등이 있다.
과정이론	의의	과정이론은 인간의 욕구가 곧바로 인간행동을 유발하는 것이 아니라, 자신의 행동이 가져오는 결과를 고려하여 행동한다는 이론이다.
	종류	과정이론의 종류에는 포터와 롤러의 업적만족모형, 브룸의 기대이론, 아담스의 공정성이론 등이 있다.

📖 내용이론

1. 매슬로우의 욕구계층이론

구분		내용
의의		① 매슬로우(Maslow)의 욕구계층이론은 인간의 5가지 기본욕구가 서로 연관되어 우선순위의 계층을 이루고 있어서, 한 단계의 욕구가 충족되어야 다음 단계의 욕구가 순차적·상향적으로 표출된다고 주장한다. ② 특정 단계의 욕구가 충족되면, 그 욕구는 더 이상 동기부여요인으로서의 의미가 없어진다고 본다.
주요내용 (5단계)	생리적 욕구 (제1단계)	가장 기본적이고 강한 욕구로서 의식주 및 건강 등에 관한 욕구이다(예 냉·난방시설, 기본급여, 근무 및 휴식조건, 편안한 제복, 노동력 절약 장비, 휴양제도, 포상휴가 등).
	안전의 욕구 (제2단계)	안전, 안정, 보호에 관한 욕구이다(예 안전한 근무조건, 신분보장, 연금제도, 적절한 경찰기관의 정책, 보호장비 등).
	사회적 욕구 (제3단계)	동료·상사·조직전체에 대한 사랑, 귀속감을 충족하려는 욕구이다(예 인간관계의 개선, 고충처리, 어울릴 수 있는 동료, 전문화된 우정 등).

구분		내용
주요내용 (5단계)	존경의 욕구 (제4단계)	타인의 인정·존중·신망을 받으려는 욕구이다(예 성과급 인상, 참여 확대, 권한의 위임, 제안제도, 동료와 상사의 인정, 포상제도 등).
	자아실현의 욕구 (제5단계)	① 최상위의 욕구로 자기발전·자기완성과 관련되는 욕구이다(예 도전적인 직무, 창의성, 직무성취, 기획에의 참여, 합리적인 승진, 공무원단체 활용 등). ② 조직의 욕구와 가장 조화되기 어려운 욕구로서 갈등이 유발될 수 있다.

2. 알더퍼의 ERG이론

구분		내용
의의		알더퍼(Alderfer)는 매슬로우의 욕구계층이론이 갖는 한계성에 대한 대안으로 다섯 가지 욕구를 세 범주로 구분하였다.
가정		① ERG이론은 욕구계층이론과 다르게 좌절과 퇴행의 원칙을 포함하고 있다. 즉, 상위욕구가 충족될 수 없을 때, 이미 충족된 하위욕구가 활동할 수 있다. ② 매슬로우의 욕구계층이론에서는 사람들이 한 시점에 한 가지 욕구에 의해서만 영향을 받는다고 주장하고 있지만, ERG이론에서는 한 가지 이상의 욕구가 동시에 작용할 수 있다고 보고 있다.
주요내용	생존욕구 (존재욕구) (existence)	생존욕구는 인간의 생존을 위하여 필요한 욕구로서, 이러한 욕구가 충족되지 못하면 인간의 생존이 위협받게 된다(예 굶주림, 목마름, 주거지, 임금, 복리후생 등).
	관계욕구 (relatedness)	관계욕구는 인간이 인간답게 살기 위해 타인과의 관계를 유지하려는 욕구이다 (예 가족, 친구, 동료, 상사 등).
	성장욕구 (growth)	성장욕구는 창조적·개인적 성장을 위한 개인의 노력과 관련된 욕구로서, 개인의 잠재능력 개발과 관련되는 욕구이다(예 자아실현).

3. 아지리스의 미성숙·성숙이론

구분	내용
의의	아지리스(Argyris)의 미성숙·성숙이론(immaturity-maturity theory)은 인간의 생산성을 그의 미성숙 또는 성숙의 결과로서 보는 이론이다.
주요내용 (7가지 변화)	동기부여는 미성숙에서 성숙으로의 7가지 변화를 도와줄 수 있어야 한다. ① 수동상태에서 능동상태로 ② 타인에 대한 의존상태로부터 독립상태로 ③ 단순한 행동양식에서 다양한 행동양식으로 ④ 피상적인 관심에서 깊고 강한 관심으로 ⑤ 단기적·근시안적 전망에서 장기적·거시적 전망으로 ⑥ 복종의 상태로부터 평등 또는 우월의 상태로 ⑦ 자기인식 결핍의 상태로부터 자기인식의 상태로

4. 허즈버그의 2요인이론

구분		내용
의의		허즈버그(Herzberg)의 2요인이론(two-factor theory)에 의하면, 노동자들은 서로 독자적이면서도 작업행동에 영향을 미치는 2가지 범주를 가지고 있다고 본다.
주요내용	동기요인	① 동기요인은 직무 자체를 만족스럽게 해주는 측면이다. ② 동기요인에는 작업의 특질, 인정과 성취감, 직업적 성장, 작업에의 도전, 목표의 달성 및 책임감, 재량 등이 포함된다(내재적 요인).
	위생요인	① 위생요인은 종업원을 직무 불만족에 이르게 하는 좋지 않은 작업조건과 환경적 영향이다. ② 위생요인에는 기관의 엄격한 정책, 낮은 봉급, 낮은 신분, 긴장을 주는 인간관계, 경직된 감독방식 등이 포함된다(외재적 요인).

5. 맥그리거의 X·Y이론

구분		내용
의의		① 맥그리거(McGregor)의 X·Y이론은 인간 본성에 대한 가정을 X와 Y 두 가지로 대별해 각각의 특성에 따른 관리전략을 처방한 이론을 말한다. ② 2가지의 인간본성을 제시하면서 Y이론에 입각한 관리가 적합하다고 주장하였다.
주요내용	X이론 (강압적 관리)	① 본래 인간은 태만하기 때문에 될수록 일을 적게 하려고 한다. ② 선천적으로 이기적이며, 책임지기를 싫어한다. ③ 주로 안정과 경제적인 만족을 추구한다.
	Y이론 (민주적 관리)	① 조직 내에서 작업은 보람이 있도록 해야 한다. ② 조직은 신뢰, 공개 그리고 헌신을 촉진시켜야 한다. ③ 관리의 목표는 자아실현된 구성원들의 끊임없는 생산일 것이다.

6. 맥클랜드의 성취동기이론

구분	내용
성취욕구	① 성취욕구란 우수한 결과를 얻기 위하여 높은 기준을 설정하고, 달성하려는 욕구를 의미한다. ② 성취욕구가 강한 사람은 물질적 동기보다는 자신의 노력에 의한 성취의 추구, 모험성·난이도가 잘 절충된 표준 이상의 목표 성취, 목표의 성취 또는 실패에 대한 보상·책임 등에 의해 동기부여된다.
권력욕구	① 권력욕구는 다른 사람들의 행동을 지배하고 싶은 욕구를 의미한다. ② 권력욕구가 강한 사람은 다른 사람에게 영향력을 행사하려는 생각으로 시간을 보내며, 논쟁에서 이기려 하고, 타인의 행동을 변화시키려 하며, 권위와 지위를 얻기 위해 자신의 영향력을 행사할 대상을 찾는 데 많은 시간을 보낸다.
친교욕구	① 친교욕구는 우호적이고 친밀한 대인관계를 갖고 싶은 욕구를 의미한다. ② 친교욕구가 강한 사람은 타인과 친근하고 따뜻한 관계유지에 많은 시간을 할애하고 만족을 느끼게 된다.

📖 과정이론

구분	내용
업적만족이론 (포터 & 로울러)	① 포터(Porter)와 로울러(Lawler)의 업적만족이론은 사람은 과거에 습득한 경험이나 미래에 대한 기대감에서 동기가 부여된다고 보는 이론이다. ② 자기가 당연히 받아야 한다고 믿는 보상의 수준에 합치되는 보상을 받을 때에는 만족감 혹은 기대감을 충족할 수 있지만, 그렇지 못한 경우에는 부정적인 반응을 갖게 된다.
기대이론 (브룸)	① 브룸(Vroom)의 기대이론은 자기 자신이 가장 중요하고 가치 있는 결과를 가져오리라고 믿는 것을 선택한다고 가정하는 이론이다. ② 그 변수로 기대, 수단성, 유인가의 3가지를 제시(암기 TIP 기수유)한다.
공정성 이론 (아담스)	아담스(Adams)의 공정성 이론은 자신의 노력과 그 결과로 얻어지는 보상과의 관계를 다른 사람과 비교하여 자신이 느끼는 공정성에 따라서 행동의 동기가 영향을 받는다고 보는 이론이다.

제109테마

예산제도

▍「국가재정법」【시행 2024. 5. 17.】

📖 예산제도의 종류

1. 품목별 예산제도(LIBS) : 1920~1930

구분	내용
의의	① 품목별 예산(Line – Item Budget)은 지출의 대상 및 성질에 따라 세출예산을 인건비, 운영비, 시설비 등으로 구분하는 방법으로서, 지출품목마다 그 비용이 얼마인지에 따라 예산을 배정하는 제도이다. ② 우리나라 경찰은 이러한 품목별 예산제도를 채택하고 있다.
특징	품목별 예산제도는 통제지향적이라고 볼 수 있으며, 관계공무원에게 필요한 핵심적 기술은 회계기술이다.
장점	① 회계책임을 명확하게 할 수 있다. ② 인사행정에 유용한 정보 및 자료를 제공할 수 있다. ③ 예산운영과 지출의 합법성에 치중하는 재정통제 및 회계검사가 용이하다. ④ 행정관료의 재량범위를 축소하여 부정과 예산의 남용을 방지할 수 있다. ⑤ 경비 사용의 적정화를 도모할 수 있다.
단점	① 투입 측면에만 초점을 두고 편성되므로 지출에 따른 성과의 측정이 곤란하다. ② 한 품목에서 다른 품목으로 지출의 융통성 있는 대체가 허용되지 않는다. ③ 재정적 지출과 기관목표의 실질적 달성과의 관계가 결여되어 있다. ④ 기능의 중복을 피하기 곤란하고, 계획과 지출이 일치되지 못한다. ⑤ 미시적 관리로 인해 정부 전체 활동의 통합조정에 필요한 수단을 제공하지 못한다.

2. 성과주의 예산제도(PBS) : 1950~1960

구분	내용
의의	성과주의 예산(Performance Budget)은 예산의 통제보다는 정부가 수행하는 업무성과에 초점을 두며, 업무단위에 따른 비용과 업무량을 측정함으로써 정보의 계량화를 통하여 관리의 능률을 향상시키고자 하는 관리지향적 예산이다.
편성 방법	① 경찰부서 내의 사업계획별로 예산이 할당된다. ② 사업계획을 세부사업으로 분류하고 각 세부사업을 "단위원가 × 업무량 = 예산액"으로 표시하여 편성한다.
장점	① 사업계획별로 예산이 편성되어 정부가 무엇을 하는지 쉽게 이해할 수 있다. ② 단위원가의 과학적 계산에 의하여 예산편성에 있어서 자원배분을 합리화할 수 있다. ③ 예산의 집행에 있어서 신축성을 부여할 수 있다. ④ 예산집행 결과에 대한 평가를 통하여 해당 부서의 업무능률을 측정할 수 있다.
단점	① 단위원가 계산에 어려움이 있다. ② 입법적 통제가 곤란하여 회계책임이 불분명하다. ③ 인건비 같은 고정성 경비에 적용이 어려워 기본경비에 대한 적용이 곤란하다. ④ 업무측정단위의 선정이 어렵다.

3. 자본예산제도(CBS) : 1937년 스웨덴에서 첫 시행

구분	내용
경상 지출	① 경상지출은 인건비, 기관유지비, 물건비 등에 대한 지출로서, 이에 대한 세입원은 조세수입으로 충당한다. ② 경상지출은 경상수입으로 충당시켜 예산균형을 이루도록 한다.
자본 지출	① 자본지출은 새로운 투자를 형성하는 지출로서, 이에 대한 세입원은 국·공채의 비중이 크다. ② 자본지출은 적자재정과 공채발행으로 그 수입에 충당하게 함으로써 불균형예산을 편성한다.

4. 계획예산제도(PPBS) : 1965~1971

구분	내용
의의	① 계획예산(Planning Programming Budgeting)은 사업계획구조에 있어서 계획기능과 예산기능이 혼합된 것으로서, 프로그램 예산제도라고도 한다. ② 경찰활동을 순찰·수사·청소년·교통 등의 프로그램으로 구분하여, 각 프로그램에 대한 지출에 근거하여 예산을 책정한 것을 말한다.
장점	① 장기적인 사업계획의 신뢰성을 높인다. ② 경제적인 합리성을 중시하여 합리적인 자원배분의 실현이 가능하다. ③ 사업계획과 예산편성 간 일치와 관련성을 유지시킬 수 있다.
단점	① 예산편성의 중앙집권화로 인해 의회의 통제기능이 약화된다. ② 계량화와 환산작업이 곤란하다. ③ 국민의 입장에서 이해하기 어렵다.

5. 영기준 예산제도(ZBB) : 1979

구분	내용
의의	① 영기준 예산(Zero - Base Budgeting)은 전년도 예산을 기준으로 하여 점증적으로 책정하는 예산을 탈피하여, 예산을 편성·결정함에 있어서 전년도의 예산에 구애됨이 없이, 조직체의 모든 사업과 활동에 대하여 영기준을 적용하여 각각의 효과성·중요도 등을 체계적으로 분석하고, 그에 따라 우선순위가 높은 사업과 활동에 실행예산을 결정하는 제도를 말한다. ② 영기준 예산제도는 감축관리와 관련이 깊으며, 작은 정부에서 각광받고 있다.
장점	① 재정압박에 대비하고 감축관리에 적합한 제도이다. ② 조직의 모든 사업에 대하여 비용과 효과를 지속적으로 재평가함으로써, 조세부담을 줄일 수 있다. ③ 우선순위가 낮은 사업은 축소 내지 폐지하여 재정운용상의 탄력성을 확보할 수 있다.
단점	① 현재 사업의 축소지향적 우선순위를 강조하므로 장기적인 목표가 경시될 수 있는 우려가 있다. ② 우선순위 결정에 많은 어려움이 수반되며, 새로운 사업을 제안하는 것이 곤란하다. ③ 공공업무의 지속성·연속성 등의 특징으로 인하여 실제에 있어서는 그 활용이 곤란하다.

6. 일몰법(SSL)

구분	내용
의의	① 일몰법(Sun-Set Law)이란 한시법이라고도 하며, 특정의 행정기관이나 사업이 일정기간이 지나면 의무적·자동적으로 폐지되게 하는 법률을 말한다. ② 행정부가 아닌 입법부에서 제정한다.
특징	① 일몰법은 영기준 예산제도와 함께 감축지향적인 예산제도로서 중요한 의미를 가진다. ② 일몰법은 중요사업(모든 사업 ×)에 적용된다.

📖 예산의 분류

구분	내용
본예산	본예산은 정부가 회계연도마다 예산안을 편성하여 회계연도개시 90일 전까지 국회에 제출하고 국회는 회계연도개시 30일 전까지 이를 의결하여 예산을 확정하는 것을 말한다(「헌법」 제54조 제2항).
수정예산	① 수정예산은 정부가 예산안을 편성하여 국회에 제출한 이후 국회의의결 전에 국회에서 심의 중인 예산안을 부득이한 사유로 일부 내용을 수정하여 다시 국회에 제출한 예산을 말한다. ② 정부는 예산안을 국회에 제출한 후 부득이한 사유로 인하여 그 내용의 일부를 수정하고자 하는 때에는 국무회의의 심의를 거쳐 대통령의 승인을 얻은 수정예산안을 국회에 제출할 수 있다(동법 제35조).
추가경정예산	① 추가경정예산은 예산이 국회를 통과하여 확정된 후 새로 발생한 사유로 예산을 변경할 필요가 있을 때, 본예산에 추가 또는 변경을 가한 예산을 말한다. ② 정부는 다음의 어느 하나에 해당하게 되어 이미 확정된 예산에 변경을 가할 필요가 있는 경우에는 추가경정예산을 편성할 수 있다(편성하여야 한다 ×)(동법 제89조 제1항). 　㉠ 전쟁이나 대규모 자연재해가 발생한 경우 　㉡ 경기침체·대량실업, 남북관계의 변화, 경제협력과 같은 대내외 여건에 중대한 변화가 발생하였거나 발생할 우려가 있는 경우 　㉢ 법령에 따라 국가가 지급하여야 하는 지출이 발생하거나 증가하는 경우
준예산	준예산은 새로운 회계연도가 개시되기 전까지 예산안이 성립되지 못할 경우, 정부가 국회에서 예산안이 의결·확정될 때까지 전년도 예산에 준하여 지출하는 예산을 말한다(「헌법」 제54조 제3항).

제110테마

예산의 편성·집행·결산

「국가재정법」【시행 2024. 5. 17.】

중요도 A급

📖 경찰예산의 편성 절차

중기사업계획서의 제출(1/31) → 예산안 편성지침의 통보(3/31) → 예산요구서의 제출(5/31) → 정부예산안의 국회 제출(120일 전) → 국회의 심의·의결(30일 전)

구분	내용
중기사업계획서의 제출 (경찰청장 → 기획재정부장관)	각 중앙관서의 장은 매년 1월 31일까지 당해 회계연도부터 5회계연도 이상의 기간 동안의 신규사업 및 기획재정부장관이 정하는 주요 계속사업에 대한 중기사업계획서를 기획재정부장관에게 제출하여야 한다(동법 제28조).
예산안 편성지침 통보 (기획재정부장관 → 경찰청장)	① 기획재정부장관은 국무회의의 심의를 거쳐 대통령의 승인을 얻은 다음 연도의 예산안 편성지침을 매년 3월 31일까지 각 중앙관서의 장에게 통보하여야 한다(동법 제29조 제1항). ② 기획재정부장관은 각 중앙관서의 장에게 통보한 예산안 편성지침을 국회 예산결산특별위원회에 보고하여야 한다(동법 제30조).
예산요구서의 제출 (경찰청장 → 기획재정부장관)	① 각 중앙관서의 장은 예산안 편성지침에 따라 그 소관에 속하는 다음 연도의 세입세출예산·계속비·명시이월비·국고채무부담행위 요구서를 작성하여, 매년 5월 31일까지 기획재정부장관에게 제출하여야 한다(동법 제31조 제1항). ② 기획재정부장관은 제출된 예산요구서가 예산안 편성지침에 부합하지 아니하는 때에는 기한을 정하여 이를 수정 또는 보완하도록 요구할 수 있다(동법 제31조 제3항).
정부예산안 국회 제출 (기획재정부장관 → 국회)	① 기획재정부장관은 예산요구서에 따라 예산안을 편성하여, 국무회의의 심의를 거친 후 대통령의 승인을 얻어야 한다(동법 제32조). ② 정부는 대통령의 승인을 얻은 예산안을 회계연도개시 120일 전까지 국회에 제출하여야 한다(동법 제33조).
국회의 심의·의결	① 정부의 예산안이 국회에 제출되면, 예산안 심의를 위한 국회가 개회되고, 예산안의 종합심사를 위하여 예산결산특별위원회(행정안전위원회 ×)가 활동한다. ② 예산결산특별위원회의 종합심사가 끝나면, 예산안은 본회의의의결을 거침으로써 예산으로 확정된다. ③ 국회는 회계연도개시 30일 전까지 의결하여야 한다(「헌법」 제54조 제1항 및 제2항).

경찰예산의 집행절차

1. 일반론

구분	내용
예산배정요구서의 제출 (경찰청장 → 기획재정부장관)	각 중앙관서의 장은 예산이 확정된 후 사업운영계획 및 이에 따른 세입세출예산·계속비와 국고채무부담행위를 포함한 예산배정요구서를 기획재정부장관에게 제출하여야 한다(동법 제42조).
예산배정계획서의 작성 (분기별 작성)	기획재정부장관은 예산배정요구서에 따라 분기별 예산배정계획서를 작성하여 국무회의의 심의를 거친 후 대통령의 승인을 얻어야 한다(동법 제43조 제1항).
예산배정 (기획재정부장관 → 경찰청장)	① 기획재정부장관은 분기별 예산배정계획에 따라 각 중앙관서의 장에게 예산을 배정하며, 필요한 때에는 대통령령이 정하는 바에 따라 회계연도 개시 전에 예산을 배정할 수 있다(배정할 수 없다 ×)(동법 제43조 제3항). ② 예산이 국회를 통과하여 확정되었다고 하더라도 해당 예산이 배정되지 않으면 지출원인행위를 할 수 없다.
예산배정의 통지 (기획재정부장관 → 감사원)	기획재정부장관은 각 중앙관서의 장에게 예산을 배정한 때에는 감사원에 통지하여야 한다(동법 제43조 제2항).

2. 예산의 탄력적 집행제도

구분	내용
예산의 이용	각 중앙관서의 장은 예산이 정한 각 기관 간 또는 각 입법과목(장·관·항) 간에 상호 이용할 수 없다. 다만, 다음의 어느 하나에 해당하는 경우에 한정하여 미리 예산으로서 국회의 의결을 얻은 때에는 기획재정부장관의 승인을 얻어 이용하거나 기획재정부장관이 위임하는 범위 안에서 자체적으로 이용할 수 있다(동법 제47조 제1항). ① 법령상 지출의무의 이행을 위한 경비 및 기관운영을 위한 필수적 경비의 부족액이 발생하는 경우 ② 환율변동·유가변동 등 사전에 예측하기 어려운 불가피한 사정이 발생하는 경우 ③ 재해대책 재원 등으로 사용할 시급한 필요가 있는 경우 ④ 그 밖에 대통령령으로 정하는 경우
예산의 전용	① 각 중앙관서의 장은 예산의 목적범위 안에서 재원의 효율적 활용을 위하여 대통령령으로 정하는 바에 따라 기획재정부장관의 승인을 얻어 각 행정과목(세항·목)의 금액을 전용할 수 있다(동법 제46조 제1항). ② 각 중앙관서의 장은 제1항에도 불구하고 회계연도마다 기획재정부장관이 위임하는 범위 안에서 각 행정과목(세항·목)의 금액을 자체적으로 전용할 수 있다(동법 제46조 제2항). ③ 다만, 각 중앙관서의 장은 다음의 어느 하나에 해당하는 경우에는 전용할 수 없다(동법 제46조 제3항). ㉠ 당초 예산에 계상되지 아니한 사업을 추진하는 경우 ㉡ 국회가 의결한 취지와 다르게 사업 예산을 집행하는 경우

📖 경찰예산의 결산절차

중앙관서 결산보고서 작성 및 제출(2월 말까지) → 국가결산보고서 작성 및 제출(4월 10일까지) → 감사원의 국가결산보고서 송부(5월 20일까지) → 국가결산보고서 국회 제출(5월 31일까지) → 국회의 예산결산심의

구분	내용
중앙관서 결산보고서 작성 및 제출 (경찰청장 → 기획재정부장관)	각 중앙관서의 장은 다음 연도 2월 말까지 기획재정부장관에게 중앙관서 결산보고서를 제출하여야 한다(동법 제58조).
국가결산보고서 작성 및 제출 (기획재정부장관 → 감사원)	기획재정부장관은 회계연도마다 대통령의 승인을 얻어 다음 연도 4월 10일까지 감사원에 국가결산보고서를 제출하여야 한다(동법 제59조).
감사원의 결산보고서 송부 (감사원 → 기획재정부장관)	감사원은 국가결산보고서를 검사하고 그 보고서를 다음 연도 5월 20일까지 기획재정부장관에게 송부하여야 한다(동법 제60조).
결산보고서의 국회 제출 (기획재정부장관 → 국회)	정부는 다음 연도 5월 31일까지 국가결산보고서를 국회에 제출하여야 한다(동법 제61조).
국회의 예산결산심의	정부는 회계심사를 마친 결산서류를 국회에 제출하고, 국회는 예산결산특별위원회의 종합심사와 본회의의 심의를 통해 결산승인을 하며, 국회의 결산승인이 나면 정부의 예산집행 책임이 해제되고, 당해 연도 예산의 기능은 완결된다.

제111테마

관서운영경비

「국고금 관리법」【시행 2020. 6. 9.】

구분	내용
의의	중앙관서의 장 또는 그 위임을 받은 공무원은 관서를 운영하는 데 드는 경비로서 그 성질상 제22조에서 규정한 절차에 따라 지출할 경우 업무수행에 지장을 가져올 우려가 있는 경비(관서운영경비)는 필요한 자금을 출납공무원으로 하여금 지출관으로부터 교부받아 지급하게 할 수 있다(동법 제24조 제1항).
지급	① 관서운영경비를 교부받아 지급하는 출납공무원은 대통령령으로 정하는 바에 따라 교부된 자금의 범위에서 지급원인행위를 할 수 있다(동법 제24조 제2항). ② 관서운영경비는 관서운영경비 출납공무원이 아니면 지급할 수 없다(동법 제24조 제3항). ③ 경찰청·시·도경찰청·경찰서의 경우에는 출납공무원, 지구대의 경우는 지구대장, 파출소의 경우에는 파출소장이 담당한다.
운영	① 관서운영경비 출납공무원은 관서운영경비를 금융기관에 예치하여 관리하여야 한다(동법 제24조 제4항). ② 관서운영경비 출납공무원이 관서운영경비를 지급하려는 경우에는 정부구매카드를 사용하여야 한다. 다만, 경비의 성질상 정부구매카드를 사용할 수 없는 경우에는 대통령령으로 정하는 바에 따라 현금지급 등의 방법으로 지급할 수 있다(동법 제24조 제5항). ③ 정부구매카드는 관서운영경비 지급 외의 용도로는 사용할 수 없다(동법 시행령 제34조 제2항).
반납	관서운영경비 출납공무원은 매 회계연도의 관서운영경비 사용잔액을 다음 회계연도 1월 20일까지 해당 지출관에게 반납하여야 한다(동법 시행령 제37조 제1항).
보존	관서운영경비의 집행에 관한 증빙서류, 현금출납부, 물품관리부는 회계연도 종료 후 5년간 보존하여야 한다.
범위	관서운영경비의 범위는 다음과 같다(동법 시행령 제31조). ① 운영비·특수활동비·안보비·정보보안비 및 업무추진비 중 건당 500만원 이하의 경비(직접소요비, 공과금 및 위원회참석비, 수사활동·정보활동 소요비, 기획재정부장관이 정하는 경비는 제외) ② 외국에 있는 채권자가 외국에서 지급받으려는 경우에 지급하는 경비(재외공관 및 외국에 설치된 국가기관에 지급하는 경비를 포함) ③ 여비 ④ 그 밖에 규정한 절차에 따라 지출할 경우 업무수행에 지장을 가져올 우려가 있는 경비로서 기획재정부령으로(대통령령으로 ×) 정하는 경비

제112테마

경찰물품관리

중요도 C급

▎「물품관리법」【시행 2020. 6. 9.】

구분	내용
기획재정부장관 (제도·정책 총괄)	기획재정부장관은 물품관리에 관한 제도 및 정책을 총괄 관장하며 물품관리에 관한 정책의 결정을 위하여 필요하면 조달청장이나 각 중앙관서의 장으로 하여금 물품관리 상황에 관한 보고를 하게 하거나 필요한 조치를 할 수 있다(동법 제7조 제1항).
조달청장 (관리 업무 총괄)	조달청장은 각 중앙관서의 장이 행하는 물품의 관리에 관한 업무를 총괄 조정한다(동법 제7조 제2항).
중앙관서의 장	각 중앙관서의 장(경찰청장)은 그 소관에 속하는 물품을 총괄 관리한다(동법 제8조).
물품관리관	① 각 중앙관서의 장은 대통령령으로 정하는 바에 따라 그 소관 물품관리에 관한 사무를 소속 공무원에게 위임할 수 있고, 필요하면 다른 중앙관서의 소속 공무원에게 위임할 수 있다(동법 제9조 제1항). ② 물품관리관은 각 중앙관서의 장으로부터 물품의 관리에 관한 사무의 위임을 받은 공무원을 말한다(동법 제9조 제2항).
물품출납공무원 (의무적 설치기관)	① 물품관리관은 대통령령으로 정하는 바에 따라 그가 소속된 관서의 공무원에게 그 관리하는 물품의 출납과 보관에 관한 사무(출납명령에 관한 사무는 제외)를 위임하여야 한다(동법 제10조 제1항). ② 물품출납공무원은 물품관리관으로부터 물품의 출납 및 보관에 관한 사무를 위임받은 공무원을 말한다(동법 제10조 제2항). ③ 물품관리관이 임명하는 의무적 설치기관으로서, 물품의 출납 및 보관에 관한 실질적 관리기관이다.
물품운용관 (의무적 설치기관)	① 물품관리관은 대통령령으로 정하는 바에 따라 그가 소속된 관서의 공무원에게 국가의 사무 또는 사업의 목적과 용도에 따라서 물품을 사용하게 하거나 사용 중인 물품의 관리에 관한 사무를 위임하여야 한다(동법 제11조 제1항). ② 물품운용관은 물품관리관으로부터 물품의 사용에 관한 사무를 위임받은 공무원을 말한다(동법 제11조 제2항). ③ 물품관리관이 임명하는 의무적 설치기관으로서, 출납명령 요청 및 필요사항의 기록 관리, 수선·개조를 위한 적절한 조치 및 장비책임의의무를 진다.
분임물품관리관 (임의적 설치기관)	① 분임물품관리관은 물품관리관의 사무의 일부를 분장하는 공무원을 말한다. ② 각 중앙관서의 장이 둘 수 있다(동법 제12조 제1항).
분임물품출납공무원 (임의적 설치기관)	① 분임물품출납공무원은 물품출납공무원의 사무의 일부를 분장하는 공무원을 말한다. ② 물품관리관이 둘 수 있다(동법 제12조 제1항).

제113테마

경찰차량관리

「경찰장비관리규칙」【시행 2024. 4. 18.】

중요도 A급

📖 일반론

구분	내용
차량의 구분	① 차종은 승용·승합·화물·특수용으로 구분한다(동 규칙 제88조 제1항). ② 차형은 차종별로 대형·중형·소형·경형·다목적형으로 구분한다(동 규칙 제88조 제1항). ③ 차량은 용도별로 전용·지휘용·업무용·순찰용·특수용 차량(암기TIP 전지업순특)으로 구분한다(동 규칙 제88조 제2항).
차량의 배치	부속기관 및 시·도경찰청의 장은 정수배정기준에 따라 차량을 배치·운용하여야 한다(동 규칙 제90조 제1항).
차량의 변경	부속기관 및 시·도경찰청의 장은 치안여건의 변화로 이미 배정된 차형을 변경할 필요가 있다고 판단될 때에는 차량을 교체할 때 경찰청장에게 차형의 변경을 요청할 수 있다(동 규칙 제92조 제1항).
차량의 교체	부속기관 및 시·도경찰청은 소속기관 차량 중 다음 년도 교체대상 차량을 매년 11월 말까지 경찰청장에게 보고하여야 한다(동 규칙 제93조 제1항).
차량의 점검	① 각 경찰기관의 장은 정기적인 차량점검으로 차량 조기 노후화를 방지하여야 하며, 경찰차량의 점검은 다음과 같이 3단계로 구분한다(동 규칙 제100조 제1항). ⦁ 1단계(일일점검): 운전자가 직접 실시하는 점검으로 일일점검을 말한다. ⦁ 2단계(월간점검): ㉠ 전문 정비요원이 실시하는 점검으로 월 1회 실시하는 월간점검을 말한다. ㉡ 단, 중·대형 경찰버스 및 화물, 특수차는 분기 1회 점검한다. ⦁ 3단계(특별점검): 경찰기관의 장이 안전을 위해 특별히 필요하다고 인정하는 경우에 실시하는 특별점검을 말한다. ② 각 경찰기관의 장은 경찰차량의 매연으로 인한 대기오염을 방지하기 위하여 경찰기관별로 반기 1회 매연점검을 실시하여야 한다(동 규칙 제100조 제2항).

📖 차량소요계획의 제출

구분	내용
원칙	부속기관 및 시·도경찰청의 장은 다음 연도에 소속기관의 차량 정수를 증감시킬 필요가 있을 때에는 매년 3월 말까지 다음 연도 차량정수 소요계획을 경찰청장에게 제출하여야 한다(동 규칙 제90조 제1항).
예외	예기치 못한 치안수요의 발생 등 특별한 사유로 조기에 증·감 필요가 있을 경우에는 차량제작기간 등을 감안 사전에 경찰청장에게 요구할 수 있다(동 규칙 제90조 제2항).

📖 교체대상차량의 불용처리

구분	내용
고려요소	① 차량교체를 위한 불용대상차량은 부속기관 및 시·도경찰청에 배정되는 수량의 범위 내에서 내용연수 경과 여부 등 차량사용기간을 최우선으로 고려하여 선정한다(동 규칙 제94조 제1항). 즉, 불용대상차량의 선정에는 주행거리를 최우선으로 고려하지 않는다. ② 사용기간이 동일한 경우에는 주행거리와 차량의 노후상태, 사용부서 등을 종합적으로 검토하여 예산낭비 요인이 없도록 신중하게 선정한다(동 규칙 제94조 제2항). ③ 이때 단순한 내용연수 경과를 이유로 일괄교체 또는 불용처분하는 것을 지양하고 성능이 양호하여 운행가능한 차량은 교체순위에 불구하고 연장 사용할 수 있다(동 규칙 제94조 제3항).
공개매각	불용처분된 차량은 부속기관 및 시·도경찰청별로 실정에 맞게 공개매각을 원칙으로 하되, 공개매각이 불가능한 때에는 폐차처분을 할 수 있다. 다만, 매각을 할 때에는 경찰표시 도색을 제거하는 등 필요한 조치를 하여야 한다(동 규칙 제94조 제4항).

📖 집중관리의 원칙

구분	내용
차량의 집중관리	① 각 경찰기관의 업무용차량은 운전요원의 부족 등 불가피한 사유가 없는 한 집중관리를 원칙으로 한다. 다만, 지휘용 차량은 업무의 특성을 고려하여 지정 활용할 수 있다(동 규칙 제95조 제1항). ② 특수용 차량 등도 필요하다고 인정되는 경우에는 집중관리할 수 있다(동 규칙 제95조 제2항).
차량열쇠의 집중관리	차량열쇠는 다음의 관리자가 지정된 열쇠함에 집중보관 및 관리하고, 예비열쇠의 확보 등을 위한 무단 복제와 운전원의 임의 소지 및 보관을 금한다. 다만, 휴가, 비번 등으로 관리책임자 공백시는 별도 관리책임자를 지정하여야 한다(동 규칙 제96조 제1항). ① 일과시간의 경우 차량 관리부서의 장(정보화장비과장, 운영지원과장, 총무과장, 경찰서 경무과장 등) ② 일과시간 후 또는 토요일·공휴일의 경우 당직 업무(청사방호) 책임자(상황관리관 등 당직근무자, 지구대·파출소는 지역경찰관리자)

📖 차량운행 중의 관리책임, 신임운전요원 교육

구분	내용
차량운행 중의 관리책임	차량운행시 책임자는 1차 운전자, 2차 선임탑승자(사용자), 3차 경찰기관의 장으로 한다(동 규칙 제98조 제3항).
신임운전요원 교육	전·의경 신임운전요원은 4주 이상 운전교육을 실시한 후에 운행하도록 하여야 한다(동 규칙 제102조 제2항).

제114테마

무기 및 탄약관리

중요도 A급

「경찰장비관리규칙」【시행 2024. 4. 18.】

📖 일반론

구분	내용
무기	① 무기란 인명 또는 신체에 위해를 가할 수 있도록 제작된 권총·소총·도검 등을 말한다(동 규칙 제112조 제1호). ② 무기는 개인화기와 공용화기로 구분한다(동 규칙 제113조).
집중무기고	집중무기고란 경찰인력 및 경찰기관별 무기책정기준에 따라 배정된 개인화기와 공용화기를 집중 보관·관리하기 위하여(탄약을 집중 보관·관리하기 위하여 ×) 각 경찰기관에 설치된 시설을 말한다(동 규칙 제112조 제2호).
탄약고	탄약고란 경찰탄약을 집중 보관하기 위하여 타용도의 사무실, 무기고 등과 분리 설치된 보관시설을 말한다(동 규칙 제112조 제3호).
간이무기고	간이무기고란 경찰기관의 각 기능별 운용부서에서 효율적 사용을 위하여 집중무기고로부터 무기·탄약의 일부를 대여 받아 별도로 보관·관리하는 시설을 말한다(동 규칙 제112조 제4호).

📖 무기고·탄약고의 설치·관리

구분	내용
집중무기고의 설치 (설치한다)	집중무기고는 경찰청, 시·도경찰청, 경찰대학, 경찰인재개발원, 중앙경찰학교 및 경찰수사연수원, 경찰서, 경찰기동대, 방범순찰대 및 경비대, 의무경찰대, 경찰특공대, 기타 경찰청장이 지정하는 경찰관서에 설치한다(설치할 수 있다 ×)(동 규칙 제115조 제1항).
간이무기고의 설치 (설치할 수 있다)	근무자가 24시간 상주하는 지구대, 파출소, 상황실 및 112타격대 등 경찰기관의 장이 필요하다고 인정하는 상당한 이유가 있는 장소에 설치할 수 있다(설치한다 ×)(동 규칙 제115조 제6항).
무기고와 탄약고의 설치	① 무기고와 탄약고는 견고하게 만들고 환기·방습장치와 방화시설 및 총가시설 등이 완비되어야 한다(동 규칙 제115조 제2항). ② 탄약고는 무기고와 분리되어야 하며, 가능한 한 본 청사와 격리된 독립 건물로 하여야 한다(동 규칙 제115조 제3항). ③ 무기고와 탄약고의 환기통 등에는 손이 들어가지 않도록 쇠창살 시설을 하고, 출입문은 2중으로 하여 각 1개소 이상씩 자물쇠를 설치하여야 한다(동 규칙 제115조 제4항).

구분	내용
무기고와 탄약고의 관리	① 무기고와 탄약고의 비상벨은 상황실과 숙직실 등 초동조치 가능 장소와 연결하고(연결할 수 있고 ×), 외곽에는 철조망 장치와 조명등 및 순찰함을 설치하여야 한다(설치할 수 있다 ×)(동 규칙 제115조 제5항). ② 탄약고 내에는 전기시설을 설치하여서는 아니되며, 조명은 건전지 등으로 하고 방화시설을 완비하여야 한다. 단, 방폭설비를 갖춘 경우 전기시설을 설치할 수 있다(동 규칙 제115조 제7항).

📖 무기·탄약의 회수·보관

구분	내용
절대적 회수대상 (회수해야 한다)	경찰기관의 장은 무기를 휴대한 자 중에서 다음에 해당하는 자가 발생한 때에는 즉시 대여한 무기·탄약을 회수해야 한다. 다만, 대상자가 이의신청을 하거나 소속 부서장이 무기 소지 적격 여부에 대해 심의를 요청하는 경우에는 무기 소지 적격 심의위원회의 심의를 거쳐 대여한 무기·탄약의 회수여부를 결정한다(동 규칙 제120조 제1항). ① 직무상의 비위 등으로 인하여 중징계 의결이 요구된 자 ② 사의를 표명한 자
임의적 회수·보관대상 (회수할 수 있다)	① 경찰기관의 장은 무기를 휴대한 자 중에서 다음에 해당하는 자가 있을 때에는 심의위원회의 심의를 거쳐 대여한 무기·탄약을 회수할 수 있다. 다만, 심의위원회를 개최할 시간적 여유가 없거나 사고 방지 등을 위해 신속한 회수가 필요하다고 인정되는 경우에는 대여한 무기·탄약을 즉시 회수할 수 있으며, 회수한 날부터 7일 이내에 심의위원회를 개최하여 회수의 타당성을 심의하고 계속 회수 여부를 결정한다(동 규칙 제120조 제2항). 　㉠ 직무상의 비위 등으로 인하여 감찰조사의 대상이 되거나 징계의결 요구 또는 징계 처분 중인 자 　㉡ 형사사건의 수사 대상이 된 자 　㉢ 경찰공무원 직무적성검사 결과 고위험군에 해당되는 자 　㉣ 정신건강상 문제가 우려되어 치료가 필요한 자 　㉤ 정서적 불안 상태로 인하여 무기 소지가 적합하지 않은 자로서 소속 부서장의 요청이 있는 자 　㉥ 그 밖에 경찰기관의 장이 무기 소지 적격 여부에 대해 심의를 요청하는 자 ② 경찰기관의 장은 제2항에 규정한 사유들이 소멸되면 직권 또는 당사자의 신청에 따라 무기 소지 적격 심의위원회의 심의를 거쳐 무기 회수의 해제 조치를 할 수 있다(하여야 한다 ×)(동 규칙 제120조 제3항).
일시적 보관대상 (하여야 한다)	경찰기관의 장은 무기를 휴대한 자 중에서 다음에 해당하는 경우에는 대여한 무기·탄약을 무기고에 보관하도록 하여야 한다(동 규칙 제120조 제4항). ① 술자리 또는 연회장소에 출입할 경우 ② 상사의 사무실을 출입할 경우 ③ 기타 정황을 판단하여 필요하다고 인정되는 경우

무기 소지 적격 심의위원회 (필수적 설치기관)	① 무기·탄약 회수 대상자에 해당하는지 여부 및 회수의 해제 여부를 심의하기 위하여 각급 경찰기관의 장 소속 하에 심의위원회를 둔다(동 규칙 제120조의2 제1항). ② 심의위원회는 위원장 1명을 포함하여 총 5명 이상 7명 이내의 위원으로 구성하되 민간위원 1명 이상이 위원으로 참여하여야 한다(동 규칙 제120조의2 제2항). ③ 심의위원회의 회의는 재적위원 과반수의 출석으로 개의하며, 출석위원 과반수의 찬성으로 의결(일반의결정족수)한다(동 규칙 제120조의3 제2항).

제115테마

중요도 C급

경찰문서관리

▌「행정업무의 운영 및 혁신에 관한 규정」【시행 2024. 5. 21.】

📖 일반론

구분		내용
의의		① 공문서란 행정기관에서 공무상 작성하거나 시행하는 문서(도면, 사진, 디스크, 테이프, 필름, 슬라이드, 전자문서 등의 특수매체기록을 포함)와 행정기관이 접수한 모든 문서를 말한다(동 규정 제3조 제1호). ② 공문서는 당해 기관의의사표시가 정확하고 명백하게 표시되어야 하고, 내용상으로 위법·부당하거나 시행 불가능한 사항이 없어야 한다.
종류	법규문서	① 「헌법」·법률·명령·총리령·부령 및 조례·규칙에 관한 문서이다(동 규정 제4조 제1호). ② 특별한 규정이 있는 경우를 제외하고는 관보게재 후 20일이 경과하면 효력이 발생한다.
	지시문서	① 훈령·지시·예규·일일명령 등 행정기관이 그 하급기관 또는 소속 공무원에 대하여 일정한 사항을 지시하는 문서이다(동 규정 제4조 제2호). ② 상대방에게 도달한 때 그 효력이 발생한다.
	공고문서	① 고시·공고 행정기관이 일정한 사항을 일반에게 알리기 위한 문서이다(동 규정 제4조 제3호). ② 특별한 규정이 없으면 고시·공고 후 5일이 경과하면 효력이 발생한다.
	비치문서	행정기관이 일정한 사항을 기록하여 행정기관 내부에 비치하면서 업무에 활용하는 대장, 카드 등의 문서이다(동 규정 제4조 제4호).
	민원문서	민원인이 행정기관에 허가, 인가, 그 밖의 처분 등 특정한 행위를 요구하는 문서와 그에 대한 처리문서이다(동 규정 제4조 제5호).
	일반문서	위의 문서들에 속하지 아니하는 모든 문서이다.
요건	성립요건	문서는 결재권자가 해당 문서에 서명(전자이미지서명, 전자문자서명, 행정전자서명을 포함)의 방식으로 결재함으로써 성립한다(동 규정 제6조 제1항).
	효력요건	① 문서는 수신자에게 도달됨으로써 그 효력을 발생한다(동 규정 제6조 제2항). ② 공고문서는 그 문서에서 효력발생시기를 구체적으로 밝히고 있지 않으면, 그 고시 또는 공고 등이 있은 날부터 5일이 경과한 때에 효력이 발생한다(동 규정 제6조 제3항).

📖 문서관리

구분	내용
기안	① 문서의 기안은 전자문서로 하는 것을 원칙으로 한다. 다만, 업무의 성질상 전자문서로 기안하기 곤란하거나 그 밖의 특별한 사정이 있으면 그러하지 아니하다(동 규정 제8조 제1항). ② 문서의 기안은 행정안전부령으로 정하는 기안문으로 하여야 한다. 다만, 관계 서식이 따로 있는 경우에는 그 내용을 관계 서식에 기입하는 방법으로 할 수 있다(동 규정 제8조 제2항). ③ 둘 이상의 행정기관의 장의 결재가 필요한 문서는 그 문서 처리를 주관하는 행정기관에서 기안하여야 한다(동 규정 제8조 제3항). ④ 기안문에는 행정안전부령으로 정하는 바에 따라 발의자(기안하도록 지시하거나 스스로 기안한 사람)와 보고자를 알 수 있도록 표시하여야 한다(동 규정 제8조 제4항).
결재	① 문서는 해당 행정기관의 장의 결재를 받아야 한다. 다만, 보조기관 또는 보좌기관의 명의로 발신하는 문서는 그 보조기관 또는 보좌기관의 결재를 받아야 한다(동 규정 제10조 제1항). ② 행정기관의 장은 업무의 내용에 따라 보조기관 또는 보좌기관이나 해당 업무를 담당하는 공무원으로 하여금 위임전결하게 할 수 있으며, 그 위임전결 사항은 해당 기관의 장이 훈령이나 지방자치단체의 규칙으로 정한다(동 규정 제10조 제2항). ③ 제1항이나 제2항에 따라 결재할 수 있는 사람이 휴가, 출장, 그 밖의 사유로 결재할 수 없을 때에는 그 직무를 대리하는 사람이 대결하고 내용이 중요한 문서는 사후에 보고하여야 한다(동 규정 제10조 제3항).
등록	행정기관은 문서를 생산하였을 때에는 지체 없이 「공공기록물 관리에 관한 법률 시행령」 제20조에 따라 생산등록번호를 부여하고 등록하여야 한다(동 규정 제11조 제1항).
발신 명의	① 문서의 발신 명의는 행정기관의 장으로 한다. 다만, 합의제기관의 권한에 속하는 문서의 발신 명의는 그 합의제기관으로 한다(동 규정 제13조 제1항). ② 행정기관 내의 보조기관 또는 보좌기관 상호간에 발신하는 문서는 해당 보조기관 또는 보좌기관의 명의로 한다(동 규정 제13조 제2항). ③ 발신할 필요가 없는 내부결재문서는 발신 명의를 표시하지 아니한다(동 규정 제13조 제3항).
관인날인 서명	<table><tr><td>행정기관의 장</td><td>관인날인 또는 서명</td></tr><tr><td>합의제기관</td><td>관인날인</td></tr><tr><td>보조기관·보좌기관</td><td>서명</td></tr><tr><td>관보·신문</td><td>관인날인 ×, 서명 ×</td></tr><tr><td>경미한 내용의 문서</td><td>관인날인 또는 서명 생략 가능</td></tr></table>

제116테마

경찰보안관리의 기초

중요도 B급

- 「보안업무규정」 【시행 2021. 1. 1.】
- 「보안업무규정 시행 세부규칙」 【시행 2022. 2. 25.】

📖 일반론

구분		내용
의의		보안관리란, 국가의 안전보장을 위하여 국가가 보호할 필요가 있는 비밀·인원·문서·자재·시설 및 지역 등을 보호하는 소극적 예방활동뿐만 아니라, 국가의 안전보장을 해치고자 하는 간첩, 태업이나 전복으로 국가를 위태롭게 하는 불순분자 등에 대하여 탐지, 조사, 체포하는 등의 적극적 예방활동을 말한다.
법적 근거		① 보안업무의 법적 근거에는 「국가정보원법」, 「보안업무규정」(대통령령), 「보안업무규정 시행규칙」(대통령훈령), 「보안업무규정 시행 세부규칙」(경찰청훈령) 등이 있다. ② 「국가보안법」의 경우에는 보안업무의 법적 근거가 될 수 없다.
3대 원칙	한정의 원칙	① 한정의 원칙(알 사람만 알아야 하는 원칙)은 보안의 대상이 되는 사실을 전파할 때, 전파가 꼭 필요한가 또는 피전파자가 반드시 전달받아야 하며 필요한 것인가를 신중히 검토하여야 하는 것을 말한다. ② 가장 중요하고 기본적인 원칙이다.
	부분화의 원칙	부분화의 원칙은 한 번에 다량의 비밀이나 정보가 유출되지 않도록 하여야 하는 것을 말한다.
	보안과 업무효율 조화의 원칙	보안과 업무효율의 조화의 원칙은 보안과 업무효율은 반비례 관계에 있으므로, 양자의 적절한 조화를 유지하는 방법을 강구해야 하는 것을 말한다.
대상	시설	① 중요산업시설로서 특별히 보호가 요구되는 시설은 그 소유관계를 불문하고 보안의 대상이 된다. ② 보안책임자는 시설보안을 위해 중요시설을 보호구역으로 설정할 수 있다.
	문서·자재	① 내용의 중요성과 가치의 정도에 따라 각 Ⅰ급·Ⅱ급·Ⅲ급으로 분류한다. ② Ⅰ·Ⅱ·Ⅲ급 비밀에 해당하지 않는 문서라도 국가기밀에 해당하는 문서는 모두 보안의 대상이 된다.
	인원	① 중요인물로서 보호가 요청되는 자(내방 중인 외국인 포함)는 지위고하를 불문하고 보안의 대상이 된다. ② 인원보안의 수단으로 신원조사, 보안교육 등이 있다.
	지역	국가안전보장상 특별한 보호가 요청되는 지역은 보안의 대상이 된다.

📖 보호지역

1. 보호지역의 설정

구분	내용
설정	각급기관의 장과 관리기관 등의 장은 국가안전보장에 관련되는 인원·문서·자재·시설의 보호를 위하여 필요한 장소에 일정한 범위의 보호지역을 설정할 수 있다(설정하여야 한다 ×)(동 규정 제34조 제1항).
구분	보호지역은 그 중요도에 따라 제한지역, 제한구역, 통제구역으로 구분한다(동 규정 제34조 제2항 및 동 규정 시행 세부규칙 제60조).

2. 보호지역의 구분

구분		내용
제한지역	의의	비밀 또는 국·공유재산의 보호를 위하여 울타리 또는 방호·경비인력에 의하여 일반인의 출입에 대한 감시가 필요한 지역을 말한다(동 규정 제34조 제2항).
	종류	① 경찰청 및 부속기관, ② 시·도경찰청, ③ 경찰서 등
제한구역	의의	비인가자가 비밀, 주요시설 및 Ⅲ급 비밀 소통용 암호자재에 접근하는 것을 방지하기 위하여 안내를 받아 출입하여야 하는 구역을 말한다(동 규정 시행 세부규칙 제60조 제1항 제1호).
	종류	① 전자교환기(통합장비)실, 정보통신실 ② 발간실 ③ 송신 및 중계소, 정보통신관제센터 ④ 경찰청 및 시·도경찰청 항공대 ⑤ 작전·경호·정보·안보업무 담당부서 전역 ⑥ 과학수사센터
통제구역	의의	보안상 매우 중요한 구역으로서 비인가자의 출입이 금지되는 구역을 말한다(동 규정 시행 세부규칙 제60조 제1항 제2호).
	종류	① 암호취급소 ② 정보보안기록실 ③ 무기창·무기고 및 탄약고 ④ 종합상황실·치안상황실 ⑤ 암호장비관리실 ⑥ 정보상황실 ⑦ 비밀발간실 ⑧ 종합조회처리실

제117테마

중요도 A급

비밀의 보호 및 취급

▎「보안업무규정」【시행 2021. 1. 1.】
▎「보안업무규정 시행규칙」【시행 2022. 11. 28.】
▎「보안업무규정 시행 세부규칙」【시행 2022. 2. 25.】

📖 비밀의 구분

1. Ⅰ급 비밀 · Ⅱ급 비밀 · Ⅲ급 비밀

구분		내용
기준		① 비밀을 작성하거나 생산하는 자가 그 비밀내용의 중요성과 가치의 정도에 따라 Ⅰ급 비밀, Ⅱ급 비밀, Ⅲ급 비밀로 분류한다(동 규정 제4조). ② 보안의 대상이 되는 문서는 일반문서와 비밀문서를 모두 포함하며, Ⅰ·Ⅱ·Ⅲ급의 비밀 표시가 되어 있지 않은 문서라도 국가기밀에 해당하는 문서는 모두 보안의 대상이 된다.
분류	Ⅰ급 비밀	누설될 경우 대한민국의 외교관계가 단절되고 전쟁을 일으키며, 국가의 방위계획 · 정보활동 및 국가방위에 반드시 필요한 과학과 기술의 개발을 위태롭게 하는 등의 우려가 있는 비밀을 말한다(동 규정 제4조 제1호).
	Ⅱ급 비밀	누설될 경우 국가안전보장에 막대한 지장을 끼칠 우려가 있는 비밀을 말한다(동 규정 제4조 제2호).
	Ⅲ급 비밀	누설될 경우 국가안전보장에 해를 끼칠 우려가 있는 비밀을 말한다(동 규정 제4조 제3호).
대외비		「대외비」는 비밀은 아니지만, 직무수행상 일시적으로 누설을 방지하기 위하여 특별히 보호가 필요한 사항으로 보호기간을 명시하고 비밀과 같은 방법으로 취급 · 관리한다.

2. 암호자재 제작 · 공급 및 반납

구분		내용
제작 · 공급	원칙	국가정보원장은 비밀 소통용 암호자재를 제작하여 필요한 기관에 공급한다(동 규정 제7조 제1항 본문).
	예외	다만, 국가정보원장이 필요하다고 인정하는 암호자재의 경우 그 암호자재를 사용하는 기관은 국가정보원장이 인가하는 암호체계의 범위에서 암호자재를 제작할 수 있다(동 규정 제7조 제1항 단서).
반납		① 암호자재를 사용하는 기관의 장은 사용기간이 끝난 암호자재를 지체 없이 그 제작기관의 장에게 반납하여야 한다(동 규정 제7조 제2항). ② 즉, 국가정보원장이 제작하였을 경우에는 국가정보원장에게, 사용기관의 장이 제작하였을 경우에는 사용기관의 장에게 반납하여야 한다.

📖 비밀의 보호

1. 비밀분류의 3대 원칙

구분	내용
과도·과소분류 금지의 원칙	① 비밀은 적절히 보호할 수 있는 최저등급으로 분류(최고등급으로 분류 ×)하되, 과도하거나 과소하게 분류하여서는 안 된다는 원칙을 말한다(동 규정 제12조 제1항). ② 암호자재는 Ⅱ급 이상, 음어자재는 Ⅲ급 비밀, 약호자재는 대외비 이상으로 분류한다.
독립분류의 원칙	① 비밀은 그 자체의 내용과 가치의 정도에 따라 분류하여야 하며, 다른 비밀과 관련하여 분류하여서는 안 된다는 원칙이다(동 규정 제12조 제2항). ② 상급부서가 하급부서에게 획일적으로 보고문서에 대한 비밀등급을 지시하였을 경우 독립분류의 원칙에 반한다. ③ 상급부서의 지시문서가 Ⅱ급이라고 해서 하급부서의 보고문서까지 Ⅱ급으로 분류해서는 안 된다.
외국비밀 존중의 원칙	외국 정부나 국제기구로부터 접수한 비밀은 그 생산기관이 필요로 하는 정도(그 접수기관이 필요로 하는 정도 ×)로 보호할 수 있도록 분류하여야 한다는 원칙을 말한다(동 규정 제12조 제3항).

2. 비밀의 분류·재분류

구분	내용
분류	① 비밀취급 인가를 받은 사람은 인가받은 비밀 및 그 이하 등급 비밀의 분류권을 가진다(동 규정 제11조 제1항). ② 같은 등급 이상의 비밀취급 인가를 받은 사람 중 직속 상급직위에 있는 사람은 그 하위 직급에 있는 사람이 분류한 비밀등급을 조정할 수 있다(동 규정 제11조 제2항). ③ 비밀을 생산하거나 관리하는 사람은 비밀의 작성을 완료하거나 비밀을 접수하는 즉시 그 비밀을 분류하거나 재분류할 책임이 있다(동 규정 제11조 제3항).
재분류	① 비밀을 효율적으로 보호하기 위하여 비밀등급 또는 예고문 변경 등의 재분류를 한다(동 규정 제15조 제1항). ② 비밀의 재분류는 그 비밀의 예고문에 따르거나 생산자의 직권으로 한다(동 규정 제15조 제2항).
예고문	분류된 비밀에는 비밀 보호기간 및 보존기간을 명시하기 위하여 예고문을 기재하여야 한다(기재할 수 있다 ×)(동 규정 제14조)

3. 비밀의 표시, 접수·발송, 보관

구분	내용
표시	비밀은 그 취급자 또는 관리자에게 경고하고 비밀취급 인가를 받지 아니한 사람의 접근을 방지하기 위하여 분류와 동시에 등급에 따라 구분된 표시를 하여야 한다(동 규정 제16조).
접수 발송	① 비밀은 암호화되지 아니한 상태로 정보통신 수단을 이용하여 접수하거나 발송해서는 아니 된다(동 규정 제17조 제2항). ② 모든 비밀을 접수하거나 발송할 때에는 그 사실을 확인하기 위하여 접수증을 사용한다(동 규정 제17조 제3항).
보관	① 비밀을 휴대하고 출장 중인 사람은 비밀을 안전하게 보호하기 위하여 국내 경찰기관 또는 재외공관에 보관을 위탁할 수 있으며, 위탁받은 기관은 그 비밀을 보관하여야 한다(동 규정 제19조). ② 각급기관의 장은 소속 직원 중에서 이 영에 따른 비밀 보관 업무를 수행할 보관책임자를 임명하여야 한다(동 규정 제20조).

4. 비밀관리기록부 및 암호자재 관리기록부

구분	내용
원칙	각급기관의 장은 비밀의 작성·분류·접수·발송 및 취급 등에 필요한 모든 관리사항을 기록하기 위하여 비밀관리기록부를 작성하여 갖추어 두어야 한다(동 규정 제22조 제1항 본문).
별도 관리	다만, Ⅰ급 비밀관리기록부는 따로 작성하여 갖추어 두어야 하며, 암호자재의 경우에는 암호자재 관리기록부로 관리한다(동 규정 제22조 제1항 단서).
혼용 관리	Ⅱ급 비밀이나 Ⅲ급 비밀은 구분된 관리번호를 사용하여 동일 비밀관리기록부를 사용할 수 있다.

5. 비밀의 복제·복사 제한

구분	내용
원칙	① 비밀의 일부 또는 전부나 암호자재에 대해서는 모사·타자·인쇄·조각·녹음·인화·확대 등 그 원형을 재현하는 행위를 할 수 없다(동 규정 제23조 제1항 본문). ② 각급기관의 장은 필요하다고 인정되는 경우에는 해당 비밀의 보존기간 내에서 그 사본을 제작하여 보관할 수 있다(동 규정 제23조 제2항). ③ 비밀의 사본을 보관할 때에는 그 예고문이나 비밀등급을 변경해서는 아니 된다. 다만, 비밀을 재분류하는 경우에는 그러하지 아니하다(동 규정 제23조 제3항). ④ 비밀을 복제하거나 복사한 경우에는 그 원본과 동일한 비밀등급과 예고문을 기재하고, 사본 번호를 매겨야 한다(동 규정 제23조 제4항).
예외 (가능한 경우)	다만, 다음의 구분에 따른 비밀의 경우에는 그러하지 아니하다(동 규정 제23조 제1항 단서). ① Ⅰ급 비밀 : 해당 비밀의 생산자의 허가를 받은 경우 ② Ⅱ급 비밀 및 Ⅲ급 비밀 : 그 생산자가 특정한 제한을 하지 아니한 것으로서 해당 등급의 비밀취급 인가를 받은 사람이 공용으로 사용하는 경우

6. 비밀의 열람

구분	내용
원칙	비밀은 해당 등급의 비밀취급 인가를 받은 사람 중 그 비밀과 업무상 직접적 관계가 있는 사람만 열람할 수 있다(동 규정 제24조 제1항).
예외	비밀취급 인가를 받지 아니한 사람에게 비밀을 열람하거나 취급하게 할 때에는 국가정보원장이 정하는 바에 따라 소속 기관의 장(비밀이 군사와 관련한 사항인 경우에는 국방부장관)이 미리 열람자의 인적사항과 열람하려는 비밀의 내용 등을 확인하고 열람 시 비밀보호에 필요한 자체 보안대책을 마련하는 등의 보안조치를 하여야 한다. 다만, Ⅰ급 비밀의 보안조치에 관하여는 국가정보원장과 미리 협의하여야 한다(동 규정 제24조 제2항).
비밀열람 기록전	① 개별 비밀에 대한 열람자 범위를 파악하기 위하여 각각의 비밀문서 끝 부분에 비밀열람 기록전을 첨부한다(동 규정 시행규칙 제45조 제2항). ② 비밀열람기록전은 그 비밀의 생산기관이 첨부하며, 비밀을 파기하는 때에는 비밀에서 분리하여 따로 철하여 보관하여야 한다(동 규정 시행규칙 제45조 제3항). ③ 비밀열람자는 비밀을 열람하기에 앞서 비밀열람기록전에 정해진 사항을 기재하고 서명 또는 날인한 후 비밀을 열람하여야 한다(동 규정 시행규칙 제45조 제4항). ④ 비밀열람기록전(철)은 해당 비밀의 보호기간이 만료된 후 5년간 보존하여야 한다.

7. 비밀의 공개, 반출, 이관

구분	내용
공개	① 중앙행정기관 등의 장은 다음의 어느 하나에 해당하는 사유가 있을 때에는 그가 생산한 비밀을 보안심사위원회의 심의를 거쳐 공개할 수 있다. 다만, Ⅰ급 비밀의 공개에 관하여는 국가정보원장과 미리 협의하여야 한다(동 규정 제25조 제1항). 　㉠ 국가안전보장을 위하여 국민에게 긴급히 알려야 할 필요가 있다고 판단될 때 　㉡ 공개함으로써 국가안전보장 또는 국가 이익에 현저한 도움이 된다고 판단할 때 ② 공무원 또는 공무원이었던 사람은 법률에서 정하는 경우를 제외하고는 소속기관의 장이나 소속되었던 기관의 장의 승인 없이 비밀을 공개해서는 아니 된다(동 규정 제25조 제2항).
반출	비밀은 보관하고 있는 시설 밖으로 반출해서는 아니 된다. 다만, 공무상 반출이 필요할 때에는 소속 기관의 장의 승인을 받아야 한다(동 규정 제27조).
이관	비밀은 일반문서보관소로 이관해서는 아니 된다. 다만, 기록물관리기관으로 이관하는 경우에는 그러하지 아니하다(동 규정 제30조).

8. 비밀 소유 현황 통보(각급 기관의 장 → 국가정보원장)

구분	내용
국가정보원장에게 통보	각급기관의 장은 연 2회 비밀 소유 현황을 조사하여 국가정보원장에게 통보하여야 한다(동 규정 제31조 제1항).
비공개의 원칙	조사 및 통보된 비밀 소유 현황은 공개하지 않는다(동 규정 제31조 제2항).

📖 비밀의 취급

1. 비밀의 취급자(비밀 취급권자) - 경찰공무원의 경우(특별인가)

구분	내용
원칙	비밀은 비밀취급 인가권자로부터 해당 등급의 비밀취급 인가를 받은 사람만 취급할 수 있으며, 암호자재는 해당 등급의 비밀 소통용 암호자재취급 인가를 받은 사람만 취급할 수 있다(동 규정 제8조).
Ⅱ급 비밀 취급권자	경찰공무원 중 다음 부서에 근무하는 자(의무경찰대원 포함)는 그 보직발령과 동시에 Ⅱ급 비밀취급권을 인가받은 것으로 한다(동 규정 시행 세부규칙 제15조 제2항). ① 경비, 경호, 작전, 항공, 정보통신 담당부서 ② 정보, 안보, 외사부서 ③ 감찰, 감사 담당부서 ④ 치안상황실, 발간실, 문서수발실 ⑤ 경찰청 각 과의 서무담당자 및 비밀을 관리하는 보안업무 담당자 ⑥ 부속기관, 시·도경찰청, 경찰서 각 과의 서무담당자 및 비밀을 관리하는 보안업무 담당자
Ⅲ급 비밀 취급권자	모든 경찰공무원은 임용과 동시에 Ⅲ급 비밀취급권을 가진다(동 규정 시행 세부규칙 제15조 제1항).
비밀취급인가증 발급생략	비밀을 취급하고자 하는 자는 원칙적으로 비밀취급인가증을 발급받아야 하나, 경찰공무원은 특별인가의 대상이기 때문에 비밀취급인가증을 별도로 발급하지 않는다(동 규정 시행 세부규칙 제15조 제3항).

2. Ⅱ·Ⅲ급 비밀 및 Ⅲ급 비밀 소통용 암호자재 취급 인가권자

구분	내용
취급 인가권자	Ⅱ·Ⅲ급 비밀 취급 인가권자와 Ⅲ급 비밀 소통용 암호자재 취급 인가권자는 다음과 같다(동 규정 제9조 제2항). ① 보안업무규정 제9조 제1항에서 규정한 각 호의 사람 ② 중앙행정기관인 청의 장(경찰청장) ③ 지방자치단체의 장 ④ 특별시·광역시·도 및 특별자치시·특별자치도의 교육감 ⑤ 제1호부터 제4호까지의 사람이 지정한 기관의 장
경찰의 경우	경찰청장, 경찰대학장, 경찰인재개발원장, 중앙경찰학교장, 경찰수사연수원장, 경찰병원장, 시·도경찰청장이 Ⅱ급 및 Ⅲ급 비밀 취급인가권을 가진다(동 규정 시행 세부규칙 제11조 제1항).
비밀 취급인가권의 위임	시·도경찰청장은 경찰서장, 기동대장에게 Ⅱ급 및 Ⅲ급 비밀 취급인가권을 위임한다(위임할 수 있다 ×). 이 경우 경정 이상의 경찰공무원을 장으로 하는 단위 경찰기관의 장에게도 위임할 수 있다(위임한다 ×)(동 규정 시행 세부규칙 제11조 제2항).
비밀 취급인가권의 재위임 금지	Ⅱ급 및 Ⅲ급 비밀 취급인가권을 위임받은 경찰기관의 장은 이를 다시 위임할 수 없다(동 규정 시행 세부규칙 제11조 제3항).

📖 비밀의 보관

구분	내용
보관기준	① 비밀은 일반문서나 암호자재와 혼합하여 보관하여서는 아니 된다(동 규정 시행규칙 제33조 제1항). ② Ⅰ급 비밀은 반드시 금고에 보관하여야 하며, 다른 비밀과 혼합하여 보관하여서는 아니 된다(동 규정 시행규칙 제33조 제2항). ③ Ⅱ급 비밀 및 Ⅲ급 비밀은 금고 또는 이중 철제캐비닛 등 잠금장치가 있는 안전한 용기에 보관하여야 하며, 보관책임자가 Ⅱ급 비밀 취급 인가를 받은 때에는 Ⅱ급 비밀과 Ⅲ급 비밀을 같은 용기에 혼합하여 보관할 수 있다(동 규정 시행규칙 제33조 제3항). ④ 보관용기에 넣을 수 없는 비밀은 제한구역 또는 통제구역에 보관하는 등 그 내용이 노출되지 않도록 특별한 보호대책을 마련하여야 한다(동 규정 시행규칙 제33조 제4항).
외부표시 불가	① 비밀의 보관용기 외부에는 비밀의 보관을 알리거나 나타내는 어떠한 표시도 하여서는 아니 된다(동 규정 시행규칙 제34조 제1항). ② 보관용기의 잠금장치의 종류 및 사용방법은 보관책임자 외의 사람이 알지 못하도록 특별한 통제를 하여야 하며, 다른 사람이 알았을 때에는 즉시 이를 변경하여야 한다(동 규정 시행규칙 제34조 제2항).

제118테마
경찰홍보관리의 기초

중요도 B급

📖 경찰홍보의 종류

구분	내용
공공관계 (협의의 홍보)	공공관계(Public Relations : PR)란 유인물, 인쇄매체 등 각종 매체를 통해, 개인이나 단체의 좋은 점을 일방적으로 알리는 활동이다.
언론관계	언론관계(Press Relations : PR)란 신문, 잡지, TV, 라디오 등의 보도기능에 대응하는 활동으로, 기자들의 질의에 답하는 대응적이고 소극적인 홍보활동이다.
지역공동체관계	① 지역공동체관계(Community Relations : CR)란 지역사회 내의 각종 기관 및 주민들과 유기적인 연락 및 협조체계를 구축하여, 경찰활동의 긍정적인 측면을 지역사회에 널리 알리는 종합적인 지역사회 홍보체계를 말한다. ② 지역공동체관계의 수단으로서 가장 효과적인 것은 지역경찰관의 활동이다.
대중매체관계	대중매체관계(Media Relations : MR)란 종합적인 홍보활동으로 신문·방송 및 영상물 등 각종 대중매체 제작자와 긴밀한 협조관계를 구축하여, 대중매체의 필요를 충족시켜 주면서 경찰의 긍정적인 측면을 알리는 적극적인 활동을 말한다.
기업 이미지 관리	기업 이미지 관리(Corporate Image Management)는 영·미를 중심으로 발달한 적극적 홍보활동으로서, 경찰이 독점적 기구가 아니라는 인식에 근거한다.

📖 경찰과 대중매체의 관계

구분	내용
로버트 마크 (R. Mark)	로버트 마크(R. Mark)는 경찰과 대중매체의 관계를 단란하고 행복스럽지는 않더라도, 오래 지속되는 결혼생활에 비유하였다.
크랜돈 (G. Crandon)	크랜돈(G. Crandon)은 경찰과 대중매체는 서로를 필요로 하기 때문에 둘 사이에는 공생관계가 발달되어 있다는 것을 강조하였다.
에릭슨 (R. Ericson)	에릭슨(R. Ericson)은 경찰과 대중매체는 서로 연합하여 그 사회의 일탈에 관한 개념을 규정하며, 도덕성과 정의를 규정짓는 엘리트 집단을 구성한다고 주장하였다.

경찰홍보관련 주요 용어

구분	내용
엠바고	엠바고(Embargo)는 어느 시한까지 보도하지 않을 것을 전제로 자료제공이 이루어지는 관행을 말한다.
보도용 설명	보도용 설명(on the record)은 제공하는 정보를 즉시 기사화할 수 있는 경우를 말하며, 취재원의 이름과 직책이 기사에 이용될 수 있다.
비보도	비보도(off the record)는 보도하지 않을 것을 조건으로 하는 자료나 정보의 제공을 말한다.
가십	가십(Gossip)은 원래 험담이나 루머 등 확인되지 않은 뉴스를 말한다.
크레디트	크레디트(Credit)는 외신 기사머리에 발신·통신사명 등을 밝히는 것이다.
이슈	이슈(Issue)는 일정시점에서 중요시되어 토론·논쟁이나 갈등의 요인이 되는 사회·문화·정치적 관점 또는 사건·사고를 말한다.
데드라인	데드라인(Deadline)은 취재된 기사를 편집부에 넘겨야 하는 마감시간을 말한다.
리드	리드(Lead)는 전문으로 기사 내용을 요약해서 1~2줄 정도로 간략하게 쓴 글이다.
피처	피처(Feature)는 신문잡지의 기획기사를 말한다.

제119테마

중요도 A급

언론에 의한 피해구제

「언론중재 및 피해구제 등에 관한 법률」【시행 2023. 8. 8.】

📖 일반론

구분		내용
목적		「언론중재 및 피해구제 등에 관한 법률」은 언론사 등의 언론보도 또는 그 매개로 인하여 침해 되는 명예 또는 권리나 그 밖의 법익에 관한 다툼이 있는 경우 이를 조정하고 중재하는 등의 실효성 있는 구제제도를 확립함으로써 언론의 자유와 공적 책임을 조화함을 목적으로 한다(동법 제1조).
인격권 침해 금지	원칙	언론 등은 인격권 가치 등에 관한 권리(인격권)를 침해하여서는 아니 되며, 언론 등이 타인의 인격권을 침해한 경우에는 이 법에서 정한 절차에 따라 그 피해를 신속하게 구제하여야 한다(동법 제5조 제1항).
	예외	인격권 침해가 사회상규에 반하지 아니하는 한도에서 다음의 어느 하나에 해당하는 경우에는 법률에 특별한 규정이 없으면 언론 등은 그 보도 내용과 관련하여 책임을 지지 아니한다(동법 제5조 제2항). ① 피해자의 동의를 받아 이루어진 경우 ② 언론 등의 보도가 공공의 이익에 관한 것으로서, 진실한 것이거나 진실하다고 믿는 데에 정당한 사유가 있는 경우

📖 언론중재위원회

구분	내용
설치	언론 등의 보도 또는 매개로 인한 분쟁의 조정·중재 및 침해사항을 심의하기 위하여 언론중재위원회를 둔다(동법 제7조 제1항).
구성	① 언론중재위원회는 40명 이상 90명 이내의 중재위원으로 구성한다(동법 제7조 제3항). ② 언론중재위원회에는 위원장 1명과 2명 이내의 부위원장 및 2명 이내의 감사를 두며, 각각 중재위원 중에서 호선한다(동법 제7조 제4항).
위원의 자격	중재위원은 다음의 사람 중에서 문화체육관광부장관이 위촉한다. 제1호부터 제3호까지의 위원은 각각 중재위원 정수의 5분의 1 이상이 되어야 한다(동법 제7조 제3항). ① 법관의 자격이 있는 사람 중에서 법원행정처장이 추천한 사람 ② 변호사의 자격이 있는 사람 중에서 대한변호사협회의 장이 추천한 사람 ③ 언론사의 취재·보도 업무에 10년 이상 종사한 사람 ④ 그 밖에 언론에 관하여 학식과 경험이 풍부한 사람
위원의 임기	위원장·부위원장·감사 및 중재위원의 임기는 각각 3년으로 하며, 한 차례만 연임할 수 있다(동법 제7조 제5항).
위원의 신분	중재위원은 명예직으로 한다. 다만, 대통령령으로 정하는 바에 따라 수당과 실비보상을 받을 수 있다(동법 제7조 제10항).

위원장 등	① 위원장은 중재위원회를 대표하고 중재위원회의 업무를 총괄한다(동법 제7조 제6항). ② 부위원장은 위원장을 보좌하며, 위원장이 부득이한 사유로 직무를 수행할 수 없을 때에는 중재위원회규칙으로 정하는 바에 따라(대통령령으로 정하는 바에 따라 ×) 그 직무를 대행한다(동법 제7조 제7항). ③ 감사는 중재위원회의 업무 및 회계를 감사한다(동법 제7조 제8항).
회의·의결	중재위원회의 회의는 재적위원 과반수의 출석과 출석위원 과반수의 찬성으로 의결(일반의결정족수)한다(동법 제7조 제9항).
중재부	① 중재는 5명 이내의 중재위원으로 구성된 중재부에서 하며, 중재부의 장은 법관 또는 변호사의 자격이 있는 중재위원 중에서 중재위원회 위원장이 지명한다(동법 제9조 제2항). ② 중재부는 중재부의 장을 포함한 과반수의 출석과 출석위원 과반수의 찬성으로 의결(일반의결정족수)한다(동법 제9조 제2항).

📖 정정보도·반론보도·추후보도의 청구

구분		내용
정정보도	요건	① 사실적 주장에 관한 언론보도 등이 진실하지 아니함으로 인하여 피해를 입은 자는 해당 언론보도 등이 있음을 안 날부터 3개월 이내에 언론사 등에게 그 언론보도 등의 내용에 관한 정정보도를 청구할 수 있다. 다만, 해당 언론보도 등이 있은 후 6개월이 지났을 때에는 정정보도를 청구할 수 없다(동법 제14조 제1항). ② 정정보도의 청구에는 언론사 등의 고의·과실이나 위법성 등을 필요로 하지 아니한다(동법 제14조 제2항). ③ 국가·지방자치단체, 기관 또는 단체의 장은 해당 업무에 대하여 그 기관 또는 단체를 대표하여 정정보도를 청구할 수 있다(동법 제14조 제3항). ④ 「민사소송법」상 당사자능력이 없는 기관 또는 단체라도 하나의 생활단위를 구성하고 보도 내용과 직접적인 이해관계가 있을 때에는 그 대표자가 정정보도를 청구할 수 있다(동법 제14조 제4항).
	행사	① 정정보도 청구는 언론사 등의 대표자에게 서면으로 하여야 하며, 청구서에는 피해자의 성명·주소·전화번호 등의 연락처를 적고, 정정의 대상인 언론보도 등의 내용 및 정정을 청구하는 이유와 청구하는 정정보도문을 명시하여야 한다(동법 제15조 제1항). ② 정정보도 청구를 받은 언론사 등의 대표자는 3일 이내에 그 수용 여부에 대한 통지를 청구인에게 발송하여야 한다. 이 경우 정정의 대상인 언론보도 등의 내용이 방송이나 인터넷신문, 인터넷뉴스서비스 및 인터넷 멀티미디어 방송의 보도과정에서 성립한 경우에는 해당 언론사 등이 그러한 사실이 없었음을 입증하지 아니하면 그 사실의 존재를 부인하지 못한다(동법 제15조 제2항).
	수용	언론사 등이 정정보도 청구를 수용할 때에는 지체 없이 피해자 또는 그 대리인과 정정보도의 내용·크기 등에 관하여 협의한 후, 그 청구를 받은 날부터(그 협의가 완료된 날부터 ×) 7일 이내에 정정보도문을 방송하거나 게재하여야 한다. 다만, 이미 편집 제작이 완료되어 부득이할 때에는 다음 발행 호에 이를 게재하여야 한다(동법 제15조 제3항).

정정보도	거부	다음의 어느 하나에 해당하는 사유가 있는 경우에는 언론사 등은 정정보도청구를 거부할 수 있다(거부하여야 한다 ×)(동법 제15조 제4항). ① 피해자가 정정보도청구권을 행사할 정당한 이익이 없는 경우 ② 청구된 정정보도의 내용이 명백히 사실과 다른 경우 ③ 청구된 정정보도의 내용이 명백히 위법한 내용인 경우 ④ 정정보도의 청구가 상업적인 광고만을 목적으로 하는 경우 ⑤ 청구된 정정보도의 내용이 국가·지방자치단체 또는 공공단체의 공개회의와 법원의 공개재판절차의 사실 보도에 관한 것인 경우
반론보도		① 사실적 주장에 관한 언론보도 등으로 인하여 피해를 입은 자는 그 보도 내용에 관한 반론보도를 언론사 등에 청구할 수 있다(동법 제16조 제1항). ② 반론보도의 청구에는 언론사 등의 고의·과실이나 위법성을 필요로 하지 아니하며, 보도 내용의 진실 여부와 상관없이 그 청구를 할 수 있다(동법 제16조 제2항). ③ 반론보도 청구에 관하여는 따로 규정된 것을 제외하고는 정정보도 청구에 관한 이 법의 규정을 준용한다(동법 제16조 제3항).
추후보도		① 언론 등에 대하여 범죄혐의가 있거나 형사상의 조치를 받았다고 보도 또는 공표된 자는 그에 대한 형사절차가 무죄판결 또는 이와 동등한 형태로 종결되었을 때에는 그 사실을 안 날부터 3개월 이내에 언론사 등에 이 사실에 관한 추후보도의 게재를 청구할 수 있다(동법 제17조 제1항). ② 추후보도청구권에 관하여는 정정보도청구권에 관한 이 법의 규정을 준용한다(동법 제17 제3항). ③ 추후보도청구권은 특별한 사정이 있는 경우를 제외하고는 이 법에 따른 정정보도청구권이나 반론보도청구권의 행사에 영향을 미치지 아니한다(동법 제17조 제4항).
판례		① 사실적 주장이란 의견표명에 대치되는 개념으로서 사실적 주장과 의견표명이 혼재할 경우 양자를 구별할 때 해당 언론보도의 객관적인 내용과 아울러 해당 언론보도가 게재한 문맥의 보다 넓은 의미나 배경이 되는 사회적 흐름 및 시청자에게 주는 전체적인 인상도 함께 고려하여야 한다. ② 복잡한 사실관계를 알기 쉽게 단순하게 만드는 과정에서 일부 특정한 사실관계를 압축·강조하거나 대중의 흥미를 끌기 위해 실제 사실관계에 장식을 가하는 과정에서 다소의 수사적 과장이 있더라도 전체적인 맥락에서 보아 보도내용의 중요 부분이 진실에 합치된다면 그 보도의 진실성은 인정된다. ③ 어떤 사실을 기초로 의견 또는 논평을 표명함으로써 타인의 명예를 훼손하는 경우에도 그 행위가 공공의 이해에 관한 사항에 관계되고 그 목적이 공익을 도모하기 위한 것일 때에는 그와 같은 의견 또는 논평의 전제가 되는 사실이 중요한 부분에서 진실이라는 증명이 있거나 그 전제가 되는 사실이 중요한 부분에서 진실이라는 증명이 없더라도 표현행위를 한 사람이 그 전제가 되는 사실이 중요한 부분에서 진실이라고 믿을 만한 상당한 이유가 있는 경우에는 위법성이 없다고 보아야 한다. ④ 언론매체가 사실을 적시하여 타인의 명예를 훼손하는 행위를 한 경우에도 그것이 공공의 이해에 관한 사항으로서 그 목적이 오로지 공공의 이익을 위한 것일 때에는 적시된 사실이 진실이라는 증명이 있거나 그 증명이 없다 하더라도 행위자가 그것을 진실이라고 믿었고 또 그렇게 믿을 상당한 이유가 있으면 위법성이 없다.

📖 조정제도

1. 조정의 실시

구분	내용
관할	조정은 관할 중재부에서 한다(동법 제19조 제1항).
기간	조정은 신청 접수일부터 14일 이내에 하여야 하며, 중재부의 장은 조정신청을 접수하였을 때에는 지체 없이 조정기일을 정하여 당사자에게 출석을 요구하여야 한다(동법 제19조 제2항).
출석요구의 불이행	① 출석요구를 받은 신청인이 2회에 걸쳐 출석하지 아니한 경우에는 조정신청을 취하한 것으로 보며, 피신청 언론사 등이 2회에 걸쳐 출석하지 아니한 경우에는 조정신청 취지에 따라 정정보도 등을 이행하기로 합의한 것으로 본다(동법 제19조 제3항). ② 출석요구를 받은 자가 천재지변이나 그 밖의 정당한 사유로 출석하지 못한 경우에는 그 사유가 소멸한 날부터 3일 이내에 해당 중재부에 이를 소명하여 기일 속행신청을 할 수 있다.
비공개의 원칙	조정은 비공개를 원칙으로 하되, 참고인의 진술청취가 필요한 경우 등 필요하다고 인정되는 경우에는 참석이나 방청을 허가할 수 있다(동법 제19조 제8항).
조정 불성립결정	중재부는 당사자 간 합의 불능 등 조정에 적합하지 아니한 현저한 사유가 있다고 인정될 때에는 조정절차를 종결하고 조정불성립결정을 하여야 한다(동법 제21조 제3항).

2. 직권조정결정

구분	내용
사유	당사자 사이에 합의가 이루어지지 아니한 경우 또는 신청인의 주장이 이유 있다고 판단되는 경우 중재부는 당사자들의 이익이나 그 밖의 모든 사정을 고려하여 신청취지에 반하지 아니하는 한도에서 직권으로 조정을 갈음하는 결정을 할 수 있다. 이 경우 그 결정은 조정신청 접수일부터 21일 이내에 하여야 한다(동법 제22조 제1항).
이의신청	① 직권조정결정에 불복하는 자는 결정 정본을 송달받은 날부터 7일 이내에 불복사유를 명시하여 서면으로 중재부에 이의신청을 할 수 있다. 이 경우 그 결정은 효력을 상실한다(동법 제22조 제3항). ② 직권조정결정에 관하여 이의신청이 있는 경우에는 그 이의신청이 있은 때에 소가 제기된 것으로 보며, 피해자를 원고로 하고 상대방인 언론사 등을 피고로 한다(동법 제22조 제4항).

📖 중재제도

구분	내용
신청	① 당사자 양쪽은 정정보도청구 등 또는 손해배상의 분쟁에 관하여 중재부의 종국적 결정에 따르기로 합의하고 중재를 신청할 수 있다(동법 제24조 제1항). ② 중재신청은 조정절차 계속 중에도 할 수 있다. 이 경우 조정절차에 제출된 서면 또는 주장·입증은 중재절차에서 제출한 것으로 본다(동법 제24조 제2항).
효력	중재결정은 확정판결과 동일한 효력이 있다(동법 제25조 제1항).

제120테마
경찰행정통제의 유형

중요도 A급

📖 경찰행정통제의 기본요소

구분	내용
권한의 분산	경찰의 중앙조직과 지방조직간의 권한 분산, 상위계급자와 하위계급자간의 권한 분산
정보의 공개	국정에 대한 국민의 참여와 국정운영의 투명성을 확보하기 위한 경찰기관의 정보공개
국민의 참여	「행정절차법」에 의한 절차적 권리가 국민에게 인정
책임의 추궁	위법행위나 비위행위에 대한 형사책임·민사책임·징계책임
피드백	경찰행정의 목표와 관련하여 그 수행과정의 적정 여부를 확인하는 과정

📖 민주적 통제와 사법적 통제

구분	내용
민주적 통제 (적정절차의 원칙)	① 우리나라는 경찰조직의 민주성 확보를 위한 통제로서 국가경찰위원회제도와 자치경찰제도가 도입되어 있다. ② 우리나라는 경찰조직의 민주성 확보를 위한 통제로서 국민감사청구제도가 도입되어 있다. 　㉠ 18세 이상의 국민은 경찰을 비롯한 공공기관의 사무처리가 법령위반 또는 부패행위로 인하여 공익을 현저히 해하는 경우, 300인 이상의 연서로 감사원에 감사를 청구할 수 있다(「부패방지 및 국민권익위원회의 설치와 운영에 관한 법률」제72조 제1항). 　㉡ 수사·재판 및 형집행에 관한 사항 등은 감사청구의 대상에서 제외된다.
사법적 통제 (실체적 권리보장)	국민은 경찰행정관청의 위법한 처분 등 공권력의 행사 또는 불행사로 인하여 권리 또는 이익의 침해를 받은 경우에 항고소송 등의 행정소송을 통하여 구제를 받을 수 있고, 경찰공무원의 위법한 행위로 손해를 입은 국민은 국가를 상대로 손해배상(국가배상제도)을 청구할 수 있다.

📖 사전적 통제와 사후적 통제

구분		내용
사전적 통제	행정절차법	「행정절차법」에 의견청취절차인 청문, 공청회, 의견제출 제도가 규정되어 있으며, 행정상 입법예고제도나 행정예고제도를 통하여 미리 입법이나 행정계획·정책 등의 수립에 이해관계인이 참여할 수 있도록 하고 있다.
	입법부	입법기관인 국회가 입법권, 예산심의·의결권 등을 통하여 경찰기관에 통제를 가하고 있다.

사후적 통제	사법부	행정소송 등 법원의 재판, 국가배상청구소송을 통하여 경찰기관에 통제를 가하고 있다.
	행정부	행정부 내의 징계책임, 행정심판, 상급기관의 감독권·감사권 등을 통하여 경찰기관에 통제를 가하고 있다.
	입법부	입법기관인 국회가 국정감사·조사권, 예산결산권, 경찰청장 탄핵소추권 등을 통하여 경찰기관에 통제를 가하고 있다.

📖 내부적 통제와 외부적 통제

구분		내용
내부적 통제		내부적 통제의 대표적인 유형으로는 감사관제도, 감찰관제도, 훈령권 및 직무명령권, 이의신청에 대한 재결권, 경찰공무원의 윤리의식 확립 등이 있다.
외부적 통제	입법부	국회는 입법권, 예산의 심의·의결·결산권, 국정감사·조사권 등의 권한을 행사함으로써, 경찰행정을 통제하고 있다.
	행정부	① 대통령은 경찰청장의 임명권, 국가경찰위원회 위원의 임명권, 총경 이상 경찰관의 임용권 등을 갖고 있을 뿐만 아니라, 행정수반으로서 주요 정책결정을 통하여 경찰행정을 통제할 수 있다. ② 감사원은 경찰기관의 세입·세출의 결산뿐만 아니라, 경찰기관 및 경찰공무원의 직무에 대한 감찰을 통하여 경찰을 통제한다. ③ 행정안전부장관은 경찰청장과 국가경찰위원회 위원의 임명제청권을 갖고 있고, 상급 행정관청으로서의 권한행사를 통하여 경찰행정을 통제할 수 있다. ④ 국가경찰위원회는 경찰의 주요정책 등에 대한 심의·의결권을 통해 경찰을 통제하고 있다. ⑤ 국민권익위원회는 기본적으로 각종 시정·권고권을 통하여 경찰행정을 통제할 수 있으나, 수사 및 경찰인사 사항은 처리대상에서 제외된다. ⑥ 행정청 등의 처분 또는 부작위에 대한 행정심판의 청구에 대하여는, 국민권익위원회에 설치되어 있는 중앙행정심판위원회가 심리·재결함으로써, 행정의 위법은 물론 부당한 문제에 대해서도 통제를 가할 수 있다. ⑦ 경찰공무원의 징계처분, 그 밖에 그 의사에 반하는 불리한 처분이나 부작위에 대한 소청의 경우 인사혁신처에 설치된 소청심사위원회가 심사·결정함으로써 소청심사위원회는 경찰행정청을 통제하고 있다(「국가공무원법」 제9조). ⑧ 국가인권위원회는 인권침해행위에 대한 조사 및 구제 등의 업무를 수행하게 되는데, 특히 경찰서 유치장이나 사법경찰관리가 그 직무수행을 위하여 사람을 조사·유치 또는 수용하는 데 사용하는 시설에 대한 방문조사권을 갖고 있다.
	사법부	위법한 경찰작용에 대한 법원의 사법심사를 통하여 위법한 처분의 취소 등 이를 시정할 뿐만 아니라, 경찰공무원 개인에게도 민사상·형사상 책임을 물을 수 있다는 측면에서, 위법한 경찰작용을 억제할 수 있다.

제121테마

중요도 B급

감사관제도

■ 「경찰청 감사 규칙」【시행 2024. 5. 1.】

📖 일반론

구분	내용
의의	감사관제도는 경찰조직 내에서 자체 통제를 기하는 조직으로 경찰청에는 감사관을, 시·도경찰청에는 청문감사인권담당관을, 경찰서에는 청문감사인권관을 두고 있다.
계급	경찰청의 감사관은 고위공무원단에 속하는 일반직공무원 또는 경무관으로 보한다(「경찰청과 그 소속기관 직제」 제6조 제1항).
직무범위	경찰청 감사관은 다음 사항에 관하여 경찰청장을 보좌한다(「경찰청과 그 소속기관 직제」 제6조 제2항). ① 경찰청과 그 소속기관 및 산하단체에 대한 감사 ② 다른 기관에 의한 경찰청과 그 소속기관 및 산하단체에 대한 감사결과의 처리 ③ 사정업무 ④ 경찰기관공무원(의무경찰을 포함)에 대한 진정 및 비위사항의 조사·처리 ⑤ 민원업무의 운영 및 지도 ⑥ 경찰 직무수행 과정상의 인권보호 및 개선에 관한 사항 ⑦ 경찰 수사 과정상의 범죄피해자 보호 및 지원에 관한 사항 ⑧ 기타 청장이 감사에 관하여 지시한 사항의 처리
감사대상기관	① 경찰청장의 감사 대상기관은 다음과 같다(동 규칙 제3조 제1항). 　㉠ 경찰청 및 그 소속기관 　㉡ 경찰청 소관으로 지정·고시된 공공기관 　㉢ 법령에 의하여 경찰청장이 기관 임원의 임명·승인, 정관의 승인, 감독 등을 하는 법인 또는 단체 　㉣ 경찰청장이 주무관청이 되는 비영리법인 　㉤ 감사 대상기관으로부터 보조금 등 예산지원을 받는 법인 또는 단체 ② 감사는 감사 대상기관의 바로 위 감독관청이 실시하는 것을 원칙으로 하되, 필요한 경우에는 경찰청에서 직접 실시할 수 있다(동 규칙 제3조 제2항).

📖 감사의 종류 및 주기

구분	내용
종류	감사의 종류는 종합감사, 특정감사, 재무감사, 성과감사, 복무감사, 일상감사로 구분(암기TIP 종특재성복일)한다(동 규칙 제4조 제1항).

구분	
주기 (종합감사)	종합감사의 주기는 1년에서 3년까지 하되, 치안수요 등을 고려하여 조정 실시한다. 다만, 직전 또는 당해 연도에 감사원 등 다른 감사기관이 감사를 실시한 감사대상기관에 대해서는 감사의 일부 또는 전부를 실시하지 아니할 수 있다(동 규칙 제4조 제2항).

📖 감사계획의 수립 및 감사결과의 처리기준

구분		내용
감사계획의 수립		① 경찰청 감사관은 감사계획 수립에 필요한 경우 시·도자치경찰위원회 및 시·도경찰청장과 감사일정을 협의하여야 한다(협의할 수 있다 ×)(동 규칙 제5조 제1항). ② 감사관은 매년 2월말까지 연간 감사계획을 수립하여 감사대상기관에 통보한다(동 규칙 제5조 제2항).
감사결과의 처리기준	징계 문책 요구	「국가공무원법」과 그 밖의 법령에 규정된 징계 또는 문책사유에 해당하거나 정당한 사유 없이 자체검사를 거부하거나 자료의 제출을 게을리한 경우
	시정 요구	감사 결과 위법 또는 부당하다고 인정되는 사실이 있어 추징·회수·환급·추급 또는 원상복구 등이 필요하다고 인정되는 경우
	경고 주의 요구	감사결과 위법 또는 부당하다고 인정되는 사실이 있으나 그 정도가 징계 또는 문책사유에 이르지 아니할 정도로 경미하거나, 감사기관대상 또는 부서에 대한 제재가 필요한 경우
	개선 요구	감사결과 법령상·제도상 또는 행정상 모순이 있거나 그 밖에 개선할 사항이 있다고 인정되는 경우
	권고	감사결과 문제점이 인정되는 사실이 있어 그 대안을 제시하고 감사대상기관의 장 등으로 하여금 개선방안을 마련하도록 할 필요가 있는 경우
	통보	감사대상기관 또는 부서에서 자율적으로 처리할 필요가 있다고 인정되는 경우
	변상명령	변상책임이 있는 경우
	고발	감사결과 범죄 혐의가 있다고 인정되는 경우
	현지조치	감사결과 경미한 지적사항으로서 현지에서 즉시 시정·개선조치가 필요한 경우

📖 감사결과의 보고·통보·처리

구분	내용
감사결과의 보고	감사관은 감사가 종료된 후 감사결과보고서를 작성하여 경찰청장에게 보고하여야 한다(동 규칙 제12조).
감사결과의 통보·처리	① 경찰청장은 감사결과를 감사대상기관의 장에게 통보하여야 한다(동 규칙 제13조 제1항). ② 감사결과를 통보받은 감사대상기관의 장은 정당한 사유가 없으면 감사결과의 조치사항을 이행하고 30일 이내에 그 이행결과를 경찰청장에게 통보하여야 한다(동 규칙 제13조 제2항).

제122테마

감찰관제도

중요도 A급

▎「경찰 감찰 규칙」【시행 2022. 10. 27.】

📖 일반론

구분	내용
의의	① 감찰이란 복무기강 확립과 경찰행정의 적정성을 확보하기 위해, 경찰기관 또는 소속공무원의 제반업무와 활동 등을 조사·점검·확인하고 그 결과를 처리하는 감찰관의 직무활동을 말한다(동 규칙 제2조 제2호). ② 감찰관이란 감찰을 담당하는 경찰공무원을 말한다(동 규칙 제2조 제3호).
권한	① 감찰관은 조사를 위한 출석, 질문에 대한 답변 및 진술서 제출, 증거품 등 자료 제출, 현지조사의 협조 등을 요구할 수 있다(동 규칙 제17조 제1항). ② 소속공무원은 감찰관으로부터 위의 요구를 받은 때에는 정당한 사유가 없는 한 응하여야 한다(동 규칙 제17조 제2항). ③ 감찰관은 직무수행 중 알게 된 정보나 제출 받은 자료를 감찰 목적 외의 용도로 이용할 수 없다(동 규칙 제17조 제3항).
결격사유	다음의 어느 하나에 해당하는 사람은 감찰관이 될 수 없다(동 규칙 제5조). ① 직무와 관련한 금품 및 향응 수수, 공금횡령·유용, 「성폭력범죄의 처벌 등에 관한 특례법」에 따른 성폭력범죄로 징계처분을 받은 사람 ② 제1호 이외의 사유로 징계처분을 받아 말소기간이 경과하지 아니한 사람 ③ 질병 등으로 감찰관으로서의 업무수행이 어려운 사람 ④ 기타 감찰관으로서 적합하지 아니하다고 판단되는 사람
선발	경찰기관의 장은 감찰관 보직공모에 응모한 지원자 및 3인 이상의 동료로부터 추천받은 자를 대상으로 적격심사를 거쳐 감찰관을 선발한다(동 규칙 제6조 제1항).
신분보장	① 경찰기관의 장은 1년 이상 성실히 근무한 감찰관에 대해서는 희망부서를 고려하여 전보한다(전보할 수 있다 ×)(동 규칙 제7조 제2항). ② 경찰기관의 장은 다음의 경우를 제외하고는 2년 이내에 본인의사에 반하여 전보하여서는 아니 된다. 다만, 승진 등 인사관리상 필요한 경우에는 그러하지 아니하다(동 규칙 제7조 제1항). 　㉠ 결격사유에 해당되는 것으로 밝혀졌을 경우 　㉡ 징계사유가 있는 경우 　㉢ 형사사건에 계류된 경우 　㉣ 질병 등으로 감찰업무를 수행할 수 없거나 직무수행 능력이 현저히 부족하다고 판단되는 경우 　㉤ 고압·권위적인 감찰활동을 반복하여 물의를 야기한 경우
적격심사	경찰기관의 장은 소속 감찰관에 대하여 감찰관 보직 후 2년마다 적격심사를 실시하여 인사에 반영하여야 한다(동 규칙 제8조 제1항).

📖 감찰활동의 관할

구분	내용
원칙	감찰관은 소속 경찰기관의 관할구역 안에서 활동하여야 한다. 다만, 상급경찰기관의 장의 지시(소속 경찰기관의 장의 지시 ×)가 있는 경우에는 관할구역 밖에서도 활동할 수 있다(동 규칙 제12조).
특별감찰	경찰기관의 장은 의무위반행위가 자주 발생하거나 그 발생 가능성이 높다고 인정되는 시기, 업무 분야 및 경찰관서 등에 대하여는 일정기간 동안 전반적인 조직관리 및 업무추진 실태 등을 집중 점검할 수 있다(동 규칙 제13조).
교류감찰	경찰기관의 장은 상급 경찰기관의 장의 지시에 따라 소속 감찰관으로 하여금 일정기간 동안 다른 경찰기관 소속 직원의 복무실태, 업무추진 실태 등을 점검하게 할 수 있다(동 규칙 제14조).

📖 감찰정보의 수집·처리

구분	내용
수집	감찰관은 감찰업무와 관련된 다음의 어느 하나에 해당하는 감찰정보를 매월 1건 이상 수집·제출하여야 하며, 감찰관이 아닌 소속공무원도 감찰정보를 수집한 경우에는 이를 감찰부서에 제출할 수 있다. 감찰관은 수집한 감찰정보를 감찰정보보고서에 따라 작성한 후 경찰청 또는 소속 시·도 경찰청의 감찰부서장에게 제출하여야 한다(동 규칙 제20조). ① 비위정보 : 소속공무원의 비위와 관련한 정보 ② 제도개선자료 : 불합리한 제도·시책·관행 등의 개선에 관한 사항 ③ 기타자료 : 관리자의 조직관리·운영실태, 주요 치안시책 등에 대한 현장여론, 비위우려자의 복무실태 등 인사·조직 운영에 참고가 될 만한 자료
처리	감찰정보를 접수한 감찰부서장은 다음의 기준에 따라 감찰정보를 구분한다(동 규칙 제21조). ① 즉시조사대상 : 신속한 진상확인 및 조사·처리가 필요한 사항 ② 감찰대상 : 사실관계 확인 또는 감찰활동 착수 등 감찰활동이 필요한 사항 ③ 이첩대상 : 해당 경찰기관에서 직접 처리하는 것보다 다른 경찰기관이나 부서 등에서 처리·활용하는 것이 효과적이라고 판단되는 사항 ④ 참고대상 : 감찰업무에 도움이 될 것으로 판단되는 사항 ⑤ 폐기대상 : 익명 제보 등 출처가 불분명한 정보 또는 이미 제출된 정보와 동일한 정보 등 그 내용상 감찰대상으로서의 가치가 없거나 감찰업무 활용도가 매우 낮을 것으로 예상되는 정보

📖 감찰활동의 절차

구분	내용
착수	① 감찰관은 소속공무원의 의무위반행위에 관한 단서(현장인지, 진정·탄원 등을 포함)를 수집·접수한 경우 소속 경찰기관의 감찰부서장에게 보고(소속 경찰기관의 장에게 보고 ×)하여야 한다(동 규칙 제15조 제1항). ② 감찰부서장은 보고를 받은 경우 감찰 대상으로서의 적정성을 검토한 후 감찰활동 착수 여부를 결정하여야 한다(동 규칙 제15조 제2항).
수립	① 감찰관은 감찰활동에 착수할 때에는 감찰계획을 소속 경찰기관의 감찰부서장에게 보고하여 승인을 받아야 한다(동 규칙 제16조 제1항). ② 감찰관은 사전에 계획하고 보고한 범위에 한하여 감찰활동을 수행하여야 한다(동 규칙 제16조 제2항). ③ 감찰기간은 6개월의 범위 내에서 감찰부서장이 정한다(동 규칙 제16조 제3항). ④ 감찰관은 계속 감찰활동이 필요한 경우 그 사유를 소명하여 소속 경찰기관의 감찰부서장의 승인을 받아 6개월의 범위 내에서 감찰기간을 연장할 수 있다(동 규칙 제16조 제4항).
결과의 보고·처리	감찰관은 감찰활동 결과 소속공무원의 의무위반행위, 불합리한 제도·관행, 선행·수범직원 등을 발견한 경우 이를 소속 경찰기관의 장에게 보고(소속 경찰기관의 감찰부서장에게 보고 ×)하여야 한다(동 규칙 제19조 제1항).
출석요구	① 감찰관은 감찰조사를 위해서 조사대상자의 출석을 요구할 때에는 조사기일 3일 전까지 출석요구서 또는 구두로 조사일시, 의무위반행위사실 요지 등을 통지하여야 한다. 다만, 사안이 급박한 경우 또는 조사대상자의 요청이 있는 경우에는 즉시 조사에 착수할 수 있다(동 규칙 제25조 제1항). ② 조사일시 등을 정할 때에는 조사대상자의 의견을 존중하여야 한다(동 규칙 제25조 제2항). ③ 감찰관은 의무위반행위와 관련된 내용을 조사할 때에는 사전에 준비를 철저히 하여 잦은 출석으로 인한 피해를 주지 않도록 하여야 한다(동 규칙 제25조 제3항).
감찰조사 처리	① 감찰관은 감찰조사를 종료한 때에는 소속 경찰기관의 장에게(소속 경찰기관의 감찰부서장에게 ×) 진술조서, 증빙자료 등과 함께 감찰조사 결과를 보고하여야 한다(동 규칙 제34조 제1항). ② 감찰관은 조사대상자에게 감찰조사 결과 요지를 서면 또는 전화, 문자메시지 등의 방법으로 통지하여야 한다(동 규칙 제34조 제2항).

📖 감찰조사 유의사항

구분	내용
변호사의 선임	조사대상자는 변호사를 변호인으로 선임할 수 있다. 다만, 감찰부서장의 승인을 받은 경우에는 변호사가 아닌 사람을 특별변호인으로 선임할 수 있다(동 규칙 제26조 제1항).
진술거부권	① 조사대상자는 진술하지 아니하거나 개개의 질문에 대하여 진술을 거부할 수 있다(동 규칙 제27조 제1항). ② 감찰관은 조사대상자에게 진술을 거부할 수 있음을 사전에 고지하여야 한다(동 규칙 제27조 제2항).
고지	감찰관은 감찰조사를 실시하기 전에 조사대상자에게 의무위반행위 사실의 요지를 알려야 한다(알릴 수 있다 ×)(동 규칙 제29조 제1항).
심야조사의 금지	① 감찰관은 심야(자정부터 오전 6시까지를 말한다)에 조사를 하여서는 아니 된다(동 규칙 제32조 제1항). ② 감찰관은 조사대상자 또는 그 변호인의 심야조사 요청이 있는 경우에는 예외적으로 심야조사를 할 수 있다. 이 경우 심야조사의 사유를 조서에 명확히 기재하여야 한다(동 규칙 제32조 제2항).
휴식시간의 부여	감찰관은 조사에 장시간이 소요되는 경우 특별한 사정이 없는 한 조사 도중에 최소한 2시간마다 10분 이상의 휴식시간을 부여하여 조사대상자가 피로를 회복할 수 있도록 노력하여야 한다(동 규칙 제33조 제1항).

📖 감찰사건의 처리

구분	내용
민원통보사건	① 감찰관은 소속공무원의 의무위반사실에 대한 민원을 접수한 경우 접수일로부터 2개월 내에 신속히 처리하여야 한다. 다만, 부득이한 사유로 민원을 기한 내에 처리할 수 없을 때에는 소속 경찰기관의 감찰부서장에게 보고하여 그 처리 기간을 연장할 수 있다(동 규칙 제35조 제1항). ② 처리기간을 연장할 수는 있지만, 그 연장기간에 대하여는 명문의 규정이 없다. ③ 감찰관은 민원사건을 접수한 경우 접수 후 매 1개월이 경과한 때와 감찰조사를 종결하였을 때에 민원인 또는 피해자에게 사건처리 진행상황을 통지하여야 한다. 다만, 진행상황에 대한 통지가 감찰조사에 지장을 주거나 피해자 또는 사건관계인의 명예와 권리를 부당히 침해할 우려가 있는 때에는 통지하지 않을 수 있다(동 규칙 제35조 제4항).
기관통보사건	① 감찰관은 다른 경찰기관 또는 검찰, 감사원 등 다른 행정기관으로부터 통보받은 소속공무원의 의무위반행위에 대해서는 통보받은 날로부터 1개월 이내에 신속히 처리하여야 한다(동 규칙 제36조 제1항). ② 처리기간의 연장규정은 없다. ③ 감찰관은 검찰·경찰, 그 밖의 수사기관으로부터 수사개시 통보를 받은 경우에는 징계의결 요구권자의 결재를 받아 해당 기관으로부터 수사결과의 통보를 받을 때까지 감찰조사, 징계의결 요구 등의 절차를 진행하지 아니할 수 있다(진행하지 못한다 ×)(동 규칙 제36조 제2항).

📖 감찰결과에 대한 이의신청 및 결과의 공개

구분	내용
이의신청	① 감찰조사 결과를 통지받은 조사대상자는 그 통지를 받은 날부터 10일 이내에 감찰을 주관한 경찰기관의 장에게 이의를 신청할 수 있다. 다만, 감찰결과 징계요구된 사건에 대해서는 징계위원회에서의 의견진술 등의 절차로 이의신청을 갈음할 수 있다(동 규칙 제38조 제1항). ② 이의신청을 접수한 경찰기관의 장은 감찰처분심의회의 심의를 거쳐 이의신청이 이유 없다고 인정될 때에는 이를 기각하고 이유 있다고 인정될 때에는 그 감찰조사 결과를 취소하거나 변경하여야 한다(동 규칙 제38조 제2항).
감찰처분 심의위원회	처분심의회는 위원장을 포함한 3명 이상 7명 이하의 위원으로 구성하며, 위원장은 감찰부서장이 되고 위원은 감찰부서장이 소속 공무원 중에서 지명하거나 학식과 경험을 고루 갖춘 해당 분야의 외부전문가 중에서 위촉할 수 있다(동 규칙 제37조 제2항).
결과의 공개	① 감찰결과는 원칙적으로 공개하지 아니한다. 다만, 유사한 비위의 재발을 방지하기 위하여 다음의 경우에는 감찰결과 요지를 공개할 수 있다(동 규칙 제39조 제1항). ㉠ 중대한 비위행위(금품·향응수수, 공금횡령·유용, 정보유출, 독직폭행, 음주운전 등) ㉡ 언론 등 사회적 관심이 집중되어 사생활 보호의 이익보다 국민의 알 권리 충족 등 공공의 이익이 현저하게 크다고 판단되는 사안 ② 감찰결과의 공개 여부는 경찰기관의 장이 감찰처분심의회의 의견을 들어 최종 결정한다(동 규칙 제39조 제2항).

제123테마

정보공개제도

중요도 A급

「공공기관의 정보공개에 관한 법률」【시행 2023. 11. 17.】

📖 일반론

구분	내용
의의	① 정보공개는 경찰행정통제의 근본으로서, 경찰행정기관은 공개대상이 아닌 정보를 제외하고는 원칙적으로 모든 정보를 공개하여야 한다. ② 국민의 알 권리를 보장하고, 국정에 대한 국민의 참여와 국정운영의 투명성을 확보하기 위하여 「공공기관의 정보공개에 관한 법률」을 제정·실시하고 있다(동법 제1조).
기관	정보공개를 하여야 하는 공공기관의 범위에는 국가기관(국회, 법원, 헌법재판소, 중앙선거관리위원회, 중앙행정기관 및 그 소속기관, 행정기관 소속 위원회 등), 지방자치단체, 공공기관, 지방공사 및 지방공단, 그 밖에 대통령령으로 정하는 기관이다(동법 제2조 제3호).
적극적 공개	공공기관이 보유·관리하는 정보는 국민의 알 권리 보장 등을 위하여 이 법에서 정하는 바에 따라 적극적으로 공개하여야 한다(공개할 수 있다 ×)(동법 제3조).
적용 범위	**원칙**: 정보의 공개에 관하여는 다른 법률에 특별한 규정이 있는 경우를 제외하고는 이 법에서 정하는 바에 따른다(동법 제4조 제1항). **예외**: 국가안전보장에 관련되는 정보 및 보안 업무를 관장하는 기관에서 국가안전보장과 관련된 정보의 분석을 목적으로 수집하거나 작성한 정보에 대해서는 이 법을 적용하지 아니한다(동법 제4조 제3항). **판례**: ① 국공립학교에서의 성적평가에 관한 사항, 조세의 부과징수 또는 환급에 관한 사항, 학력기능 및 채용에 관한 사항 등을 공개대상정보로 인정하였다. ② 경찰의 보안관찰 관련 통계자료, 폭력단체 현황에 관한 정보 등을 비공개대상정보로 인정하였다.
판례	① 정보공개청구의 목적에 특별한 제한이 없으므로, 오로지 상대방을 괴롭힐 목적으로 정보공개를 구하고 있다는 등의 특별한 사정이 없는 한 정보공개의 청구가 신의칙에 반하거나 권리남용에 해당한다고 볼 수 없다. ② 국민의 정보공개청구권은 법률상 보호되는 구체적인 권리이므로, 공공기관에 대하여 정보의 공개를 청구하였다가 공개거부처분을 받은 청구인은 행정소송을 통하여 그 공개거부처분의 취소를 구할 법률상의 이익이 있고, 공개청구의 대상이 되는 정보가 이미 다른 사람에게 공개되어 널리 알려져 있다거나 인터넷 등을 통하여 공개되어 인터넷검색 등을 통하여 쉽게 알 수 있다는 사정만으로는 소의 이익이 없다거나 비공개결정이 정당화될 수 없다. ③ 피의자신문조서 등 조서에 기재된 피의자 등의 인적사항 이외의 진술내용 역시 개인의 사생활의 비밀 또는 자유를 침해할 우려가 있다고 인정되는 경우에는 비공개대상정보에 해당한다. ④ 수사기록 중 의견서, 보고문서, 메모, 법률검토 등은 그 실질적인 내용을 구체적으로 살펴 수사의 방법 및 절차 등이 공개됨으로써 수사기관의 직무수행을 현저히 곤란하게 한다고 인정할 만한 상당한 이유가 있어야만 비공개대상정보에 해당한다. ⑤ 정보공개 청구권자가 공개를 청구하는 정보와 어떤 관련성을 가질 것을 요구하거나 정보공개청구의 목적에 특별한 제한을 두고 있지 아니하므로 정보공개 청구권자의 권리구제 가능성 등은 정보의 공개 여부 결정에 아무런 영향을 미치지 못한다.

📖 정보공개제도의 총괄·보고

구분	내용
총괄 (행정안전부장관)	① 행정안전부장관은 정보공개제도의 정책 수립 및 제도 개선 사항 등에 관한 기획·총괄 업무를 관장한다(동법 제24조 제1항). ② 행정안전부장관은 위원회가 정보공개제도의 효율적 운영을 위하여 필요하다고 요청하면 공공기관(국회, 법원, 헌법재판소 및 중앙선거관리위원회는 제외)의 정보공개제도 운영실태를 평가할 수 있다(동법 제24조 제2항). ③ 행정안전부장관은 평가를 실시한 경우에는 그 결과를 위원회를 거쳐 국무회의에 보고한 후 공개하여야 하며, 위원회가 개선이 필요하다고 권고한 사항에 대해서는 해당 공공기관에 시정 요구 등의 조치를 하여야 한다(동법 제24조 제3항). ④ 행정안전부장관은 정보공개에 관하여 필요할 경우에 공공기관의 장에게 정보공개 처리실태의 개선을 권고할 수 있다. 권고를 받은 공공기관은 이를 이행하기 위하여 성실하게 노력하여야 하며, 그 조치 결과를 행정안전부장관에게 알려야 한다(동법 제24조 제4항).
국회에의 보고	행정안전부장관은 전년도의 정보공개 운영에 관한 보고서를 매년 정기국회 개최 전까지 국회에 제출하여야 한다(동법 제26조).

📖 비공개 대상정보

구분	내용
내용 (임의사항)	공공기관이 보유·관리하는 정보는 공개 대상이 되지만, 다음에 해당하는 정보는 공개하지 아니할 수 있다(공개하지 아니한다 ×)(동법 제9조 제1항). ① 다른 법률 또는 법률에서 위임한 명령에 따라 비밀이나 비공개사항으로 규정된 정보 ② 국가안전보장·국방·통일·외교관계 등에 관한 사항으로서 공개될 경우 국가의 중대한 이익을 현저히 해할 우려가 있다고 인정되는 정보 ③ 공개될 경우 국민의 생명·신체 및 재산의 보호에 현저한 지장을 초래할 우려가 있다고 인정되는 정보 ④ 진행 중인 재판에 관련된 정보와 범죄의 예방, 수사, 공소의 제기 및 유지, 형의 집행, 교정, 보안처분에 관한 사항 ⑤ 감사·감독·검사·시험·규제·입찰계약·기술개발·인사관리에 관한 사항이나 의사결정 과정 또는 내부검토 과정에 있는 사항 ⑥ 해당 정보에 포함되어 있는 성명·주민등록번호 등 개인에 관한 사항 ⑦ 법인·단체 또는 개인의 경영상·영업상 비밀에 관한 사항 ⑧ 공개될 경우 부동산 투기, 매점매석 등으로 특정인에게 이익 또는 불이익을 줄 우려가 있다고 인정되는 정보
변경	비공개 대상정보에 대한 공개 청구에 대해서도 실시기관은 공개를 결정할 수 있다. 공공기관은 비공개 대상정보가 기간의 경과 등으로 인하여 비공개의 필요성이 없어진 경우에는 그 정보를 공개대상으로 하여야 한다(할 수 있다 ×)(동법 제9조 제2항).
점검	공공기관은 수립된 비공개 세부 기준이 비공개 요건에 부합하는지 3년마다 점검하고 필요한 경우 비공개 세부 기준을 개선하여 그 점검 및 개선 결과를 행정안전부장관에게 제출하여야 한다(동법 제9조 제4항).

📖 정보공개의 절차

구분	내용
청구권자	① 모든 국민은 정보의 공개를 청구할 권리를 가진다(동법 제5조 제1항). ② 법인 또는 단체의 경우에도 정보의 공개를 청구할 수 있다. ③ 외국인의 정보공개 청구에 관하여는 대통령령으로 정하도록 하여, 외국인은 일정한 경우에 정보공개를 청구할 수 있다(동법 제5조 제2항).
청구방법	① 정보의 공개를 청구하는 자는 해당 정보를 보유하거나 관리하고 있는 공공기관에 정보공개청구서를 제출하거나 말로써 정보의 공개를 청구할 수 있다(동법 제10조 제1항). ② 청구인이 말로써 정보의 공개를 청구할 때에는 담당 공무원 또는 담당 임직원의 앞에서 진술하여야 하고, 담당 공무원 등은 정보공개 청구조서를 작성하여 이에 청구인과 함께 기명날인하거나 서명하여야 한다(동법 제10조 제2항).
정보공개 여부의 결정	① 공공기관은 정보공개의 청구를 받으면 그 청구를 받은 날부터 10일 이내에 공개 여부를 결정하여야 한다(동법 제11조 제1항). ② 공공기관은 부득이한 사유로 위의 기간 이내에 공개 여부를 결정할 수 없을 때에는 그 기간이 끝나는 날의 다음 날부터(그 기간이 끝나는 날부터 ×) 기산하여 10일의 범위에서 공개 여부 결정기간을 연장할 수 있다. 이 경우 공공기관은 연장된 사실과 연장 사유를 청구인에게 지체 없이 문서로 통지하여야 한다(동법 제11조 제2항). ③ 공공기관은 공개 청구된 공개 대상정보의 전부 또는 일부가 제3자와 관련이 있다고 인정할 때에는 그 사실을 제3자에게 지체 없이 통지하여야 하며, 필요한 경우에는 그의 의견을 들을 수 있다(들어야 한다 ×)(동법 제11조 제3항).
정보공개 여부 결정의 통지	① 공공기관은 정보의 공개를 결정한 경우에는 공개의 일시 및 장소 등을 분명히 밝혀 청구인에게 통지하여야 한다(동법 제13조 제1항). ② 공공기관은 청구인이 사본 또는 복제물의 교부를 원하는 경우에는 이를 교부하여야 한다(교부할 수 있다 ×)(동법 제13조 제2항). ③ 정보의 비공개를 결정한 경우에는 그 사실을 청구인에게 지체 없이 문서로 통지하여야 한다. 이 경우 비공개 이유와 불복의 방법 및 절차를 구체적으로 밝혀야 한다(동법 제13조 제5항).
부분공개	공개 청구한 정보가 비공개 대상정보에 해당하는 부분과 공개 가능한 부분이 혼합되어 있는 경우로서 공개 청구의 취지에 어긋나지 아니하는 범위에서 두 부분을 분리할 수 있는 경우에는 비공개 대상정보를 제외하고 공개하여야 한다(동법 제14조).
비용부담	① 정보의 공개 및 우송 등에 소요되는 비용은 실비의 범위 안에서 청구인이 부담(공공기관이 부담 ×)한다(동법 제17조 제1항). ② 공개를 청구하는 정보의 사용 목적이 공공복리의 유지·증진을 위하여 필요하다고 인정되는 경우에는 비용을 감면할 수 있다(감면하여야 한다 ×)(동법 제17조 제2항).

📖 제3자의 보호

구분	내용
제3자에의 통지	① 공개청구된 공개대상 정보의 전부 또는 일부가 제3자와 관련되어 있다고 인정할 때에는 그 사실을 제3자에게 지체 없이 통지하여야 하며, 필요한 경우에는 그의 의견을 들을 수 있다(들어야 한다 ×)(동법 제11조 제3항). ② 제3자는 그 통지를 받은 날부터 3일 이내에 해당 공공기관에 대하여 자신과 관련된 정보를 공개하지 아니할 것을 요청할 수 있다(동법 제21조 제1항).
제3자의 불복	제3자의 비공개 요청에도 불구하고 공공기관이 공개 결정을 할 때에는 공개결정 이유와 공개 실시일을 분명히 밝혀 지체 없이 문서로 통지하여야 하며, 제3자는 해당 공공기관에 문서로 이의신청을 하거나 행정심판 또는 행정소송을 제기할 수 있다. 이 경우 이의신청은 통지를 받은 날부터 7일 이내에 하여야 한다(동법 제21조 제2항).
공개 결정일 공개 실시일	공공기관은 공개 결정일과 공개 실시일 사이에 최소한 30일의 간격을 두어야 한다(동법 제21조 제3항).

📖 정보공개 불복 구제절차

1. 이의신청

구분	내용
기간	청구인이 정보공개와 관련한 공공기관의 비공개 결정 또는 부분공개 결정에 대하여 불복이 있거나 정보공개 청구 후 20일이 경과하도록 정보공개 결정이 없는 때에는 공공기관으로부터 정보공개 여부의 결정 통지를 받은 날 또는 정보공개 청구 후 20일이 경과한 날부터 30일 이내에 해당 공공기관에 문서로 이의신청을 할 수 있다(동법 제18조 제1항).
결정	① 공공기관은 이의신청을 받은 날부터 7일 이내에 그 이의신청에 대하여 결정하고 그 결과를 청구인에게 지체 없이 문서로 통지하여야 한다. 다만, 부득이한 사유로 정하여진 기간 이내에 결정할 수 없을 때에는 그 기간이 끝나는 날의 다음 날부터(그 기간이 끝나는 날부터 ×) 기산하여 7일의 범위에서 연장할 수 있으며, 연장사유를 청구인에게 통지하여야 한다(동법 제18조 제3항). ② 공공기관은 이의신청을 각하 또는 기각하는 결정을 한 경우에는 청구인에게 행정심판 또는 행정소송을 제기할 수 있다는 사실을 알려야 한다(동법 제18조 제4항).

2. 행정쟁송

구분	내용
행정심판	청구인은 정보공개와 관련한 공공기관의 결정에 대하여 불복이 있거나 정보공개 청구 후 20일이 경과하도록 정보공개 결정이 없는 때에는 이의신청 절차를 거치지 아니하고도 「행정심판법」에서 정하는 바에 따라 행정심판을 청구할 수 있다(동법 제19조 제1항 및 제2항).
행정소송	청구인이 정보공개와 관련한 공공기관의 결정에 대하여 불복이 있거나 정보공개 청구 후 20일이 경과하도록 정보공개 결정이 없는 때에는 「행정소송법」에서 정하는 바에 따라 행정소송을 제기할 수 있다(동법 제20조 제1항).

📖 정보공개위원회

구분	내용
설치	다음의 사항을 심의·조정하기 위하여 행정안전부장관 소속으로 정보공개위원회를 둔다(동법 제22조). ① 정보공개에 관한 정책 수립 및 제도 개선에 관한 사항 ② 정보공개에 관한 기준 수립에 관한 사항 ③ 정보공개심의회 심의결과의 조사·분석 및 심의기준 개선 관련 의견제시에 관한 사항 ④ 공공기관의 정보공개 운영실태 평가 및 그 결과 처리에 관한 사항 ⑤ 정보공개와 관련된 불합리한 제도·법령 및 그 운영에 대한 조사 및 개선권고에 관한 사항 ⑥ 그 밖에 정보공개에 관하여 대통령령으로 정하는 사항
구성	① 정보공개위원회는 성별을 고려하여 위원장과 부위원장 각 1명을 포함한 11명의 위원으로 구성한다(동법 제23조 제1항). ② 위원회의 위원은 다음의 사람이 된다. 이 경우 위원장을 포함한 7명은 공무원이 아닌 사람으로 위촉하여야 한다(동법 제23조 제2항). 　　㉠ 대통령령으로 정하는 관계 중앙행정기관의 차관급 공무원이나 고위공무원단에 속하는 일반직공무원 　　㉡ 정보공개에 관하여 학식과 경험이 풍부한 사람으로서 행정안전부장관이 위촉하는 사람 　　㉢ 시민단체에서 추천한 사람으로서 행정안전부장관이 위촉하는 사람
위원의 임기	① 위원장·부위원장 및 위원(제2항 제1호의 위원은 제외)의 임기는 2년으로 하며, 연임할 수 있다(동법 제23조 제3항). ② 연임에 대한 제한규정은 없다.
위원의 의무	위원장·부위원장 및 위원 중 공무원이 아닌 사람은 「형법」이나 그 밖의 법률에 따른 벌칙을 적용할 때에는 공무원으로 본다(동법 제23조 제5항).

서진호
경찰학

○ 독한경찰 | police.dokgong.com

제12장

분야별 경찰활동 I − 생활안전경찰활동

제124테마~제136테마

제124테마

자율방범대(협력방범업무)

「자율방범대 설치 및 운영에 관한 법률」【시행 2023. 4. 27.】

중요도 C급

📖 일반론

구분		내용
목적		이 법은 자율방범대의 설치·운영과 체계적인 관리 및 지원에 관하여 필요한 사항을 규정함으로써 자율방범대의 활동을 증진하고 치안유지·범죄예방·청소년 선도 등 지역사회 안전에 기여함을 목적으로 한다(동법 제1조).
정의	자율방범대	범죄예방 등 지역사회 안전을 위하여 지역 주민들이 자발적으로 조직하여 봉사활동을 하는 단체로 경찰서장에게(시·도경찰청장에게 ×) 신고한 단체를 말한다(동법 제2조 제1항).
	자율방범대원	신고한 단체의 구성원 중 경찰서장이 위촉한 사람을 말한다(동법 제2조 제2항).
	자율방범대장	자율방범대원 중 자율방범대를 대표하는 사람을 말한다(동법 제2조 제3항).
신고		① 자율방범대를 조직하려는 사람은 명칭, 활동구역, 대표자 및 구성원의 성명 등 필요한 사항을 행정안전부령으로 정하는 바에 따라 관할 경찰서장에게 신고하여야 한다(동법 제4조 제1항). ② 자율방범대는 신고사항에 변경이 있거나 해산하는 때에는 행정안전부령으로 정하는 바에 따라 필요한 사항을 관할 경찰서장에게 신고하여야 한다(동법 제4조 제2항).

📖 자율방범활동

구분	내용
내용	자율방범대는 다음의 활동을 한다(동법 제7조). ① 범죄예방을 위한 순찰 및 범죄의 신고 ② 청소년 선도 및 보호 ③ 시·도경찰청장·경찰서장·지구대장·파출소장이 지역사회의 안전을 위하여 요청하는 활동 ④ 특별시장·광역시장·특별자치시장·도지사·특별자치도지사, 시장·군수·구청장 또는 읍장·면장·동장이 지역사회의 안전을 위하여 요청하는 활동
금지의무	자율방범대원은 자율방범대의 명칭을 사용하여 다음의 어느 하나에 해당하는 행위를 하여서는 아니 된다(동법 제15조 제1항). ① 기부금품을 모집하는 행위 ② 영리목적으로 자율방범대의 명의를 사용하는 행위 ③ 소송·분쟁·쟁의에 참여하는 행위 ④ 그 밖에 자율방범대의 명예가 훼손되는 행위 ⑤ 특정 정당 또는 특정인의 선거운동

📖 자율방범대의 조직 및 구성

구분	내용
조직 구성	① 자율방범대는 읍·면·동 단위로 1개의 조직을 구성하는 것을 원칙으로 한다. 다만, 인구·면적 등 지역 여건을 고려하여 2개 이상의 조직을 둘 수 있다(동법 제3조 제1항). ② 자율방범대에는 대장, 부대장, 총무 및 대원을 둔다(동법 제3조 제2항). ③ 그 밖에 자율방범대의 조직, 구성 및 운영에 관하여 필요한 사항은 행정안전부령으로 정한다(대통령령으로 정한다 ×)(동법 제3조 제3항).
자율방범대원의 결격사유	① 다음의 어느 하나에 해당하는 사람은 자율방범대원이 될 수 없다(동법 제5조 제1항). 　㉠ 미성년자 및 피성년후견인(피한정후견인 ×) 　㉡ 금고 이상의 실형을 선고받고 그 집행이 종료(집행이 종료된 것으로 보는 경우를 포함한다)되거나 집행이 면제된 날부터 5년이 지나지 아니한 사람 　㉢ 금고 이상의 형의 집행유예 또는 선고유예를 받고 그 유예기간 중에 있는 사람 　㉣ 성폭력범죄 또는 아동·청소년대상 성범죄로 형을 선고받고 그 집행이 종료(집행이 종료된 것으로 보는 경우를 포함)된 날 또는 집행이 유예·면제된 날부터 10년이 지나지 아니한 사람 　㉤ 청소년 출입·고용금지업소에 종사하는 사람 ② 경찰서장은 제1항 제2호부터 제4호까지에 따른 결격사유의 유무를 확인하기 위하여 「형의 실효 등에 관한 법률」 제6조에 따른 범죄경력조회를 할 수 있다(동법 제5조 제2항).
자율방범대원의 위촉	경찰서장은 자율방범대장이 추천한 사람 중에서 결격사유가 없는 사람을 자율방범대원으로 위촉할 수 있다(동법 제6조 제1항).
자율방범대원의 해촉	① 경찰서장은 자율방범대원이 결격사유에 해당하거나 이 법 또는 이 법에 따른 명령을 위반하여 지구대장 또는 파출소장이 해촉을 요청한 경우에는 해당 자율방범대원을 해촉하여야 한다(동법 제6조 제2항). ② 경찰서장은 자율방범대원 중 자율방범활동을 저해할 뚜렷한 사유가 있거나 그 활동을 태만히 하는 사람을 자율방범대장의 의견을 들어 해촉할 수 있다(동법 제6조 제3항).

📖 자율방범대의 지도·감독

구분	내용
복장·장비	① 자율방범대원은 자율방범활동을 하는 때에는 자율방범활동 중임을 표시할 수 있는 복장을 착용하고 자율방범대원의 신분을 증명하는 신분증을 소지하여야 한다(동법 제8조 제1항). ② 자율방범대원은 경찰과 유사한 복장을 착용하여서는 아니 되며, 자율방범대 차량에 경찰과 유사한 도장이나 표지 등을 하거나 그러한 도장이나 표지 등을 한 차량을 운전하여서는 아니 된다(동법 제8조 제2항). ③ 경찰청장, 시·도경찰청장 또는 경찰서장이 자율방범활동에 필요하다고 인정하는 경우에는 자율방범대 차량에 행정안전부령으로 정하는 기준에 적합한 경광등을 설치할 수 있다(동법 제8조 제3항).
지도·감독	시·도경찰청장등은 범죄예방 등 지역사회 안전을 위하여 행정안전부령으로 정하는 바에 따라 자율방범대원의 활동을 지도·감독한다(동법 제9조).
교육·훈련	시·도경찰청장등은 자율방범대원에 대하여 자율방범활동에 필요한 교육 및 훈련을 실시할 수 있다(실시하여야 한다 ×)(동법 제10조 제1항).
포상	경찰청장, 시·도경찰청장 또는 경찰서장과 시·도지사, 시장·군수·구청장 또는 읍장·면장·동장은 지역사회의 범죄예방 등에 현저한 공로가 있는 자율방범대원과 자율방범대를 선정하여 포상할 수 있다(포상하여야 한다 ×)(동법 제11조).
지원	① 국가와 지방자치단체는 대통령령으로 정하는 바에 따라 예산의 범위에서 자율방범대와 중앙회등의 활동에 필요한 복장·장비의 구입, 교육·훈련, 포상 및 운영 등에 소요되는 경비의 전부 또는 일부를 지원할 수 있다(동법 제14조 제1항). ② 국가와 지방자치단체는 자율방범대가 자율방범활동이나 제10조에 따른 교육·훈련으로 인하여 발생하는 사망 또는 부상 등의 위험으로부터 자율방범대원을 보호하기 위하여 보험에 가입하는 경우 예산의 범위에서 그 보험 가입에 소요되는 비용의 전부 또는 일부를 지원할 수 있다(동법 제14조 제2항).
유사명칭의 사용금지	이 법에 따라 신고한 자율방범대 또는 중앙회등이 아니면 자율방범대 또는 중앙회등이나 이와 유사한 명칭을 사용하여서는 아니 된다(동법 제16조).

제125테마

중요도 A급

112신고의 운영 및 처리

「112신고의 운영 및 처리에 관한 법률」【시행 2024. 7. 3.】

📖 일반론

구분	내용
목적	이 법은 112신고의 운영·처리에 관한 사항을 규정함으로써 범죄나 각종 사건·사고 등 위급한 상황으로부터 국민의 생명·신체 및 재산을 보호하고 공공의 안녕과 질서를 유지함을 목적으로 한다(동법 제1조).
정의 — 112	112란 「전기통신사업법」 제48조에 따른 전기통신번호자원 관리계획에 따라 부여하는 특수번호인 112를 말한다(동법 제2조 제1호).
정의 — 112신고	112신고란 범죄나 각종 사건·사고 등 위급한 상황이 발생하였거나 발생할 것이 예상될 때 그 피해자 또는 이를 인지한 사람이 112를 이용한 음성, 문자 신고와 그 밖의 인터넷, 영상, 스마트기기 등을 통하여 신고하는 것을 말한다(동법 제2조 제2호).
국민의 권리·의무	① 누구든지 범죄나 각종 사건·사고 등 위급한 상황이 발생하였거나 발생할 것이 예상되는 경우 112신고를 이용하여 국가로부터 신속한 대응을 요청할 권리를 가진다(동법 제4조 제1항). ② 누구든지 범죄나 각종 사건·사고 등 위급한 상황에 대응하기 위한 목적 외의 다른 목적으로 112신고를 하거나 이를 거짓으로 꾸며 112신고를 하여서는 아니 된다(동법 제4조 제2항).
다른 법률과의 관계	112신고의 운영 및 처리에 관하여 다른 법률에 특별한 규정이 있는 경우를 제외하고는 이 법에 따른다(동법 제5조).

📖 112신고의 접수·처리

구분	내용
설치 운영	① 경찰청장, 시·도경찰청장 및 경찰서장은 112신고의 신속한 접수·처리와 이를 위한 112신고 정보의 분석·판단·전파와 공유·이관, 상황관리, 현장 지휘·조정·통제 및 공동대응 등의 업무를 수행하기 위하여 112치안종합상황실을 설치·운영하여야 한다(동법 제6조 제1항). ② 112치안종합상황실의 설치·운영을 위하여 그 밖에 필요한 사항은 대통령령으로 정한다(동법 제6조 제2항).

접수	① 경찰청장등은 112신고를 받으면 경찰사무의 구분이나 현장 출동이 필요한 지역의 관할에 관계없이(지역의 관할을 고려하여 ×) 해당 112신고를 신속하게 접수하여 처리하여야 한다(동법 제7조 제1항). ② 누구든지 정당한 사유 없이 위계·위력·폭행 또는 협박 등으로 112신고 접수·처리 업무를 방해하여서는 아니 된다(동법 제7조 제2항). ③ 112신고의 접수 및 처리에 필요한 사항은 대통령령으로 정한다(동법 제7조 제3항).
조치	① 경찰청장등은 제7조 제1항에 따라 112신고가 접수된 때에는 경찰관을 현장에 신속하게 출동시켜 위험 발생의 방지, 범죄의 예방·진압, 구호대상자의 구조 등 필요한 조치를 하게 하여야 한다(동법 제8조 제1항). ② 제1항에 따라 필요한 조치를 한 경찰관은 해당 112신고와 관련하여 범죄의 혐의가 있다고 인정할 만한 상당한 이유가 있어 계속 수사할 필요가 있는 경우 지체 없이 해당 수사기관에 인계하여야 한다(동법 제8조 제2항). ③ 경찰관은 제1항에 따른 필요한 조치를 할 때 사람의 생명·신체 또는 재산에 대한 급박한 위해가 발생할 우려가 있는 경우에는 그 위해를 방지하거나 피해자를 구조하기 위하여 부득이하다고 인정하면 합리적으로 판단하여 필요한 한도에서 다른 사람의 토지·건물 또는 그 밖의 물건을 일시사용, 사용의 제한 또는 처분을 하거나 다른 사람의 토지·건물·배 또는 차에 출입할 수 있다(동법 제8조 제3항). ④ 경찰청장등(경찰관 ×)은 112신고를 처리하는 과정에서 재난·재해, 범죄 또는 그 밖의 위급한 상황이 발생하여 사람의 생명·신체를 위험하게 할 것으로 인정할 때에는 일정한 구역을 정하여 그 구역에 있는 사람에게 그 구역 밖으로 피난할 것을 명할 수 있다(동법 제8조 제4항). ⑤ 경찰관은 제3항에 따라 출입 등 조치를 할 때에는 그 신분을 표시하는 증표를 제시하여야 하며, 소속과 성명을 밝히고 조치의 목적과 이유를 설명하여야 한다(동법 제8조 제5항). ⑥ 국가는 제1항, 제3항 또는 제4항에 따른 조치나 명령으로 손실을 입은 자가 있는 경우에는 「경찰관 직무집행법」 제11조의2에 따라 그 손실을 보상하여야 한다(동법 제8조 제6항).
신고자 보호	① 국가는 112신고를 처리할 때 112신고를 한 사람이 범죄피해자, 범죄를 목격한 사람, 그 밖에 각종 사건·사고 등 위급한 상황에서 구조를 요청한 사람에 해당하는 경우 그 신고자를 보호하여야 한다(동법 제10조 제1항). ② 경찰청장등은 다음의 어느 하나에 해당하는 경우를 제외하고 112신고에 사용된 전화번호, 112신고자의 이름·주소·성별·나이·음성과 그 밖에 112신고자를 특정하거나 유추하는 데 사용될 수 있는 일체의 정보를 수집·이용 또는 제공하여서는 아니 된다(동법 제10조 제2항). ㉠ 112신고의 처리를 위하여 112신고자 정보를 활용하는 경우 ㉡ 112신고자가 동의하는 경우 ㉢ 이 법 또는 다른 법률에 특별한 규정이 있는 경우 ③ 누구든지 제2항에 따른 112신고자 정보를 112신고 접수·처리 이외의 목적에 이용하여서는 아니 된다(동법 제10조 제3항).

구분	내용
촬영·관리	① 경찰청장등은 112신고를 처리할 때 112치안종합상황실에서 출동현장의 상황 등을 실시간으로 확인하고 지휘하기 위한 목적으로 순찰차 등에 영상촬영장치를 설치하여 출동현장을 촬영할 수 있다(동법 제11조 제1항). ② 제1항에 따라 촬영된 영상정보의 보호 및 관리에 관한 사항은 이 법에서 정한 것을 제외하고는 「개인정보 보호법」에 따른다(동법 제11조 제3항).
기록·보존	경찰청장등은 112신고의 접수·처리 상황을 제13조에 따른 112시스템에 입력·녹음·녹화 등의 방법으로 기록하고 보존하여야 한다(동법 제12조 제1항). ㉠ 112신고 접수 및 처리와 관련된 112시스템 입력자료 : 3년(단순 민원·상담 등 경찰청장이 정하는 경미한 내용의 112신고의 경우에는 1년) ㉡ 112신고 접수 및 처리와 관련된 녹음·녹화자료 : 3개월

📖 112시스템의 구축·운영

구분	내용
구축 운영	경찰청장은 112신고의 접수·처리, 112신고 정보의 공유·이관 및 공동대응 등에 필요한 정보시스템을 구축·운영하여야 한다(동법 제13조 제1항).
연계	① 경찰청장 및 시·도경찰청장은 급박한 사람의 생명, 신체, 재산의 보호를 위한 112신고 처리를 위하여 112신고 정보 등의 공유가 필요한 경우 관계 기관의 장에게 112시스템과 해당 기관의 정보시스템과의 연계를 요청할 수 있다(동법 제14조 제1항). ② 경찰청장 및 시·도경찰청장은 제1항에 따라 관계 기관의 장에게 정보시스템의 연계를 요청할 경우 해당 기관의 장과 사전에 협의하여야 한다(동법 제14조 제2항).

📖 교육훈련·포상

구분	내용
교육훈련 홍보	① 경찰청장은 112시스템의 운영과 관련하여 전문인력의 양성과 기술향상에 필요한 교육·훈련 프로그램을 운영하여야 한다(동법 제15조 제1항). ② 경찰청장등은 112신고의 서비스 편의성 개선 및 편리한 이용을 위하여 필요한 경우 대국민 홍보를 하여야 한다(동법 제15조 제2항).
포상	경찰청장등은 112신고를 통하여 범죄를 예방하고 다른 사람의 생명·신체 및 재산을 보호하는 데 기여한 공이 큰 112신고자에 대하여 포상을 하거나 예산의 범위에서 포상금을 지급할 수 있다(지급하여야 한다 ×)(동법 제16조 제1항).

📖 벌칙 규정

구분	내용
형사처벌	112신고자 정보를 목적 외의 용도로 이용한 자는 5년 이하의 징역 또는 5천만원 이하의 벌금에 처한다(동법 제17조).
과태료	① 범죄나 각종 사건·사고 등 위급한 상황을 거짓으로 꾸며 112신고를 한 사람에게는 500만원 이하의 과태료를 부과한다(동법 제18조 제1항). ② 정당한 사유 없이 토지·물건 등의 일시사용, 사용의 제한, 처분 또는 토지·건물·배 또는 차에 출입을 거부 또는 방해한 자에게는 300만원 이하의 과태료를 부과한다(동법 제18조 제2항). ③ 정당한 사유 없이 피난 명령을 위반한 자에게는 100만원 이하의 과태료를 부과한다(동법 제18조 제3항). ④ 과태료는 대통령령으로 정하는 바에 따라 경찰청장등이 부과·징수한다(동법 제18조 제4항).

제126테마

112치안종합상황실

중요도 A급

「112치안종합상황실 운영 및 신고처리 규칙」【시행 2024. 7. 24.】

📖 일반론

구분		내용
목적		이 규칙은 「112신고의 운영 및 처리에 관한 법률」 및 같은 법 시행령에서 위임된 사항과 그 시행에 필요한 사항을 규정함을 목적으로 한다(동 규칙 제1조).
정의	112신고의 처리	112신고 대응을 위하여 이루어지는 접수, 지령, 현장출동, 현장조치, 종결 등 일련의 처리과정을 말한다(동 규칙 제2조 제1호).
	112 치안종합상황실	112신고의 처리와 대응 등을 위해 경찰청, 시·도경찰청 및 경찰서에 설치·운영하는 부서를 말한다(동 규칙 제2조 제2호).
	112 치안종합상황실장	112치안종합상황실의 운영·관리를 책임지고 근무자를 지휘·감독하는 사람을 말하며, 각급 경찰기관 112치안종합상황실장은 다음과 같다(동 규칙 제2조 제3호).

경찰청	치안상황관리관
시·도경찰청	112치안종합상황실장
경찰서	범죄예방대응과장

📖 112치안종합상황실의 운영

구분	내용
기능	112치안종합상황실은 다음의 업무를 수행한다(동 규칙 제3조). ① 112신고의 접수와 지령 ② 112신고에 대한 상황 파악·전파 및 초동조치 지휘 ③ 112신고의 접수 및 처리에 관한 기록유지 ④ 112신고 관련 각종 통계의 작성·분석 및 보고 ⑤ 112시스템 등 운영 및 장비 관리 ⑥ 112신고 관계 기관과의 협력 ⑦ 112치안종합상황실 근무요원에 대한 교육 및 훈련
근무방법	① 112근무요원은 4개조로 나누어 교대 근무를 실시하는 것을 원칙으로 한다. 다만, 인력 상황에 따라 3개조로 할 수 있다(동 규칙 제5조 제1항). ② 경찰청장, 시·도경찰청장 및 경찰서장은 근무수행에 지장이 없는 범위 내에서 112근무요원에 대한 휴게를 지정해야 한다(지정할 수 있다 ×)(동 규칙 제5조 제2항). ③ 경찰청장등은 112신고자에게 처리결과 통보를 할 경우 서면(전자문서를 포함), 전화, 문자메시지 등의 방법으로 할 수 있다(동 규칙 제5조 제3항). ④ 경찰청장등은 처리결과를 통보하는 경우 관련 법령에 따라 112신고 관계인의 사생활의 비밀을 보호하고 명예나 신용이 훼손되지 않도록 유념해야 한다(동 규칙 제5조 제4항).

📖 112신고의 접수 및 처리

1. 신고의 접수 및 대응체계

구분	내용
접수	① 112신고는 법 제7조 제1항에 따라 현장출동이 필요한 지역의 관할과 관계없이(지역의 관할을 고려하여 ×) 신고를 받은 경찰관서에서 신속하게 접수한다(동 규칙 제6조 제1항). ② 경찰관서 방문 등 112신고 외의 방법으로 범죄나 각종 사건·사고 등 위급한 상황이 발생하였거나 발생할 것이 예상된다는 신고를 접수한 경찰관은 소속 경찰관서의 112시스템에 신고내용을 입력해야 한다(동 규칙 제6조 제2항). ③ 경찰청장등은 112신고자에게 처리결과 통보를 할 경우 서면(전자문서를 포함), 전화, 문자메시지 등의 방법으로 할 수 있다(동 규칙 제6조 제3항).
대응체계	① 경찰청장은 112신고 내용의 긴급성과 출동 필요성 등을 고려하여 112신고 대응 코드를 다음과 같이 분류한다(동 규칙 제7조 제1항). | code 0	code 1 신고 중 이동성 범죄, 강력범죄 현행범인 등 신고 대응을 위해 실시간 전파가 필요한 경우
code 1	생명·신체에 대한 위험 발생이 임박, 진행 중, 직후인 경우 또는 현행범인인 경우
code 2	생명·신체에 대한 잠재적 위험이 있는 경우 또는 범죄예방 등을 위해 필요한 경우
code 3	즉각적인 현장조치는 불필요하나 수사, 전문상담 등이 필요한 경우
code 4	긴급성이 없는 민원·상담 신고 | ② 112근무요원은 112시스템에 신고내용을 입력할 경우 112신고 내용의 긴급성과 출동 필요성 등을 고려하여 112신고 대응 코드를 부여한다(동 규칙 제7조 제2항). ③ 112근무요원은 112신고가 완전하게 수신되지 않는 경우와 같이 정확한 신고내용을 파악하기 힘든 경우라도 신속한 처리를 위해 우선 임의의 112신고 대응 코드를 부여할 수 있다(부여할 수 없다 ×)(동 규칙 제7조 제3항). ④ 112근무요원 및 출동 경찰관은 112신고 대응 코드를 변경할 만한 사실을 추가로 확인한 경우 이미 분류된 112신고 대응 코드를 다른 112신고 대응 코드로 변경할 수 있다(동 규칙 제7조 제3항).
지령	① 112신고를 접수한 112근무요원은 접수한 신고의 내용이 코드 0 신고부터 코드 3 신고의 유형에 해당하는 경우에는 출동 경찰관에게 출동할 장소, 신고내용, 신고유형 등을 고지하고 신고의 현장출동, 조치, 종결하도록 지령해야 한다(동 규칙 제8조 제1항). ② 112근무요원은 접수한 신고의 내용이 코드 4 신고의 유형에 해당하는 경우에는 출동 경찰관에게 지령하지 않고 자체 종결하거나, 담당 부서 또는 112신고 관계 기관에 신고내용을 통보하여 처리하도록 조치해야 한다(동 규칙 제8조 제2항).
광역사건	① 112근무요원은 광역성·이동성 범죄와 같이 동시에 여러 장소로 현장출동이 필요한 112신고가 접수된 경우 복수의 출동 경찰관에게 지령할 수 있다(동 규칙 제12조 제1항). ② 112근무요원은 제1항의 112신고 대응을 위해 소속 경찰관서의 관할지역을 넘어 인근 지역까지 수배, 차단 또는 검문 확대 필요가 있는 경우 상급관서의 112치안종합상황실에 보고해야 하며, 보고를 받은 상급관서의 112치안종합상황실에서는 그 내용을 판단하여 수배, 차단 또는 검문 확대 대상 구역을 정하여 조치해야 한다(동 규칙 제12조 제2항).

2. 현장출동 · 현장보고 및 112신고의 종결

구분	내용
현장출동	① 지령을 받은 출동 경찰관은 신고유형에 따라 다음의 기준에 따라 현장에 출동해야 한다(동 규칙 제13조 제1항). <table><tr><td>code 0 신고</td><td rowspan="2">code 2 신고, code 3 신고의 처리 및 다른 업무의 처리에 우선하여 출동</td></tr><tr><td>code 1 신고</td></tr><tr><td>code 2 신고</td><td>code 0 신고, code 1 신고 및 다른 중요한 업무의 처리에 지장을 초래하지 않는 범위 내에서 출동</td></tr><tr><td>code 3 신고</td><td>당일 근무시간 내에 출동</td></tr></table> ② 출동 경찰관은 소관 업무나 관할 등을 이유로 출동을 거부하거나 지연 출동해서는 안 된다(동 규칙 제13조 제2항).
현장보고	출동 경찰관은 112치안종합상황실에 다음의 보고를 해야 한다(동 규칙 제14조 제1항). <table><tr><td>최초보고</td><td>출동 경찰관은 112신고 현장에 도착한 즉시 도착 사실과 함께 현장 상황을 간략히 보고</td></tr><tr><td>수시보고</td><td>현장 상황에 변화가 발생하거나 지원이 필요한 경우 수시로 보고</td></tr><tr><td>종결보고</td><td>현장 초동조치가 종결된 경우 확인된 사건의 진상, 사건의 처리내용 및 결과 등을 상세히 보고</td></tr></table>

3. 112신고의 종결 및 자료보존기간

구분	내용
112신고의 종결	112근무요원은 다음의 경우 112신고처리를 종결할 수 있다(동 규칙 제16조). ① 사건이 해결된 경우 ② 신고자가 신고를 취소한 경우. 다만, 신고자와 취소자가 동일인인지 여부 및 취소의 사유 등을 파악하여 신고취소의 진의 여부를 확인해야 한다. ③ 허위 · 오인으로 인한 신고인 경우 또는 신고내용이 경찰 소관이 아님이 확인된 경우 ④ 현장에 출동하였으나 사건 내용을 확인할 수 없으며, 사건이 실제 발생하였다는 사실도 확인되지 않는 경우 ⑤ 주무부서의 계속적 조치가 필요한 경우 및 추가적 수사의 필요 등으로 사건 해결에 장시간이 소요되어 해당 부서로 인계하여 처리하는 것이 효과적인 경우 ⑥ 112치안종합상황실장(상황팀장)이 초동조치가 종결된 것으로 판단하는 경우
자료보존기간	112신고 접수 · 처리자료의 보존기간은 다음의 구분에 따른다(동 규칙 제20조 제1항 및 제2항). <table><tr><td rowspan="2">112시스템 입력자료</td><td>코드 0, 코드 1, 코드 2로 분류한 자료는 3년간 보존 (2년의 범위에서 연장 가능) (경미한 내용의 경우에는 1년의 범위에서 연장 가능)</td></tr><tr><td>코드 3, 코드 4로 분류한 자료는 1년간 보존 (1년의 범위에서 연장 가능)</td></tr><tr><td>녹음 · 녹화자료</td><td>3개월간 보존 (3개월의 범위에서 연장 가능)</td></tr></table>

📖 112근무요원 등 전문성 제고

구분	내용
교육	① 경찰청장등은 112근무요원의 자질향상과 상황처리 능력 배양을 위해 112근무요원에 대하여 112신고 관계 법령, 관계 규정, 음어 또는 약호의 사용 요령 및 112신고의 처리 업무수행에 필요한 전반적인 교육을 실시해야 한다(동 규칙 제24조 제1항). ② 경찰청장등은 관계 법령과 관계 규정 또는 상황처리 요령 등이 개정·변경된 경우에는 112근무요원에 대하여 수시로 개정·변경된 사항을 교육해야 한다(동 규칙 제24조 제2항). ③ 112치안종합상황실장(상황팀장)은 112근무요원의 직무수행 능력향상을 위하여 일일교양 및 지도감독을 철저히 해야 한다(동 규칙 제24조 제3항).
전문성 확보	① 112근무요원의 근무기간은 **2년 이상**으로 한다(동 규칙 제25조 제1항). ② 경찰청장은 112근무요원의 전문성 제고를 위해 **112근무요원 전문인증제를 운영할 수 있다**(운영하여야 한다 ×)(동 규칙 제25조 제2항).

📖 112에서의 위치정보조회

구분	내용
가능	① **범죄피해자** : 납치·감금, 강도, 성폭력 등 생명·신체를 위협하는 범죄피해를 입거나 예상되는 경우 ② **실종아동등(18세 미만·지적장애인·치매환자)** : 보호자의 보호 없이는 생활이 불가능한 자로서 현재 보호상태를 이탈하여 생명·신체에 대한 위험이 예상되는 경우 ③ **자살기도자** : 자살을 암시하는 유서·문자메시지 등이 있는 경우 ④ **조난자** : 자연재해로 인하거나 산중·해상 등에 방치되어 생명·신체에 대한 위험이 예상되는 경우
불가능	① **범죄자** ② **단순가출·행방불명·연락두절** : 보호자의 보호상태를 이탈하기는 하였으나, 생명·신체에 대한 위험을 추정할만한 특별한 징후를 발견하지 못한 경우 ③ **범죄수사를 위한 경우**

제127테마

경비업(민간경비업무)

「경비업법」 【시행 2025. 1. 31.】

중요도 A급

📖 일반론

구분	내용
의의	경비업이란 경비업무의 전부 또는 일부를 도급받아 행하는 영업을 말한다(동법 제2조 제1호).
경비업 사업의 영위	경비업은 법인이 아니면 이를 영위할 수 없다(동법 제3조).
집단민원현장	집단민원현장이란 다음의 장소를 말한다(동법 제2조 제5호). ① 「노동조합 및 노동관계조정법」에 따라 노동관계 당사자가 노동쟁의 조정신청을 한 사업장 또는 쟁의행위가 발생한 사업장 ② 「도시 및 주거환경정비법」에 따른 정비사업과 관련하여 이해대립이 있어 다툼이 있는 장소 ③ 특정 시설물의 설치와 관련하여 민원이 있는 장소 ④ 주주총회와 관련하여 이해대립이 있어 다툼이 있는 장소 ⑤ 건물·토지 등 부동산 및 동산에 대한 소유권·운영권·관리권·점유권 등 법적 권리에 대한 이해대립이 있어 다툼이 있는 장소 ⑥ 100명 이상의 사람이 모이는 국제·문화·예술·체육 행사장 ⑦ 「행정대집행법」에 따라 대집행을 하는 장소

📖 경비업무의 유형

구분	내용(동법 제2조 제1호)
시설경비업무	경비를 필요로 하는 시설 및 장소에서의 도난·화재 그 밖의 혼잡 등으로 인한 위험발생을 방지하는 업무
호송경비업무	운반 중에 있는 현금·유가증권·귀금속·상품 그 밖의 물건에 대하여 도난·화재 등 위험발생을 방지하는 업무
신변보호업무	사람의 생명이나 신체(재산 ×)에 대한 위해의 발생을 방지하고 그 신변을 보호하는 업무 (재산의 보호는 신변보호업무의 대상이 아니다)
기계경비업무	경비대상시설에 설치한 기기에 의하여 감지·송신된 정보를 그 경비대상시설 외의 장소(그 경비대상시설 내의 장소 ×)에 설치한 관제시설의 기기로 수신하여 도난·화재 등 위험발생을 방지하는 업무

구분	내용
특수경비업무	① 공항(항공기 포함) 등 대통령령이 정하는 국가중요시설의 경비 및 도난·화재 그 밖의 위험발생을 방지하는 업무 ② 대통령령이 정하는 국가중요시설이라 함은 공항·항만, 원자력발전소 등의 시설 중 국가정보원장이 지정하는 국가보안목표시설과 「통합방위법」 제21조 제4항의 규정에 의하여 국방부장관이 지정하는 국가중요시설을 말한다(동법 시행령 제2조).
혼잡·교통유도 경비업무	도로에 접속한 공사현장 및 사람과 차량의 통행에 위험이 있는 장소 또는 도로를 점유하는 행사장 등에서 교통사고나 그 밖의 혼잡 등으로 인한 위험발생을 방지하는 업무

📖 경비업의 허가

구분	내용
허가	경비업을 영위하고자 하는 법인은 도급받아 행하고자 하는 경비업무를 특정하여 그 법인의 주사무소의 소재지를 관할하는 시·도경찰청장의 허가를 받아야 한다. 도급받아 행하고자 하는 경비업무를 변경하는 경우에도 또한 같다(동법 제4조 제1항).
요건	시·도경찰청장의 허가를 받고자 하는 법인은 다음의 요건을 갖추어야 한다(동법 제4조 제2항). ① 대통령령으로 정하는 1억원 이상의 자본금의 보유(특수경비업무의 경우 자본금 3억 이상) ② 다음에 해당하는 경비인력 요건 ㉠ 시설경비업무 : 경비원 10명 이상 및 경비지도사 1명 이상 ㉡ 시설경비업무 외의 경비업무 : 대통령령으로 정하는 경비 인력
신고	경비업의 허가를 받은 법인은 다음에 해당하는 때에는 시·도경찰청장에게 신고하여야 한다(동법 제4조 제3항). ① 영업을 폐업하거나 휴업한 때(7일 이내 신고) ② 법인의 명칭이나 대표자·임원을 변경한 때(30일 이내 신고) ③ 법인의 주사무소나 출장소를 신설·이전 또는 폐지한 때(30일 이내 신고) ④ 기계경비업무의 수행을 위한 관제시설을 신설·이전 또는 폐지한 때(30일 이내 신고) ⑤ 특수경비업무를 개시하거나 종료한 때(30일 이내 신고) ⑥ 그 밖에 대통령령이 정하는 중요사항을 변경한 때(30일 이내 신고)
허가의 제한	① 누구든지 허가를 받은 경비업체와 동일한 명칭으로 경비업 허가를 받을 수 없다(동법 제4조의2 제1항). ② 경비업체의 허가가 취소된 경우 허가가 취소된 날부터 10년이 지나지 아니한 때에는 누구든지 허가가 취소된 경비업체와 동일한 명칭으로 제4조 제1항에 따른 허가를 받을 수 없다(동법 제4조의2 제2항).
허가의 유효기간	① 경비업 허가의 유효기간은 허가받은 날부터 5년(허가를 받은 날의 다음 날부터 ×)으로 한다(동법 제6조 제1항). ② 유효기간이 만료된 후 계속하여 경비업을 하고자 하는 법인은 행정안전부령으로 정하는 바에 따라 갱신허가를 받아야 한다(동법 제6조 제2항).

구분	내용
허가의 취소 (강행규정)	허가관청은 경비업자가 다음의 어느 하나에 해당하는 때에는 그 허가를 취소하여야 한다(동법 제19조 제1항). ① 허위 그 밖의 부정한 방법으로 허가를 받은 때 ② 허가받은 경비업무 외의 업무에 경비원을 종사하게 한 때 ③ 경비업 및 경비관련업 외의 영업을 한 때 ④ 정당한 사유 없이 허가를 받은 날부터 2년 이내에 경비 도급실적이 없거나 계속하여 1년 이상 휴업한 때 ⑤ 정당한 사유 없이 최종 도급계약 종료일의 다음 날부터 2년 이내에 도급 실적이 없을 때 ⑥ 영업정지처분을 받고 계속하여 영업을 한 때 ⑦ 소속 경비원으로 하여금 경비업무의 범위를 벗어난 행위를 하게 한 때 ⑧ 관할 경찰관서장의 배치폐지 명령에 따르지 아니한 때

지도 · 감독 및 손해배상

구분	내용
지도 · 감독	① 경찰청장 또는 시 · 도경찰청장은 경비업무의 적정한 수행을 위하여 경비업자 및 경비지도사를 지도 · 감독하며 필요한 명령을 할 수 있다(동법 제24조 제1항). ② 시 · 도경찰청장 또는 관할 경찰관서장은 소속 경찰공무원으로 하여금 관할구역 안에 있는 경비업자의 주사무소 및 출장소와 경비원배치장소에 출입하여 근무상황 및 교육훈련상황 등을 감독하며 필요한 명령을 하게 할 수 있다. 이 경우 출입하는 경찰공무원은 그 권한을 표시하는 증표를 관계인에게 내보여야 한다(동법 제24조 제2항). ③ 시 · 도경찰청장 또는 관할 경찰관서장은 경비업무 장소가 집단민원현장으로 판단되는 경우에는 그 때부터 48시간 이내에 경비업자에게 경비원 배치 허가를 받을 것을 고지하여야 한다(동법 제24조 제4항).
손해배상	① 경비업자는 경비원이 업무수행 중 고의 또는 과실로 경비대상에 손해가 발생하는 것을 방지하지 못한 때에는 그 손해를 배상하여야 한다(동법 제26조 제1항). ② 경비업자는 경비원이 업무수행 중 고의 또는 과실로 제3자에게 손해를 입힌 경우에는 이를 배상하여야 한다(동법 제26조 제2항).

제128테마

중요도 C급

풍속영업의 규제

「풍속영업의 규제에 관한 법률」【시행 2021. 1. 1.】

📖 일반론

구분	내용
의의	풍속영업이란 사회의 건전한 미풍양속을 해할 우려가 있는 영업으로서, 영리를 목적으로 불특정 다수의 고객을 접대하는 공중접객영업을 말한다.
목적	이 법은 풍속영업을 하는 장소에서 선량한 풍속을 해치거나 청소년의 건전한 성장을 저해하는 행위 등을 규제하여 미풍양속을 보존하고 청소년을 유해한 환경으로부터 보호함을 목적으로 한다(동법 제1조).

📖 풍속영업의 범위

구분	내용
포함되는 경우	① 「게임산업진흥에 관한 법률」상 **게임제공업, 복합유통게임제공업** ② 「영화 및 비디오물의 진흥에 관한 법률」상 **비디오물감상실업** ③ 「음악산업진흥에 관한 법률」상 **노래연습장업** ④ 「공중위생관리법」상 **숙박업, 목욕장업, 이용업** ⑤ 「식품위생법」상 **유흥주점영업, 단란주점영업** ⑥ 「체육시설의 설치·이용에 관한 법률」상 **무도학원업, 무도장업** ⑦ 기타 선량한 풍속을 해하거나 청소년의 건전한 육성을 저해할 우려가 있는 영업으로 대통령령이 정하는 것(📝 청소년 출입·고용금지업소에서의 영업)
포함되지 않는 경우	당구장업, 음반 및 비디오물의 제작·판매업, 비디오물대여업, 미용업, 카지노업, 다방·카페업, 찜질방업, 소극장업

📖 풍속영업자 및 종사자의 준수사항

구분	내용
판단기준	① 풍속영업자가 지켜야 할 준수사항은 실제로 하고 있는 영업형태에 따라 정하여지는 것이지, 그 자가 받은 영업허가 등에 의하여 정하여지는 것은 아니다. ② 유흥주점영업허가를 받았다고 하더라도 실제로는 노래연습장 영업을 하고 있다면, 유흥주점 영업에 따른 준수사항을 지켜야 할 의무가 있다고 할 수 없다.

구분	내용
준수사항	① 풍속영업을 영위하는 장소에서 「성매매알선 등 행위의 처벌에 관한 법률」의 규정에 따른 성매매알선등 행위를 하여서는 아니 된다(동법 제3조 제1호). ② 풍속영업소에서 음란행위를 하게 하거나 이를 알선 또는 제공하여서는 아니 된다(동법 제3조 제2호). ③ 풍속영업소에서 음란한 문서·도화·영화·음반·비디오물 기타 물건을 반포·판매·대여하거나 이를 하게 하는 행위, 음란한 물건을 관람·열람하게 하는 행위, 반포·판매·대여·관람·열람의 목적으로 음란한 물건을 진열 또는 보관하여서는 아니 된다(동법 제3조 제3호). ④ 풍속영업소에서 도박 기타 사행행위를 하게 하여서는 아니 된다(동법 제3조 제4호).

📖 풍속영업의 통보 등

구분	내용
영업 통보	① 허가관청은 풍속영업소의 소재지를 관할하는 경찰서장에게 풍속영업자의 성명 및 주소(법인인 경우에는 대표자의 성명과 주소), 풍속영업소의 명칭 및 주소, 풍속영업의 종류를 알려야 한다(동법 제4조 제1항). ② 허가관청은 풍속영업자가 휴업·폐업하거나 그 영업내용이 변경된 경우와 그 밖에 대통령령으로 정하는 사유가 발생한 경우에는 경찰서장에게 그 사실을 알려야 한다(동법 제4조 제2항).
위반사항 통보	① 경찰서장은 풍속영업자나 대통령령으로 정하는 종사자가 준수사항을 위반하면 그 사실을 허가관청에 알리고 과세에 필요한 자료를 국세청장에게 통보하여야 한다(동법 제6조 제1항). ② 통보를 받은 허가관청은 허가취소·영업정지·시설개수명령 등 필요한 행정처분을 한 후 그 결과를 경찰서장에게 알려야 한다(동법 제6조 제2항).
출입·검사	경찰서장은 특별히 필요한 경우 경찰공무원에게 풍속영업소에 출입하여 풍속영업자와 대통령령으로 정하는 종사자가 준수사항을 지키고 있는지를 검사하게 할 수 있다(동법 제9조 제1항).

📖 풍속영업 관련 판례

① 음란행위란 성욕을 자극하거나 흥분 또는 만족시키는 행위로서 일반인의 정상적인 성적 수치심을 해치고 선량한 성적 도의관념에 반하는 것을 의미한다.
② 종업원들의 행위와 노출 정도가 형사법상 규제의 대상으로 삼을 만큼 사회적으로 유해한 영향을 끼칠 위험성이 있다고 평가할 수 있을 정도의 노골적인 방법에 의하여 성적 부위를 노출하거나 성적 행위를 표현한 것이라고 단정하기에 부족한 경우에는 음란행위에 해당한다고 판단하기 어렵다.
③ 풍속영업소인 숙박업소에서 음란한 외국의 위성방송 프로그램을 수신하여 투숙객 등으로 하여금 시청하게 하는 행위는 음란한 물건을 관람하게 하는 행위에 해당한다.
④ 풍속영업자가 자신이 운영하는 여관에서 친구들과 일시 오락 정도에 불과한 도박을 한 경우, 「형법」상 도박죄는 성립하지 아니하고 위반죄의 구성요건에는 해당하나, 사회상규상 위배되지 않는 행위로서 위법성이 조각된다.

제129테마

중요도 A급

성매매알선 등의 규제

「성매매알선 등 행위의 처벌에 관한 법률」 【시행 2024. 1. 1.】

📖 일반론

구분		내용
의의		성매매란 불특정인을 상대로 금품이나 그 밖의 재산상의 이익을 수수하거나 수수하기로 약속하고 성교행위 또는 구강·항문 등 신체의 일부 또는 도구를 이용한 유사성교행위를 하거나 그 상대방이 되는 것을 말한다(동법 제2조 제1항 제1호).
정의	성매매 알선 등 행위	성매매알선 등 행위란 다음의 어느 하나에 해당하는 행위를 하는 것을 말한다(동법 제2조 제1항 제2호). ① 성매매를 알선, 권유, 유인 또는 강요하는 행위 ② 성매매의 장소를 제공하는 행위 ③ 성매매에 제공되는 사실을 알면서 자금, 토지 또는 건물을 제공하는 행위
	성매매 목적의 인신매매	성매매 목적의 인신매매란 다음의 어느 하나에 해당하는 행위를 하는 것을 말한다(동법 제2조 제1항 제3호). ① 성을 파는 행위 또는 「형법」 제245조(공연음란)에 따른 음란행위를 하게 하거나, 성교행위 등 음란한 내용을 표현하는 사진·영상물 등의 촬영 대상으로 삼을 목적으로 위계, 위력, 그 밖에 이에 준하는 방법으로 대상자를 지배·관리하면서 제3자에게 인계하는 행위 ② 미성년자, 사물을 변별하거나 의사를 결정할 능력이 없거나 미약한 사람 또는 대통령령으로 정하는 중대한 장애가 있는 사람이나 그를 보호·감독하는 사람에게 선불금 등 금품이나 그 밖의 재산상의 이익을 제공하거나 제공하기로 약속하고 대상자를 지배·관리하면서 제3자에게 인계하는 행위 ③ 위의 ①과 ②의 행위가 행하여지는 것을 알면서 ①과 같은 목적이나 전매를 위하여 대상자를 인계받는 행위 ④ 위의 ①부터 ③까지의 행위를 위하여 대상자를 모집·이동·은닉하는 행위
	성매매 피해자	성매매피해자란 다음의 어느 하나에 해당하는 사람을 말한다(동법 제2조 제1항 제4호). ① 위계, 위력, 그 밖에 이에 준하는 방법으로 성매매를 강요당한 자 ② 업무관계, 고용관계, 그 밖의 관계로 인하여 보호 또는 감독하는 사람에 의하여 마약·향정신성의약품 또는 대마에 중독되어 성매매를 한 자 ③ 미성년자, 사물을 변별하거나 의사를 결정할 능력이 없거나 미약한 사람 또는 대통령령으로 정하는 중대한 장애가 있는 사람으로서 성매매를 하도록 알선·유인된 사람 ④ 성매매 목적의 인신매매를 당한 사람

금지행위 및 다른 법률과의 관계

구분	내용
금지행위	누구든지 다음의 어느 하나에 해당하는 행위를 하여서는 아니 된다(동법 제4조). ① 성매매 ② 성매매알선 등 행위 ③ 성매매 목적의 인신매매 ④ 성을 파는 행위를 하게 할 목적으로 다른 사람을 고용·모집하거나 성매매가 행하여진다는 사실을 알고 직업을 소개·알선하는 행위 ⑤ 금지행위 및 금지행위가 행하여지는 업소에 대한 광고행위
다른 법률과의 관계	이 법에서 규정한 사항에 관하여 「아동·청소년의 성보호에 관한 법률」에 특별한 규정이 있는 경우에는 그 법이 정하는 바에 따른다(동법 제5조).

성매매피해자에 대한 처벌특례와 보호

구분	내용
처벌의 특례	성매매피해자의 성매매는 처벌하지 아니한다(동법 제6조 제1항).
통지·보호	검사 또는 사법경찰관은 수사과정에서 피의자 또는 참고인이 성매매피해자에 해당한다고 볼만한 상당한 이유가 있을 때에는 지체 없이 법정대리인, 친족 또는 변호인에게 통지하고 신변보호, 수사의 비공개, 친족 또는 지원시설·성매매피해상담소에의 인계 등 그 보호에 필요한 조치를 하여야 한다. 다만, 피의자 또는 참고인의 사생활 보호 등 부득이한 사유가 있는 경우에는 통지하지 아니할 수 있다(동법 제6조 제2항).

신고의무

구분	내용
수사기관에의 신고	지원시설 및 성매매피해상담소의 장이나 그 종사자가 업무와 관련하여 성매매 피해사실을 알게 된 때에는 지체 없이 수사기관에 신고하여야 한다(동법 제7조 제1항).
불이익 등의 금지	① 누구든지 이 법에 규정된 범죄를 신고한 사람에게 그 신고를 이유로 불이익을 주어서는 아니 된다(동법 제7조 제2항). ② 다른 법률에 규정이 있는 경우를 제외하고는 신고자 등의 인적사항이나 사진 등 그 신원을 알 수 있는 정보나 자료를 인터넷 또는 출판물에 게재하거나 방송매체를 통하여 방송하여서는 아니 된다(동법 제7조 제3항).

📖 성매매피해자 등의 보호

구분	내용
신뢰관계에 있는 사람의 동석	① 법원 또는 수사기관은 신고자 등을 증인으로 신문·조사할 때에는 직권으로 또는 본인·법정대리인이나 검사의 신청에 의하여 신뢰관계에 있는 사람을 동석하게 할 수 있다(동법 제8조 제1항 및 제2항). ② 법원 또는 수사기관은 미성년자, 사물을 변별하거나 의사를 결정할 능력이 없거나 미약한 사람 또는 대통령령으로 정하는 중대한 장애가 있는 사람에 대하여 신청을 받은 경우에는 재판이나 수사에 지장을 줄 우려가 있는 등 특별한 사유가 없으면 신뢰관계에 있는 사람을 동석하게 하여야 한다(동법 제8조 제3항).
심리의 비공개	① 법원은 신고자 등의 사생활이나 신변을 보호하기 위하여 필요하면 결정으로 심리를 공개하지 아니할 수 있다(동법 제9조 제1항). ② 증인으로 소환받은 신고자 등과 그 가족은 사생활이나 신변을 보호하기 위하여 증인신문의 비공개를 신청할 수 있다(동법 제9조 제2항).
불법원인으로 인한 채권무효	① 성매매알선 등 행위를 한 사람, 성을 파는 행위를 할 사람을 고용·모집하거나 그 직업을 소개·알선한 사람, 성매매 목적의 인신매매를 한 사람이 그 행위와 관련하여 성을 파는 행위를 하였거나 할 사람에게 가지는 채권은 그 계약의 형식이나 명목에 관계없이 무효로 한다. 그 채권을 양도하거나 그 채무를 인수한 경우에도 또한 같다(동법 제10조 제1항). ② 검사 또는 사법경찰관은 성을 파는 행위를 한 사람이나 성매매피해자를 조사할 때에는 채권이 무효라는 사실과 지원시설 등을 이용할 수 있음을 본인 또는 법정대리인 등에게 고지하여야 한다(동법 제10조 제3항).
몰수·추징	성매매알선 등의 범죄로 인하여 얻은 금품이나 그 밖의 재산은 몰수하고, 몰수할 수 없는 경우에는 그 가액을 추징한다(동법 제25조).
외국인여성 특례	① 외국인여성이 이 법에 규정된 범죄를 신고한 경우나 외국인여성을 성매매피해자로 수사하는 경우에는 해당 사건을 불기소처분하거나 공소를 제기할 때까지 「출입국관리법」 제46조에 따른 강제퇴거명령 또는 같은 법 제51조에 따른 보호의 집행을 하여서는 아니된다. 이 경우 수사기관은 지방출입국·외국인관서에 해당 외국인 여성의 인적사항과 주거를 통보하는 등 출입국 관리에 필요한 조치를 하여야 한다(동법 제11조 제1항). ② 수사기관은 외국인여성을 성매매피해자로 조사할 때에는 배상신청을 할 수 있음을 고지하여야 한다(동법 제11조 제4항).
형의 감면 (임의적 규정)	이 법에 규정된 범죄를 범한 사람이 수사기관에 신고하거나 자수한 경우에는 형을 감경하거나 면제할 수 있다(감경하거나 면제하여야 한다 ×)(동법 제26조).
보상금의 지급 (임의적 규정)	범죄단체구성원의 알선 등 성매매관련범죄 및 성매매 목적의 인신매매의 범죄를 수사기관에 신고한 사람에게는 보상금을 지급할 수 있다(지급하여야 한다 ×)(동법 제28조).

제130테마

중요도 C급

유실물의 관리

「유실물법」【시행 2014. 1. 7.】

📖 일반론

구분	내용
의의	유실물이란 점유자의의사에 의하지 않고 또는 타인에게 절취된 것이 아니면서, 우연히 그 지배에서 벗어난 동산을 말한다(버리거나 증여한 물건, 도난·피탈된 물건은 제외).
적용대상	「유실물법」의 적용을 받는 물건에는 습득물, 유실물(점유이탈물 포함), 준유실물, 매장물(문화재는 제외) 등이 있다.
적용제외	① 표류물·침몰물 : 「수상에서의 수색·구조 등에 관한 법률」이 적용된다. ② 방치된 동물 : 「동물보호법」이 적용된다. ③ 방치된 차량 : 「자동차관리법」이 적용된다. ④ 매장물 중 문화재 : 「매장문화재보호 및 조사에 관한 법률」이 적용된다.

📖 유실물 처리절차

구분	내용
습득물의 반환·제출	타인이 유실한 물건을 습득한 자는 이를 신속하게 경찰서(지구대·파출소 등 소속 경찰관서 포함) 또는 제주특별자치도의 자치경찰단 사무소에 제출하여야 한다. 다만, 법률에 따라 소유 또는 소지가 금지되거나 범행에 사용되었다고 인정되는 물건은 신속하게 경찰서 또는 자치경찰단에 제출하여야 한다(동법 제1조 제1항).
습득물의 매각	① 경찰서장 또는 제주특별자치도지사는 보관한 물건이 멸실되거나 훼손될 우려가 있을 때 또는 보관에 과다한 비용이나 불편이 수반될 때에는 이를 매각할 수 있다(동법 제2조 제1항). ② 매각에 드는 비용은 매각대금에서 충당한다(동법 제2조 제2항). ③ 매각 비용을 공제한 매각대금의 남은 금액을 습득물로 간주하여 보관하고, 이를 금융기관에 예탁하여야 한다(동법 제2조 제3항 및 동법 시행령 제8조 제2항). ④ 매각한 물건의 가액은 매각대금을 그 물건의 가액으로 한다(동법 제5조).
비용부담	① 습득물의 보관비, 공고비, 그 밖에 필요한 비용은 물건을 반환받는 자나 물건의 소유권을 취득하여 이를 인도받는 자가 부담한다(동법 제3조). ② 해당 비용은 물건을 반환한 후 1개월이 지나면 청구할 수 없다(동법 제6조).

보상금	① 물건을 반환받는 자는 물건가액의 100분의 5이상 100분의 20이하의 범위에서 보상금을 습득자에게 지급하여야 한다(동법 제4조 본문). ② 해당 보상금은 물건을 반환한 후 1개월이 지나면 청구할 수 없다(동법 제6조). ③ 국가·지방자치단체와 그 밖에 대통령령으로 정하는 공공기관은 보상금을 청구할 수 없다(동법 제4조 단서). ④ 보상금은 물건의 유실로 인하여 발생하였을지도 모르는 손해, 즉 위험성을 방지할 수 있었다는 것에 대한 보상이다.
습득자의 권리 포기	습득자는 미리 신고하여 습득물에 관한 모든 권리를 포기하고 의무를 지지 아니할 수 있다(동법 제7조).
유실자의 권리 포기	① 물건을 반환받을 자는 그 권리를 포기하고 비용과 보상금 지급의의무를 지지 아니할 수 있다(동법 제8조 제1항). ② 물건을 반환받을 각 권리자가 그 권리를 포기한 경우에는 습득자가 그 물건의 소유권을 취득한다. 다만, 습득자는 그 취득권을 포기할 수 있다(동법 제8조 제2항).
습득자의 권리 상실	습득자는 습득일로부터 7일 이내에 경찰서에 제출 절차를 밟지 아니하면 비용과 보상금을 받을 권리 및 습득물의 소유권을 취득할 권리를 상실한다(동법 제9조).
습득물의 취득	습득물을 공고하였음에도 불구하고 6개월 내에 그 소유자가 권리를 주장하지 아니하면 습득자가 그 물건의 소유권을 취득한다(민법 제253조).
소유권의 상실	물건의 소유권을 취득한 자가 그 취득한 날부터 3개월 이내에 물건을 경찰서 또는 자치경찰단으로부터 받아가지 아니할 때에는 그 소유권을 상실한다(동법 제14조).
물건의 귀속	이 법의 규정에 따라 경찰서 또는 자치경찰단이 보관한 물건으로서 교부받을 자가 없는 경우에는 그 소유권은 국고 또는 제주특별자치도의 금고에 귀속한다(동법 제15조).

📖 유실물의 처리과정과 기간

단계	내용	기간
1단계	습득자의 습득신고(유실물 제출)	습득일로부터 7일 이내
2단계	인터넷 사이트에 게시 및 공고	찾아가는 기간까지 공고
3단계	원소유자의 소유권 상실 및 습득신고자의 소유권 취득	게시·공고 후 6개월
4단계	습득신고자의 소유권 취득 후 물건 수취기간	소유권 취득 후 3개월 이내
5단계	소유권을 취득한 습득신고자가 불수취한 경우 국고 등 귀속	소유권 취득 후 3개월 경과

제131테마

중요도 A급

기초질서 위반사범의 단속

「경범죄 처벌법」【시행 2017. 10. 24.】

📖 일반론

구분		내용
성격	광의의 형법	① 범죄와 그 법률효과로서 형벌을 규정하고 있는 넓은 의미의 「형법」에 해당한다. ② 「형법」이 주로 구체적 위험범 또는 침해범인 데 반하여 「경범죄 처벌법」은 추상적 위험범에 해당한다.
	보충법	① 「경범죄 처벌법」은 「형법」을 보충하는 성질을 가지고 있는 법이다. ② 「형법」과 「경범죄 처벌법」 중 「형법」을 우선 적용한다.
	일반법	신분·사물·행위·지역 등에 제한 없이 일반적으로 적용된다는 점에서 특별법이 아닌 일반법이다.
	실체법 절차법	「경범죄 처벌법」은 경범죄의 유형과 이에 대한 처벌을 정한 실체법임과 동시에 통고처분 절차규정이 있으므로 일부 절차법적 성격도 가지고 있다.
형법과의 관계		① 사람을 벌할 때에는 그 사정과 형편을 헤아려서 그 형을 면제하거나 구류와 과료를 함께 병과할 수 있다(동법 제5조). ② 교사자 및 방조자는 종범의 형을 감경하지 않고 정범으로 처벌하고 있다(동법 제4조). ③ 미수범 처벌규정이 없으므로 미수범 처벌이 불가능하다. ④ 벌금형이 규정되어 있으므로 본 법의 죄를 범한 범인을 은닉·도피하게 한 경우에도 범인은닉죄가 성립한다. ⑤ 벌금형의 집행유예 및 선고유예의 선고가 가능하다. ⑥ 벌금과 과료의 경우 피고인의 출석 없이 개정할 수 있다(구류의 경우에는 피고인의 출석 필요). ⑦ 법인에 대하여서도 금전벌에 한하여 이를 처벌할 수 있다. ⑧ 관공서에서의 주취소란, 거짓신고는 60만원 이하의 벌금, 구류 또는 과료의 형으로 처벌되기 때문에 주거 불분명과 관계없이 현행범 체포가 가능하다.
판례		① 정당한 이유 없이 다른 사람의 뒤를 따르는 등의 행위가 처벌대상이 되려면 단순히 뒤를 따르는 등의 행위를 하였다는 것만으로는 부족하고 그러한 행위로 인하여 상대방이 불안감이나 귀찮고 불쾌한 감정을 느끼거나 객관적으로 보아 그러한 감정을 느끼게 할 정도의 것이어야 한다. ② 낮에 자신의 집 앞 복도에서 타인과 실랑이를 벌이며 욕설을 섞어 조용히 하라는 말 한두 마디를 한 행위는 「경범죄 처벌법」상 인근소란행위에 해당하지 않는다. ③ 전동차 구내에서 선교활동을 하였다는 정도만으로 유죄를 인정한 원심판결에는 종교와 선교의 자유 및 「경범죄 처벌법」에 관한 법리를 오해하여 심리를 다투지 아니한 위법이 있다.

경범죄의 유형

구분		내용(동법 제3조)
60만원 이하의 벌금·구류·과료	관공서에서의 주취소란	술에 취한 채로 관공서에서 몹시 거친 말과 행동으로 주정하거나 시끄럽게 한 사람
	거짓신고	있지 아니한 범죄나 재해 사실을 공무원에게 거짓으로 신고한 사람
20만원 이하의 벌금·구류·과료	출판물 부당게재	올바르지 아니한 이익을 얻을 목적으로 다른 사람 또는 단체의 사업이나 사사로운 일에 관하여 신문, 잡지, 그 밖의 출판물에 어떤 사항을 싣거나 싣지 아니할 것을 약속하고 돈이나 물건을 받은 사람
	거짓광고	여러 사람에게 물품을 팔거나 나누어 주거나 일을 해주면서 다른 사람을 속이거나 잘못 알게 할 만한 사실을 들어 광고한 사람
	업무방해	못된 장난 등으로 다른 사람, 단체 또는 공무수행 중인 자의 업무를 방해한 사람
	암표매매	흥행장, 경기장, 역, 나루터, 정류장, 그 밖에 정하여진 요금을 받고 입장시키거나 승차 또는 승선시키는 곳에서 웃돈을 받고 입장권·승차권 또는 승선권을 다른 사람에게 되판 사람
10만원 이하의 벌금·구류·과료		40가지의 경범죄가 규정되어 있음(암기 ×)

경범죄 처벌의 특례(통고처분)

1. 일반론

구분	내용
의의	① 통고처분이란 경미한 질서위반행위에 대해 벌금 또는 과료에 상당하는 금액, 즉 범칙금을 일정장소에 납부할 것을 통고하는 행정처분을 말한다. ② 통고처분서를 받은 사람이 이를 이행한 때에는 확정판결과 같은 효력이 발생하여, 동일한 범죄사실로 재차 형사소추되지 아니한다. ③ 통고처분을 받은 자가 그 처분에 이의가 있는 경우에도 행정쟁송을 제기할 수 없다.
대상 (범칙행위)	① 범칙행위란 「경범죄 처벌법」 제3조 제1항(10만원 이하의 벌금, 구류 또는 과료)과 제2항(20만원 이하의 벌금, 구류 또는 과료)에 해당하는 위반행위를 말한다(동법 제6조 제1항). ② 60만원 이하의 벌금, 구류 또는 과료에 해당하는 위반행위인 관공서에서의 주취소란, 거짓신고의 경우에는 통고처분의 대상에서 제외된다.

2. 범칙자와 범칙금

구분	내용
범칙자	범칙자란 범칙행위를 한 사람으로서 다음의 어느 하나에 해당하지 아니하는 사람을 말한다(동법 제6조 제2항). ① 범칙행위를 상습적으로 하는 사람 ② 죄를 지은 동기나 수단 및 결과를 헤아려볼 때 구류처분을 하는 것이 적절하다고 인정되는 사람 ③ 피해자가 있는 행위를 한 사람 ④ 18세 미만인 사람
범칙금	범칙금이란 범칙자가 통고처분에 따라 국고 또는 제주특별자치도의 금고에 납부하여야 할 금전을 말한다(동법 제6조 제3항).

3. 통고처분의 절차

구분	내용
범칙금 납부통고	① 경찰서장(경찰청장 ×, 시·도경찰청장 ×), 해양경찰서장, 제주특별자치도지사 또는 철도특별사법경찰대장은 범칙자로 인정되는 사람에 대하여 그 이유를 명백히 나타낸 서면으로 범칙금을 부과하고 이를 납부할 것을 통고할 수 있다(동법 제7조 제1항 본문). ② 제주특별자치도지사, 철도특별사법 경찰대장은 통고처분을 한 경우에는 관할 경찰서장에게 그 사실을 통보하여야 한다(동법 제7조 제3항).
즉결심판의 청구	다음의 어느 하나에 해당하는 사람에게는 통고하지 아니하고 즉결심판을 청구하여야 한다(동법 제7조 제1항 단서). ① 통고처분서 받기를 거부한 사람 ② 주거 또는 신원이 확실하지 아니한 사람 ③ 그 밖에 통고처분을 하기가 매우 어려운 사람
범칙금의 납부	① 통고처분서를 받은 사람은 통고처분서를 받은 날부터 10일 이내에 경찰청장·해양경찰청장 또는 철도특별사법경찰대장이 지정한 은행, 그 지점이나 대리점, 우체국 또는 제주특별자치도지사가 지정하는 금융기관이나 그 지점에 범칙금을 납부하여야 한다. 다만, 천재지변이나 그 밖의 부득이한 사유로 말미암아 그 기간 내에 범칙금을 납부할 수 없을 때에는 그 부득이한 사유가 없어지게 된 날부터 5일 이내에 납부하여야 한다(동법 제8조 제1항). ② 납부기간에 범칙금을 납부하지 아니한 사람은 납부기간의 마지막 날의 다음 날부터(납부기간의 마지막 날부터 ×) 20일 이내에 통고받은 범칙금에 그 금액의 100분의 20을 더한 금액을 납부하여야 한다(동법 제8조 제2항). ③ 범칙금을 납부한 사람은 그 범칙행위에 대하여 다시 처벌받지 아니한다(동법 제8조 제3항).

4. 통고처분 불이행자 등의 처리

구분	내용
형사소송절차	범칙자가 통고처분을 불이행하면 통고처분은 그 효력을 상실하고, 행정관청이 범칙자를 고발하면 과벌절차는 형사소송절차에 의한다.
즉결심판의 청구	① 형사소송절차에 앞서 즉결심판절차를 거칠 수 있다. ② 경찰서장, 해양경찰서장 및 제주특별자치도지사(철도특별사법경찰대장은 제외)는 다음의 어느 하나에 해당하는 사람에 대하여는 지체 없이 즉결심판을 청구하여야 한다. 다만, 즉결심판이 청구되기 전까지 통고받은 범칙금에 그 금액의 100분의 50을 더한 금액을 납부한 사람에 대하여는 그러하지 아니하다(동법 제9조 제1항). 　㉠ 통고처분서 받기를 거부한 사람 　㉡ 주거 또는 신원이 확실하지 아니한 사람 　㉢ 그 밖에 통고처분을 하기가 매우 어려운 사람 　㉣ 납부기간에 범칙금을 납부하지 아니한 사람
즉결심판청구의 취소	즉결심판이 청구된 피고인이 통고받은 범칙금에 그 금액의 100분의 50을 더한 금액을 납부하고 그 증명서류를 즉결심판선고 전까지 제출하였을 때에는 그 피고인에 대한 즉결심판청구를 취소하여야 한다(취소할 수 있다 ×)(동법 제9조 제2항).

제132테마

중요도 B급

소년의 보호

「소년법」[시행 2021. 4. 21.]

📖 일반론

구분	내용
의의	① 소년이란 19세 미만인 자를 말한다(동법 제2조). ② 보호자란 법률상 감호교육을 할 의무가 있는 자 및 현재 감호하는 자를 말한다(동법 제2조).
종류	**범죄소년** 14세 이상 19세 미만인 자로서 죄를 범한 소년
	촉법소년 10세 이상 14세 미만인 자로서 형벌법령에 저촉되는 행위를 한 자
	우범소년 다음에 해당하는 사유가 있고 그의 성격이나 환경에 비추어 형벌법령에 저촉되는 행위를 할 우려가 있는 10세 이상 19세 미만인 소년 ① 집단적으로 몰려다니며 주위 사람들에게 불안감을 조성하는 성벽이 있는 것 ② 정당한 이유 없이 가출하는 것 ③ 술을 마시고 소란을 피우거나 유해환경에 접하는 성벽이 있는 것

📖 보호사건의 처리

구분	내용
관할	① 소년 보호사건의 관할은 소년의 행위지, 거주지 또는 현재지로 한다(동법 제3조 제1항). ② 소년 보호사건은 가정법원소년부 또는 지방법원소년부에 속한다(동법 제3조 제2항). ③ 소년 보호사건의 심리와 처분 결정은 소년부 단독판사가 한다(동법 제3조 제3항).
송치·통고	① 범죄소년은 형사사건이므로 경찰서장은 검사에게 송치한다(동법 제4조 제1항). ② 촉법소년과 우범소년의 경우에는 경찰서장은 검사를 거치지 않고, 직접 관할 소년부에 송치하여야 한다(동법 제4조 제2항). ③ 범죄소년·촉법소년·우범소년을 발견한 보호자 또는 학교·사회복지시설·보호관찰소의 장은 이를 관할 소년부에 통고할 수 있다(동법 제4조 제3항).
이송	① 보호사건을 송치받은 소년부는 보호의 적정을 기하기 위하여 필요하다고 인정하면 결정으로써 사건을 다른 관할 소년부에 이송할 수 있다(동법 제5조 제1항). ② 소년부는 사건이 그 관할에 속하지 아니한다고 인정하면 결정으로써 그 사건을 관할 소년부에 이송하여야 한다(동법 제5조 제2항).
조사·심리	① 소년부는 조사 또는 심리한 결과 금고 이상의 형에 해당하는 범죄 사실이 발견된 경우 그 동기와 죄질이 형사처분을 할 필요가 있다고 인정하면 결정으로써 사건을 관할 지방법원에 대응한 검찰청 검사에게 송치하여야 한다. ② 소년부는 조사 또는 심리한 결과 사건의 본인이 19세 이상인 것으로 밝혀진 경우에는 결정으로써 사건을 관할 지방법원에 대응하는 검찰청 검사에게 송치하여야 한다.
불처분 결정	소년부 판사는 심리 결과 보호처분을 할 수 없거나 할 필요가 없다고 인정하면 그 취지의 결정을 하고, 이를 사건 본인과 보호자에게 알려야 한다(동법 제29조 제1항).

📖 보호처분

구분	내용
의의	보호처분이란 범죄소년·촉법소년·우범소년의 비행사건을 소년부 판사가 심리하여 이들 소년의 교화·개선과 보호를 위해 결정으로 하는 일정한 처분을 말한다.
효력	① 보호처분을 받은 소년에 대하여 그 심리가 결정된 사건은 다시 공소를 제기하거나 소년부에 송치할 수 없다(동법 제53조). ② 소년부의 보호처분은 그 소년의 장래의 신상에 어떠한 영향도 미치지 아니한다(동법 제32조 제6항).
취소	① 보호처분이 계속 중일 때에 사건 본인이 처분 당시 19세 이상인 것으로 밝혀진 경우에는 소년부 판사는 결정으로써 그 보호처분을 취소하고 다음의 구분에 따라 처리하여야 한다(동법 제38조 제1항). 　㉠ 검사·경찰서장의 송치 또는 통고에 의한 사건인 경우에는 관할 지방법원에 대응하는 검찰청 검사에게 송치한다. 　㉡ 법원이 송치한 사건인 경우에는 송치한 법원에 이송한다. ② 범죄소년 및 촉법소년에 대한 보호처분이 계속 중일 때에 사건 본인이 10세 미만으로 밝혀진 경우 또는 우범소년에 대한 보호처분이 계속 중일 때에 사건 본인이 처분 당시 10세 미만으로 밝혀진 경우에는 소년부 판사는 결정으로써 그 보호처분을 취소하여야 한다(동법 제38조 제2항).

📖 형사사건의 처리

구분		내용
대상		소년사건 중 금고 이상의 형에 해당하는 범죄사실이 발견되고, 범죄소년을 검사가 형사법원에 기소하거나, 소년법원이 검사에 송치 또는 형사법원에 이송하여 형사사건으로 처리한다.
특례	구속영장의 제한	소년에 대한 구속영장은 부득이한 경우가 아니면 발부하지 못한다(동법 제55조 제1항).
	분리 수용	소년을 구속하는 경우에는 특별한 사정이 없으면 다른 피의자나 피고인과 분리하여 수용하여야 한다(동법 제55조 제2항).
	사형·무기형의 완화	죄를 범할 당시 18세 미만인 소년에 대하여 사형 또는 무기형으로 처할 경우에는 15년의 유기징역으로 한다(동법 제59조).
	부정기형의 선고	소년이 법정형으로 장기 2년 이상의 유기형에 해당하는 죄를 범한 경우에는 그 형의 범위에서 장기와 단기를 정하여 선고한다. 다만, 장기는 10년, 단기는 5년을 초과하지 못한다(동법 제60조 제1항).
	환형처분 금지	18세 미만의 소년에 대하여는 노역장 유치선고를 하지 못한다(동법 제62조).
	자유형 집행 분리	징역 또는 금고를 선고 받은 소년에 대하여는 특별히 설치된 교도소 또는 일반 교도소 안에 특별히 분리된 장소에서 그 형을 집행한다. 다만, 소년이 형의 집행 중에 23세가 되면 일반 교도소에서 집행할 수 있다(동법 제63조).
	가석방의 허가	징역 또는 금고를 선고받은 소년에 대하여는 무기형의 경우에는 5년, 15년의 유기형의 경우에는 3년, 부정기형의 경우에는 단기의 3분의 1의 기간이 경과하면 가석방을 허가할 수 있다(동법 제65조).

제133테마

청소년의 보호

「청소년 보호법」【시행 2024. 3. 26.】

중요도 B급

📖 일반론

구분	내용
목적	① 이 법은 청소년에게 유해한 매체물과 약물 등이 유통되는 것과 청소년이 유해한 업소에 출입하는 것 등을 규제하고 청소년을 유해한 환경으로부터 보호·구제함으로써 청소년이 건전한 인격체로 성장할 수 있도록 함을 목적으로 한다(동법 제1조). ② 이 법은 청소년유해환경의 규제에 관한 형사처벌을 할 때 다른 법률보다 우선하여 적용한다(동법 제6조).
의의	청소년이란 만 19세 미만인 사람을 말한다. 다만, 만 19세가 되는 해의 1월 1일을 맞이한 사람은 제외한다(동법 제2조 제1호).
판단기준	청소년에 해당하는지에 대한 판단기준은 가족관계등록부 등 공부상의 나이가 아니라 실제의 나이를 기준으로 하여야 한다.
판례	① 「청소년 보호법」의 입법취지와 목적 및 규정내용 등에 비추어 볼 때, 18세 미만의 청소년에게 술을 판매함에 있어서 비록 그의 민법상 법정대리인의 동의를 받았다고 하더라도 그러한 사정만으로 위 행위가 정당화될 수는 없다. ② 성년들이 술을 마시는데 나중에 청소년이 합석했다면, 음식점 운영자 입장에서 청소년이 합석할 것을 예견할 수 없는 상황이라 할 수 있고, 그 경우에 합석한 청소년이 남은 술을 일부 마셨더라도 청소년에게 술을 판매한 행위로 볼 수 없다. ③ '청소년에게 주류를 판매하는 행위'란 청소년에게 주류를 유상으로 제공하는 행위를 말하고, 청소년에게 주류를 제공하였다고 하기 위하여는 청소년이 실제 주류를 마시거나 마실 수 있는 상태에 이르러야 한다. ④ 피고인은, 사진과 실물을 자세히 대조해 보는 등 좀 더 적극적인 방법으로 연령확인조치를 취하지 않았으므로 청소년인 A 등을 고용하여 유흥주점에서 접객행위를 하게 한다는 점에 관하여 적어도 미필적 고의가 있었다고 볼 여지가 있다. ⑤ 피고인이 A가 제시하는 성년인 B 명의의 건강진단결과서만을 확인한 채 고용대상자인 A 및 소개인들의 거짓말에 터잡아 그녀가 성인이라고 가볍게 믿고 당일로 A와 고용계약을 체결한 후 일을 시킨 경우, 피고인에게는 A가 청소년임에도 그녀를 고용한다는 점에 관하여 적어도 미필적 고의가 있었다고 볼 것이다. ⑥ 유흥주점 운영자가 업소에 들어 온 미성년자의 신분을 의심하여 주문받은 술을 들고 룸에 들어가 신분증의 제시를 요구하고 밖으로 나온 경우에 미성년자가 실제로 주류를 마시거나 마실 수 있는 상태에 이르지 않았으므로, 술값의 선불지급 여부 등과 무관하게 주류판매에 관한 「청소년 보호법」의 위반죄가 성립하지 않는다.

📖 청소년유해업소

구분	내용
의의	① 청소년유해업소란 청소년의 출입과 고용이 청소년에게 유해한 것으로 인정되는 '청소년출입·고용금지업소'와 청소년의 출입은 가능하나 고용이 청소년에게 유해한 것으로 인정되는 '청소년 고용금지업소'를 말한다. ② 이 경우 업소의 구분은 그 업소가 영업을 할 때 다른 법령에 따라 요구되는 허가·인가·등록·신고 등의 여부와 관계없이 실제로 이루어지고 있는 영업행위를 기준으로 한다(동법 제2조 제5호).
청소년 출입·고용금지업소	① 일반게임제공업 및 복합유통게임제공업 중 대통령령으로 정하는 것 ② 사행행위영업 ③ 식품접객업 중 유흥주점영업, 단란주점영업 ④ 비디오물감상실업, 제한관람가비디오물소극장업, 복합영상물제공업 ⑤ 노래연습장업(청소년실을 갖춘 노래연습장업의 경우에는 청소년실에 한정하여 청소년의 출입을 허용) ⑥ 무도학원업, 무도장업 ⑦ 전화방, 화상대화방 ⑧ 불특정한 사람 사이의 신체적인 접촉 또는 은밀한 부위의 노출 등 성적 행위가 이루어지거나 이와 유사한 행위가 이루어질 우려가 있는 서비스를 제공하는 영업 ⑨ 성기구판매업소 ⑩ 「한국마사회법」에 따른 장외발매소(경마가 개최되는 날에 한정) ⑪ 「경륜·경정법」에 따른 장외매장(경륜·경정이 개최되는 날에 한정)

청소년
고용금지업소
	① 청소년게임제공업 및 인터넷컴퓨터게임시설제공업
	② 숙박업, 목욕장업, 이용업 중 대통령령으로 정하는 것
	③ 식품접객업 중 대통령령으로 정하는 것
	    ㉠ 휴게음식점영업으로서 주로 차 종류를 조리·판매하는 영업 중 종업원에게 영업장을 벗어나 차 종류 등을 배달·판매하게 하면서 소요 시간에 따라 대가를 받게 하거나 이를 조장 또는 묵인하는 형태로 운영되는 영업(티켓다방)
	    ㉡ 일반음식점영업 중 음식류의 조리·판매보다는 주로 주류의 조리·판매를 목적으로 하는 소주방·호프·카페 등의 형태로 운영되는 영업
	④ 비디오물소극장업
	⑤ 유해화학물질영업
	⑥ 회비 등을 받거나 유료로 만화를 빌려 주는 만화대여업
	⑦ 청소년보호위원회가 결정하고 여성가족부장관이 고시한 것

📖 청소년유해행위의 금지 및 처벌

내용(동법 제30조)	처벌
영리를 목적으로 청소년으로 하여금 신체적인 접촉 또는 은밀한 부위의 노출 등 성적 접대행위를 하게 하거나 이러한 행위를 알선·매개하는 행위	1년 이상 10년 이하의 징역
영리를 목적으로 청소년으로 하여금 손님과 함께 술을 마시거나 노래 또는 춤 등으로 손님의 유흥을 돋우는 접객행위를 하게 하거나 이러한 행위를 알선·매개하는 행위	10년 이하의 징역
영리나 흥행을 목적으로 청소년에게 음란한 행위를 하게 하는 행위	
영리나 흥행을 목적으로 청소년의 장애나 기형 등의 모습을 일반인들에게 관람시키는 행위	5년 이하의 징역
청소년에게 구걸을 시키거나 청소년을 이용하여 구걸하는 행위	
청소년을 학대하는 행위	
영리를 목적으로 청소년으로 하여금 거리에서 손님을 유인하는 행위를 하게 하는 행위	3년 이하의 징역 3천만원 이하의 벌금
청소년을 남녀 혼숙하게 하는 등 풍기를 문란하게 하는 영업행위를 하거나 이를 목적으로 장소를 제공하는 행위	
주로 차 종류를 조리·판매하는 업소에서 청소년으로 하여금 영업장을 벗어나 차 종류를 배달하는 행위를 하게 하거나 이를 조장하거나 묵인하는 행위	

📖 통행금지·제한구역의 지정 및 채권의 효력 제한

구분	내용
통행금지·제한구역 지정	① 특별자치시장·특별자치도지사·시장·군수·구청장은 청소년의 보호를 위하여 필요하다고 인정할 경우 청소년의 정신적·신체적 건강을 해칠 우려가 있는 구역을 청소년 통행금지구역 또는 청소년 통행제한구역으로 지정하여야 한다(지정할 수 있다 ×)(동법 제31조 제1항). ② 시장·군수·구청장은 청소년범죄 또는 탈선의 예방 등 특별한 이유가 있으면 시간을 정하여 지정된 구역에 청소년이 통행하는 것을 금지하거나 제한할 수 있다(동법 제31조 제2항). ③ 시장·군수·구청장 및 관할 경찰관서장은 청소년 통행금지구역 또는 통행제한구역을 통행하려고 할 때에는 통행을 막을 수 있으며, 통행하고 있는 청소년을 해당 구역 밖으로 나가게 할 수 있다(동법 제31조 제4항).
채권의 효력 제한	① 청소년유해행위를 한 자가 그 행위와 관련하여 청소년에 대하여 가지는 채권은 그 계약의 형식이나 명목에 관계없이 무효로 한다(동법 제32조 제1항). ② 유흥주점업소 및 단란주점업소의 업주가 고용과 관련하여 청소년에 대하여 가지는 채권은 그 계약의 형식이나 명목에 관계없이 무효로 한다(동법 제32조 제2항).

제134테마

아동·청소년의 성보호

「아동·청소년의 성보호에 관한 법률」【시행 2024. 6. 27.】

중요도 A급

📖 일반론

구분		내용
의의		아동·청소년이란 19세 미만의 자를 말한다(동법 제2조 제1호).
정의	아동·청소년대상 성범죄	① 아동·청소년에 대한 강간·강제추행 등(동법 제7조) ② 아동·청소년에 대한 강간·강제추행 등의 예비·음모(동법 제7조의2) ③ 장애인인 아동·청소년에 대한 간음 등(동법 제8조) ④ 13세 이상 16세 미만 아동·청소년에 대한 간음 등(동법 제8조의 2) ⑤ 강간 등 상해·치상(동법 제9조) ⑥ 강간 등 살인·치사(동법 제10조) ⑦ 아동·청소년성착취물의 제작·배포 등(동법 제11조) ⑧ 아동·청소년 매매행위(동법 제12조) ⑨ 아동·청소년의 성을 사는 행위 등(동법 제13조) ⑩ 아동·청소년에 대한 강요행위 등(동법 제14조) ⑪ 알선영업행위 등(동법 제15조) ⑫ 아동·청소년에 대한 성착취 목적 대화 등(동법 제15조의2) ⑬ 아동·청소년에 대한 「성폭력범죄의 처벌 등에 관한 특례법」 제3조부터 제15조까지의 죄 ⑭ 아동·청소년에 대한 「형법」 제297조, 제297조의2 및 제298조부터 제301조까지, 제301조의2, 제302조, 제303조, 제305조, 제339조 및 제342조의 죄 ⑮ 아동에게 음란한 행위를 하게 하거나 이를 매개하는 행위 또는 아동에게 성적 수치심을 주는 성희롱 등의 성적 학대행위
	아동·청소년대상 성폭력범죄	아동·청소년대상 성폭력범죄란 위의 아동·청소년대상 성범죄 중 ⑦부터 ⑫까지의 죄를 제외한 죄를 말한다(동법 제2조 제3호).
	아동·청소년의 성을 사는 행위	아동·청소년의 성을 사는 행위란 금품이나 그 밖의 재산상 이익, 직무·편의제공 등 대가를 제공하거나 약속하고 다음의 어느 하나에 해당하는 행위를 아동·청소년을 대상으로 하거나 아동·청소년으로 하여금 하게 하는 것을 말한다(동법 제2조 제4호). ① 성교행위 ② 구강·항문 등 신체의 일부나 도구를 이용한 유사성교행위 ③ 신체의 전부 또는 일부를 접촉·노출하는 행위로서 일반인의 성적 수치심이나 혐오감을 일으키는 행위 ④ 자위행위
	아동·청소년 성착취물	아동·청소년성착취물이란 아동·청소년 또는 아동·청소년으로 명백하게 인식될 수 있는 사람이나 표현물이 등장하여 아동·청소년의 성을 사는 행위를 하거나 그 밖의 성적 행위를 하는 내용을 표현하는 것으로서 필름·비디오물·게임물 또는 컴퓨터나 그 밖의 통신매체를 통한 화상·영상 등의 형태로 된 것을 말한다(동법 제2조 제5호).

📖 미수범을 처벌하는 경우

① 아동·청소년에 대한 강간·강제추행 등
② 아동·청소년성착취물을 제작·수입·수출하는 행위
③ 아동·청소년 매매행위
④ 아동·청소년에 대한 강요행위 등

📖 아동·청소년대상 성범죄의 신고

구분	내용
신고권자	누구든지 아동·청소년대상 성범죄의 발생 사실을 알게 된 때에는 수사기관에 신고할 수 있다(동법 제34조 제1항).
신고의무자	신고의무자(기관·시설 또는 단체의 장과 그 종사자)는 직무상 아동·청소년대상 성범죄의 발생 사실을 알게 된 때에는 즉시 수사기관에 신고하여야 한다(동법 제34조 제2항).

📖 처벌에 관한 특례

구분	내용
가중처벌	① '16세 미만의 아동·청소년' 및 '장애 아동·청소년'을 대상으로 성을 사는 행위 또는 성을 팔도록 권유한 자는 그 죄의 정한 형의 2분의 1까지 가중처벌한다(동법 제13조 제3항). ② 아동·청소년을 보호하여야 할 의무가 있는 기관·시설 또는 단체의 장과 그 종사자가 자기의 보호·감독 또는 진료를 받는 아동·청소년을 대상으로 성범죄를 범한 경우에는 그 죄에 정한 형의 2분의 1까지 가중처벌한다(동법 제18조).
감경규정에 대한 특례	음주 또는 약물로 인한 심신장애 상태에서 아동·청소년대상 성폭력범죄를 범한 때에는 형의 감경규정을 적용하지 아니할 수 있다(적용하지 아니한다 ×)(동법 제19조).
공소시효에 대한 특례	① 아동·청소년대상 성범죄의 공소시효는 해당 성범죄로 피해를 당한 아동·청소년이 성년에 달한 날부터 진행한다(동법 제20조 제1항). ② 아동·청소년에 대한 강간·강제추행죄는 DNA증거 등 그 과학적인 증거가 있는 때에는 공소시효가 10년 연장된다(동법 제20조 제2항). ③ '13세 미만의 사람' 및 '신체적인 또는 정신적인 장애가 있는 아동·청소년'에 대하여 강간, 강제추행, 준강간, 준강제추행, 강간 등 상해·치상, 강간 등 살인·치사의 죄를 범한 경우에는 공소시효를 적용하지 아니한다(동법 제20조 제3항).

📖 절차에 관한 특례

구분	내용
영상물의 촬영·보존	① 아동·청소년대상 성범죄 피해자의 진술내용과 조사과정은 비디오녹화기 등 영상물 녹화장치로 촬영·보존하여야 한다(동법 제26조 제1항). ② 영상물 녹화는 피해자 또는 법정대리인이 이를 원하지 아니하는 의사를 표시한 때에는 촬영을 하여서는 아니 된다. 다만, 가해자가 친권자 중 일방인 경우에는 그러하지 아니하다(동법 제26조 제2항). ③ 검사 또는 사법경찰관은 피해자 또는 법정대리인이 신청하는 경우에는 영상물 촬영과정에서 작성한 조서의 사본을 신청인에게 교부하거나 영상물을 재생하여 시청하게 하여야 한다(동법 제26조 제5항). ④ 영상물에 수록된 피해자의 진술은 공판준비기일 또는 공판기일에 피해자 또는 조사과정에 동석하였던 신뢰관계에 있는 자의 진술에 의하여 그 성립의 진정함이 인정된 때에는 증거로 할 수 있다(동법 제26조 제6항). **참고** 영상녹화상의 진술에 대한 헌법재판소의 위헌 여부 판결의 태도 ㉠ 「아동·청소년의 성보호에 관한 법률」(헌법재판소는 합헌으로 판결) ㉡ 「성폭력범죄의 처벌 등에 관한 특례법」(헌법재판소는 위헌으로 판결)
친권상실청구	① 아동·청소년대상 성범죄 사건을 수사하는 검사는 그 사건의 가해자가 피해아동·청소년의 친권자나 후견인인 경우에 법원에 친권상실선고 또는 후견인 변경·결정을 청구하여야 한다. 다만, 친권상실선고 또는 후견인 변경 결정을 하여서는 아니 될 특별한 사정이 있는 경우에는 그러하지 아니하다(동법 제23조 제1항). ② 기관·시설 또는 단체의 장은 검사에게 친권상실청구 등을 하도록 요청할 수 있다. 이 경우 청구를 요청받은 검사는 요청받은 날부터 30일 이내에 해당 기관·시설 또는 단체의 장에게 그 처리 결과를 통보하여야 한다(동법 제23조 제2항).
증거보존의 특례	아동·청소년대상 성범죄의 피해자, 그 법정대리인 또는 경찰은 피해자가 공판기일에 출석하여 증언하는 것이 현저히 곤란한 사정이 있을 때에는 그 사유를 소명하여 촬영된 영상물 또는 그 밖의 다른 증거물에 대하여 해당 성범죄를 수사하는 검사에게 증거보전의 청구를 할 것을 요청할 수 있다(동법 제27조 제1항).
신뢰관계에 있는 사람의 동석	① 법원은 아동·청소년대상 성범죄의 피해자를 증인으로 신문하는 경우에 검사, 피해자 또는 법정대리인이 신청하는 경우에는 재판에 지장을 줄 우려가 있는 등 부득이한 경우가 아니면 피해자와 신뢰관계에 있는 사람을 동석하게 하여야 한다(동법 제28조 제1항). ② 법원과 수사기관은 피해자와 신뢰관계에 있는 사람이 피해자에게 불리하거나 피해자가 원하지 아니하는 경우에는 동석하게 하여서는 아니 된다(동법 제28조 제3항).

📖 유죄판결이 확정된 자의 신상정보공개

구분	내용
등록정보 공개	① 법원은 다음의 어느 하나에 해당하는 자에 대하여 판결로 공개정보를 등록기간 동안 정보통신망을 이용하여 공개하도록 하는 명령을 등록대상 사건의 판결과 동시에 선고하여야 한다. 다만, 피고인이 아동·청소년인 경우, 그 밖에 신상정보를 공개하여서는 아니 될 특별한 사정이 있다고 판단하는 경우에는 그러하지 아니하다(동법 제49조 제1항). 　㉠ 아동·청소년대상 성범죄를 저지른 자 　㉡ 「성폭력범죄의 처벌 등에 관한 특례법」상의 성범죄를 저지른 자 　㉢ 심신장애에 따라 처벌할 수 없는 자로서 재범의 위험이 있는 자 ② 등록정보의 공개기간은 판결이 확정된 때부터 기산한다(동법 제49조 제2항).

성범죄로 사형, 무기징역·무기금고형 또는 10년 초과의 징역·금고형을 선고받은 사람	30년
성범죄로 3년 초과 10년 이하의 징역·금고형을 선고받은 사람	20년
성범죄로 3년 이하의 징역·금고형을 선고받은 사람 또는 공개명령이 확정된 사람	15년
성범죄로 벌금형을 선고받은 사람	10년

구분	내용
등록정보 고지	① 법원은 공개대상자에 해당하는 자에 대하여 판결로 공개명령 기간 동안 고지정보를 고지하도록 하는 명령을 등록대상 성범죄 사건의 판결과 동시에 선고하여야 한다. 다만, 피고인이 아동·청소년인 경우, 그 밖에 신상정보를 고지하여서는 아니 될 특별한 사정이 있다고 판단하는 경우에는 그러하지 아니하다(동법 제50조 제1항). ② 고지명령을 선고받은 자는 공개명령을 선고받은 자로 본다(동법 제50조 제2항). ③ 고지명령은 다음의 기간 내에 하여야 한다(동법 제50조 제3항). 　㉠ 집행유예를 선고받은 고지대상자는 신상정보 최초 등록일부터 1개월 이내 　㉡ 금고 이상의 실형을 선고받은 고지대상자는 출소 후 거주할 지역에 전입한 날부터 1개월 이내 　㉢ 고지대상자가 다른 지역으로 전출하는 경우에는 변경정보 등록일부터 1개월 이내 ④ 고지명령의 집행은 여성가족부장관이 한다(동법 제51조 제1항).

📖 유죄판결이 확정된 자의 취업제한

구분	내용
선고	법원은 아동·청소년대상 성범죄 또는 성인대상 성범죄로 형 또는 치료감호를 선고하는 경우에는 판결로 일정기간 동안 아동·청소년 관련기관등을 운영하거나 아동·청소년 관련기관 등에 취업 또는 사실상 노무를 제공할 수 없도록 하는 명령을 성범죄 사건의 판결과 동시에 선고하여야 한다(동법 제56조 제1항).
기간	취업제한의 기간은 10년을 초과하지 못한다(동법 제56조 제2항).

제135테마

중요도 A급

아동·청소년대상 디지털 성범죄

▎「아동·청소년의 성보호에 관한 법률」【시행 2024. 6. 27.】

📖 일반론

구분	내용
신분비공개수사	사법경찰관리는 디지털 성범죄에 대하여 신분을 비공개하고 범죄현장(정보통신망을 포함) 또는 범인으로 추정되는 자들에게 접근하여 범죄행위의 증거 및 자료 등을 수집할 수 있다(동법 제25조의2 제1항). ① 아동·청소년성착취물의 제작·배포 등(동법 제11조) ② 아동·청소년에 대한 성착취 목적 대화 등(동법 제15조의2) ③ 카메라 등을 이용한 촬영물 또는 복제물의 반포·판매·임대·제공·전시·상영 등(「성폭력범죄의 처벌 등에 관한 특례법」 제14조 제2항) ④ 영리를 목적으로 촬영대상자의의사에 반하여 정보통신망을 이용하여 ③의 죄를 범하는 경우(「성력범죄의 처벌 등에 관한 특례법」 제14조 제3항)
신분위장수사	사법경찰관리는 디지털 성범죄를 계획 또는 실행하고 있거나 실행하였다고 의심할 만한 충분한 이유가 있고, 다른 방법으로는 그 범죄의 실행을 저지르거나 범인의 체포 또는 증거의 수집이 어려운 경우에 한정하여 수사 목적을 달성하기 위하여 부득이한 때에는 다음의 행위를 할 수 있다(동법 제25조의2 제2항). ① 신분을 위장하기 위한 문서, 도화 및 전자기록 등의 작성, 변경 또는 행사 ② 위장 신분을 사용한계약·거래 ③ 아동·청소년성착취물 또는 촬영물 및 복제물의 소지, 판매 또는 광고

📖 절차상의 요건

구분	내용
수사부서의 장의 승인	사법경찰관리가 신분비공개수사를 진행하고자 할 때에는 사전에 상급 경찰관서(소속 경찰기관 ×) 수사부서의 장의 승인을 받아야 한다. 이 경우 그 수사기간은 3개월을 초과할 수 없다(동법 제25조의3 제1항).
수사기간의 제한	① 신분위장수사의 기간은 3개월을 초과할 수 없으며, 그 수사기간 중 수사의 목적이 달성되었을 경우에는 즉시 종료하여야 한다(동법 제25조의3 제7항). ② 그 수사기간을 연장할 필요가 있는 경우에는 사법경찰관리는 소명자료를 첨부하여 3개월의 범위에서 수사기간의 연장을 검사에게 신청하고, 검사는 법원에 그 연장을 청구한다. 이 경우 신분위장수사의 총 기간은 1년을 초과할 수 없다(동법 제25조의3 제8항).
검사에게의 허가신청	사법경찰관리는 신분위장수사를 하려는 경우에는 검사에게 신분위장수사에 대한 허가를 신청하고, 검사는 법원에 그 허가를 청구한다(동법 제25조의3 제3항).
법원의 최종 허가	법원은 신청이 이유 있다고 인정하는 경우에는 신분위장수사를 허가하고, 이를 증명하는 서류를 신청인에게 발부한다(동법 제25조의3 제5항).

📖 국가경찰위원회와 국회의 통제

구분	내용
국가경찰위원회에 보고	국가수사본부장은 신분비공개수사가 종료된 즉시 국가경찰위원회에 수사 관련 자료를 보고하여야 한다(동법 제25조의6 제1항).
국회에 보고	국가수사본부장은 국회 소관 상임위원회에 신분비공개수사 관련 자료를 반기별로 보고하여야 한다(동법 제25조의6 제2항).

📖 비밀준수의무 및 면책

구분	내용
비밀준수 의무	신분비공개수사 또는 신분위장수사에 대한 승인·집행·보고 및 각종 서류작성 등에 관여한 공무원 또는 그 직에 있었던 자는 직무상 알게 된 신분비공개수사 또는 신분위장수사에 관한 사항을 외부에 공개하거나 누설하여서는 아니 된다(동법 제25조의7 제1항).
면책	① 사법경찰관리가 신분비공개수사 또는 신분위장수사 중 부득이한 사유로 위법행위를 한 경우 그 행위에 고의나 중대한 과실이 없는 경우에는 벌하지 아니한다(동법 제25조의8 제1항). ② 제1항에 따른 위법행위가 「국가공무원법」 제78조 제1항에 따른 징계 사유에 해당하더라도 그 행위에 고의나 중대한 과실이 없는 경우에는 징계 요구 또는 문책 요구 등 책임을 묻지 아니한다(동법 제25조의8 제2항). ③ 신분비공개수사 또는 신분위장수사 행위로 타인에게 손해가 발생한 경우라도 사법경찰관리는 그 행위에 고의나 중대한 과실이 없는 경우에는 그 손해에 대한 책임을 지지 아니한다(동법 제25조의8 제3항).

제136테마

중요도 A급

실종아동등 및 가출인에 대한 보호

▎「실종아동등의 보호 및 지원에 관한 법률」【시행 2025. 1. 1.】
▎「실종아동등 및 가출인 업무처리 규칙」【시행 2024. 6. 5.】

📖 「실종아동등의 보호 및 지원에 관한 법률」

1. 일반론

구분	내용
아동등	아동등이란 다음의 어느 하나에 해당하는 사람을 말한다(동법 제2조 제1호). ① 실종 당시(신고 당시 ×) 18세 미만인 아동 ② 장애인 중 지적장애인, 자폐성장애인, 정신장애인 ③ 치매환자
실종아동등	실종아동등이란 약취·유인 또는 유기되거나 사고를 당하거나 가출하거나 길을 잃는 등의 사유로 인하여 보호자로부터 이탈된 아동등을 말한다(동법 제2조 제2호).
보호자	보호자란 친권자, 후견인이나 그 밖에 다른 법률에 따라 아동등을 보호하거나 부양할 의무가 있는 사람을 말한다. 다만, 보호시설의 장 또는 종사자는 제외(포함 ×)한다(동법 제2조 제3호).
보호시설	보호시설이란 사회복지시설 및 인가·신고 등이 없이 아동등을 보호하는 시설로서 사회복지시설에 준하는 시설을 말한다(동법 제2조 제4호).

2. 신고의무 및 미신고 보호행위의 금지

구분	내용

신고의무	① 다음의 어느 하나에 해당하는 사람은 그 직무를 수행하면서 실종아동등임을 알게 되었을 때에는 경찰청장이 구축하여 운영하는 신고체계(경찰신고체계)로 지체 없이 신고하여야 한다(동법 제6조 제1항).
	
	  ㉠ 보호시설의 장 또는 그 종사자
	  ㉡ 아동복지전담공무원
	  ㉢ 청소년 보호·재활센터의 장 또는 그 종사자
	  ㉣ 사회복지전담공무원
	  ㉤ 의료기관에서 업무를 하는 의료인, 종사자 및 의료기관의 장
	  ㉥ 업무·고용 등의 관계로 사실상 아동등을 보호·감독하는 사람
	
	② 지방자치단체의 장이 관계 법률에 따라 아동등을 보호조치할 때에는 아동등의 신상을 기록한 신고접수서를 작성하여 경찰신고체계로 제출하여야 한다(동법 제6조 제2항).
	③ 지방자치단체의 장은 출생 후 6개월이 경과된 아동의 출생신고를 접수하였을 때에는 지체 없이 해당 아동의 신상카드를 작성하여 그 사본을 경찰청장에게 보내야 하며, 경찰청장은 실종아동등인지 여부를 확인하여 그 결과를 해당 지방자치단체의 장에게 보내야 한다(동법 제6조 제4항).

미신고 보호행위의 금지	누구든지 정당한 사유 없이 실종아동등을 경찰관서의 장에게 신고하지 아니하고 보호할 수 없다(동법 제7조).

3. 수색·수사의 실시, 출입·조사

구분	내용
수색·수사의 실시	① 경찰관서의 장은 실종아동등의 발생 신고를 접수하면 지체 없이 수색 또는 수사의 실시 여부를 결정하여야 한다(동법 제9조 제1항). ② 경찰관서의 장은 실종아동등(범죄로 인한 경우를 제외)의 조속한 발견을 위하여 필요한 때에는 실종아동등의 위치 확인에 필요한 개인위치정보, 인터넷 주소 및 통신사실확인자료의 제공을 요청할 수 있다. 이 경우 경찰관서의 장의 요청을 받은 자는 정당한 사유가 없으면 이에 따라야 한다(동법 제9조 제2항). ③ 요청을 받은 자는 그 실종아동등의 동의 없이 개인위치정보 등을 수집할 수 있으며, 실종아동등의 동의가 없음을 이유로 경찰관서의 장의 요청을 거부하여서는 아니 된다(동법 제9조 제3항).
출입·조사	① 경찰청장이나 지방자치단체의 장은 실종아동등의 발견을 위하여 필요하면 관계인에 대하여 필요한 보고 또는 자료제출을 명하거나 소속 공무원으로 하여금 관계 장소에 출입하여 관계인이나 아동등에 대하여 필요한 조사 또는 질문을 하게 할 수 있다(동법 제10조 제1항). ② 경찰청장이나 지방자치단체의 장은 출입·조사를 실시할 때 정당한 이유가 있는 경우 소속 공무원으로 하여금 실종아동등의 가족 등을 동반하게 할 수 있다(동법 제10조 제2항). ③ 출입·조사 또는 질문을 하려는 관계공무원은 그 권한을 표시하는 증표를 지니고 이를 관계인 등에게 내보여야 한다(동법 제10조 제3항).

「실종아동등 및 가출인 업무처리 규칙」

1. 일반론

구분	내용
찾는실종아동등	찾는실종아동등이란 보호자가 찾고 있는 실종아동등을 말한다(동 규칙 제2조 제3호).
보호실종아동등	보호실종아동등이란 보호자가 확인되지 않아(보호자가 확인되어 ×) 경찰관이 보호하고 있는 실종아동등을 말한다(동 규칙 제2조 제4호).
장기실종아동등	장기실종아동등이란 보호자로부터 신고를 접수한지(실종된 때로부터 ×) 48시간이 경과한 후에도 발견되지 않은 찾는실종아동등을 말한다(동 규칙 제2조 제5호).
가출인	가출인이란 신고 당시(가출 당시 ×) 보호자로부터 이탈된 18세 이상의 사람을 말한다(동 규칙 제2조 제6호).
발생지	발생지란 실종아동등 및 가출인이 실종·가출 전 최종적으로 목격되었거나 목격되었을 것으로 추정하여 신고자 등이 진술한 장소를 말하며, 신고자 등이 최종 목격 장소를 진술하지 못하거나, 목격되었을 것으로 추정되는 장소가 대중교통시설 등일 경우 또는 실종·가출 발생 후 1개월이 경과한 때에는 실종아동등 및 가출인의 실종 전 최종 주거지를 말한다(동 규칙 제2조 제7호).
발견지	발견지란 실종아동등 또는 가출인을 발견하여 보호 중인 장소를 말하며, 발견한 장소와 보호 중인 장소가 서로 다른 경우에는 보호 중인 장소를 말한다(동 규칙 제2조 제8호).

2. 실종아동찾기센터의 설치(인터넷 안전드림)

구분	내용
설치	실종아동등의 조속한 발견 등 관련 업무를 효율적으로 수행하기 위해 경찰청에 실종아동찾기센터를 설치한다(동 규칙 제4조 제1항).
업무	실종아동찾기센터는 다음의 업무를 수행한다(동 규칙 제4조 제2항). ① 전국에서 발생하는 실종아동등의 신고접수·등록·조회 및 등록해제 등 실종아동등 발견·보호·지원을 위한 업무 ② 실종·가출 신고용 특수번호 182의 운영 ③ 실종·유괴경보 문자메시지의 송출과 관련된 업무 ④ 그 밖의 실종아동등과 관련하여 경찰청장이 지시하는 사항
운영	① 인터넷 안전드림은 누구든 사용할 수 있도록 공개한다(동 규칙 제6조 제2항). ② 인터넷 안전드림은 실종아동등의 신고 또는 예방·홍보 등과 관련된 정보를 제공한다(동 규칙 제6조 제4항). ③ 실종아동등 프로파일링시스템과 분리하여 운영하며, 자료의 전송 등을 위해 필요한 경우 상호 연계할 수 있다(동 규칙 제6조 제2항).
공개	경찰관서의 장은 본인 또는 보호자의 동의를 받아 실종아동등 및 보호시설 무연고자 자료를 인터넷 안전드림에 공개할 수 있다(동 규칙 제7조 제4항).
자료 삭제	경찰관서의 장은 다음의 어느 하나에 해당하는 때에는 지체 없이 인터넷 안전드림에 공개된 자료를 삭제하여야 한다(동 규칙 제7조 제5항). ① 찾는실종아동등을 발견한 때 ② 보호실종아동등 또는 보호시설 무연고자의 보호자를 확인한 때 ③ 본인 또는 보호자가 공개된 자료의 삭제를 요청하는 때

3. 장기실종자 추적팀

구분	내용
설치	장기실종아동등에 대한 전담 추적·조사를 위해 경찰청 또는 시·도경찰청에 장기실종자 추적팀을 설치할 수 있다(설치하여야 한다 ×)(동 규칙 제5조 제1항).
업무	장기실종자 추적팀은 다음의 업무를 수행한다(동 규칙 제5조 제2항). ① 장기실종아동등에 대한 전담 조사 ② 실종아동등 가출인 관련 사건의 수색·수사 지도 ③ 그 밖의 소속 경찰관서의 장이 지시하는 실종아동등 관련 업무

4. 실종아동등 프로파일링시스템

구분	내용
운영	① 실종아동등 프로파일링시스템은 경찰관서 내에서만 사용할 수 있다(동 규칙 제6조 제2항). ② 경찰관서의 장은 실종아동등 프로파일링시스템에 업무담당자 등 필요하다고 인정되는 사람만 접근할 수 있도록 권한을 부여하는 등의 방법으로 통제·관리하여야 한다(동 규칙 제6조 제3항).
대상	실종아동등 프로파일링시스템에 입력하는 대상은 다음과 같다(동 규칙 제7조 제1항). ① 실종아동등 ② 가출인 ③ 보호시설 입소자 중 보호자가 확인되지 않는 사람(보호시설 무연고자)
제외	경찰관서의 장은 실종아동등 또는 가출인에 대한 신고를 접수한 후 신고대상자가 다음의 어느 하나에 해당하는 경우에는 신고 내용을 입력하지 않을 수 있다(입력하지 아니한다 ×)(동 규칙 제7조 제2항). ① 채무관계 해결, 형사사건 당사자 소재 확인 등 실종아동등 및 가출인 발견 외 다른 목적으로 신고된 사람 ② 수사기관으로부터 지명수배 또는 지명통보된 사람 ③ 허위로 신고된 사람 ④ 보호자가 가출시 동행한 아동등 ⑤ 그 밖에 신고 내용을 종합하였을 때 명백히 입력 대상이 아니라고 판단되는 사람
자료 보존기간	실종아동등 프로파일링시스템에 등록된 자료의 보존기간은 다음과 같다. 다만, 대상자가 사망하거나 보호자가 삭제를 요구한 경우에는 즉시 삭제하여야 한다(동 규칙 제7조 제3항). ① 발견된 18세 미만 아동 및 가출인 : 수배 해제 후로부터 5년간 보관 ② 발견된 지적·자폐성·정신장애인 및 치매환자 : 수배 해제 후로부터 10년간 보관 ③ 미발견자 : 소재 발견시까지 보관 ④ 보호시설 무연고자 : 본인 요청시 즉시 삭제

등록해제	① 경찰관서의 장은 다음의 어느 하나에 해당하는 경우에는 실종아동등 프로파일링시스템에 등록된 자료를 해제하여야 한다(동 규칙 제8조 제3항).
	   ㉠ 찾는실종아동등 및 가출인의 소재를 발견한 경우
	   ㉡ 보호실종아동등의 신원을 확인하거나 보호자를 확인한 경우
	   ㉢ 허위 또는 오인신고인 경우
	   ㉣ 지명수배 또는 지명통보 대상자임을 확인한 경우
	   ㉤ 보호자가 해제를 요청한 경우(이 경우에는 해제 요청 사유의 진위 여부를 확인한 후 해제한다).
	② 실종아동등에 대한 해제는 실종아동찾기센터에서 하며, 시·도경찰청장 및 경찰서장이 해제하려면 실종아동찾기센터로 요청하여야 한다(동 규칙 제8조 제4항).

5. 초동조치 및 추적·수사

구분	내용
현장탐문 수색	찾는실종아동등 및 가출인 발생신고를 접수 또는 이첩 받은 발생지 관할 경찰서장은 즉시 현장출동 경찰관을 지정하여 탐문·수색하도록 하여야 한다(동 규칙 제18조 제1항).
추적·수사	① 찾는실종아동등 및 가출인에 대한 발생지 관할 경찰서장은 신고자·목격자 조사, 최종 목격지 및 주거지 수색, 위치추적 등 통신수사, 유전자검사, 실종아동등 프로파일링시스템 정보조회 등의 방법을 통해 실종아동등 및 가출인을 발견하기 위한 추적에 착수한다(동 규칙 제19조 제1항). ② **경찰서장은 실종아동등 및 가출인이** 범죄관련 여부가 의심되는 경우, 신속히 수사에 착수**하여야 한다**(동 규칙 제19조 제2항).
진행사항 통보	실종아동등 프로파일링시스템에 등록한 날로부터 1개월까지는 15일에 1회, 1개월이 경과한 후부터는 분기별 1회 보호자에게 추적 진행사항을 통보한다.

서진호
경찰학

독한경찰 | police.dokgong.com

제13장

분야별 경찰활동 II - 수사경찰활동

제137테마~제154테마

제137테마

수사경찰의 근무부서

「수사경찰 인사운영규칙」 [시행 2021. 11. 23.]

📖 인사운영의 원칙 및 보직관리

구분	내용
인사운영의 원칙	① 수사경찰 근무부서에는 수사경과자를 배치한다. 다만, 수사경과자가 배치에 필요한 인원보다 부족한 경우에는 다른 경과자를 배치할 수 있다(동 규칙 제4조 제1항). ② 제1항의 경우에는 근무경력, 교육훈련이력, 적성, 전문성 등을 고려하여야 한다(동 규칙 제4조 제2항). ③ 전문수사관으로 인증된 사람은 해당 인증분야에 우선적으로 보임하여야 한다(동 규칙 제4조 제3항). ④ 수사경찰 중 승진으로 인한 전보 대상자가 있는 경우, 관련업무의 연속성을 유지하기 위해 부득이한 경우에 한하여 전보를 유보할 수 있다(동 규칙 제4조 제5항). ⑤ 수사전문성 확보를 위해 경력경쟁채용시험으로 신규채용된 경우 5년간 채용 예정부서에 배치하여야 한다(동 규칙 제4조 제6항). ⑥ 수사경과자가 경과해제 시기 이전에 수사부서 이외의 부서에 전보할 필요가 있는 경우에는 소속부서장은 시·도경찰청장의 승인을 받아야 한다(동 규칙 제4조 제7항).
보직관리	수사경과자는 제3조 제1항(수사경찰 근무부서)의 부서에 배치한다. 다만, 수사경과자의 수가 해당부서의 정원을 초과하는 경우에는 그 외의 부서에 배치할 수 있다(동 규칙 제5조).

📖 수사경과의 유효기간 및 갱신

구분	내용
수사경과의 유효기간	수사경과 유효기간은 수사경과의 부여일 또는 갱신일로부터 5년으로 한다(동 규칙 제14조 제1항).

수사경과의 갱신	① 수사경과자는 수사경과 유효기간 내에 다음의 어느 하나에 해당하는 방법으로 언제든지 수사경과를 갱신할 수 있다. 다만, 휴직 등 경찰청장이 정하는 사유로 수사경과 갱신을 할 수 없는 경우에는 그 연기를 받을 수 있다(동 규칙 제14조 제2항).
	    ㉠ 경찰청장이 지정하는 수사 관련 직무교육 이수(사이버교육을 포함)
	    ㉡ 수사경과 갱신을 위한 시험에 합격
	② 수사경과자가 수사경과 유효기간 내에 다음의 어느 하나를 충족한 경우 수사경과를 갱신한 것으로 본다(동 규칙 제14조 제3항).
	    ㉠ 책임수사관 자격을 부여받은 경우
	    ㉡ 전문수사관 또는 전문수사관 마스터로 인증된 경우
	    ㉢ 50세 이상으로 수사경찰 근무부서에서 근무한 기간의 합이 10년 이상인 경우
	    ㉣ 수사경찰 근무부서에서 최근 3년 간 치안종합성과평가의 개인등급이 최상위 등급인 경우

📖 수사경과의 해제사유

구분	내용
필수적 해제사유	다음의 어느 하나에 해당하는 경우에는 수사경과를 해제하여야 한다(동 규칙 제15조 제1항). ① 직무와 관련한 청렴의무위반, 인권침해 또는 부정청탁에 따른 직무수행으로 징계처분을 받은 경우(암기 TIP 청인부 징계처분) ② 5년간 연속으로 비수사부서에 근무하는 경우 ③ 수사경과의 유효기간 내에 갱신이 되지 않은 경우
임의적 해제사유	다음의 어느 하나에 해당하는 경우에는 수사경과를 해제할 수 있다(동 규칙 제15조 제2항). ① 제1항 제1호 외의 사유로 징계처분을 받은 경우 ② 인권침해, 편파수사를 이유로 다수의 진정을 받는 등 공정한 수사업무 수행을 기대하기 곤란한 경우 ③ 수사업무 능력·의욕이 현저하게 부족한 경우 ④ 수사경과 해제를 희망하는 경우

제138테마
범죄수사의 일반원칙

중요도 C급

📖 범죄수사의 3대 원칙

구분	내용
신속착수의 원칙	수사경찰은 범죄발생시 신속하게 착수하여 범인을 검거하고, 증거를 확보해야 한다.
현장보존의 원칙	수사경찰은 증거의 보고인 범죄현장을 철저하게 보존해야 한다.
시민협력의 원칙	수사경찰은 범죄수사시 증거의 바다인 사회 속에서 살고 있는 목격자나 전문가의 협력을 받아야 한다.

📖 범죄수사의 기본원칙

구분	내용
임의수사의 원칙	① 수사는 상대방의 동의와 승낙을 받아서 행하는 임의수사를 원칙으로 한다. ② 피의자는 유죄의 확정판결을 받을 때까지 무죄로 추정된다는 「헌법」상의 무죄추정의 법리 또는 필요 최소한도의 법리의 제도적 표현이다.
강제수사 법정주의	강제수사는 「형사소송법」에 특별한 규정이 있는 경우에 한하여 예외적으로 허용된다.
강제수사 영장주의	① 강제수사를 행하기 위해서는 법관이 발부한 영장이 필요하다. ② 엄격한 요건하에 영장주의의 예외가 허용된다.
수사비례의 원칙	① 수사의 개시 및 실행시에, 수사의 결과에 따른 이익과 수사로 인한 법익침해가 부당하게 균형을 잃어서는 안 된다. ② 수사비례의 원칙은 강제수사는 물론이고 임의수사에 있어서도 공통적으로 요구되는 수사의 기본원칙이다.
수사비공개의 원칙	수사의 개시와 실행은 이를 공개하지 아니한다.
자기부죄강요 금지의 원칙	피의자에 대한 고문은 「헌법」 및 법률상 상대적으로 금지되며, 수사관은 피의자로 하여금 강제로 범행을 자백하도록 강요하여서는 아니 된다.

📖 범죄수사상의 준수원칙

구분	내용
선증후포의 원칙 (선증거수집·후체포)	범죄수사시 수사관은 사건에 관한 증거를 먼저 수집한 후에 범인을 체포하여야 한다.
법령준수의 원칙	범죄수사시 수사관은 관련 법규를 철저히 준수하여야 한다.

민사관계 불간섭의 원칙	범죄수사시 수사관은 형사사건에 대해서만 수사를 하고, 민사사건에 간섭해서는 안 된다.
종합수사의 원칙	범죄수사시 수사관은 모든 수사자료를 종합하여 상황을 정확하게 파악하고, 체계적·조직적 종합수사를 행하여야 한다.

📖 범죄수사실행의 5대 원칙

구분	내용
수사자료 완전수집의 원칙 (수사의 제1법칙)	수사의 제1법칙으로서, 기초수사를 통해 수사자료를 완전히 수집하여 문제를 명확하게 하여야 한다.
수사자료 감식·검토의 원칙	수집된 자료를 면밀하게 감식·검토함으로써, 수사자료의 새로운 가치를 발견할 수 있다.
적절한 추리의 원칙 (가상적인 판단)	종합 정리된 수사자료를 기초로 하여, 범인과 범죄사실에 대하여 추리를 하여야 한다.
검증적 수사의 원칙	① 여러 가지 추리 중에서 과연 어떤 추리가 정당한 것인가를 가리기 위해서는 그들 추리 하나 하나를 모든 각도에서 검토해야 한다. ② 수사사항의 결정 → 수사방법의 결정 → 수사의 실행의 순서(암기 TIP 사방실)에 따라 검토한다.
사실판단 증명의 원칙 (객관적 증명의 원칙)	수사경찰의 판단을 형사사법절차에 올려놓기 위해서는, 수사경찰의 주관적인 판단이 객관적으로 증명되어야 한다.

📖 범죄수사의 조건

구분		내용
필요성	임의수사	임의수사는 주관적 범죄혐의로도 수사의 개시가 가능하다.
	강제수사	강제수사를 위해서는 객관적 범죄혐의가 필요하다.
	소송조건	① 소송조건의 결여시 공소제기의 가능성이 없으므로 수사의 필요성도 부인된다. ② 친고죄나 반의사불벌죄의 경우 고소나 처벌희망 의사표시의 가능성이 없는 경우에는 원칙적으로 수사는 제한되거나 허용되지 않는다. ③ 고소나 처벌희망 의사표시가 없더라도 그 가능성이 있는 경우에는 수사는 가능하다.
상당성	비례의 원칙	① 수사처분이 수사의 목적달성을 위한 필요 최소한도에 그쳐야 한다는 원칙이다. ② 범죄로 인한 피해가 극히 경미한 사건에 대해서 범죄인지를 하는 것은 수사비례의 원칙에 반한다.
	신의칙	① 수사의 방법이 사회통념상 상당하다고 인정되는 것이어야 한다. ② 범죄유발형 함정수사를 통해 수집한 증거는 위법수집증거 배제법칙에 의하여 증거능력이 부정된다. ③ 기회제공형 함정수사를 통해 수집한 증거는 증거능력을 인정한다.

제139테마

범죄첩보의 수집(수사의 단서)

중요도 C급

▎「수사첩보 수집 및 처리 규칙」【시행 2021. 9. 16.】

📖 일반론

구분		내용
목적		이 규칙은 범죄의 예방·진압 및 수사업무를 효율적으로 수행하기 위해 형사정책 수립 및 수사첩보의 수집·처리에 관한 사항을 규정함을 목적으로 한다(동 규칙 제1조).
종류	수사첩보	수사와 관련된 각종 보고자료로서 범죄첩보와 정책첩보를 말한다(동 규칙 제2조 제1호).
	범죄첩보	① 범죄사건첩보 : 대상자, 혐의 내용, 증거자료 등이 특정된 입건 전 단서 자료(동 규칙 제2조 제2호). ② 범죄동향첩보 : 범죄 관련 동향(동 규칙 제2조 제2호).
	기획첩보	일정기간 집중적으로 수집이 필요한 범죄첩보를 말한다(동 규칙 제2조 제3호).
	정책첩보	수사제도 및 형사정책 개선, 범죄예방 및 검거대책에 관한 자료를 말한다(동 규칙 제2조 제4호).
특성	시한성	범죄첩보는 시간이 경과함에 따라 가치가 감소한다.
	가치변화성	범죄첩보는 수사기관의 필요성에 따라 가치가 달라진다.
	결합성	범죄첩보는 여러 첩보가 서로 결합하여 이루어진다.
	결과지향성	범죄첩보는 수사에 착수하여 사건으로 현출되는 결과가 있어야 한다.
	혼합성	범죄첩보 속에는 범죄의 원인과 결과가 내포되어 있어야 한다.

📖 수사첩보의 수집·제출·처리

구분	내용
수집 제출	① 경찰공무원은 항상 적극적인 자세로 범죄와 관련된 첩보를 발굴 수집하여야 한다(동 규칙 제4조). ② 경찰공무원은 수집한 수사첩보를 보고할 경우 수사첩보분석시스템을 통하여 작성 및 제출하여야 한다(동 규칙 제6조 제1항). ③ 경찰공무원은 허위의 사실을 수사첩보로 제출해서는 아니 된다(동 규칙 제6조 제2항).
처리	① 경찰공무원이 입수한 모든 수사첩보는 수사첩보분석시스템을 통하여 처리되어야 한다(동 규칙 제8조 제1항). ② 각급 경찰관서장은 입수된 수사첩보를 신속하게 처리하도록 한다(동 규칙 제8조 제2항). ③ 입수된 수사첩보와 관련하여 당해 관서에서 처리하기가 적합하지 않다고 인정될 만한 사유가 있는 경우에 한하여 상급관서에서 처리할 수 있도록 지체 없이 보고한다(동 규칙 제8조 제3항). ④ 모든 수사첩보는 수사 착수 전에 누설되는 일이 없도록 철저히 보안을 유지하여야 한다(동 규칙 제8조 제4항). ⑤ 수사부서 책임자는 평가책임자로부터 필요한 조치를 요구받은 경우 신속히 처리하여야 한다(동 규칙 제8조 제5항).

📖 평가 및 기록관리 책임자

구분	내용
의의	평가 및 기록관리 책임자는 다음과 같다(동 규칙 제7조 제1항). ① 경찰청은 범죄정보(사이버수사기획)과장 ② 시·도경찰청 및 경찰서는 수사(사이버수사)과장, 형사과가 분리된 경우 형사과장
업무	① 평가 및 기록관리 책임자는 제출된 수사첩보를 신속히 검토 후 적시성·정확성·활용성 등을 종합 판단하여 공정하게 평가하고 필요한 조치에 대하여 구체적으로 지시하여야 한다(동 규칙 제7조 제2항). ② 평가 및 기록관리 책임자는 제출된 수사첩보의 정확한 평가를 위하여 제출자에게 사실확인을 요구할 수 있다(동 규칙 제7조 제3항). ③ 평가 및 기록관리 책임자는 제출된 수사첩보에 대하여 비공개를 원칙으로 하되, 범죄예방 및 검거 등 수사목적상 수사첩보 내용을 공유할 필요가 있다고 인정할 경우 수사첩보분석시스템상에서 공유하게 할 수 있다(동 규칙 제7조 제5항).

📖 수사첩보의 이송·평가

구분		내용
이송		① 수집된 수사첩보는 수집관서에서 처리하는 것을 원칙으로 한다(동 규칙 제9조 제1항). ② 이송을 하는 수사첩보의 평가 및 처리는 이송 받은 관서의 평가 및 기록관리 책임자가 담당한다(동 규칙 제9조 제2항).
범죄첩보 평가	특보	① 전국단위 기획수사에 활용될 수 있는 첩보 ② 2개 이상의 시·도경찰청과 연관된 중요 사건 첩보 등 경찰청에서 처리할 첩보
	중보	2개 이상 경찰서와 연관된 중요 사건 첩보 등 시·도경찰청 단위에서 처리할 첩보
	통보	경찰서 단위에서 조사할 가치가 있는 첩보
	기록	조사할 정도는 아니나 추후 활용할 가치가 있는 첩보
	참고	단순히 수사업무에 참고가 될 뿐 사용가치가 적은 첩보
정책첩보 평가	특보	전국적으로 활용·시행할 가치가 있는 첩보
	중보	시·도경찰청 단위에서 활용·시행할 가치가 있는 첩보
	통보	경찰서 단위에서 활용·시행할 가치가 있는 첩보
	기록	추후 활용·시행할 가치가 있는 첩보
	참고	단순히 수사업무에 참고가 될 뿐 활용·시행할 가치가 적은 첩보

📖 수사첩보의 보존·폐기

구분	내용
보존	수사첩보 및 수사첩보 전산관리대장의 보존기간은 다음과 같다. 이 경우 보존기간의 기산일은 다음 해 1월 1일로 한다(동 규칙 제11조의2 제1항).

	수사첩보	2년
	수사첩보 전산관리대장	10년

구분	내용
폐기	보존기간이 경과한 수사첩보 및 수사첩보 전산관리대장은 매년 초 일괄 폐기하고, 로그기록을 보존하여야 한다(동 규칙 제11조의2 제2항).

제140테마

중요도 A급

변사자 검시(수사의 단서)

- 「검사와 사법경찰관의 일반적 수사준칙에 관한 규정」【시행 2021. 9. 16.】
- 「범죄수사규칙」【시행 2023. 11. 1.】
- 「경찰수사규칙」【시행 2024. 5. 24.】

📖 일반론

구분	내용
의의	변사자검시란 죽음에 대한 법률적 판단으로서 수사기관이 범죄혐의의 유무를 조사하기 위하여 사체 및 그 주변현장을 조사하는 것을 말한다.
주체	① 변사자 또는 변사의의심 있는 사체가 있는 때에는 그 소재지를 관할하는 지방검찰청 검사가 검시하여야 한다(「형사소송법」 제222조 제1항). ② 해당 검시로 범죄의 혐의를 인정하고 긴급을 요할 때에는 영장 없이 검증할 수 있고, 검사는 사법경찰관에게 그 검증의 처분을 명할 수 있다(「형사소송법」 제222조 제2항·제3항).

📖 주요내용

구분	내용
통보 보고	① 사법경찰관은 변사자 또는 변사한 것으로 의심되는 사체가 있으면 변사사건 발생사실을 검사에게 통보해야 한다(동 규정 제17조 제1항). ② 경찰관은 변사자 또는 변사자로 의심되는 시체를 발견하거나 시체가 있다는 신고를 받았을 때에는 즉시 소속경찰관서장에게 보고하여야 한다(「범죄수사규칙」 제56조).
검시	① 검사는 검시를 했을 경우에는 검시조서를, 검증영장에 따라 검증을 했을 경우에는 검증조서를 각각 작성하여 사법경찰관에게 송부하여야 한다(동 규정 제17조 제2항). ② 사법경찰관은 검시를 했을 경우에는 검시조서를, 검증영장에 따라 검증을 했을 경우에는 검증조서를 각각 작성하여 검사에게 송부해야 한다(동 규정 제17조 제3항). ③ 검시에 참여한 검시조사관은 변사자조사결과보고서를 작성하여야 한다(「범죄수사규칙」 제57조 제1항). ④ 경찰관은 검시를 한 경우에 범죄로 인한 사망이라 인식한 때에는 신속하게 수사를 개시하고 소속 경찰관서장에게 보고하여야 한다(「범죄수사규칙」 제57조 제3항).
참여자	사법경찰관리는 검시에 특별한 지장이 없다고 인정하면 변사자의 가족·친족, 이웃사람·친구, 시·군·구·읍·면·동의 공무원이나 그 밖에 필요하다고 인정되는 사람을 검시에 참여시켜야 한다(참여시킬 수 있다 ×)(「경찰수사규칙」 제30조).
시체의 인도	① 사법경찰관은 변사자에 대한 검시 또는 검증이 종료된 때에는 사체를 소지품 등과 함께 신속히 유족에게 인도한다. 다만, 사체를 인수할 사람이 없거나 변사자의 신원이 판명되지 않은 경우에는 사체가 현존하는 지역의 특별자치시장·특별자치도지사·시장·군수 또는 자치구의 구청장에게 인도해야 한다(「경찰수사규칙」 제31조 제1항). ② 변사체는 후일을 위하여 매장함을 원칙으로 한다(「범죄수사규칙」 제59조 제2항).
신원 불분명	경찰관은 변사체의 검시를 한 경우에 사망자의 등록기준지가 분명하지 않거나 사망자를 인식할 수 없을 때에는 지체 없이 사망지역의 시·구·읍·면의 장에게 검시조서를 첨부하여 사망통지서를 송부하여야 한다(「범죄수사규칙」 제60조 제1항).

제141테마

중요도 B급

입건 전 조사

「입건 전 조사 사건 처리에 관한 규칙」【시행 2024. 6. 13.】

📖 일반론

구분	내용
의의	입건 전 조사란 범죄혐의가 있을 수 있는 정보를 입수한 수사기관이 입건하지 아니하고 범죄혐의를 확인하기 위하여 수사개시 전 단계에서 수행하는 조사 활동을 말한다.
기본원칙	① 경찰관은 피조사자와 그 밖의 피해자·참고인 등에 대한 입건 전 조사를 실시하는 경우 관계인의 인권보호에 유의하여야 한다(동 규칙 제2조 제1항). ② 경찰관은 신속·공정하게 조사를 진행하여야 하며, 관련 혐의 및 관계인의 정보가 정당한 사유 없이 외부로 유출되거나 공개되는 일이 없도록 하여야 한다(동 규칙 제2조 제2항). ③ 조사는 임의적인 방법으로 하는 것을 원칙으로 하고, 대물적 강제조치를 실시하는 경우에는 법률에서 정한 바에 따라 필요 최소한의 범위에서 남용되지 않도록 유의하여야 한다(동 규칙 제2조 제3항).
종류	**진정사건**: 범죄와 관련하여 진정·탄원·투서 등 서면으로 접수된 사건을 말한다(동 규칙 제3조 제1호). **신고사건**: 범죄와 관련하여 112신고·방문신고 등 서면이 아닌 방법으로 접수된 사건을 말한다(동 규칙 제3조 제2호). **첩보사건**: ① 경찰관이 대상자, 범죄혐의 및 증거 자료 등 조사 단서에 관한 사항을 작성·제출한 범죄첩보 사건(동 규칙 제3조 제3호). ② 범죄에 관한 정보, 풍문 등 진상을 확인할 필요가 있는 사건(동 규칙 제3조 제3호). **기타사건**: 진정사건·신고사건·첩보사건을 제외한 범죄를 의심할 만한 정황이 있는 사건(동 규칙 제3조 제4호).

📖 입건 전 조사의 수리·착수

구분	내용
수리	조사사건에 대해 수사의 단서로서 조사할 가치가 있다고 인정되는 경우에는 이를 수리하고, 소속 수사부서장에게 보고하여야 한다(동 규칙 제4조 제1항).
첩보사건의 착수	① 경찰관은 첩보사건의 조사를 착수하고자 할 때에는 입건 전 조사착수보고서를 작성하고, 소속 수사부서의 장에게 보고하고 지휘를 받아야 한다(동 규칙 제5조 제1항). ② 경찰관은 소속 수사부서의 장으로부터 조사착수지휘를 받은 경우 형사사법정보시스템에 피조사자·피해자·혐의내용 등 관련 사항을 입력하여야 한다(동 규칙 제5조 제3항).
사건의 이송·통보	경찰관은 관할이 없거나 범죄 특성 등을 고려하여 소속 관서에서 조사하는 것이 적당하지 않은 사건을 다른 경찰관서 또는 기관에 이송 또는 통보할 수 있다(동 규칙 제6조).

📖 입건 전 조사의 보고 · 지휘 · 방식

구분	내용
준용규정	조사의 보고·지휘, 출석요구, 진정·신고사건의 진행상황의 통지, 각종 조서작성, 압수·수색·검증을 포함한 강제처분 등 구체적인 조사방법 및 세부 절차에 대해서는 그 성질이 반하지 않는 한 「경찰수사규칙」, 「범죄수사규칙」을 준용한다(동 규칙 제7조 제1항).
조사개시의 통지	① 신고·진정·탄원에 대한 입건 전 조사를 개시한 경우, 경찰관은 다음의 어느 하나에 해당하는 날부터 7일 이내에 진정인·탄원인·피해자 또는 그 법정대리인에게 조사 진행상황을 통지해야 한다(동 규칙 제7조 제2항 본문). 　㉠ 신고·진정·탄원에 따라 조사에 착수한 날 　㉡ 조사에 착수한 날부터 매 3개월이 지난 날 　㉢ 통지를 한 날부터 매 1개월이 지난 날 ② 다만, 진정인 등의 연락처를 모르거나 소재가 확인되지 않으면 연락처나 소재를 알게 된 날부터 7일 이내에 조사 진행상황을 통지해야 한다(동 규칙 제7조 제2항 단서).
보고서의 작성	경찰관은 조사 기간이 3개월을 초과하는 경우 입건 전 조사진행상황보고서를 작성하여 소속 수사부서의 장에게 보고하여야 한다(동 규칙 제7조 제3항).

📖 입건 전 조사의 종결

구분	내용
수사절차로의 전환	경찰관은 조사 과정에서 범죄혐의가 있다고 판단될 때에는 지체 없이 범죄인지서를 작성하여 소속 수사부서장의 지휘를 받아 수사를 개시하여야 한다(동 규칙 제8조).
불입건 결정 지휘	① 수사부서의 장은 조사에 착수한 후 6개월 이내(정보사범 등의 죄와 관련된 사건은 12개월 이내)에 수사절차로 전환하지 않은 사건에 대하여 불입건 결정 지휘를 하여야 한다(동 규칙 제9조 본문). ② 다수의 관계인 조사, 관련자료 추가 확보·분석, 외부 전문기관 감정 등 계속 조사가 필요한 사유가 소명된 경우에는 6개월의 범위 내에서 조사기간을 연장할 수 있다(동 규칙 제9조 단서).

제142테마
현장수사활동

중요도 C급

구분	내용
초동수사	초동수사란 수사기관이 범죄발생 직후에 그 현장에서 행하는 피해자 구호, 안전 및 응급조치, 출입자 통제 등 조치, 범인체포, 피해자 및 목격자 확인과 면담 등 긴급한 수사활동을 말한다.
현장관찰	① 현장관찰이란 범행과 직접·간접으로 관련되어 있는 유형·무형의 모든 자료를 수집하기 위하여, 범행현장에 있는 물체의 존재상태를 관찰하는 것을 의미한다. ② **현장관찰은 현장의 위치 파악 → 부근 상황의 관찰 → 현장 외부의 관찰 → 현장 내부의 관찰 순서로 행한다.**
탐문수사	탐문수사란 수사관이 범죄수사를 함에 있어서, 범인 이외의 제3자로부터 범죄에 대해서 견문하거나 직접 체험한 사실을 탐지하는 수사활동을 의미한다.
감별수사	감별수사란 수사자료의 검토·추리를 통해서 피해자나 범행지에 대한 범인의 지식 유무를 판단하고, 그것을 기초로 수사를 추진함으로써 범인에게 도달하는 수사방법을 의미한다.
장물수사	장물수사란 범죄의 피해품인 장물의 종류·특성을 명백히 한 후에, 장물의 이동경로를 추적하여 장물을 발견하고, 범인을 체포하고자 하는 수사활동을 의미한다.
유류품수사	**유류품 수사란 범죄현장 및 그 부근에 남겨져 있는 범인의 흉기·의복 등 유류품에 대하여 그 출처를 추적하여, 범인을 검거하는 수사활동을 의미한다.** ⦁ **동일성**: 유류품이 직접 범행에 사용된 것인가를 검사하여야 한다(유류품과 범행과의 관계). ⦁ **관련성**: 유류품이 범인의 물건이 확실한가를 검사하여야 한다(유류품과 범인과의 관계). ⦁ **기회성**: 범인이 현장에 유류의 기회가 있었는가를 검사하여야 한다(현장과 유류품과의 관계). ⦁ **완전성**: 유류품이 범행 때와 동일한 상태로 보전되어 있는가를 검사하여야 한다(범행 때와 유류품과의 관계).
알리바이수사	알리바이 수사란 용의자의 범죄현장 부존재 증명에 대해서 수사관이 용의자의 알리바이가 위장된 것임을 입증하여 이를 파괴하는 수사활동을 의미한다.
공조수사	공조수사란 범죄가 발생한 경우에 사건의 범인·피해품을 발견하기 위하여, 또는 범인이 검거된 경우에 범인의 여죄를 발견하기 위하여 행하는 경찰관서 상호간의 조직적 수사활동을 의미한다.
미행 잠복수사	① 미행이란 범죄증거를 수집하고 범인을 발견·체포하기 위하여, 수사관이 감지 당하지 않으면서 범인·용의자·우범자 등을 추적·감시하는 수사활동을 의미한다. ② 잠복감시란 범죄증거를 수집하고 범인을 발견·체포하기 위하여, 수사관이 예상 배회처나 특정장소에서 은신하여 비밀감시하는 수사활동을 의미한다.

제143테마

통신수사활동

「통신비밀보호법」【시행 2024. 7. 24.】

📖 일반론

구분	내용
의의	통신제한조치란 범죄수사 또는 국가안전보장을 위하여 당사자의 동의 없이 우편물을 검열하거나, 전기통신의 내용을 지득 또는 채록하거나 전기통신의 송·수신을 방해하는 것을 의미한다.
목적	이 법은 통신 및 대화의 비밀과 자유에 대한 제한은 그 대상을 한정하고 엄격한 법적 절차를 거치도록 함으로써 통신비밀을 보호하고 통신의 자유를 신장함을 목적으로 한다(동법 제1조).
정의	**통신**: 통신이라 함은 우편물 및 전기통신을 말한다(동법 제2조 제1호).
	우편물: 우편물이라 함은 통상우편물과 소포우편물을 말한다(동법 제2조 제2호).
	전기통신: 전기통신이라 함은 전화·전자우편·회원제정보서비스·모사전송·무선호출 등과 같이 유선·무선·광선 및 기타의 전자적 방식에 의하여 모든 종류의 음향·문언·부호 또는 영상을 송신하거나 수신하는 것을 말한다(동법 제2조 제3호).
	검열: 검열이라 함은 우편물에 대하여 당사자의 동의 없이 이를 개봉하거나 기타의 방법으로 그 내용을 지득 또는 채록하거나 유치하는 것을 의미한다(동법 제2조 제6호).
	감청: 감청이라 함은 전기통신에 대하여 당사자의 동의 없이 전자장치·기계장치 등을 사용하여 통신의 음향·문언·부호·영상을 청취·공독하여 그 내용을 지득 또는 채록하거나 전기통신의 송·수신을 방해하는 것을 말한다(동법 제2조 제7호).
보호	① 누구든지 이 법과「형사소송법」또는 군사법원법의 규정에 의하지 아니하고는 우편물의 검열·전기통신의 감청 또는 통신사실확인자료의 제공을 하거나 공개되지 아니한 타인간의 대화를 녹음 또는 청취하지 못한다(동법 제3조 제1항). ② 우편물의 검열 또는 전기통신의 감청은 범죄수사 또는 국가안전보장을 위하여 보충적인 수단으로 이용되어야 하며, 국민의 통신비밀에 대한 침해가 최소한에 그치도록 노력하여야 한다(동법 제3조 제2항). ③ 누구든지 단말기기 고유번호를 제공하거나 제공받아서는 아니 된다. 다만, 이동전화단말기 제조업체 또는 이동통신사업자가 단말기의 개통처리 및 수리 등 정당한 업무의 이행을 위하여 제공하거나 제공받는 경우에는 그러하지 아니하다(동법 제3조 제3항).
불법검열	불법검열에 의하여 취득한 우편물이나 그 내용 및 불법감청에 의하여 지득 또는 채록된 전기통신의 내용은 재판 또는 징계절차에서 증거로 사용할 수 없다(동법 제4조).

📖 범죄수사를 위한 통신제한조치(검사 또는 사법경찰관)

구분	내용
요건	범죄수사를 위한 통신제한조치를 행하기 위해서는 통신제한조치 대상범죄를 계획 또는 실행하고 있거나 실행하였다고 의심할만한 충분한 이유가 있고, 다른 방법으로는 그 범죄의 실행을 저지하거나 범인의 체포 또는 증거의 수집이 어려운 경우에 한하여 허가될 수 있다(동법 제5조 제1항).
관할법원	통신제한조치 청구사건의 관할법원은 그 통신제한조치를 받을 통신당사자의 쌍방 또는 일방의 주소지·소재지, 범죄지 또는 통신당사자와 공범관계에 있는 자의 주소지·소재지를 관할하는 지방법원 또는 지원으로 한다(동법 제6조 제3항).
절차	① 검사는 범죄수사를 위한 통신제한조치의 요건이 구비된 경우에는 법원에 대하여 각 피의자별 또는 각 피내사자별로 통신제한조치를 허가하여 줄 것을 청구할 수 있다(동법 제6조 제1항). ② 사법경찰관은 요건이 구비된 경우에는 검사에 대하여 각 피의자별 또는 각 피내사자별로 통신제한조치에 대한 허가를 신청하고, 검사는 법원에 대하여 그 허가를 청구할 수 있다(동법 제6조 제2항). ③ 통신제한조치청구는 필요한 통신제한조치의 종류·그 목적·대상·범위·기간·집행장소·방법 및 당해 통신제한조치가 허가요건을 충족하는 사유 등의 청구이유를 기재한 서면으로 하여야 하며, 청구이유에 대한 소명자료를 첨부하여야 한다(동법 제6조 제4항). ④ 법원은 청구가 이유 있다고 인정하는 경우에는 각 피의자별 또는 각 피내사자별로 통신제한조치를 허가하고, 이를 증명하는 허가서를 청구인에게 발부한다(동법 제6조 제5항). ⑤ 허가서에는 통신제한조치의 종류·그 목적·대상·범위·기간 및 집행장소와 방법을 특정하여 기재하여야 한다(동법 제6조 제6항). ⑥ 법원은 청구가 이유 없다고 인정하는 경우에는 청구를 기각하고 이를 청구인에게 통지한다(동법 제6조 제9항).
기간	① 범죄수사를 위한 통신제한조치의 기간은 2월을 초과하지 못하고, 그 기간 중 통신제한조치의 목적이 달성되었을 경우에는 즉시 종료하여야 한다. 다만, 허가요건이 존속하는 경우에는 소명자료를 첨부하여 2개월의 범위에서 통신제한조치기간의 연장을 청구할 수 있다(동법 제6조 제7항). ② 검사 또는 사법경찰관이 통신제한조치의 연장을 청구하는 경우에 통신제한조치의 총 연장기간은 1년을 초과할 수 없다(동법 제6조 제8항 본문). ③ 다음의 어느 하나에 해당하는 범죄의 경우에는 통신제한조치의 총 연장기간이 3년을 초과할 수 없다(동법 제6조 제8항 단서). ㉠ 「형법」 중 내란의 죄, 외환의 죄, 국교에 관한 죄, 공안을 해하는 죄, 폭발물에 관한 죄 (암기 TIP 내외국공폭) ㉡ 「군형법」 중 반란의 죄, 이적의 죄, 군용물에 관한 죄, 위령의 죄 ㉢ 「국가보안법」에 규정된 죄 ㉣ 「군사기밀보호법」에 규정된 죄 ㉤ 「군사기지 및 군사시설보호법」에 규정된 죄

📖 국가안보를 위한 통신제한조치(정보수사기관의 장)

구분	내용
요건	정보수사기관의 장(정보 및 보안업무와 정보사범등의 수사업무를 취급하는 각급 국가기관)은 국가안전보장에 상당한 위험이 예상되는 경우 또는 대테러활동에 필요한 경우에 한하여 그 위해를 방지하기 위하여 이에 관한 정보수집이 특히 필요한 때에는 통신제한조치를 할 수 있다(동법 제7조 제1항).
고등법원 수석판사의 허가	통신의 일방 또는 쌍방당사자가 내국인인 때에는 고등법원 수석판사의 허가를 받아야 한다. 다만, 군용전기통신(작전수행을 위한 전기통신에 한한다)에 대하여는 그러하지 아니하다(동법 제7조 제1항 제1호).
대통령의 승인	대한민국에 적대하는 국가, 반국가활동의 혐의가 있는 외국의 기관·단체와 외국인, 대한민국의 통치권이 사실상 미치지 아니하는 한반도 내의 집단이나 외국에 소재하는 그 산하단체의 구성원의 통신인 때 및 군용전기통신의 경우에는 서면으로 대통령의 승인을 얻어야 한다(동법 제7조 제1항 제2호).
기간	국가안보를 위한 통신제한조치의 기간은 4월을 초과하지 못하고, 그 기간 중 통신제한조치의 목적이 달성되었을 경우에는 즉시 종료하여야 하되, 요건이 존속하는 경우에는 소명자료를 첨부하여 고등법원 수석판사의 허가 또는 대통령의 승인을 얻어 4월의 범위 이내에서 통신제한조치의 기간을 연장할 수 있다(동법 제7조 제2항).

📖 긴급통신제한조치(검사, 사법경찰관, 정보수사기관의 장)

구분	내용
의의	검사·사법경찰관·정보수사기관의 장은 국가안보를 위협하는 음모행위, 중대한 범죄의 계획이나 실행 등 긴박한 상황에 있고, 허가요건을 구비한 자에 대하여 규정에 의한 절차를 거칠 수 없는 긴급한 사유가 있는 때에는 법원의 허가 없이 통신제한조치를 할 수 있다(동법 제8조 제1항).
사후절차	① 검사, 사법경찰관 또는 정보수사기관의 장은 긴급통신제한조치의 집행에 착수한 후 지체 없이 법원에 허가청구를 하여야 한다(동법 제8조 제2항). ② 사법경찰관이 긴급통신제한조치를 할 경우에는 미리 검사의 지휘를 받아야 한다. 다만, 특히 급속을 요하여 미리 지휘를 받을 수 없는 사유가 있는 경우에는 긴급통신제한조치의 집행착수 후 지체 없이 검사의 승인을 얻어야 한다(동법 제8조 제3항). ③ 검사, 사법경찰관 또는 정보수사기관의 장이 긴급통신제한조치를 하고자 하는 경우에는 반드시 긴급검열서 또는 긴급감청서에 의하여야 하며 소속 기관에 긴급통신제한조치대장을 비치하여야 한다(동법 제8조 제4항). ④ 검사, 사법경찰관 또는 정보수사기관의 장은 긴급통신제한조치의 집행에 착수한 때부터 36시간 이내에 법원의 허가를 받지 못한 경우에는 해당 조치를 즉시 중지하고 해당 조치로 취득한 자료를 폐기하여야 한다(동법 제8조 제5항). ⑤ 검사, 사법경찰관 또는 정보수사기관의 장은 제5항에 따라 긴급통신제한조치로 취득한 자료를 폐기한 경우 폐기이유·폐기범위·폐기일시 등을 기재한 자료폐기결과보고서를 작성하여 폐기일부터 7일 이내에 제2항에 따라 허가청구를 한 법원에 송부하고, 그 부본을 피의자의 수사기록 또는 피내사자의 내사사건기록에 첨부하여야 한다(동법 제8조 제6항).

📖 통신제한조치의 집행 및 자료의 사용제한

구분		내용
집행	집행권자	통신제한조치는 이를 청구 또는 신청한 검사·사법경찰관 또는 정보수사기관의 장이 집행한다. 이 경우 통신기관 등(체신관서 기타 관련기관 등)에 그 집행을 위탁하거나 집행에 관한 협조를 요청할 수 있다(동법 제9조 제1항).
	통지	① 검사는 통신제한조치를 집행한 사건에 관하여 공소를 제기하거나, 공소의 제기 또는 입건을 하지 아니하는 처분(기소중지결정, 참고인중지결정은 제외)을 한 때에는 그 처분을 한 날로부터 30일 이내에 우편물 검열의 경우에는 그 대상자에게, 감청의 경우에는 그 대상이 된 전기통신의 가입자에게 통신제한조치를 집행한 사실과 집행기관 및 그 기간 등을 서면으로 통지하여야 한다(동법 제9조의2 제1항). ② 사법경찰관은 통신제한조치를 집행한 사건에 관하여 검사로부터 공소를 제기하거나 제기하지 아니하는 처분(기소중지결정, 참고인중지결정은 제외)의 통보를 받거나 검찰송치를 하지 아니하는 처분(수사중지결정은 제외) 또는 내사사건에 관하여 입건하지 아니하는 처분을 한 때에는 그 날부터 30일 이내에 우편물 검열의 경우에는 그 대상자에게, 감청의 경우에는 그 대상이 된 전기통신의 가입자에게 통신제한조치를 집행한 사실과 집행기관 및 그 기간 등을 서면으로 통지하여야 한다(동법 제9조의2 제2항). ③ 정보수사기관의 장은 통신제한조치를 종료한 날부터 30일 이내에 우편물 검열의 경우에는 그 대상자에게, 감청의 경우에는 그 대상이 된 전기통신의 가입자에게 통신제한조치를 집행한 사실과 집행기관 및 그 기간 등을 서면으로 통지하여야 한다(동법 제9조의2 제3항).
자료의 사용제한		통신제한조치의 집행으로 인하여 취득된 우편물 또는 그 내용과 전기통신의 내용은 다음의 경우 외에는 사용할 수 없다(동법 제12조). ① 통신제한조치의 목적이 된 대상범죄나 이와 관련되는 범죄를 수사·소추하거나 그 범죄를 예방하기 위하여 사용하는 경우 ② 위의 ①의 범죄로 인한 징계절차에 사용하는 경우 ③ 통신의 당사자가 제기하는 손해배상소송에서 사용하는 경우 ④ 기타 다른 법률의 규정에 의하여 사용하는 경우

📖 통신사실확인자료의 제공

구분		내용
의의		통신사실확인자료라 함은 다음의 어느 하나에 해당하는 전기통신사실에 관한 자료를 말한다(동법 제2조 제11호). ① 가입자의 전기통신일시 ② 전기통신 개시·종료시간 ③ 발·착신 통신번호 등 상대방의 가입자번호 ④ 사용도수 ⑤ 컴퓨터통신 또는 인터넷의 로그기록자료 ⑥ 발신기지국의 위치추적자료 ⑦ 접속지의 추적자료
범죄수사	대상범죄	모든 범죄에 대해서 통신사실확인자료를 요청할 수 있다.
	절차	① 검사 또는 사법경찰관은 수사 또는 형의 집행을 위하여 필요한 경우 전기통신사업자에게 통신사실확인자료의 열람이나 제출을 요청할 수 있다(동법 제13조 제1항). ② 검사 또는 사법경찰관은 제1항에도 불구하고 수사를 위하여 통신사실확인자료 중 다음의 어느 하나에 해당하는 자료가 필요한 경우에는 다른 방법으로는 범죄의 실행을 저지하기 어렵거나 범인의 발견·확보 또는 증거의 수집·보전이 어려운 경우에만 전기통신사업자에게 해당 자료의 열람이나 제출을 요청할 수 있다(동법 제13조 제2항). ㉠ 실시간 추적자료 ㉡ 특정한 기지국에 대한 통신사실확인자료
	허가	검사 또는 사법경찰관은 통신사실확인자료의 제공을 요청하는 경우에는 요청사유, 해당가입자와의 연관성 및 필요한 자료의 범위를 기록한 서면으로 관할 지방법원 또는 지원의 허가를 받아야 한다(동법 제13조 제3항 본문).
국가안보		정보수사기관의 장은 국가안전보장에 대한 위해를 방지하기 위하여 정보수집이 필요한 경우 전기통신사업자에게 통신사실확인자료의 제공을 요청할 수 있다(동법 제13조의4 제1항).

📖 통신이용자정보의 제공

구분	내용
의의	통신이용자정보란 전기통신 이용자의 성명, 주민등록번호, 주소, 전화번호, ID, 가입일 또는 해지일을 말한다(「전기통신사업법」 제83조 제3항).
대상범죄	모든 범죄에 대해서 통신이용자정보를 요청할 수 있다.
제공요청	통신이용자정보는 경찰관서장 명의 협조공문만으로도 요청할 수 있다.

📖 통신제한조치, 통신사실확인자료, 통신이용자정보의 구분

구분	통신제한조치	통신사실확인자료	통신이용자정보
근거	「통신비밀보호법」	「통신비밀보호법」	「전기통신사업법」
범죄	통신제한조치 대상범죄	모든 범죄	모든 범죄
내용	① 검열(우편물의 내용) ② 감청(전기통신의 내용)	① 가입자의 전기통신일시 ② 전기통신 개시·종료시간 ③ 발·착신 통신번호 등 상대방의 가입자 번호 ④ 사용도수 ⑤ 로그기록자료 ⑥ 발신기지국의 위치추적자료 ⑦ 접속지의 추적자료	① 이용자의 성명 ② 이용자의 주민등록번호 ③ 이용자의 주소 ④ 이용자의 전화번호 ⑤ 이용자의 ID ⑥ 이용자의 가입일·해지일
절차	① 법원 허가(강제수사) ② 사후통지의무 ③ 긴급처분	① 법원 허가(강제수사) ② 사후통지의무 ③ 긴급처분	경찰관서장 명의 협조공문 (임의수사)

제144테마

중요도 C급

디지털 증거 수사활동

「디지털 증거의 처리 등에 관한 규칙」【시행 2023. 7. 4.】

📖 일반론

구분		내용
목적		이 규칙은 디지털 증거를 수집·보존·운반·분석·현출·관리하는 과정에서 준수하여야 할 기본원칙 및 업무처리절차를 규정함으로써 실체적 진실을 발견하고 인권보호에 기여함을 목적으로 한다(동 규칙 제1조).
정의	전자정보	전자정보란 전기적 또는 자기적 방법으로 저장되거나 네트워크 및 유·무선 통신 등을 통해 전송되는 정보를 말한다(동 규칙 제2조 제1호).
	디지털포렌식	**디지털포렌식이란 전자정보를 수집·보존·운반·분석·현출·관리하여 범죄사실 규명을 위한 증거로 활용할 수 있도록 하는 과학적인 절차와 기술을 말한다**(동 규칙 제2조 제2호).
	디지털 증거	디지털 증거란 범죄와 관련하여 증거로서의 가치가 있는 전자정보를 말한다(동 규칙 제2조 제3호).
원칙		① 디지털 증거는 수집 시부터 수사 종결 시까지 변경 또는 훼손되지 않아야 하며, 정보저장매체등에 저장된 전자정보와 동일성이 유지되어야 한다(동 규칙 제5조 제1항). ② **디지털 증거 처리의 각 단계에서 업무처리자 변동 등의 이력이 관리되어야 한다**(동 규칙 제5조 제2항).

📖 디지털 증거의 수집

구분	내용
원칙	디지털 증거의 수집은 수사목적을 달성하는데 필요한 최소한의 범위에서 이루어져야 하며, 「형사소송법」 등 관계 법령에 따른 적법절차를 준수하여야 한다(동 규칙 제9조).
지원요청 처리	① 수사과정에서 전자정보 압수·수색·검증의 지원이 필요한 경우 경찰청 각 부서는 경찰청 디지털포렌식센터장에게, 시·도경찰청 각 부서 및 경찰서의 수사부서는 시·도경찰청 사이버수사과장에게 압수·수색·검증에 관한 지원을 요청할 수 있다(동 규칙 제10조 제1항). ② 경찰청 디지털포렌식센터장 또는 시·도경찰청 사이버수사과장은 압수·수색·검증에 관한 지원을 요청받은 경우에는 지원의 타당성과 필요성을 검토한 후, 지원여부를 결정하여 통보하여야 한다(동 규칙 제10조 제2항).

구분	내용
영장 신청	① 경찰관은 압수·수색·검증영장을 신청하는 때에는 전자정보와 정보저장매체등을 구분하여 판단하여야 한다(동 규칙 제12조 제1항). ② 경찰관은 전자정보에 대한 압수·수색·검증영장을 신청하는 경우에는 혐의사실과의 관련성을 고려하여 압수·수색·검증할 전자정보의 범위 등을 명확히 하여야 한다(동 규칙 제12조 제2항). ③ 경찰관은 다음의 어느 하나에 해당하여 필요하다고 판단하는 경우 전자정보와 별도로 정보저장매체등의 압수·수색·검증영장을 신청할 수 있다(동 규칙 제12조 제3항). 　㉠ 정보저장매체등이 「형법」 제48조 제1항의 몰수사유에 해당하는 경우 　㉡ 정보저장매체등이 범죄의 증명에 필요한 경우
참여 보장	전자정보를 압수·수색·검증할 경우에는 피의자 또는 변호인, 소유자, 소지자, 보관자의 참여를 보장하여야 한다(동 규칙 제13조 제1항).
집행	① 경찰관은 압수·수색·검증 현장에서 전자정보를 압수하는 경우에는 범죄 혐의사실과 관련된 전자정보에 한하여 문서로 출력하거나 휴대한 정보저장매체에 해당 전자정보만을 복제하는 방식으로 하여야 한다. 이 경우 해시값 확인 등 디지털 증거의 동일성, 무결성을 담보할 수 있는 적절한 방법과 조치를 취하여야 한다(동 규칙 제14조 제1항). ② 압수가 완료된 경우 경찰관은 전자정보 확인서를 작성하여 피압수자 등의 확인·서명을 받아야 한다. 이 경우 피압수자 등의 확인·서명을 받기 곤란한 경우에는 그 사유를 해당 확인서에 기재하고 기록에 편철한다(동 규칙 제14조 제2항). ③ 경찰관은 압수한 전자정보의 상세목록을 피압수자 등에게 교부하는 때에는 출력한 서면을 교부하거나 전자파일 형태로 복사해 주거나 이메일을 전송하는 등의 방식으로 할 수 있다(동 규칙 제14조 제4항).
설명	① 경찰관은 현장 외 압수에 참여하여 동석한 피압수자 등에게 현장 외 압수절차를 설명하고 그 사실을 기록에 편철한다. 이 경우 증거분석관이 현장 외 압수를 지원하는 경우에는 전단의 설명을 보조할 수 있다(동 규칙 제18조 제1항). ② 경찰관 및 증거분석관은 현장 외 압수절차 참여인을 위한 안내서를 피압수자 등에게 교부하여 전항의 설명을 갈음할 수 있다(동 규칙 제18조 제2항).

📖 디지털 증거의 관리

구분	내용
보관	분석의뢰물, 복제자료, 증거분석을 통해 획득한 전자정보(디지털 증거를 포함)는 항온·항습·무정전·정전기차단시스템이 설치된 장소에 보관함을 원칙으로 한다. 이 경우 열람제한설정, 보관장소 출입제한 등 보안유지에 필요한 조치를 병행하여야 한다(동 규칙 제34조).
삭제 폐기	① 증거분석관은 분석을 의뢰한 경찰관에게 분석결과물을 회신한 때에는 해당 분석과정에서 생성된 전자정보를 지체 없이 삭제·폐기하여야 한다(동 규칙 제35조 제1항). ② 경찰관은 제1항의 분석결과물을 회신받아 디지털 증거를 압수한 경우 압수하지 아니한 전자정보를 지체 없이 삭제·폐기하고 피압수자에게 그 취지를 통지하여야 한다(동 규칙 제35조 제2항). ③ 전자정보의 삭제·폐기는 복구 또는 재생이 불가능한 방식으로 하여야 한다(동 규칙 제35조 제4항).
관리책임	디지털 증거를 다루는 부서의 장(과장급)은 소속 부서의 디지털 증거 보관 및 삭제·폐기 등 관리현황을 정기적으로 점검하고 필요한 조치를 취하여야 한다(동 규칙 제37조).

제145테마

중요도 B급

디엔에이(DNA) 감식

「디엔에이신원확인정보의 이용 및 보호에 관한 법률」【시행 2020. 1. 21.】

📖 일반론

구분	내용
의의	① 디엔에이감식이란 개인 식별을 목적으로 디엔에이 중 유전정보가 포함되어 있지 아니한 특정 염기서열 부분을 검사·분석하여 디엔에이신원확인정보를 취득하는 것을 말한다(동법 제2조 제3호). ② 디엔에이감식이 가능한 시료에는 혈흔 및 혈액, 정액, 모발(반드시 모발뿌리 세포가 있어야 함), 치아, 기타 장기조직 등이 있다(동법 제2조 제2호).
사무관장	**검찰총장**: 검찰총장은 수형인에 대하여 채취한 디엔에이감식시료로부터 취득한 디엔에이신원확인정보에 관한 사무를 총괄한다(동법 제4조 제1항). **경찰청장**: 경찰청장은 구속피의자 및 범죄현장에 대하여 채취한 디엔에이감식시료로부터 취득한 디엔에이신원확인정보에 관한 사무를 총괄한다(동법 제4조 제2항).

📖 채취영장의 발부·집행

구분	내용
발부	① 검사는 관할 지방법원 판사에게 청구하여 발부받은 영장에 의하여 디엔에이감식시료의 채취대상자로부터 디엔에이감식시료를 채취할 수 있다(동법 제8조 제1항). ② 사법경찰관은 검사에게 신청하여 검사의 청구로 관할 지방법원판사가 발부한 영장에 의하여 디엔에이감식시료의 채취대상자로부터 디엔에이감식시료를 채취할 수 있다(동법 제8조 제2항). ③ 채취대상자가 동의한 경우에는 영장 없이 디엔에이감식시료를 채취할 수 있다. 이 경우 미리 채취대상자에게 채취를 거부할 수 있음을 고지하고 서면으로 동의를 받아야 한다(동법 제8조 제3항). ④ 관할 지방법원 판사는 디엔에이감식시료채취 영장 발부여부를 심사하는 때에 채취대상자에게 서면에 의한 의견진술의 기회를 주어야 한다(줄 수 있다 ×)(동법 제8조 제5항).
집행	① 디엔에이감식시료채취영장은 검사의 지휘에 의하여 사법경찰관리가 집행한다. 다만, 수용기관에 수용되어 있는 사람에 대한 디엔에이감식시료채취영장은 검사의 지휘에 의하여 수용기관 소속 공무원이 행할 수 있다(동법 제8조 제7항). ② 검사는 필요에 따라 관할구역 밖에서 디엔에이감식시료채취영장의 집행을 직접 지휘하거나 해당 관할구역의 검사에게 집행지휘를 촉탁할 수 있다(동법 제8조 제8항). ③ 디엔에이감식시료를 채취할 때에는 채취대상자에게 미리 디엔에이감식시료의 채취 이유, 채취할 시료의 종류 및 방법을 고지하여야 한다(동법 제8조 제9항).

📖 불복절차 · 폐기 · 삭제

구분	내용
불복절차	① 디엔에이감식시료채취영장에 의하여 디엔에이감식시료가 채취된 대상자는 채취에 관한 처분에 대하여 불복이 있으면 채취가 이루어진 날부터 7일 이내에 그 직무집행지의 관할법원 또는 검사의 소속검찰청에 대응한 법원에 그 처분의 취소를 청구할 수 있다(동법 제8조의2 제1항). ② 청구는 서면으로 관할 법원에 제출하여야 한다(동법 제8조의2 제2항).
폐기	디엔에이신원확인정보담당자가 디엔에이신원확인정보를 데이터베이스에 수록한 때에는 채취된 디엔에이감식시료와 그로부터 추출한 디엔에이를 지체없이 폐기하여야 한다(동법 제12조 제1항).

삭제	① 디엔에이신원확인정보담당자는 수형인등이 재심에서 무죄, 면소, 공소기각 판결 또는 공소기각 결정이 확정된 경우에는 직권 또는 본인의 신청에 의하여 채취되어 데이터베이스에 수록된 디엔에이신원확인정보를 삭제하여야 한다(동법 제13조 제1항).
	② 디엔에이신원확인정보담당자는 구속피의자등이 다음의 어느 하나에 해당하는 경우에는 직권 또는 본인의 신청에 의하여 채취되어 데이터베이스에 수록된 디엔에이신원확인정보를 삭제하여야 한다(동법 제13조 제2항).
	
	    ㉠ 검사의 혐의없음, 죄가안됨 또는 공소권없음의 처분이 있거나, 디엔에이감식시료 채취대상 범죄로 구속된 피의자의 죄명인 수사 또는 재판 중에 디엔에이감식시료 채취대상 범죄 외의 죄명으로 변경되는 경우. 다만, 죄가안됨 처분을 하면서 치료감호의 독립청구를 하는 경우는 제외한다.
	    ㉡ 법원의 무죄, 면소, 공소기각 판결 또는 공소기각 결정이 확정된 경우. 다만, 무죄 판결을 하면서 치료감호를 선고하는 경우는 제외한다.
	    ㉢ 법원의 치료감호의 독립청구에 대한 청구기각 판결이 확정된 경우
	
	③ 디엔에이신원확인정보담당자는 수형인등 또는 구속피의자등의 불복절차에서 검사 또는 사법경찰관의 디엔에이감식시료의 채취에 관한 처분 취소결정이 확정된 경우에는 직권 또는 본인의 신청에 의하여 채취되어 데이터베이스에 수록된 디엔에이신원확인정보를 삭제하여야 한다(동법 제13조 제3항).
	④ 디엔에이신원확인정보담당자는 수형인등 또는 구속피의자등이 사망한 경우에는 채취되어 데이터베이스에 수록된 디엔에이신원확인정보를 직권 또는 친족의 신청에 의하여 삭제하여야 한다(동법 제13조 제4항).
	⑤ 디엔에이신원확인정보담당자는 디엔에이신원확인정보를 삭제한 경우에는 30일 이내에 본인 또는 신청인에게 그 사실을 통지하여야 한다(동법 제13조 제6항).

제146테마

유치인 보호근무

중요도 B급

「피의자 유치 및 호송 규칙」 [시행 2023. 10. 4.]

📖 일반론

구분	내용
의의	① 유치란 피의자·피고인·구류인 및 의뢰입감자 등의 도주, 자살, 통모, 죄증인멸, 도주원조 등을 미연에 방지하고, 동시에 유치인의 건강과 유치장 내의 질서를 유지하기 위하여 그 신체의 자유를 구속하는 것을 말한다. ② 경찰관은 유치 중인 피의자 등의 인권을 존중·보호하여야 한다(동 규칙 제2조 제1항). ③ 경찰관은 유치인에 대하여 무죄추정의 원칙에 따라 처우하고 합리적인 이유 없이 차별하여서는 아니 된다(동 규칙 제2조 제2항).
관리책임	경찰서장	① 경찰서장은 피의자의 유치 및 유치장의 관리에 전반적인 지휘·감독을 하여야 하며, 그 책임을 져야 한다. ② 경찰서장은 유치인보호관에 대하여 피의자의 유치에 관한 관계법령 및 규정 등을 매월 1회 이상 정기적으로 교육하고 유치인보호관은 이를 숙지하여야 한다(동 규칙 제73조).
	주무과장 (유치인보호 주무자)	경찰서 주무과장(유치인보호 주무자)은 경찰서장을 보좌하여 유치인 보호 및 유치장 관리를 담당하는 경찰관(유치인보호관)을 지휘·감독하고, 피의자의 유치 및 유치장의 관리에 관한 책임을 진다.
	유치인보호관 (경찰서장의 지정)	유치인보호관(경찰서장이 지정하는 자)은 유치인보호 주무자를 보조하여 피의자의 유치에 관한 사무를 수행하고 유치장을 적절히 관리하여야 한다.
	상황실장	일과시간 후 또는 토요일·공휴일에는 상황관리관 또는 경찰서장이 지정하는 자가 유치인보호 주무자(유치인보호관 ×)의 직무를 대리하여 그 책임을 진다.

📖 유치인 보호근무의 방법(조치사항)

1. 유치장소 및 입감·출감

구분	내용
유치장소	피의자를 유치할 때에는 유치장을 사용하여야 한다. 다만, 질병 또는 그 밖에 특별한 사유가 있어 경찰서장이 필요하다고 인정한 때에는 의료기관 등 적절한 장소에 유치할 수 있다(동 규칙 제6조).
입감 출감	피의자를 유치장에 입감시키거나 출감시킬 때에는 유치인보호 주무자가 발부하는 피의자 입감·출감 지휘서에 의하여야 하며, 동시에 3명 이상의 피의자를 입감시킬 때에는 경위 이상 경찰관이 입회하여 순차적으로 입감시켜야 한다(동 규칙 제7조 제1항).

2. 분리 유치 및 설명·고지의무

구분	내용
원칙	① 피의자 유치 시 남성과 여성은 분리하여 유치하여야 한다(동 규칙 제12조 제1항). ② 형사범과 구류 처분을 받은 자, 19세 이상인 자와 19세 미만인 자, 신체장애인 및 사건 관련의 공범자 등은 유치실이 허용하는 범위 내에서 분리 유치하여야 하며, 신체장애인에 대하여는 신체장애를 고려한 처우를 하여야 한다(동 규칙 제7조 제2항).
유아 대동	① 경찰서장은 유치인이 친권이 있는 18개월 이내의 유아의 대동을 신청할 때에는 다음의 어느 하나에 해당하는 사유가 없다고 인정되는 경우 이를 허가하여야 한다. 이 경우 유아의 양육에 필요한 설비와 물품의 제공, 그 밖에 양육을 위하여 필요한 조치를 하여야 한다(동 규칙 제12조 제2항). ㉠ 유아가 질병·부상, 그 밖의 사유로 유치장에서 생활하는 것이 적당하지 않은 경우 ㉡ 유치인이 질병·부상, 그 밖의 사유로 유아를 양육하는 것이 적당하지 않은 경우 ㉢ 유치장에 감염병이 유행하거나 그 밖의 사정으로 유아의 대동이 적당하지 않은 경우 ② 경찰서장은 유아의 대동을 허가하지 않은 경우에는 해당 유치인의의사를 고려하여 유아보호에 적당하다고 인정하는 개인 또는 법인에게 그 유아를 보낼 수 있다. 다만, 적당한 개인 또는 법인이 없는 경우에는 경찰서 소재지 관할 시장·군수 또는 구청장에게 보내서 보호하게 하여야 한다(동 규칙 제12조 제4항). ③ 유치장에서 출생한 유아에게도 위의 규정을 준용한다(동 규칙 제12조 제5항).
설명 고지의무	유치인보호관은 새로 입감한 유치인에 대하여는 유치장내에서의 일과표, 접견, 연락절차, 유치인에 대한 인권보장 등에 대하여 설명하고, 인권침해를 당했을 때에는 국가인권위원회에 진정할 수 있음을 알리고, 그 방법을 안내하여야 한다(동 규칙 제7조 제4항).

3. 신체 등의 검사

구분		내용
검사자		신체, 의류, 휴대품의 검사는 동성의 유치인보호관이 실시하여야 한다. 다만, 여성유치인 보호관이 없을 경우에는 미리 지정하여 신체 등의 검사방법을 교양 받은 여성경찰관으로 하여금 대신하게 할 수 있다(동 규칙 제8조 제2항).
종류	외표검사	① 죄질이 경미하고 동작과 언행에 특이사항이 없으며 위험물 등을 은닉하고 있지 않다고 판단되는 유치인 ② 신체 등의 외부를 눈으로 확인하고 손으로 가볍게 두드려 만져 검사한다.
	간이검사	① 일반적인 유치인 ② 탈의막 안에서 속옷은 벗지 않고, 신체검사의를 착용하도록 한 상태에서 위험물 등의 은닉여부를 검사한다.
	정밀검사	① 살인, 강도, 절도, 강간, 방화, 마약류, 조직폭력 등 죄질이 중하거나 근무자 및 다른 유치인에 대한 위해 또는 자해할 우려가 있다고 판단되는 유치인 ② 탈의막 안에서 속옷을 벗고, 신체검사의로 갈아입도록 한 후, 정밀하게 위험물 등의 은닉여부를 검사한다.

제147테마

중요도 B급

호송업무

▎「피의자 유치 및 호송 규칙」【시행 2023. 10. 4.】

📖 일반론

구분		내용
의의		호송이란 법령에 의하여 경찰서의 유치장에 유치되어 있는 자와, 범죄의 혐의를 받고 구속된 자에 대하여 검찰청, 법원, 교도소 또는 다른 경찰관서 등으로 연행하기 위하여 이동하면서 보호하는 경찰활동을 의미한다.
종류	이감호송	피호송자의 수용장소를 다른 곳으로 이동하거나 특정관서에 인계하기 위한 호송을 말한다(동 규칙 제46조 제4호).
	왕복호송	피호송자를 특정장소에 호송하여 필요한 용무를 마치고 다시 발송관서 또는 호송관서로 호송하는 것을 말한다(동 규칙 제46조 제5호).
	집단호송	한번에 다수의 피호송자를 호송하는 것을 말한다(동 규칙 제46조 제6호).
	비상호송	전시, 사변 또는 이에 준하는 국가비상사태나 천재, 지변에 있어서 피호송자를 다른 곳에 수용하기 위한 호송을 말한다(동 규칙 제46조 제7호).
관리책임	호송관서의 장	호송관서의 장(시·도경찰청에 있어서는 수사부서의 장)은 피호송자의 호송업무에 관하여 전반적인 관리 및 지휘·감독을 해야 한다(동 규칙 제47조 제1항).
	호송주무관	시·도경찰청 및 경찰서 수사부서의 장은 피호송자의 호송업무에 관하여 호송주무관으로서 직접 지휘·감독해야 하며 호송의 안전과 적정 여부를 확인해야 한다(동 규칙 제47조 제2항).
	경찰서장	경찰서장은 호송주무관으로 하여금 호송 출발 직전에 호송경찰관에게 호송임무 수행에 필요한 전반적인 교양을 반드시 실시토록 하여야 한다(동 규칙 제47조 제3항).
책임한계		호송관은 호송하기 위하여 피호송자를 인수한 때로부터 호송을 끝마치고 인수관서에 인계할 때까지 책임을 진다(동 규칙 제64조).

📖 호송출발전의 조치

구분	내용
신체검사	① 호송관은 반드시 호송주무관의 지휘에 따라 포박하기 전에(포박한 이후에 ×) 피호송자에 대하여 안전호송에 필요한 신체검색을 실시하여야 한다(동 규칙 제49조 제1항). ② 여자인 피호송자의 신체검색은 여자경찰관이 행하거나 성년의 여자를 참여시켜야 한다(동 규칙 제49조 제2항).

구분	내용
수갑 사용	① 호송관은 호송주무관의 허가를 받아 필요한 한도에서 호송대상자에 대하여 수갑 또는 수갑·포승을 사용할 수 있다. 다만, 구류선고 및 감치명령을 받은 자와 미성년자, 고령자, 장애인, 임산부 및 환자 중 주거와 신분이 확실하고 도주의 우려가 없는 자에 대하여는 수갑 또는 수갑·포승을 채우지 아니한다(동 규칙 제50조 제1항). ② 미체포 피의자가 구속 전 피의자심문에 임의로 출석한 경우에는 원칙적으로 수갑 및 포승을 사용하지 아니한다(동 규칙 제50조 제2항). ③ 호송관은 수갑 또는 수갑·포승을 사용하는 피호송자가 2인 이상일 때에는 2인 내지 5인을 1조로 하여 상호 연결시켜 포승으로 포박한다(동 규칙 제50조 제4항).
인수관서 통지·인계	호송관서는 미리 인수관서에 피호송자의 성명, 호송일시, 방법을 통지하여야 한다(동 규칙 제52조 제1항).
지휘감독관	① 호송관서의 장은 호송하고자 하는 피호송자의 죄질, 형량, 범죄경력, 성격, 체력, 사회적 지위, 인원, 호송거리, 도로사정, 기상 등을 고려하여 2인 이상의 호송관을 지정하여야 한다(동 규칙 제48조 제2항). ② 호송관서의 장은 호송관이 5인 이상이 되는 호송일 때에는 경위 이상(경사 이상 ×) 계급의 1인을 지휘감독관으로 지정해야 한다(동 규칙 제48조 제3항).
호송시간	호송은 일출 전 또는 일몰 후에 할 수 없다. 다만, 기차, 선박 및 차량을 이용하는 때 또는 특별한 사유가 있는 때에는 그러하지 아니하다(동 규칙 제54조).
호송수단	① 호송수단은 경찰호송차 기타 경찰이 보유하고 있는 차량에 의함을 원칙으로 하여야 한다. 다만, 경찰차량을 사용할 수 없거나 기타 특별한 사유가 있는 때에는 도보나 경비정, 경찰항공기 또는 일반 교통수단을 이용할 수 있다(동 규칙 제55조 제1항). ② 집단호송은 가능한 경찰차량을 사용하여야 한다(동 규칙 제55조 제3항). ③ 호송에 사용되는 경찰차량에는 커튼 등을 설치하여 피호송자의 신분이 외부에 노출되지 않도록 하여야 한다(동 규칙 제55조 제4항).

📖 호송 중 관리방법

구분	내용
영치금품	① 금전, 유가증권은 호송관서에서 인수관서에 직접 송부한다. 다만, 소액의 금전, 유가증권 또는 당일로 호송을 마칠 수 있을 때에는 호송관에게 탁송할 수 있다(동 규칙 제53조 제1호). ② 물품은 호송관에게 탁송한다. 다만, 위험한 물품 또는 호송관이 휴대하기에 부적당한 물품은 발송관서에서 인수관서에 직접 송부할 수 있다(동 규칙 제53조 제3호). ③ 송치하는 금품을 호송관에게 탁송할 때에는 호송관서에 보관책임이 있고, 그렇지 아니한 때에는 송부한 관서에 그 책임이 있다(동 규칙 제53조 제4호).
숙박	호송관은 피호송자를 숙박시켜야 할 사유가 발생하였을 때에는 체류지 관할 경찰서 유치장 또는 교도소를 이용하여야 한다(동 규칙 제66조 제1항).
식량 등의 자비부담	피호송자가 식량, 의류, 침구 등을 자신의 비용으로 구입할 수 있을 때에는 호송관은 물품의 구매를 허가할 수 있다(동 규칙 제67조 제1항).

구분	내용
호송비용	① 호송관 및 피호송자의 여비, 식비, 기타 호송에 필요한 비용은 호송관서에서 이를 부담한다(동 규칙 제68조 제1항). ② 다만, 호송 중 피호송자가 사망하였을 때, 호송 중 피호송자가 발병하였을 때의 비용은 각각 그 교부를 받은 관서가 부담하여야 한다(동 규칙 제68조 제2항). ③ 피호송자를 교도소 또는 경찰서 유치장이 아닌 장소에서 식사를 하게 한 때의 비용은 시가의 최저실비액으로 산정하여야 한다(동 규칙 제69조).
분사기 휴대	① 호송관은 호송근무를 할 때에는 분사기를 휴대하여야 한다(휴대할 수 있다 ×)(동 규칙 제70조 제1항). ② 호송관서의 장은 특별한 사유가 있는 경우 호송관이 총기를 휴대하도록 할 수 있다(동 규칙 제70조 제2항).

호송 중 사고발생자의 조치

구분	내용
도망	① 즉시 사고발생지 관할 경찰서에 신고하고 도주 피의자 수배 및 수사에 필요한 사항을 알려주어야 하며, 소속장에게 전화, 전보 기타 신속한 방법으로 보고하여 그 지휘를 받아야 한다. 이 경우 즉시 보고할 수 없을 때에는 신고 관서에 보고를 의뢰할 수 있다. ② 호송관서의 장은 보고받은 즉시 상급감독관서 및 관할검찰청에 즉보하는 동시에 인수관서에 통지하고 도주 피의자의 수사에 착수하여야 하며, 사고발생지 관할 경찰서장에게 수사를 의뢰하여야 한다. ③ 도주한 자에 관한 호송관계서류 및 금품은 호송관서에 보관하여야 한다.
사망	① 즉시 사망지 관할 경찰관서에 신고하고 시체와 서류 및 영치금품은 신고 관서에 인도하여야 한다. 다만, 부득이한 경우에는 다른 도착지의 관할 경찰관서에 인도할 수 있다. ② 인도를 받은 경찰관서는 즉시 호송관서와 인수관서에 사망일시, 원인 등을 통지하고, 서류와 금품은 호송관서에 송부한다. ③ 호송관서의 장은 통지받은 즉시 상급 감독관서 및 관할 검찰청에 보고하는 동시에 사망자의 유족 또는 연고자에게 이를 통지하여야 한다. ④ 통지 받을 가족이 없거나, 통지를 받은 가족이 통지를 받은 날부터 3일 내에 그 시신을 인수하지 않으면 구, 시, 읍, 면의 장에게 가매장을 하도록 의뢰하여야 한다.
발병	① 경증으로서 호송에 큰 지장이 없고 당일로 호송을 마칠 수 있을 때에는 호송관이 적절한 응급조치를 취하고 호송을 계속하여야 한다. ② 중증으로서 호송을 계속하거나 곤란하다고 인정될 때에 피호송자 및 그 서류와 금품을 발병지에서 가까운 경찰관서에 인도하여야 한다. ③ 위의 ②에 의하여 인수한 경찰관서는 즉시 질병을 치료하여야 하며, 질병의 상태를 호송관서 및 인수관서에 통지하고 질병이 치유된 때에는 호송관서에 통지함과 동시에 치료한 경찰관서에서 지체 없이 호송하여야 한다. 다만, 관찰한 결과 24시간 이내에 치유될 수 있다고 진단되었을 때에는 치료 후 호송관서의 호송관이 호송을 계속하게 하여야 한다.

제148테마

수배제도

중요도 B급

- 「범죄수사규칙」【시행 2023. 11. 1.】
- 「경찰수사규칙」【시행 2024. 5. 24.】

📖 사건수배와 긴급사건수배

구분	내용
사건수배	사건수배란 사건의 용의자와 수사자료 그 밖의 참고사항에 관하여 다른 경찰관 및 경찰관서에 통보를 요구하는 것으로, 경찰관이 사건수배를 할 때에는 사건수배서에 따라 요구하여야 한다(「범죄수사규칙」 제88조).
긴급사건수배	긴급사건수배란 경찰관은 범죄수사에 있어서 다른 경찰관서에 긴급한 조치를 의뢰할 필요가 있을 때에는 지체 없이 긴급사건수배서에 따라 긴급배치, 긴급수사 그 밖의 필요한 조치를 요구하는 것을 말한다(「범죄수사규칙」 제88조).

📖 지명수배와 지명통보

1. 일반론

구분		내용
지명수배	의의	지명수배란 특정한 피의자에 대하여 소재를 알 수 없는 경우에 그의 체포를 의뢰하는 것을 말한다.
	대상	① 사법경찰관리는 다음의 어느 하나에 해당하는 사람의 소재를 알 수 없을 때에는 지명수배를 할 수 있다(「경찰수사규칙」 제45조 제1항). 　㉠ 법정형이 사형, 무기 또는 장기 3년 이상의 징역이나 금고에 해당하는 죄를 범했다고 의심할 만한 상당한 이유가 있어 체포영장 또는 구속영장이 발부된 사람 　㉡ 지명통보의 대상인 사람 중 지명수배를 할 필요가 있어 체포영장 또는 구속영장이 발부된 사람 ② 긴급체포를 하지 않으면 수사에 현저한 지장을 초래하는 경우에는 영장을 발부받지 않고 지명수배 할 수 있다. 이 경우 지명수배 후 신속히 체포영장을 발부받아야 하며, 체포영장을 발부받지 못한 때에는 즉시 지명수배를 해제해야 한다(「경찰수사규칙」 제45조 제2항).
지명통보	의의	지명통보란 특정한 피의자를 발견한 경우에 다른 경찰관서에 대하여 그 피의자에 대한 출석요구를 의뢰하는 것을 말한다.
	대상	사법경찰관리는 다음의 어느 하나에 해당하는 사람의 소재를 알 수 없을 때에는 지명통보를 할 수 있다(「경찰수사규칙」 제47조). ① 법정형이 장기 3년 미만의 징역 또는 금고, 벌금에 해당하는 죄를 범했다고 의심할 만한 상당한 이유가 있고, 출석요구에 응하지 않은 사람 ② 법정형이 장기 3년 이상의 징역이나 금고에 해당하는 죄를 범했다고 의심되더라도 사안이 경미하고, 출석요구에 응하지 않은 사람

2. 의뢰, 실시, 변경, 해제

구분	내용
의뢰	사건담당자는 지명수배 또는 지명통보를 할 때에는 지명수배·지명통보자 전산입력 요구서를 작성 또는 전산입력하여 수배관리자에게 지명수배 또는 지명통보를 의뢰하여야 한다(「범죄수사규칙」 제92조 제1항).
실시	수배관리자는 의뢰받은 지명수배·지명통보자를 지명수배 및 통보대장에 등재하고, 전산입력하여 전국 수배를 해야 한다(「범죄수사규칙」 제93조).
변경	수배관리자는 영장 유효기간이 경과된 지명수배자에 대해서는 영장이 재발부될 때까지 지명통보자로 변경한다(「범죄수사규칙」 제97조 제2항).
해제	사법경찰관리는 다음의 어느 하나에 해당하는 경우에는 즉시 지명수배 또는 지명통보를 해제해야 한다(「경찰수사규칙」 제49조). ① 지명수배자를 검거한 경우 ② 지명통보자가 통보관서에 출석하여 조사에 응한 경우 ③ 공소시효의 완성, 친고죄에서 고소의 취소, 피의자의 사망 등 공소권이 소멸된 경우 ④ 지명수배됐으나 체포영장 또는 구속영장의 유효기간이 지난 후 체포영장 또는 구속영장이 재발부되지 않은 경우 ⑤ 그 밖에 지명수배 또는 지명통보의 필요성이 없어진 경우

3. 발견 시 조치사항

구분	내용
지명수배자	① 경찰관은 지명수배자를 체포 또는 구속하고, 지명수배한 경찰관서(수배관서)에 인계하여야 한다(범죄수사규칙 제98조 제1항). ② 도서지역에서 지명수배자가 발견된 경우에는 지명수배자 등이 발견된 관할 경찰관서(발견관서)의 경찰관은 지명수배자의 소재를 계속 확인하고, 수배관서와 협조하여 검거 시기를 정함으로써 검거 후 구속영장 청구시한(체포한 때부터 48시간)이 경과되지 않도록 하여야 한다(범죄수사규칙 제98조 제2항). ③ 검거된 지명수배자를 인수한 수배관서의 경찰관은 24시간 내에 체포 또는 구속의 통지를 하여야 한다(범죄수사규칙 제98조 제3항).
지명통보자	① 사법경찰관리는 지명통보된 사람을 발견한 때에는 지명통보자에게 지명통보된 사실, 범죄사실의 요지 및 지명통보한 경찰관서를 고지하고, 발견된 날부터 1개월 이내에 통보관서에 출석해야 한다는 내용과 정당한 사유 없이 출석하지 않을 경우 지명수배되어 체포될 수 있다는 내용을 통지해야 한다(범죄수사규칙 제106조 제1항). ② 여러 건의 지명통보가 된 사람을 발견하였을 때에는 각 건마다 지명통보사실 통지서를 작성하여 교부하고 지명통보자 소재 발견 보고서를 작성하여야 한다(범죄수사규칙 제106조 제3항). ③ 지명통보자 소재발견 보고서를 송부받은 통보관서의 사건담당 경찰관은 즉시 지명통보된 피의자에게 출석요구서를 발송하여야 한다(범죄수사규칙 제106조 제4항). ④ 경찰관은 지명통보된 피의자가 정당한 이유 없이 약속한 일자에 출석하지 않거나 출석요구에 응하지 아니하는 때에는 지명수배 절차를 진행할 수 있다(범죄수사규칙 제106조 제5항).

4. 지명수배자의 인수·호송 등

구분	내용
인수	수배관서의 경찰관은 다음의 어느 하나에 해당하는 경우를 제외하고는 검거관서로부터 검거된 지명수배자를 인수하여야 한다. 다만, 수배관서와 검거관서간에 서로 합의한 때에는 이에 따른다(「범죄수사규칙」 제99조 제2항). ① 수배대상 범죄의 죄종 및 죄질과 비교하여 동등하거나 그 이상에 해당하는 다른 범죄를 검거관서의 관할구역 내에서 범한 경우 ② 검거관서에서 지명수배자와 관련된 범죄로 이미 정범이나 공동정범인 피의자의 일부를 검거하고 있는 경우 ③ 지명수배자가 단일 사건으로 수배되고 불구속 수사대상자로서 검거관서로 출장하여 조사한 후 신속히 석방함이 타당한 경우
인수순서	경찰관은 검거한 지명수배자에 대하여 지명수배가 여러 건인 경우에는 다음의 수배관서 순위에 따라 검거된 지명수배자를 인계받아 조사하여야 한다(「범죄수사규칙」 제99조 제3항). ① 공소시효 만료 3개월 이내이거나 공범에 대한 수사 또는 재판이 진행 중인 수배관서 ② 법정형이 중한 죄명으로 지명수배한 수배관서 ③ 검거관서와 동일한 지방검찰청 또는 지청의 관할구역에 있는 수배관서 ④ 검거관서와 거리 또는 교통상 가장 인접한 수배관서
재지명수배	긴급체포한 지명수배자를 석방한 경우에는 영장을 발부받지 않고 동일한 범죄사실에 관하여 다시 지명수배하지 못한다(「범죄수사규칙」 제100조).

📖 공개수배

구분	내용
종합 공개수배	① 시·도경찰청장은 지명수배를 한 후, 6월이 경과하여도 검거하지 못한 사람들 중 다음에 해당하는 중요지명피의자를 매년 5월과 11월 연2회 선정하여 국가수사본부장에게 중요지명피의자 종합 공개수배보고서에 따라 보고하여야 한다(「범죄수사규칙」 제101조 제1항). 　㉠ 강력범(살인, 강도, 성폭력, 마약, 방화, 폭력, 절도범) 　㉡ 다액·다수피해 경제사범, 부정부패 사범 　㉢ 그 밖에 신속한 검거를 위해 전국적 공개수배가 필요하다고 판단되는 자 ② 국가수사본부장은 공개수배위원회를 개최하여 중요지명피의자 종합 공개수배대상자를 선정하고 매년 6월과 12월 중요지명피의자 종합 공개수배 전단을 작성하여 게시하는 방법으로 공개수배한다(「범죄수사규칙」 제101조 제2항).
긴급 공개수배	① 경찰관서의 장은 법정형이 사형·무기 또는 장기 3년 이상 징역이나 금고에 해당하는 죄를 범하였다고 의심할 만한 상당한 이유가 있고, 범죄의 상습성, 사회적 관심, 공익에 대한 위험 등을 고려할 때 신속한 검거가 필요한 자에 대해 긴급 공개수배 할 수 있다(「범죄수사규칙」 제102조 제1항). ② 검거 등 긴급 공개수배의 필요성이 소멸한 때에는 긴급 공개수배 해제의 사유를 고지하고 관련 게시물·방영물을 회수, 삭제하여야 한다(「범죄수사규칙」 제102조 제3항).

제149테마

가정폭력범죄

중요도 A급

▍「가정폭력범죄의 처벌 등에 관한 특례법」【시행 2023. 6. 14.】

📖 일반론

구분		내용
목적		이 법은 가정폭력범죄의 형사처벌 절차에 관한 특례를 정하고 가정폭력범죄를 범한 사람에 대하여 환경의 조정과 성행의 교정을 위한 보호처분을 함으로써 가정폭력범죄로 파괴된 가정의 평화와 안정을 회복하고 건강한 가정을 가꾸며 피해자와 가족 구성원의 인권을 보호함을 목적으로 한다(동법 제1조).
정의	가정폭력	**가정폭력이란** 가정구성원 사이의 신체적, 정신적 또는 재산상 피해를 수반하는 행위를 **말한다**(동법 제2조 제1호).
	가정구성원	가정구성원이란 다음의 어느 하나에 해당하는 사람을 말한다(동법 제2조 제2호). ① 배우자(사실상 혼인관계에 있는 사람을 포함) 또는 배우자였던 사람 ② 자기 또는 배우자와 직계존비속관계(사실상의 양친자관계를 포함한다)에 있거나 있었던 사람 ③ 계부모와 자녀의 관계 또는 적모와 서자의 관계에 있거나 있었던 사람 ④ 동거하는 친족
	가정폭력범죄 (×)	① 살인, 강도, 절도 ② 사기, 횡령, 배임 ③ 약취·유인, 업무방해, 공무집행방해, 인질강요, 중손괴 ④ 상해치사, 폭행치사상, 유기치사상, 체포감금치사상 등
	가정폭력행위자	가정폭력행위자란 가정폭력범죄를 범한 사람 및 가정구성원인 공범을 말한다(동법 제2조제4호).
	피해자	**피해자란** 가정폭력범죄로 인하여 직접적으로 피해를 입은 사람을 **말한다**(동법 제2조 제5호).
	가정보호사건	가정보호사건이란 가정폭력범죄로 인하여 이 법에 따른 보호처분의 대상이 되는 사건을 말한다(동법 제2조 제6호).
	보호처분	보호처분이란 법원이 가정보호사건에 대하여 심리를 거쳐 가정폭력행위자에게 하는 처분을 말한다(동법 제2조 제7호).
다른 법률과의 관계		**가정폭력범죄에 대하여는 이 법을 우선 적용한다.** 다만, 아동학대범죄에 대하여는 「아동학대범죄의 처벌 등에 관한 특례법」을 우선 적용한다(동법 제3조).

📖 신고의무

구분	내용
신고권자	누구든지 가정폭력범죄를 알게 된 경우에는 수사기관에 신고할 수 있다(동법 제4조 제1항).
신고의무자	① 다음의 어느 하나에 해당하는 사람이 직무를 수행하면서 가정폭력범죄를 알게 된 경우에는 정당한 사유가 없으면 즉시 수사기관에 신고하여야 한다(동법 제4조 제2항). ㉠ 아동의 교육과 보호를 담당하는 기관의 종사자와 그 기관장 ㉡ 아동, 60세 이상의 노인, 그 밖에 정상적인 판단 능력이 결여된 사람의 치료 등을 담당하는 의료인 및 의료기관의 장 ㉢ 노인복지시설, 아동복지시설, 장애인복지시설의 종사자와 그 기관장 ㉣ 다문화가족지원센터의 전문인력과 그 장 ㉤ 국제결혼중개업자와 그 종사자 ㉥ 구조대·구급대의 대원 ㉦ 사회복지 전담공무원 ㉧ 건강가정지원센터의 종사자와 그 센터의 장 ② 아동상담소, 가정폭력 관련 상담소 및 보호시설, 성폭력피해상담소 및 보호시설에 근무하는 상담원과 그 기관장은 피해자 또는 피해자의 법정대리인 등과의 상담을 통하여 가정폭력범죄를 알게 된 경우에는 가정폭력피해자의 명시적인 반대의견이 없으면 즉시 신고하여야 한다(동법 제4조 제3항).
불이익조치의 금지	누구든지 가정폭력범죄를 신고한 사람에게 그 신고행위를 이유로 불이익을 주어서는 아니 된다(동법 제4조 제4항).

📖 고소에 관한 특례

구분		내용
원칙		피해자 또는 그 법정대리인은 가정폭력행위자를 고소할 수 있다(동법 제6조 제1항).
특례	피해자 친족의 고소	피해자의 법정대리인이 가정폭력행위자인 경우 또는 가정폭력행위자와 공동으로 가정폭력범죄를 범한 경우에는 피해자의 친족이 고소할 수 있다(동법 제6조 제1항).
	직계존속에 대한 고소	피해자는 가정폭력행위자가 자기 또는 배우자의 직계존속인 경우에도 고소할 수 있다. 법정대리인이 고소하는 경우에도 또한 같다(동법 제6조 제2항).
	검사의 고소권자 지정	피해자에게 고소할 법정대리인이나 친족이 없는 경우에 이해관계인이 신청하면, 검사는 10일 이내에 고소할 수 있는 사람을 지정하여야 한다(지정할 수 있다 ×)(동법 제6조 제3항).

📖 공소시효의 정지와 효력

구분	내용
정지	가정폭력범죄에 대한 공소시효는 해당 가정보호사건이 법원에 송치된 때부터 시효 진행이 정지된다(동법 제17조 제1항).
효력	공범 중 1명에 대한 시효정지는 다른 공범자에게도 효력을 미친다(동법 제17조 제2항).

📖 응급조치, 긴급임시조치, 임시조치

구분	내용
응급조치	진행 중인 가정폭력범죄에 대하여 신고를 받은 사법경찰관리는 즉시 현장에 나가서 다음의 조치를 하여야 한다(동법 제5조). ① 폭력행위의 제지, 가정폭력행위자·피해자의 분리 ② 현행범인의 체포 등 범죄수사 ③ 피해자를 가정폭력 관련 상담소 또는 보호시설로 인도(피해자가 동의한 경우에만 해당) ④ 긴급치료가 필요한 피해자를 의료기관으로 인도 ⑤ 폭력행위의 재발시 임시조치를 신청할 수 있음을 통보 ⑥ 피해자보호명령 또는 신변안전조치를 청구할 수 있음을 고지
긴급임시조치	① 사법경찰관은 응급조치에도 불구하고 가정폭력범죄가 재발될 우려가 있고 긴급을 요하여 법원의 임시조치 결정을 받을 수 없을 때에는 직권 또는 피해자나 그 법정대리인의 신청에 의하여 긴급임시조치(주거 또는 점유하는 방실로부터의 퇴거 등 격리, 100미터 이내의 접근 금지, 전기통신을 이용한 접근 금지)를 할 수 있다(동법 제8조의2 제1항). ② 사법경찰관은 긴급임시조치를 한 경우에는 즉시 긴급임시조치결정서를 작성하여야 한다(동법 제8조의2 제2항).
임시조치의 신청·청구	사법경찰관의 긴급임시조치 → 사법경찰관이 검사에게 임시조치 신청 → 검사가 48시간 이내 법원에 임시조치를 청구 → 법원(판사)의 임시조치 결정 ① 사법경찰관이 긴급임시조치를 한 때에는 지체 없이 검사에게 임시조치를 신청하고, 신청받은 검사는 법원에 임시조치를 청구하여야 한다. 이 경우 임시조치의 청구는 긴급임시조치를 한 때부터 48시간 이내에 청구하여야 하며, 긴급임시조치결정서를 첨부하여야 한다(동법 제8조의3 제1항). ② 검사가 임시조치를 청구하지 아니하거나 법원이 임시조치의 결정을 하지 아니한 때에는 즉시 긴급임시조치를 취소하여야 한다(동법 제8조의3 제2항).

📖 검사의 가정폭력범죄사건의 처리

구분	내용
사건 송치	사법경찰관은 가정폭력범죄를 신속히 수사하여 사건을 검사에게 송치하여야 한다. 이 경우 사법경찰관은 해당 사건을 가정보호사건으로 처리하는 것이 적절한지에 관한 의견을 제시할 수 있다(동법 제7조).
가정보호사건으로 처리	검사는 가정폭력범죄로서 사건의 성질·동기 및 결과, 가정폭력행위자의 성행 등을 고려하여 이 법에 따른 보호처분을 하는 것이 적절하다고 인정하는 경우에는 가정보호사건으로 처리할 수 있다. 검사는 피해자의의사를 존중하여야 한다(동법 제9조 제1항).

📖 법원의 가정폭력범죄사건의 처리

구분	내용
관할	① 가정보호사건의 관할은 가정폭력행위자의 행위지, 거주지 또는 현재지를 관할하는 가정법원으로 한다. 다만, 가정법원이 설치되지 아니한 지역에서는 해당 지역의 지방법원(지원을 포함)으로 한다(동법 제10조 제1항). ② 가정보호사건의 심리와 결정은 단독판사가 한다(동법 제10조 제2항).
임시조치 청구	① 검사는 가정폭력범죄가 재발될 우려가 있다고 인정하는 경우에는 직권으로 또는 사법경찰관의 신청에 의하여 법원에 제29조 제1항 제1호부터 제3호까지의 임시조치를 청구할 수 있다(동법 제8조 제1항). ② 검사는 가정폭력행위자가 결정된 임시조치를 위반하여 가정폭력 범죄가 재발될 우려가 있다고 인정하는 경우에는 직권으로 또는 사법경찰관의 신청에 의하여 법원에 제29조 제1항 제5호의 임시조치(국가경찰관서의 유치장 또는 구치소에의 유치)를 청구할 수 있다(동법 제8조 제2항).
임시조치 결정	① 판사는 가정보호사건의 원활한 조사·심리 또는 피해자 보호를 위하여 필요하다고 인정하는 경우에는 결정으로 가정폭력 행위자에게 다음의 어느 하나에 해당하는 임시조치를 할 수 있다(동법 제29조 제1항 및 제5항). {표 아래 참조} ② 동행영장에 의하여 동행한 가정폭력행위자 또는 인도된 가정폭력행위자에 대하여는 가정폭력행위자가 법원에 인치된 때부터 24시간 이내에 임시조치의 여부를 결정하여야 한다(동법 제29조 제2항).

종류	기간
피해자 또는 가정구성원의 주거 또는 점유하는 방실로부터의 퇴거 등 격리	2개월 이내 (2회 연장 가능)
피해자 또는 가정구성원이나 그 주거·직장 등에서 100미터 이내의 접근 금지	2개월 이내 (2회 연장 가능)
피해자 또는 가정구성원에 대한 전기통신을 이용한 접근 금지	2개월 이내 (2회 연장 가능)
의료기관이나 그 밖의 요양소에서의 위탁(민간이 운영하는 의료기관 등에 위탁을 하려는 경우에는 동의)	1개월 이내 (1회 연장 가능)
국가경찰관서의 유치장 또는 구치소에의 유치	1개월 이내 (1회 연장 가능)
상담소등에의 상담위탁	1개월 이내 (1회 연장 가능)

보호처분 결정	① 판사는 심리의 결과 보호처분이 필요하다고 인정하는 경우에는 결정으로 보호처분을 할 수 있다(동법 제40조 제1항 및 제41조). ② 보호처분이 확정된 경우에는 그 가정폭력행위자에 대하여 같은 범죄사실로 다시 공소를 제기할 수 없다. 다만, 보호처분을 받은 가정폭력행위자가 보호처분 결정을 이행하지 아니하거나 그 집행에 따르지 아니하여 다시 송치된 경우에는 그러하지 아니하다(동법 제16조).

제150테마

아동학대범죄

중요도 A급

「아동학대범죄의 처벌 등에 관한 특례법」【시행 2023. 12. 26.】

📖 일반론

구분		내용
목적		이 법은 아동학대범죄의 처벌 및 그 절차에 관한 특례와 피해아동에 대한 보호절차 및 아동학대행위자에 대한 보호처분을 규정함으로써 아동을 보호하여 아동이 건전한 사회구성원으로 성장하도록 함을 목적으로 한다(동법 제1조).
정의	아동	아동이란 **18세 미만인 사람**을 말한다(동법 제2조 제1호).
	보호자	보호자란 친권자·후견인, 아동을 보호·양육·교육하거나 그 의무가 있는 자, 업무·고용 등의 관계로 사실상 아동을 보호·감독하는 자를 말한다(동법 제2조 제2호).
	아동학대	① 아동학대란 **보호자를 포함한 성인이** 아동의 건강 또는 복지를 해치거나 정상적 발달을 저해할 수 있는 **신체적·정신적·성적 폭력이나 가혹행위를 하는 것과 아동의 보호자가 아동을 유기하거나 방임하는 것**을 말한다(동법 제2조 제3호 본문). ② 「유아교육법」과 「초·중등교육법」에 따른 **교원의 정당한 교육활동과 학생생활지도는 아동학대로 보지 아니한다**(동법 제2조 제3호 단서).
	아동학대범죄	아동학대범죄란 보호자에 의한 아동학대로서 제2조 제4호의 죄를 말한다(동법 제2조 제4호). ※ 개별적 범죄는 암기 필요 없음 ※
	아동학대행위자	아동학대행위자란 아동학대범죄를 범한 사람 및 그 공범을 말한다(동법 제2조 제5호).
	피해아동	**피해아동이란 아동학대범죄로 인하여 직접적으로 피해를 입은 아동**을 말한다(동법 제2조 제6호).
	아동보호사건	아동보호사건이란 아동학대범죄로 인하여 보호처분의 대상이 되는 사건을 말한다(동법 제2조 제7호).
다른 법률과의 관계		**아동학대범죄에 대하여는 이 법을 우선 적용**한다. 다만, 「성폭력범죄의 처벌 등에 관한 특례법」, 「아동·청소년의 성보호에 관한 법률」에서 가중처벌되는 경우에는 그 법에서 정한 바에 따른다(동법 제3조).

📖 처벌에 관한 특례

구분	내용
상습범	상습적으로 아동학대범죄를 범한 자는 그 죄에 정한 형의 2분의 1까지 가중한다. 다만, 다른 법률에 따라 상습범으로 가중처벌되는 경우에는 그러하지 아니하다(동법 제6조).
가중처벌	아동학대 신고의무자가 보호하는 아동에 대하여 아동학대범죄를 범한 때에는 그 죄에 정한 형의 2분의 1까지 가중한다(동법 제7조).
형벌과 수강명령 병과	① 법원은 아동학대행위자에 대하여 유죄판결(선고유예는 제외)을 선고하면서 200시간의 범위에서 재범예방에 필요한 수강명령 또는 아동학대 치료프로그램의 이수명령을 병과할 수 있다(동법 제8조 제1항). ② 아동학대행위자에 대하여 제1항의 수강명령은 형의 집행을 유예할 경우에 그 집행유예기간 내에서 병과하고, 이수명령은 벌금형 또는 징역형의 실형을 선고할 경우에 병과한다(동법 제8조 제2항). ③ 제1항에 따른 수강명령 또는 이수명령은 형의 집행을 유예할 경우에는 그 집행유예기간 내에, 벌금형을 선고할 경우에는 형 확정일로부터 6개월 이내에, 징역형의 실형을 선고할 경우에는 형기 내에 각각 집행한다(동법 제8조 제4항).
친권상실청구	① 아동학대행위자가 아동학대중상해 또는 상습범의 범죄를 저지른 때에는 검사는 그 사건의 아동학대행위자가 피해아동의 친권자나 후견인인 경우에 법원에 친권상실의 선고 또는 후견인의 변경 심판을 청구하여야 한다(동법 제9조 제1항). ② 검사가 청구를 하지 아니한 때에는 특별시장·광역시장·특별자치시장·도지사·특별자치도지사 또는 시장·군수·구청장은 검사에게 청구를 하도록 요청할 수 있다. 이 경우 청구를 요청받은 검사는 요청받은 날부터 30일 내에 그 처리 결과를 시·도지사 또는 시장·군수·구청장에게 통보하여야 한다(동법 제9조 제2항). ③ 처리 결과를 통보받은 시·도지사 또는 시장·군수·구청장은 그 처리 결과에 대하여 이의가 있을 경우 통보받은 날부터 30일 내에 직접 법원에 청구를 할 수 있다(동법 제9조 제3항).
고소에 대한 특례	① 피해아동 또는 그 법정대리인은 아동학대행위자를 고소할 수 있다. 피해아동의 법정대리인이 아동학대행위자인 경우 또는 아동학대행위자와 공동으로 아동학대범죄를 범한 경우에는 피해아동의 친족이 고소할 수 있다(동법 제10조의4 제1항). ② 피해아동은 아동학대행위자가 자기 또는 배우자의 직계존속인 경우에도 고소할 수 있다. 법정대리인이 고소하는 경우에도 또한 같다(동법 제10조의4 제2항). ③ 피해아동에게 고소할 법정대리인이나 친족이 없는 경우에 이해관계인이 신청하면 검사는 10일 이내에 고소할 수 있는 사람을 지정하여야 한다(지정할 수 있다 ×)(동법 제10조의4 제3항).

📖 신고의무

구분	내용
신고권자	누구든지 아동학대범죄를 알게 된 경우나 그 의심이 있는 경우에는 특별시·광역시·특별자치시·도·특별자치도, 시·군·구, 수사기관에 신고할 수 있다(동법 제10조 제1항).
신고의무자	다음의 어느 하나에 해당하는 사람(매우 광범위하게 규정)이 직무를 수행하면서 아동학대범죄를 알게 된 경우나 그 의심이 있는 경우에는 시·도, 시·군·구 또는 수사기관에 즉시 신고하여야 한다(동법 제10조 제2항).
공개·보도 금지	누구든지 신고인의 인적 사항 또는 신고인임을 미루어 알 수 있는 사실을 다른 사람에게 알려주거나 공개 또는 보도하여서는 아니 된다(동법 제10조 제3항).
조사·수사의 착수	신고가 있는 경우 시·도, 시·군·구 또는 수사기관은 정당한 사유가 없으면 즉시 조사 또는 수사에 착수하여야 한다(동법 제10조 제4항).
불이익조치의 금지	누구든지 아동학대범죄신고자등에게 아동학대범죄신고등을 이유로 불이익 조치를 하여서는 아니 된다(동법 제10조의2).

📖 현장출동, 응급조치, 긴급임시조치, 임시조치

1. 현장출동(사법경찰관리 및 아동학대전담공무원)

구분	내용
출동 동행	아동학대범죄 신고를 접수한 사법경찰관리나 아동학대전담공무원은 지체 없이 아동학대범죄의 현장에 출동하여야 한다. 이 경우 수사기관의 장이나 시·도지사 또는 시장·군수·구청장은 서로 동행하여 줄 것을 요청할 수 있으며, 그 요청을 받은 수사기관의 장이나 시·도지사 또는 시장·군수·구청장은 정당한 사유가 없으면 사법경찰관리나 아동학대전담공무원이 아동학대범죄 현장에 동행하도록 조치하여야 한다(동법 제11조 제1항).
조사 질문	① 아동학대범죄 신고를 접수한 사법경찰관리나 아동학대전담공무원은 아동학대범죄가 행하여지고 있는 것으로 신고된 현장에 출입하여 아동 또는 아동학대행위자 등 관계인에 대하여 조사를 하거나 질문을 할 수 있다. 다만, 아동학대전담공무원은 피해아동의 보호, 사례관리를 위한 범위에서만 아동학대행위자 등 관계인에 대하여 조사 또는 질문을 할 수 있다(동법 제11조 제2항). ② 조사 또는 질문을 하는 사법경찰관리 또는 아동학대전담공무원은 피해아동, 아동학대범죄신고자등, 목격자 등이 자유롭게 진술할 수 있도록 아동학대행위자로부터 분리된 곳에서 조사하는 등 필요한 조치를 하여야 한다(동법 제11조 제5항).
현장조사 방해금지	누구든지 현장에 출동한 사법경찰관리, 아동학대전담공무원이 업무를 수행할 때에 폭행·협박이나 현장조사를 거부하는 등 그 업무 수행을 방해하는 행위를 하여서는 아니 된다(동법 제11조 제6항).
결과의 통지	현장출동이 동행하여 이루어지지 아니한 경우 수사기관의 장이나 시·도지사 또는 시장·군수·구청장은 현장출동에 따른 조사 등의 결과를 서로에게 통지하여야 한다(동법 제11조 제7항).

2. 응급조치(사법경찰관리 및 아동학대전담공무원)

구분	내용

응급조치	① 현장에 출동하거나 아동학대범죄 현장을 발견한 경우 또는 학대현장 이외의 장소에서 학대피해가 확인되고 재학대의 위험이 급박·현저한 경우, 사법경찰관리 또는 아동학대전담공무원은 피해아동, 피해아동의 형제자매인 아동 및 피해아동과 동거하는 아동의 보호를 위하여 즉시 다음의 조치를 하여야 한다(동법 제12조 제1항 및 제3항).
	   ㉠ 아동학대범죄 행위의 제지
	   ㉡ 아동학대행위자를 피해아동등으로부터 격리(72시간 초과금지)
	   ㉢ 피해아동등을 아동학대 관련 보호시설로 인도(72시간 초과 금지, 피해아동등의 이익을 최우선으로 고려, 피해아동등의의사를 존중)
	   ㉣ 긴급치료가 필요한 피해아동등을 의료기관으로 인도(72시간 초과 금지)
	② 공휴일이나 토요일이 포함되는 경우로서 피해아동등의 보호를 위하여 필요하다고 인정되는 경우에는 48시간의 범위에서 그 기간을 연장할 수 있다(동법 제12조 제3항).

기간 연장	검사가 임시조치를 법원에 청구한 경우에는 법원의 임시조치 결정시까지 응급조치 기간이 연장된다(동법 제12조 제4항).
출입	사법경찰관리(아동학대전담공무원은 제외)는 아동학대범죄의 행위를 제지하고, 아동학대행위자를 피해아동등으로부터 격리하기 위하여 다른 사람의 토지·건물·배 또는 차에 출입할 수 있다(동법 제12조 제8항).

3. 긴급임시조치(사법경찰관)

구분	내용
내용	사법경찰관은 응급조치에도 불구하고 아동학대범죄가 재발될 우려가 있고, 긴급을 요하여 법원의 임시조치 결정을 받을 수 없을 때에는 직권이나 피해아동등, 그 법정대리인, 변호사, 시·도지사, 시장·군수·구청장 또는 아동보호전문기관의 장의 신청에 따라 주거로부터 퇴거 등 격리, 100미터 이내의 접근 금지, 전기통신을 이용한 접근 금지를 할 수 있다(동법 제13조 제1항).
사후조치	사법경찰관은 긴급임시조치를 한 경우에는 즉시 긴급임시조치결정서를 작성하여야 하며, 그 내용을 시·도지사 또는 시장·군수·구청장에게 지체 없이 통지하여야 한다(동법 제13조 제2항).

4. 임시조치의 신청·청구

구분	내용
신청	사법경찰관이 응급조치 또는 긴급임시조치를 하였거나 시·도지사 또는 시장·군수·구청장으로부터 응급조치가 행하여졌다는 통지를 받은 때에는 지체 없이 검사에게 임시조치의 청구를 신청하여야 한다(동법 제15조 제1항).
청구	신청을 받은 검사는 임시조치를 청구하는 때에는 응급조치가 있었던 때부터 72시간 이내에, 긴급임시조치가 있었던 때부터 48시간 이내에 하여야 한다(동법 제15조 제2항).
취소	사법경찰관은 검사가 임시조치를 청구하지 아니하거나 법원이 임시조치의 결정을 하지 아니한 때에는 즉시 그 긴급임시조치를 취소하여야 한다(동법 제15조 제3항).

📖 검사의 아동학대범죄사건의 처리

구분	내용
임시조치 청구	① 검사는 아동학대범죄가 재발될 우려가 있다고 인정되는 경우에는 직권으로 또는 사법경찰관이나 보호관찰관의 신청에 따라 법원에 임시조치를 청구할 수 있다(동법 제14조 제1항). ② 피해아동등, 그 법정대리인, 변호사, 시·도지사, 시장·군수·구청장 또는 아동보호전문기관의 장은 검사 또는 사법경찰관에게 임시조치의 청구 또는 그 신청을 요청하거나 이에 관하여 의견을 진술할 수 있다(동법 제14조 제2항).
사건 송치	사법경찰관은 아동학대범죄를 신속히 수사하여 사건을 검사에게 송치하여야 한다. 이 경우 사법경찰관은 해당 사건을 아동보호사건으로 처리하는 것이 적절한지에 관한 의견을 제시할 수 있다(동법 제24조).
아동보호사건으로 처리	검사는 아동학대범죄로서 보호처분을 하는 것이 적절하다고 인정하는 경우에는 아동보호사건으로 처리할 수 있다(동법 제27조 제1항).

📖 법원의 아동학대범죄사건의 처리

구분	내용	
관할	① 아동보호사건의 관할은 아동학대행위자의 행위지, 거주지 또는 현재지를 관할하는 가정법원으로 한다. 다만, 가정법원이 설치되지 아니한 지역에서는 해당 지역의 지방법원(지원을 포함한다)으로 한다(동법 제18조 제1항). ② 아동보호사건의 심리와 결정은 단독판사가 한다(동법 제18조 제2항).	
임시조치의 결정	판사는 결정으로 아동학대행위자에게 다음의 어느 하나에 해당하는 조치를 할 수 있다(동법 제19조 제1항 및 제4항).	
	종류	기간
	피해아동등 또는 가정구성원의 주거로부터 퇴거등 격리	2개월 이내 (2회 연장 가능)
	피해아동등 또는 가정구성원의 주거, 학교 또는 보호시설 등에서 100미터 이내의 접근 금지	
	피해아동등 또는 가정구성원에 대한 전기통신을 이용한 접근 금지	
	친권 또는 후견인 권한 행사의 제한 또는 정지	2개월 이내 (1회 연장 가능)
	아동보호전문기관등에의 상담 및 교육 위탁	
	의료기관이나 그 밖의 요양시설에의 위탁	
	경찰관서의 유치장 또는 구치소에의 유치	
	판사는 피해아동등에 대하여 응급조치가 행하여진 경우에는 임시조치가 청구된 때로부터 24시간 이내에 임시조치 여부를 결정하여야 한다(동법 제19조 제3항).	

보호처분의 결정	① 판사는 심리의 결과 보호처분이 필요하다고 인정하는 경우에는 결정으로 보호처분을 할 수 있다(동법 제36조 제1항 및 제37조). ② 보호처분이 확정된 경우에는 그 아동학대행위자에 대하여 같은 범죄사실로 다시 공소를 제기할 수 없다. 다만, 보호처분을 받은 아동학대행위자가 보호처분 결정을 이행하지 아니하거나 그 집행에 따르지 아니하면 그러하지 아니하다(동법 제33조).

제151테마

스토킹범죄

■ 「스토킹범죄의 처벌 등에 관한 법률」 【시행 2024. 1. 12.】

중요도 A급

📖 일반론

구분	내용	
목적	이 법은 스토킹범죄의 처벌 및 그 절차에 관한 특례와 스토킹범죄 피해자에 대한 보호절차를 규정함으로써 피해자를 보호하고 건강한 사회질서의 확립에 이바지함을 목적으로 한다(동법 제1조).	
정의	스토킹행위	스토킹행위란 상대방의의사에 반하여 정당한 이유 없이 다음의 어느 하나에 해당하는 행위를 하여 상대방에게 불안감 또는 공포심을 일으키는 것을 말한다(동법 제2조 제1호). ① 상대방 또는 그의 동거인, 가족에게 접근하거나 따라다니거나 진로를 막아서는 행위 ② 상대방등의 주거, 직장, 학교, 그 밖에 일상적으로 생활하는 장소 또는 그 부근에서 기다리거나 지켜보는 행위 ③ 상대방등에게 우편·전화·팩스 또는 정보통신망을 이용하여 물건이나 글·말·부호·음향·그림·영상·화상을 도달하게 하거나 정보통신망을 이용하는 프로그램 또는 전화의 기능에 의하여 글·말·부호·음향·그림·영상·화상이 상대방등에게 나타나게 하는 행위 ④ 상대방등에게 직접 또는 제3자를 통하여 물건등을 도달하게 하거나 주거등 또는 그 부근에 물건등을 두는 행위 ⑤ 상대방등의 주거등 또는 그 부근에 놓여져 있는 물건등을 훼손하는 행위 ⑥ 다음의 어느 하나에 해당하는 상대방등의 정보를 정보통신망을 이용하여 제3자에게 제공하거나 배포 또는 게시하는 행위 ㅤㅤ㉠ 개인정보 ㅤㅤ㉡ 개인위치정보 ㅤㅤ㉢ ㉠ 또는 ㉡의 정보를 편집·합성 또는 가공한 정보 ⑦ 정보통신망을 통하여 상대방등의 이름, 명칭, 사진, 영상 또는 신분에 관한 정보를 이용하여 자신이 상대방등인 것처럼 가장하는 행위
	스토킹범죄	스토킹범죄란 지속적 또는 반복적으로 스토킹행위를 하는 것을 말한다(동법 제2조 제2호).
	피해자	피해자란 스토킹범죄로 직접적인 피해를 입은 사람을 말한다(동법 제2조 제3호).
	피해자등	피해자등이란 피해자 및 스토킹행위의 상대방을 말한다(동법 제2조 제4호).
판례	① 「스토킹범죄의 처벌 등에 관한 법률」의 잠정조치에는 동일한 범죄사실에 대하여 재잠정조치를 제한하는 규정이 따로 없는 이상, 기존 잠정조치 이후 새로운 스토킹범죄가 없더라도 스토킹범죄 재발 우려와 피해자 보호 필요성 등 잠정조치 요건을 충족한다면 새로운 접근금지 잠정조치도 허용된다고 보는 것이 타당하다. ② 스토킹행위를 전제로 하는 스토킹범죄는 행위자의 어떠한 행위를 매개로 이를 인식한 상대방에게 불안감 또는 공포심을 일으킴으로써 그의 자유로운 의사결정의 자유 및 생활형성의 자유와 평온이 침해되는 것을 막고 이를 보호법익으로 하는 위험범이라고 볼 수 있다.	

📖 스토킹범죄 등의 처리절차

1. 응급조치

구분	내용
의의	사법경찰관리는 진행 중인 스토킹행위에 대하여 신고를 받은 경우 즉시 현장에 나가 다음의 조치를 하여야 한다(동법 제3조).
내용	① 스토킹행위의 제지, 향후 스토킹행위의 중단 통보 및 스토킹행위를 지속적 또는 반복적으로 할 경우 처벌 서면경고 ② 스토킹행위자와 피해자등의 분리 및 범죄수사 ③ 피해자등에 대한 긴급응급조치 및 잠정조치 요청의 절차 등 안내 ④ 스토킹 피해 관련 상담소 또는 보호시설로의 피해자등 인도(피해자등이 동의한 경우에만 해당)

2. 긴급응급조치

구분	내용
의의	① 사법경찰관은 스토킹행위 신고와 관련하여 스토킹행위가 지속적 또는 반복적으로 행하여질 우려가 있고 스토킹범죄의 예방을 위하여 긴급을 요하는 경우 스토킹행위자에게 직권으로 또는 스토킹행위의 상대방이나 그 법정대리인 또는 스토킹행위를 신고한 사람의 요청에 의하여 다음에 따른 조치를 할 수 있다(동법 제4조 제1항). 　㉠ 스토킹행위의 상대방이나 그 주거등으로부터 100미터 이내의 접근 금지 　㉡ 스토킹행위의 상대방에 대한 전기통신을 이용한 접근 금지 ② 사법경찰관은 긴급응급조치를 하였을 때에는 즉시 긴급응급조치결정서를 작성하여야 한다(동법 제4조 제2항).
승인 신청	① 사법경찰관은 긴급응급조치를 하였을 때에는 지체 없이 검사에게 해당 긴급응급조치에 대한 사후승인을 지방법원 판사에게 청구하여 줄 것을 신청하여야 한다(동법 제5조 제1항). ② 사법경찰관의 신청을 받은 검사는 긴급응급조치가 있었던 때부터 48시간 이내에 지방법원 판사에게 해당 긴급응급조치에 대한 사후승인을 청구한다(동법 제5조 제2항). ③ 지방법원 판사는 스토킹행위가 지속적·반복적으로 행하여지는 것을 예방하기 위하여 필요하다고 인정하는 경우에는 긴급응급조치를 승인할 수 있다(동법 제5조 제3항). ④ 사법경찰관은 검사가 긴급응급조치에 대한 사후승인을 청구하지 아니하거나 지방법원 판사가 검사의 청구에 대하여 사후승인을 하지 아니한 때에는 즉시 그 긴급응급조치를 취소하여야 한다(동법 제5조 제4항).
기간	긴급응급조치의 기간은 1개월을 초과할 수 없다(동법 제5조 제5항).
통지	① 사법경찰관은 긴급응급조치를 하는 경우에는 스토킹행위의 상대방이나 그 법정대리인에게 통지하여야 한다(동법 제6조 제1항). ② 사법경찰관은 긴급응급조치를 하는 경우에는 해당 긴급응급조치의 대상자에게 조치의 내용 및 불복방법 등을 고지하여야 한다(동법 제6조 제2항).
효력 상실	긴급응급조치는 다음의 어느 하나에 해당하는 때에는 그 효력을 상실한다(동법 제7조 제6항). ① 긴급응급조치에서 정한 기간이 지난 때 ② 법원이 긴급응급조치대상자에게 잠정조치 결정을 한 때

3. 잠정조치

구분	내용
청구	① 검사는 스토킹범죄가 재발될 우려가 있다고 인정하면 직권 또는 사법경찰관의 신청에 따라 법원에 잠정조치를 청구할 수 있다(동법 제8조 제1항). ② 피해자 또는 그 법정대리인은 검사 또는 사법경찰관에게 잠정조치의 청구 또는 그 신청을 요청하거나, 이에 관하여 의견을 진술할 수 있다(동법 제8조 제2항).
내용	① 법원은 스토킹범죄의 원활한 조사·심리 또는 피해자 보호를 위하여 필요하다고 인정하는 경우에는 결정으로 스토킹행위자에게 다음의 어느 하나에 해당하는 조치를 할 수 있다(동법 제9조 제1항). 　㉠ 피해자에 대한 스토킹범죄 중단에 관한 서면 경고 　㉡ 피해자, 그의 동거인, 가족이나 그 주거등으로부터 100미터 이내의 접근 금지 　㉢ 피해자 또는 그의 동거인, 가족에 대한 전기통신을 이용한 접근 금지 　㉣ 위치추적 전자장치의 부착 　㉤ 국가경찰관서의 유치장 또는 구치소에의 유치 ② 각각의 잠정조치는 병과할 수 있다(동법 제9조 제2항). ③ 법원은 위치추적 전자장치의 부착, 국가경찰관서의 유치장 또는 구치소에의 유치에 관한 결정을 하기 전 잠정조치의 사유를 판단하기 위하여 필요하다고 인정하는 때에는 검사, 스토킹행위자, 피해자, 기타 참고인으로부터 의견을 들을 수 있다(들어야 한다 ×)(동법 제9조 제3항). ④ 전자장치가 부착된 사람은 잠정조치기간 중 전자장치의 효용을 해치는 다음의 행위를 하여서는 아니된다(동법 제9조 제4항). 　㉠ 전자장치를 신체에서 임의로 분리하거나 손상하는 행위 　㉡ 전자장치의 전파를 방해하거나 수신자료를 변조하는 행위 　㉢ ㉠ 및 ㉡에서 정한 행위 외에 전자장치의 효용을 해치는 행위 ⑤ 법원은 제1항 제4호(국가경찰관서의 유치장 또는 구치소에의 유치)에 따른 잠정조치를 한 경우에는 스토킹행위자에게 변호인을 선임할 수 있다는 것과 항고할 수 있다는 것을 고지하여야 한다(동법 제9조 제6항).

구분		기간
기간	피해자 또는 그의 동거인, 가족이나 그 주거등으로부터 100미터 이내의 접근 금지	3개월 (2회 / 각 3개월 연장 가능)
	피해자 또는 그의 동거인, 가족에 대한 전기통신을 이용한 접근 금지	
	위치추적 전자장치의 부착	
	국가경찰관서의 유치장 또는 구치소에의 유치	1개월(연장 ×)

집행	법원은 잠정조치 결정을 한 경우에는 법원공무원, 사법경찰관리 또는 구치소 소속 교정공무원으로 하여금 집행하게 할 수 있다(동법 제10조 제1항).

구분	내용
변경	스토킹행위자나 그 법정대리인은 잠정조치 결정의 취소 또는 그 종류의 변경을 법원에 신청할 수 있다(동법 제11조 제1항).
효력 상실	잠정조치 결정은 스토킹행위자에 대해 검사가 불기소처분을 한 때, 사법경찰관이 불송치결정을 한 때에 그 효력을 상실한다(동법 제11조 제5항).

4. 스토킹범죄의 피해자에 대한 전담조사제

구분	내용
검찰	검찰총장은 각 지방검찰청 검사장에게 스토킹범죄 전담 검사를 지정하도록 하여 특별한 사정이 없으면 스토킹범죄 전담 검사가 피해자(피의자 ×)를 조사하게 하여야 한다(동법 제17조 제1항).
경찰	경찰관서의 장(국가수사본부장, 시·도경찰청장 및 경찰서장을 의미한다)은 스토킹범죄 전담 사법경찰관을 지정하여 특별한 사정이 없으면 스토킹범죄 전담 사법경찰관이 피해자(피의자 ×)를 조사하게 하여야 한다(동법 제17조 제2항).

📖 스토킹범죄에 대한 처벌

구분		내용
스토킹범죄	일반 스토킹범죄	스토킹범죄를 저지른 사람은 3년 이하의 징역 또는 3천만원 이하의 벌금에 처한다(동법 제18조 제1항).
	특별 스토킹범죄	흉기 또는 그 밖의 위험한 물건을 휴대하거나 이용하여 스토킹범죄를 저지른 사람은 5년 이하의 징역 또는 5천만원 이하의 벌금에 처한다(동법 제18조 제2항).
	반의사불벌죄 (×)	피해자의 처벌을 원하지 않는다는 명시적인 의사표시가 있는 경우라 하더라도, 그 의사에 반하여 형사소추를 할 수 있다.
전자장치 효용 저해		다음의 어느 하나에 해당하는 사람은 3년 이하의 징역 또는 3천만원 이하의 벌금에 처한다(동법 제20조 제1항). ① 전자장치의 효용을 해치는 행위를 한 사람 ② 피해자등의 주소, 성명, 나이, 직업, 학교, 용모, 인적사항, 사진 등 피해자등을 특정하여 파악할 수 있게 하는 정보 또는 피해자등의 사생활에 관한 비밀을 공개하거나 다른 사람에게 누설한 사람 ③ 피해자등의 주소, 성명, 나이, 직업, 학교, 용모, 인적 사항, 사진 등 피해자등을 특정하여 파악할 수 있게 하는 정보를 신문 등 인쇄물에 싣거나 「방송법」 제2조 제1호에 따른 방송 또는 정보통신망을 통하여 공개한 사람
잠정조치 불이행죄		제9조 제1항 제2호(피해자 또는 그의 동거인, 가족이나 그 주거등으로부터 100미터 이내의 접근 금지) 또는 제3호(피해자 또는 그의 동거인, 가족에 대한 전기통신을 이용한 접근 금지)의 잠정조치를 이행하지 아니한 사람은 2년 이하의 징역 또는 2천만원 이하의 벌금에 처한다(동법 제20조 제2항).
긴급응급조치 위반		긴급응급조치를 이행하지 아니한 사람은 1년 이하의 징역 또는 1천만원 이하의 벌금에 처한다(동법 제20조 제3항).

제152테마

마약류범죄

「마약류 관리에 관한 법률」【시행 2025. 2. 7.】

중요도 A급

📖 일반론

구분	내용	
의의	① 마약류란 마약·향정신성의약품 및 대마를 말한다(동법 제2조 제1호). ② 세계보건기구(WHO)는 마약류에 대하여 의존성, 내성, 금단증상, 개인 및 사회에 해를 끼치는 약물이라고 정의한다.	
특성	의존성	마약류의 효과에 정신적·신체적으로 의존할 경우 과거에 경험했던 평온함과 도취감을 갖기를 계속 갈망하게 되어 마약류를 다시 탐닉하게 된다.
	내성	마약류를 계속 복용하면 인체 내에 저항력이 생겨 약효가 감소하므로 동일한 효과를 얻기 위해서 약물 복용량을 점차 증가시키게 된다.
	금단증상	마약류 중독자가 복용하던 마약류를 감량하거나 중단시 신체적으로 인내하기 힘든 증상이 생기게 된다.
	개인적·사회적 악영향	① 개인적으로는 기억력감퇴와 판단력을 상실하고 정신분열, 식욕감퇴로 인한 신체 허약증세로 각종 합병증 등을 유발한다. ② 사회적으로는 가정의 파괴, 실업, 인력의 손실, 사회보장비용의 지출 등 경제 전반에 영향을 미친다.

📖 일반적 구분

구분		내용(동법 제2조 제2호 내지 제4호)
마약	천연마약	양귀비, 생아편, 모르핀, 코데인, 테바인, 코카인, 크랙
	한외마약 (처벌되지 않음)	① 일반의약품에 마약성분을 미세하게 혼합한 약물로 신체적·정신적 의존성을 일으킬 염려가 없어 감기약 등으로 판매되는 합법의약품 ② 코데날, 코데잘, 코데솔, 유코데, 세코날
	합성마약	페치단계, 메사돈계, 모르피난, 아미노부텐, 벤조모르핀
	반합성마약	헤로인, 히드로모르핀, 옥시코돈, 하이드로폰
향정신성 의약품	각성제	메스암페타민(히로뽕, 필로폰), 암페타민류
	환각제	L.S.D, 페이요트, 사일로사이빈, 메스카린
	억제제	바르비탈염제제, 벤조다이아핀제제

대마	대마초	대마의 잎이나 꽃을 말린 것(마리화나)
	대마수지	대마의 꽃대 부분에서 얻은 진액으로 만든 것(해쉬쉬)
	대마수지기름	기름 형태의 것(해쉬쉬미네랄오일)
	제외	대마초의 종자·뿌리 및 성숙한 대마초의 줄기와 그 제품은 제외된다.

📖 마약류의 구체적 특징

구분	내용
양귀비	양귀비는 열대 및 아열대 기후에서 자라는 양귀비속 1년생 식물로서 동남아지역과 중남미지역에서 주로 재배되며, 아편 및 헤로인의 제조원료가 되는 식물이다.
아편	아편은 모르핀, 코데인, 헤로인 등의 원료가 되며, 아편은 불에 탈 때 달콤한 향기를 내는 데 흡연자는 이 향기를 들이마심으로써 환각효과를 얻게 된다.
헤로인	헤로인 4㎎은 모르핀 10㎎과 동등한 진통효과가 있으며, 헤로인의 독성은 모르핀보다 10배 이상 강하고 금단증상도 매우 강하다.
코카인	코카인은 강력한 중추신경계 흥분제로 각성효과가 있어 운동선수의 약물복용 여부 검사시 최우선하는 항목이다.
메스암페타민 (히로뽕) (필로폰)	① 메스암페타민은 강한 각성작용으로 피로감을 감소·지연시킴과 동시에 정신을 맑게 해주어 신체운동성 및 정신작용을 증가시킨다. ② 식욕감퇴, 환시, 환청, 편집증세, 과민반응, 피해망상증 등을 경험한다. ③ 우리나라에서 가장 많이 사용되는 마약류이다.
야바 (YABA)	① 야바(YABA)는 태국어로 '미치게 하는 약'이라는 뜻으로서 카페인, 에페드린, 밀가루 등에 필로폰을 혼합한 캡슐·정제로 순도가 20~30% 정도 낮으며, 태국 등 동남아지역에서 주로 생산된다. ② 유흥업소 종사자, 육체노동자, 운전기사 등을 중심으로 급속히 확산되고 있으며, 한번 복용하면 3일간 잠을 자지 않을 정도로 환각효과가 강하며 중독성도 강하다.
LSD	① LSD는 곡물의 곰팡이, 보리의 맥각에서 발견되어 이를 분리·가공·합성한 가장 강력한 환각제이다. ② LSD는 무색·무취·무미의 특징을 가진다. ③ 사용을 중단한 이후에도 이전의 환각경험을 다시 하는 환각재현작용(플래쉬백 효과)이나 장기화된 정신이상 증세, 공포감 등이 나타날 수도 있다.
페이요트	페이요트는 미국의 텍사스나 멕시코 북부지역에서 자생하는 선인장의 일종으로, 어린잎 등을 건조하여 씹거나 또는 물에 넣어 끓여 음용하면 환각작용을 나타낸다.
엑스터시 (MDMA)	① 엑스터시(MDMA)는 1949년 독일에서 식욕감퇴제로 개발되었다. ② 기분이 좋아지는 약, 포옹마약, 클럽마약, 도리도리 등으로 지칭되며, 복용하면 신체접촉욕구가 강하게 발생한다.
물뽕 (GHB)	① 물뽕(GHB)은 미국, 유럽 등지에서 성범죄용으로 악용되어 '데이트 강간약물'이라고도 불린다. ② 무색·무취로써 짠맛이 나는 액체로 소다수 등의 음료에 타서 복용한다. ③ 환각·수면·진정의 효과를 야기한다.

덱스트로 메트로판 (러미나)	① 덱스트로메트로판(러미나)은 진해거담제로서 의사의 처방전이 있으면 약국에서 구입이 가능하다(사용량의 수십 배에 해당하는 20~100정을 흔히 남용) ② 강한 중추신경 억제성 진해작용이 있어서 코데인 대용으로 시판되고 있다. ③ 청소년들이 소주에 타서 마시기도 하는데, 이를 '정글쥬스'라고도 한다.
카리소프로돌 (S정)	① 카리소프로돌(S정)은 중추신경에 작용하여 골격 근육을 이완시키는 효과가 있으며, 과다 사용시 치명적으로 인사불성, 혼수쇼크, 사망에 까지 이르게 된다. ② 금단증상으로 온몸이 경직되고 뒤틀리며, 혀 꼬부라진 소리 등을 하게 된다.
프로포폴	프로포폴은 수면마취제로서 수면내시경 등에 사용된다.

제153테마

중요도 B급

성폭력범죄

「성폭력범죄의 처벌 등에 관한 특례법」【시행 2024. 1. 25.】

📖 일반론

구분	내용
목적	이 법은 성폭력범죄의 처벌 및 그 절차에 관한 특례를 규정함으로써 성폭력범죄 피해자의 생명과 신체의 안전을 보장하고 건강한 사회질서의 확립에 이바지함을 목적으로 한다(동법 제1조).
유형	「성폭력범죄의 처벌 등에 관한 특례법」상 성폭력범죄는 다음과 같다(동법 제3조 내지 동법 제15조). ① 특수강도강간 등(동법 제3조) ② 특수강간 등(동법 제4조) ③ 친족관계에 의한 강간 등(동법 제5조) ④ 장애인에 대한 강간·강제추행 등(동법 제6조) ⑤ 13세 미만의 미성년자에 대한 강간·강제추행 등(동법 제7조) ⑥ 강간 등 상해·치상(동법 제8조) ⑦ 강간 등 살인·치사(동법 제9조) ⑧ 업무상 위력 등에 의한 추행(동법 제10조) ⑨ 공중 밀집장소에서의 추행(동법 제11조) ⑩ 성적 목적을 위한 다중이용장소 침입행위(동법 제12조) ⑪ 통신매체를 이용한 음란행위(동법 제13조) ⑫ 카메라 등을 이용한 촬영(동법 제14조) ⑬ 허위영상물 등의 반포 등(동법 제14조의2) ⑭ 촬영물 등을 이용한 협박·강요(동법 제14조의3) ⑮ 미수범에 대한 처벌(동법 제15조)
미수범 불처벌	① 업무상 위력 등에 의한 추행 ② 공중 밀집 장소에서의 추행 ③ 성적 목적을 위한 다중이용장소 침입행위 ④ 통신 매체를 이용한 음란행위

📖 처벌에 대한 특례

구분	내용
예비 음모	제3조부터 제7조까지의 죄를 범할 목적으로 예비 또는 음모한 사람은 3년 이하의 징역에 처한다(동법 제15조의2).

형벌과 수강명령		① 법원이 성폭력범죄를 범한 사람에 대하여 형의 선고를 유예하는 경우에는 1년 동안 보호관찰을 받을 것을 명할 수 있다. 다만, 성폭력범죄를 범한 「소년법」 제2조에 따른 소년에 대하여 형의 선고를 유예하는 경우에는 반드시 보호관찰을 명하여야 한다(동법 제16조 제1항). ② 법원이 성폭력범죄를 범한 사람에 대하여 유죄판결(선고유예는 제외)을 선고하거나 약식명령을 고지하는 경우에는 500시간의 범위에서 재범예방에 필요한 수강명령 또는 성폭력 치료프로그램의 이수명령을 병과하여야 한다. 다만, 수강명령 또는 이수명령을 부과할 수 없는 특별한 사정이 있는 경우에는 그러하지 아니하다(동법 제16조 제2항).
고소 제한 예외		성폭력범죄에 대하여는 「형사소송법」 제224조(고소의 제한)에도 불구하고 자기 또는 배우자의 직계존속을 고소할 수 있다(동법 제18조).
형법상 감경규정		음주 또는 약물로 인한 심신장애 상태에서 성폭력범죄를 범한 때에는 「형법」 제10조 제1항(심신상실자)·제2항(심신미약자) 및 제11조(청각 및 언어 장애인)를 적용하지 아니할 수 있다(적용하지 아니한다 ×)(동법 제20조).
전담조사제	검찰	검찰총장은 각 지방검찰청 검사장으로 하여금 성폭력범죄 전담 검사를 지정하도록 하여 특별한 사정이 없으면 이들로 하여금 피해자(피의자 ×)를 조사하게 하여야 한다(동법 제26조 제1항).
	경찰	경찰청장은 각 경찰서장으로 하여금 성폭력범죄 전담 사법경찰관을 지정하도록 하여 특별한 사정이 없으면 이들로 하여금 피해자(피의자 ×)를 조사하게 하여야 한다(동법 제26조 제2항).
공소시효	미성년자	미성년자에 대한 성폭력범죄의 공소시효는 해당 성폭력범죄로 피해를 당한 미성년자가 성년에 달한 날부터 진행한다(동법 제21조 제1항).
	과학적인 증거 (DNA 등)	디엔에이(DNA)증거 등 그 죄를 증명할 수 있는 과학적인 증거가 있는 때에는 공소시효가 10년 연장된다(동법 제21조 제2항).
	공소시효 미적용	13세 미만의 사람 및 신체적인 또는 정신적인 장애가 있는 사람에 대하여 다음의 죄를 범한 경우에는 공소시효를 적용하지 아니한다(동법 제21조 제3항). ① 「형법」상 강간, 강제추행, 준강간, 준강제추행, 강간등 상해·치상, 강간등 살인·치사, 미성년자에 대한 간음·추행 ② 「성폭력범죄의 처벌에 관한 특례법」상 장애인 유사강간, 13세 미만자 유사강간, 13세 미만 위계 또는 위력에 의한 간음·추행, 강간등 상해·치상, 강간등 살인·치사 ③ 「아동·청소년의 성보호에 관한 법률」상 강간등 상해·치상, 강간등 살인·치사

📖 피해자에 대한 보호

구분	내용
변호사 선임의 특례	① 성폭력범죄의 피해자 및 그 법정대리인은 형사절차상 입을 수 있는 피해를 방어하고 법률적 조력을 보장하기 위하여 변호사를 선임할 수 있다(동법 제27조 제1항). ② 변호사는 검사 또는 사법경찰관의 피해자등에 대한 조사에 참여하여 의견을 진술할 수 있다. 다만, 조사 도중에는 검사 또는 사법경찰관의 승인을 받아 의견을 진술할 수 있다(동법 제27조 제2항). ③ 변호사는 피의자에 대한 구속 전 피의자심문, 증거보전절차, 공판준비기일 및 공판절차에 출석하여 의견을 진술할 수 있다(동법 제27조 제2항). ④ 변호사는 형사절차에서 피해자 등의 대리가 허용될 수 있는 모든 소송행위에 대한 포괄적인 대리권을 가진다(동법 제27조 제5항). ⑤ 검사는 피해자에게 변호사가 없는 경우 국선변호사를 선정하여 형사절차에서 피해자의 권익을 보호할 수 있다. 다만, 19세미만 피해자등에게 변호사가 없는 경우에는 국선변호사를 선정하여야 한다(선정할 수 있다 ×)(동법 제27조 제6항).
수사·재판절차 배려	수사기관과 법원은 성폭력범죄의 피해자를 조사하거나 심리·재판할 때 피해자가 편안한 상태에서 진술할 수 있는 환경을 조성하여야 하며, 조사 및 심리·재판 횟수는 필요한 범위에서 최소한으로 하여야 한다(동법 제29조 제2항).
영상 녹화·보존	① 검사 또는 사법경찰관은 19세미만 피해자등의 진술 내용과 조사 과정을 영상녹화장치로 녹화하고(녹화할 수 있고 ×), 그 영상녹화물을 보존하여야 한다(보존할 수 있다 ×)(동법 제30조 제1항). ② 제1항에도 불구하고 19세미만 피해자등 또는 그 법정대리인(법정대리인이 가해자이거나 가해자의 배우자인 경우는 제외)이 이를 원하지 아니하는 의사를 표시하는 경우에는 영상녹화를 하여서는 아니 된다(동법 제30조 제3항). ③ 검사 또는 사법경찰관은 19세미만 피해자등이나 그 법정대리인이 신청하는 경우에는 영상녹화 과정에서 작성한 조서의 사본 또는 영상녹화물에 녹음된 내용을 옮겨 적은 녹취서의 사본을 신청인에게 발급하거나 영상녹화물을 재생하여 시청하게 하여야 한다(동법 제30조 제7항).
영상녹화물 증거능력 특례	19세미만 피해자등의 진술이 영상녹화된 영상녹화물은 같은 조 제4항부터 제6항까지에서 정한 절차와 방식에 따라 영상녹화된 것으로서 다음의 어느 하나의 경우에 증거로 할 수 있다(동법 제30조의2 제1항). ① 증거보전기일, 공판준비기일 또는 공판기일에 그 내용에 대하여 피의자, 피고인 또는 변호인이 피해자를 신문할 수 있었던 경우 ② 19세미만 피해자등이 사망, 외국 거주, 신체적·정신적 질병·장애, 소재불명, 그 밖에 이에 준하는 경우로 공판준비기일 또는 공판기일에 출석하여 진술할 수 없는 경우

구분	내용
심리의 비공개	① 성폭력범죄에 대한 심리는 그 피해자의 사생활을 보호하기 위하여 결정으로써 공개하지 아니할 수 있다(동법 제31조 제1항). ② 증인으로 소환 받은 성폭력범죄의 피해자와 그 가족은 사생활보호 등의 사유로 증인신문의 비공개를 신청할 수 있다(동법 제31조 제2항).
신뢰관계에 있는 사람의 동석	① 법원은 피해자를 증인으로 신문하는 경우에 검사, 피해자 또는 그 법정대리인이 신청할 때에는 재판에 지장을 줄 우려가 있는 등 부득이한 경우가 아니면 피해자와 신뢰관계에 있는 사람을 동석하게 하여야 한다(동법 제34조 제1항). ② 피해자와 신뢰관계에 있는 사람이 피해자에게 불리하거나 피해자가 원하지 아니하는 경우에는 동석하게 하여서는 아니 된다(동법 제34조 제3항).
증거보존의 특례	피해자나 그 법정대리인 또는 사법경찰관은 피해자가 공판기일에 출석하여 증언하는 것에 현저히 곤란한 사정이 있을 때에는 그 사유를 소명하여 제30조에 따라 영상녹화된 영상녹화물 또는 그 밖의 다른 증거에 대하여 해당 성폭력범죄를 수사하는 검사에게 「형사소송법」제184조(증거보전의 청구와 그 절차) 제1항에 따른 증거보전의 청구를 할 것을 요청할 수 있다. 이 경우 피해자가 19세미만 피해자등인 경우에는 공판기일에 출석하여 증언하는 것에 현저히 곤란한 사정이 있는 것으로 본다(동법 제41조 제1항).

📖 신상정보 등록제도

구분	내용
등록대상자	「성폭력범죄의 처벌 등에 관한 특례법」및 「아동·청소년의 성보호에 관한 법률」의 성폭력범죄로 유죄판결이나 약식명령이 확정된 자, 신상정보 공개명령이 확정된 자는 신상정보 등록대상자가 된다(동법 제42조 제1항).
신상정보 제출의무	① 등록대상자는 판결이 확정된 날부터 30일 이내에 기본신상정보를 자신의 주소지 관할 경찰관서의 장에게 제출하여야 한다(동법 제43조 제1항). ② 등록대상자는 제출한 기본신상정보가 변경된 경우에는 그 사유와 변경내용을 변경사유가 발생한 날부터 20일 이내에 제출하여야 한다(동법 제43조 제3항).
출입국 신고의무	① 등록대상자가 6개월 이상 국외에 체류하기 위하여 출국하는 경우에는 미리 관할경찰관서의 장에게 체류국가 및 체류기간 등을 신고하여야 한다(동법 제43조의2 제1항). ② 신고한 등록대상자가 입국하였을 때에는 특별한 사정이 없으면 14일 이내에 관할경찰관서의 장에게 입국 사실을 신고하여야 한다(동법 제43조의2 제2항).
신상정보 등록	법무부장관은 송달받은 정보와 다음의 등록대상자 정보를 등록하여야 한다(동법 제44조 제1항). ① 등록대상 성범죄 경력정보 ② 성범죄 전과사실(죄명, 횟수) ③ 전자장치 부착 여부

등록정보 관리	법무부장관은 기본신상정보를 최초로 등록한 날부터 다음의 등록기간 동안 등록정보를 보존·관리하여야 한다. 다만, 법원이 등록기간을 정한 경우에는 그 기간 동안 등록정보를 보존·관리하여야 한다(동법 제45조 제1항). ① 성범죄로 사형, 무기징역·무기금고형 또는 10년 초과의 징역·금고형을 선고받은 사람(30년) ② 성범죄로 3년 초과 10년 이하의 징역·금고형을 선고받은 사람(20년) ③ 성범죄로 3년 이하의 징역·금고형을 선고받은 사람(15년) ④ 성범죄로 벌금형을 선고받은 사람(10년)
등록 면제	신상정보 등록의 원인이 된 성범죄로 형의 선고를 유예받은 사람이 선고유예를 받은 날부터 2년이 경과하여 「형법」 제60조에 따라 면소된 것으로 간주되면 신상정보 등록을 면제한다(동법 제45조의2 제1항).

제154테마

특정중대범죄 신상공개

중요도 B급

「특정중대범죄 피의자 등 신상정보 공개에 관한 법률」【시행 2024. 1. 25.】

📖 일반론

구분	내용
특정중대범죄	이 법에서 특정중대범죄란 다음의 어느 하나에 해당하는 죄를 말한다(동법 제2조). ① 「형법」상 내란의 죄 및 외환의 죄 ② 「형법」상 범죄단체 등의 조직의 죄 ③ 「형법」상 폭발물 사용의 죄 ④ 「형법」상 현주건조물 등 방화의 죄 ⑤ 「형법」상 중상해·존속중상해·특수상해·상해치사·폭행치사상의 죄(폭행치사상의 죄의 경우 중상해 또는 사망에 이른 경우에 한정) ⑥ 「특정강력범죄의 처벌에 관한 특례법」상 특정강력범죄 ⑦ 「성폭력범죄의 처벌 등에 관한 특례법」상 성폭력범죄 ⑧ 「아동·청소년의 성보호에 관한 법률」상 아동·청소년대상 성범죄 ⑨ 「마약류 관리에 관한 법률」제58조의 죄 ⑩ 「마약류 불법거래 방지에 관한 특례법」제6조 및 제9조 제1항의 죄 ⑪ 위의 ①부터 ⑩까지의 죄로서 다른 법률에 따라 가중처벌되는 죄
다른 법률과의 관계	수사 및 재판 단계에서 신상정보의 공개에 대하여는 다른 법률의 규정에도 불구하고 이 법을 우선 적용한다(동법 제3조).

📖 신상정보공개심의위원회

구분	내용
설치 (임의기관)	검찰총장 및 경찰청장(법무부장관 ×)은 신상정보 공개 여부에 관한 사항을 심의하기 위하여 신상정보공개심의위원회를 둘 수 있다(동법 제8조 제1항).
구성 운영	① 신상정보공개심의위원회는 위원장을 포함하여 10인 이내의 위원으로 구성한다(동법 제8조 제2항). ② 신상정보공개심의위원회의 구성 및 운영 등에 관한 구체적인 사항은 검찰총장 및 경찰청장이 정한다(동법 제8조 제5항).
의견진술 기회 부여	신상정보공개심의위원회는 신상정보 공개 여부에 관한 사항을 심의할 때 피의자에게 의견을 진술할 기회를 주어야 한다(동법 제8조 제3항).
비밀유지의무	① 신상정보공개심의위원회 위원 또는 위원이었던 사람은 심의 과정에서 알게 된 비밀을 외부에 공개하거나 누설하여서는 아니 된다(동법 제8조 제4항). ② 이에 위반하여 비밀을 외부에 공개하거나 누설한 사람은 1년 이하의 징역이나 금고 또는 1천만원 이하의 벌금에 처한다(동법 제9조).

📖 신상정보공개

구분	내용
피의자 (수사단계)	① 검사와 사법경찰관은 다음의 요건을 모두 갖춘 특정중대범죄사건의 피의자의 얼굴, 성명 및 나이를 공개할 수 있다. 다만, 피의자가 미성년자인 경우에는 공개하지 아니한다(동법 제4조 제1항). 　㉠ 범행수단이 잔인하고 중대한 피해가 발생하였을 것 　㉡ 피의자가 그 죄를 범하였다고 믿을 만한 충분한 증거(의심 ×)가 있을 것 　㉢ 국민의 알권리 보장, 피의자의 재범 방지, 범죄예방 등 오로지 공공의 이익을 위하여 필요할 것 ② 검사와 사법경찰관은 제1항에 따라 신상정보 공개를 결정함에 있어 범죄의 중대성, 범행 후 정황, 피해자 보호 필요성, 피해자(피해자가 사망한 경우 피해자의 유족을 포함)의의사 등을 종합적으로 고려하여야 한다(고려할 수 있다 ×)(동법 제4조 제2항). ③ 공개하는 피의자의 얼굴은 특별한 사정이 없는 한 공개 결정일 전후 30일 이내의 모습으로 한다(동법 제4조 제4항). ④ 검사와 사법경찰관은 제1항에 따라 피의자의 신상정보 공개를 결정하기 전에 피의자에게 의견을 진술할 기회를 주어야 한다(줄 수 있다 ×). 다만, 신상정보공개심의위원회에서 피의자의의견을 청취한 경우에는 이를 생략할 수 있다(동법 제4조 제6항). ⑤ 검사와 사법경찰관은 피의자에게 신상정보 공개를 통지한 날로부터 5일 이상의 유예기간을 두고 신상정보를 공개하여야 한다(동법 제4조 제7항). ⑥ 검사와 사법경찰관은 정보통신망을 이용하여 그 신상정보를 30일간 공개한다(동법 제4조 제8항).
피고인 (재판단계)	① 검사는 공소제기 시까지 특정중대범죄사건이 아니었으나 재판 과정에서 특정중대범죄사건으로 공소사실이 변경된 사건의 피고인으로서 제4조 제1항 각 호의 요건을 모두 갖춘 피고인에 대하여 피고인의 현재지 또는 최후 거주지를 관할하는 법원에 신상정보의 공개를 청구할 수 있다. 다만, 피고인이 미성년자인 경우는 제외한다(동법 제5조 제1항). ② 청구는 해당 특정중대범죄 피고사건의 항소심 변론종결 시까지 하여야 한다(동법 제5조 제2항). ③ 청구에 관하여는 해당 특정중대범죄 피고사건을 심리하는 재판부가 아닌 별도의 재판부에서 결정(피고사건을 심리하는 동일한 재판부에서 결정 ×)한다(동법 제5조 제3항). ④ 청구를 받은 법원은 청구의 허부에 관한 결정을 하여야 한다(동법 제5조 제5항). ⑤ 법원의 신상정보 공개결정은 검사가 집행한다(동법 제5조 제7항).

📖 피의자·피고인에 대한 보상

구분	내용
피의자 (수사단계)	① 피의자로서 이 법에 따라 신상정보가 공개된 자 중 검사로부터 불기소처분을 받거나 사법경찰관으로부터 불송치결정을 받은 자는 「형사보상 및 명예회복에 관한 법률」에 따른 형사보상과 별도로 국가에 대하여 신상정보의 공개에 따른 보상을 청구할 수 있다. 다만, 신상정보가 공개된 이후 불기소처분 또는 불송치결정의 사유가 있는 경우와 해당 불기소처분 또는 불송치 결정이 종국적인 것이 아니거나 「형사소송법」 제247조(기소편의주의)에 따른 것일 경우에는 그러하지 아니하다(동법 제6조 제1항). ② 다음의 어느 하나에 해당하는 경우에는 제1항에 따른 보상의 전부 또는 일부를 지급하지 아니할 수 있다(지급하지 아니한다 ×)(동법 제6조 제2항). 　㉠ 본인이 수사 또는 재판을 그르칠 목적으로 거짓 자백을 하거나 다른 유죄의 증거를 만듦으로써 신상정보가 공개된 것으로 인정되는 경우 　㉡ 보상을 하는 것이 선량한 풍속이나 그 밖에 사회질서에 위배된다고 인정할 특별한 사정이 있는 경우 ③ 제1항에 따른 보상을 할 때에는 1천만원 이내에서 모든 사정을 고려하여 타당하다고 인정하는 금액을 보상한다. 이 경우 신상공개로 인하여 발생한 재산상의 손실액이 증명되었을 때에는 그 손실액도 보상한다(동법 제6조 제3항).
피고인 (재판단계)	① 이 법에 따라 신상정보가 공개된 피고인이 해당 특정중대범죄에 대하여 무죄재판을 받아 확정되었을 때에는 「형사보상 및 명예회복에 관한 법률」에 따른 형사보상과 별도로 국가에 대하여 신상정보의 공개에 따른 보상을 청구할 수 있다(동법 제7조 제1항). ② 다음의 어느 하나에 해당하는 경우에는 법원은 재량으로 보상청구의 전부 또는 일부를 기각할 수 있다(동법 제7조 제2항). 　㉠ 「형법」 제9조(형사미성년자) 및 제10조 제1항(심신장애인)의 사유로 무죄재판을 받은 경우 　㉡ 본인이 수사 또는 심판을 그르칠 목적으로 거짓 자백을 하거나 다른 유죄의 증거를 만듦으로써 기소, 신상정보 공개, 또는 유죄재판을 받게 된 것으로 인정된 경우 　㉢ 수개의 특정중대범죄로 인하여 신상정보가 공개된 피고인이 1개의 재판으로 경합범의 일부인 특정중대범죄에 대하여 무죄재판을 받고 다른 특정중대범죄에 대하여 유죄재판을 받은 경우 ③ 제1항에 따른 보상을 할 때에는 1천만원 이내에서 모든 사정을 고려하여 법원이 타당하다고 인정하는 금액을 보상한다. 이 경우 신상공개로 인하여 발생한 재산상의 손실액이 증명되었을 때에는 그 손실액도 보상한다(동법 제7조 제3항).

제14장

분야별 경찰활동 Ⅲ - 경비경찰활동

제155테마~제167테마

제155테마

경비경찰활동의 기초

중요도 B급

📖 경비경찰활동의 대상

구분	종류	내용
개인적·단체적 불법행위	치안경비 (다중범죄진압)	공안을 해하는 다중범죄 등 집단적인 범죄사태가 발생하거나 발생할 우려가 있는 경우에 사태를 예방·경계·진압하기 위한 경비활동
	특수경비 (대테러)	총포·도검·폭발물 등에 의한 인질난동 및 살상 등 사회 이목을 집중시키는 중요사건을 예방·경계·진압하기 위한 경비활동
	경호경비	피경호자의 신변을 보호하기 위한 경비활동
	중요시설경비	국가적으로 중대한 영향을 미치는 국가산업시설 및 국가행정시설을 방호하기 위한 경비활동
인위적·자연적 혼잡·재난	혼잡경비 (행사안전경비)	기념행사, 경기대회, 경축제례 등의 경우 미조직된 군중에 의하여 발생하는 인위적·자연적 혼란상태를 예방·경계·진압하기 위한 경비활동
	재난경비	천재지변, 화재 등의 자연적·인위적 돌발사태로 인하여 인명 또는 재산 피해가 발생하거나 발생할 우려가 있는 경우 이를 예방·경계·진압하기 위한 경비활동

📖 경비경찰활동의 특성

구분	내용
복합기능적 활동	경비경찰활동은 특정한 사태가 발생한 후에 진압하는 사후진압적 측면이 있으며, 사태의 발생을 예방하기 위한 사전예방적 측면도 가지고 있다.
현상유지적 활동	① 경비경찰활동은 현재의 질서상태를 유지하는 것에 중점을 두고 있다. ② 이것은 정태적·소극적인 질서유지가 아니라, 새로운 변화와 발전을 위한 동태적·적극적 질서유지작용이라고 할 수 있다. ③ 급진적인 사회개혁이나 획기적인 변화의 추구는 경비경찰활동이라고 볼 수 없다.
즉응적 활동 (즉시적 활동)	다중범죄, 테러, 경호상 위해, 경찰작전상황 등이 발생하였을 경우에 즉시 출동하여 신속하게 제압하여야 한다는 것으로, 특정한 기한 없이 그러한 사태가 종료될 때 동시에 해당 업무도 종료되는 것이 그 특징이다.
조직적 부대활동	① 경비경찰활동은 부대단위로 활동하며, 하향적인 명령에 의하여 움직인다. ② 부대원의 재량은 상대적으로 적고, 수명사항에 대한 책임은 지휘관이 지는 경우가 많은 것이 특징이다.
국가목적적 활동	경비경찰활동은 공공의 안녕과 질서를 유지하는 것을 목적으로 하므로 결과적으로 사회 전체의 질서를 파괴하는 범죄를 대상으로 작용한다는 점에서, 경비경찰활동의 주요 임무는 국가목적적 치안의 수행이다.

경비경찰활동의 운영 원칙

구분	내용
부대단위 활동의 원칙	경비경찰은 업무의 성격상 경찰관 개인단위로 이루어지는 활동보다는 부대단위의 활동으로 이루어지는 경우가 대부분이다.
지휘관 단일성의 원칙	① 경비경찰은 1명의 상관의 지휘 하에 관리되어야 하고, 효과적인 운영을 위해서 위원회나 집단지휘체제를 구성하는 것은 바람직하지 않다. ② 의사결정의 과정에서까지 단일해야 한다는 의미는 결코 아니다.
체계 통일성의 원칙	지시는 한 사람에 의해서 행해져야 하고, 보고 역시 한 사람을 통해서 이루어져야 한다(명령과 복종의 체계).
치안 협력성의 원칙	① 경비조직이 아무리 완벽하게 그 활동을 수행하더라도 각종 위해요소를 직접 인지할 수 없고, 일반국민의 협력이 없으면 성공할 수 없으므로 국민들과의 협력은 필수요소이다. ② 치안 협력성을 조성하는 것은 어디까지나 임의적이어야 하고 강제성을 띠어서는 아니 된다.

경비경찰활동의 수단

1. 경비수단의 4대 원칙

구분	내용
균형의 원칙	경비수단으로 경찰력을 행사할 때에는 경력의 운용을 균형 있게 하여야 한다는 원칙이다.
위치의 원칙	경비사태 진압시의 실력행사에 있어서 가장 유리한 지형·지물·위치 등을 확보하여 작전 수행이나 진압을 용이하게 하여야 한다는 원칙이다.
적시의 원칙	경비실시에 있어서 상대방의 저항력이 가장 허약한 시점을 포착하여 집중적이고 강력한 실력행사를 하여야 한다는 원칙이다.
안전의 원칙	경비사태가 발생하여 실력을 행사할 경우에, 경비경력과 군중 모두에게 사고 없이 안전하게 진압하여야 한다는 원칙이다(가장 중요한 원칙).

2. 경비수단의 종류

구분	종류	내용
간접적 실력행사	경고	① 경비사태와 관련된 사람들에게 주의를 주고 일정한 행위를 촉구하는 사실상의 통지행위로서 임의처분이다. ②「경찰관 직무집행법」제5조(위험 발생의 방지 등)에 근거한다.
직접적 실력행사	제지	① 경비사태를 예방·진압하기 위한 즉시강제에 해당하는 강제처분이다. ②「경찰관 직무집행법」제6조(범죄의 예방과 제지)에 근거한다.
	체포	① 행위가 명백한 위법일 때 상대방의 신체를 구속하는 강제처분이다. ②「형사소송법」제212조(현행범인의 체포)에 근거한다.

제156테마
행사안전경비(혼잡경비)

중요도 B급

📖 일반론

구분	내용
의의	① 행사안전경비(혼잡경비)는 기념행사, 경기대회, 제례행사, 대규모 공연 등의 행사로 모인 미조직된 군중에 의하여 발생되는 자연적 혼란상태를 사전에 예방·경계하고, 위험한 사태가 발생한 경우에는 신속히 조치하여 사태가 확대되는 것을 방지하는 경비경찰활동이다. ② 행사안전경비는 특별히 개인이나 단체의 불법행위를 전제로 하지 않는다.
부대의 편성·배치	① 부대는 군중이 입장하기 전에 사전 배치하고 경력은 단계별로 탄력적으로 운용한다. ② 관중석에 배치된 예비대는 단시간 내에 혼란예상지역에 도달할 수 있도록 통로 주변 등에 배치한다. ③ 예비대의 운용여부는 경찰의 자체 판단하에(주최측과 협조하여 ×) 실시한다.

📖 군중정리의 4대 원칙

구분	내용
밀도의 희박화	많은 사람이 모이면 충돌과 혼잡이 야기되므로, 제한된 장소에 많은 사람이 모이는 것을 회피하게 된다.
이동방향·속도의 일정화	군중들을 일정한 방향·속도로 이동시킴으로써, 주위의 상황을 파악할 수 있는 여건을 조성하여 안정감을 갖게 한다.
경쟁적 심리상태의 해소	① 경쟁적 심리상태란 남보다 먼저 가려고 하는 심리상태를 말한다. ② 차분한 목소리로 안내방송을 하는 것도 한 방법이다.
철저한 지시	계속적이고 자세한 안내방송으로 철저하게 지시함으로써 사고를 예방하여야 한다.

📖 경비의 요청

구분	내용
경비의 요청	시·도경찰청장(경찰서장 ×)은 행사장 그 밖에 많은 사람이 모이는 시설 또는 장소에서 혼잡 등으로 인한 위험의 발생을 방지하기 경비원에 의한 경비가 필요하다고 인정되는 때에는 행사개최일 전에 당해 행사의 주최자에게 경비원에 의한 경비를 실시하거나 부득이한 사유로 그것을 실시할 수 없는 경우에는 행사개최 24시간 전까지 시·도경찰청장에게 그 사실을 통지하여 줄 것을 요청할 수 있다(「경비업법 시행령」 제30조).
재해예방조치	공연장운영자는 화재나 그 밖의 재해를 예방하기 위하여 그 공연장 종업원의 임무·배치 등 재해대처계획을 수립하여 매년 관할 특별자치시장·특별자치도지사·시장·군수·구청장에게 신고하여야 한다. 이 경우 특별자치시장·특별자치도지사·시장·군수·구청장은 신고받은 재해대처계획을 관할 소방서장에게 통보하여야 한다(「공연법」 제11조).

제157테마

선거경비

중요도 A급

📖 일반론

구분	내용
의의	① 선거경비란 각종 선거시 후보자의 신변을 철저하게 보호하고, 투표소 및 개표소에서의 폭력·난동·테러 등 선거방해 요소를 사전에 예방·제거함으로써, 평온한 선거가 실시되도록 하는 경비경찰활동을 의미한다. ② 선거경비는 행사안전경비, 특수경비, 경호경비, 다중범죄진압 등 종합적인 활동이 요구되는 경비경찰활동이다.
비상근무체계 경계강화기간	선거기간 개시일로부터 선거 전일까지를 경계강화기간으로 한다.
비상근무체계 갑호비상	선거일(06:00)로부터 개표 종료시까지를 갑호비상으로 한다.

📖 후보자 신변보호

구분	내용
대통령선거	① 대통령선거 후보자는 후보자 등록을 한 때부터(후보자 등록을 한 다음 날부터 ×) 을호 경호대상자이며, 대통령으로 당선 확정된 사람은 갑호 경호대상자가 된다. ② 대통령선거 후보자의 요청에 따라 전담 신변경호대를 편성·운용하지만, 신변경호를 원치 않는 후보자는 시·도경찰청에서(경찰청에서 ×) 경호경험이 있는 자를 선발·대기시켜 관내 유세기간 중 근접 배치한다. ③ 거리유세, 숙소 등 24시간 근접 신변경호의 임무를 수행한다. ④ 대통령선거 후보자 신변보호의 기간은 후보자등록시부터 당선 확정시까지이며, 인원은 상황에 따라 배치하며, 경호근무에 필요한 장비(총기, 무전기 등)를 휴대한다.
국회의원선거 지방자치단체장선거	각 선거구를 관할하는 경찰서(시·도경찰청 ×)는 후보자가 신변경호를 원할 때 전담 경호요원(일반적으로는 2~3명)을 배치한다.

📖 투표소·투표함 운송 경비

구분	내용
투표소	① 투표소는 선거관리위원회가 자체적으로 경비한다. ② 각 경찰서는 전 관내를 지원할 수 있는 기동타격대 및 채증조를 운용한다. ③ 투표소를 지역별로 구분하고, 권역별로 예비대를 운용하여 유사시에 대비한다.
투표함 운송	투표함 운송경비는 선거관리위원회 직원과 경찰이 합동으로 한다.

📖 개표소 경비

구분	내용
제1선 (개표소 내부)	① 개표소 내부는 선거관리위원회위원장의 책임 하에 질서를 유지한다. ② 개표소 내부에 질서문란행위가 발생한 경우 선거관리위원회위원장 또는 선거관리위원회위원의 요청이 있는 경우에만 경찰력을 투입한다. ③ 개표소 내부의 질서가 회복되거나 선거관리위원회위원장의 요구(선거관리위원회위원의 요구 ×)가 있을 때는 퇴거한다. ④ 원조요구를 받은 경찰관은 예외적으로 무기 등을 휴대할 수 있다. ⑤ 원조요구를 받은 경찰관은 선거관리위원회위원장의 지시를 받아야 한다.
제2선 (울타리 내곽)	① 경찰은 선거관리위원회와 합동으로 출입자를 통제한다. ② 출입문은 가능한 한 정문만을 사용하고, 기타 출입문은 미사용하도록 한다.
제3선 (울타리 외곽)	경찰은 검문조·순찰조를 운용하여 위해불심자의 접근을 사전에 차단한다.
사전 안전검측	개표소 내부의 안전검측 및 유지는 선거관리위원회와 협조하여 경찰에서 보안안전팀을 운영(선거관리위원회에서 보안안전팀을 운영 ×)하여 개표소 내·외곽에 관한 사전 안전검측을 실시한다.

제158테마

재난경비

중요도 A급

- 「재난 및 안전관리기본법」【시행 2024. 7. 17.】
- 「경찰 재난관리 규칙」【시행 2021. 7. 15.】

📖 일반론

구분	내용
의의	① 재난이란 국민의 생명·신체·재산과 국가에 피해를 주거나 줄 수 있는 것을 말한다(동법 제3조 제1호). ② 재난관리란 재난의 예방·대비·대응 및 복구를 위하여 하는 모든 활동을 말한다(동법 제3조 제3호). ③ 안전관리란 재난이나 그 밖의 각종 사고로부터 사람의 생명·신체 및 재산의 안전을 확보하기 위하여 하는 모든 활동을 말한다(동법 제3조 제4호). ④ 재난발생시 소방관련기관은 긴급구조기관의 역할을 수행하며, 경찰관련기관은 긴급구조지원기관의 역할을 수행한다.
유형 자연재난	태풍, 홍수, 호우, 강풍, 풍랑, 해일, 대설, 한파, 낙뢰, 가뭄, 폭염, 지진, 황사, 조류 대발생, 조수, 화산활동, 소행성·유성체 등 자연우주물체의 추락·충돌, 그 밖에 이에 준하는 자연현상으로 인하여 발생하는 재해
유형 사회재난	화재·붕괴·폭발·교통사고(항공사고·해상사고를 포함)·화생방사고·환경오염사고·다중운집인파사고 등으로 인하여 발생하는 대통령령으로 정하는 규모 이상의 피해와 국가핵심기반의 마비, 감염병 또는 가축전염병의 확산, 미세먼지, 인공우주물체의 추락·충돌 등으로 인한 피해

📖 「재난 및 안전관리 기본법」 주요 내용

1. 재난 및 안전관리 조직

구분		내용
총괄·조정		행정안전부장관은 국가 및 지방자치단체가 행하는 재난 및 안전관리 업무를 총괄·조정한다(동법 제6조).
중앙안전 관리위원회 (중앙위원회)	소속	국무총리 소속으로 중앙안전관리위원회를 둔다(동법 제9조 제1항).
	위원장 위원	① 중앙위원회의 위원장은 국무총리가 되고, 위원은 대통령령으로 정하는 중앙행정기관 또는 관계 기관·단체의 장이 된다(동법 제9조 제2항). ② 중앙위원회의 위원장이 사고 또는 부득이한 사유로 직무를 수행할 수 없을 때에는 행정안전부장관, 대통령령으로 정하는 중앙행정기관의 장 순으로 위원장의 직무를 대행한다(동법 제9조 제5항).
	간사	간사 1명을 두며, 간사는 행정안전부장관이 된다(동법 제9조 제4항).

	설치	행정안전부에 중앙재난안전대책본부를 둔다(동법 제14조 제1항).
중앙재난 안전대책본부 (중앙대책본부)	본부장	① 중앙대책본부의 본부장은 행정안전부장관이 되며, 중앙대책본부장은 중앙대책본부의 업무를 총괄하고 필요하다고 인정하면 중앙재난안전대책본부 회의를 소집할 수 있다. 다만, 해외재난의 경우에는 외교부장관이, 방사능재난의 경우에는 중앙방사능방재대책본부의 장이 각각 중앙대책본부장의 권한을 행사한다(동법 제14조 제3항). ② 국무총리가 범정부적 차원의 통합 대응이 필요하다고 인정하는 경우 또는 행정안전부장관이 국무총리에게 건의하는 등의 경우에 재난의 효과적인 수습을 위하여 국무총리가 중앙대책본부장의 권한을 행사할 수 있다(동법 제14조 제4항).

2. 재난사태의 선포

구분	내용
원칙	① 행정안전부장관은 대통령령으로 정하는 재난이 발생하거나 발생할 우려가 있는 경우 사람의 생명·신체 및 재산에 미치는 중대한 영향이나 피해를 줄이기 위하여 긴급한 조치가 필요하다고 인정하면 중앙위원회의 심의를 거쳐 재난사태를 선포할 수 있다(동법 제36조 제1항 본문). ② 시·도지사는 관할 구역에서 재난이 발생하거나 발생할 우려가 있는 등 대통령령으로 정하는 경우 사람의 생명·신체 및 재산에 미치는 중대한 영향이나 피해를 줄이기 위하여 긴급한 조치가 필요하다고 인정하면 시·도위원회의 심의를 거쳐 재난사태를 선포할 수 있다. 이 경우 시·도지사는 지체 없이 그 사실을 행정안전부장관에게 통보하여야 한다(동법 제36조 제3항).
예외	① 행정안전부장관은 재난상황이 긴급하여 중앙위원회의 심의를 거칠 시간적 여유가 없다고 인정하는 경우에는 중앙위원회의 심의를 거치지 아니하고 재난사태를 선포할 수 있다(동법 제36조 제1항 단서). ② 행정안전부장관은 재난사태를 선포한 경우에는 지체 없이 중앙위원회의 승인을 받아야 하고, 승인을 받지 못하면 선포된 재난사태를 즉시 해제하여야 한다(동법 제36조 제2항).
해제	행정안전부장관은 재난으로 인한 위험이 해소되었다고 인정하는 경우 또는 재난이 추가적으로 발생할 우려가 없어진 경우에는 선포된 재난사태를 해제하여야 한다(동법 제36조 제6항).

3. 위기경보의 발령

구분	내용
발령	재난관리주관기관의 장은 대통령령으로 정하는 재난에 대한 징후를 식별하거나 재난발생이 예상되는 경우에는 그 위험 수준, 발생 가능성 등을 판단하여 그에 부합되는 조치를 할 수 있도록 위기경보를 발령할 수 있다(동법 제38조 제1항).
단계	① 위기경보는 재난 피해의 전개 속도, 확대 가능성 등 재난상황의 심각성을 종합적으로 고려하여 관심 → 주의 → 경계 → 심각으로 구분할 수 있다. 다만, 다른 법령에서 재난위기경보의 발령 기준을 따로 정하고 있는 경우에는 그 기준을 따른다(동법 제38조 제2항). ② 재난관리주관기관의 장은 심각 경보를 발령 또는 해제할 경우에는 행정안전부장관과 사전에 협의하여야 한다. 다만, 긴급한 경우에 재난관리주관기관의 장은 우선 조치한 후 지체 없이 행정안전부장관과 협의하여야 한다(동법 제38조 제3항).

구분	내용
통보	재난관리책임기관의 장은 위기경보가 신속하게 발령될 수 있도록 재난과 관련한 위험정보를 얻으면 즉시 행정안전부장관, 재난관리주관기관의 장, 시·도지사 및 시장·군수·구청장에게 통보하여야 한다(동법 제38조 제4항).

4. 특별재난지역의 선포

구분	내용
건의	① 중앙대책본부장은 대통령령으로 정하는 규모의 재난이 발생하여 국가의 안녕 및 사회질서의 유지에 중대한 영향을 미치거나 피해를 효과적으로 수습하기 위하여 특별한 조치가 필요하다고 인정하거나 지역대책본부장의 요청이 타당하다고 인정하는 경우에는 중앙위원회의 심의를 거쳐 해당 지역을 특별재난지역으로 선포할 것을 대통령에게 건의할 수 있다(건의하여야 한다 ×)(동법 제60조 제1항). ② 제1항에 따라 대통령령으로 재난의 규모를 정할 때에는 다음의 사항을 고려하여야 한다(동법 제60조 제2항). 　㉠ 인명 또는 재산의 피해 정도 　㉡ 재난지역 관할 지방자치단체의 재정 능력 　㉢ 재난으로 피해를 입은 구역의 범위
선포	특별재난지역의 선포를 건의 받은 대통령은 해당 지역을 특별재난지역으로 선포할 수 있다(선포하여야 한다 ×)(동법 제60조 제3항).
지원	국가나 지방자치단체는 특별재난지역으로 선포된 지역에 대하여는 대통령령으로 정하는 바에 따라 응급대책 및 재난구호와 복구에 필요한 행정상·재정상·금융상·의료상의 특별지원을 할 수 있다(하여야 한다 ×)(동법 제61조).

「경찰 재난관리 규칙」 주요 내용

1. 경찰통제선

구분	내용
설치	재난현장에 설치되는 통제선은 제1통제선과 제2통제선으로 구분한다.
담당	제1통제선은 소방이, 제2통제선은 경찰이 담당한다.
운영	① 경찰통제선은 초기단계부터 충분히 넓게 제어하고, 상황에 따라 축소 또는 확대한다. ② 통제구역 안으로 들어가는 출입구는 1개를 원칙으로 한다(필요시 반대편에 1개 추가). ③ 다수의 군중이 모인 혼란한 상황에서는 바리케이트를 활용한다.

2. 경찰의 재난관리

구분	내용
총괄·조정권자	치안상황관리관은 경찰의 재난관리 업무를 총괄·조정한다(동 규칙 제2조 제1항).
처리 부서의 지정	재난관리와 관련하여 업무를 처리할 부서를 판단하기 어려운 경우에는 치안상황관리관이 처리할 부서를 지정한다. 다만, 국가수사본부 내 분장 사항에 대해서는 수사기획조정관의 의견에 따른다(동 규칙 제2조 제3항).

3. 경찰청 재난대책본부

구분		내용
설치		경찰청장은 인명 또는 재산의 피해정도가 매우 큰 재난 또는 사회적, 경제적으로 광범위한 영향이 있는 재난이 발생하였거나 발생할 우려가 있어 이에 대한 전국적인 관리가 필요하다고 인정하는 경우 경찰청에 재난대책본부를 설치할 수 있다(동 규칙 제11조).
구성	본부장	재난대책본부는 치안상황관리관이 본부장이 된다(동 규칙 제12조 제1항).
	하부조직	재난대책본부에 총괄운영단, 대책실행단, 대책지원단을 둔다(동 규칙 제12조 제2항).
기능		① 경찰재난관리와 관련한 주요 정책의 결정 ② 경찰관서 방재·피해복구를 위해 필요한 사항의 결정 ③ 중앙재난안전대책본부, 중앙사고수습본부 및 관계기관과의 협조 ④ 시·도경찰청등에 설치한 재난대책본부에 대한 지휘 및 지원 ⑤ 그 밖에 경찰청장 또는 본부장이 재난관리를 위해 필요하다고 인정하는 사항

4. 경찰청 재난상황실

구분		내용
설치		치안상황관리관은 재난이 발생하였거나 재난이 발생할 우려가 있는 경우에는 위기관리센터 또는 치안종합상황실에 재난상황실을 설치·운영할 수 있다. 다만, 경찰청 재난대책본부가 설치되었거나 심각단계의 위기경보가 발령된 경우에는 재난상황실을 설치·운영하여야 한다(동 규칙 제4조).
구성	상황실장	재난상황실에는 재난상황실장 1명을 두며 상황실장은 위기관리센터장으로 한다. 다만, 다음의 어느 하나에 해당하는 경우에는 상황관리관이 임무를 대행할 수 있다(동 규칙 제5조 제1항). ① 일과시간 외 또는 토요일·공휴일 ② 그 밖에 치안상황관리관이 필요하다고 인정하는 경우
	하부조직	재난상황실에 총괄반, 분석반, 상황반을 두며, 그 구성과 임무는 다음과 같다(동 규칙 제5조 제2항).
기능		① 재난상황의 접수·분석·전파 등 관리 ② 재난관리를 위한 초동조치 지휘 및 대책 마련 ③ 재난관리를 위한 관계기관과의 협조 ④ 재난상황 대응을 위한 비상연락망 유지 ⑤ 시·도경찰청 및 경찰서에 설치된 재난상황실에 대한 지휘 및 지원 ⑥ 그 밖에 재난관리를 위해 필요한 사항

5. 현장지휘본부

구분	내용
설치	시·도경찰청등의 장은 관할 지역 내 재난이 발생한 경우 재난 현장의 대응 활동을 총괄하기 위하여 현장지휘본부를 설치할 수 있다(동 규칙 제20조 제1항).

기능별 임무	전담반	① 현장지휘본부 운영 총괄·조정 ② 재난안전상황실 업무 협조 ③ 현장상황 등 보고·전파
	112	① **재난지역 및 중요시설 주변 순찰활동** ② **피해지역 주민 소개 등 대피 및 접근 통제**
	경무지원팀	① 현장지휘본부 사무실, 차량, 유·무선 통신시설 등 설치 ② 기타 예산, 장비 등 행정업무 지원
	홍보지원팀	경찰 지원활동 등 언론대응 및 홍보
	경비지원팀	① **재난지역 및 중요시설 등 경비** ② **경찰통제선 설정·운용**
	교통지원팀	① 비상출동로 지정·운용 ② 현장주변에 대한 교통통제 및 우회로 확보 등 교통관리
	생활안전지원팀	① **재난지역 범죄예방활동** ② **재난지역 총포, 화약류 안전관리 강화**
	수사지원팀	① 실종자·사상자 현황 파악 및 수사 ② 민생침해 범죄의 예방 및 수사활동
	정보지원팀	① 재난지역 집단민원 파악 ② 관계기관 협조체제 및 대외 협력관계 유지

제159테마
다중범죄 진압경비

중요도 B급

📖 일반론

구분		내용
의의		① 다중범죄는 지역의 안전·평온을 해할 수 있을 정도로 어느 정도 조직화된 다중에 의한 불법집단행동으로, 특정집단의 주의·주장을 관철하기 위한 것이다. ② 다중은 어느 정도는 조직적이어야 하나, 반드시 지도자가 있어야 하는 것은 아니다.
특징	확신적 행동	다중범죄의 참여자는 자신의 주장 등이 옳다는 확신을 가지고 사회정의를 위하여 투쟁한다는 생각으로 행동을 하는 경우가 많다.
	조직적 연계	현대사회의 문제는 전국적으로 공통성이 있으며, 조직도 전국적으로 상호 연계된 경우가 많다.
	부화뇌동성	다중범죄의 발생은 군중심리의 영향을 많이 받아 일단 발생하면 부화뇌동으로 인하여 갑자기 확대될 수도 있다.
	비이성적 단순성	시위군중은 이성적인 판단능력을 상실함으로써 과격·단순·편협하여 타협이나 설득이 어려운 경우가 많다.

📖 다중범죄진압의 정책적 치료법

구분	내용
선수승화법	특정 사안의 불만집단에 대한 정보활동을 강화하여, 사전에 불만 및 분쟁요인을 찾아내서 해소시키는 방법이다(예 특정지역 재개발과 관련하여 세입자들의 대규모 시위가 예상되어 관련부처 장관과 면담을 주선하는 경우).
전이법	다중범죄의 발생 징후나 이슈가 있을 때, 국민들의 관심을 집중시킬 수 있는 경이적인 사건을 폭로하거나 규모가 큰 행사를 개최하여, 원래의 이슈가 상대적으로 약화되도록 하는 방법이다(예 다른 이슈의 제기).
지연정화법	시간을 지연시킴으로써 불만집단의 주장을 이성적으로 생각할 기회를 부여하고, 정서적으로 감정을 둔화시켜서 흥분을 감소하게 하는 방법이다(예 시간의 지연).
경쟁행위법	불만집단과 반대되는 의견을 계속 부각시켜, 불만집단이 제압되어 스스로 해산하도록 하는 방법이다(예 반대되는 여론의 집중적인 부각).

📖 다중범죄진압의 기본원칙(물리적 진압방법)

구분	내용
봉쇄·방어의 원칙	다중들이 중요시설이나 기관 등 보호대상물의 점거를 기도할 경우, 사전에 진압부대가 점령하거나 바리케이드 등으로 봉쇄하여 방어조치를 취하는 방법이다.
차단·배제의 원칙	중요 목지점에 경력을 배치하고 검문검색을 실시하여 불법시위 가담자를 사전색출 또는 검거하거나 귀가 조치하여 시위군중의 집합을 사전에 차단하는 것이다.
세력 분산의 원칙	시위집단의 지휘통제력을 차단시키며 수 개의 소집단으로 분할시켜 시위 의지를 약화시킴으로써, 그 세력을 분산시키는 방법이다.
주동자 격리의 원칙	주동자를 사전에 검거하거나 군중과 격리시킴으로써, 다중의 집단적 결속력을 약화시켜 계속된 행동을 못하게 진압하는 방법이다.

제160테마

국가중요시설경비

중요도 A급

▌「통합방위법」【시행 2024. 1. 16.】

📖 일반론

구분		내용
의의		국가중요시설경비란 공공기관·항만·공항·주요산업시설 등 적에 의하여 점령·파괴되거나 기능이 마비될 경우, 국가안보 및 국민생활에 중요한 영향을 미치는 시설인 국가중요시설을 보호하기 위한 제반 근무활동을 의미한다(동법 제2조 제13호).
분류		국가중요시설은 시설의 기능, 역할의 중요성, 가치의 정도에 따라 국방부장관이 관계행정기관의 장 및 국가정보원장과 협의하여 가·나·다급으로 분류한다(동법 제21조 제4항).
	가급	적에 의하여 점령·파괴되거나 기능 마비 시 광범위한 지역의 통합방위 작전수행이 요구되고, 국민생활에 결정적인 영향을 미칠 수 있는 가치를 지닌 시설
	나급	적에 의하여 점령·파괴되거나 기능 마비 시 일부지역의 통합방위 작전수행이 요구되고, 국민생활에 중대한 영향을 미칠 수 있는 가치를 지닌 시설
	다급	적에 의하여 점령·파괴되거나 기능 마비 시 제한된 지역에서 단기간 통합방위 작전수행이 요구되고, 국민생활에 상당한 영향을 미칠 수 있는 가치를 지닌 시설

📖 국가중요시설의 경비·보안·방호

구분	내용
자체방호계획의 수립	국가중요시설의 관리자(소유자를 포함)는 경비·보안 및 방호책임을 지며, 통합방위사태에 대비하여 자체방호계획을 수립하여야 한다. 이 경우 국가중요시설의 관리자는 자체방호계획을 수립하기 위하여 필요하면 시·도경찰청장(경찰청장 ×) 또는 지역군사령관에게 협조를 요청할 수 있다(동법 제21조 제1항).
방호지원계획의 수립·시행	시·도경찰청장 또는 지역군사령관은 통합방위사태에 대비하여 국가중요시설에 대한 방호지원계획을 수립·시행하여야 한다(동법 제21조 제2항).
지도·감독 (평시)	국가중요시설의 평시 경비·보안활동에 대한 지도·감독은 관계행정기관의 장과 국가정보원장이 수행한다(동법 제21조 제3항).

📖 국가중요시설에 대한 방호지대의 설치(3지대 개념)

구분	내용
제1지대 (경계지대)	적이 시설에 접근하기 전에 저지할 수 있는 예상 접근로상의 길목 및 감제고지 등을 통제하는 지대를 의미한다(예 수색활동, 매복활동).
제2지대 (주방어지대)	시설 내부 및 핵심시설에 침투하는 적을 결정적으로 거부하기 위한 지대를 의미한다(예 시설 자체 경계요원, 주·야간 초소 및 순찰활동, CCTV 설치·운용).
제3지대 (핵심방어지대)	시설의 주기능에 결정적인 영향을 미칠 수 있는 주요핵심시설이 있는 지대를 의미한다(예 주·야간 경계요원에 의한계속적인 감시·통제, 경비 인력 및 시설의 보강, 지하화, 방호벽·방탄막의 설치).

제161테마

통합방위작전

중요도 A급

▎「통합방위법」【시행 2024. 1. 16.】

📖 일반론

구분	내용
의의	① 통합방위란 적의 침투·도발이나 그 위협에 대응하기 위하여 각종 국가방위요소를 통합하고 지휘체계를 일원화하여 국가를 방위하는 것을 말한다(동법 제2조 제1호). ② 통합방위작전이란 통합방위사태가 선포된 지역에서 작전지휘관(예 통합방위본부장, 지역군사령관, 함대사령관, 시·도경찰청장)이 국가방위요소를 통합하여 지휘·통제하는 방위작전을 의미한다(동법 제2조 제4호).
유형	**갑종사태**: 일정한 조직체계를 갖춘 적의 대규모 병력 침투 또는 대량살상무기 공격 등의 도발로 인한 비상사태로서, 통합방위본부장 또는 지역군사령관의 지휘·통제하에 통합방위작전을 수행하여야 할 사태를 말한다(동법 제2조 제6호).
	을종사태: 일부 또는 수개 지역에서 적의 침투·도발로 인하여 단기간 내에 치안회복이 어려워, 지역군사령관의 지휘·통제하에 통합방위작전을 수행하여야 할 사태를 말한다(동법 제2조 제7호).
	병종사태: 적의 침투·도발위협이 예상되거나 소규모의 적이 침투한 때에, 시·도경찰청장·지역군사령관 또는 함대사령관의 지휘·통제하에 통합방위작전을 수행하여, 단기간 내에 치안이 회복될 수 있는 사태를 말한다(동법 제2조 제8호).

📖 통합방위기구의 운용

1. 중앙 통합방위협의회

구분	내용
소속	국무총리 소속으로 중앙 통합방위협의회를 둔다(동법 제4조 제1항).
의장	중앙 통합방위협의회의의장은 국무총리가 된다(동법 제4조 제2항).
심의사항	통합방위 정책, 통합방위작전·훈련 및 지침, 통합방위사태의 선포 또는 해제, 그 밖에 통합방위에 관하여 대통령령으로 정하는 사항을 심의한다(동법 제4조 제4항).

2. 통합방위본부

구분	내용
설치	합동참모본부에 통합방위본부를 둔다(동법 제8조 제1항).
본부장 부본부장	통합방위본부에는 본부장과 부본부장 1명씩을 두되, 통합방위본부장은 합동참모의장이 되고, 부본부장은 합동참모본부에서 군사작전에 대한 기획 등 작전 업무를 총괄하는 참모 부서의 장이 된다(동법 제8조 제2항).
사무분장	통합방위본부는 다음의 사무를 분장한다(동법 제8조 제3항). ① 통합방위 정책의 수립·조정 ② 통합방위 대비태세의 확인·감독 ③ 통합방위작전 상황의 종합 분석 및 대비책의 수립 ④ 통합방위작전 훈련지침 및 계획의 수립과 그 시행의 조정·통제 ⑤ 통합방위 관계기관 간의 업무 협조 및 사업 집행사항의 합의·조정

📖 통합방위사태의 선포

구분	내용

대통령에의 선포 건의 (국무총리 경유)	① 통합방위사태에 해당하는 상황이 발생하면 다음의 구분에 따라 해당하는 사람은 즉시 국무총리를 거쳐 대통령에게 통합방위사태의 선포를 건의하여야 한다(동법 제12조 제2항).
	   ㉠ 갑종사태에 해당하는 상황이 발생하였을 때 또는 둘 이상의 특별시·광역시·특별자치시·도·특별자치도에 걸쳐 을종사태에 해당하는 상황이 발생하였을 때 : 국방부장관
	   ㉡ 둘 이상의 시·도에 걸쳐 병종사태에 해당하는 상황이 발생하였을 때 : 행정안전부장관 또는 국방부장관
	② 대통령은 건의를 받았을 때에는 중앙 통합방위협의회와 국무회의의 심의를 거쳐 통합방위사태를 선포할 수 있다(동법 제12조 제3항).

시·도지사에의 선포 건의	① 시·도경찰청장, 지역군사령관 또는 함대사령관은 을종사태나 병종사태에 해당하는 상황이 발생한 때에는 즉시 시·도지사에게 통합방위사태의 선포를 건의하여야 한다(동법 제12조 제4항). ② 시·도지사는 건의를 받은 때에는 시·도 통합방위협의회의 심의를 거쳐 을종사태 또는 병종사태를 선포할 수 있다(동법 제12조 제5항). ③ 시·도지사는 을종사태 또는 병종사태를 선포한 때에는 지체 없이 행정안전부장관 및 국방부장관과 국무총리를 거쳐 대통령에게 그 사실을 보고하여야 한다(동법 제12조 제6항). ④ 시·도지사가 통합방위사태를 선포한 지역에 대하여 대통령이 통합방위사태를 선포한 때에는 그 때부터 시·도지사가 선포한 통합방위사태는 효력을 상실한다(동법 제12조 제8항).

📖 경찰작전의 수행

구분	내용
병종사태 발생	병종사태 발생시에 경찰관할지역에서는 해당 시·도경찰청장의 책임하에, 특정경비지역 및 군관할지역에서는 지역군사령관의 책임 하에 통합방위작전을 수행한다(동법 제15조 제1항 및 제2항).
통제구역 설정	시·도지사 또는 시장·군수·구청장(경찰관서의 장 ×)은 통합방위사태가 선포된 경우, 적의 침투·도발 징후가 확실하여 경계태세 1급이 발령된 경우 중 어느 하나에 해당하면 인명·신체에 대한 위해를 방지하기 위하여 필요한 통제구역을 설정하고, 통합방위작전 또는 경계태세 발령에 따른 군·경 합동작전에 관련되지 아니한 사람에 대하여는 출입을 금지·제한하거나 그 통제구역으로부터 퇴거할 것을 명할 수 있다(동법 제16조 제1항).
대피명령	① 시·도지사 또는 시장·군수·구청장(경찰관서의 장 ×)은 통합방위사태가 선포된 때에는 인명·신체에 대한 위해를 방지하기 위하여 즉시 작전지역에 있는 주민이나 체류 중인 사람에게 대피할 것을 명할 수 있다(동법 제17조 제1항). ② 대피명령을 위반한 사람은 300만원 이하의 벌금에 처한다(동법 제24조 제2항).

제162테마

경찰비상업무

중요도 A급

▎「경찰 비상업무 규칙」【시행 2024. 7. 24.】

📖 일반론

구분		내용
목적		경찰비상업무는 치안상의 비상상황에 대한 지역별, 부서별 경찰력의 운용과 활동체계를 규정함으로써 비상상황에 효율적으로 대응함을 목적으로 한다(동 규칙 제1조).
정의	비상상황	비상상황이란 대간첩·테러, 대규모 재난 등의 긴급 상황이 발생하거나 발생할 우려가 있는 경우 또는 다수의 경력을 동원해야 할 치안수요가 발생하여 치안활동을 강화할 필요가 있는 때를 말한다(동 규칙 제2조 제1호).
	지휘선상 위치 근무	지휘선상 위치 근무란 비상연락체계를 유지하며 유사시 1시간 이내에 현장지휘 및 현장근무가 가능한 장소에 위치하는 것을 말한다(동 규칙 제2조 제2호).
	정위치 근무	정위치 근무란 감독순시·현장근무 및 사무실 대기 등 관할구역 내에 위치하는 것을 말한다(동 규칙 제2조 제3호).
	정착근무	정착근무란 사무실 또는 상황과 관련된 현장에 위치하는 것을 말한다(동 규칙 제2조 제4호).
	필수요원	필수요원이란 모든 경찰공무원 및 일반직공무원 중 경찰기관의 장이 지정한 사람으로 비상소집 시 1시간 이내에 응소해야 할 사람을 말한다(동 규칙 제2조 제5호).
	일반요원	일반요원이란 필수요원을 제외한 경찰관등으로 비상소집 시 2시간 이내에 응소해야 할 사람을 말한다(동 규칙 제2조 제6호).
	가용경력	가용경력이란 총원에서 휴가·출장·교육·파견 등을 제외하고(포함하고 ×) 실제 동원될 수 있는 모든 인원을 말한다(동 규칙 제2조 제7호).

📖 비상근무

구분	내용
근무방침	① 비상근무 대상은 경비·작전·재난·안보·수사·교통 업무(생활안전업무 ×)와 관련한 비상상황에 국한한다. 다만, 두 종류 이상의 비상상황이 동시에 발생한 경우에는 긴급성 또는 중요도가 상대적으로 더 큰 비상상황의 비상근무로 통합하여 실시한다(동 규칙 제3조 제2항). ② 적용지역은 전국 또는 일정지역(시·도경찰청 또는 경찰서 관할)으로 구분한다. 다만, 2개 이상의 지역에 관련되는 상황은 바로 위의 상급 기관에서 주관하여 실시한다(동 규칙 제3조 제3항).
종류	비상근무는 비상상황의 유형에 따라 경비비상(경비 소관), 작전비상(경비 소관), 재난비상(경비 소관), 안보비상(안보 소관), 수사비상(수사 소관), 교통비상(교통 소관)으로 구분하여 발령한다(동 규칙 제4조 제1항).

등급	부서별 상황의 긴급성 및 중요도에 따라 비상등급을 갑호비상, 을호비상, 병호비상, 경계강화, 작전준비태세(작전비상시 적용)로 구분하여 실시한다(동 규칙 제4조 제2항).
발령권자	비상근무의 발령권자는 다음과 같다(동 규칙 제5조 제1항). | 경찰청장	전국 또는 2개 이상 시·도경찰청 관할지역
시·도경찰청장	시·도경찰청 또는 2개 이상 경찰서 관할지역
경찰서장	단일 경찰서 관할지역	
조치사항	① 비상근무의 발령권자는 비상상황이 발생하여 비상근무를 실시하고자 할 경우에는 비상근무의 목적, 지역, 기간 및 동원대상 등을 특정하여 비상근무발령서에 의하여 비상근무를 발령한다(동 규칙 제5조 제2항). ② 시·도경찰청장과 경찰서장이 발령하는 경우 비상구분, 실시목적, 기간 및 범위, 경력 및 장비 동원사항 등을 바로 위의 상급기관의 장에게 보고하여 사전에 승인을 얻어야 한다. 다만, 긴급을 요하는 경우에는 비상근무를 발령하고, 사후에 승인을 얻을 수 있다(동 규칙 제5조 제3항). ③ 자치경찰사무와 관련이 있는 비상근무가 발령된 경우에는 해당 시·도경찰청장은 자치경찰위원회에 그 발령사실을 통보한다(동 규칙 제5조 제4항). ④ 경계강화와 작전준비태세를 발령한 경우에는 승인을 요하지 아니한다(동 규칙 제5조 제5항).
해제	① 비상근무의 발령권자는 비상상황이 종료되는 즉시 비상근무를 해제하고, 비상근무 해제시 시·도경찰청장, 경찰서장은 6시간 이내에 해제일시, 사유 및 비상근무결과 등을 바로 위의 상급 기관의 장에게 보고한다(동 규칙 제6조 제1항). ② 시·도경찰청장 또는 경찰서장에 의해 비상근무를 발령한 경우 바로 위의 상급 기관의 장은 비상근무의 적정성을 판단하여 비상근무의 해제를 지시할 수 있으며, 지시를 받은 비상근무 발령권자는 즉시 비상근무를 해제하여야 한다(동 규칙 제6조 제2항).

📖 비상근무의 등급별 근무요령

구분	내용(동 규칙 제7조)
갑호비상	① 연가를 중지하고 가용경력 100%까지 동원할 수 있다. ② 지휘관과 참모는 정착 근무를 원칙으로 한다.
을호비상	① 연가를 중지하고 가용경력 50%까지 동원할 수 있다. ② 지휘관과 참모는 정위치 근무를 원칙으로 한다.
병호비상	① 부득이한 경우를 제외하고는 연가를 억제하고 가용경력 30%까지 동원할 수 있다. ② 지휘관과 참모는 정위치 근무 또는 지휘선상 위치 근무를 원칙으로 한다.
경계강화	① 별도의 경력동원 없이(별도의 경력을 동원하여 ×) 특정분야의 근무를 강화한다. ② 경찰관등은 비상연락체계를 유지하고 상황발생시 즉각 출동이 가능하도록 출동대기태세를 유지한다. ③ 지휘관과 참모는 지휘선상 위치 근무를 원칙으로 한다.
작전준비태세	① 별도의 경력동원 없이(별도의 경력을 동원하여 ×) 경찰관서 지휘관 및 참모의 비상연락망을 구축하고 신속한 응소체제를 유지한다. ② 경찰관등은 상황발생시 즉각 출동이 가능하도록 출동태세 점검을 실시한다. ③ 유관기관과의 긴밀한 연락체계를 유지하고, 필요시 작전상황반을 유지한다.

비상근무 면제		비상근무의 발령권자는 다음에 해당하는 경찰관등을 비상근무에서 면제할 수 있다(면제하여야 한다 ×)(동 규칙 제7조의2). ① 육아시간을 사용할 수 있는 사람(부부공무원인 경우 1명으로 한정). ② 을지연습 또는 을지연습 간 공무원비상소집 훈련의 제외 대상에 해당하는 사람 ③ 건강상태 및 그 밖에 부득이한 사유로 비상근무를 수행할 수 없다고 비상근무의 발령권자가 인정하는 경우
연습상황 부여 금지		비상근무기간 중에는 비상근무 발령자의 지시 또는 승인 없이 연습상황을 부여하여서는 아니 된다. 다만, 경계강화, 작전준비태세의 경우에는 그렇지 않다(동 규칙 제8조).

📖 비상근무의 정황

구분	등급	내용
경비비상	갑호	① 계엄이 선포되기 전의 치안상태 ② 대규모 집단사태·테러·재난 등의 발생으로 치안질서가 극도로 혼란하게 되었거나 그 징후가 현저한 경우 ③ 국제행사·기념일 등을 전후하여 치안수요의 급증으로 가용경력을 100% 동원할 필요가 있는 경우
	을호	① 대규모 집단사태·테러·재난 등의 발생으로 치안질서가 혼란하게 되었거나 그 징후가 예견되는 경우 ② 국제행사·기념일 등을 전후하여 치안수요가 증가하여 가용경력의 50%를 동원할 필요가 있는 경우
	병호	① 집단사태·테러·재난 등의 발생으로 치안질서의 혼란이 예견되는 경우 ② 국제행사·기념일 등을 전후하여 치안수요가 증가하여 가용경력의 30%를 동원할 필요가 있는 경우
작전비상	갑호	대규모 적정이 발생하였거나 발생 징후가 현저한 경우
	을호	적정이 발생하였거나 일부 적의 침투가 예상되는 경우
	병호	정·첩보에 의해 적 침투에 대비한 고도의 경계강화가 필요한 경우
안보비상	갑호	간첩 또는 정보사범 색출을 위한 경계지역 내 검문검색 필요시
	을호	상기 상황하에서 특정지역·요지에 대한 검문검색 필요시
수사비상	갑호	사회이목을 집중시킬만한 중대범죄 발생시
	을호	중요범죄 사건발생시
교통비상	갑호	농무, 풍수설해 및 화재로 극도의 교통혼란 및 사고발생시
	을호	상기 징후가 예상될 시
재난비상	갑호	대규모 재난의 발생으로 치안질서가 극도로 혼란하게 되었거나 그 징후가 현저한 경우
	을호	대규모 재난의 발생으로 치안질서가 혼란하게 되었거나 그 징후가 예견되는 경우
	병호	재난의 발생으로 치안질서의 혼란이 예견되는 경우
경계강화		병호비상보다는 낮은 단계로, 별도의 경력동원 없이 평상시보다 치안활동을 강화할 필요가 있을 때
작전준비태세		경계강화를 발령하기 이전에 별도의 경력동원 없이 필요한 작전사항을 미리 조치할 필요가 있을 때

제163테마

대테러업무

중요도 A급

▌「국민보호와 공공안전을 위한 테러방지법」【시행 2024. 2. 9.】

📖 일반론

구분	내용
대테러활동	대테러활동이란 테러 관련 정보의 수집, 테러위험인물의 관리, 테러에 이용될 수 있는 위험물질 등 테러수단의 안전관리, 인원·시설·장비의 보호, 국제행사의 안전확보, 테러위협에의 대응 및 무력진압 등 테러 예방과 대응에 관한 제반 활동을 말한다(동법 제2조 제6호).
테러단체	테러단체란 국제연합(UN)이 지정한 테러단체를 말한다(동법 제2조 제2호).
각국의 대테러부대	영국(SAS), 미국(SWAT), 독일(GSG-9), 프랑스(GIPN, GIGN), 대한민국(경찰특공대)
세계주의	테러단체 구성죄 등은 대한민국 영역 밖에서 저지른 외국인에게도 국내법을 적용한다(동법 제19조).

📖 대테러 위기관리체계

1. 위기관리체계 조직

구분		내용
국가테러대책위원회	설치	대테러활동에 관한 정책의 중요사항을 심의·의결하기 위하여 국가테러대책위원회를 둔다(동법 제5조 제1항).
	구성	국가테러대책위원회는 국무총리 및 관계기관의 장 중 대통령령으로 정하는 사람으로 구성하고 위원장은 국무총리로 한다(동법 제5조 제2항).
	심의 의결	국가테러대책위원회는 다음의 사항을 심의·의결한다(동법 제5조 제3항). ① 대테러활동에 관한 국가의 정책 수립 및 평가 ② 국가 대테러 기본계획 등 중요 중장기 대책 추진사항 ③ 관계기관의 대테러활동 역할 분담·조정이 필요한 사항 ④ 위원장 또는 위원이 대책위원회에서 심의·의결할 필요가 있다고 제의하는 사항
대테러센터	설치	대테러활동과 관련하여 다음의 사항을 수행하기 위하여 국무총리 소속으로 관계기관 공무원으로 구성되는 대테러센터를 둔다(동법 제6조 제1항).

대테러센터	업무	① 국가 대테러활동 관련 임무분담 및 협조사항 실무 조정 ② 장단기 국가대테러활동 지침 작성·배포 ③ **테러경보 발령** ④ 국가 중요행사 대테러안전대책 수립 ⑤ 대책위원회의 회의 및 운영에 필요한 사무의 처리 ⑥ 그 밖에 대책위원회에서 심의·의결한 사항
	인적사항 미공개	대테러센터 소속 직원의 인적사항은 공개하지 아니할 수 있다(공개하지 아니한다 ×)(동법 제6조 제3항).
대테러 인권보호관		관계기관의 대테러활동으로 인한 국민의 기본권 침해 방지를 위하여 대책위원회 소속으로(대테러센터 소속으로 ×) 대테러 인권보호관 1명을 둔다(동법 제7조 제1항).

2. 대테러 주요 활동

구분		내용
테러위험인물	의의	테러위험인물이란 테러단체의 조직원이거나 테러단체 선전, 테러자금 모금·기부, 그 밖에 테러 예비·음모·선전·선동을 하였거나 하였다고 의심할 상당한 이유가 있는 사람을 말한다(동법 제2조 제3호).
	정보수집	국가정보원장은 테러위험인물에 대하여 출입국·금융거래 및 통신이용 등 관련 정보를 수집할 수 있다(동법 제9조 제1항).
	추적	국가정보원장은 대테러활동에 필요한 정보나 자료를 수집하기 위하여 대테러조사 및 테러위험인물에 대한 추적을 할 수 있다. 이 경우 사전 또는 사후에 국가테러대책위원회 위원장에게 보고하여야 한다(동법 제9조 제4항).
외국인 테러전투원	의의	외국인테러전투원이란 테러를 실행·계획·준비하거나 테러에 참가할 목적으로 국적국이 아닌 국가의 테러단체에 가입하거나 가입하기 위하여 이동 또는 이동을 시도하는 내국인·외국인을 말한다(동법 제2조 제4호).
	일시 출국금지	① 관계기관의 장은 외국인테러전투원으로 출국하려 한다고 의심할 만한 상당한 이유가 있는 내국인·외국인에 대하여 일시 출국금지를 법무부장관에게 요청할 수 있다(동법 제13조 제1항). ② 일시 출국금지 기간은 90일로 한다. 다만, 출국금지를 계속할 필요가 있다고 판단할 상당한 이유가 있는 경우에 관계기관의 장은 그 사유를 명시하여 연장을 요청할 수 있다(동법 제13조 제2항).
	여권 효력정지	관계기관의 장은 외국인테러전투원으로 가담한 사람에 대하여 여권의 효력 정지 및 재발급 거부를 외교부장관에게 요청할 수 있다(동법 제13조 제3항).

📖 대테러 보호·지원체계

구분	내용
포상금	관계기관의 장은 테러의 계획 또는 실행에 관한 사실을 관계기관에 신고하여 테러를 사전에 예방할 수 있게 하였거나, 테러에 가담 또는 지원한 사람을 신고하거나 체포한 사람에 대하여 대통령령으로 정하는 바에 따라 포상금을 지급할 수 있다(지급하여야 한다 ×)(동법 제14조 제2항).
피해 지원	① 테러로 인하여 신체 또는 재산의 피해를 입은 국민은 관계기관에 즉시 신고하여야 한다. 다만, 인질 등 부득이한 사유로 신고할 수 없을 때에는 법률관계 또는 계약관계에 의하여 보호의무가 있는 사람이 이를 알게 된 때에 즉시 신고하여야 한다(동법 제15조 제1항). ② 국가 또는 지방자치단체는 제1항의 피해를 입은 사람에 대하여 대통령령으로 정하는 바에 따라 치료 및 복구에 필요한 비용의 전부 또는 일부를 지원할 수 있다. 다만, 외교부장관의 허가를 받지 아니하고 방문 및 체류가 금지된 국가 또는 지역을 방문·체류한 사람에 대해서는 그러하지 아니하다(동법 제15조 제2항).
특별위로금	테러로 인하여 생명의 피해를 입은 사람의 유족 또는 신체상의 장애 및 장기치료가 필요한 피해를 입은 사람에 대해서는 그 피해의 정도에 따라 등급을 정하여 특별위로금을 지급할 수 있다(지급하여야 한다 ×). 다만, 외교부장관의 허가를 받지 아니하고 방문 및 체류가 금지된 국가 또는 지역을 방문·체류한 사람에 대해서는 그러하지 아니하다(동법 제16조 제1항).

제164테마

중요도 A급

테러취약시설

▎「테러취약시설 안전활동에 관한 규칙」【시행 2022. 2. 25.】

📖 일반론

구분	내용
지정 권한자	테러취약시설의 지정 등은 경찰청장이 행한다(동 규칙 제5조).
종류	① 국가중요시설 ② 다중이용건축물등 ③ 공관지역 ④ 미군 관련 시설 ⑤ 그 밖에 특별한 관리가 필요하다고 테러취약시설 심의위원회에서 결정한 시설

📖 다중이용건축물등

구분	기준	경찰서장의 지도·점검
A급	테러에 의하여 파괴되거나 기능 마비 시 광범위한 지역의 대데러진압작전이 요구되고, 국민생활에 결정적인 영향을 미칠 수 있는 시설	분기 1회 이상 (관리자의 동의 필요)
B급	테러에 의하여 파괴되거나 기능 마비 시 일부 지역의 대테러진압작전이 요구되고, 국민생활에 중대한 영향을 미칠 수 있는 시설	반기 1회 이상 (관리자의 동의 필요)
C급	테러에 의하여 파괴되거나 기능 마비 시 제한된 지역에서 단기간 대테러진압작전이 요구되고, 국민생활에 상당한 영향을 미칠 수 있는 시설	
비고	① 시·도경찰청장은 관할 내 다중이용건축물등 중 일부를 선별하여 해당 시설 관리자의 동의를 받아 반기 1회 이상 지도·점검을 실시하여야 한다(동 규칙 제22조 제2항). ② 경찰청장은 경찰관서장이 다중이용건출등에 대해 적절한 지도·점검을 실시하는지 감독하고, 해당 시설 관리자의 동의를 받아 선별적으로 지도·점검을 실시하여야 한다(동 규칙 제22조 제3항).	

📖 테러취약시설 지정 절차

구분	내용
요청권자	경찰서장은 관할 테러취약시설의 지정등이 필요한 경우 소속 시·도경찰청장에게 요청하여야 한다. 이 경우 해당 시·도경찰청장은 그 적절성 여부를 검토한 후 경찰청장에게 요청하여야 한다(동 규칙 제13조 제1항). 경찰서장 → 시·도경찰청장(적절성 검토) → 경찰청장
지정권자	① 경찰청장은 시·도경찰청장으로부터 요청을 받거나 그 밖에 필요하다고 인정하는 경우 심의위원회의 심의를 거쳐 테러취약시설 지정등을 할 수 있다(동 규칙 제13조 제2항 본문). ② 다만, 국가중요시설, 다중이용건축물등, 공관지역은 테러취약시설로 지정하여야 한다(동 규칙 제13조 제2항 단서).

📖 테러취약시설 심의위원회(비상설기관)

구분	내용
설치 (비상설)	테러취약시설 심의위원회는 위기관리센터에 비상설로 두며, 위원장은 경찰청 경비국장, 부위원장은 위기관리센터장으로 한다(동 규칙 제14조 제1항).
회의	심의위원회는 매년 하반기 1회 정기회의를 개최하고, 위원장의 결정에 따라 수시 개최한다(동 규칙 제14조 제3항 본문).
의결정족수	심의위원회의 회의는 재적위원 과반수의 출석으로 개의하고 출석위원 과반수의 찬성으로 의결(일반의결정족수)한다(동 규칙 제14조 제3항 단서).

📖 대테러 훈련의 실시

구분	내용
경찰서장	경찰서장은 관할 테러취약시설 중 선정하여 분기 1회 이상 대테러 훈련을 실시해야 한다. 이 경우 연 1회 이상은 관계기관 합동으로 실시한다(동 규칙 제27조 제1항).
시·도 경찰청장	시·도경찰청장은 반기 1회 이상 권역별로 대테러 훈련을 실시하여야 한다(동 규칙 제27조 제2항).
보고	경찰관서장은 대테러 훈련 실시 후 그 결과를 상급부서에 보고하고 관리하여야 하며, 개선사항은 시설 관리자 및 관계기관에 통보하여 대테러예방 대책에 반영하도록 한다(동 규칙 제27조 제4항).

제165테마
경찰의 인질 협상

중요도 C급

📖 일반론

구분	내용
의의	인질 협상이란 인질 기타 관련자들의 생명·재산이 급박하고 명백한 위험에 처해 있는 상황에서, 경찰 등 법집행기관이 이러한 위기상황을 초래한 자와의 대화 등 협상을 통해, 인질 기타 관련자들의 생명·재산에 대한 피해를 최소화하고, 위기상황을 해결하려는 일련의 의도적 과정을 의미한다.
과정 (8단계) - 협상준비	얻기를 희망하는 것, 얻도록 시도할 것, 꼭 얻어야 할 것을 미리 메모한다.
과정 (8단계) - 논쟁개시	우리 측에서 줄 수 있는 한계를 분명히 하지 말고, 상대로 하여금 흥정을 걸어오도록 유도한다.
과정 (8단계) - 신호	협상용의가 있다는 신호를 보낸다.
과정 (8단계) - 제안	구체적인 제안사항을 차근차근 말한다.
과정 (8단계) - 타결안 제시	타결안은 개개의 내용 안에 대한 일괄타결안이 되어야 하며 여러 가지 내용을 한 덩어리로 취급해서는 안 된다.
과정 (8단계) - 흥정	만약, 상대가 요구하는 것이 바뀌는 경우 혹은 추가로 요구할 때, 이쪽에서는 흥정을 다시 해야 한다.
과정 (8단계) - 정리	매번 합의가 이루어질 때마다 내용을 정리하고 상대방에게 확인한다.
과정 (8단계) - 타결	쌍방이 합의를 재확인한 후 약속한 절차에 따라 실제 행동에 들어간다.

📖 리마 증후군과 스톡홀름 증후군

구분	내용
리마 증후군	① 리마 증후군은 시간경과에 따라 인질범이 인질에게 일체감을 느끼게 되고 인질의 입장을 이해하여 호의를 베푸는 등 **인질범이 인질에게 동화하는 현상**을 의미한다. ② 리마 증후군은 1995년 12월 페루의 수도인 리마에서 일본대사관에 '투팍 아마르' 소속의 게릴라가 난입하여 대사관 직원 등을 126일 동안 인질로 잡은 사건에서 유래하였다.
스톡홀름 증후군 (오귀인효과)	① 스톡홀름 증후군은 **인질이 인질범에게 동화하는 현상**을 의미한다(오귀인효과). ② 1973년 스웨덴의 수도인 스톡홀름에서 은행강도사건이 발생하여 131시간 동안 인질로 잡혀있던 여인이 인질범과 사랑에 빠져, 인질범과 함께 경찰에 대항하여 싸운 사건에서 유래되었다.

제166테마

경호업무

중요도 B급

📖 일반론

구분		내용
의의		① 경호란 경호대상자의 생명과 재산을 보호하기 위하여 신체에 가하여지는 위해를 방지하거나 제거하고, 특정 지역을 경계·순찰 및 방비하는 등의 모든 안전활동을 말한다. ② **경호는 호위와 경비를 모두 포함하는 개념**이다.
4대 원칙	목표물 보존	① 경호대상자는 암살자 또는 위해를 가할 가능성이 있는 자들로부터 완전히 차단될 수 있도록 보호되어야 한다. ② 행차일시·장소·코스는 비공개되어야 한다. ③ 동일한 장소의 행차는 가급적 수시로 변경시키는 것이 좋다. ④ 대중에게 노출된 도보행차는 가급적 제한한다.
	자기희생	경호자는 어떠한 희생을 치르더라도 경호대상자의 안전을 보호해야 한다.
	담당구역 책임	① 자기 담당구역 내에서 일어나는 사태에 대해서는 자신이 책임을 지고 해결해야 한다. ② **비록 인근지역에 특별한 상황이 발생하더라도 자기책임구역을 이탈해서는 안 된다.**
	통제된 출입	① 경호대상자에게 접근할 수 있는 출입구는 경호상 통제된 유일한 출입구만이 필요하고, 나머지는 차단한다. ② **하나의 통제된 출입구에 의한 접근도 반드시 경호원에 의하여 확인된 후 허가절차를 밟아야 한다.**

📖 행사장 경호활동

구분	내용
제1선 : 내부 (절대안전구역)	① 피경호자가 위치하는 내부로서 옥내일 경우에는 건물 자체를 말하며, 옥외일 경우에는 본부석을 의미한다. ② 통상 권총 유효사거리인 50m권을 적용한다. ③ 제1선 경호는 대통령경호처에서 주관한다(경찰은 대통령경호처 요청시 경력 및 장비를 지원). ④ 출입자 통제관리, 금속탐지기(MD) 운용, 비표확인, 출입자 감시 등을 행한다.
제2선 : 내곽 (주경비지역)	① 제1선을 제외한 행사장 중심으로 반경 500m 내·외의 취약개소를 의미하며, 소총의 유효사거리를 고려한 거리의 개념이다. ② 제2선의 경호책임은 경찰이 담당한다(군부대 내일 경우 군이 담당). ③ 바리케이드 등 장애물 설치, 돌발사태를 대비한 예비대 운영, 구급차·소방차 대기 등을 행한다.
제3선 : 외곽 (조기경보지역)	① 주변 동향을 파악하고 직시고층건물 및 감제고지에 대한 안전을 확보하기 위한 개념이다. ② 제3선의 경호책임은 경찰이 담당한다. ③ 감시조 운영, 도보 등 원거리 기동순찰조 운영, 원거리 불심자 검문·차단 등을 행한다.

제167테마

청원경찰업무

중요도 B급

「청원경찰법」【시행 2022. 11. 15.】

📖 일반론

구분	내용
의의	청원경찰이란 다음의 어느 하나에 해당하는 기관의 장 또는 시설·사업장 등의 경영자(청원주)가 청원경찰경비를 부담할 것을 조건으로 경찰의 배치를 신청하는 경우 그 기관·시설 또는 사업장 등의 경비를 담당하게 하기 위하여 배치하는 경찰을 말한다(동법 제2조). ① 국가기관 또는 공공단체와 그 관리 하에 있는 중요 시설 또는 사업장 ② 국내 주재 외국기관 ③ 그 밖에 행정안전부령으로 정하는 중요 시설, 사업장 또는 장소
목적	이 법은 청원경찰의 직무·임용·배치·보수·사회보장 및 그 밖에 필요한 사항을 규정함으로써 청원경찰의 원활한 운영을 목적으로 한다(동법 제1조).
직무	청원경찰은 청원주와 배치된 기관·시설 또는 사업장 등의 구역을 관할하는 경찰서장의 감독을 받아 그 경비구역만의 경비를 목적으로 필요한 범위에서 「경찰관 직무집행법」에 따른 경찰관의 직무를 수행한다(동법 제3조).
한계	장소	청원경찰의 직무수행은 그 경비구역만의 경비를 목적으로 행하여야 한다(동법 제3조).
	직무	① 청원경찰은 「경찰관 직무집행법」에 따른 직무 외의 수사활동 등 사법경찰관리의 직무를 수행해서는 아니 된다. ② 청원경찰이 직무를 수행할 때에는 「경찰관 직무집행법」 및 같은 법 시행령에 따라 하여야 할 모든 보고는 관할 경찰서장에게 서면으로 보고하기 전에 지체 없이 구두로 보고하고 그 지시에 따라야 한다.

📖 청원경찰의 배치·임용·징계

1. 청원경찰의 배치

구분	내용
배치신청	청원경찰의 배치를 받으려는 자(청원주)는 청원경찰 배치신청서에 서류를 첨부하여 사업장의 관할 경찰서장을 거쳐 시·도경찰청장에게 제출하여야 한다. 배치장소가 둘 이상의 도(특별시, 광역시, 특별자치시 및 특별자치도를 포함)일 때에는 주된 사업장의 관할 경찰서장을 거쳐 시·도경찰청장에게 한꺼번에 신청할 수 있다(동법 제4조 제1항 및 동법 시행령 제2조). 청원주 → 경찰서장 → 시·도경찰청장
배치결정	① 시·도경찰청장은 청원경찰 배치신청을 받으면 지체 없이 그 배치 여부를 결정하여 신청인에게 알려야 한다(동법 제4조 제2항). ② 시·도경찰청장은 청원경찰의 배치가 필요하다고 인정되는 기관의 장 또는 시설·사업장의 경영자에게 청원경찰을 배치할 것을 요청할 수 있다(동법 제4조 제3항).

2. 청원경찰의 임용

구분	내용
임용 승인신청	청원주는 시·도경찰청장의 배치결정의 통지를 받은 날부터 30일 이내에 배치결정된 인원 수의 임용예정자에 대하여 청원경찰 임용승인을 시·도경찰청장에게 신청하여야 한다(동법 시행령 제4조 제1항).
임용승인	청원경찰은 청원주가 임용(시·도경찰청장이 임용 ×)하되, 임용을 할 때에는 미리 시·도 경찰청장의 승인을 받아야 한다(동법 제5조 제1항).
청원주의 임용	① 청원경찰은 청원주가 임용한다(동법 제5조 제1항). ② 청원주가 청원경찰을 임용하였을 때에는 임용한 날부터 10일 이내에 그 임용사항을 관할 경찰서장을 거쳐 시·도경찰청장에게 보고하여야 한다. 청원경찰이 퇴직하였을 때에 도 또한 같다(동법 시행령 제4조 제2항).
임용자격	① 「국가공무원법」 제33조 각 호의 어느 하나의 결격사유에 해당하는 사람은 청원경찰로 임용될 수 없다(동법 제5조 제2항). ② 청원경찰의 자격은 18세 이상인 사람으로서 남녀 제한이 없다(동법 시행령 제3조). ③ 신체가 건강하고 팔다리가 완전하여야 하며, 시력(교정시력 포함)은 양쪽 눈이 각각 0.8 이상이어야 한다.

3. 청원경찰의 징계

구분	내용
징계권자 (청원주)	① 청원주는 청원경찰이 징계사유에 해당하는 때에는 징계절차를 거쳐 징계처분을 하여야 한다(동법 제5조의2 제1항). ② 관할경찰서장은 청원경찰이 징계사유에 해당한다고 인정되면 청원주에게 해당 청원경찰 에 대하여 징계처분을 하도록 요청할 수 있다(동법 시행령 제8조 제1항).
사유	① 직무상의의무를 위반하거나 직무를 태만히 한 때 ② 품위를 손상하는 행위를 한 때
종류	청원경찰에 대한 징계의 종류는 파면, 해임, 정직, 감봉, 견책으로 구분(강등 ×)한다(동법 제5조의2 제2항 동법 시행령 제8조 제2항 내지 제4항).
징계규정의 제정·신고	청원주는 청원경찰 배치 결정의 통지를 받았을 때에는 통지를 받은 날부터 15일 이내에 청 원경찰에 대한 징계규정을 제정하여 관할 시·도경찰청장에게 신고하여야 한다. 징계규정 을 변경할 때에도 또한 같다(동법 시행령 제8조 제5항).

📖 청원경찰의 복무 · 직무감독

구분		내용
복무	제복착용	① 청원경찰은 근무 중 제복을 착용하여야 한다(동법 제8조 제1항). ② 청원경찰이 그 배치지의 특수성으로 인하여 특수복장을 착용할 필요가 있을 때에는 청원주는 시·도경찰청장의 승인을 받아 특수복장을 착용하게 할 수 있다(동법 시행령 제14조 제3항).
	무기휴대	① 시·도경찰청장은 청원경찰이 직무를 수행하기 위하여 필요하다고 인정하면 청원주의 신청을 받아 관할 경찰서장으로 하여금 청원경찰에게 무기를 대여하여 지니게 할 수 있다(동법 제8조 제2항). ② 청원주가 청원경찰이 휴대할 무기를 대여 받으려는 경우에는 관할 경찰서장을 거쳐 시·도경찰청장에게 무기대여를 신청하여야 한다(동법 시행령 제16조 제1항). ③ 무기대여의 신청을 받은 시·도경찰청장이 무기를 대여하여 휴대하게 하려는 경우에는 청원주로부터 국가에 기부채납된 무기에 한정하여 관할 경찰서장으로 하여금 무기를 대여하여 휴대하게 할 수 있다(동법 시행령 제16조 제2항). ④ 청원주는 분사기의 소지허가를 받아 청원경찰로 하여금 그 분사기를 휴대하여 직무를 수행하게 할 수 있다(동법 시행령 제15조).
직무감독		① 청원주는 항상 소속 청원경찰의 근무상황을 감독하고, 근무수행에 필요한 교육을 하여야 한다(동법 제9조의3 제1항). ② 시·도경찰청장은 청원경찰의 효율적인 운영을 위하여 청원주를 지도하며 감독상 필요한 명령을 할 수 있다(동법 제9조의3 제2항). ③ 관할경찰서장은 매달 1회 이상 청원경찰을 배치한 경비구역에 대하여 복무규율과 근무사항, 무기의 관리 및 취급사항을 감독하여야 한다(동법 시행령 제17조).

📖 청원경찰의 의무 등

구분	내용
쟁의행위 금지	청원경찰은 파업, 태업 또는 그 밖에 업무의 정상적인 운영을 방해하는 일체의 쟁의행위를 하여서는 아니 된다(동법 제9조의 4).
직권남용 금지	① 청원경찰이 직무를 수행할 때 직권을 남용하여 국민에게 해를 끼친 경우에는 6개월 이하의 징역이나 금고에 처한다(동법 제10조 제1항). ② 청원경찰 업무에 종사하는 사람은 「형법」이나 그 밖의 법령에 따른 벌칙을 적용할 때에는 공무원으로 본다(동법 제10조 제2항).
배상책임	① 청원경찰(국가기관이나 지방자치단체에 근무하는 청원경찰은 제외)의 직무상 불법행위에 대한 배상책임에 관하여는 「민법」의 규정을 따른다(동법 제10조의2). ② 국가기관이나 지방자치단체에 근무하는 청원경찰의 직무상 불법행위에 대한 배상책임은 「국가배상법」의 규정에 따르나, 기타의 경우에는 「민법」의 규정에 따른다.

📖 청원경찰의 면직·폐지·당연퇴직

구분		내용
면직		① 청원경찰은 형의 선고, 징계처분 또는 신체상·정신상의 이상으로 직무를 감당하지 못할 때를 제외하고는 그 의사에 반하여 면직되지 아니한다(동법 제10조의4 제1항). ② 청원주가 청원경찰을 면직시켰을 때에는 그 사실을 관할경찰서장을 거쳐 시·도경찰청장에게 보고하여야 한다(동법 제10조의4 제2항).
폐지	사유	① 청원주는 청원경찰이 배치된 시설이 폐쇄되거나 축소되어 청원경찰의 배치를 폐지하거나 배치인원을 감축할 필요가 있다고 인정하면 청원경찰의 배치를 폐지하거나 배치인원을 감축할 수 있다(동법 제10조의5 제1항 본문). ② 청원주는 다음의 어느 하나에 해당하는 경우에는 청원경찰의 배치를 폐지하거나 배치인원을 감축할 수 없다(동법 제10조의5 제1항 단서). ㉠ 청원경찰을 대체할 목적으로 「경비업」법에 따른 특수경비원을 배치하는 경우 ㉡ 청원경찰이 배치된 기관·시설 또는 사업장 등이 배치인원의 변동사유 없이 다른 곳으로 이전하는 경우
	통지	청원주가 청원경찰을 폐지하거나 감축하였을 때에는 청원경찰 배치 결정을 한 경찰관서의 장에게 알려야 하며, 그 사업장이 시·도경찰청장이 청원경찰의 배치를 요청한 사업장일 때에는 그 폐지 또는 감축 사유를 구체적으로 밝혀야 한다(동법 제10조의5 제2항).
당연퇴직		청원경찰이 다음의 어느 하나에 해당할 때에는 당연 퇴직한다(동법 제10조의6). ① 임용결격사유에 해당될 때 ② 청원경찰의 배치가 폐지되었을 때 ③ 나이가 60세가 되었을 때. 다만, 그 날이 1월부터 6월 사이에 있으면 6월 30일에, 7월부터 12월 사이에 있으면 12월 31일에 각각 당연 퇴직된다.

서진호
경찰학

독한경찰 | police.dokgong.com

제15장

분야별 경찰활동 IV - 교통경찰활동

제168테마~제186테마

제168테마

「도로교통법」상 용어정리

「도로교통법」【시행 2024. 10. 25.】

구분	내용
도로	다음에 해당하는 곳을 말한다(동법 제2조 제1호). ① 「도로법」에 따른 도로 ② 「유료도로법」에 따른 유료도로 ③ 「농어촌도로 정비법」에 따른 농어촌도로 ④ 그 밖에 현실적으로 불특정 다수의 사람 또는 차마가 통행할 수 있도록 공개된 장소로서 안전하고 원활한 교통을 확보할 필요가 있는 장소
자동차전용도로	자동차만 다닐 수 있도록 설치된 도로(동법 제2조 제2호).
고속도로	자동차의 고속 운행에만 사용하기 위하여 지정된 도로(동법 제2조 제3호).
차도	연석선, 안전표지 또는 그와 비슷한 인공구조물을 이용하여 경계를 표시하여 모든 차가 통행할 수 있도록 설치된 도로의 부분(동법 제2조 제4호).
중앙선	차마의 통행 방향을 명확하게 구분하기 위하여 도로에 황색 실선이나 황색 점선 등의 안전표지로 표시한 선 또는 중앙분리대나 울타리 등으로 설치한 시설물(동법 제2조 제5호). **황색실선중앙선**: 주행 중에 반대방향으로 진입하는 것은 금지 **황색점선중앙선**: ① 앞 차를 추월하기 위해 일시적으로 반대편 차로로 침범이 가능 ② 다시 본래 차선으로 돌아와야 하며, 사고가 났을 경우에는 중앙선 침범사고 처벌을 받을 수 있음
차로	차마가 한 줄로 도로의 정하여진 부분을 통행하도록 차선으로 구분한 차도의 부분(동법 제2조 제6호).
차선	차로와 차로를 구분하기 위하여 그 경계지점을 안전표지로 표시한 선(동법 제2조 제7호).
자전거도로	안전표지, 위험방지용 울타리나 그와 비슷한 인공구조물로 경계를 표시하여 자전거 및 개인형 이동장치가 통행할 수 있도록 설치된 자전거전용도로·자전거보행자겸용도로·자전거전용차로 등(동법 제2조 제8호).
자전거횡단도	자전거 및 개인형 이동장치가 일반도로를 횡단할 수 있도록 안전표지로 표시한 도로의 부분(동법 제2조 제9호).
보도	연석선, 안전표지나 그와 비슷한 인공구조물로 경계를 표시하여 보행자(유모차, 보행보조용 의자차, 노약자용 보행기, 실외이동로봇 등을 포함)가 통행할 수 있도록 한 도로의 부분(동법 제2조 제10호).
길가장자리구역	보도와 차도가 구분되지 아니한 도로(구분된 도로 ×)에서 보행자의 안전을 확보하기 위하여 안전표지 등으로 경계를 표시한 도로의 가장자리 부분(동법 제2조 제11호).
횡단보도	보행자가 도로를 횡단할 수 있도록 표시한 도로의 부분(동법 제2조 제12호).

교차로	'십'자로, 'T'자로나 그 밖에 둘 이상의 도로(보도와 차도가 구분되어 있는 도로에서는 차도를 말한다)가 교차하는 부분(동법 제2조 제13호).
회전교차로	교차로 중 차마가 원형의 교통섬을 중심으로 반시계방향으로 통행하도록 한 원형의 도로(동법 제2조 제13의2호).
안전지대	도로를 횡단하는 보행자나 통행하는 차마의 안전을 위하여 안전표지나 이와 비슷한 인공구조물로 표시한 도로의 부분(동법 제2조 제14호).
신호기	도로교통에서 문자·기호 또는 등화를 사용하여 진행·정지·방향전환·주의 등의 신호를 표시하기 위하여 사람이나 전기의 힘으로 조작하는 장치(동법 제2조 제15호).
안전표지	교통안전에 필요한 주의·규제·지시 등을 표시하는 표지판이나 도로의 바닥에 표시하는 기호·문자 또는 선 등(동법 제2조 제16호).
차마	다음의 차와 우마를 말한다(동법 제2조 제17호). ① 차란 다음의 어느 하나에 해당하는 것을 말한다. 　㉠ 자동차 　㉡ 건설기계 　㉢ 원동기장치자전거 　㉣ 자전거 　㉤ 사람 또는 가축의 힘이나 그 밖의 동력으로 도로에서 운전되는 것 ② 우마란 교통이나 운수에 사용되는 가축을 말한다.
자동차	철길이나 가선된 선을 이용하지 아니하고 원동기를 사용하여 운전되는 차(견인되는 자동차도 자동차의 일부로 본다)로서 다음의 차를 말한다(동법 제2조 제18호). ① 다음의 자동차(원동기장치자전거는 제외) 　㉠ 승용자동차 　㉡ 승합자동차 　㉢ 화물자동차 　㉣ 특수자동차 　㉤ 이륜자동차 ② 건설기계
원동기장치자전거	다음의 어느 하나에 해당하는 차를 말한다(동법 제2조 제19호). ① 이륜자동차 가운데 배기량 125cc 이하의 이륜자동차 ② 그 밖에 배기량 125cc 이하의 원동기를 단 차(전기자전거는 제외).
개인형 이동장치	배기량 125cc 이하의 원동기장치자전거 중 시속 25킬로미터 이상으로 운행할 경우 전동기가 작동하지 아니하고 차체 중량이 30킬로그램 미만인 것으로서 행정안전부령으로 정하는 것(전동킥보드, 전동이륜평행차, 전동기의 동력만으로 움직일 수 있는 자전거)을 말한다(동법 제2조 제19의2호).
자전거	자전거 및 전기자전거(동법 제2조 제20호).
자동차등	자동차와 원동기장치자전거(동법 제2조 제21호).
자전거등	자전거와 개인형 이동장치(동법 제2조 제21의2호).

긴급자동차	다음의 자동차로서 그 본래의 긴급한 용도로 사용되고 있는 자동차를 말한다(동법 제2조 제22호). ① 소방차 ② 구급차 ③ 혈액 공급차량 ④ 그 밖에 대통령령으로 정하는 자동차
어린이통학버스	유치원 등 시설 가운데 어린이(13세 미만인 사람을 말한다)를 교육대상으로 하는 시설에서 어린이의 통학 등에 이용되는 자동차와 「여객자동차 운수사업법」 제4조 제3항에 따른 여객자동차운송사업의 한정면허를 받아 어린이를 여객대상으로 하여 운행되는 운송사업용 자동차(동법 제2조 제23호).
주차	운전자가 승객을 기다리거나 화물을 싣거나 차가 고장 나거나 그 밖의 사유로 차를 계속 정지 상태에 두는 것 또는 운전자가 차에서 떠나서 즉시 그 차를 운전할 수 없는 상태에 두는 것(동법 제2조 제24호).
정차	운전자가 5분을 초과하지 아니하고 차를 정지시키는 것으로서 주차 외의 정지 상태(동법 제2조 제25호).
운전	도로에서 차마 또는 노면전차를 그 본래의 사용방법에 따라 사용하는 것(조종 또는 자율주행시스템을 사용하는 것을 포함)을 말한다(동법 제2조 제26호).
초보운전자	처음 운전면허를 받은 날부터 2년이 지나지 아니한 사람을 말한다. 이 경우 원동기장치자전거면허만 받은 사람이 원동기장치자전거면허 외의 운전면허를 받은 경우에는 처음 운전면허를 받은 것으로 본다(동법 제2조 제27호).
서행	운전자가 차 또는 노면전차를 즉시 정지시킬 수 있는 정도의 느린 속도로 진행하는 것(동법 제2조 제28호).
앞지르기	차의 운전자가 앞서가는 다른 차의 옆을 지나서 그 차의 앞으로 나가는 것(동법 제2조 제29호).
일시정지	차 또는 노면전차의 운전자가 그 차 또는 노면전차의 바퀴를 일시적으로 완전히 정지시키는 것(동법 제2조 제30호).
보행자전용도로	보행자만 다닐 수 있도록 안전표지나 그와 비슷한 인공구조물로 표시한 도로(동법 제2조 제31호).
자동차운전학원	자동차등의 운전에 관한 지식·기능을 교육하는 시설(동법 제2조 제32호).
모범운전자	무사고운전자·유공운전자의 표시장을 받거나 2년 이상 사업용 자동차 운전에 종사하면서 교통사고를 일으킨 전력이 없는 사람으로서 경찰청장이 정하는 바에 따라 선발되어 교통안전 봉사활동에 종사하는 사람을 말한다(동법 제2조 제33호).
음주운전방지장치	술에 취한 상태에서 자동차등을 운전하려는 경우 시동이 걸리지 아니하도록 하는 것으로서 행정안전부령으로 정하는 것(동법 제2조 제34호).

제169테마

도로의 해당 유무

「도로교통법」【시행 2024. 10. 25.】

중요도 A급

구분	내용
의의	「도로교통법」 제2조 제1호에서 도로라 함은 「도로법」에 의한 도로, 「유료도로법」에 의한 도로, 「농어촌도로 정비법」에 따른 농어촌도로, 그 밖에 현실적으로 불특정 다수의 사람 또는 차마가 통행할 수 있도록 공개된 장소로서 교통질서 유지 등을 목적으로 하는 일반 교통경찰권이 미치는 공공성이 있는 곳을 의미하고, 특정인들 또는 그들과 관련된 특정한 용건이 있는 자들만이 사용할 수 있고 자주적으로 관리되는 장소는 이에 포함되지 않는다.
도로 (○)	피고인이 술을 마시고 차량을 운전한 아파트단지 내의 통행로가 왕복 4차선의 외부도로와 직접 연결되어 있고, 외부차량의 통행에 제한이 없으며, 별도의 주차관리인이 없는 등 아파트의 관리 및 이용 상황에 비추어 보면 이는 「도로교통법」상의 도로에 해당한다.
도로 (×)	① 가스충전소 내 가스주입구역 등은 가스충전 등의 용무가 있는 특정인들 또는 그들과 관련된 특정한 용건이 있는 자들만이 사용할 수 있는 가스충전소 시설물의 일부로 그 운영자에 의하여 자주적으로 관리되는 곳이지, 불특정의 사람이나 차량의 통행을 위하여 공개된 장소로 일반 교통경찰권이 미치는 공공성이 있는 곳이라고는 볼 수 없다. ② 대학교내의 도로는 학교에 재학 중인 학생이나 그 곳에 근무하는 교직원들이 이용하는 대학시설의 일부로 학교운영자에 의하여 자주적으로 관리되는 곳이지 일반교통경찰권이 미치는 공공성이 있는 곳으로 볼 수 없어 도로에 해당하지 않는다.
구별 실익	① 도로가 아닌 곳에서는 무면허 운전이 성립하지 않는다. 즉, 면허 없이 도로에서 운전한 경우에만 무면허운전에 해당한다. ② 다만, 음주운전, 약물운전, 교통사고시 조치의무 불이행의 경우에는 도로와 도로 외의 곳을 모두 포함한다. ③ 유료주차장 내에서 음주운전을 하다가 적발된 경우, 해당 위반장소는 「도로교통법」이 적용되는 도로라고 볼 수는 없으나, 음주운전 교통사고의 경우 도로 외의 장소에서 발생하더라도 처벌이 가능하다. ④ 대학교의 구내에서 마약을 과다복용하고 운전을 하다가 적발된 경우, 해당 위반장소는 「도로교통법」이 적용되는 도로라고 볼 수는 없으나, 약물운전 교통사고의 경우 도로 외의 장소에서 발생하더라도 처벌이 가능하다. ⑤ 아파트 지하주차장에서 보행자를 충격하여 다치게 한 후 적절한 조치 없이 현장을 이탈하여 적발된 경우, 해당 위반장소는 「도로교통법」이 적용되는 도로라고 볼 수는 없으나, 조치불이행 교통사고의 경우 도로 외의 장소에서 발생하더라도 처벌이 가능하다.

제170테마

교통규제의 수단

중요도 B급

▌「도로교통법」【시행 2024. 10. 25.】
▌「도로교통법 시행규칙」【시행 2024. 10. 20.】

📖 신호기

구분		내용
의의		신호기란 도로교통에서 문자·기호 또는 등화를 사용하여 진행·정지·방향·전환·주의 등의 신호를 표시하기 위하여 사람이나 전기의 힘으로 조작하는 장치를 말한다(동법 제2조 제15호).
차량신호등 (원형등화)	녹색 등화	차마는 직진 또는 우회전할 수 있다(비보호좌회전표지 또는 비보호좌회전표시가 있는 곳의 경우에는 좌회전할 수 있다).
	황색 등화	① 차마는 정지선이 있거나 횡단보도가 있을 때에는 그 직전이나 교차로의 직전에 정지하여야 한다. ② 이미 교차로에 차마의 일부라도 진입한 경우에는 신속히 교차로 밖으로 진행하여야 한다. ③ 차마는 우회전할 수 있고, 우회전하는 경우에는 보행자의 횡단을 방해하지 못한다.
	적색 등화	① 차마는 정지선, 횡단보도 및 교차로의 직전에서 정지하여야 한다. ② 신호에 따라 진행하는 다른 차마의 교통을 방해하지 아니하고 우회전할 수 있다.
보행신호등	녹색 등화	보행자는 횡단보도를 횡단할 수 있다.
	녹색등화 점멸	① 보행자는 횡단을 시작하여서는 아니 된다. ② 횡단하고 있는 보행자는 신속하게 횡단을 완료하거나, 그 횡단을 중지하고 보도로 되돌아와야 한다.
	적색 등화	보행자는 횡단보도를 횡단하여서는 아니 된다.

📖 안전표지

구분		내용
의의		안전표지란 교통안전에 필요한 주의·규제·지시 등을 표시하는 표지판이나 도로의 바닥에 표시하는 기호·문자 또는 선 등을 말한다(동법 제2조 제16호).
종류	주의표지	도로상태가 위험하거나 도로 또는 그 부근에 위험물이 있는 경우에, 필요한 안전조치를 할 수 있도록 이를 도로사용자에게 알리는 표지
	규제표지	도로교통의 안전을 위하여 각종 제한·금지 등의 규제를 하는 경우에, 이를 도로사용자에게 알리는 표시
	지시표지	도로의 통행방법·통행구분 등 도로교통의 안전을 위하여 필요한 지시를 하는 경우에, 도로사용자가 이에 따르도록 알리는 표지
	보조표지	주의표지·규제표지·지시표지의 주기능을 보충하여, 도로사용자에게 알리는 표지
	노면표지	도로교통의 안전을 위하여 각종 주의·규제·지시 등의 내용을 노면에 기호·문자 또는 선으로 도로사용자에게 알리는 표지

📖 교통안전시설 및 경찰공무원 등의 신호·지시

구분	내용
신호·지시에 따를 의무	도로를 통행하는 보행자, 차마 또는 노면전차의 운전자는 교통안전시설이 표시하는 신호 또는 지시와 다음의 어느 하나에 해당하는 사람이 하는 신호 또는 지시를 따라야 한다(동법 제5조 제1항 및 동법 시행령 제6조). ① 교통정리를 하는 경찰공무원(의무경찰을 포함) ② 제주특별자치도의 자치경찰공무원 ③ 모범운전자 ④ 군사훈련 및 작전에 동원되는 부대의 이동을 유도하는 군사경찰 ⑤ 본래의 긴급한 용도로 운행하는 소방차·구급차를 유도하는 소방공무원
신호·지시가 다른 경우	도로를 통행하는 보행자, 차마 또는 노면전차의 운전자는 교통안전시설이 표시하는 신호 또는 지시와 교통정리를 하는 경찰공무원 또는 경찰보조자의 신호 또는 지시가 서로 다른 경우에는 경찰공무원 등의 신호 또는 지시에 따라야 한다(동법 제5조 제2항).
신호·지시의 성격	경찰공무원 등이 행하는 신호·지시, 즉 수신호의 성격은 경찰하명에 해당된다.

📖 경찰공무원의 조치

구분	내용

절대적 조치
(하여야 한다)
	① 경찰공무원은 신체에 장애가 있는 사람이 도로를 통행하거나 횡단하기 위하여 도움을 요청하거나 도움이 필요하다고 인정하는 경우에는 그 사람이 안전하게 통행하거나 횡단할 수 있도록 필요한 조치를 하여야 한다(동법 제11조 제5항).
	② 경찰공무원은 다음의 어느 하나에 해당하는 사람을 발견한 경우에는 그들의 안전을 위하여 적절한 조치를 하여야 한다(동법 제11조 제6항).
	
	    ㉠ 교통이 빈번한 도로에서 놀고 있는 어린이
	    ㉡ 보호자 없이 도로를 보행하는 영유아
	    ㉢ 앞을 보지 못하는 사람으로서 흰색 지팡이를 가지지 아니하거나 장애인보조견을 동반하지 아니하는 등 필요한 조치를 하지 아니하고 다니는 사람
	    ㉣ 횡단보도나 교통이 빈번한 도로에서 보행에 어려움을 겪고 있는 노인(65세 이상인 사람)

임의적 조치 (할 수 있다)	① 경찰공무원은 보행자, 차마 또는 노면전차의 통행이 밀려서 교통 혼잡이 뚜렷하게 우려될 때에는 혼잡을 덜기 위하여 필요한 조치를 할 수 있다(동법 제7조). ② 경찰공무원은 자동차등 또는 노면전차를 운전하는 사람이나 자전거등을 운전하는 사람에 대하여는 정상적으로 운전할 수 있는 상태가 될 때까지 운전의 금지를 명하고 차를 이동시키는 등 필요한 조치를 할 수 있다(동법 제47조 제2항). ③ 경찰공무원은 제1항 제3호 및 제4호를 위반한 자동차를 발견한 경우에는 그 현장에서 운전자에게 위반사항을 제거하게 하거나 필요한 조치를 명할 수 있다. 이 경우 운전자가 그 명령을 따르지 아니할 때에는 경찰공무원이 직접 위반사항을 제거하거나 필요한 조치를 할 수 있다(동법 제49조 제2항).

제171테마

어린이 보호구역

중요도 A급

■ 「도로교통법」【시행 2024. 10. 25.】
■ 「어린이 보호구역의 지정·관리에 관한 규칙」【시행 2024. 7. 31.】

📖 일반론

구분	내용
의의 (13세 미만)	① 어린이 보호구역은 유치원과 초등학교 등의 주된 출입문을 중심으로 반경 300m 이내의 도로 중 일정구간을 말한다(필요할 때에는 반경 500m 까지 확대할 수 있다). ② 어린이 보호구역에서는 신호등, 교통안전표지, 노면표시 등 안전시설과 과속방지시설, 미끄럼 방지시설, 도로 반사경, 울타리 등 도로부속시설이 설치된다.
시장 등의 지정·관리	① 시장 등은 조사 결과 보호구역으로 지정·관리할 필요가 인정되는 경우에는 관할 시·도경찰청장 또는 경찰서장과 협의하여 해당 보호구역 지정대상시설의 주 출입문을 중심으로 반경 300미터 이내의 도로 중 일정구간을 보호구역으로 지정한다(지정할 수 있다 ×). 다만, 시장 등은 해당 지역의 교통여건 및 효과성 등을 면밀히 검토하여 필요한 경우 보호구역 지정대상시설의 주 출입문을 중심으로 반경 500미터 이내의 도로에 대해서도 보호구역으로 지정할 수 있다(동 규칙 제3조 제6항). ② 특별시장·광역시장 또는 시장·군수는 교통사고의 위험으로부터 어린이를 보호하기 위하여 필요하다고 인정하는 경우에는, 다음의 어느 하나에 해당하는 시설이나 장소의 주변 도로 가운데 일정 구간을 어린이 보호구역으로 지정하여, 자동차 등의 통행속도를 시속 30㎞ 이내로 제한할 수 있다(동법 제12조 제1항). 　㉠ 유치원, 초등학교 또는 특수학교 　㉡ 어린이집(정원이 100명 이상) 　㉢ 학원(수강생이 100명 이상) 　㉣ 외국인학교 또는 대안학교, 대안교육기관, 국제학교, 외국교육기관 중 유치원·초등학교 교과과정이 있는 학교 　㉤ 그 밖에 어린이가 자주 왕래하는 곳으로서 조례로 정하는 시설 또는 장소 ③ 시·도경찰청장, 경찰서장 또는 시장 등은 조치사항을 위반하는 행위 등의 단속을 위하여 어린이보호구역의 도로 중에서 우선적으로 무인 교통단속용 장비를 설치하여야 한다(동법 제12조 제4항).

📖 구간별·시간대별로 취할 수 있는 조치

구분	내용
의의	시·도경찰청장이나 경찰서장은 어린이 보호구역에서 구간별·시간대별로 다음의 조치를 할 수 있다. 이 경우 시·도경찰청장이나 경찰서장은 그 뜻을 표시하는 안전표지를 설치하여야 한다(동 규칙 제9조 제1항 및 제2항).
조치사항	① 차마의 통행을 금지하거나 제한하는 것 ② 차마의 정차나 주차를 금지하는 것 ③ 운행속도를 시속 30㎞ 이내로 제한하는 것 ④ 이면도로(간선도로 ×)를 일방통행로로 지정·운영

📖 주요법규 위반의 벌칙 강화

1. 적용시간·적용대상

구분	내용
적용시간	어린이 보호구역 내의 도로에서 강화된 벌칙이 적용되는 시간은 오전 8시~오후 8시까지이다(동법 시행령 제88조 제4항).
적용대상 (신·속·보·주·통)	어린이 보호구역내의 도로에서 강화된 벌칙이 적용되는 대상은 신호·지시위반, 속도위반, 보행자보호의무 위반, 주·정차 위반, 통행금지·제한 위반(암기 TIP 신속보주통)이 있다.

2. 벌칙 강화 적용 내용

구분		일반도로	어린이 보호구역 내
신호·지시 위반		15점	30점
속도위반	100km/h 초과	100점	200점
	80km/h 초과~100km/h 이하	80점	160점
	60km/h 초과~80km/h 이하	60점	120점
	40km/h 초과~60km/h 이하	30점	60점
	20km/h 초과~40km/h 이하	15점	30점
	20km/h 이하	없음	15점
보행자 보호의무 위반	횡단보도	10점	20점
	일반도로		
가중처벌 (민식이법)	① 어린이를 사망에 이르게 한 경우에는 무기 또는 3년 이상의 징역에 처한다. ② 어린이를 상해에 이르게 한 경우에는 1년 이상 15년 이하의 징역 또는 500만원 이상 3천만원 이하의 벌금에 처한다.		

제172테마

중요도 B급

어린이 통학버스

- 「도로교통법」 【시행 2024. 10. 25.】
- 「도로교통법 시행령」 【시행 2024. 7. 31.】

📖 일반론

구분	내용
의의	어린이 통학버스란 어린이(13세 미만인 사람)를 교육대상으로 하는 시설에서 어린이의 통학 등에 이용되는 자동차와, 여객자동차운송사업의 한정면허를 받아 어린이를 여객대상으로 하여 운행되는 운송사업용 자동차를 말한다(동법 제2조 제23호).
특별보호 — 일시 정지 후 서행	① 어린이 통학버스가 도로에 정차하여 어린이나 영유아가 타고 내리는 중임을 표시하는 점멸등 등의 장치를 작동 중일 때에, 어린이 통학버스가 정차한 차로와 그 차로의 바로 옆 차로로 통행하는 차의 운전자는 어린이 통학버스에 이르기 전에 일시정지하여 안전을 확인한 후 서행하여야 한다(동법 제51조 제1항). ② 중앙선이 설치되지 아니하거나 편도 1차로인 도로에서 반대방향에서 진행하는 차의 운전자도 어린이 통학버스에 이르기 전에 반드시 일시 정지하여 안전을 확인한 후 서행하여야 한다(동법 제51조 제2항).
특별보호 — 앞지르기 금지	모든 차의 운전자는 어린이나 영유아를 태우고 있다는 표시를 한 상태로 도로를 통행하는 어린이 통학버스를 앞지르지 못한다(동법 제51조 제3항).

📖 신고 · 안전교육

구분		내용
신고		어린이 통학버스를 운영하려는 자는 미리 관할 경찰서장에게 신고하고 신고증명서를 발급받아야 한다(동법 제52조 제1항).
비치		어린이 통학 버스를 운영하는 자는 어린이 통학버스 안에 발급받은 신고증명서를 항상 갖추어 두어야 한다(동법 제52조 제2항).
안전교육		어린이 통학버스를 운영하는 사람과 운전하는 사람 및 동승 보호자는 어린이통학버스 안전교육을 받아야 한다(동법 제53조의3 제1항).
안전교육	종류	어린이통학버스 안전교육은 신규 안전교육과 정기 안전교육으로 구분하여 실시한다(동법 제53조의3 제2항).
안전교육	실시	정기 안전교육은 2년마다 실시한다. 어린이 통학버스를 운영하는 사람은 어린이통학버스 안전교육을 받지 아니한 사람에게 어린이 통학버스를 운전하게 하거나 어린이 통학버스에 동승하게 하여서는 아니 된다(동법 제53조의3 제3항).

📖 운전자·운영자 등의 의무

구분	내용
유아탑승 표시	어린이 통학버스를 운전하는 사람은 어린이나 영유아가 타고 내리는 경우에만 점멸등 등의 장치를 작동하여야 하며, 어린이나 영유아를 태우고 운행 중인 경우에만 어린이나 영유아를 태우고 있다는 표시를 하여야 한다(동법 제53조 제1항).
안전 확인 후 출발	어린이 통학버스를 운전하는 사람은 어린이나 영유아가 어린이 통학버스를 탈 때에는 승차한 모든 어린이나 영유아가 좌석안전띠를 매도록 한 후에 출발하여야 하며, 내릴 때에는 보도나 길가장자리구역 등 자동차로부터 안전한 장소에 도착한 것을 확인한 후에 출발하여야 한다. 다만, 좌석안전띠 착용과 관련하여 질병 등으로 인하여 좌석안전띠를 매는 것이 곤란하거나 행정안전부령으로 정하는 사유가 있는 경우에는 그러하지 아니하다(동법 제53조 제2항).
교직원 등 동승	① 어린이 통학버스를 운영하는 자는 어린이 통학버스에 어린이나 영유아를 태울 때에는 성년인 사람 중 어린이 통학버스를 운영하는 자가 지명한 보호자를 함께 태우고 운행하여야 하며, 동승한 보호자는 어린이나 영유아가 승차 또는 하차하는 때에는 자동차에서 내려서 어린이나 영유아가 안전하게 승하차하는 것을 확인하고 운행 중에는 어린이나 영유아가 좌석에 앉아 좌석안전띠를 매고 있도록 하는 등 어린이 보호에 필요한 조치를 하여야 한다(동법 제53조 제3항). ② 이 경우 보호자 동승을 표시하는 표지를 부착할 수 있으며, 누구든지 보호자를 함께 태우지 아니하고 운행하는 경우에는 보호자 동승표지를 부착하여서는 아니 된다(동법 제53조 제6항).
하차 여부 확인	어린이 통학버스를 운전하는 사람은 어린이 통학버스 운행을 마친 후 어린이나 영유아가 모두 하차하였는지를 확인하여야 한다(동법 제53조 제4항).
하차확인장치 작동	어린이 통학버스를 운전하는 사람이 어린이나 영유아의 하차 여부를 확인할 때에는 행정안전부령으로 정하는 어린이나 영유아의 하차를 확인할 수 있는 장치를 작동하여야 한다(동법 제53조 제5항).
안전운행기록의 작성·보관·제출	어린이 통학버스를 운영하는 자는 좌석안전띠 착용 및 보호자 동승 확인 기록을 작성·보관하고 매 분기 어린이 통학버스를 운영하는 시설을 감독하는 주무기관의 장에게(관할 경찰서장에게 ×) 안전운행기록을 제출하여야 한다(동법 제53조 제7항).

📖 위반 정보 등 제공

구분	내용
주무기관의 장에게 제공	경찰서장은 어린이 통학버스를 운영하는 사람이나 운전하는 사람이 관련 규정을 위반하거나 또는 관련 규정을 위반하여 어린이를 사상하는 사고를 유발할 때에는 어린이 교육시설을 감독하는 주무기관의 장에게 그 정보를 제공하여야 한다(동법 제53조의4 제1항).
홈페이지 게재	경찰서장 및 어린이 교육시설을 감독하는 주무기관의 장은 그 정보를 해당 기관에서 운영하는 홈페이지에 각각 게재하여야 한다(동법 제53조의4 제2항).

제173테마

긴급자동차

중요도 A급

- 「도로교통법」【시행 2024. 10. 25.】
- 「도로교통법 시행령」【시행 2024. 7. 31.】

📖 일반론

구분		내용
의의		긴급자동차란 소방차·구급차·혈액공급차량, 그 밖에 대통령령으로 정하는 자동차로서, 그 본래의 긴급한 용도로 사용되고 있는 자동차를 말한다(동법 제2조 제22호).
종류	도로교통법	소방차, 구급차, 혈액공급차량
	법정긴급자동차 (대통령령)	① 경찰용 자동차 중 범죄수사, 교통단속, 그 밖의 긴급한 경찰업무 수행에 사용되는 자동차 ② 국군 및 주한 국제연합군용 자동차 중 군 내부의 질서유지나 부대의 질서 있는 이동을 유도하는 데 사용되는 자동차 ③ 수사기관의 자동차 중 범죄수사를 위하여 사용되는 자동차 ④ 다음의 어느 하나에 해당하는 시설 또는 기관의 자동차 중 도주자의 체포 또는 수용자, 보호관찰 대상자의 호송·경비를 위하여 사용되는 자동차 　㉠ 교도소·소년교도소 또는 구치소 　㉡ 소년원 또는 소년분류심사원 　㉢ 보호관찰소 ⑤ 국내외 요인에 대한 경호업무 수행에 공무로 사용되는 자동차
	지정긴급자동차 (시·도경찰청장)	① 전기사업, 가스사업, 그 밖의 공익사업을 하는 기관에서 위험방지를 위한 응급작업에 사용되는 자동차 ② 민방위업무를 수행하는 기관에서 긴급예방 또는 복구를 위한 출동에 사용되는 자동차 ③ 도로관리를 위하여 사용되는 자동차 중 도로상의 위험을 방지하기 위한 응급작업에 사용되거나 운행이 제한되는 자동차를 단속하기 위하여 사용되는 자동차 ④ 전신·전화의 수리공사 등 응급작업에 사용되는 자동차 ⑤ 긴급한 우편물의 운송에 사용되는 자동차 ⑥ 전파감시업무에 사용되는 자동차
	긴급자동차로 보는 자동차	① 경찰용 긴급자동차에 의하여 유도되고 있는 자동차 ② 국군 및 주한 국제연합군용의 긴급자동차에 의하여 유도되고 있는 국군 및 주한 국제연합군의 자동차 ③ 생명이 위급한 환자·부상자나 수혈을 위한 혈액을 운송 중인 자동차

📖 긴급자동차의 우선통행 · 준수사항

구분	내용
우선통행	① 긴급자동차는 긴급하고 부득이한 경우에는 도로의 중앙이나 좌측 부분을 통행할 수 있다(동법 제29조 제1항). ② 긴급자동차는 이 법이나 이 법에 따른 명령에 따라 정지하여야 하는 경우에도 불구하고 긴급하고 부득이한 경우에는 정지하지 아니할 수 있다(동법 제29조 제2항). ③ 교차로나 그 부근에서 긴급자동차가 접근하는 경우에는 차마와 노면전차의 운전자는 교차로를 피하여 일시 정지하여야 한다(동법 제29조 제4항). ④ 모든 차와 노면전차의 운전자는 교차로나 그 부근 이외의 곳에서 긴급자동차가 접근하는 경우에는 긴급자동차가 우선통행할 수 있도록 진로를 양보하여야 한다(동법 제29조 제5항).
준수사항	① 긴급자동차의 운전자는 교통안전에 주의하면서 통행하여야 한다(동법 제29조 제3항). ② 긴급자동차의 운전자는 해당 자동차를 그 본래의 긴급한 용도로 운행하지 아니하는 경우에는 설치된 경광등을 켜거나 사이렌을 작동하여서는 아니 된다(동법 제29조 제6항).

📖 긴급자동차에 대한 특례

구분	내용(동법 제30조)
소방차 구급차 혈액공급차량 경찰용 자동차	① 자동차 등의 속도 제한(동법 제17조). 속도를 제한하는 경우에는 적용한다. ② 앞지르기의 금지의 시기 · 장소(동법 제22조) ③ 끼어들기의 금지(동법 제23조) ④ 신호위반(동법 제5조) ⑤ 보도침범(동법 제13조 제1항) ⑥ 중앙선 침범(동법 제13조 제3항) ⑦ 횡단 등의 금지(동법 제18조) ⑧ 안전거리 확보 등(동법 제19조) ⑨ 앞지르기 방법 등(동법 제21조 제1항) ⑩ 정차 및 주차의 금지(동법 제32조) ⑪ 주차금지(동법 제33조) ⑫ 고장 등의 조치(동법 제66조)
기타 긴급자동차	① 자동차 등의 속도 제한(동법 제17조). 속도를 제한하는 경우에는 적용한다. ② 앞지르기의 금지의 시기 · 장소(동법 제22조) ③ 끼어들기의 금지(동법 제23조)

📖 긴급자동차의 교통사고시 처리

구분	내용
동일한 책임	긴급자동차가 긴급한 용도로 사용되는 중에 교통사고가 발생하면 다른 일반 승용차와 동일한 책임을 진다.
형의 감면	소방차·구급차·혈액공급차량·경찰용 자동차의 운전자가 그 차를 본래의 긴급한 용도로 운행하는 중에 교통사고를 일으킨 경우에는 정상을 참작하여 대물사고 또는 대인사고에 따른 형을 감경하거나 면제할 수 있다(동법 제158조의2).

제174테마

보행자의 통행방법

중요도 C급

■ 「도로교통법」【시행 2024. 10. 25.】
■ 「도로교통법 시행령」【시행 2024. 7. 31.】

구분	내용
판단기준	① 자전거나 원동기장치자전거를 타고 가는 경우에는 차마의 개념에 포함되지만, 끌고 가는 경우에는 보행자로 본다. ② 손수레는 차에 포함되는 것으로 보는 것이 일반적이나, 손수레를 끌고 횡단보도를 건너는 경우에는 보행자로 본다. ③ 유모차, 보행보조용 의자차, 노약자용 보행기, 실외이동로봇은 보행자로 본다(동법 제2조 제10호).
보행자의 통행	① 보행자는 보도와 차도가 구분된 도로에서는 언제나 보도로 통행하여야 한다. 다만, 차도를 횡단하는 경우, 도로공사 등으로 보도의 통행이 금지된 경우나 그 밖의 부득이한 경우에는 그러하지 아니하다(동법 제8조 제1항). ② 보행자는 보도와 차도가 구분되지 아니한 도로 중 중앙선이 있는 도로에서는 길가장자리 또는 길가장자리구역으로 통행하여야 한다(동법 제8조 제2항). ③ 보행자는 다음의 어느 하나에 해당하는 곳에서는 도로의 전 부분으로 통행할 수 있다. 이 경우 보행자는 고의로 차마의 진행을 방해하여서는 아니 된다(동법 제8조 제3항). ㉠ 보도와 차도가 구분되지 아니한 도로 중 중앙선이 없는 도로(일방통행인 경우에는 차선으로 구분되지 아니한 도로에 한정) ㉡ 보행자우선도로 ④ 보행자는 보도에서는 우측통행을 원칙으로 한다(동법 제8조 제4항).
행렬 등의 통행	**차도의 우측통행** ① 학생의 대열과 그 밖에 보행자의 통행에 지장을 줄 우려가 있다고 인정되는 다음의 사람이나 행렬은 차도로 통행할 수 있다. 이 경우 행렬 등은 차도의 우측으로 통행하여야 한다(동법 제9조 제1항 및 동법 시행령 제7조). ㉠ 말·소 등의 큰 동물을 몰고 가는 사람 ㉡ 사다리, 목재, 그 밖에 보행자의 통행에 지장을 줄 우려가 있는 물건을 운반 중인 사람 ㉢ 도로에서 청소나 보수 등의 작업을 하고 있는 사람 ㉣ 군부대나 그 밖에 이에 준하는 단체의 행렬 ㉤ 기 또는 현수막 등을 휴대한 행렬 및 장의행렬 ② 경찰공무원은 행렬 등에 대하여 구간을 정하고 그 구간에서 행렬 등이 도로 또는 차도의 우측으로 붙어서 통행할 것을 명하는 등 필요한 조치를 할 수 있다(동법 제9조 제3항). **도로의 중앙통행** 행렬 등은 사회적으로 중요한 행사에 따라 시가를 행진하는 경우에는 도로의 중앙을 통행할 수 있다(동법 제9조 제2항).

제175테마

차마의 통행방법

「도로교통법」【시행 2024. 10. 25.】

중요도 A급

📖 차마의 통행

구분	내용
원칙 (중앙 우측)	① 차마의 운전자는 보도와 차도가 구분된 도로에서는 차도로 통행하여야 한다. 다만, 도로 외의 곳으로 출입할 때에는 보도를 횡단하여 통행할 수 있다(동법 제13조 제1항). ② 이 경우 차마의 운전자는 보도를 횡단하기 직전에 일시정지하여 좌측과 우측 부분 등을 살핀 후 보행자의 통행을 방해하지 아니하도록 횡단하여야 한다(동법 제13조 제2항). ③ 차마의 운전자는 도로의 중앙 우측 부분을 통행하여야 한다(동법 제13조 제3항). ④ 차마의 운전자는 안전지대 등 안전표지에 의하여 진입이 금지된 장소에 들어가서는 아니 된다(동법 제13조 제5항). ⑤ 차마의 운전자는 안전표지로 통행이 허용된 장소를 제외하고는 자전거도로 또는 길가장자리구역으로 통행하여서는 아니 된다(동법 제13조 제6항).
예외 (중앙) (중앙 좌측)	차마의 운전자는 제3항에도 불구하고 다음의 어느 하나에 해당하는 경우에는 도로의 중앙이나 좌측 부분을 통행할 수 있다(동법 제13조 제4항). ① 도로가 일방통행인 경우 ② 도로의 파손, 도로공사나 그 밖의 장애로 도로의 우측 부분을 통행할 수 없는 경우 ③ 도로 우측 부분 폭이 6미터가 되지 아니하는 도로에서 다른 차를 앞지르려는 경우 ④ 도로 우측 부분의 폭이 차마의 통행에 충분하지 아니한 경우 ⑤ 시 · 도경찰청장이 필요하다고 인정하여 구간 및 통행방법을 지정하고 있는 경우에 그 지정에 따라 통행하는 경우

📖 자전거등의 통행방법의 특례

구분	내용
특례	① 자전거등의 운전자는 자전거도로가 따로 있는 곳에서는 그 자전거도로로 통행하여야 한다(동법 제13조의2 제1항). ② 자전거등의 운전자는 자전거도로가 설치되지 아니한 곳에서는 도로 우측 가장자리에 붙어서 통행하여야 한다(동법 제13조의2 제2항). ③ 자전거등의 운전자는 길가장자리구역을 통행할 수 있다. 이 경우 자전거등의 운전자는 보행자의 통행에 방해가 될 때에는 서행하거나 일시정지하여야 한다(동법 제13조의2 제3항).
준수사항	① 자전거등의 운전자는 안전표지로 통행이 허용된 경우를 제외하고는 2대 이상이 나란히 차도로 통행하여서는 아니 된다(동법 제13조의2 제5항). ② 자전거등의 운전자가 횡단보도를 이용하여 도로를 횡단할 때에는 자전거등에서 내려서 자전거등을 끌거나 들고 보행하여야 한다(동법 제13조의2 제6항).

구분	내용
앞지르기	자전거등의 운전자는 서행하거나 정지한 다른 차를 앞지르려면 앞차의 우측으로 통행할 수 있다. 이 경우 자전거등의 운전자는 정지한 차에서 승차하거나 하차하는 사람의 안전에 유의하여 서행하거나 필요한 경우 일시정지하여야 한다(동법 제21조 제2항).

📖 자동차등의 속도

구분	내용
의의	① 자동차등(개인형 이동장치는 제외)과 노면전차의 도로 통행 속도는 행정안전부령으로 정한다(동법 제17조 제1항). ② 자동차 등의 운전자는 최고속도보다 빠르게 운전하거나 최저속도보다 느리게 운전하여서는 아니 된다(동법 제17조 제3항).
제한권자	경찰청장이나 시·도경찰청장은 도로에서 일어나는 위험을 방지하고 교통의 안전과 원활한 소통을 확보하기 위하여 필요하다고 인정하는 경우에는 다음의 구분에 따라 구역이나 구간을 지정하여 제1항에 따라 정한 속도를 제한할 수 있다(동법 제17조 제2항). ┌─────────────┬──────────────────────┐ │ 경찰청장 │ 고속도로 │ │ 시·도경찰청장 │ 고속도로를 제외한 도로 │ └─────────────┴──────────────────────┘
보행자 우선도로	시·도경찰청장이나 경찰서장은 보행자우선도로에서 보행자를 보호하기 위하여 필요하다고 인정하는 경우에는 차마의 통행속도를 시속 20킬로미터 이내로 제한할 수 있다(동법 제28조의2).

📖 앞지르기

구분	내용
방법	① 모든 차의 운전자는 다른 차를 앞지르려면 앞차의 좌측으로 통행하여야 한다(동법 제21조 제1항). ② 자전거 등의 운전자는 서행하거나 정지한 다른 차를 앞지르려면 앞차의 우측으로도 통행할 수 있다. 이 경우 자전거 등의 운전자는 정지한 차에서 승차하거나 하차하는 사람의 안전에 유의하여 서행하거나 필요한 경우 일시정지하여야 한다(동법 제21조 제2항). ③ 앞지르려고 하는 모든 차의 운전자는 반대방향의 교통과 앞차 앞쪽의 교통에도 주의를 충분히 기울여야 하며, 앞차의 속도·진로와 그 밖의 도로상황에 따라 방향지시기·등화 또는 경음기를 사용하는 등 안전한 속도와 방법으로 앞지르기를 하여야 한다(동법 제21조 제3항). ④ 모든 차의 운전자는 이 법에 따른 방법으로 앞지르기를 하는 차가 있을 때에는 속도를 높여 경쟁하거나 그 차의 앞을 가로막는 등의 방법으로 앞지르기를 방해하여서는 아니 된다(동법 제21조 제4항).
금지시기	① 앞차의 좌측에 다른 차가 앞차와 나란히 가고 있는 경우 ② 앞차가 다른 차를 앞지르고 있거나 앞지르려고 하는 경우

구분		내용
금지장소		모든 차의 운전자는 다음의 어느 하나에 해당하는 곳에서는 다른 차를 앞지르지 못한다(동법 제22조 제3항). ① 교차로 ② 터널 안 ③ 다리 위 ④ 도로의 구부러진 곳, 비탈길의 고갯마루 부근 또는 가파른 비탈길의 내리막 등 시 · 도경찰청장이 필요하다고 인정하는 곳으로서 안전표지로 지정한 곳

📖 교차로 통행방법

구분		내용
일반교차로	우회전	모든 차의 운전자는 교차로에서 우회전을 하려는 경우에는 미리 도로의 우측 가장자리를 서행하면서 우회전하여야 한다(동법 제25조 제1항).
	좌회전	① 모든 차의 운전자는 교차로에서 좌회전을 하려는 경우에는 미리 도로의 중앙선을 따라 서행하면서 교차로의 중심 안쪽을 이용하여 좌회전하여야 한다(동법 제25조 제2항). ② 제2항에도 불구하고 자전거 등의 운전자는 교차로에서 좌회전하려는 경우에는 미리 도로의 우측 가장자리로 붙어 서행하면서 교차로의 가장자리 부분을 이용하여 좌회전하여야 한다(동법 제25조 제3항).
	공통사항	① 제1항부터 제3항까지의 규정에 따라 우회전이나 좌회전을 하기 위하여 손이나 방향지시기 또는 등화로써 신호를 하는 차가 있는 경우에 그 뒤차의 운전자는 신호를 한 앞차의 진행을 방해하여서는 아니 된다(동법 제25조 제4항). ② 모든 차 또는 노면전차의 운전자는 신호기로 교통정리를 하고 있는 교차로에 들어가려는 경우에는 진행하려는 진로의 앞쪽에 있는 차 또는 노면전차의 상황에 따라 교차로(정지선이 설치되어 있는 경우에는 그 정지선을 넘은 부분을 말한다)에 정지하게 되어 다른 차 또는 노면전차의 통행에 방해가 될 우려가 있는 경우에는 그 교차로에 들어가서는 아니 된다(동법 제25조 제5항). ③ 모든 차의 운전자는 교통정리를 하고 있지 아니하고 일시정지나 양보를 표시하는 안전표지가 설치되어 있는 교차로에 들어가려고 할 때에는 다른 차의 진행을 방해하지 아니하도록 일시정지하거나 양보하여야 한다(동법 제25조 제6항).
회전교차로		① 모든 차의 운전자는 회전교차로에서는 반시계방향으로 통행하여야 한다(동법 제25조의2 제1항). ② 모든 차의 운전자는 회전교차로에 진입하려는 경우에는 서행하거나 일시정지하여야 하며, 이미 진행하고 있는 다른 차가 있는 때에는 그 차에 진로를 양보하여야 한다(동법 제25조의2 제2항).

구분	내용
교통정리가 없는 교차로	① 교통정리를 하고 있지 아니하는 교차로에 들어가려고 하는 차의 운전자는 이미 교차로에 들어가 있는 다른 차가 있을 때에는 그 차에 진로를 양보하여야 한다(동법 제26조 제1항). ② 교통정리를 하고 있지 아니하는 교차로에 동시에 들어가려고 하는 차의 운전자는 우측도로의 차에 진로를 양보**하여야 한다**(동법 제26조 제3항). ③ 교통정리를 하고 있지 아니하는 교차로에서 좌회전하려고 하는 차의 운전자는 그 교차로에서 직진하거나 우회전하려는 다른 차가 있을 때에는 그 차에 진로를 양보**하여야 한다**(동법 제26조 제4항).
관련 판례	교통섬이 설치되고 그 오른쪽으로 직진 차로에서 분리된 우회전차로가 설치되어 있는 교차로에서 우회전을 하고자 하는 운전자는 특별한 사정이 없는 한 도로 우측 가장자리인 우회전차로를 따라 서행하면서 우회전하여야 하고, 우회전차로가 아닌 직진 차로를 따라 교차로에 진입하는 방법으로 우회전하여서는 아니 된다.

📖 서행 · 일시정지

구분	내용
서행	모든 차 또는 노면전차의 운전자는 다음의 어느 하나에 해당하는 곳에서는 서행하여야 한다(동법 제31조 제1항). ① 교통정리를 하고 있지 아니하는 교차로 ② 도로가 구부러진 부근 ③ 비탈길의 고갯마루 부근 ④ 가파른 비탈길의 내리막 ⑤ 시 · 도경찰청장이 안전표지로 지정한 곳
일시정지	모든 차 또는 노면전차의 운전자는 다음의 어느 하나에 해당하는 곳에서는 일시정지하여야 한다(동법 제31조 제2항). ① 교통정리를 하고 있지 아니하고 좌우를 확인할 수 없거나 교통이 빈번한 교차로 ② 시 · 도경찰청장이 안전표지로 지정한 곳

📖 정차 · 주차의 금지

구분	내용
정차 · 주차 금지	모든 차의 운전자는 다음의 어느 하나에 해당하는 곳에서는 차를 정차하거나 주차하여서는 아니 된다. 다만, 이 법이나 이 법에 따른 명령 또는 경찰공무원의 지시를 따르는 경우와 위험방지를 위하여 일시정지하는 경우에는 그러하지 아니하다(동법 제32조). ① 교차로 · 횡단보도 · 건널목이나 보도와 차도가 구분된 도로의 보도(차도와 보도에 걸쳐서 설치된 노상주차장은 제외) ② 교차로의 가장자리나 도로의 모퉁이로부터 5미터 이내인 곳 ③ 안전지대가 설치된 도로에서는 그 안전지대의 사방으로부터 각각 10미터 이내인 곳 ④ 버스여객자동차의 정류지임을 표시하는 기둥이나 표지판 또는 선이 설치된 곳으로부터 10미터 이내인 곳 ⑤ 건널목의 가장자리 또는 횡단보도로부터 10미터 이내인 곳 ⑥ 소방용수시설 또는 비상소화장치가 설치된 곳으로부터 5미터 이내인 곳 ⑦ 소방시설이 설치된 곳으로부터 5미터 이내인 곳 ⑧ 시 · 도경찰청장이 도로에서의 위험을 방지하고 교통의 안전과 원활한 소통을 확보하기 위하여 필요하다고 인정하여 지정한 곳 ⑨ 시장 등이 지정한 어린이 보호구역
주차 금지 (정차 가능)	모든 차의 운전자는 다음 각 호의 어느 하나에 해당하는 곳에 차를 주차해서는 아니 된다(동법 제33조). ① 터널 안 및 다리 위 ② 도로공사를 하고 있는 경우에는 그 공사 구역의 양쪽 가장자리로부터 5미터 이내인 곳 ③ 다중이용업소의 영업장이 속한 건축물로 소방본부장의 요청에 의하여 시 · 도경찰청장이 지정한 곳으로부터 5미터 이내인 곳 ④ 시 · 도경찰청장이 필요하다고 인정하여 지정한 곳

제176테마

무면허 운전

「도로교통법」【시행 2024. 10. 25.】

구분	내용
의의	누구든지 시·도경찰청장으로부터 운전면허를 받지 아니하거나 운전면허의 효력이 정지된 경우에는 자동차 등을 운전하여서는 아니 된다(동법 제43조).
판례	① 무면허운전으로 인한 「도로교통법」 위반죄에 있어서는 운전한 날을 기준으로 운전한 날마다 1개의 운전행위가 있다고 보는 것이 상당하므로 운전한 날마다 무면허운전으로 인한 「도로교통법」 위반의 1죄가 성립한다고 보아야 하고, 비록 계속적으로 무면허운전을 할 의사를 가지고 여러 날에 걸쳐 무면허운전행위를 반복하였다 하더라도 이를 포괄하여 일죄로 볼 수는 없다. ② 무면허인데다가 술이 취한 상태에서 오토바이를 운전하였다는 것은 1개의 운전행위라 할 것이므로 두 죄, 즉 무면허운전죄와 음주운전죄는 상상적 경합관계(실체적 경합관계 ×)에 있다. ③ '운전면허를 받지 아니하고'라는 법률문언의 통상적 의미에 '운전면허를 받았으나 그 후 운전면허의 효력이 정지된 경우'가 당연히 포함된다고 할 수 없다. ④ 연습운전면허를 받은 사람이 도로에서 주행연습을 함에 있어서 위와 같은 준수사항을 지키지 않았다고 하더라도 준수사항을 지키지 않은 데에 따른 제재를 가할 수 있음은 별론으로 하고 그 운전을 무면허운전이라고 할 수는 없다.
무면허 운전	① 운전면허를 받지 않고 운전하는 경우 ② 유효기간이 지난 면허증으로 운전하는 경우 ③ 면허의 취소처분을 받은 자가 운전하는 경우 ④ 면허정지기간 중에 운전하는 경우 ⑤ 시험합격 후 면허증 교부 전에 운전하는 경우 ⑥ 운전면허를 받은 사람이 그 운전면허로 운전할 수 있는 자동차 등의 종류 외의 자동차를 운전하는 경우 ⑦ 외국인으로 국제운전면허 또는 상호인정외국면허증 없이 운전하는 경우 ⑧ 입국한 날로부터 1년이 지난 국제운전면허증 또는 상호인정외국면허증을 소지하고 운전하는 경우

제177테마

중요도 B급

과로·공동위험행위·난폭운전

「도로교통법」 [시행 2024. 10. 25.]

구분		내용
과로운전	의의	자동차등(개인형 이동장치는 제외한다) 또는 노면전차의 운전자는 과로, 질병 또는 약물(마약, 대마 및 향정신성의약품과 그 밖에 행정안전부령으로 정하는 것)의 영향과 그 밖의 사유로 정상적으로 운전하지 못할 우려가 있는 상태에서 자동차등 또는 노면전차를 운전하여서는 아니 된다(동법 제45조).
	처벌	약물로 인하여 정상적으로 운전하지 못할 우려가 있는 상태에서 자동차등 또는 노면전차를 운전한 사람은 3년 이하의 징역이나 1천만원 이하의 벌금에 처한다(동법 제4148조의2 제4항).
	판례	「도로교통법」 제45조 법문상 필로폰을 투약한 상태에서 운전하였다고 하여 바로 처벌할 수 있는 것은 아니고 그로 인하여 정상적으로 운전하지 못할 우려가 있는 상태에서 자동차 등을 운전한 경우에만 처벌할 수 있다고 보아야 하나, 위 법 위반죄는 이른바 위태범으로서 약물 등의 영향으로 인하여 정상적으로 운전하지 못할 우려가 있는 상태에서 운전을 하면 바로 성립하고, 현실적으로 정상적으로 운전하지 못할 상태에 이르러야만 하는 것은 아니다.
공동위험행위		① 자동차등(개인형 이동장치는 제외한다)의 운전자는 도로에서 2명 이상이 공동으로 2대 이상의 자동차등을 정당한 사유 없이 앞뒤로 또는 좌우로 줄지어 통행하면서 다른 사람에게 위해를 끼치거나 교통상의 위험을 발생하게 하여서는 아니 된다(동법 제46조 제1항). ② 자동차 등의 동승자는 공동위험행위를 주도하여서는 아니 된다(동법 제46조 제2항). ③ 공동 위험행위를 하거나 주도한 사람 사람은 2년 이하의 징역이나 500만원 이하의 벌금에 처한다(동법 제150조).
난폭운전		① 자동차등(개인형 이동장치는 제외한다)의 운전자는 다음 중 둘 이상의 행위를 연달아 하거나, 하나의 행위를 지속 또는 반복하여 다른 사람에게 위협 또는 위해를 가하거나 교통상의 위험을 발생하게 하여서는 아니 된다(동법 제46조의3). ㉠ 신호 또는 지시 위반 ㉡ 중앙선 침범 ㉢ 속도의 위반 ㉣ 횡단·유턴·후진 금지 위반 ㉤ 안전거리 미확보, 진로변경 금지 위반, 급제동 금지 위반 ㉥ 앞지르기 방법 또는 앞지르기의 방해금지 위반 ㉦ 정당한 사유 없는 소음 발생 ㉧ 고속도로에서의 앞지르기 방법 위반 ㉨ 고속도로등에서의 횡단·유턴·후진 금지 위반 ② 자동차등을 난폭운전한 사람은 1년 이하의 징역이나 500만원 이하의 벌금에 처한다(동법 제151조의2).

제178테마

음주운전

중요도 A급

■ 「도로교통법」【시행 2024. 10. 25.】

📖 일반론

구분	내용
음주운전 금지	누구든지 술에 취한 상태에서 자동차 등, 노면전차 또는 자전거를 운전하여서는 아니 된다(동법 제44조 제1항).
단속대상	① 음주운전 단속대상은 자동차등(자동차 + 원동기장치자전거)이다. ② 자전거(자전거 + 개인형이동장치)등에 대해서도 음주운전 처벌규정이 있다. ③ 경운기, 우마차, 트랙터 등은 음주운전의 단속대상이 아니다.
호흡측정	경찰공무원은 교통의 안전과 위험방지를 위하여 필요하다고 인정하거나 술에 취한 상태에서 자동차 등, 노면전차 또는 자전거를 운전하였다고 인정할 만한 상당한 이유가 있는 경우에는 운전자가 술에 취하였는지를 호흡조사로 측정할 수 있다. 이 경우 운전자는 경찰공무원의 측정에 응하여야 한다(동법 제44조 제2항).
혈액채취	측정 결과에 불복하는 운전자에 대하여는 그 운전자의 동의를 받아 혈액 채취 등의 방법으로 다시 측정할 수 있다(동법 제44조 제3항).
기준	운전이 금지되는 술에 취한 상태의 기준은 운전자의 혈중알코올농도가 0.03퍼센트 이상인 경우로 한다(동법 제44조 제4항).

📖 음주측정 조치요령(「교통단속처리지침」 제30조)

구분	내용
음주측정 조치요령	① 단속경찰관이 주취운전 의심자를 호흡측정할 때에는 피측정자의 입안의 잔류 알코올을 헹궈낼 수 있도록 음용수 200㎖를 제공한다. ② 음주측정 1회당 1개(1인당 1개 ×)의 음주측정용 불대를 사용한다. ③ 부득이한 사유로 현장에서 측정할 수 없는 경우에는 112 상황실에 이동사실 및 그 사유를 보고하고 경찰서·지역경찰관서 등으로 이동하여 측정할 수 있다. ④ 음주측정을 할 때에는 측정자 외에 1명 이상의 경찰관이 측정현장에 참여하여야 하며, 측정 후 사용대장에 측정자 및 참여경찰관의 이름을 기록한다. ⑤ 음주측정 결과 단속수치인 0.03% 이상에 해당되면 채혈감정할 수 있음을 고지하고, 주취운전자 적발보고서를 작성한다. 그리고 미란다 원칙을 고지한 후 「도로교통법」 위반으로 경찰서로 동행, 의법조치한다.
불응시 조치요령	주취운전이 의심되는 자가 다음과 같이 음주측정에 불응하는 경우에는 음주측정거부자로 처리한다. ① 명시적 의사표시로 음주측정에 불응하는 때 ② 현장을 이탈하려 하거나 음주측정을 거부하는 행동을 하는 때 ③ 명시적인 의사표시를 하지 않으면서 경찰관이 음주측정 불응에 따른 불이익을 5분간 간격으로 3회 이상 고지했음에도 계속 음주측정에 응하지 않은 때

📖 음주운전에 대한 처벌

구분		형사처벌(동법 제148조의2)	행정처분
1회 음주운전	0.03% 이상~0.08% 미만	1년 이하의 징역 500만원 이하의 벌금	면허정지 100일
	0.08% 이상~0.2% 미만	1년 이상 2년 이하의 징역 500만원 이상 1천만원 이하의 벌금	면허취소
	0.2% 이상	2년 이상 5년 이하의 징역 1천만원 이상 2천만원 이하의 벌금	면허취소
1회 음주측정불응		1년 이상 5년 이하의 징역 500만원 이상 2천만원 이하의 벌금	면허취소
비고	제44조 제1항(술에 취한 상태에서의 운전 금지) 또는 제44조 제2항(음주측정불응)을 위반하여 벌금 이상의 형을 선고받고 그 형이 확정된 날부터 10년 내에 다시 같은 조 제1항 또는 제2항을 위반한 사람(형이 실효된 사람도 포함)은 다음의 구분에 따라 처벌한다(동법 제148조의2 제1항).		
	음주측정불응	1년 이상 6년 이하의 징역이나 500만원 이상 3천만원 이하의 벌금에 처한다.	
	0.2% 이상	2년 이상 6년 이하의 징역이나 1천만원 이상 3천만원 이하의 벌금에 처한다.	
	0.03% 이상~0.2% 미만	1년 이상 5년 이하의 징역이나 500만원 이상 2천만원 이하의 벌금에 처한다.	
자전거등의 경우	처벌	20만원 이하의 벌금이나 구류 또는 과료	
	범칙금	① 자전거의 경우 음주운전 3만원, 음주측정불응 10만원 ② 개인형 이동장치의 경우 음주운전 10만원, 음주측정불응 13만원	
관련 판례	과거 음주운전과 재범한 음주운전의 사이에 아무런 시간적 제한이 없고, 위반 행위에 따른 형의 선고나 유죄의 확정 판결 등 조건을 요구하지 않고 있으며, 가중처벌의 필요가 없거나 죄질이 가벼운 음주운전까지 가중처벌하도록 한 법 조항은 책임과 형벌 간 비례원칙에 위반되고, 아무런 시간적 제한 없이 무제한 가중처벌하는 예를 찾기 어려워 공소시효나 형의 실효를 인정하는 취지에도 부합하지 않아 '2회 이상 위반한 사람'에 관한 부분은 과잉금지원칙에 어긋나 헌법에 위반된다.		

음주운전사고에 대한 처벌

구분		형사처벌	행정처분	
인명피해 (윤창호법)	사망	무기 또는 3년 이상의 징역	면허취소	
	상해	1년 이상 15년 이하의 징역 1천만원 이상 3천만원 이하 벌금		
물적피해		2년 이하의 금고 500만원 이하의 벌금	0.03~0.08% 미만	면허정지 100일
			0.08% 이상	면허취소

음주운전 관련 판례

① 경찰공무원이「경찰관 직무집행법」제4조 제1항에 따라 적법하게 보호조치된 운전자에 대하여 음주측정을 요구하였다는 이유만으로 그 음주측정 요구가 당연히 위법하다거나 그 보호조치가 당연히 종료된 것으로 볼 수는 없어 당해 운전자가 이에 불응한 경우「도로교통법」소정의 음주측정불응죄가 성립한다.

② 위법한 체포 상태에서 음주측정요구가 이루어진 경우 그 음주측정요구 역시 위법한 것으로 볼 수 밖에 없고, 그러한 위법한 음주측정요구에 대해서까지 운전자가 응할 의무가 있다고 보아 이를 강제하는 것은 부당하므로 그에 불응하였다고 하여「도로교통법」상의 음주측정불응죄로 처벌할 수는 없다.

③ 경찰공무원이 운전자의 음주 여부나 주취 정도를 확인하기 위하여 음주측정기에 의한 측정의 사전절차로서 음주감지기에 의한 시험을 요구할 때, 그 시험결과에 따라 음주측정기에 의한 측정이 예정되어 있고 운전자가 그러한 사정을 인식하였음에도 음주감지기에 의한 시험에 명시적으로 불응한 경우에는 음주측정 거부에 해당한다.

④ 피고인의 음주와 음주운전을 목격한 참고인이 있는 상황에서 경찰관이 음주 및 음주운전 종료로부터 약 5시간 후 집에서 자고 있는 피고인을 연행하여 음주측정을 요구한 데에 대하여 피고인이 불응한 경우「도로교통법」상 음주측정불응죄가 성립한다.

⑤ 경찰공무원에게 위드마크 공식의 존재 및 나아가 호흡측정에 의한 혈중알코올농도가 음주운전 처벌기준 수치에 미달하였더라도 위드마크 공식에 의한 역추산 방식에 의하여 운전 당시의 혈중알코올농도를 산출할 경우 그 결과가 음주운전 처벌기준 수치 이상이 될 가능성이 있다는 취지를 운전자에게 미리 고지하여야 할 의무가 있다고 보기도 어렵다.

⑥ 혈액검사에 의한 음주측정치가 호흡측정기에 의한 음주측정치보다 측정 당시의 혈중알코올농도에 더 근접한 음주측정치라고 보는 것이 경험칙에 부합한다.

⑦ 운전자가 경찰공무원의 1차 측정에만 불응하였을 뿐 곧이어 이어진 2차 측정에 응한 경우와 같이 측정거부가 일시적인 것에 불과한 경우까지 측정불응행위가 있었다고 보아 음주측정불응죄가 성립한다고 볼 것은 아니다.

⑧ 운전자가 음주측정을 요구받고 호흡측정기에 숨을 내쉬는 시늉만 하는 등 형식적으로 음주측정에 응하였을 뿐 경찰공무원의 거듭된 요구에도 불구하고 호흡측정기에 음주측정수치가 나타날 정도로 숨을 제대로 불어넣지 아니하였다면 이는 실질적으로 음주측정에 불응한 것과 다를 바가 없다.

⑨ 경찰공무원이 운전자의 신체 이상에도 불구하고 호흡측정기에 의한 음주측정을 요구하여 운전자가 음주측정수치가 나타날 정도로 숨을 불어넣지 못한 결과 호흡측정기에 의한 음주측정이 제대로 되지 아니하였다고 하더라도 음주측정에 불응한 것으로 볼 수는 없다.

⑩ 음주감지기 시험에서 음주반응이 나왔다고 할지라도 현재 사용되는 음주감지기가 혈중알코올농도 0.02%인 상태에서부터 반응하게 되어 있는 점을 감안하면 그것만으로 바로 운전자가 혈중알코올농도 0.03% 이상의 술에 취한 상태에 있다고 인정할 만한 상당한 이유가 있다고 볼 수는 없고, 거기에다가 운전자의 외관·태도·운전행태 등의 객관적 사정을 종합하여 술에 취한 상태에 있다고 인정할 만한 상당한 이유가 있는지 여부를 판단하여야 할 것이다.

⑪ 음주운전에 대한 수사 과정에서 음주운전 혐의가 있는 운전자에 대하여 호흡측정이 이루어진 경우에는 그에 따라 과학적이고 중립적인 호흡측정 수치가 도출된 이상 다시 음주측정을 할 필요성은 사라졌다고 할 것이므로 운전자의 불복이 없는 한 다시 음주측정을 하는 것은 원칙적으로 허용되지 아니한다. 그러나 경찰관이 음주운전 혐의를 제대로 밝히기 위하여 운전자의 자발적인 동의를 얻어 혈액 채취에 의한 측정의 방법으로 다시 음주측정을 하는 것은 위법하다고 볼 수는 없다.

⑫ 단순히 단속현장에서 다른 절차에 앞서 채혈이 곧바로 실시되지 않은 채 호흡측정기에 의한 음주측정으로부터 1시간 12분이 경과한 후 채혈이 이루어졌다는 사정만으로는 단속 경찰공무원의 행위가 법령에 위반된다거나 그 객관적 정당성을 상실하여 운전자가 음주운전에 대한 단속과정에서 받을 수 있는 권익이 현저하게 침해되었다고 단정하기는 어렵다.

⑬ 수사기관이 법원으로부터 영장을 발부받지 아니한 채 피의자의 동의 없이 피의자의 신체로부터 혈액을 채취하고 더구나 사후적으로도 지체 없이 이에 대한 영장을 발부받지 아니한 경우, 피고인이나 변호인의 증거동의 여부를 불문하고 유죄인정의 증거로 사용할 수 없다.

⑭ 음주측정을 함에 있어서는 그 측정 결과의 정확성과 객관성이 담보될 수 있는 공정한 방법과 절차에 따라 이루어져야 하고, 만약 당해 음주측정 결과가 이러한 방법과 절차에 의하여 얻어진 것이 아니라면 이를 쉽사리 유죄의 증거로 삼아서는 아니 된다.

⑮ 물로 입 안을 헹굴 기회를 달라는 피고인의 요구를 무시한 채 호흡측정기로 측정한 결과 혈중알코올농도 수치가 0.03%로 나타났더라도 0.03% 이상의 술에 취한 상태에서 운전하였다고는 단정할 수 없다.

⑯ 「도로교통법」에 규정된 음주측정은 성질상 강제될 수 있는 것이 아니며 궁극적으로 당사자의 자발적인 협조가 필수적인 것이므로 이를 두고 법관의 영장을 필요로 하는 강제처분이라 할 수 없다. 따라서 주취운전의 혐의자에게 영장 없는 음주측정에 응할 의무를 지우고 이에 불응한 사람을 처벌한다고 하더라도 영장주의에 위배되지 아니한다.

제179테마

교통사고 발생시의 조치

「도로교통법」【시행 2024. 10. 25.】

구분	내용
조치 의무	① 차 또는 노면전차의 운전 등 교통으로 인하여 사람을 사상하거나 물건을 손괴한 경우에는 그 차 또는 노면전차의 운전자나 그 밖의 승무원은 즉시 정차하여 다음의 조치를 하여야 한다(동법 제54조 제1항). ㉠ 사상자를 구호하는 등 필요한 조치 ㉡ 피해자에게 인적사항(성명·전화번호·주소 등) 제공 ② 다만, 긴급자동차, 부상자를 운반중인 차, 우편물자동차 및 노면전차 등의 운전자는 긴급한 경우에는 동승자 등으로 하여금 조치 및 신고를 하게 하고 운전을 계속할 수 있다(동법 제54조 제5항). ③ 교통사고가 일어난 경우에는 누구든지 운전자등의 조치 또는 신고행위를 방해하여서는 아니 된다(동법 제55조).
신고	① 운전 등 교통으로 인하여 사람을 사상하거나 물건을 손괴한 경우에는 그 차 또는 노면전차의 운전자등은 경찰공무원이 현장에 있을 때에는 그 경찰공무원에게, 경찰공무원이 현장에 없을 때에는 가장 가까운 국가경찰관서(지구대, 파출소 및 출장소를 포함)에 다음의 사항을 지체 없이 신고하여야 한다. 다만, 차 또는 노면전차만 손괴된 것이 분명하고 도로에서의 위험방지와 원활한 소통을 위하여 필요한 조치를 한 경우에는 그러하지 아니하다(동법 제54조 제2항). ㉠ 사고가 일어난 곳 ㉡ 사상자 수 및 부상 정도 ㉢ 손괴한 물건 및 손괴 정도 ㉣ 그 밖의 조치사항 등 ② 신고를 받은 국가경찰관서의 경찰공무원은 부상자의 구호와 그 밖의 교통위험 방지를 위하여 필요하다고 인정하면 경찰공무원(자치경찰공무원은 제외)이 현장에 도착할 때까지 신고한 운전자 등에게 현장에서 대기할 것을 명할 수 있다(동법 제54조 제3항). ③ 경찰공무원은 사고를 낸 차 또는 노면전차의 운전자 등에 대하여 그 현장에서 부상자의 구호와 교통안전을 위하여 필요한 지시를 명할 수 있다(동법 제54조 제4항).
관련 판례	① 교통사고의 결과가 피해자의 구호 및 교통질서의 회복을 위한 조치가 필요한 상황인 이상 그 의무는 교통사고를 발생시킨 당해 차량의 운전자에게 그 사고발생에 있어서 고의·과실 혹은 유책·위법의 유무에 관계없이 부과된 의무라고 해석함이 상당할 것이므로, 당해 사고에 있어 귀책사유가 없는 경우에도 위 의무가 없다 할 수 없고, 또 위 의무는 신고의무에만 한정되는 것이 아니므로 타인에게 신고를 부탁하고 이탈하였다고 하여 위 의무를 다한 것이라고 말할 수는 없다. ② 교통사고로 인한 피해차량의 물적 피해가 경미하고, 파편이 도로상에 비산되지 않았다고 하더라도, 가해차량이 즉시 정차하는 등 필요한 조치를 취하지 아니한 채 그대로 도주한 경우에는 「도로교통법」 제54조 제1항 위반죄가 성립한다.

제180테마

중요도 B급

교통안전교육

- 「도로교통법」【시행 2024. 10. 25.】
- 「도로교통법 시행령」【시행 2024. 7. 31.】

📖 일반교통안전교육

구분	내용
대상	운전면허를 받으려는 사람은 시험에 응시하기 전에 다음의 사항에 관한 교통안전교육을 받아야 한다. 다만, 특별교통안전 의무교육을 받은 사람 또는 자동차운전 전문학원에서 학과교육을 수료한 사람은 그러하지 아니하다(동법 제73조 제1항). ① 운전자가 갖추어야 하는 기본예절 ② 도로교통에 관한 법령과 지식 ③ 안전운전 능력 ④ 교통사고의 예방과 처리에 관한 사항 ⑤ 어린이 · 장애인 및 노인의 교통사고 예방에 관한 사항 ⑥ 친환경 경제운전에 필요한 지식과 기능 ⑦ 긴급자동차에 길 터주기 요령
방법	교통안전교육은 시청각교육 등의 방법으로 1시간 실시한다(동법 시행령 제37조 제1항).

📖 특별교통안전 의무교육

구분	내용
대상	다음의 어느 하나에 해당하는 사람은 특별교통안전 의무교육을 받아야 한다. 이 경우 제2호부터 제5호까지에 해당하는 사람으로서 부득이한 사유가 있으면 의무교육의 연기를 받을 수 있다(동법 제73조 제2항). ① 운전면허 취소처분을 받은 사람으로서 운전면허를 다시 받으려는 사람(의무교육 연기불가) ② 운전면허효력 정지처분을 받게 되거나 받은 사람으로서 그 정지기간이 끝나지 아니한 사람 ③ 운전면허 취소처분 또는 운전면허효력 정지처분이 면제된 사람으로서 면제된 날부터 1개월이 지나지 아니한 사람 ④ 운전면허효력 정지처분을 받게 되거나 받은 초보운전자로서 그 정지기간이 끝나지 아니한 사람 ⑤ 어린이 보호구역에서 운전 중 어린이를 사상하는 사고를 유발하여 벌점을 받은 날부터 1년 이내의 사람
연기	다음의 어느 하나에 해당하는 사유로 특별교통안전 의무교육을 받을 수 없을 때에는 특별교통안전 의무교육 연기신청서에 그 연기 사유를 증명할 수 있는 서류를 첨부하여 경찰서장에게 제출하여야 한다. 이 경우 특별교통안전 의무교육을 연기 받은 사람은 그 사유가 없어진 날부터 30일 이내에 특별교통안전 의무교육을 받아야 한다(동법 시행령 제38조 제5항). ① 질병이나 부상으로 인하여 거동이 불가능한 경우 ② 법령에 따라 신체의 자유를 구속당한 경우 ③ 그 밖에 부득이하다고 인정할 만한 상당한 이유가 있는 경우

구분	내용
방법	특별교통안전 의무교육은 강의·시청각교육 또는 현장체험교육 등의 방법으로 도로교통공단에서 3시간 이상 16시간 이하로 실시한다(동법 시행령 제38조 제2항).

📖 특별교통안전 권장교육

구분	내용
의의	다음의 어느 하나에 해당하는 사람이 시·도경찰청장에게 신청하는 경우에는 대통령령으로 정하는 바에 따라 특별교통안전 권장교육을 받을 수 있다. 이 경우 권장교육을 받기 전 1년 이내에 해당 교육을 받지 아니한 사람에 한정한다(동법 제73조 제3항).
대상	① 교통법규 위반 등 제2항 제2호 및 제4호에 따른 사유 외의 사유로 인하여 운전면허효력 정지처분을 받게 되거나 받은 사람 ② 교통법규 위반 등으로 인하여 운전면허효력 정지처분을 받을 가능성이 있는 사람 ③ 제2항 제2호부터 제4호까지에 해당하여 제2항에 따른 특별교통안전 의무교육을 받은 사람 ④ 운전면허를 받은 사람 중 교육을 받으려는 날에 65세 이상인 사람

📖 긴급자동차 교통안전교육

구분		내용
의의		긴급자동차의 운전업무에 종사하는 사람은 정기적으로 긴급자동차의 안전운전 등에 관한 교육을 받아야 한다(동법 제73조 제4항).
종류	신규 교통안전교육	최초로 긴급자동차를 운전하려는 사람을 대상으로 실시하는 교육
	정기 교통안전교육	긴급자동차를 운전하는 자를 대상으로 3년마다 정기적으로 실시하는 교육
방법		① 긴급자동차 교통안전교육은 강의·시청각교육 등의 방법으로 신규 교통안전교육은 3시간 이상, 정기 교통안전교육은 2시간 이상 실시한다(동법 시행령 제38조의2 제4항). ② 긴급자동차 교통안전교육은 도로교통공단에서 실시한다. 다만, 긴급자동차 교통안전교육 대상자가 국가기관 및 지방자치단체에 소속된 사람인 경우에는 소속 기관에서 실시하는 교육훈련의 방법으로 실시할 수 있다(동법 시행령 제38조의2 제3항).

📖 75세 이상인 사람에 대한 교통안전교육

구분	내용
의의	75세 이상인 사람으로서 운전면허를 받으려는 사람은 시험에 응시하기 전에, 운전면허증 갱신일에 75세 이상인 사람은 운전면허증 갱신기간 이내에 **각각 다음의 사항에 관한 교통안전교육을 받아야 한다**(동법 제73조 제5항).
대상	① 노화와 안전운전에 관한 사항 ② 약물과 운전에 관한 사항 ③ 기억력과 판단능력 등 인지능력별 대처에 관한 사항 ④ 교통관련 법령 이해에 관한 사항

제181테마

운전면허제도

중요도 A급

■ 「도로교통법」【시행 2024. 10. 25.】
■ 「도로교통법 시행규칙」【시행 2024. 10. 20.】

📖 일반론

구분	내용
의의	① 자동차등을 운전하려는 사람은 시·도경찰청장으로부터 운전면허를 받아야 하고, 운전면허를 받지 않은 자는 자동차등을 운전할 수 없다(동법 제80조 제1항 본문). ② 다만, 원동기를 단 차 중 교통약자가 최고속도 시속 20킬로미터 이하로만 운행될 수 있는 차를 운전하는 경우에는 그러하지 아니하다(동법 제80조 제1항 단서).
법적 성질	운전면허는 경찰허가에 속하며, 그 중에서도 대인적 허가에 속한다.
효력개시	① 운전면허의 효력은 운전면허시험에 합격한 본인 또는 대리인이 운전면허증을 발급 받은 때부터 발생한다(동법 제85조 제5항). ② 운전면허시험에 합격한 사람은 그 합격일로부터 30일 이내에 운전면허시험을 실시한 경찰서장 또는 도로교통공단으로부터 운전면허증을 발급받아야 하며, 운전면허증을 발급받지 아니하고 운전하여서는 아니 된다(동법 시행규칙 제77조 제1항).
판례	운전면허의 효력은 운전면허신청인이 운전면허시험에 합격하기만 하면 발생한다고는 할 수 없지만, 시·도경찰청장으로부터 운전면허증을 현실적으로 교부받아야만 발생하는 것은 아니고, 이를 교부받을 수 있는 상태만 되면 운전면허의 효력이 발생한다고 보아야 하며, 그 경우에 운전면허신청인이 운전면허증을 교부받을 수 있는 상태가 되었는지의 여부는 특별한 사정이 없는 한 운전면허증에 기재된 교부일자를 기준으로 결정함이 상당하다.

📖 운전면허증의 발급

구분	내용
발급	① 운전면허를 받으려는 사람은 운전면허시험에 합격하여야 한다(동법 제85조 제1항). ② 시·도경찰청장은 운전면허시험에 합격한 사람에 대하여 운전면허증을 발급하여야 한다(동법 제85조 제2항).
재발급	운전면허증을 잃어버렸거나 헐어 못 쓰게 되었을 때에는 시·도경찰청장에게 신청하여 다시 발급받을 수 있다(동법 제86조).
부정행위자	① 시·도경찰청장 또는 도로교통공단은 운전면허시험에서 부정행위를 한 사람에 대하여는 해당 시험을 각각 무효로 처리한다(동법 제84조의2 제1항). ② 시험이 무효로 처리된 사람은 그 처분이 있은 날부터 2년간 해당 시험에 응시하지 못한다(동법 제84조의2 제2항).

📖 운전면허의 종류

구분			운전할 수 있는 차량(동법 제80조 제2항 및 동법 시행규칙 제53조)
제1종	대형면허		① 승용자동차·승합자동차·화물자동차 ② 건설기계 ③ 특수자동차(대형견인차, 소형견인차, 구난차는 제외) ④ 원동기장치자전거
	보통면허		① 승용자동차 ② 승차정원 15명 이하의 승합자동차 ③ 적재중량 12톤 미만의 화물자동차 ④ 건설기계(도로를 운행하는 3톤 미만의 지게차에 한정) ⑤ 총중량 10톤 미만의 특수자동차(대형견인차, 소형견인차, 구난차는 제외) ⑥ 원동기장치자전거
	소형면허		① 3륜화물자동차, ② 3륜승용자동차, ③ 원동기장치자전거
	특수면허	대형견인차	① 견인형 특수자동차 ② 제2종 보통면허로 운전할 수 있는 차량
		소형견인차	① 총중량 3.5톤 이하의 견인형 특수자동차 ② 제2종 보통면허로 운전할 수 있는 차량
		구난차	① 구난형 특수자동차 ② 제2종 보통면허로 운전할 수 있는 차량
제2종	보통면허		① 승용자동차 ② 승차정원 10명 이하의 승합자동차 ③ 적재중량 4톤 이하의 화물자동차 ④ 총중량 3.5톤 이하의 특수자동차(대형견인차, 소형견인차, 구난차는 제외) ⑤ 원동기장치자전거
	소형면허		① 이륜자동차(배기량 125cc 초과의 이륜자동차) ② 원동기장치자전거
	원동기장치 자전거면허		원동기장치자전거
연습면허	제1종 보통연습		① 승용자동차 ② 승차정원 15명 이하의 승합자동차 ③ 적재중량 12톤 미만의 화물자동차
	제2종 보통연습		① 승용자동차 ② 승차정원 10명 이하의 승합자동차 ③ 적재중량 4톤 이하의 화물자동차
	비고		연습운전면허로는 원동기장치자전거의 운전이 불가하다.

📖 음주운전 방지장치 부착 조건부 운전면허

구분	내용
대상	음주운전 또는 음주측정불응(개인형 이동장치는 제외)을 한 날부터 5년 이내에 다시 음주운전 또는 음주측정불응을 위반하여 운전면허 취소처분을 받은 사람이 자동차등을 운전하려는 경우에는 시·도경찰청장으로부터 음주운전 방지장치 부착 조건부 운전면허를 받아야 한다(동법 제80조의2 제1항).
기간	음주운전 방지장치는 조건부 운전면허 발급 대상에게 적용되는 운전면허 결격기간과 같은 기간 동안 부착하며, 운전면허 결격기간이 종료된 다음 날부터(운전면허 결격기간이 종료된 날부터 ×) 부착기간을 산정한다(동법 제80조의2 제2항).
준수사항	① 음주운전 방지장치 부착 조건부 운전면허를 받은 사람이 자동차등을 운전하려는 경우 음주운전 방지장치를 설치하고, 시·도경찰청장에게 등록하여야 한다. 다만, 음주운전 방지장치가 설치·등록된 자동차등을 운전하려는 경우에는 그러하지 아니하다(동법 제50조의3 제1항). ② 음주운전 방지장치의 설치 사항을 시·도경찰청장에게 등록한 자는 연 2회 이상 음주운전 방지장치 부착 자동차등의 운행기록을 시·도경찰청장에게 제출하여야 하며, 음주운전 방지장치의 정상 작동여부 등을 점검하는 검사를 받아야 한다(동법 제50조의3 제6항).

📖 운전면허의 결격사유 및 갱신

구분	내용
결격사유	① 다음의 어느 하나에 해당하는 사람은 운전면허를 받을 수 없다(동법 제82조 제1항). 동시에 운전면허시험에도 응시할 수 없다. ㉠ 18세 미만인 사람(원동기장치자전거의 경우에는 16세 미만인 사람) ㉡ 정신질환자 또는 뇌전증 환자로서 대통령령으로 정하는 사람 ㉢ 듣지 못하는 사람(제1종 운전면허 중 대형면허·특수면허만 해당), 앞을 보지 못하는 사람(한쪽 눈만 보지 못하는 사람의 경우에는 제1종 운전면허 중 대형면허·특수면허만 해당), 그 밖에 대통령령으로 정하는 신체장애인 ㉣ 양쪽 팔의 팔꿈치관절 이상을 잃은 사람이나 양쪽 팔을 전혀 쓸 수 없는 사람. 다만, 본인의 신체장애 정도에 적합하게 제작된 자동차를 이용하여 정상적인 운전을 할 수 있는 경우에는 그러하지 아니하다. ㉤ 마약·대마·향정신성의약품 또는 알코올 중독자로서 대통령령으로 정하는 사람 ㉥ 제1종 대형면허 또는 제1종 특수면허를 받으려는 경우로서 19세 미만이거나 자동차(이륜자동차는 제외)의 운전경험이 1년 미만인 사람 ㉦ 대한민국의 국적을 가지지 아니한 사람 중 외국인등록을 하지 아니한 사람(외국인등록이 면제된 사람은 제외)이나 국내거소신고를 하지 아니한 사람 ② 운전면허 취소처분을 받은 사람은 특별교통안전 의무교육을 받지 아니하면 운전면허를 받을 수 없다(동법 제82조 제3항).
갱신	① 운전면허를 받은 사람은 10년의 기간 단위로 시·도경찰청장으로부터 운전면허증을 갱신하여 발급받아야 한다(동법 제87조 제1항). ② 교통안전교육을 받지 아니한 사람 또는 정기적성검사를 받지 아니하거나 이에 합격하지 못한 사람은 운전면허증을 갱신하여 받을 수 없다(동법 제87조 제3항).

📖 운전면허 결격대상자 및 결격기간

기간	대상자
5년	① 무면허운전 또는 운전면허 발급제한기간 중에 국제운전면허증으로 운전, 음주운전, 과로·질병·약물운전, 공동위험행위 중에 사람을 사상한 후 구호조치 및 신고 없이 도주한 경우 ② 음주운전을 하다가 사람을 사망에 이르게 한 경우
4년	5년의 결격기간 이외의 사유로 교통사고를 야기한 후에 도주한 경우
3년	① 음주운전(음주측정불응 포함)을 하다가 2회 이상 교통사고를 야기한 자 ② 자동차 이용범죄를 범하거나 자동차를 강·절도한 자가 무면허로 운전한 경우
2년	① 무면허운전(면허정지기간 중 운전을 포함) 3회 이상 또는 운전면허 발급제한기간 중에 국제운전면허증으로 자동차 등을 3회 이상 위반하여 운전한 자 ② 2회 이상의 음주운전(음주측정불응 포함)으로 운전면허가 취소된 자 ③ 운전면허를 받을 자격이 없는 사람이 운전면허를 받았을 경우 ④ 2회 이상의 공동위험행위로 운전면허가 취소된 경우 ⑤ 다른 사람의 자동차 등을 훔치거나 빼앗은 자 ⑥ 운전면허시험에 대신 응시한 경우 ⑦ 운전면허효력의 정지기간 중 운전면허증 등 증명서를 교부받은 사실이 드러날 때 ⑧ 음주운전을 하다가 교통사고를 일으킨 경우
1년	① 누적벌점초과에 의한 취소 - 1년(121점 이상), 2년(201점 이상), 3년(271점 이상) ② 공동위험행위 ③ 음주운전으로 운전면허가 취소된 때 ④ 교통사고로 인하여 운전면허가 취소된 때 ⑤ 무면허운전 ⑥ 운전면허를 받은 사람이 자동차 등을 이용하여 범죄행위를 한 때 ⑦ 거짓이나 부정한 수단으로 운전면허를 받은 경우
6개월	1년의 운전면허 발급제한기간에 해당하는 사유로 면허가 취소된 자가 원동기장치자전거 면허를 취득하고자 하는 경우(단, 공동위험행위로 면허가 취소된 자는 제외)
정지기간	운전면허의 효력이 정지처분을 받고 있는 경우, 그 정지처분 기간 동안은 면허발급이 제한된다.
응시가능	① 제1종 운전면허를 받은 사람이 적성검사에 불합격되어 다시 제2종 운전면허를 받으려는 경우 ② 적성검사를 받지 아니하여 운전면허가 취소된 자
비고	벌금 미만의 형, 선고유예, 기소유예, 「소년법」에 따른 보호처분의 경우에는 결격대상에 해당하지 아니한다.

📖 연습운전면허

구분	내용
효력	연습운전면허는 그 면허를 받은 날부터 1년 동안 효력을 가진다. 다만, 연습운전면허를 받은 날부터 1년 이전이라도 연습운전면허를 받은 사람이 제1종 보통면허 또는 제2종 보통면허를 받은 경우 연습운전면허는 그 효력을 잃는다(동법 제81조).
준수사항	연습운전면허를 받은 사람이 도로에서 주행연습을 하는 때에는 다음의 사항을 지켜야 한다(동법 시행규칙 제55조). ① 운전면허를 받은 날부터 2년이 경과된 사람과 함께 승차하여 그 사람의 지도를 받아야 한다. ② 사업용 자동차를 운전하는 등 주행연습 외의 목적으로 운전하여서는 아니 된다. ③ 주행연습 중이라는 사실을 다른 차의 운전자가 알 수 있도록 연습 중인 자동차에 표지를 붙여야 한다.
취소	시·도경찰청장은 연습운전면허를 발급받은 사람이 운전 중 고의 또는 과실로 교통사고를 일으키거나 이 법 또는 이 법에 따른 명령 또는 처분을 위반한 경우에는 연습운전면허를 취소하여야 한다(동법 제93조 제3항 본문).
취소의 예외	본인에게 귀책사유가 없는 다음의 경우에는 연습운전면허를 취소하지 않는다(동법 제93조 제3항 단서 및 동법 시행령 제59조). ① 도로교통공단의 도로주행시험을 담당하는 사람, 자동차운전학원의 강사, 전문학원의 강사 또는 기능검정원의 지시에 따라 운전하던 중 교통사고를 일으킨 경우 ② 도로가 아닌 곳에서 교통사고를 일으킨 경우 ③ 교통사고를 일으켰으나 물적 피해만 발생한 경우

📖 국제운전면허증·상호인정외국면허증

구분	내용
의의	외국의 권한 있는 기관에서 협약, 협정 또는 약정에 따른 운전면허증 또는 상호인정외국면허증을 발급받은 사람은 국내에 입국한 날부터 1년 동안 그 국제운전면허증 또는 상호인정외국면허증으로 자동차등을 운전할 수 있다. 이 경우 운전할 수 있는 자동차의 종류는 그 국제운전면허증 또는 상호인정외국면허증에 기재된 것으로 한정한다(동법 제96조 제1항).
발급	① 국내운전면허를 받은 사람이 국외에서 운전을 하기 위하여 국제운전면허증을 발급받으려면 시·도경찰청장에게 신청하여야 한다(동법 제98조 제1항). ② 국제운전면허증의 유효기간은 발급받은 날부터 1년으로 한다(동법 제98조 제2항). ③ 국제운전면허증은 이를 발급받은 사람의 국내운전면허의 효력이 없어지거나 취소된 때에는 그 효력을 잃는다(동법 제98조 제3항). ④ 국제운전면허증을 발급받은 사람의 국내운전면허의 효력이 정지된 때에는 그 정지기간 동안 그 효력이 정지된다(동법 제98조 제4항). ⑤ 시·도경찰청장은 국제운전면허증을 발급받으려는 사람이 납부하지 아니한 범칙금 또는 과태료가 있는 경우에는 국제운전면허증의 발급을 거부할 수 있다(거부하여야 한다 ×)(동법 제98조의2).

구분	내용
제한	국제운전면허증을 외국에서 발급받은 사람 또는 상호인정외국면허증으로 운전하는 사람은 사업용 자동차를 운전할 수 없다. 다만, 대여사업용 자동차를 임차하여 운전하는 경우에는 그러하지 아니하다(동법 제96조 제2항).
운전금지	① 국제운전면허증 또는 상호인정외국면허증을 가지고 국내에서 자동차등을 운전하는 사람이 다음의 어느 하나에 해당하는 경우에는 그 사람의 주소지를 관할하는 시·도경찰청장은 1년을 넘지 아니하는 범위에서 국제운전면허증 또는 상호인정외국면허증에 의한 자동차 등의 운전을 금지할 수 있다(동법 제97조 제1항). ⊙ 적성검사를 받지 아니하였거나 적성검사에 불합격한 경우 ⓒ 운전 중 고의 또는 과실로 교통사고를 일으킨 경우 ⓒ 대한민국 국적을 가진 사람이 운전면허가 취소되거나 효력이 정지된 후 결격기간이 지나지 아니한 경우 ⓔ 자동차등의 운전에 관하여 이 법이나 이 법에 따른 명령 또는 처분을 위반한 경우 ② 자동차등의 운전이 금지된 사람은 지체 없이 국제운전면허증 또는 상호인정외국면허증에 의한 운전을 금지한 시·도경찰청장에게 그 국제운전면허증 또는 상호인정외국면허증을 제출하여야 한다(동법 제97조 제2항). ③ 시·도경찰청장은 금지기간이 끝난 경우 또는 금지처분을 받은 사람이 그 금지기간 중에 출국하는 경우에는 그 사람의 반환청구가 있으면 지체 없이 보관 중인 국제운전면허증 또는 상호인정외국면허증을 돌려주어야 한다(동법 제97조 제3항).
제재	① 국제운전면허는 취소·정지처분이 인정되지 않고 운전금지처분만이 인정될 뿐이다. ② 국제운전면허 소지자에게도 범칙금 통고처분이 가능하며, 범칙금을 납부하지 않으면 즉결심판을 청구한다. ③ 운전시에는 반드시 국제운전면허증 또는 상호인정외국면허증을 소지하여야 하며, 미소지시에는 무면허운전으로 처벌된다.

📖 임시운전증명서

구분	내용
발급	시·도경찰청장은 다음의 어느 하나의 경우에 해당하는 사람이 임시운전증명서 발급을 신청하면 임시운전증명서를 발급할 수 있다(동법 제91조 제1항). ① 운전면허증을 받은 사람이 재발급 신청을 한 경우 ② 정기 적성검사 또는 운전면허증 갱신 발급 신청을 하거나 수시 적성검사를 신청한 경우 ③ 운전면허의 취소처분 또는 정지처분 대상자가 운전면허증을 제출한 경우
효력	임시운전증명서는 그 유효기간 중에는 운전면허증과 같은 효력이 있다(동법 제91조 제2항).
유효기간	임시운전증명서의 유효기간은 20일 이내로 하되, 운전면허의 취소 또는 정지처분 대상자의 경우에는 40일 이내로 할 수 있다. 다만, 경찰서장(시·도경찰청장 ×)이 필요하다고 인정하는 경우에는 그 유효기간을 1회에 한하여 20일의 범위에서 연장할 수 있다(동법 시행규칙 제88조 제2항).

제182테마

운전면허 행정처분

「도로교통법」 [시행 2024. 10. 25.]

중요도 B급

📖 일반론

구분	내용
의의	운전면허 행정처분이란 운전면허를 발급받고 운전행위를 하던 자가 교통법규를 위반하거나 교통사고를 야기한 경우에 시·도경찰청장이 그 자의 운전면허의 효력을 일정기간 정지시키거나 취소하는 행정행위를 말한다.
반납	① 운전면허증을 받은 사람이 다음의 어느 하나에 해당하면 그 사유가 발생한 날부터 7일 이내에 주소지를 관할하는 시·도경찰청장에게 운전면허증을 반납하여야 한다(동법 제95조 제1항). 　㉠ 운전면허증 취소처분을 받은 경우 　㉡ 운전면허효력 정지처분을 받은 경우 　㉢ 운전면허증을 잃어버리고 다시 발급받은 후 그 잃어버린 운전면허증을 찾은 경우 　㉣ 연습운전면허증을 받은 사람이 제1종 보통면허증 또는 제2종 보통면허증을 받은 경우 　㉤ 운전면허증 갱신을 받은 경우 ② 경찰공무원은 위의 ①을 위반하여 운전면허증을 반납하지 아니한 사람이 소지한 운전면허증을 직접 회수할 수 있다(동법 제95조 제2항). ③ 시·도경찰청장이 운전면허효력 정지처분에 따라 운전면허증을 반납받았거나 운전면허증을 회수하였을 때에는 이를 보관하였다가 정지기간이 끝난 즉시 돌려주어야 한다(동법 제95조 제3항).
적용범위	① 교통법규위반 또는 교통사고야기에 대하여 그 위반의 경중, 피해의 정도 등에 따라 벌점을 부여하고, 부여된 벌점에 따라 운전면허 정지 또는 취소 등의 행정처분을 부과한다. ② 위반의 정도가 중한 경우에는 1회의 위반으로도 운전면허를 취소할 수 있다.

📖 사전고지 · 이의신청

구분	내용
사전고지	시·도경찰청장은 운전면허의 취소처분 또는 정지처분을 하려고 하거나 연습운전면허 취소처분을 하려면 그 처분을 하기 전에 미리 처분의 당사자에게 처분 내용과 의견제출 기한 등을 통지하여야 하며, 그 처분을 하는 때에는 처분의 이유와 행정심판을 제기할 수 있는 기간 등을 통지하여야 한다(동법 제93조 제4항).
이의신청	① 운전면허의 취소처분 또는 정지처분이나 연습운전면허의 취소처분에 대하여 이의가 있는 사람은 그 처분을 받은 날부터 60일 이내에 시·도경찰청장에게 이의를 신청할 수 있다(동법 제94조 제1항). ② 이의를 신청한 사람은 그 이의신청과 관계없이 「행정심판법」에 따른 행정심판을 청구할 수 있다. 이 경우 이의를 신청하여 그 결과를 통보받은 사람은 통보받은 날부터 90일 이내에 「행정심판법」에 따른 행정심판을 청구할 수 있다(동법 제94조 제3항). ④ 이 법에 따른 처분으로서 해당 처분에 대한 행정소송은 행정심판의 재결을 거치지 아니하면 제기할 수 없다(행정심판전치주의)(동법 제142조).

📖 음주운전으로 운전면허 행정처분을 받은 경우의 감경 사유

구분	내용
감경사유	① 운전이 가족의 생계를 유지할 중요한 수단이 되는 경우 ② 모범운전자로서 처분당시 3년 이상 교통봉사활동에 종사하고 있는 경우 ③ 교통사고를 일으키고 도주한 운전자를 검거하여 경찰서장 이상의 표창을 받은 사람
감경 제외사유	① 혈중알코올농도가 0.1퍼센트를 초과하여 운전한 경우 ② 음주운전 중 인적피해 교통사고를 야기한 경우 ③ 경찰관의 음주측정요구에 불응하거나 도주한 때 또는 단속경찰관을 폭행한 경우 ④ 과거 5년 이내에 3회 이상의 인적피해 교통사고의 전력이 있는 경우 ⑤ 과거 5년 이내에 음주운전의 전력이 있는 경우

제183테마

교통사고와 신뢰의 원칙

■ 「도로교통법」【시행 2024. 10. 25.】
■ 「교통사고처리 특례법」【시행 2017. 12. 3.】

📖 교통사고

구분	내용
의의	① 교통사고란 차의 교통으로 인하여 사람을 사상하거나 물건을 손괴하는 것을 말한다(「교특법」 제2조 제2호). ② 「교통사고처리 특례법」은 차의 개념을 「도로교통법」 제2조 제17호 가목에 따른 차와 「건설기계관리법」 제2조 제1항 제1호에 따른 건설기계를 포괄하여 사용한다(「교특법」 제2조 제1호).
처벌	① 교통사고의 대부분은 업무상 과실에 의하여 발생하며, 사고당사자의 형사책임이 인정되면 「형법」상 업무상과실치사상(「형법」 제268조) 등으로 처벌된다. ② 교통사고는 일반적으로 특별법인 「교통사고처리 특례법」에 따라 처리되고, 교통사고 야기자에게 「도로교통법」 위반의 사실이 있다면 해당 규정에 의해서도 처리된다.
판례	① 신호위반이라는 범칙행위와 같은 때, 같은 곳에서 이루어진 행위라 하더라도 범칙행위와 별개의 형사범죄행위에 대하여는 범칙금의 납부로 인한 불처벌의 효력이 미치지 아니한다. ② 「교통사고처리 특례법」 소정의 교통사고는 「도로교통법」에서 정하는 도로에서 발생한 교통사고의 경우에만 적용되는 것이 아니고, 차의 교통으로 인하여 발생한 모든 경우에 적용되는 것으로 보아야 한다.

📖 「교통사고처리규칙」상 당사자 순위

구분		내용
차대차 사고	과실이 차이가 있는 경우	과실이 중한 당사자를 선순위로 지정한다.
	과실이 동일한 경우	피해가 경한 당사자를 선순위로 지정한다.
차대인 사고	운전자를 선순위로 지정한다.	

📖 교통사고와 신뢰의 원칙

구분	내용
의의	① 신뢰의 원칙은 교통규칙에 맞추어 행동하는 사람은 다른 교통관여자도 교통규칙을 잘 지킬 것이라고 신뢰하면 충분하므로, 타인의 교통규칙 위반사실을 인식할 수 있는 특별한 사정이 없는 한, 미리 그 타인이 교통규칙을 위반할 것을 예견하고 주의할 필요가 없다는 원칙이다. ② 신뢰의 원칙은 독일의 판례가 최초로 채택하였다.
적용배제	다음과 같은 경우에는 신뢰의 원칙의 적용이 배제된다. ① 상대방의 규칙위반을 이미 인식한 경우 ② 상대방의 규칙준수를 신뢰할 수 없는 경우 ③ 운전자가 스스로 교통규칙을 위반한 경우

📖 신뢰의 원칙 관련 판례

구분	내용
적용	① 일반적으로 야간 기타 악천후 등으로 인하여 시계가 극히 좁다든지, 비 또는 눈 등으로 인하여 노면사정이 좋지 않다든지 하는 등의 특별한 사정이 없는 한, 고속도로를 운전하는 자동차 운전자에게는 고속도로 상에서 도로를 횡단하는 보행인 등 장애물이 나타날 것을 예견하여 제한속도 이하로 감속 서행할 주의의무가 없다. ② 황색중앙선이 설치된 도로에서 자기차선을 따라 운행하는 자동차운전수는 반대방향에서 오는 차량도 그 쪽 차선에 따라 운행하리라고 신뢰하는 것이 보통이다. ③ 교차로를 거의 통과할 무렵 직진신호가 주의신호로 바뀐 경우 자동차 운전자로서는 계속 진행하여 신속히 교차로를 빠져나가면 되는 것이고 반대편에서 좌회전을 하기 위해 대기하던 차량이 주의신호임에도 미리 좌회전해 올지 모른다는 것을 예상해야 할 주의의무는 없다. ④ 심야 도로교통이 빈번한 대도시 육교 아래서의 자동차 운전자는 무단횡단자가 없을 것으로 믿고 운전하면 되는 것이고, 도로교통법규에 위반하여 그 자동차의 앞을 횡단하려고 하는 사람이 있을 것까지 예상하여 그 안전까지 확인해가면서 운전해야 할 의무는 없다. ⑤ 운전자에게는 후방주시를 하여 후행차량을 발견하고 충돌을 방지할 조치를 취하여야 한다든가 나아가 일시 정지하거나 속도를 낮추어 앞지르려는 후행차량을 선행하도록 하여 줄 주의의무가 없다. ⑥ 횡단보도의 신호가 적색인 상태에서 반대차선에 정지 중인 차량 뒤에서 보행자가 건너올 것까지 예상하여 주의의무를 다하여야 한다고 할 수 없다. ⑦ 자동차전용도로는 자동차만이 다닐 수 있도록 설계된 도로로서 보행자 또는 자동차 외의 차마가 통행하거나 횡단하여서는 안 되도록 되어 있으므로 제한속도 이하로 운행하는 자동차의 운전자로서는 특별한 사정이 없는 한, 무단횡단하는 보행자가 나타날 경우를 미리 예견하여 감속 서행할 의무는 없다.

미적용	① 고속도로에서 무단횡단하는 보행자를 충격하여 사고를 발생시킨 경우라도 운전자가 상당한 거리에서 보행자의 무단횡단을 미리 예상할 수 있는 사정이 있었고, 그에 따라 즉시 감속하던가 급제동하는 등의 조치를 취하였다면 보행자와의 충돌을 피할 수 있었다는 등의 특별한 사정이 있는 경우에만 자동차 운전자의 과실이 인정될 수 있다. ② 운전자는 횡단보도 보행자 신호가 녹색에서 예비신호 점멸이거나 적색신호로 바뀌어도, 횡단보도에 이미 진입해 있는 보행자가 있는지 좌우를 두루 살펴 서행하는 등 정지할 수 있는 태세를 갖추고 운전하여야 할 주의의무가 있다. ③ 상대방이 도로중앙선을 넘어 자기의 진로에 따라 자동차를 운행하고 있거나 이와 같은 사정이 예상되는 객관적인 사정이 있는 때에는 경적을 울린다거나 감속서행, 일시정지, 또는 가능한 한 도로의 우측으로 피하여 자동차를 운행하는 등의 적절한 조치를 취함으로써 상호간의 충돌을 방지할 업무상 주의의무가 있다. ④ 앞차가 빗길에 미끄러져 비정상적으로 움직일 때는 진로를 예상할 수 없으므로, 뒤따르는 차량의 운전자는 이러한 사태에 대비하여 속도를 줄이고 안전거리를 확보해야 할 주의의무가 있다. ⑤ 교차로에서 우회전 신호를 보내지도 않고, 거울을 통하여 뒤따라오는 차량이 있는지 여부를 확인함도 없이 우회전하다가 차량 우측 뒤를 따라오던 후행차량을 차체로 충격하여 사망에 이르게 한 경우 주의의무 위반이 인정된다. ⑥ 버스운전사에게 전날 밤에 주차해 둔 버스를 그 다음날 아침에 출발하기에 앞서 차체 밑에 장애물이 있는지 여부를 확인하여야 할 주의의무가 있다.

제184테마

교통사고처리 특례 12개 조항

중요도 A급

| 「교통사고처리 특례법」【시행 2017. 12. 3.】

📖 일반론

구분		내용
의의		① 차의 운전자가 교통사고로 인하여 「형법」 제268조의 죄(업무상과실·중과실치사상)를 범한 경우에는 5년 이하의 금고 또는 2천만원 이하의 벌금에 처한다(동법 제3조 제1항). ② 다만, 차의 운전자가 업무상과실치상죄 또는 중과실치상죄를 범하고도 ㉠ 피해자를 구호하는 등 조치를 하지 아니하고 도주하거나 ㉡ 피해자를 사고 장소로부터 옮겨 유기하고 도주한 경우, ㉢ 같은 죄를 범하고 음주측정요구에 따르지 아니한 경우와 ㉣ 다음의 12개의 특례에 해당하는 행위로 인하여 같은 죄를 범한 경우에는 피해자의 명시적인 의사가 없어도 공소를 제기할 수 있다(동법 제3조 제2항).
반의사 불벌죄	적용	① 차의 교통으로 업무상과실치상죄 또는 업무상중과실치상죄를 범한 경우 ② 운전자가 업무상 필요한 주의를 게을리하거나 중대한 과실로 다른 사람의 건조물이나 그 밖의 재물을 손괴한 경우
	미적용	① 운전자가 업무상과실치상죄 또는 업무상중과실치상죄를 범하고도 피해자를 구호하는 등 조치를 하지 아니하고 도주한 경우 ② 운전자가 업무상과실치상죄 또는 업무상중과실치상죄를 범하고 피해자를 사고 장소로부터 옮겨 유기하고 도주한 경우 ③ 운전자가 업무상과실치상죄 또는 업무상중과실치상죄를 범하고 음주측정요구에 따르지 아니한 경우 ④ 교통사고처리 특례 12개 조항에 해당하는 행위로 인하여 업무상과실치상죄 또는 업무상중과실치상죄를 범한 경우
이중처벌의 문제		범칙행위와 「교통사고처리 특례법」상 신호위반 사고는 그 행위의 성격 및 내용이나 죄질, 피해법익 등에 현저한 차이가 있어 동일성이 인정되지 않는 별개의 범죄행위라고 보아야 할 것이므로, 통고처분을 받아 범칙금을 납부하였다고 하더라도 「형법」상 업무상과실치상죄로 처벌하는 것이 이중처벌에 해당한다고 볼 수 없다.

📖 특례 12개 조항 사고의 내용

구분	내용(동법 제3조 제2항 각 호)
의의	보험가입이나 피해자 합의 여부에 관계없이 교통사고를 일으킨 사람은 5년 이하의 금고 또는 2천만원 이하의 벌금의 형사책임을 진다.
신호 지시위반	신호기가 표시하는 신호 또는 교통정리를 하는 경찰공무원등의 신호를 위반하거나 통행금지 또는 일시정지를 내용으로 하는 안전표지가 표시하는 지시를 위반하여 운전(보행자용 신호기 신호위반은 제외)

중앙선침범	중앙선을 침범하거나 고속도로 및 자동차전용도로에서 횡단·유턴·후진한 경우
제한속도위반	제한속도를 시속 20킬로미터 초과하여 운전
앞지르기위반	앞지르기의 방법·금지시기·금지장소 또는 끼어들기의 금지를 위반하거나 고속도로에서의 앞지르기 방법을 위반하여 운전
철길건널목 통과방법위반	철길건널목 통과방법을 위반하여 운전
횡단보도 보행자 보호의무위반	횡단보도에서의 보행자 보호의무를 위반하여 운전(자전거를 포함)
무면허운전	운전면허 등을 받지 아니하거나 국제운전면허증을 소지하지 아니하고 운전
음주운전	① 술에 취한 상태에서 운전하거나 약물의 영향으로 정상적으로 운전하지 못할 우려가 있는 상태에서 운전한 경우 ② 도로가 아닌 곳에서 음주상태에서 운전하다가 치상사고를 야기한 자가 종합보험에 가입되어 있는 경우 종합보험에 가입되어 있더라도 공소권이 있음으로 처리한다.
보도침범사고	보도가 설치된 도로의 보도를 침범하거나 보도 횡단방법을 위반하여 운전
승객추락방지 의무위반	승객의 추락 방지의무를 위반하여 운전
어린이보호구역 안전운전 의무위반	어린이 보호구역에서의 조치를 준수하고 어린이의 안전에 유의하면서 운전하여야 할 의무를 위반하여 어린이의 신체를 상해에 이르게 한 경우
적재화물 추락사고	자동차의 화물이 떨어지지 아니하도록 필요한 조치를 하지 아니하고 운전

📖 특례 12개 조항 사고 관련 판례

1. 신호·지시위반

구분	내용
인정	① 교차로에 녹색, 황색 및 적색의 삼색등화만이 나오는 신호기와 유턴을 금지하는 안전표시가 설치되어 있는 교차로에서의 유턴은 허용되지 아니하므로, 이와 같은 교차로에서 직진 및 우회전만이 가능한 녹색등화에 유턴하여 진행하였다면 특별한 사정이 없는 한 신호기가 표시하는 신호에 위반하여 운전한 경우에 해당한다. ② 자동차 운전자인 피고인이 교차로와 연접한 횡단보도에 차량보조등은 설치되지 않았으나 보행등이 녹색이고, 교차로의 차량신호등은 적색인데도, 횡단보도를 통과하여 교차로를 우회하다가 신호에 따라 진행하던 자전거를 들이받아 운전자에게 상해를 입힌 경우, 신호위반으로 인한 업무상과실치상죄가 성립한다.

구분	내용
불인정	① 택시운전자인 피고인이 교차로에서 적색등화에 우회전하다가 신호에 따라 진행하던 피해자 운전의 승용차를 충격하여 그에게 상해를 입힌 경우, 이는 신호위반으로 인한 사고에 해당하지 않는다. ② 횡단보행자용 신호기의 신호가 보행자 통행신호인 녹색으로 되었을 때 차량운전자가 그 신호를 따라 횡단보도 위를 보행하는 자를 충격하였을 경우에는 '보행자 보호의무'를 위반한 때에 해당함은 별론으로 하고, 이를 신호기의 신호에 위반하여 운전한 때에 해당한다고는 할 수 없다(이 경우에는 횡단보도 보행자 보호의무위반으로 인정됨). ③ 교차로 진입 직전에 설치된 백색실선을 교차로에서의 진로변경을 금지하는 내용의 안전표지와 동일하게 볼 수 없으므로, 교차로에서의 진로변경을 금지하는 내용의 안전표지가 개별적으로 설치되어 있지 않다면 자동차 운전자가 교차로에서 진로변경을 시도하다가 교통사고를 야기하였다고 하더라도 이를 「교통사고처리 특례법」 제3조 제2항 단서 제1호에서 정한 "「도로교통법」 제5조에 따른 통행금지를 내용으로 하는 안전표지가 표시하는 지시를 위반하여 운전한 경우'에 해당한다고 할 수 없다.

2. 중앙선 침범

구분	내용
판단기준	'도로의 중앙선을 침범하였을 때'라 함은 교통사고의 발생지점이 중앙선을 넘어선 모든 경우를 가리키는 것이 아니라 부득이한 사유가 없이 중앙선을 침범하여 교통사고를 발생케 한 경우를 말한다. 여기서 '부득이한 사유'라 함은 진행차로에 나타난 장애물을 피하기 위하여 다른 적절한 조치를 취할 겨를이 없었다거나 자기 차로를 지켜 운행하려고 하였으나 운전자가 지배할 수 없는 외부적 여건으로 말미암아 어쩔 수 없이 중앙선을 침범하게 되었다는 등 중앙선 침범 자체에는 운전자를 비난할 수 없는 객관적 사정이 있는 경우를 말한다.
인정	① 부득이한 사유가 없는데도 고의로 이러한 경계선인 중앙선을 넘어 들어가 침범당한 차선의 차량운행자의 신뢰와 어긋난 운행을 함으로써 사고를 일으켰다면 「교통사고처리 특례법」 제3조 제2항 단서 제2호가 정한 처벌 특례의 예외규정에 해당한다. ② 비록 자동차가 도로 양측으로 넘어가는 것이 허용된 황색점선의 중앙선이라고 하더라도, 장애물을 피하기 위하여 다른 적절한 조치를 취할 겨를이 없는 등의 급박한 사정 때문에 부득이 중앙선을 넘을 필요가 있고, 또 반대방향의 교통에 충분한 주의를 기울이면서 중앙선을 침범하여 반대차선으로 넘어가는 경우가 아닌 한, 도로의 중앙선을 침범한 경우에 해당한다.
불인정	① 중앙선의 우측 차로 내에서 후진하는 행위는 중앙선 침범에 포함되지 않는다. ② 피고인 운전차량에게 들이받힌 차량이 중앙선을 넘으면서 마주오던 차량들과 충격하여 일어난 사고는 중앙선침범사고로 볼 수 없다. ③ 중앙선이 설치된 도로의 어느 구역에서 좌회전이나 유턴이 허용되어 중앙선이 백색 점선으로 표시되어 있는 경우, 그 지점에서 안전표지에 따라 좌회전이나 유턴을 하기 위하여 중앙선을 넘어 운행하다가 반대편 차로를 운행하는 차량과 충돌하는 교통사고를 내었더라도 이는 「교통사고처리 특례법」에서 규정한 중앙선 침범사고라고 할 것은 아니다.

3. 횡단보도 보행자 보호의무위반

구분	내용
인정	① 운전자가 횡단보도에서의 보행자에 대한 보호의무를 위반하고 이로 인하여 상해의 결과가 발생하면 그 운전자의 행위는 「교통사고처리 특례법」 제3조 제2항 단서 제6호에 해당하게 될 것인바, 이때 횡단보도 보행자에 대한 운전자의 업무상 주의의무 위반행위와 그 상해의 결과 사이에 직접적인 원인관계가 존재하는 한 위 상해가 횡단보도 보행자 아닌 제3자에게 발생한 경우라 해도 단서 제6호에 해당함에는 지장이 없다. ② 보행신호등의 녹색등화의 점멸신호 전에 횡단을 시작하였는지 여부를 가리지 아니하고 보행신호등의 녹색등화가 점멸하고 있는 동안에 횡단보도를 통행하는 모든 보행자는 횡단보도에서의 보행자 보호의무의 대상이 된다.
불인정	보행자가 횡단보도를 건너던 중 사고를 당한 경우 '일부 피해자의 특별한 행동의 경우'는 엄격한 의미에서 보행자로 볼 수 없다(예 횡단보도에 누워 있거나 앉아 있거나 엎드려 있는 경우, 횡단보도 내에서 싸우고 있는 중, 횡단보도 내에서 택시를 잡는 중, 보도에 서 있다가 횡단보도 내로 넘어진 경우 등).

제185테마

중요도 B급

뺑소니 사고

■ 「도로교통법」【시행 2024. 10. 25.】
■ 「특정범죄 가중처벌 등에 관한 법률」【시행 2024. 1. 26.】

📖 일반론

구분	내용(「특정범죄 가중처벌 등에 관한 법률」 제5조의3 제1항)
의의	뺑소니란 「도로교통법」 제2조에 규정된 자동차·원동기장치자전거의 교통으로 인하여 「형법」 제268조의 죄(업무상과실·중과실치사상)를 범한 해당 차량의 운전자가 피해자를 구호하는 등 「도로교통법」 제54조 제1항의 규정에 따른 조치를 하지 아니하고 도주하여 「특정범죄 가중처벌 등에 관한 법률」 제5조의3(도주차량 운전자의 가중처벌)에 의해서 처벌되는 경우를 말한다.
요건	① 자동차·원동기장치자전거의 교통으로 인하여 업무상과실·중과실치사상의 죄를 범한 해당 차량의 운전자일 것 ② 구호조치의무의 불이행 ③ 도주
피해자의 사망	피해자를 사망에 이르게 하고 도주하거나, 도주 후에 피해자가 사망한 경우에는 무기 또는 5년 이상의 징역에 처한다.
피해자의 상해	피해자를 상해에 이르게 한 경우에는 1년 이상의 유기징역 또는 500만원 이상 3천만원 이하의 벌금에 처한다.
판례	① 특가법 제5조의3 소정의 자동차의 교통으로 인한 업무상과실치사상의 사고를 「도로교통법」이 정하는 도로에서의 교통사고의 경우로 제한하여 새겨야 할 아무런 근거가 없다. ② 특가법 제5조의3 제1항 소정의 '자동차의 교통으로 인하여 「형법」 제268조의 죄를 범한 해당 차량의 운전자'란 자동차의 교통으로 인한 업무상과실 또는 중대한 과실로 인하여 사람을 사상에 이르게 한 자를 가리키는 것이지 과실이 없는 사고운전자까지 포함하는 것은 아니다. ③ 특가법 제5조의3 제1항이 정하는 '피해자를 구호하는 등 「도로교통법」 제54조 제1항에 의한 조치를 취하지 아니하고 도주한 때'라 함은, 사고운전자가 사고로 인하여 피해자가 사상을 당한 사실을 인식하였음에도 불구하고, 피해자를 구호하는 등 「도로교통법」 제54조 제1항에 규정된 의무를 이행하기 이전에 사고현장을 이탈하여 사고를 낸 자가 누구인지 확정할 수 없는 상태를 초래하는 경우를 말하는 것이다.

📖 유기 도주운전의 가중처벌

구분	내용(「특정범죄 가중처벌 등에 관한 법률」 제5조의3 제2항)
의의	사고운전자가 피해자를 사고 장소로부터 옮겨 유기하고 도주한 경우에는 가중처벌한다.
피해자의 사망	피해자를 사망에 이르게 하고 도주하거나, 도주 후에 피해자가 사망한 경우에는 사형, 무기 또는 5년 이상의 징역에 처한다.
피해자의 상해	피해자를 상해에 이르게 한 경우에는 3년 이상의 유기징역에 처한다.

관련 판례

구분	내용
도주차량 인정	① 혈중알코올농도 0.197%의 음주상태에서 차량을 운전하다가 교통사고를 일으켜 피해자에게 상해를 입힌 운전자가, 피해자 병원 이송과 경찰관 사고현장 도착 전에 견인차량 기사를 통해 피해자에게 신분증을 교부한 후 피해자의 동의 없이 일방적으로 현장을 이탈하였다가 약 20분 후 되돌아 온 경우, 위 운전자의 행위는 특가법 제5의3 제1항의 '피해자를 구호하는 등 조치를 취하지 아니하고 도주한 때'에 해당한다. ② 운전자가 교통사고로 상해를 입은 피해자에 대한 구호조치의 필요성을 인식하고 부근의 택시기사에게 피해자를 병원으로 이송하여 줄 것을 요청하였으나 "경찰관이 온 후 병원으로 가겠다"는 피해자의 거부로 피해자가 병원으로 이송되지 아니한 사이에 피해자의 신고를 받은 경찰관이 사고현장에 도착하였고, 피해자의 병원 이송 및 경찰관의 사고현장 도착 이전에 사고운전자가 사고현장을 이탈하였다면, 설령 운전자가 사고현장을 이탈하기 전에 피해자의 동승자에게 자신의 신원을 알 수 있는 자료를 제공하였다 하더라도, 피고인의 이러한 행위는 피해자를 구호하는 등 조치를 취하지 아니하고 도주한 때에 해당한다. ③ 피고인은 피해자를 병원으로 데리고 가기는 하였으나, 피해자가 그 밖의 누구에게도 피고인이 교통사고를 낸 사람이라는 것을 밝히지 아니하고 목격자로 행세하다가 참고인 조사를 받으면서 경찰관에게 자기의 신분을 밝힌 후 귀가한 것이라면 이는 특가법 제5조의3 제1항에 정하여진 피해자를 구호는 등 조치를 취하지 아니하고 도주한 때에 해당한다. ④ 만취운전자가 교통사고 직후 취중상태에서 사고현장으로부터 수십미터까지 혼자 걸어가다 수색자에 의해 현장에서 붙잡힌 경우 도주의사가 있다고 인정된다.
도주차량 불인정	① 사고운전자가 사고차량의 동승자를 운전자라고 경찰에 허위 신고하였을지라도, 이후 사고장소를 이탈하지 아니한 채 보험회사에 사고접수를 하고, 경찰조사 이후 자수한 경우에는 특가법 제5조의3 제1항의 도주한 때로 볼 수 없다. ② 교통사고의 가해자 및 피해자가 사고 여부에 관하여 언쟁을 하다 동승했던 아내에게 사고처리를 위임하여 그의 아내가 사고처리하고 운전자는 현장을 떠난 경우에는 도주로 보지 않는다.

제186테마

중요도 B급

교통사고 조사

「교통사고조사규칙」【시행 2023. 7. 31.】

📖 일반론

구분	내용
교통	차를 운전하여 사람 또는 화물을 이동시키거나 운반하는 등 그 차를 그 본래의 용법에 따라 사용하는 것(동 규칙 제2조 제1호).
교통사고	차의 교통으로 인하여 사람을 사상하거나 물건을 손괴한 것(동 규칙 제2조 제2호).
대형사고	3명 이상이 사망(교통사고 발생일부터 30일 이내에 사망한 것)하거나 20명 이상의 사상자가 발생한 사고(동 규칙 제2조 제3호).
충돌	차가 반대방향 또는 측방에서 진입하여 그 차의 정면으로 다른 차의 정면 또는 측면을 충격한 것(동 규칙 제2조 제7호).
추돌	2대 이상의 차가 동일방향으로 주행 중 뒤차가 앞차의 후면을 충격한 것(동 규칙 제2조 제8호).
접촉	차가 추월, 교행 등을 하려다가 차의 좌우 측면을 서로 스친 것(동 규칙 제2조 제9호).
전도	차가 주행 중 도로 또는 도로 이외의 장소에 차체의 측면이 지면에 접하고 있는 상태(동 규칙 제2조 제10호).
전복	차가 주행 중 도로 또는 도로 이외의 장소에 뒤집혀 넘어진 것(동 규칙 제2조 제11호).
추락	차가 도로변 절벽 또는 교량 등 높은 곳에서 떨어진 것(동 규칙 제2조 제12호).
뺑소니	교통사고를 야기한 차의 운전자가 피해자를 구호하는 등 「도로교통법」 제54조 제1항의 규정에 따른 조치를 취하지 아니하고 도주한 것(동 규칙 제2조 제13호).

📖 교통사고현장의 흔적

구분		내용
차륜흔적	스키드 마크	스키드 마크(Skid Mark)란 굴러가는 타이어가 갑자기 정지(급제동하면서 바퀴가 구르지 않고 미끄러짐)할 정도로 강하게 브레이크가 조작된다면 노면상에는 굴러갈 수 없게 된 타이어에 의해 흔적이 남게 되는데 이때 발생한 타이어의 흔적(동 규칙 제2조 제5호).
	요마크	요마크(Yaw Mark)란 바퀴가 돌면서(바퀴가 구르면서 미끄러질 때) 다소 차축과 평행하게 옆으로 미끄러진 타이어의 마찰 흔적(동 규칙 제2조 제6호).
	가속 스카프	가속 스카프(Accelearation Scuffs)란 충분한 동력이 구르는 바퀴(바퀴가 제자리에서 회전할 때)에 전달되어 도로표면에 적어도 한 번의 스핀이나 슬립이 발생되어 나타나는 흔적

노면흔적	스크래치	스크래치(Scratch)란 큰 압력 없이 미끄러진 금속물체에 의해 단단한 포장노면에 가볍게 불규칙적으로 좁게 나타나는 긁힌 자국
	스크레이프	스크레이프(Scrape)는 넓은 구역에 걸쳐 나타난 줄무늬가 있는 여러 스크래치 자국
	칩	칩(Chip)은 마치 호미로 노면을 판 것 같이 짧고 깊게 패인 가우지 마크
	찹	찹(Chop)은 마치 도끼로 노면을 깎아낸 것 같이 넓고 얕은 가우지 마크

📖 교통사고 조사

구분	내용
현장보존	교통조사관은 다음에서 정하는 조치 등에 유의하여 사고현장을 보존하여야 한다(동 규칙 제8조 제1항). ① 사고현장 보존을 위하여 필요한 최소 범위 내에서 교통을 통제하거나 일방통행의 조치를 취하는 경우에는 "교통사고 조사 중" 표지판, 적색 경광등 등을 설치하여 다른 차의 운전자가 사고현장임을 쉽게 알 수 있도록 조치 ② 사고현장의 보존은 사고차량의 상태와 정지지점을 표시한 후 현장을 촬영하여 사후에도 현장상황이 확인되도록 조치 ③ 사고현장을 변경할 필요가 있는 때에는 제2호의 사진촬영 이외에 현장약도를 작성하여 사후 조사에 지장이 없도록 조치 ④ 스키드마크·요마크 등 타이어흔적, 혈흔, 유리 또는 페인트 조각, 유류품 등 멸실의 우려가 있는 증거자료는 사진촬영 및 채취하여 보존 조치 ⑤ 현장의 신호기, 표지판, 전주, 가로수, 그 밖의 재물 등의 파손상태는 사진촬영 등 보존 조치 ⑥ 현장에 출동한 경찰공무원이 2명 이상일 경우에는 그 임무를 분담하여 수행하고, 상황에 따라 도로관리청 또는 일반인의 협조 조치
사고지점 확정	교통조사관은 교통사고 발생원인을 명확히 규명하기 위하여 사고현장에서 사고와 관계있는 지점의 위치를 다음의 어느 하나의 방법을 이용하여 표시하여야 한다(동 규칙 제11조 제1항). ① 필요지점을 확정하기 위하여 기점 2개소를 선정하고 필요지점까지의 거리를 측정하는 2점 방식 ② 필요지점을 확정하기 위하여 기점 3개소를 선정하고 필요지점까지의 거리를 측정하는 3점 방식
현장도면 작성	① 교통조사관은 교통사고 현장도면을 작성할 때에는 사실 인정에 중요하다고 인정되는 부분은 정밀하게, 그렇지 않은 부분은 비교적 간단명료하게 작성한다(동 규칙 제14조 제1항). ② 교통사고보고서 서식을 이용하여 도면을 작성하는 때에는 400분의 1의 축척으로 작성하는 것을 원칙으로 하고, 상황에 따라 축적비율을 조정하되 반드시 축적비율 및 방위를 표시하여야 한다(동 규칙 제14조 제2항). ③ 조사에 필요한 경우에는 평면도뿐 아니라 입체도를 작성할 수 있다. 이 경우에도 반드시 방위를 표시하여야 한다(동 규칙 제14조 제3항). ④ 거리를 측정하거나 지점을 확정하는 경우에는 각각의 지점의 명칭을 붙여 특정지어야 한다(동 규칙 제14조 제4항). ⑤ 교통사고의 발생지점과 사고차량의 정차지점을 표시하는 때에는 사고발생 지점을 도면의 중앙에 배치하고 가해차량의 진행방향이 위로 향하도록 하여 '이동지점을 점선'으로 표시하고 '정차지점은 실선'으로 표시한다(동 규칙 제14조 제7항). ⑥ 현장 도면에는 작성자가 계급, 성명을 기입하고 날인하여야 하며, 현장도면과 조서 사이에는 간인하여야 한다(동 규칙 제14조 제8항).

제16장

분야별 경찰활동 V – 공공안녕정보경찰활동

제187테마~제190테마

제187테마
공공안녕정보경찰활동의 기초

중요도 C급

📖 일반론

구분	첩보(1차 정보, 생정보)	정보(2차 정보, 지식)
정확성	부정확한 견문지식을 포함	객관적으로 평가된 정확한 지식
완전성	기초적·단편적·불규칙적·미확인 상태의 지식	평가·분석·종합·해석하여 만든 완전한 지식
적시성	과거와 현재의 것을 불문	정보사용자가 필요로 하는 적시에 제공
생산과정	단편적이고 개인의 식견에 의한 지식	여러 사람의 협동 과정을 통하여 생산
기술·절차	처리절차를 불문	처리절차의 체계성·투명성
비고	모든 첩보가 정보는 아니지만, 모든 정보는 첩보가 될 수 있다.	

📖 정보의 분류

1. 사용수준에 따른 분류

구분	내용
전략정보 (국가정보)	① 국가의 정책지도자들이 종합적인 국가정책 및 국가안전보장 문제에 관하여 필요로 하는 국내의 상황, 타국의 능력, 취약성 및 가능한 행동방책에 관한 정보를 말한다. ② 주로 국가정보기관이 생산하는 정보이다(예 국가정보원).
전술정보 (부문정보)	① 전략정보의 기본방침 하에서 이를 구체적으로 수행하기 위한 세부적이고 부문적인 정보를 말한다. ② 주로 부문정보기관이 생산하는 정보이다(예 경찰).

2. 사용목적에 따른 분류

구분	내용
적극정보	국가이익을 증대하기 위한 정책의 입안과 계획수립 및 그 수행에 있어서 필요한 정보를 말한다(예 주요정책 수행의 문제점, 정책과 관련된 민심의 동향이나 여론 등).
보안정보 (소극정보)	국가안전보장을 위태롭게 하는 간첩활동, 태업 및 전복, 산업스파이 등에 대비할 국가적 취약점의 분석과 판단에 관한 정보로서 국가의 경찰기능을 위한 정보이다.

3. 분석형태에 따른 분류

구분	내용
기본정보 (과거)	모든 사상의 과거에 대한 기초자료를 말한다.
현용정보 (현재)	모든 사상의 동태를 현재의 시점에서 객관적으로 기술한 정보로서, 의사결정자에게 그 때 그때의 동향으로 알리기 위한 정보이다(예 경찰의 정보상황보고).
판단정보 (미래)	① 기본정보와 현용정보를 바탕으로 논리적 사고와 추리적 능력을 통하여 미래에 있을 수 있는 어떠한 상태를 예측한 평가정보이다. ② 정보생산자의 능력·재능을 가장 많이 필요로 한다.

4. 정보출처에 따른 분류

구분	내용
근본출처 부차적 출처	① 근본출처란 정보가 존재하는 근원에서 중간기관의 변형 없이 원형 그대로의 정보를 제공하는 출처를 말한다. ② 부차적 출처란 근본출처에 의해 입수된 정보가 중간기관에 의하여 부분적으로 평가·요약·변형된 것을 제공하는 출처를 말한다. ③ 일반적으로 근본출처 정보가 부차적 출처정보에 비해 출처의 신빙성과 내용의 신뢰성이 높다.
공개출처 비밀출처	① 공개출처란 정보의 존재상태가 일반에게 공개되어 있는 출처를 말한다. ② 비밀출처란 보안적인 상태로 유지되어 있어 자유로운 접근이 어려운 출처를 말한다. ③ 비밀출처라고 해서 반드시 공개출처에 비해 신뢰성이 높거나 그 반대의 경우인 것은 아니다.
정기출처 우연출처	① 정기출처란 정기적으로 정보를 획득할 수 있는 출처를 말한다. ② 우연출처란 어떤 우연한 경우에 획득되는 정보의 출처를 말한다. ③ 일반적으로 정기출처정보가 우연출처정보에 비해 출처의 신빙성과 내용의 신뢰성이 높다.

📖 정보의 가치

구분	내용
적실성	정보는 정보사용자의 사용목적에 관련된 것이어야 한다.
정확성	정보는 사실과 일치되는 것이어야 한다.
적시성	정보는 정책결정이 이루어지는 시점에 비추어 가장 적절한 시기에 존재하여야 한다.
완전성	① 정보는 시간이 허용하는 한 최대한 완전한 지식이어야만 그 가치가 높아진다. ② 정보의 완전성을 지나치게 추구하다 보면 정보의 적시성을 놓칠 우려가 있다.
객관성	① 정보는 국익증대와 안보추구라는 차원에서 완전한 객관적 입장을 유지하여야 한다. ② 정보가 주관적으로 왜곡되면 선호정책의 합리화 도구로 전락할 수 있다.

📖 정보의 효용성

구분	내용
시간효용	정보는 정보사용자가 정보를 필요로 하는 시점에 제공될 때 시간효용이 높다는 평가를 받는다.
소유효용	가능한 많은 정보를 갖고 있는 것이 적은 것보다 효용성이 크다.
통제효용	① 정보는 정보를 필요로 하는 사람들에게 필요할 만큼 제공될 수 있도록 통제될 수 있을 때 효용성이 커진다. ② '알 사람만 알아야 하는 원칙(한정의 원칙)'이 적용될 때 효용성이 커진다.
접근효용	정보사용자가 정보에 쉽게 접근할 수 있을 때에 정보의 효용은 높아진다.
형식효용	정보는 정보사용자의 요구에 맞는 형식에 부합할 때 형식효용이 높다는 평가를 받게 된다.

제188테마
정보의 순환과정

중요도 B급

📖 일반론

구분	내용
의의	정보활동은 정보요구를 결정하고, 정보요구를 충족시키기 위한 첩보를 수집하며, 수집된 첩보를 평가·분석·종합·해석하여 정보를 생산하고, 생산된 정보를 사용자에게 배포하는 4단계 과정을 순환하면서 이루어진다.
특징	① 정보순환은 연속적으로 이루어지며, 전 단계가 동시에 발생할 수도 있다. ② 4단계는 각 단계마다 소순환 과정을 거치며, 동시에 전체 순환과정에 연결된다.

📖 제1단계 : 정보요구단계

구분		내용
의의		정보요구란 정보사용자가 필요로 하는 정보내용이 무엇인지를 파악하고, 각급 사용자가 필요로 하는 시기에 제공될 수 있도록 적절한계획을 수립하여, 수사기관에게 첩보수집을 명령·지시하는 단계를 의미한다.
소순환과정		첩보기본요소 결정 → 첩보수집계획서 작성 → 첩보수집 명령·하달 → 사후관리
정보요구 방법	국가정보목표 우선순위 (PNIO)	① 국가정보목표 우선순위(PNIO)란 국가안전보장이나 정책에 관련되는 국가정보목표의 우선순위로서 정부에서 기획된 연간 기본정책을 수행함에 있어 필요로 하는 자료를 목표로 하여 선정된다. ② 국가의 모든 정보기관이 계획·수행해야 할 정보활동의 기본방침이고, 우선적인 정보목표이다.
	첩보기본요소 (EEI)	① 첩보기본요소(EEI)란 PNIO가 결정된 후에 정부의 각 부서에서 맡고 있는 정책을 수행함에 있어 우선적으로 필요로 하는 첩보요소를 말한다. ② 계속적·반복적으로 전 지역에 걸쳐 수집되어야 할 사항의 요구수단으로 첩보수집 요구에 있어 가장 기본이 되는 지침이다. ③ 사전에 첩보수집계획서를 작성해야 하며, 해당 부서의 정보활동을 위한 일반지침이다.

구분		내용
정보요구 방법	특별첩보요구 (SRI)	① 특별첩보요구(SRI)란 특정 지역의 특별한 돌발상황에 대한 단기적 해결을 위하여 필요한 범위 내에서 임시적이고 단편적인 첩보를 요구하는 것을 말한다. ② 다른 첩보들에 비해서 우선적으로 수집되어야 한다. ③ 사전에 첩보수집계획서의 작성을 필요로 하지 않는다. ④ 공공안녕정보경찰활동은 특정 사안 또는 상황을 중심으로 특별첩보요구에 의하여 정보요구가 행해진다.
	기타 정보요구 (OIR)	① 기타 정보요구(OIR)란 급변하는 정세의 변화에 따라 불가피하게 정책상 추정이 요구되거나 이를 위한 자료가 절실히 요구될 때 국가정보목표 우선순위(PNIO)에 우선하여 이를 충족시키기 위한 정보요구를 말한다. ② OIR로 책정되는 정보는 PNIO에 우선하여 작성한다.

📖 제2단계 : 첩보수집단계

구분	내용
의의	① 첩보수집이란 첩보수집기관이 출처를 확보하여 첩보를 입수·획득하고 이를 정보작성기관에 전달하는 과정을 말한다. ② 정보순환과정 중에서 가장 중요하고 어려운 단계로서, 훌륭한 정보를 작성하기 위해서는 우선 좋은 자료를 수집하여야 한다.
소순환과정	첩보출처의 개척 → 첩보의 입수·획득 → 첩보의 전달

📖 제3단계 : 정보생산단계

구분	내용
의의	정보생산이란 수집된 첩보가 정보작성기관에 보고되면 정보작성기관이 첩보의 선택·평가·분석·종합·해석 등의 과정을 거쳐 정보보고서를 작성함으로써 정보화하는 것을 말한다.
소순환과정 (선·평·분·종·해)	선택(기록단계를 포함) → 평가 → 분석 → 종합 → 해석

📖 제4단계 : 정보배포단계

구분		내용
의의		정보배포란 생산된 정보를 필요로 하는 사람과 기관, 즉 정보사용자에게 적절한 형태·내용을 갖추어 적당한 시기에 제공하는 과정을 말한다.
원칙	필요성	정보는 반드시 알아야 할 필요가 있는 대상에게만 알려야 한다는 원칙이다.
	적시성	정보는 필요한 시기에 배포되어야 한다.
	적당성	정보는 적당한 양을 조절하여 필요한 만큼만 배포하여야 한다는 원칙이다.
	계속성	새로운 정보를 조직적이고 계속적으로 배포해야 한다.
	보안성	정보배포는 보안을 갖추기 위한 장치가 필요하다(정보의 분류조치, 인사보안조치, 물리적 보안조치, 통신보안조치 등).
수단	비공식적 방법	통상적으로 개인적인 대화의 형태로 이루어지며, 정보분석관과정책결정자 사이, 정보기관의 대표 사이, 정보분석관 사이에 사용된다.
	브리핑	정보사용자 개인 또는 다수에 대하여 정보분석관이 정보의 내용을 요약하여 구두로 설명하는 방법으로서, 통상 강연식이나 문답식으로 진행되는데 시간을 절약할 수 있어 현용정보의 배포수단으로 많이 이용된다.
	메모	정보분석관이 가장 많이 활용하는 방법으로 정보사용자 또는 관계기관에 대하여 메모의 형식으로 정보를 배포하는데, 신속성이 매우 중요하다.
	일일 정보보고서	매일 24시간에 걸친 정치, 경제, 사회, 문화 등 제반 정세의 변화를 중심으로 망라한 보고서로, 사전에 고안된 양식에 의해 매일 작성되며 제한된 범위에서 배포된다.
	특별보고서	축적된 정보가 다수의 사람이나 기관에게 이해관계가 있거나 가치가 있을 때에 사용하는 정보의 배포수단이다.
	정기간행물	통상 광범위한 배포를 위하여 출판을 통하여 전달하는 방법이다.

제189테마

중요도 A급

집회·시위 관리업무

■ 「집회 및 시위에 관한 법률」【시행 2021. 1. 1.】
■ 「집회 및 시위에 관한 법률 시행령」【시행 2024. 8. 6.】

📖 일반론

구분	내용
의의	모든 국민은 언론·출판의 자유와 집회·결사의 자유를 가진다(「헌법」 제21조 제1항).
목적	경찰의 집회·시위관리는 적법한 집회 및 시위를 최대한 보장하고 위법한 시위로부터 국민을 보호함으로써 집회 및 시위의 권리 보장과 공공의 안녕질서가 적절히 조화를 이루도록 하는 것을 목적으로 한다(동법 제1조).
판례	① 「헌법」 제21조 제1항은 "모든 국민은 언론·출판의 자유와 집회·결사의 자유를 가진다"고 규정하여 집회의 자유를 표현의 자유로서 국민의 기본권으로 보장하고 있다. **집회의 자유에는 집회를 통하여 형성된 의사를 집단적으로 표현하고 이를 통하여 불특정 다수인의 의사에 영향을 줄 자유를 포함한다.** 따라서 이를 내용으로 하는 시위의 자유 또한 집회의 자유를 규정한 「헌법」 제21조 제1항에 의하여 보호되는 기본권이다. ② **집회의 자유는 집회의 시간, 장소, 방법과 목적을 스스로 결정할 권리를 보장한다.** 따라서 집회의 자유는 개인이 집회에 참가하는 것을 방해하거나 집회에 참가할 것을 강요하는 국가행위를 금지할 뿐만 아니라, 예컨대 집회장소로 여행하는 것을 방해하거나, 집회장소로부터 귀가하는 것을 방해하거나, 집회 참가자에 대한 검문의 방법으로 시간을 지연시킴으로써 집회 장소에 접근하는 것을 방해하는 등 집회의 자유 행사에 영향을 미치는 모든 조치를 금지한다. ③ 집회의 자유에 의하여 보호되는 것은 단지 평화적 또는 비폭력적 집회이다.

📖 관련 개념의 정리

1. 집회

구분	내용
의의	① 집회란 특정 또는 불특정 다수인이 공동의 의견을 형성하여, 이를 대외적으로 표명할 목적 아래 일시적으로 일정한 장소에 모이는 것을 의미한다. ② 특정한 공동 목적이 없이 우연히 만나는 것은 집회에 해당되지 않는다. ③ 일시적 화합을 위해 대기하는 모임도 집회 참가를 위한 준비단계에 불과할 뿐 집회가 아니다.
2인 집회	2인이 모인 집회도 법률상 보호의 대상이 된다.
옥내집회	① 옥내집회는 금지규정에 해당되지 않는 한 누구든지 자유로이 개최할 수 있다. ② 옥내집회는 신고대상이 아니지만, 집회 후 행진하는 경우 또는 행진만 하는 경우는 신고하여야 한다.

구분	내용
판례	① 외형상은 기자회견의 형식이지만 철거민의 입장을 옹호하면서 검찰에 수사기록을 공개하라는 내용의 공동의견을 형성하여 이를 대외적으로 표명할 목적 아래 일시적으로 일정한 장소에 모인 것은 집회에 해당된다. ② 적법한 신고 없이 집회를 개최하려던 사회단체 회원 등이 집회예정장소가 사전에 봉쇄되자 인근 교회에서 잠시 머문 것은 집회가 아니다.

2. 옥외집회

구분	내용
의의	옥외집회란 천장이 없거나 사방이 폐쇄되지 아니한 장소에서 여는 집회를 말한다(동법 제2조 제1호).
해당여부	① 도로, 공원, KBS 본관 현관의 앞 계단과 도로는 천장이 없거나 사방이 봉쇄되지 않은 장소이므로, 이곳에서의 집회는 옥외집회에 해당한다. ② 지하철 대합실에서의 집회는 옥외집회로 보지 않는다. ③ 대학 구내·종교시설 구내·회사 구내 등 성역에서의 집회도 옥외집회에 해당된다. 다만, 현실적으로 시설당국의 자치권을 인정하여 시설주에게 일임하고 있는 실정이며, 시설이용권이 없는 외부인이 동 시설에서 집회를 개최하는 경우에는 집회신고를 하여야 한다.

3. 시위

구분	내용
의의	시위란 여러 사람이 공동의 목적을 가지고 도로, 광장, 공원 등 일반인이 자유로이 통행할 수 있는 장소를 행진하거나 위력 또는 기세를 보여, 불특정한 여러 사람의 의견에 영향을 주거나 제압을 가하는 행위를 말한다(동법 제2조 제2호).
1인 시위	① 1인 시위는 집시법상 시위에 해당되지 않는다. ② 신고의무가 없는 1인 시위라 하더라도 시위로 인해 업무방해 등의 결과를 초래할 경우 「형법」상 업무방해죄 적용이 가능하다.
해당여부	① 도로·역광장 등 공공의 장소에서 여러 사람이 공동목적을 가지고 행하는 가두서명·유인물 배포·현수막 및 피켓 활용 캠페인 등도 시위에 해당되므로 신고의 대상이다. ② 자동차, 건설기계, 농기계 등 차량을 동원한 자동차 시위와 해상이나 공중에서 선박 또는 항공기 등으로 하는 시위는 집시법상 시위에 해당되지 않는다.

구분	내용
판례	① 시위는 반드시 '일반인이 자유로이 통행할 수 있는 장소'에서 이루어져야 한다거나, '행진' 등 장소 이동을 동반해야만 성립하는 것은 아니다(행진은 시위의 구체적 행위태양 중의 하나일 뿐이다). ② 여러 사람이 일정한 장소에 모여 행한 특정 행위가 공동의 목적을 가진 집단적 의사표현의 일환으로 이루어진 것으로서 시위에 해당하는지는, 행위의 태양 및 참가인원 등 객관적 측면과 아울러 그들 사이의 내적인 유대관계 등 주관적 측면을 종합하여 전체적으로 그 행위를 여러 사람이 위력 또는 기세를 보여 불특정한 여러 사람의의견에 영향을 주거나 제압을 가하는 행위로 볼 수 있는지에 따라 평가하여야 한다. ③ 장례에 관한 집회 참가인들이 망인에 대한 추모의 목적과 그 범위 내에서 이루어지는 노제 등을 위한 이동·행진의 수준을 넘어서서 그 기회를 이용하여 다른 공동의 목적으로 시위에 나아간 경우에는 그 성질상 시위에 해당한다. ④ 피고인이 특정 인터넷카페 회원 10여 명과 함께 불특정 다수의 시민들이 지나가는 장소에서 퍼포먼스 형태의 플래시 몹(flash mob) 방식으로 노조설립신고 반려 규탄 모임을 진행함으로써 「집회 및 시위에 관한 법률」상 미신고 옥외집회를 개최하였다는 내용으로 기소된 사안에서, 제반 사정에 비추어 위의 모임은 실질적으로 옥외집회에 해당하여 사전신고의 대상이 된다.

4. 주최자, 질서유지인, 질서유지선

구분	내용
주최자	① 주최자란 자기 이름으로 자기 책임 아래 집회나 시위를 여는 사람이나 단체를 말한다. 주최자는 주관자를 따로 두어 집회 또는 시위의 실행을 맡아 관리하도록 위임할 수 있다. 이 경우 주관자는 그 위임 범위 안에서 주최자로 본다(동법 제2조 제3호). ② 주최자의 자격에는 제한이 없으며, 단체인 경우에는 법인격 유무를 불문한다. ③ 외국인도 주최자가 될 수 있으며, 범죄관련 수배자도 주최자가 될 수 있다.
질서유지인	① 질서유지인이란 주최자가 자신을 보좌하여 집회 또는 시위의 질서를 유지하게 할 목적으로 임명한 자를 말한다(동법 제2조 제4호). ② 질서유지인의 자격은 18세 이상이어야 하며, 기타의 자격에 대해서는 명시적으로 규정하고 있지 않다.
질서유지선	① 질서유지선이란 관할 경찰서장이나 시·도경찰청장이 적법한 집회 및 시위를 보호하고 질서유지나 원활한 교통 소통을 위하여 집회 또는 시위의 장소나 행진 구간을 일정하게 구획하여 설정한 띠, 방책, 차선 등의 경계표지를 말한다(동법 제2조 제5호). ② 경찰의 대오나 차량을 이용한 차벽은 질서유지선에 해당하지 않으나, 인도경계석·차선 등 지상물은 질서유지선이 될 수 있다. ③ 경찰관이 띠 등을 가지고 줄지어 서 있는 형태의 질서유지선은 활용 가능하다.
판례	① 사전신고를 요하는 '시위를 주최하고자 하는 자'라고 함은 시위를 주창하여 개최하거나 이를 주도하려는 자를 의미하고, 시위의 목적에 뜻을 같이하여 그 시위에 단순히 참가하였음에 불과한 자를 모두 시위의 주최자라고는 할 수 없다. ② 다수의 단체 대표들이 공동대표를 겸하고 있는 연합단체가 개최한 집회에서 집행위원장을 대신하여 가장 많은 인원이 참가한 단체의 부위원장이 집회의 사회를 보았다면, 그 사회자를 집회의 주최자로 인정할 수는 있다.

📖 방해 금지 및 특정인 참가의 배제

1. 방해 금지

구분	내용
방해 금지	① 누구든지 폭행, 협박, 그 밖의 방법으로 평화적인 집회 또는 시위를 방해하거나 질서를 문란하게 하여서는 아니 된다(동법 제3조 제1항). ② 누구든지 폭행, 협박, 그 밖의 방법으로 집회 또는 시위의 주최자나 질서유지인이 이 법의 규정에 따른 임무 수행을 방해하여서는 아니 된다(동법 제3조 제2항). ③ 누구든지 평화적인 집회·시위를 방해하면 3년 이하의 징역 또는 300만원 이하의 벌금에 처한다. 다만, 군인·검사 또는 경찰관이 방해하면 5년 이하의 징역에 처한다(동법 제22조 제1항).
보호요청	집회 또는 시위의 주최자는 평화적인 집회 또는 시위가 방해받을 염려가 있다고 인정되면 관할 경찰관서에 그 사실을 알려 보호를 요청할 수 있다. 이 경우 관할 경찰관서의 장은 정당한 사유 없이 보호 요청을 거절하여서는 아니 된다(동법 제3조 제3항).

2. 특정인 참가의 배제

구분	내용
참가 배제	① 집회 또는 시위의 주최자 및 질서유지인은 특정한 사람이나 단체가 집회나 시위에 참가하는 것을 막을 수 있다(동법 제4조 본문). ② 주최자 또는 질서유지인이 참가를 배제했는데도 참가한 자는 6개월 이하의 징역 또는 50만원 이하의 벌금·구류 또는 과료에 처한다(동법 제22조 제4항).
언론사 기자의 출입 보장	다만, 언론사의 기자는 출입이 보장되어야 하며, 이 경우 기자는 신분증을 제시하고 기자임을 표시한 완장을 착용하여야 한다(동법 제4조 단서).

📖 신고절차

구분	내용
유무	옥내집회는 금지규정에 해당되지 않는 한 누구든지 자유로이 개최할 수 있으며, 옥외집회는 신고가 필요하다.
절차	① 옥외집회나 시위를 주최하려는 자는 신고서를 옥외집회나 시위를 시작하기 720시간 전부터 48시간 전에 관할 경찰서장에게 제출하여야 한다(동법 제6조 제1항 본문). ② 옥외집회 또는 시위 장소가 두 곳 이상의 경찰서의 관할에 속하는 경우에는 관할 시·도경찰청장에게 제출하여야 하고, 두 곳 이상의 시·도경찰청 관할에 속하는 경우에는 주최지를 관할하는 시·도경찰청장에게 제출하여야 한다(동법 제6조 제1항 단서). ③ 관할 경찰서장 또는 시·도경찰청장은 신고서를 접수하면 신고자에게 접수 일시를 적은 접수증을 즉시 내주어야 한다(동법 제6조 제2항).

철회	① 주최자는 신고된 옥외집회 또는 시위를 하지 아니하게 된 경우에는 신고서에 적힌 집회 일시 24시간 전에 그 철회사유 등을 적은 철회신고서를 관할 경찰관서장에게 제출하여야 한다(동법 제6조 제3항). ② 철회신고서를 받은 관할 경찰관서장은 금지통고를 한 집회나 시위가 있는 경우에는 그 금지통고를 받은 주최자에게 그 사실을 즉시 알려야 한다(동법 제6조 제4항). ③ 위의 통지를 받은 주최자는 그 금지통고된 집회 또는 시위를 최초에 신고한 대로 개최할 수 있다. 다만, 금지통고 등으로 시기를 놓친 경우에는 일시를 새로 정하여 집회 또는 시위를 시작하기 24시간 전에 관할 경찰관서장에게 신고서를 제출하고 집회 또는 시위를 개최할 수 있다(동법 제6조 제5항).
판례	① 집시법이 옥외집회나 시위를 주최하려는 이로 하여금 일정한 사항을 사전에 신고하도록 규정한 취지는, 관할 경찰서장 등이 그 신고에 의하여 옥외집회나 시위의 성격과 규모 등을 미리 파악하여 적법한 옥외집회나 시위를 보호할 수 있도록 하는 반면, 옥외집회나 시위에 의하여 타인이나 공동체의 법익과 충돌하거나 침해되는 것을 방지하여 공공의 안녕질서를 유지하기 위한 사전조치를 마련하도록 하는 데 있다. ② 옥외집회나 시위가 그 신고사항에 미비점이 있었다거나 신고의 범위를 일탈하였다고 하더라도, 그 신고내용과 동일성이 유지되어 있는 한 신고를 하지 아니한 것이라고 볼 수 없다. ③ 옥외집회가 개최될 것이라는 것을 관할 경찰서가 알고 있다거나 그 집회가 평화롭게 이루어지거나 혹은 이를 통하여 나타내고자 하는 의견이 정당한 것이라 하여 집시법상 신고의무가 면제되는 것은 아니다. ④ 학문 · 예술 · 체육 · 의식 · 친목 · 오락 · 관혼상제 · 국경행사에 관한 집회는 신고 대상이 아니다. 다만, 집시법상의 질서유지선, 확성기 등 사용제한, 주최자 등의 준수사항은 적용된다.

📖 금지대상, 금지시간, 금지장소

1. 금지대상(절대적 금지대상)

구분	내용
집회 · 시위의 금지 (절대적 금지)	누구든지 다음의 어느 하나에 해당하는 집회나 시위를 주최하여서는 아니 된다(동법 제5조 제1항). ① 헌법재판소의 결정에 따라 해산된 정당의 목적을 달성하기 위한 집회 또는 시위 ② 집단적인 폭행, 협박, 손괴, 방화 등으로 공공의 안녕 및 질서에 직접적인 위협을 끼칠 것이 명백한 집회 또는 시위
선전 · 선동 금지	누구든지 금지된 집회 또는 시위를 할 것을 선전하거나 선동하여서는 아니 된다(동법 제5조 제2항).

2. 금지시간

구분	내용
의의	누구든지 해가 뜨기 전이나 해가 진 후에는 옥외집회 또는 시위를 하여서는 아니 된다. 다만, 집회의 성격상 부득이하여 주최자가 질서유지인을 두고 미리 신고한 경우에는 관할 경찰관서장은 질서유지를 위한 조건을 붙여 해가 뜨기 전이나 해가 진 후에도 옥외집회를 허용할 수 있다(동법 제10조).
헌법불합치결정	헌법불합치결정에 의하여 2010년 6월 30일을 시한으로 효력이 상실되어 현재는 야간옥외집회는 허용된다.
한정위헌결정	① 한정위헌결정에 의해 일몰후부터 자정까지 야간시위를 금지하는 것은 위헌이고, 자정부터 일출전까지 야간시위를 금지하는 것은 합헌이다. ② 일몰후부터 자정까지는 야간시위는 허용되며, 자정부터 일출전까지는 야간시위는 허용되지 않는다.

3. 금지장소

금지장소	예외적 허용사유
국회의사당	① 국회의 활동을 방해할 우려가 없는 경우 ② 대규모 집회 또는 시위로 확산될 우려가 없는 경우
법원 헌법재판소	① 법관이나 재판관의 직무상 독립이나 구체적 사건의 재판에 영향을 미칠 우려가 없는 경우 ② 대규모 집회 또는 시위로 확산될 우려가 없는 경우
대통령 관저 국회의장 공관 대법원장 공관 헌법재판소장 공관	예외적 허용사유 없음 (100미터 이내에서는 절대적으로 금지된다)
국무총리 공관	① 국무총리를 대상으로 하지 아니하는 경우 ② 대규모 집회 또는 시위로 확산될 우려가 없는 경우
외교기관 외교사절의 숙소	① 해당 외교기관 또는 외교사절의 숙소를 대상으로 하지 아니하는 경우 ② 대규모 집회 또는 시위로 확산될 우려가 없는 경우 ③ 외교기관의 업무가 없는 휴일에 개최하는 경우

> **참고** 대통령 관저(헌법불합치결정)
>
> 심판대상조항은 대통령과 그 가족의 신변 안전 및 주거 평온을 확보하고, 대통령 등이 자유롭게 대통령 관저에 출입할 수 있도록 하며 경우에 따라서는 대통령의 원활한 직무수행을 보장함으로써, 궁극적으로는 대통령의 헌법적 기능 보호를 목적으로 한다. 심판대상조항은 대통령 관저 인근 일대를 광범위하게 집회금지장소로 설정함으로써, 집회가 금지될 필요가 없는 장소까지도 집회금지장소에 포함되게 한다. 대규모 집회 또는 시위로 확산될 우려가 없는 소규모 집회의 경우, 심판대상조항에 의하여 보호되는 법익에 대해 직접적인 위협이 될 가능성은 낮고, 이러한 집회가 대통령 등의 안전이나 대통령 관저 출입과 직접적 관련이 없는 장소에서 열릴 경우에는 위험성은 더욱 낮아진다. 이러한 점을 종합하면, 심판대상조항은 과잉금지원칙에 위배되어 집회의 자유를 침해한다.
>
> **참고** 국회의장 공관(헌법불합치결정)
>
> 「집회 및 시위에 관한 법률」은 국회의장 공관의 기능과 안녕을 보호할 다양한 규제 수단을 마련하고 있고, 집회·시위 과정에서의 폭력행위나 업무방해 행위 등은 형사법상의 범죄행위로 처벌되므로, 국회의장 공관 인근에서 예외적으로 옥외집회·시위를 허용한다고 하더라도 국회의장 공관의 기능과 안녕은 충분히 보장될 수 있다. 그럼에도 심판대상조항은 국회의장 공관 인근 일대를 광범위하게 전면적인 집회 금지 장소로 설정함으로써 입법목적 달성에 필요한 범위를 넘어 집회의 자유를 과도하게 제한하고 있는바, 과잉금지원칙에 반하여 집회의 자유를 침해한다.

📖 금지·제한통고, 금지통고, 보완통고, 이의신청, 행정소송

1. 금지·제한통고(금지·제한의 상대적 선택)

구분	내용

대상	① 다음의 어느 하나에 해당하는 경우로서 그 거주자나 관리자가 시설이나 장소의 보호를 요청하는 경우에는 집회나 시위의 금지 또는 제한을 통고할 수 있다(동법 제8조 제5항).
	
	    ㉠ 신고장소가 다른 사람의 주거지역이나 이와 유사한 장소로서 집회나 시위로 재산 또는 시설에 심각한 피해가 발생하거나 사생활의 평온을 뚜렷하게 해칠 우려가 있는 경우
	    ㉡ 신고장소가 학교의 주변지역으로서 집회 또는 시위로 학습권을 뚜렷이 침해할 우려가 있는 경우
	    ㉢ 신고장소가 군사시설의 주변 지역으로서 집회 또는 시위로 시설이나 군 작전의 수행에 심각한 피해가 발생할 우려가 있는 경우
	
	② 상가 밀집지역은 제외된다.
	③ 집회 또는 시위의 금지통고 또는 제한통고는 그 이유를 분명하게 밝혀 서면으로 주최자 또는 연락책임자에게(질서유지인에게 ×) 송달하여야 한다(동법 제8조 제6항).

교통 소통을 위한 제한	① 관할 경찰관서장은 주요 도시의 주요 도로에서의 집회 또는 시위에 대하여 교통 소통을 위하여 필요하다고 인정하면 이를 금지하거나 교통질서 유지를 위한 조건을 붙여 제한할 수 있다(동법 제12조 제1항). ② 집회 또는 시위의 주최자가 질서유지인을 두고 도로를 행진하는 경우에는 금지를 할 수 없다. 다만, 해당 도로와 주변 도로의 교통 소통에 장애를 발생시켜 심각한 교통 불편을 줄 우려가 있으면 금지를 할 수 있다(동법 제12조 제2항).

2. 금지통고

구분	내용
대상	① 신고서를 접수한 관할 경찰관서장은 신고된 옥외집회 또는 시위가 다음의 어느 하나에 해당하는 때에는 신고서를 접수한 때부터 48시간 이내에 집회 또는 시위를 금지할 것을 주최자에게 통고할 수 있다(동법 제8조 제1항 본문). ㉠ 제5조 제1항(집회 및 시위의 금지), 제10조 본문(옥외집회와 시위의 금지기간) 또는 제11조(옥외집회와 시위의 금지장소)에 위반된다고 인정될 때 ㉡ 제7조 제1항(신고서의 보완 등)에 따른 신고서 기재사항을 보완하지 아니한 때 ㉢ 제12조(교통 소통을 위한 제한)에 따라 금지할 집회 또는 시위라고 인정될 때 ② 집회 또는 시위의 금지 또는 제한통고는 그 이유를 분명하게 밝혀 서면으로 주최자 또는 연락책임자에게(질서유지인에게 ×) 송달하여야 한다(동법 제8조 제6항).
직접적 위험의 초래	집회 또는 시위가 집단적인 폭행, 협박, 손괴, 방화 등으로 공공의 안녕·질서에 직접적인 위험을 초래한 경우에는 남은 기간의 해당 집회 또는 시위에 대하여 신고서를 접수한 때부터 48시간이 지난 경우에도 금지통고를 할 수 있다(동법 제8조 제1항 단서).
중복되는 신고 (2개 이상)	① 관할 경찰관서장은 집회 또는 시위의 시간과 장소가 중복되는 2개 이상의 신고가 있는 경우 그 목적으로 보아 서로 상반되거나 방해가 된다고 인정되면 각 옥외집회 또는 시위 간에 시간을 나누거나 장소를 분할하여 개최하도록 권유하는 등 각 옥외집회 또는 시위가 서로 방해되지 아니하고 평화적으로 개최·진행될 수 있도록 노력하여야 한다(동법 제8조 제2항). ② 관할 경찰관서장은 위의 권유가 받아들여지지 아니하면 뒤에 접수된 옥외집회 또는 시위에 대하여 그 집회 또는 시위의 금지를 통고할 수 있다(동법 제8조 제3항). ③ 뒤에 접수된 옥외집회 또는 시위가 금지통고된 경우 먼저 신고를 접수하여 옥외집회 또는 시위를 개최할 수 있는 자는 집회 시작 1시간 전에 관할 경찰관서장에게 집회 개최 사실을 통지하여야 한다(동법 제8조 제4항).
판례	① 집회의 자유에 대한 제한은 다른 중요한 법익의 보호를 위하여 반드시 필요한 경우에 한하여 정당화되는 것이며, 특히 집회의 금지와 해산은 원칙적으로 공공의 안녕질서에 대한 직접적인 위협이 명백하게 존재하는 경우에 한하여 허용될 수 있다. 집회의 금지와 해산은 집회의 자유를 보다 적게 제한하는 다른 수단, 즉 조건을 붙여 집회를 허용하는 가능성을 모두 소진한 후에 비로소 고려될 수 있는 최종적인 것이다. ② 집회의 신고가 경합할 경우 특별한 사정이 없는 한 관할 경찰관서장은 신고 순서에 따라 뒤에 신고된 집회에 대하여 금지통고를 할 수 있지만, 먼저 신고된 집회가 다른 집회의 개최를 봉쇄하기 위한 허위 또는 가장 집회신고에 해당함이 객관적으로 분명해 보이는 경우에는, 관할 경찰관서장이 단지 먼저 신고가 있었다는 이유만으로 뒤에 신고된 집회에 대하여 집회 자체를 금지하는 통고를 하여서는 아니 된다.

3. 보완통고

구분	내용
기간	관할 경찰관서장은 신고서의 기재사항에 미비한 점을 발견하면 접수증을 교부한 때부터 12시간 이내에 주최자에게 24시간을 기한으로 그 기재사항을 보완할 것을 통고할 수 있다(통고하여야 한다 ×)(동법 제7조 제1항).
송달	신고서의 보완통고는 보완할 사항을 분명히 밝혀 서면으로 주최자 또는 연락책임자에게(질서유지인에게 ×) 송달하여야 한다(동법 제7조 제2항).
내용	관할 경찰관서장은 집회신고서의 형식적 미비점만 보완통고가 가능하고, 집회신고서의 내용의 미비점에 대해서는 보완통고를 할 수 없다.

4. 이의신청

구분	내용
신청기한	집회 또는 시위의 주최자는 금지통고를 받은 날부터 10일 이내에 해당 경찰관서의 바로 위의 상급경찰관서의 장에게 이의를 신청할 수 있다(동법 제9조 제1항).
재결기한	① 이의신청을 받은 경찰관서의 장은 접수일시를 적은 접수증을 이의신청인에게 즉시 내주고, 접수한 때부터 24시간 이내에 재결을 하여야 한다(동법 제9조 제2항 본문). ② 이의신청을 받은 경찰관서장은 즉시 집회 또는 시위의 금지를 통고한 경찰관서장에게 이의신청의 취지와 이유를 알리고, 답변서의 제출을 명하여야 한다(동법 시행령 제8조 제1항). ③ 접수한 때부터 24시간 이내에 재결서를 발송하지 아니하면 관할 경찰서장의 금지통고는 소급하여 그 효력을 잃는다(동법 제9조 제2항 단서).
재결 효과	이의신청인은 금지통고가 위법하거나 부당한 것으로 재결되거나 그 효력을 잃게 된 경우에, 처음 신고한 대로 집회 또는 시위를 개최할 수 있다. 다만, 금지통고 등으로 시기를 놓친 경우에는 일시를 새로 정하여 집회 또는 시위를 시작하기 24시간 전에 관할 경찰관서장에게 신고함으로써 집회 또는 시위를 개최할 수 있다(동법 제9조 제3항).

5. 행정소송

구분	내용
제기	이의신청의 결과에 불복할 경우 당해 금지통고를 한 경찰관서장을 피고로 하여 행정소송을 제기할 수 있다.
행정심판 임의주의	이의신청은 임의적 절차이므로 이의신청을 거치지 아니하고 바로 행정소송을 제기할 수도 있다.

📖 적용의 배제

구분	내용
미적용	학문, 예술, 체육, 종교, 의식, 친목, 오락, 관혼상제 및 국경행사에 관한 집회에는 제6조부터 제12조까지의 규정을 적용하지 아니한다(동법 제15조).

구분	내용
적용	집시법상의 질서유지선의 설정, 확성기 등 사용제한, 주최자 등의 준수사항은 적용된다.
판례	① 집회의 성격 내지 취지가 집시법 제15조에 규정된 집회에 해당하는 경우에는 사전신고를 하지 않았다고 하더라도 미신고 옥외집회로 처벌할 수는 없다 할 것이고, 어떤 집회가 집시법 제15조에 규정된 집회에 해당하는지 여부는 집회의 주된 목적, 일시, 장소, 방법, 참여인원, 참여자의 행위 태양, 진행 내용 및 소요시간 등 제반사정을 종합적으로 고려하여 실질적으로 판단하여야 한다. ② 관혼상제에 해당하는 장례에 관한 집회가 옥외의 장소에서 개최된다고 하더라도 그 집회에 관해서는 사전신고를 요하지 아니하나, 그 기회를 이용하여 다른 공동의 목적을 가지고 일반인이 자유로이 통행할 수 있는 장소를 행진하거나 위력 또는 기세를 보여, 불특정한 여러 사람의 의견에 영향을 주거나 제압을 하는 행위에까지 나아가는 경우에는, 이미 집시법이 정한 시위에 해당하므로 집시법 제6조에 따라 사전에 신고서를 관할 경찰서장에게 제출할 것이 요구된다.

📖 질서유지선

구분	내용
범위	① 신고를 받은 관할 경찰관서장은 집회 및 시위의 보호와 공공의 질서유지를 위하여 필요하다고 인정하면 최소한의 범위(최대한의 범위 ×)를 정하여 질서유지선을 설정할 수 있다(설정하여야 한다 ×)(동법 제13조 제1항). ② 모든 집회에 질서유지선을 설정하는 것은 아니다. ② 설정한 질서유지선을 경찰관의 경고에도 불구하고 정당한 사유 없이 상당 시간 침범하거나 손괴·은닉·이동 또는 제거하거나 그 밖의 방법으로 그 효용을 해쳐서는 아니 된다.
사유	관할 경찰관서장은 집회 및 시위의 보호와 공공의 질서유지를 위하여 다음의 어느 하나에 해당하는 경우에는 질서유지선을 설정할 수 있다(동법 시행령 제13조 제1항). ① 집회·시위의 장소를 한정하거나 집회·시위의 참가자와 일반인을 구분할 필요가 있을 경우 ② 집회·시위의 참가자를 일반인이나 차량으로부터 보호할 필요가 있을 경우 ③ 일반인의 통행 또는 교통 소통 등을 위하여 필요한 경우 ④ 집회 또는 시위가 금지되는 장소, 통신시설 등 중요시설, 위험물시설, 그 밖에 안전유지 또는 보호가 필요한 재산·시설 등에 접근하거나 행진하는 것을 금지하거나 제한할 필요가 있을 경우 ⑤ 집회·시위의 행진로를 확보하거나 이를 위한 임시횡단보도를 설치할 필요가 있을 경우 ⑥ 그 밖에 집회·시위의 보호와 공공의 질서유지를 위하여 필요한 경우
고지	① 경찰관서장이 질서유지선을 설정할 때에는 주최자 또는 연락책임자에게(질서유지인에게 ×) 이를 알려야 한다(동법 제13조 제2항). ② 질서유지선의 설정 고지는 서면으로 하여야 한다. 다만, 집회 또는 시위 장소의 상황에 따라 질서유지선을 새로 설정하거나 변경하는 경우에는 집회 또는 시위의 장소에 있는 국가경찰공무원이 구두로 알릴 수 있다(동법 시행령 제13조 제2항). ③ 신고받은 경찰관서장이 설정한 질서유지선을 경찰관의 경고에도 불구하고 정당한 사유 없이 상당 시간 침범하거나 손괴·은닉·이동 또는 제거하거나 그 밖의 방법으로 효용을 해친 자는 6개월 이하의 징역 또는 50만원 이하의 벌금·구류 또는 과료에 처한다(동법 제24조).

구분	
판례	① 질서유지선은 집회 및 시위의 보호와 공공의 질서유지를 위하여 필요하다고 인정되는 경우로서 집시법 시행령 제13조 제1항에서 정한 사유에 해당한다면 반드시 집회 또는 시위가 이루어지는 장소의 외곽에 경계지역뿐만 아니라 집회 또는 시위의 장소 안에서도 설정할 수 있다고 봄이 타당할 것이나, 이러한 경우에도 그 질서유지선은 집회 및 시위의 보호와 공공의 질서유지를 위하여 필요하다고 인정되는 최소한의 범위를 정하여 설정되어야 하고, 질서유지인이 위 범위를 벗어나 설정되었다면 이는 집시법 제13조 제1항에 위반되어 적법하다고 할 수 없다. ② 질서유지선은 띠, 방책, 차선 등과 같이 경계표지로 기능할 수 있는 물건 또는 「도로교통법」상 안전표지라고 봄이 타당하므로, 경찰관들이 집회 또는 시위가 이루어지는 장소의 외곽이나 그 장소 안에서 줄지어 서는 등의 방법으로 '사실상 질서유지선'의 역할을 수행한다고 하더라도 이를 가리켜 집시법에서 정한 질서유지선이라고 할 수는 없다.

📖 확성기등 사용의 제한

1. 일반론

구분	내용
의의	집회 또는 시위의 주최자는 확성기, 북, 징, 꽹과리 등의 기계·기구를 사용하여 타인에게 심각한 피해를 주는 소음으로서 대통령령으로 정하는 기준을 위반하는 소음을 발생시켜서는 아니 된다(동법 제14조 제1항).
적용대상	① 학문·예술·종교 등에 관한 집회 등 신고대상이 아닌 경우는 물론, 신고를 하지 않은 집회를 포함한 모든 집회 또는 시위가 해당된다. ② 소음기준은 집회장소가 아닌 피해지역을 기준으로 적용한다.

2. 소음기준(피해지역 기준)

구분	대상지역	시간대		
		주간 (07:00~해지기 전)	야간 (해진 후~24:00)	심야 (24:00~07:00)
등가소음도	주거지역, 학교, 종합병원	60 이하	50 이하	45 이하
	공공도서관	60 이하	55 이하	
	그 밖의 지역	70 이하	60 이하	
최고소음도	주거지역, 학교, 종합병원	80 이하	70 이하	65 이하
	공공도서관	80 이하	75 이하	
	그 밖의 지역	90 이하		

3. 소음 측정 방법

구분	내용
측정권자	확성기 등의 사용은 관할 경찰서장(현장 경찰공무원)이 측정한다.

구분	내용
측정 장소	소음측정 장소는 피해자가 위치한 건물의 외벽에서 소음원 방향으로 1~3.5m 떨어진 지점으로 하되, 소음도가 높을 것으로 예상되는 지점의 지면 위 1.2~1.5m 높이에서 측정한다.
측정 제외 장소	다만, 건물의 경비 등을 위하여 사용되는 부속 건물, 광장·공원이나 도로상의 영업시설물, 공원의 관리사무소 등은 소음 측정 장소에서 제외된다.
측정소음도	측정소음도란 확성기등의 대상소음이 있을 때 측정한 소음도를 말한다.
배경소음도	배경소음도란 확성기등의 대상소음이 없을 때 5분간 측정한 소음도를 말한다.
등가소음도	① 등가소음도란 10분간(소음 발생 시간이 10분 이내인 경우에는 그 발생 시간) 측정한 소음도를 말한다. ② 다만, 다음에 해당하는 대상 지역의 경우에는 등가소음도를 5분간 측정한다. 　㉠ 주거지역, 학교, 종합병원 　㉡ 공공도서관
국경일 행사	다음에 해당하는 행사(중앙행정기관이 개최하는 행사만 해당)의 진행에 영향을 미치는 소음에 대해서는 그 행사의 개최시간에 한정하여 위 표의 주거지역의 소음기준을 적용한다. ① 국경일의 행사 ② 각종 기념일 중 주관 부처가 국가보훈처인 기념일의 행사

4. 위반시의 조치

구분	내용
사용중지 일시보관	관할 경찰관서장은 집회 또는 시위의 주최자가 소음기준을 초과하는 소음을 발생시켜 타인에게 피해를 주는 경우에는 그 기준 이하의 소음 유지 또는 확성기 등의 사용 중지를 명하거나 확성기등의 일시보관 등 필요한 조치를 할 수 있다(동법 제14조 제2항).
처벌	기준 이하 소음유지 명령 위반, 확성기 등의 사용중지 명령 위반, 확성기 등의 일시보관 등 필요한 조치를 거부하거나 방해하는 경우 6개월 이하의 징역 또는 50만원 이하의 벌금·구류 또는 과료에 처한다(동법 제24조).

📖 경찰관의 출입

구분	내용
정복출입	① 경찰관은 집회 또는 시위의 주최자에게 알리고 그 집회 또는 시위의 장소에 정복을 입고 출입할 수 있다. 다만, 옥내집회 장소에 출입하는 것은 직무 집행을 위하여 긴급한 경우에만 할 수 있다(동법 제19조 제1항). ② 집회나 시위의 주최자, 질서유지인 또는 장소관리자는 질서를 유지하기 위한 경찰관의 직무 집행에 협조하여야 한다(동법 제19조 제2항).
사복출입 가능 유무	집시법에서는 정복착용을 규정하고 있으나, 경찰관은 공공안녕에 대한 위험의 예방과 대응을 위한 정보의 수집·작성 및 배포 등이 보장되어 있으므로 공공안녕정보경찰활동 및 범인검거 활동 등을 위해서 사복착용 출입이 가능하다.

📘 준수사항

구분		내용
주최자	질서유지	집회 또는 시위의 주최자는 집회 또는 시위에 있어서의 질서를 유지하여야 한다(동법 제16조 제1항).
	질서유지인	집회 또는 시위의 주최자는 집회 또는 시위의 질서유지에 관하여 자신을 보좌하도록 18세 이상의 사람을 질서유지인으로 임명할 수 있다(임명하여야 한다 ×)(동법 제16조 제2항).
	종결선언	집회 또는 시위의 주최자는 질서를 유지할 수 없으면 그 집회 또는 시위의 종결을 선언하여야 한다(동법 제16조 제3항).
	금지행위	집회 또는 시위의 주최자는 다음의 어느 하나에 해당하는 행위를 하여서는 아니 된다(동법 제16조 제3항). ① 다른 사람의 생명을 위협하거나 신체에 해를 끼칠 수 있는 기구를 휴대하거나 사용하는 행위 또는 다른 사람에게 이를 휴대하게 하거나 사용하게 하는 행위 ② 폭행, 협박, 손괴, 방화 등으로 질서를 문란하게 하는 행위 ③ 신고한 목적·일시·장소·방법 등의 범위를 뚜렷이 벗어나는 행위
질서유지인		① 질서유지인은 주최자의 지시에 따라 집회 또는 시위의 질서가 유지되도록 하여야 한다(동법 제17조 제1항). ② 질서유지인은 제16조 제4항의 어느 하나에 해당하는 행위를 하여서는 아니 된다(동법 제17조 제2항). ③ 질서유지인은 참가자 등이 질서유지인임을 쉽게 알아볼 수 있도록 완장, 모자, 어깨띠, 상의 등을 착용하여야 한다(동법 제17조 제3항). ④ 관할 경찰관서장은 집회 또는 시위의 주최자와 협의하여 질서유지인의 수를 적절하게 조정할 수 있다(동법 제17조 제4항). ⑤ 집회나 시위의 주최자는 질서유지인의 수를 조정한 경우 집회 또는 시위를 개최하기 전에 조정된 질서유지인의 명단을 관할 경찰관서장에게 알려야 한다(동법 제17조 제5항).
참가자		① 집회나 시위에 참가하는 자는 주최자 및 질서유지인의 질서유지를 위한 지시에 따라야 한다(동법 제18조 제1항). ② 집회나 시위에 참가하는 자는 제16조 제4항 제1호 및 제2호에 해당하는 행위를 하여서는 아니 된다(동법 제18조 제2항).
판례		집회 또는 시위가 당초 신고된 범위를 현저히 일탈하거나 집시법 제12조의 규정에 의한 조건을 중대하게 위반하여 도로교통을 방해함으로써 통행을 불가능하게 하거나 현저하게 곤란하게 하는 경우에는 일반교통방해죄가 성립한다.

📖 집회·시위의 해산

구분	내용
해산명령	① 관할 경찰관서장은 해산사유에 해당하는 집회 또는 시위에 대하여는 상당한 시간 이내에 자진 해산할 것을 요청하고 이에 따르지 아니하면 해산을 명할 수 있다(동법 제20조 제1항). ② 해산명령은 참가자들이 충분히 인식할 수 있도록 적절한 방법으로 적절한 간격을 두고 반드시 3회 이상 고지하여야 한다(동법 시행령 제17조). ③ 집회 또는 시위가 해산명령을 받았을 때에는 모든 참가자는 지체 없이 해산하여야 한다(동법 제20조 제2항).
해산사유	① 절대적 금지사항에 해당하는 집회 또는 시위 ② 금지시간에 해당하는 옥외집회 또는 시위 ③ 금지장소에 해당하는 옥외집회 또는 시위 ④ 신고의무를 이행하지 않고 개최한 옥외집회 또는 시위 ⑤ 금지통고된 집회 또는 시위 ⑥ 조건을 위반하여 교통소통 등 질서유지에 직접적인 위험을 명백하게 초래한 집회 또는 시위 ⑦ 종결선언된 집회 또는 시위 ⑧ 주최자의 준수사항에 위반하는 행위로 질서를 유지할 수 없는 집회 또는 시위
해산절차 — 종결선언 요청	① 주최자에게 집회 또는 시위의 종결선언을 요청하되, 주최자의 소재를 알 수 없는 경우에는 주관자·연락책임자 또는 질서유지인에 대하여 종결선언을 요청할 수 있다. ② 해산사유에 해당하는 집회 또는 시위의 경우와 주최자·주관자·연락책임자 및 질서유지인이 집회 또는 시위 장소에 없는 경우에는 종결선언의 요청을 생략할 수 있다(동법 시행령 제17조 단서).
해산절차 — 자진해산 요청	종결선언의 요청에 따르지 아니하거나 종결선언에도 불구하고 집회 또는 시위의 참가자들이 집회 또는 시위를 계속하는 경우에는 직접 참가자들에 대하여 자진해산할 것을 요청할 수 있다.
해산절차 — 해산명령	자진해산 요청에 따르지 아니하는 경우 3회 이상 자진 해산할 것을 명령한다.
해산절차 — 직접해산	참가자들이 해산명령에도 불구하고 해산하지 아니하면 직접해산시킬 수 있다.

관련 판례	① 집회의 금지와 해산은 집회의 자유를 보다 적게 제한하는 다른 수단, 즉 조건을 붙여 집회를 허용하는 가능성을 모두 소진한 후에 비로소 고려될 수 있는 최종적인 수단이다. ② 미신고 옥외집회 또는 시위로 인하여 타인의 법익이나 공공의 안녕질서에 대한 직접적인 위협이 명백하게 초래된 경우에는 집시법 제20조 제1항 제2호에 기하여 해산을 명할 수 있고, 이러한 요건을 갖춘 해산명령에 불응하는 경우에는 집시법 제24조 제5호에 의하여 처벌할 수 있다. ③ 관할 경찰관서장이 해산명령을 할 때에는 해산사유가 집시법 제20조 제1항 각 호 중 어느 사유에 해당하는지 구체적으로 고지하여야 한다. 해산명령을 하면서 구체적인 해산사유를 고지하지 않았거나 정당하지 않은 사유를 고지하면서 해산명령을 한 경우에는, 그러한 해산명령에 따르지 않았다고 하더라도 집시법 제20조 제2항을 위반하였다고 할 수 없다. ④ 경찰관은 참가자들에 대하여 상당한 시간 내에 자진해산할 것을 요청한 다음, 그 자진해산 요청에도 응하지 아니할 경우 자진해산할 것을 명령할 수 있다고 할 것이며, 여기서 반드시 '자진해산'이라는 용어를 사용하여 요청할 필요는 없고, 그 때 해산을 요청하는 용어 중에 스스로 해산하도록 청하는 취지가 포함되어 있으면 된다. ⑤ 신고된 옥외집회와 현실로 개최된 옥내집회의 동일성이 인정되지 아니하는 경우에는, 그 옥내집회는 사전신고를 요하지 아니한 별개의 집회이므로 신고된 옥외집회의 범위를 벗어난 행위에 해당한다는 것을 이유로 해산을 명할 수 없다. ⑥ 해산명령의 대상은 집회 또는 시위 그 자체이므로 해산명령의 방법은 그 대상인 집회나 시위의 참가자들 전체 무리나 집단에 고지, 전달하는 방법으로 행사하여야 한다.

제190테마

신원조사업무

중요도 B급

▌「보안업무규정」【시행 2021. 1. 1.】

📖 일반론

구분	내용
의의	신원조사란 보안의 대상이 되는 사람, 즉 국가안전에 관련되는 임무에 종사하거나 이에 관련되는 업무를 하는 자 및 그 예정자를 대상으로 실시하는 대인정보자료 수집활동을 말한다.
내용	충성심·신뢰성 등을 조사하여 국가의 안전을 보장하려는 데에 그 목적이 있다.

📖 신원조사기관, 대상자, 결과 처리

구분		내용
조사기관	실시권자	① 국가정보원장은 국가보안을 위하여 국가에 대한 충성심·신뢰성 등을 확인하기 위하여 신원조사를 한다(동 규정 제36조 제1항). ② 신원조사는 국가정보원장이 직권으로 할 수 있으며, 관계 기관의 장의 요청에 의하여 할 수도 있다.
	권한의 위탁	국가정보원장은 신원조사와 관련한 권한의 일부를 국방부장관과 경찰청장에게 위탁할 수 있다(위탁하여야 한다 ×)(동 규정 제45조 제1항).
	주관부서	신원조사는 경찰서 정보관리 부서에서 처리함을 원칙으로 한다.
대상자		관계 기관의 장은 다음에 해당하는 사람에 대하여 국가정보원장에게 신원조사를 요청해야 한다(동 규정 제36조 제2항). ① 공무원 임용 예정자(국가안전보장에 한정된 국가 기밀을 취급하는 직위에 임용될 예정인 사람) ② 비밀취급 인가 예정자 ③ 국가보안시설·보호장비를 관리하는 기관 등의 장(해당 국가보안시설 등의 관리 업무를 수행하는 소속 직원을 포함). ④ 그 밖에 다른 법령에서 정하는 사람이나 각급기관의 장이 국가안전보장을 위하여 필요하다고 인정하는 사람
결과 처리		① 국가정보원장은 신원조사 결과 국가안전보장에 해를 끼칠 정보가 있음이 확인된 사람에 대해서는 관계 기관의 장에게 그 사실을 통보하여야 한다(동 규정 제37조 제1항). ② 통보를 받은 관계 기관의 장은 신원조사 결과에 따라 필요한 보안대책을 마련하여야 한다(동 규정 제37조 제2항).

서진호
경찰학

독한경찰 | police.dokgong.com

제17장

분야별 경찰활동 VI - 안보수사경찰활동

제191테마~제195테마

제191테마

방첩업무

중요도 B급

📖 방첩업무의 대상

1. 간첩

구분		내용
의의		간첩이란 타국에 대한 첩보수집행위, 태업행위, 전복행위 등을 행하기 위한 목적으로, 대상국 내에 침입한 자 또는 이를 지원·동조하거나 방조한 자를 의미한다.
분류 (손자병법)	향간	적국의 시민을 이용하여 정보활동을 하는 것
	내간	적의 관리를 매수하여 정보활동을 하게 하는 것
	반간	적의 간첩을 역으로 이용하여 아군을 위해 활동하게 하는 것
	사간	배반할 염려가 있는 아군의 간첩에게 고의로 조작된 사실을 주어 적에게 전달 또는 누설하게 하는 것
	생간	적국 내에 잠입하여 정보활동을 하고 돌아와 보고하는 간첩
간첩망의 유형		간첩망은 적국을 탐지·태업·전복 등 간첩침략활동을 효과적으로 수행하기 위한 지하조직형태를 의미한다.
	단일형	① 간첩 자신이 조직을 구축하지 않고 또한 기성조직을 이용함이 없이 직접 단독적으로 활동하는 형태를 말한다. ② 보안유지 및 신속한 활동이 가능하나, 활동범위가 좁고 공작의 성과가 비교적 낮다.
	레포형	① 피라미드형 조직에 있어서 간첩과 주 공작원 간, 행동공작원 상호 간에 연락원을 두고 종횡으로 연결하는 방식을 말한다. ② 현재는 거의 사용되지 않는 방식이다.
	삼각형	① 간첩이 3명 이내의 공작원을 포섭 또는 지휘하고, 포섭된 공작원 간에 횡적 연락을 차단하는 형태를 말한다. ② 보안유지가 비교적 잘 되고 일망타진될 가능성은 낮으나, 활동범위가 협소하고 공작원의 검거 시 간첩의 정체가 쉽게 노출된다.
	써클형	① 간첩이 합법적인 신분을 이용·침투하여, 대상국의 정치·사회문제를 이용하여 적국의 이념 또는 사상에 동조하도록 유도하는 형태이다. ② 간첩활동이 자유롭고 대중적 조직의 동원이 가능하나, 간첩의 정체 폭로 시에 외교적 문제가 야기된다.
	피라미드형	① 간첩 밑에 주 공작원 2~3명을 두고 주 공작원 밑에 각각 행동공작원 2~3명씩을 두는 조직형태를 말한다. ② 일시에 동시다발적인 많은 공작을 입체적으로 수행할 수 있고 그 활동범위가 넓으나, 행동의 노출이 쉽고 일망타진될 가능성이 높으며, 특히 조직 구성 자체의 시간이 오래 소요된다.

2. 태업

구분	내용
의의	태업은 적대 국가의 전쟁수행능력 및 방위능력을 약화시키기 위하여 행하여지는 직·간접적인 모든 손상 및 파괴행위를 말한다.
유형	태업의 유형에는 방화태업, 폭파태업, 기계태업, 선전태업, 경제태업, 정치태업 등이 있다.

3. 전복

구분		내용
의의		전복이란 불순한 정치세력들이 폭력수단의 동원 등 위헌적 방법을 통하여, 국가기관을 강압에 의하여 변혁시키거나 기능을 저하시키기 위하여 행하는 일체의 실력행위를 말한다.
유형	국가전복	국가전복이란 피지배자가 지배자를 무력으로 타도하여 정권을 탈취하는 것을 말한다.
	정부전복	정부전복이란 동일계급 내의 일부 세력이 집권세력을 제압하여 정권을 차지하거나 권력을 강화하는 것을 말한다(예 쿠데타).
수단		전복의 수단으로는 전위당(공산당) 조직, 통일전선의 구축, 선전과 선동, 파업과 폭동, 테러, 게릴라전술 등이 있다.

📖 대공상황

구분		내용
의의		대공상황이란 국가안보와 관련된 새로운 제반사태 중 보안경찰의 업무영역에 해당되는 상황을 의미한다.
조치사항	출동	① 상황발생에 대한 신고의 접수시 분석요원과 보안간부는 통신장비·분석장비를 휴대하고 현장에 신속히 출동하여 대공상황에 대한 분석·판단 및 사건처리에 임한다. ② 출동조치와 병행하여(출동하기 전에 ×) 군보안부대 등 유관기관에 통보가 이루어져야 하며 도주로를 차단하여야 한다.
	현장조사	① 목격자 조사의 경우 조사관의 주관에 의하거나 진술내용을 유도해서는 아니 되며, 목격자가 다수일 때에는 분리하여 진술을 듣고 차후 진술내용을 대조하여 진위여부를 판단한다. ② 현장조사의 경우 일반형사사건의 경우와 마찬가지로 중요하게 처리한다.
	보고 전파	① 보고를 할 때에는 적시성·정확성·간결성·보안성 등의 원칙이 반드시 지켜져야 한다. ② 대공상황이 발생하면 우선 개요를 보고하고, 의문점에 대하여는 2보·3보로 연속하여 보고한다.
상황보고	1순위	직접 행동을 취할 기관 및 부대
	2순위	협조 및 지원을 요하는 기관 및 부대
	3순위	지휘계통에의 보고
	4순위	기타 필요한 기관 및 부대

📖 비밀공작

구분	내용
의의	① 비밀공작이란 간첩 및 반국가단체의 범죄증거를 수집하고 범인을 색출하며 방첩업무에 가치 있는 정보를 수집하는 것과 같이, 국가안전보장을 위한 비노출활동을 의미한다. ② 그 절차상 적법절차의 원칙이 당연히 적용되며, 법률의 근거 없이 본질적인 기본권 침해가 가능한 것은 아니다.
순환	① 방첩공작을 진행하기 위해서는 보안첩보를 입수한 후 내사 진행과정을 거쳐 해당 방첩공작이 가치가 있다고 판단되면, 공작평가보고서를 작성하게 된다. ② 일선경찰서는 이후 시·도경찰청으로 공작승인 요청을 하게 된다. ③ 비밀공작은 다음의 과정을 거치며, 순환한다. 지령 → 계획 → 모집 → 훈련 → 브리핑 → 파견 및 귀환 → 디브리핑 및 보고서 작성 → 해고

구분			내용
활동	가장		가장이란 정보활동에 관계된 제 요소의 정체가 외부에 노출되지 않도록 하는 외적·내적 형태를 말한다.
	연락		연락이란 비밀공작을 수행하는 데 있어서 상·하급 조직원이나 기관 간에 비밀을 은폐하는 방법으로 첩보의 내용, 문서, 지령, 물자 등을 전달하기 위하여 강구된 수단의 유지·운용을 말한다.
		개인화합	비밀조직 내 두 구성원 간의 접촉유지·첩보보고·지령·공작자료 등의 전달을 위하여 직접 대면하는 연락수단을 말한다.
		차단	개인화합의 위험을 덜기 위한 것으로서, 비밀조직 내 두 구성원 간의 직접적인 접촉 없이 연락을 은폐·보호할 수 있는 매개자나 매개체를 통하여 연락하는 수단을 말한다(@ 중계인, 연락원, 편의 주소관리인, 수수소, 전보, 우편물, 광고, 무선전신, 방송 등).
	신호		신호란 비밀공작활동에 있어서 조직원 상호 간에 어떠한 의사를 전달하기 위하여 사전에 약정해 놓은 표시를 말한다.
	관찰		관찰이란 일정한 목적 하에 사물의 현상 및 사건의 전말을 감지하는 과정을 말한다(첩보수집의 단계).
	묘사		묘사란 관찰을 토대로 하여 경험을 재생하여 표현 또는 기술하는 것을 말한다(보고의 단계).
	사전정찰		사전정찰이란 장차 공작활동을 위하여 공작목표나 공작지역에 대하여 예비지식을 수집하는 사전 조사활동을 말한다.
	감시		감시란 공작대상의 행동·의도·신분 및 접촉대상 등에 관한 상세한 첩보를 입수하기 위하여, 인물·시설·물건 등의 목표를 관찰하는 행동을 말한다.

📖 심리전

구분		내용
의의		심리전이란 비무력적인 선전·선동·모략·유언비어 등의 수단을 통해, 직접 상대국의 국민 또는 군대 등에 정신적인 자극을 주어 사상의 혼란 또는 국론의 분열을 유발시킴으로써 자국의의도대로 유도하는 것을 말한다.
종류	전략심리전	**전략심리전**은 장기적이고 광범위한 목표 하에 상대국의 국민을 대상으로 실시하는 심리전을 말한다(예 자유진영국가가 공산진영국가를 대상으로 행하는 대공산권방송).
	전술심리전	**전술심리전**은 단기적인 목표 하에 즉각적인 효과를 기대하고 실시하는 심리전을 말한다(예 간첩을 체포하였을 때 즉각적으로 공개하는 것).
	선무심리전 (타협심리전)	**선무 심리전**은 우리 측의 후방지역의 사기를 고무시키거나, 수복지역의 주민들의 협조를 얻고 질서를 유지하기 위한 심리전을 말한다.
	공격적 심리전	**공격적 심리전**은 적국에 대해 특정의 목적을 달성하기 위하여, 공격적으로 행하는 심리전을 말한다.
	방어적 심리전	**방어적 심리전**은 적국이 우리 측으로 가해 오는 공격을 와해·분쇄·축소시키기 위하여, 방어적으로 행하는 심리전을 말한다.
수단	선동	선동이란 대중의 심리 및 감정을 자극하여 해당 감정을 폭발시킴으로써, 그들의 이성적 사고 및 판단력을 마비시켜 폭력을 유발하게 하는 것을 말한다.
	선전	선전이란 주최측의 일정한 사상·판단·감정·관심 등을 대중에게 일방적으로 표시하여 의식적 또는 무의식적으로 그들의 태도에 특정한 경향과 방향을 부여하는 것을 말한다. | 백색선전 | 출처를 공개하고 행하는 선전을 말한다. | | 회색선전 | 출처를 밝히지 않고 행하는 선전을 말한다. | | 흑색선전 | 출처를 위장하여 행하는 선전을 말한다. |
	전단	전단이란 심리전의 주체가 의도한 선전의 내용을 간단히 문자·그림·사진 등으로 수록한 유인물을 말한다.
	유언비어	① 유언비어란 국가불안이나 국론분열 등 공작목표에 따라서 근거 및 출처가 불분명한 풍설 등을 퍼뜨리는 것을 말한다. ② 유언비어는 정치·경제·사회·문화 등이 불안할 경우에 인간의 기본감정인 불안·공포·희망 등과 결합되어 발생 또는 전파된다.

제192테마

보안사범 수사업무

「국가보안법」 [시행 2017. 7. 7.]

📖 반국가단체의 구성·가입·가입권유죄

구분		내용
의의		반국가단체란 정부를 참칭하거나 국가를 변란할 것을 목적으로 하는 국내외의 결사 또는 집단으로서 지휘통솔체제를 갖춘 단체를 말한다(동법 제2조 제1항).
요건	정부참칭	① 정부참칭이란 합법적인 절차에 의하지 아니하고 임의적으로 정부를 조직하여 진정한 정부인 것처럼 사칭하는 것을 말한다. ② 정부참칭의 목적은 반드시 직접적이어야 한다.
	국가변란	① 국가변란이란 정부를 전복하여 새로운 정부를 조직하는 것을 말한다. ② 국가변란의 목적은 반드시 직접적이어야 한다.
	결사	① 결사란 일정한 공동목적을 수행하기 위하여 조직된 특정 다수인의 계속적인 결합체를 의미한다. ② 결사는 반드시 구성원이 2인 이상이어야 하고, 그 구성원은 반드시 특정되어 있어야 한다.
	집단	집단이란 특정 다수인의 집합체이며, 일시적인 집합체를 의미한다.
	지휘통솔체제	지휘통솔체제란 2인 이상의 특정 다수인 사이에 단체의 내부질서를 유지하고, 그 단체를 주도하기 위하여 일정한 위계 및 분담 등의 체계를 갖춘 것을 의미한다.
판례		①「국가보안법」제2조에 의하면 반국가단체는 정부를 참칭하거나 국가를 변란할 목적으로 하는 국내외의 결사 또는 집단으로서 지휘통솔체제를 갖춘 단체를 말하는 것으로, 여기서 지휘통솔체제를 갖춘 단체라 함은 2인 이상의 특정 다수인 사이에 단체의 내부질서를 유지하고, 그 단체를 주도하기 위하여 일정한 위계 및 분담 등의 체계를 갖춘 결합체를 의미한다. ② 그 단체가 정부 참칭이나 국가의 변란 그 자체를 직접적이고도 1차적인 목적으로 삼고 있는 때에는 반국가단체에 해당하고, 별개의 반국가단체의 존재를 전제로 하여 그 반국가단체의 활동에 동조하는 것을 직접적, 1차적 목적으로 하는 경우에는 이적단체에 해당한다. ③ 북한이 우리의 자유민주적 기본질서에 위협이 되고 있음이 분명한 상황에서 남한과 북한간의 대화가 계속되고 있다는 등의 사정이 있다고 하더라도 북한이 반국가단체가 아니라고 할 수는 없다.

📖 목적수행죄

구분	내용
의의	목적수행죄는 반국가단체의 구성원 또는 그 지령을 받은 자가 그 결사 또는 집단의 목적수행을 위하여 범한 간첩·인명사상·시설파괴 등의 범죄를 중하게 처벌하는 범죄를 말한다(동법 제4조 제1항).
유형	① 외환의 죄, 존속살해, 강도살인, 강도치사 등 ② 간첩, 간첩방조, 국가기밀 탐지·수집·누설 ③ 소요, 폭발물 사용, 도주원조, 방화, 일수, 음용수사용방해, 살인, 통화위조, 강도 등 ④ 중요시설 파괴, 약취·유인, 항공기·무기 등의 이동, 물건 이동·취거 ⑤ 유가증권 위조, 상해, 국가기밀 서류·물품의 손괴·은닉·변조 등 ⑥ 선동·선전, 허위사실 날조·유포

📖 자진지원죄

구분	내용
의의	자진지원죄는 반국가단체나 그 구성원 또는 그 지령을 받은 자 이외의 자가 반국가단체나 그 구성원 또는 그 지령을 받은 자를 지원할 목적으로 자진하여 제4조 제1항 각 호(목적수행죄)에 규정된 행위를 행하는 범죄이다(동법 제5조 제1항).
요건	자진지원죄의 주체는 반국가단체나 그 구성원 또는 그 지령을 받은 자를 제외한 모든 사람이 주체가 된다.

📖 금품수수죄

구분	내용
의의	금품수수죄는 국가의 존립·안전이나 자유민주적 기본질서를 위태롭게 한다는 정을 알면서 반국가단체의 구성원 또는 그 지령을 받은 자로부터 금품을 수수함으로써 성립하는 범죄이다(동법 제5조 제2항).
요건	① 금품수수죄의 주체에는 아무런 제한이 없다. ② 반국가단체의 구성원이나 그 지령을 받은 자도 금품수수죄의 주체가 될 수 있다. ③ 금품수수죄는 금품수수의 목적이 있으면 성립하고 대한민국을 해할 의도가 있었는지의 여부는 문제되지 않는다.
판례	「국가보안법」 제5조 제2항의 금품수수죄는 국가의 존립·안전이나 자유민주적 기본질서를 위태롭게 한다는 정을 알면서 반국가단체의 구성원 또는 그 지령을 받은 자로부터 금품을 수수함에 의하여 성립하는 것으로서, 그 수수가액이나 가치는 물론 그 목적도 가리지 아니하고, 그 금품수수가 대한민국을 해할 의도가 있는 경우에 한하는 것도 아니다.

📖 잠입 · 탈출죄

1. 단순 잠입 · 탈출죄

구분	내용
의의	단순 잠입 · 탈출죄는 국가의 존립 · 안전이나 자유민주적 기본질서를 위태롭게 한다는 정을 알면서, 반국가단체의 지배하에 있는 지역으로부터 잠입하거나 그 지역으로 탈출함으로써 성립한다(동법 제6조 제1항).
요건	① 단순 잠입 · 탈출죄의 주체에는 아무런 제한이 없다. ② 외국인의 경우 단순잠입죄는 반국가단체의 지배하의 지역으로부터 대한민국에 들어 온 이상 어디에 체류하였는지 여부와 상관없이 성립한다. 다만, 단순탈출죄의 경우 국내 거주 외국인이 반국가단체 지배하의 지역으로 들어가는 것은 성립하지만, 외국에서 반국가단체 지배하의 지역으로 들어가는 행위는 탈출의 개념에 해당하지 않으므로 본죄가 성립하지 않는다. ③ 반국가단체의 지배하에 있는 지역이란 외국에 있는 북한공관 등이 포함된다.
판례	통일부장관이 발급한 북한방문증명서는 남한과 북한을 왕래하는 행위 전체를 허용하는 것이므로 북한 방문행위를 「국가보안법」상의 탈출행위로 처벌할 수 없는 경우에는 남한으로 다시 돌아오는 행위 또한 「국가보안법」상의 잠입행위로 처벌할 수 없다.

2. 특수 잠입 · 탈출죄

구분	내용
의의	특수 잠입 · 탈출죄는 반국가단체나 그 구성원의 지령을 받거나 받기 위하여 또는 그 목적수행을 협의하거나 협의하기 위하여, 잠입하거나 탈출함으로써 성립한다(동법 제6조 제2항).
요건	① 특수 잠입 · 탈출죄의 주체에는 아무런 제한이 없다. ② 특수 잠입 · 탈출죄의 경우에는 반국가단체의 지배하에 있는 지역으로부터의 잠입 또는 탈출일 것을 요하지 않는다.
판례	「국가보안법」 제6조 제2항이 정하고 있는 잠입 · 탈출죄에 있어서의 '지령을 받는다'라고 함은 반국가단체 또는 그 구성원으로부터 직접 지령을 받는 경우뿐만 아니라 그 지령을 받는 자로부터 다시 지령을 받는 경우까지를 포함하는 것이고, 또한 그 지령은 지시와 명령을 포함하는 개념으로서 반드시 상명하복의 지배관계가 있을 것을 요하지 아니하고 그 지령의 형식에도 아무런 제한이 없다.

📖 찬양 · 고무 등의 죄

1. 이적동조 등의 죄

구분	내용
의의	국가의 존립 · 안전이나 자유민주적 기본질서를 위태롭게 한다는 정을 알면서도 반국가단체나 그 구성원 또는 그 지령을 받은 자의 활동을 찬양 · 고무 · 선전 또는 이에 동조하거나 국가변란을 선전 · 선동함으로써 성립하는 범죄이다(동법 제7조 제1항).

구분	내용
요건	① 이적동조 등 범죄의 주체에는 아무런 제한이 없다. ② 행위의 태양은 찬양·고무·선전·동조행위이며, 국가변란 선전·선동행위이다. ③ 이적동조 등 범죄의 행위는 특정 또는 불특정인이 인식할 수 있는 상태하에서 행해져야 한다.
판례	「국가보안법」 제7조 제1항에 의하여 금지되는 동조행위는 같은 조항에서 규정하고 있는 반국가단체 등의 활동을 찬양·고무·선전하는 것과 같이 평가될 정도로 적극적으로 자신이 반국가단체 등 활동에 호응·가세한다는 의사를 외부에 표시하는 정도에 이르러야 한다.

2. 이적단체 구성·가입의 죄

구분	내용
의의	이적찬양·고무·선전·동조 또는 국가변란 선전·선동의 행위를 목적으로 하는 단체를 구성하거나 이에 가입함으로 성립하는 범죄이다(동법 제7조 제3항).
요건	① 이적단체 구성·가입의 주체에는 아무런 제한이 없다. ② 이적단체의 성립을 위해서는 단체성과 이적행위의 목적성을 필요로 한다.
판례	「국가보안법」 제7조 제3항에 규정된 이른바 이적단체란 「국가보안법」 제2조 소정의 반국가단체 등의 활동을 찬양·고무·선전 또는 이에 동조하거나 국가의 변란을 선전·선동하는 행위를 하는 것을 그 목적으로 하여 특정 다수인에 의하여 결성된 계속적이고 독자적인 결합체를 의미한다.

3. 허위사실 날조·유포의 죄

구분	내용
의의	이적단체의 구성원으로서 사회질서의 혼란을 조성할 우려가 있는 사항에 관하여 허위사실을 날조·유포함으로써 성립하는 범죄이다(동법 제7조 제4항).
요건	① 허위사실 날조·유포의 주체는 이적단체의 구성원으로 한정한다. ② 허위사실의 날조·유포가 개인에 관한 개별적 사항이라고 하더라도 그 신분이나 지위, 기타 사회적 영향력에 비추어 사회의 혼란을 조성할 가능성이 있는 것이면 해당된다.

4. 이적표현물 제작 등의 죄

구분	내용
의의	이적동조 등 행위, 이적단체 구성·가입행위, 허위사실 날조·유포행위를 할 목적으로 문서·도화 기타의 표현물을 제작·수입·복사·소지·운반·반포·판매 또는 취득함으로써 성립하는 범죄이다(동법 제7조 제5항).
요건	① 이적표현물 제작 등의 주체에는 아무런 제한이 없다. ② 행위자가 해당 표현물의 이적성을 인식한 것만으로는 부족하고, 이적행위를 할 목적이 인정되는 경우에만 본죄가 성립한다.
판례	이적표현물로 인정되기 위해서는 그 표현물의 내용이 「국가보안법」의 보호법익인 국가의 존립·안전과 자유민주적 기본질서를 위협하는 적극적이고 공격적인 것이어야 하고, 이적성이 있는지 여부는 제반사정을 종합하여 결정하여야 하며, 해당 표현물의 어느 표현 하나만을 따로 떼어 놓고 볼 것이 아니라 문맥을 통해 그 전체적 내용을 객관적으로 분석하여 이적성 유무를 판단하여야 한다.

회합·통신 등의 죄

구분	내용
의의	국가의 존립·안전이나 자유민주적 기본질서를 위태롭게 한다는 정을 알면서 반국가단체의 구성원 또는 그 지령을 받은 자와 회합·통신 기타의 방법으로 연락함으로써 성립하는 범죄이다(동법 제8조 제1항).
요건	① 회합·통신 등의 주체에는 아무런 제한이 없다. ② 국가의 존립·안전이나 자유민주적 기본질서를 위태롭게 한다는 정을 알아야 하며, 상대방이 반국가단체의 구성원 또는 그 지령을 받은 자라는 사실, 반국가단체의 구성원 또는 그 지령을 받은 자와 회합·통신 등 연락한다는 점에 대한 인식이 있어야 한다. ③ 단순한 신년인사나 안부편지 등은 특별한 사정이 없는 한 본죄에 해당되지 않는다.
판례	북한방문증명서를 발급받아 북한을 방문하였다고 하더라도 그 기회에 이루어진 반국가단체 구성원 등과의 회합행위 등이 남북교류와 협력을 목적으로 하는 행위로서 정당하다고 인정되는 범위 내에 있다고 볼 수 없고, 오히려 국가의 존립·안전이나 자유민주적 기본질서에 실질적 해악을 끼칠 명백한 위험성이 인정되는 경우에는 그로 인한 죄책을 면할 수 없다.

편의제공죄

구분		내용
의의		「국가보안법」 제3조 내지 제8조의 죄를 범하거나 범하려고 하는 자에게 유형·무형의 편의를 제공함으로써 성립하는 범죄이다(동법 제9조 제1항 및 제2항).
	무기 편의제공	「국가보안법」 제3조 내지 제8조의 죄를 범하거나 범하려는 자라는 정을 알면서 총포·탄약·화약 기타 무기를 제공하여야 한다(동법 제9조 제1항).
	기타 편의제공	「국가보안법」 제3조 내지 제8조의 죄를 범하거나 범하려는 자라는 정을 알면서 금품 기타 기타 재산상의 이익을 제공하거나 잠복·회합·통신·연락을 위한 장소를 제공하거나 기타의 방법으로 편의를 제공하여야 한다(동법 제9조 제2항).
요건		① 편의제공의 주체에는 아무런 제한이 없다. ② 편의제공은 적극적인 행위를 요하며, 부작위 같은 소극적 행위는 해당하지 않는다.
처벌	무기 편의제공	① 무기 등의 편의제공의 경우에는 5년 이상의 유기징역에 처한다. ② 미수범은 처벌한다(동법 제9조 제3항). ③ 예비 또는 음모한 자는 1년 이상의 유기징역에 처한다(동법 제9조 제4항).
	기타 편의제공	① 금품제공, 잠복 등 장소제공, 기타 방법으로 편의를 제공한 경우 10년 이하의 징역에 처한다. 다만, 본범과 친족관계가 있는 때에는 그 형을 감경 또는 면제할 수 있다 (감경 또는 면제한다 ×). ② 미수범은 처벌한다(동법 제9조 제3항). ③ 예비·음모는 처벌하지 않는다.

📖 불고지죄

구분	내용
의의	「국가보안법」 제3조(반국가단체의 구성 등), 제4조(목적수행죄), 제5조 제1항(자진지원죄), 제5조 제3항(자진지원죄의 미수범), 제5조 제4항(자진지원죄의 예비·음모)의 죄를 범한 자라는 정을 알면서 수사기관 또는 정보기관에 고지하지 아니함으로써 성립하는 범죄이다(동법 제10조).
요건	① 불고지의 주체에는 아무런 제한이 없다. ② 위에서 열거되지 않은 범죄는 그것이 비록 국가의 존립·안전을 위태롭게 하더라도 불고지죄의 대상이 되지 아니한다. ③ 불고지에 대해 고의 이외에는 별도의 동기 또는 목적을 요하지 않는다.
처벌	① 불고지죄의 범죄는 5년 이하의 징역 또는 200만원 이하의 벌금에 처한다(「국가보안법」 위반죄 중 유일하게 벌금형을 규정하고 있다). ② 다만, 본범과 친족관계가 있는 때에는 그 형을 감경 또는 면제한다(감경 또는 면제할 수 있다 ×).

📖 특수직무유기죄

구분	내용
의의	범죄수사 또는 정보의 직무에 종사하는 공무원이 이 법의 죄를 범한 자라는 정을 알면서 그 직무를 유기한 때 성립하는 범죄이다(동법 제11조).
요건	특수직무유기의 주체는 범죄수사 또는 정보의 직무에 종사하는 공무원에 국한한다.
처벌	① 특수직무유기죄의 범죄는 10년 이하의 징역에 처한다. ② 다만, 본범과 친족관계가 있는 때에는 그 형을 감경 또는 면제할 수 있다(감경 또는 면제한다 ×).

📖 무고·날조죄

구분		내용
의의	일반 무고·날조죄	타인으로 하여금 형사처분을 받게 할 목적으로 이 법의 죄에 대하여 무고 또는 위증을 하거나 증거를 날조·인멸·은닉할 경우에 성립하는 범죄이다(동법 제12조 제1항).
	직권남용 무고·날조죄	범죄수사 또는 정보의 직무에 종사하는 공무원이나 이를 보조하는 자 또는 이를 지휘하는 자가 직권을 남용하여 제1항의 행위를 한 때에도 성립하는 범죄이다(동법 제12조 제2항).
요건		① 일반 무고·날조(동법 제12조 제1항)의 주체에는 아무런 제한이 없다. ② 직권남용 무고·날조(동법 제12조 제2항)의 주체는 범죄수사 또는 정보의 직무에 종사하는 공무원이나 이를 보조하는 자 또는 이를 지휘하는 자로 국한한다. ③ 타인으로 하여금 형사처분을 받게 할 목적이 있어야 한다. 그러나 타인으로 하여금 형사처분을 받게 할 목적이 유일한 목적일 필요가 없고, 다른 목적과 결부되어 있어도 형사처분을 받게 할 목적이 있었다면, 본죄는 성립한다. ④ 무고 또는 위증, 증거의 날조·인멸·은닉에 대한 사실적 고의가 있어야 한다.

「국가보안법」상의 특성

1. 범죄의 특성

구분	내용
고의범	「국가보안법」은 고의범만을 처벌하고 있는 특성을 가진다(과실범은 처벌하지 않는다).
예비·음모죄 확장	「국가보안법」은 일부 범죄를 제외하고는 대부분의 범죄에 관하여 예비·음모를 처벌하고 있다.
특수한 범죄 성립	반국가단체가입권유죄(제3조), 선전·선동죄(제7조), 편의제공죄(제9조), 불고지죄(제10조) 등 「형법」상 종범의 성격을 갖고 있거나 별도의 범죄로 처벌되지 아니하는 행위에 대해서 「국가보안법」은 별도의 독립적인 범죄로 규정하여 처벌하고 있다.

2. 형벌에 있어서의 특성

구분	내용
재범자 특수가중	일정한 반국가적 범죄를 범하여 금고 이상의 형을 선고받고 그 형의 집행을 종료하지 아니한 자 또는 그 집행을 종료하거나 집행을 받지 않기로 확정된 후 5년이 경과하지 않는 자가 「국가보안법」상의 일정한 범죄를 다시 범한 때에는 법정최고형을 사형으로 정하고 있다(동법 제13조).
자격정지 병과	이 법의 죄에 관하여 유기징역형을 선고할 때에는 그 형의 장기 이하의 자격정지를 병과할 수 있다(동법 제14조).
몰수·추징	① 이 법의 죄를 범하고 그 보수를 받은 때에는 이를 몰수한다. 다만, 이를 몰수할 수 없을 때에는 그 가액을 추징한다(동법 제15조 제1항). ② 검사는 이 법의 죄를 범한 자에 대하여 소추를 하지 아니할 때에는 압수물의 폐기 또는 국고귀속을 명할 수 있다(동법 제15조 제2항).
형의 필요적 감면 (감면한다)	다음에 해당한 때에는 그 형을 감경 또는 면제한다(동법 제16조). ① 이 법의 죄를 범한 후 자수한 때 ② 이 법의 죄를 범한 자가 이 법의 죄를 범한 타인을 고발하거나 타인이 이 법의 죄를 범하는 것을 방해한 때 ③ 불고지죄의 경우 본범과 친족관계가 있는 때
형의 임의적 감면 (감면할 수 있다)	① 단순편의제공(제9조 제2항) : 본범과 친족관계인 경우 ② 특수직무유기(제11조) : 본범과 친족관계인 경우

3. 특별형사소송규정

구분	내용
참고인의 구인·유치	검사 또는 사법경찰관으로부터 이 법에 정한 죄의 참고인으로 출석을 요구받은 자가 정당한 이유 없이 2회 이상 출석요구에 불응한 때에는 관할법원판사의 구속영장을 발부받아 구인할 수 있다(동법 제18조 제1항).

구속기간 연장	① 지방법원판사는 제3조 내지 제10조의 죄로서 사법경찰관이 검사에게 신청하여 검사의 청구가 있는 경우에 수사를 계속함에 상당한 이유가 있다고 인정한 때에는 「형사소송법」 제202조의 구속기간(10일)의 연장을 1차에 한하여 허가할 수 있다(동법 제19조 제1항). ② 지방법원판사는 제1항의 죄로서 검사의 청구에 의하여 수사를 계속함에 상당한 이유가 있다고 인정한 때에는 「형사소송법」 제203조의 구속기간(10일)의 연장을 2차에 한하여 허가할 수 있다(동법 제19조 제2항). ③ 기간의 연장은 각 10일 이내로 한다(동법 제19조 제3항). ④ 따라서 사법경찰관의 경우 최장 20일, 검사의 경우 최장 30일 구속할 수 있다.
공소보류	① 검사는 이 법의 죄를 범한 자에 대하여 「형법」 제51조의 사항을 참작하여 공소제기를 보류할 수 있다(동법 제20조 제1항). ② 제1항에 의하여 공소보류를 받은 자가 공소의 제기 없이 2년을 경과한 때에는 소추할 수 없다(동법 제20조 제2항). ③ 공소보류가 취소된 경우에는 「형사소송법」 제208조(재구속의 제한)의 규정에 불구하고 동일한 범죄사실로 재구속할 수 있다(동법 제20조 제4항).

📖 「국가보안법」상 중요 내용 정리

구분	내용
주체 제한이 있는 범죄	① 목적수행죄(제4조) ② 자진지원죄(제5조 제1항) ③ 이적단체 구성원의 허위사실 날조·유포(제7조 제5항) ④ 특수직무유기죄(제11조) ⑤ 직권남용 무고·날조죄(제12조 제2항)
미수범 처벌 (×)	① 불고지죄(제10조) ② 특수직무유기죄(제11조) ③ 무고·날조죄(제12조)
예비·음모 처벌 (×)	① 금품수수(제5조 제2항) ② 찬양·고무(제7조) : 이적단체 구성·가입죄는 제외 ③ 회합통신(제8조) ④ 단순편의제공(제9조 제2항) ⑤ 불고지죄(제10조) ⑥ 특수직무유기죄(제11조) ⑦ 무고·날조죄(제12조)
불고지죄의 대상	① 반국가단체등의 구성죄(제3조) ② 목적수행죄(제4조) ③ 자진지원죄(제5조 제1항)

제193테마

보안관찰업무

「보안관찰법」【시행 2020. 8. 5.】

중요도 A급

📖 일반론

구분	내용
의의	① 보안관찰이란 보안관찰이 필요한 자에 대하여 보안관찰처분심의위원회의 심의·의결을 거쳐, 법무부장관이 행하는 행정처분으로서 일종의 대인적 보안처분을 의미한다. ② 보안관찰은 특정범죄를 범한 자에 대하여 재범의 위험성을 예방하고 건전한 사회복귀를 촉진하기 위하여 보안관찰처분을 함으로써 국가의 안전과 사회의 안녕을 유지함을 목적으로 한다(동법 제1조).
특성	**보안처분**: 보안관찰은 특정범죄인 반국가사범에 대하여 대상자의 자유를 제한하는 대인적 보안처분의 일종이다. **형벌과의 비교**: 보안관찰은 과거의 불법행위에 대하여 법원의 심판에 의해 행해지는 국가형벌권의 행사와는 구별된다. **일사부재리원칙**: 보안관찰은 형벌과는 다른 독자적 의의를 가진 사회보호적 처분이므로 형벌과 병과하여도 일사부재리의 원칙에 반하지 않는다. **양심의 자유**: 보안관찰은 재범의 방지를 위해 내려지는 특별예방적 처분이므로 양심의 자유를 보장한「헌법」에 위반되지 않는다.

📖 보안관찰처분 요건

구분		내용
보안관찰 제외범죄	형법 (내·일·전)	내란죄, 일반이적죄, 전시군수계약불이행죄
	군형법 (단)	단순반란불보고죄
	국가보안법 (반·찬·불·회·무)	반국가단체 구성·가입·가입권유죄, 찬양·고무죄 불고지죄, 회합통신죄, 무고·날조죄
보안관찰 처분대상자		이 법에서 보안관찰 처분대상자라 함은 보안관찰해당범죄 또는 이와 경합된 범죄로 금고 이상의 형의 선고를 받고 그 형기 합계가 3년 이상인 자로서 형의 전부 또는 일부의 집행을 받은 사실이 있는 자를 말한다(동법 제3조).
보안관찰처분		① 보안관찰처분대상자 중 보안관찰해당범죄를 다시 범할 위험성이 있다고 인정할 충분한 이유가 있어 재범의 방지를 위한 관찰이 필요한 자에 대하여는 보안관찰처분을 한다(동법 제4조 제1항). ② 보안관찰처분을 받은 자는 이 법이 정하는 바에 따라 소정의 사항을 주거지 관할 경찰서장에게 신고하고, 재범방지에 필요한 범위 안에서 그 지시에 따라 보안관찰을 받아야 한다(동법 제4조 제2항).

구분	내용
판례	재범의 위험성이란 장래에 다시 보안관찰해당범죄를 범할 개연성을 의미하고, 이는 종전에 범한 보안관찰해당범죄의 종류와 성격, 처분대상자의 범정, 형 집행 기간 중에 처분대상자가 보인 행태, 형 집행 이후의 사회적 활동 및 태도, 생활환경, 성행 등 여러 사정을 종합적으로 고려하여 판단하여야 한다.

📖 보안관찰처분 결정절차

1. 보안관찰처분대상자의 신고

구분	내용
출소 전 신고	① 보안관찰처분대상자는 대통령령이 정하는 바에 따라 그 형의 집행을 받고 있는 교도소, 소년교도소, 구치소, 유치장 또는 군교도소에서 출소 전에 거주예정지 기타 대통령령으로 정하는 사항을 교도소 등의 장을 경유하여 거주예정지 관할 경찰서장에게 신고하여야 한다(동법 제6조 제1항). ② 교도소 등의 장은 보안관찰처분대상자에 해당하는 자가 생길 때에는 지체 없이 보안관찰처분심의위원회와 거주예정지를 관할하는 검사 및 경찰서장에게 통고하여야 한다(동법 제6조 제3항).
출소사실 신고	보안관찰처분대상자는 출소 후 7일 이내에 그 거주예정지 관할 경찰서장에게 출소사실을 신고하여야 한다. 거소를 제공받는 경우에는 법무부장관이 제공하는 거주할 장소를 거주예정지로 신고하여야 한다(동법 제6조 제1항).
변동사실 신고	보안관찰처분대상자는 교도소 등에서 출소한 후 신고사항에 변동이 있을 때에는 변동이 있는 날부터 7일 이내에 그 변동된 사항을 관할 경찰서장에게 신고하여야 한다(동법 제6조 제2항).
미신고자 처리	① 관할 경찰서장은 출소한 보안관찰처분대상자가 출소 후 7일 이내에 출소사실 신고를 하지 아니한 때에는 지체 없이 이를 거주예정지 관할 검사에게 보고하여야 한다. ② 검사가 계속 신고를 유도해도 계속 신고를 거부할 때에는 지체 없이 보안관찰처분 청구를 함과 동시에「보안관찰법」위반으로 입건한다.

2. 보안관찰처분 사안 조사

구분	내용
인지절차	① 검사는 보안관찰처분대상자가 보안관찰해당범죄를 다시 범할 위험성이 있다고 의심하여 조사에 착수하는 때에는 사안인지서를 작성하여야 한다. ② 사법경찰관이 조사에 착수하는 때에는 사안인지승인신청서를 작성하여 검사의 승인을 얻어야 한다.
조사절차	① 검사는 보안관찰처분 청구를 위하여 필요한 때에는 보안관찰처분대상자, 청구의 원인이 되는 사실과 보안관찰처분을 필요로 하는 자료를 조사할 수 있다(동법 제9조 제1항). ② 사법경찰관리와 특별사법경찰관리는 검사의 지휘를 받아 조사를 할 수 있다(동법 제9조 제2항).
송치	① 사법경찰관리는 조사를 종결한 때에는 지체 없이 사안을 관할 검사장에게 송치하여야 한다. ② 사법경찰관리는 사안송치 후 조사를 계속하고자 하는 때에는 미리 주임검사의 지휘를 받아야 한다.

3. 보안관찰처분 청구

구분	내용
청구	① 보안관찰처분 청구는 검사가 행한다(동법 제7조). ② 검사는 사안의 조사를 종결한 때에는 법무부장관에게 보안관찰처분 청구를 하여야 한다. 다만, 보안관찰처분 청구의 필요가 없다고 인정하는 경우에는 그 청구를 하지 아니하는 조치를 할 수 있다.
방법	보안관찰처분 청구는 검사가 보안관찰처분청구서를 법무부장관에게 제출함으로써 행한다(동법 제8조 제1항).

4. 보안관찰처분 결정

구분	내용
법무부장관의 심사	법무부장관은 처분청구서와 자료에 의하여 청구된 사안을 심사한다(동법 제10조 제1항).
심의 의결	보안관찰처분심의위원회는 법무부장관으로부터 사안을 회부 받은 때에는 이를 심의·의결하고 그 결과를 통보한다.
자료제출	① 피청구자는 처분청구서등본을 송달받은 날부터 7일 이내에 법무부장관 또는 위원회에 서면으로 자기에게 이익된 사실을 진술하고 자료를 제출할 수 있다(동법 제13조 제1항). ② 위원회는 필요하다고 인정하는 경우에는 피청구자 및 기타 관계자를 출석시켜 심문·조사하거나 공무소 기타 공·사단체에 대하여 조회할 수 있으며, 관계자료의 제출을 요구할 수 있다(동법 제13조 제2항).
법무부장관의 결정	① 보안관찰처분에 관한 결정은 보안관찰처분심의위원회의의결을 거쳐 법무부장관이 행한다(동법 제14조 제1항). ② 법무부장관은 위원회의의결과 다른 결정을 할 수 없다. 다만, 보안관찰처분대상자에 대하여 위원회의의결보다 유리한 결정을 하는 때에는 그러하지 아니하다(동법 제14조 제2항).
취소	① 검사는 법무부장관에게 보안관찰처분의 취소 또는 기간의 갱신을 청구할 수 있다(동법 제16조 제1항). ② 법무부장관은 청구를 받은 때에는 위원회의의결을 거쳐 이를 심사·결정하여야 한다(동법 제16조 제2항).

5. 보안관찰처분 기간

구분	내용
기간	보안관찰처분의 기간은 2년으로 한다(동법 제5조 제1항).
기간갱신	① 법무부장관은 검사의 청구가 있는 때에는 보안관찰처분심의위원회의의결을 거쳐 그 기간을 갱신할 수 있다(동법 제5조 제2항). ② 갱신횟수에는 제한이 없다. ③ 검사는 기간갱신사안의 조사를 종결한 때에는 보안관찰처분의 기간 만료 2월 전까지 법무부장관에게 보안관찰처분 기간갱신을 청구하여야 한다. 다만, 기간갱신청구의 필요가 없다고 인정하는 경우에는 그 청구를 하지 아니하는 조치를 할 수 있다.

📖 보안관찰처분 집행절차

구분	내용
집행	① 보안관찰처분의 집행은 검사가 지휘한다(동법 제17조 제1항). ② 해당 지휘는 결정서 등본을 첨부한 서면으로 하여야 한다(동법 제17조 제2항).
집행중지	① 검사는 피보안관찰자가 도주하거나 1월 이상 그 소재가 불명한 때에는 보안관찰처분의 집행중지결정을 할 수 있다. 그 사유가 소멸된 때에는 지체 없이 그 결정을 취소하여야 한다(동법 제17조 제3항). ② 집행중지 결정일로부터 집행중지 결정이 취소될 때까지 보안관찰처분의 기간의 진행이 정지된다.

📖 보안관찰의 실시

1. 피보안관찰자의 신고의무

구분		내용
최초신고		보안관찰처분을 받은 자(피보안관찰자)는 보안관찰처분결정고지를 받은 날부터 7일 이내에 주거지를 관할하는 지구대 또는 파출소의 장을 거쳐 관할경찰서장에게 일정한 기본사항을 신고하여야 한다(동법 제18조 제1항).
정기신고 (3개월 단위)		피보안관찰자는 보안관찰처분결정고지를 받은 날이 속한 달부터 매 3월이 되는 달의 날일까지 다음의 사항을 지구대·파출소장을 거쳐 관할 경찰서장에게 신고하여야 한다(동법 제18조 제2항). ① 3월간의 주요활동사항 ② 통신·회합한 다른 보안관찰처분대상자의 인적사항과 그 일시, 장소 및 내용 ③ 3월간에 행한 여행에 관한 사항 ④ 관할경찰서장이 보안관찰과 관련하여 신고하도록 지시한 사항
수시신고	변동사항 신고	피보안관찰자는 최초신고사항에 변동이 있을 때에는 7일 이내에 지구대·파출소장을 거쳐 관할 경찰서장에게 신고하여야 한다(동법 제18조 제3항).
	주거지 이전 여행	피보안관찰자가 주거지를 이전하거나 국외여행 또는 10일 이상 주거를 이탈하여 여행하고자 할 때에는 미리 거주예정지, 여행예정지 기타 대통령령이 정하는 사항을 지구대·파출소장을 거쳐 관할 경찰서장에게 신고하여야 한다(동법 제18조 제4항).
신고 불이행		피보안관찰자가 최초신고, 정기신고, 수시신고를 하지 아니할 때에는 경찰서장은 즉시 관할 검사에게 보고하고, 피보안관찰자가 계속하여 신고를 거부할 때에는 특별한 사정이 없는 한 「보안관찰법」 위반으로 입건 및 수사한다.

2. 피보안관찰자에 대한 관리

구분	내용
보호조치	검사 및 사법경찰관리는 피보안관찰자가 자조의 노력을 함에 있어, 그의 개선과 자위를 위하여 필요하다고 인정되는 적절한 보호를 할 수 있다(동법 제20조 제1항).
거소 제공	**법무부장관은 보안관찰처분대상자 또는 피보안관찰자 중 국내에 가족이 없거나 가족이 있어도 인수를 거절하는 자에 대하여는 대통령령이 정하는 바에 따라 거소를 제공할 수 있다(거소를 제공하여야 한다 ×)**(동법 제20조 제3항).
응급구호	검사 및 사법경찰관리는 피보안관찰자에게 부상·질병 기타 긴급한 사유가 발생하였을 때에는 대통령령이 정하는 바에 따라 필요한 구호를 할 수 있다(동법 제21조).
경고	검사 및 사법경찰관리는 피보안관찰자가 의무를 위반하였거나 위반할 위험성이 있다고 의심할 상당한 이유가 있는 때에는 그 이행을 촉구하고 형사처벌 등 불이익한 처분을 받을 수 있음을 경고할 수 있다(동법 제22조).

📖 보안관찰처분 면제결정

구분	내용
의의	① 면제결정은 보안관찰처분대상자 중 일정한 요건을 갖춘 자에 대하여 보안관찰처분을 하지 아니하는 결정을 의미한다. ② 보안관찰처분대상자의 면제신청 또는 검사가 직권으로 하는 면제결정청구에 따라 법무부장관이 면제결정을 한다.
요건	법무부장관은 보안관찰처분대상자 중 다음의 요건을 갖춘 자에 대하여는 보안관찰처분을 하지 아니하는 결정을 할 수 있다(결정을 하여야 한다 ×)(동법 제11조 제1항). ① 준법정신이 확립되어 있을 것 ② 일정한 주거와 생업이 있을 것 ③ 대통령령이 정하는 신원보증이 있을 것
청구	검사는 준법정신이 확립되어 있고, 일정한 주거와 생업이 있는 보안관찰처분대상자의 정상을 참작하여 위험성이 없다고 인정되는 때에는 법무부장관에게 면제결정을 청구할 수 있다(동법 제11조 제3항).
결정	법무부장관은 면제결정의 요건을 갖춘 보안관찰처분대상자의 신청이 있을 때에는 부득이한 사유가 있는 경우를 제외하고는 3월 이내에 보안관찰처분면제여부를 결정하여야 한다(동법 제11조 제2항).
효과	보안관찰처분의 면제결정을 받은 자는 그때부터 이 법에 의한 보안관찰처분대상자 또는 피보안관찰자로서의 의무를 면한다(동법 제11조 제6항).
취소	면제결정을 받은 자가 그 면제결정요건에 해당하지 아니하게 된 때에는 검사의 청구에 의하여 법무부장관은 면제결정을 취소할 수 있다(동법 제11조 제4항).

보안관찰처분에 대한 구제

구분	내용
행정소송	이 법에 의한 법무부장관의 결정을 받은 자가 그 결정에 이의가 있을 때에는 「행정소송법」이 정하는 바에 따라 그 결정이 집행된 날부터 60일 이내에 서울고등법원에 소를 제기할 수 있다(동법 제23조 제1항 본문).
	면제결정신청에 대한 기각결정을 받은 자가 그 결정에 이의가 있을 때에는 그 결정이 있는 날부터 60일 이내에 서울고등법원에 소를 제기할 수 있다(동법 제23조 제1항 단서).

보안관찰처분심의위원회

구분	내용
설치	보안관찰처분에 관한 사항을 심의·의결하기 위하여 법무부에 보안관찰처분심의위원회를 둔다(동법 제12조 제1항).
구성	위원회는 위원장 1인과 6인의 위원으로 구성한다(동법 제12조 제2항).
위원의 자격 등	① 위원장은 법무부차관(법무부장관 ×)이 되고, 위원은 학식과 덕망이 있는 자로 하되, 그 과반수는 변호사의 자격이 있는 자이어야 한다(동법 제12조 제3항). ② 위원은 법무부장관의 제청으로 대통령이 임명 또는 위촉한다(동법 제12조 제4항). ③ 위촉된 위원의 임기는 2년으로 한다. 다만, 공무원인 위원은 그 직을 면한 때에는 위원의 자격을 상실한다(동법 제12조 제5항). ④ 위원 중 공무원이 아닌 위원도 이 법 기타 다른 법률의 규정에 의한 벌칙의 적용에 있어서는 공무원으로 본다(동법 제12조 제6항).
위원장	① 위원장은 위원회의 사무를 총괄하고 위원회를 대표하며, 위원회의 회의를 소집하고 그 의장이 된다(동법 제12조 제7항). ② 위원장이 사고가 있을 때에는 미리 그가 지정한 위원이 그 직무를 대행한다(동법 제12조 제8항).
의결	위원회의 회의는 위원장을 포함한 재적위원 과반수의 출석으로 개의하고 출석위원 과반수의 찬성으로 의결(일반의결정족수)한다(동법 제12조 제10항).
심의·의결 사항	위원회는 다음의 사안을 심의·의결한다(동법 제12조 제9항). ① 보안관찰처분 또는 그 기각의 결정 ② 면제 또는 그 취소결정 ③ 보안관찰처분의 취소 또는 기간의 갱신결정

제194테마

남북교류협력업무

중요도 C급

「남북교류협력에 관한 법률」 【시행 2024. 4. 17.】

📖 일반론

구분	내용
목적	이 법은 군사분계선 이남지역과 그 이북지역 간의 상호 교류와 협력을 촉진하기 위하여 필요한 사항을 규정함으로써 한반도의 평화와 통일에 이바지하는 것을 목적으로 한다(동법 제1조).
적용범위	남한과 북한의 왕래·접촉·교역·협력사업 및 통신 역무의 제공 등 남한과 북한 간의 상호 교류와 협력을 목적으로 하는 행위에 관하여는 이 법률의 목적 범위에서 다른 법률에 우선하여 이 법을 적용한다(동법 제3조).
판례	① 「남북교류협력에 관한 법률」과 「국가보안법」은 상호 규율목적과 규율원리가 다르며, 그 적용범위를 달리하고 있다. 북한은 통일의 대상인 동시에 대한민국의 안보를 위협하는 반국가단체로서, 이러한 이중적 성격을 동시에 가지고 있다는 측면에서 양 법률은 상호 모순·배치되지 않고 양립이 가능하다. ② 「남북교류협력에 관한 법률」은 북한을 통일을 위한 상대방으로 규정하고 있으며 남북교류협력에 따른 제도적 장치를 마련하기 위한 법률이고, 「국가보안법」은 대한민국의 존립·안전과 자유민주적 기본질서를 수호하기 위한 법률로서 북한을 안보를 위협하는 반국가단체로 인식하고 반국가적 행위에 대한 법적 제재 조치를 규정한 법률이다. ③ 남한과 북한을 왕래하는 행위가 「국가보안법」의 적용이 배제되기 위해서는 우선 그 왕래행위가 남북교류와 협력을 목적으로 하는 것이어야 한다. ④ 대한민국과 북한 사이에 1972년 자주·평화·민족대단결 등의 3대 원칙을 선언한 7·4 남북공동성명이 있었고, '남북 사이의 화해와 불가침 및 교류협력에 관한 합의서'가 체결·발효되었다고 하더라도 그로 인하여 「국가보안법」이 그 규범력을 상실한 것으로 볼 수 없다.

📖 남북한 주민접촉(신고)

구분	내용
접촉신고	① 남한의 주민이 북한의 주민과 회합·통신, 그 밖의 방법으로 접촉하려면 통일부장관에게 미리 신고하여야 한다(동법 제9조의2 제1항). ② 이 경우 미리 신고하는 경우에는 접촉 7일 전까지 신고하여야 하며, 접촉한 후에 신고하는 경우에는 접촉 후 7일 이내에 신고하여야 한다(동법 제9조의2 제2항).
접촉신고의 수리 거부	통일부장관은 접촉에 관한 신고를 받은 때에는 신고의 수리를 거부할 수 있다(동법 제9조의2 제3항).

구분	내용
조건의 부과 유효기간	① 접촉신고를 받은 통일부장관은 북한주민접촉결과보고서 제출 등 조건을 붙이거나, 3년 이내의 유효기간을 정하여 수리할 수 있다. 다만, 대통령령으로 정하는 가족인 북한주민과의 접촉을 목적으로 하는 경우에는 5년 이내의 유효기간을 정할 수 있다(동법 제9조의2 제4항). ② 통일부장관은 필요하다고 인정할 경우 유효기간을 3년의 범위에서 연장할 수 있다(동법 제9조의2 제5항).

📖 남북한 방문(승인)

구분	내용
승인신청	① 남한의 주민이 북한을 방문하거나 북한의 주민이 남한을 방문하려면 대통령령으로 정하는 바에 따라 통일부장관의 방문승인을 받아야 하며, 통일부장관이 발급한 증명서를 소지하여야 한다(동법 제9조 제1항). ② 북한을 방문하기 위하여 통일부장관의 방문승인을 받으려는 남한의 주민과 재외국민은 방문 7일 전까지 방문승인신청서 등을 통일부장관에게 제출하여야 한다(동법 시행령 제12조 제1항).
방문증명서	방문증명서는 유효기간을 정하여 북한방문증명서와 남한방문증명서로 나누어 발급하며, 다음과 같이 구분한다(동법 제9조 제2항). ① 한 차례만 사용할 수 있는 방문증명서 ② 유효기간이 끝날 때까지 여러 차례 사용할 수 있는 방문증명서(복수방문증명서)
복수 방문증명서	복수방문증명서의 유효기간은 5년 이내로 하며, 5년의 범위에서 연장할 수 있다(동법 제9조 제3항).
방문승인	① 통일부장관은 방문승인을 하는 경우 대통령령으로 정하는 범위에서 북한 또는 남한에 머무를 수 있는 방문기간을 부여하여야 하고, 남북교류·협력의 원활한 추진을 위하여 대통령령으로 정하는 바에 따라 북한방문결과보고서 제출 등 조건을 붙일 수 있다(동법 제9조 제4항). ② 방문승인을 받은 사람은 방문기간 내에 한 차례에 한하여 북한 또는 남한을 방문할 수 있다(동법 제9조 제5항). ③ 복수방문증명서를 발급받은 사람 중 외국을 거치지 아니하고 북한 또는 남한을 직접 방문하는 사람 등 대통령령으로 정하는 사람은 제5항에도 불구하고 방문기간 내에 횟수에 제한 없이 북한 또는 남한을 방문할 수 있다. 다만, 방문기간 내에라도 방문 목적이나 경로를 달리하여 방문할 경우에는 통일부장관의 방문승인을 별도로 받아야 한다(동법 제9조 제6항). ④ 통일부장관은 방문승인을 하는 경우 1년 이내의 범위에서 방문기간을 부여할 수 있다(동법 시행령 제12조 제4항).
방문승인 취소	통일부장관은 방문승인을 받은 사람이 다음의 어느 하나에 해당하는 경우에는 그 승인을 취소할 수 있다(동법 제9조 제7항). ① 거짓이나 그 밖의 부정한 방법으로 방문승인을 받은 경우(필수적 취소사유) ② 조건을 위반한 경우 ③ 남북교류·협력을 해칠 명백한 우려가 있는 경우 ④ 국가안전보장, 질서유지 또는 공공복리를 해칠 명백한 우려가 있는 경우

재외국민의 방문절차	① 다음의 재외국민이 외국에서 북한을 왕래할 때에는 통일부장관이나 재외공관의 장에게 신고하여야 한다(동법 제9조 제8항 본문).	
	㉠ 외국정부로부터 영주권을 취득하였거나 이에 준하는 장기체류허가를 받은 사람 ㉡ 외국에 소재하는 외국법인 등에 취업하여 업무수행의 목적으로 북한을 방문하는 사람	
	② 다만, 외국을 거치지 아니하고 남한과 북한을 직접 왕래할 때에는 방문증명서를 소지하여야 한다(동법 제9조 제8항 단서).	

📖 남북한 교역·협력사업(승인)

구분		내용
교역		남한과 북한 간의 거래는 국가 간의 거래가 아닌 민족내부의 거래로 본다(동법 제12조).
협력사업	승인	① 협력사업을 하려는 자는 협력사업마다 통일부장관의 승인을 받아야 한다. 승인을 받은 협력사업의 내용을 변경할 때에도 또한 같다(동법 제17조 제1항). ② 협력사업의 승인을 받으려는 자는 협력사업승인 신청서를 통일부장관에게 제출하여야 한다(동법 시행령 제27조 제1항).
	유효기간	통일부장관은 협력사업의 승인을 하는 경우 남북교류·협력의 원활한 추진을 위하여 대통령령으로 정하는 바에 따라 사업범위 등 조건을 붙이거나 승인의 유효기간을 정할 수 있다(동법 제17조 제3항).
	정지 취소	통일부장관은 협력사업의 승인을 받은 자가 다음의 어느 하나에 해당하면 관계 행정기관의 장과 협의하여 6개월 이내의 기간을 정하여 협력사업의 정지를 명하거나 그 승인을 취소할 수 있다(동법 제17조 제4항). ① 거짓이나 그 밖의 부정한 방법으로 협력사업의 승인을 받은 경우(필수적 취소사유) ② 협력사업 승인의 요건을 갖추지 못하게 된 경우 ③ 변경승인을 받지 아니하고 협력사업의 내용을 변경한 경우 ④ 조건을 위반한 경우 ⑤ 협력사업 정지기간(6개월 이내) 중에 협력사업을 한 경우(필수적 취소사유) ⑥ 조정명령을 따르지 아니한 경우 ⑦ 보고를 하지 아니하거나 거짓으로 보고한 경우 ⑧ 조사를 정당한 사유 없이 거부·기피하거나 방해한 경우 ⑨ 협력사업의 승인을 받고 최근 3년간 계속하여 협력사업의 실적이 없는 경우 ⑩ 협력사업의 시행 중 남북교류·협력을 해칠 명백한 우려가 있는 경우 ⑪ 국가안전보장, 질서유지 또는 공공복리를 해칠 명백한 우려가 있는 행위를 한 경우
	청문	통일부장관은 협력사업의 정지를 명하거나 승인을 취소하려면 청문을 실시하여야 한다(동법 제17조 제5항).

제195테마

북한이탈주민 보호업무

중요도 A급

▎「북한이탈주민의 보호 및 정착지원에 관한 법률」【시행 2024. 8. 7.】

📖 일반론

구분	내용
의의	① 북한이탈주민이란 군사분계선 이북지역(북한)에 주소, 직계가족, 배우자, 직장 등을 두고 있는 사람으로서 북한을 벗어난 후 외국 국적을 취득하지 아니한 사람(외국 국적을 취득한 사람 ×)을 말한다(동법 제2조 제1호). ② 이 법은 대한민국의 보호를 받으려는 의사를 표시한 북한이탈주민에 대하여 적용한다(동법 제3조).
보호의 기본원칙	① 대한민국은 보호대상자를 인도주의(상호주의 ×)에 입각하여 특별히 보호한다(동법 제4조 제1항). ② 대한민국은 외국에 체류하고 있는 북한이탈주민의 보호 및 지원 등을 위하여 외교적 노력을 다하여야 한다(동법 제4조 제2항). ③ 보호대상자는 대한민국의 자유민주적 법질서에 적응하여 건강하고 문화적인 생활을 할 수 있도록 노력하여야 한다(동법 제4조 제3항). ④ 통일부장관은 북한이탈주민에 대한 보호 및 지원 등을 위하여 북한이탈주민의 실태를 파악하고, 그 결과를 정책에 반영하여야 한다(반영할 수 있다 ×)(동법 제4조 제4항).
보호기준	① 보호대상자에 대한 보호 및 지원 기준은 나이, 성별, 세대 구성, 학력, 경력, 자활 능력, 건강 상태 및 재산 등을 고려하여 합리적으로 정하여야 한다(동법 제5조 제1항). ② 이 법에 따른 보호 및 정착지원은 원칙적으로 개인을 단위로 하되, 필요하다고 인정하는 경우에는 대통령령으로 정하는 바에 따라 세대를 단위로 할 수 있다(동법 제5조 제2항). ③ 보호대상자를 정착지원시설에서 보호하는 기간은 1년 이내로 하고, 거주지에서 보호하는 기간은 5년으로 한다. 다만, 특별한 사유가 있는 경우에는 북한이탈주민 보호 및 정착지원협의회의 심의를 거쳐 그 기간을 단축하거나 연장할 수 있다(동법 제5조 제3항). ④ 보호대상자는 특별한 사유가 있는 경우에는 제3항 단서에 따른 보호 기간의 단축 또는 연장을 통일부장관에게 요청할 수 있다(동법 제5조 제4항). ⑤ 통일부장관은 제3항 단서에 따른 보호 기간의 연장과 관련하여 보호 기간의 종료 시점, 보호 기간의 연장 요청 절차 등 대통령령으로 정하는 사항을 보호 기간 종료 전에 보호대상자에게 알려야 한다(동법 제5조 제5항).
정착지원 협의회	① 북한이탈주민에 관한 정책을 협의·조정하고 보호대상자의 보호 및 정착지원에 관한 사항을 심의하기 위하여 통일부에 북한이탈주민 보호 및 정착지원협의회를 둔다(동법 제6조 제1항). ② 협의회는 위원장 1명을 포함한 40명 이내의 위원으로 구성한다. 이 경우 특별시·광역시·특별자치시·도·특별자치도 소속 공무원을 포함한다(동법 제6조 제2항). ③ 위원장은 통일부차관(통일부장관 ×)이 되며, 협의회의 업무를 총괄한다.

📖 북한이탈주민 보호절차 – 발생·입국단계

구분	내용
보호신청	북한이탈주민으로서 이 법에 따른 보호를 받으려는 사람은 재외공관이나 그 밖의 행정기관의 장(각급 군부대의 장을 포함)에게 보호를 직접 신청하여야 한다(동법 제7조 제1항).
국가정보원장의 조치	① 보호신청을 받은 재외공관장 등은 지체 없이 그 사실을 소속 중앙행정기관의 장을 거쳐 통일부장관과 국가정보원장에게 통보하여야 한다(동법 제7조 제2항). ② 통보를 받은 국가정보원장은 보호신청자에 대하여 보호결정 등을 위하여 필요한 조사 및 일시적인 신변안전조치 등 임시보호조치를 한 후 지체 없이 그 결과를 통일부장관에게 통보하여야 한다(동법 제7조 제3항).
보호결정 (이원적 체계)	① 통일부장관은 국가정보원장의 통보를 받으면 협의회의 심의를 거쳐 보호 여부를 결정한다. 다만, 국가안전보장에 현저한 영향을 줄 우려가 있는 사람에 대하여는 국가정보원장이 그 보호 여부를 결정하고, 그 결과를 지체 없이 통일부장관과 보호신청자에게 통보하거나 알려야 한다(동법 제8조 제1항). ② 보호 여부를 결정한 통일부장관은 그 결과를 지체 없이 관련 중앙행정기관의 장을 거쳐 재외공관장 등에게 통보하여야 하고, 통보를 받은 재외공관장 등은 이를 보호신청자에게 즉시 알려야 한다(동법 제8조 제2항).
미보호 결정대상자 (임의규정)	① 보호 여부를 결정할 때 다음의 어느 하나에 해당하는 사람은 보호대상자로 결정하지 아니할 수 있다(아니한다 ×)(동법 제9조 제1항). ㉠ 항공기 납치, 마약거래, 테러, 집단살해 등 국제형사범죄자 ㉡ 살인 등 중대한 비정치적 범죄자(정치적 범죄자 ×) ㉢ 위장탈출 혐의자 ㉣ 국내 입국 후 3년이 지나서 보호신청한 사람(부득이한 사정이 있는 경우에는 제외) ㉤ 그 밖에 국가안전보장·질서유지·공공복리에 대한 중대한 위해 발생 우려, 보호신청자의 경제적 능력 및 해외체류 여건 등을 고려하여 보호대상자로 정하는 것이 부적당하거나 보호 필요성이 현저히 부족하다고 대통령령으로 정하는 사람 ② 통일부장관은 북한이탈주민으로서 보호대상자로 결정되지 아니한 사람에게는 필요한 경우 일정한 보호 및 지원을 할 수 있다(동법 제9조 제3항).

📖 북한이탈주민 보호절차 – 보호·관리단계

구분	내용
정착시설의 설치	통일부장관은 보호대상자에 대한 보호 및 정착지원을 위하여 정착지원시설을 설치·운영한다. 다만, 국가정보원장이 보호하기로 결정한 사람을 위하여는 국가정보원장이 별도의 정착지원시설을 설치·운영할 수 있다(동법 제10조 제1항).

구분	내용
정착지원시설 보호	① 정착지원시설을 설치·운영하는 기관의 장은 보호대상자가 거주지로 전출할 때까지 정착지원시설에서 보호하여야 한다(동법 제11조 제1항). ② 기관의 장은 정착지원시설에서 보호받는 보호대상자에게 보호금품(구호금품 ×)을 지급할 수 있다(동법 제11조 제2항). ③ 보호금품이란 이 법에 따라 보호대상자에게 지급하거나 빌려주는 금전 또는 물품을 말한다(동법 제2조 제4호).
무연고청소년 보호	① 통일부장관은 무연고청소년(보호대상자로서 직계존속을 동반하지 아니한 만 24세 이하의 무연고 아동·청소년)의 보호를 위하여 무연고청소년의 보호자를 선정할 수 있다(동법 제11조의2 제1항). ② 통일부장관은 보호자를 선정할 때에는 무연고청소년의 의사를 존중하여야 한다(동법 제11조의2 제1항).

📖 북한이탈주민 보호절차 – 배출·정착단계

구분	내용
취업보호	① 통일부장관은 보호대상자가 정착지원시설로부터 그의 거주지로 전입한 후 대통령령으로 정하는 바에 따라 최초로 취업한 날부터 3년간 취업보호를 실시한다. 다만, 사회적 취약 계층, 장기근속자 등 취업보호 기간을 연장할 필요가 있는 경우로서 대통령령으로 정하는 사유에 해당하는 경우에는 1년의 범위에서 취업보호 기간을 연장할 수 있다(동법 제17조 제1항). ② 통일부장관은 보호대상자를 고용한 사업주에 대하여는 대통령령으로 정하는 바에 따라 그 취업보호대상자 임금의 2분의 1의 범위에서 고용지원금을 지급할 수 있다(동법 제17조 3항).
특별임용	① 북한에서의 자격이나 경력이 있는 사람 등 북한이탈주민으로서 공무원으로 채용하는 것이 필요하다고 인정되는 사람에 대하여는 북한을 벗어나기 전의 자격·경력 등을 고려하여 국가공무원 또는 지방공무원으로 특별임용할 수 있다(동법 제18조 제1항). ② 북한의 군인이었던 보호대상자가 국군에 편입되기를 희망하면 북한을 벗어나기 전의 계급, 직책 및 경력 등을 고려하여 국군으로 특별임용할 수 있다(동법 제18조 제2항).
신변보호	① 통일부장관은 보호대상자가 거주지로 전입한 후 그의 신변안전을 위하여 국방부장관이나 경찰청장에게 협조를 요청할 수 있으며, 협조요청을 받은 국방부장관이나 경찰청장은 이에 협조한다(동법 제22조의2 제1항). ② 신변보호에 필요한 사항은 통일부장관이 국방부장관, 국가정보원장 및 경찰청장과 협의하여 정한다. 이 경우 해외여행에 따른 신변보호에 관한 사항은 외교부장관과 법무부장관의 의견을 들을 수 있다(동법 제22조의2 제2항). ③ 통일부장관은 협의회의 심의를 거쳐 5년의 범위에서 신변보호기간을 정한다. 이 경우 통일부장관은 보호대상자의 의사를 고려하여야 한다(동법 제22조의2 제3항). ④ 통일부장관은 보호대상자의 의사, 신변보호의 지속 필요성 등을 고려하여 협의회의 심의를 거쳐 신변보호기간을 연장할 수 있다. 다만, 통일부장관은 연장된 기간의 종료 전이라도 보호대상자가 요청하는 경우에는 협의회의 심의를 거쳐 신변보호를 종료할 수 있다(동법 제22조의2 제4항). ⑤ 신변보호기간 및 연장된 기간이 종료된 이후 보호대상자는 통일부장관에게 신변보호 재실시를 요청할 수 있다. 이 경우 통일부장관은 신변보호의 필요성 등을 고려하여 협의회의 심의를 거쳐 5년의 범위에서 신변보호 재실시 여부를 결정한다(동법 제22조의2 제5항).

서진호
경찰학

독한경찰 | police.dokgong.com

제18장

분야별 경찰활동 VII - 외사경찰활동

제196테마~제208테마

제196테마
다자간 협상·다문화사회의 접근 유형

중요도 C급

📖 다자간 협상

구분	내용
환경라운드 (Green Round)	엄격한 환경기준을 가진 선진국들이 자국의 통상관련 입법을 통하여 생태적 덤핑을 규제하는 것을 말한다.
노동라운드 (Blue Round)	엄격한 노동기준을 가진 선진국들이 열악한 노동환경과 저임금에 의한 사회적 덤핑을 규제하는 것을 말한다.
기술라운드 (Technology Round)	개도국의 기술경쟁력의 확보를 저지하기 위한 선진국의 연대 움직임(개발도상국의 연대 움직임 ×)으로서 주로 지적재산권의 보호에 중점을 두는 것을 말한다.
경쟁라운드 (Competition Round)	각국의 국내규제나 정책의 차이로 인하여 무역장애로 등장함에 따라 개방과 내국인 대우를 통한 경제조건의 평균화를 추진하는 것을 말한다.

📖 다문화사회의 접근 유형

구분	내용
자유주의적 다문화주의 (동화주의)	① 자유주의적 다문화주의는 다문화주의를 소수인종과 문화적 소수자에 대한 기회의 평등이라는 측면에서 다문화정책에 접근하는 것을 말한다. ② 사회통합을 이루기 위해 국민·국가 내부의 문화적 다양성을 허용하고, 소수 인종집단의 고유의 문화와 가치를 인정한다. ③ 시민생활이나 공직생활에서는 주류 사회의 언어·문화·제도 등에 따를 것을 요구한다.
조합주의적 다문화주의	① 조합주의적 다문화주의는 자유주의적 다문화주의와 급진적 다문화주의의 절충형태이다. ② 다문화주의를 결과에 있어서의 평등보장이라는 측면에서 접근한다. ③ 소수집단의 사회참가를 촉진하기 위해 적극적인 재정적 또는 법적 원조를 주요 내용으로 하고 있다.
급진적 다문화주의	① 급진적 다문화주의는 다문화주의에 대하여 차이에 대한 권리라는 측면에서 해석하며, 다문화주의는 소수자의 문화적 권리와 결부되어 이해하는 것을 말한다. ② 주류사회의 양식을 부정하고 독자적인 방법으로 소수민족에 의한 문화주의를 지향한다. ③ 소수집단이 자기결정의 원칙을 내세워, 문화적 공존을 넘어서는 소수민족 집단만의 공동체 건설을 지향한다.

제197테마

외사경찰활동의 대상

중요도 A급

📖 일반외국인

구분	내용
의의	① 일반외국인이란 자국의 국적을 가지고 있지 않은 모든 사람(대한민국의 국적을 가지고 있지 않은 모든 사람)을 말한다. ② 공적 기관의 지위를 가지고 있는 외국의 국가원수, 외교사절, 외국군대의 구성원 등은 일반외국인에 포함되지 않는다.
이중국적자	① 자국국적과 외국국적을 갖고 있는 자는 「국적법」상 내국인으로 취급한다. ② 이중국적자는 체류국의 통치권에 복종해야 하고, 동시에 자국의 통치권에도 복종해야 하는 이중적 복종의 지위를 가진다.
보호	① 상호주의는 외국이 그 외국에 있는 자국민에게 인정하는 것과 동일한 정도의 권리·의무를 자국에 있는 외국인에게 인정하는 것을 말한다. ② 평등주의는 자국에 있는 외국인에게 자국민과 동일한 정도의 권리·의무를 인정하는 것을 말한다.

📖 외교사절

1. 일반론

구분	내용
의의	① 외교사절이라 함은 외교교섭, 기타의 직무를 수행하기 위하여 외국에 파견되는 국가의 대외적 대표기관을 말한다. ② 외교사절이 행한 행위의 사실적·법률적 효과는 파견국가에 귀속된다. ③ 외교사절은 그를 접수한 국가 또는 국제조직과의 관계에서만 그가 속하고 있는 국가를 대표하는 것이 원칙이고, 국가원수·외교부장관처럼 모든 국가나 국제조직과의 관계에서 그가 속하는 국가를 대표하는 것은 아니다.
종류	상임외교사절과 임시외교사절이 있다.
구성원	① 공관장(대사), 외교직원, 행정·기능직원, 노무직원, 개인사용인이 있다. ② 공관장(대사)과 외교직원은 「비엔나 협약」의 모든 특권과 면제를 향유한다.

2. 외교사절의 파견 · 접수

구분	내용
아그레망 요청	① 아그레망의 요청이란 외교사절의 파견을 희망하는 국가가 파견하기 전에 접수국에게 특정인의 임명 및 파견에 관하여 이의의 유무를 문의하고 사전 동의를 구하는 것을 의미한다. ② 외교사절단의 장만 아그레망이 필요하다(기타 직원은 필요가 없다).
아그레망 부여	① 아그레망의 부여란 파견국의 아그레망 요청에 대하여 접수국이 이의가 없다고 회답하며 동의하는 것을 의미한다. ② 접수국은 아그레망을 거절할 자유를 가진다. ③ 아그레망을 부여한 이후 해당 특정인이 비우호적인 인물이라고 선언되었을 때에는 파견국에 대하여 외교사절의 소환을 요구할 수 있다.
신임장의 부여 · 휴대	아그레망이 부여된 이후 임명 · 파견된 외교사절은 그 자격을 증명하는 일정형식의 공문서인 신임장을 부여 후 접수국에 파견된다.
신임장의 제출	대사 · 공사의 경우에는 접수국의 원수에게, 대리공사의 경우에는 접수국의 외무부장관에게 각각 제출한다.

3. 외교사절의 직무

구분	내용
내용	파견국 대표, 외교교섭, 관찰과 보고, 자국민의 보호 및 감독, 우호관계 형성 및 촉진
개시	① 신임장의 정본을 접수국의 외무부 당국에 제출시부터 직무가 개시된다. ② 외교사절의 특권은 외교사절이 주재국에 입국시부터 인정된다.

4. 외교사절의 특권(외교특권)

구분		내용
의의		① 외교특권이란 일반외국인과는 달리 외교사절이 갖는 특권적 지위를 의미한다. ② 외교특권이 인정되는 시기는 아그레망이 부여된 후 신임장을 휴대하고 입국한 즉시 인정되고, 외교특권이 종료되는 시기는 접수국의 영역을 출국한 때이다. ③ 외교특권과 면제는 외교사절의 가족에게도 인정된다.
불가침권	신체 불가침	① 외교관의 신체는 불가침의 대상이다. ② 어떠한 형태의 체포 · 구금도 당하지 아니한다. ③ 다만, 사건이 중대할 경우에는 소환을 요구하거나 추방조치를 취하거나, 긴급한 필요가 있을 때는 일시적으로 신체의 자유를 구속할 수 있다.
	관사 불가침	① 외교공관은 물론 외교관의 개인 주택도 불가침의 대상이다. ② 외교사절의 승용차 · 보트 · 비행기 등 교통수단도 불가침의 대상이 된다. 따라서 외교사절의 동의 없이 출입 · 수색 · 강제집행 등을 할 수 없다. ③ 화재나 감염병의 발생 등과 같이 공안을 유지하기 위하여 긴급을 요하는 경우에는 외교사절의 동의 없이 공관에 들어갈 수 있다.
	문서 불가침	① 외교공관의 문서 또는 서류는 언제나, 어디서나 불가침의 대상이 된다. ② 외교공관의 문서가 간첩행위의 서증이 되는 경우 그것을 접수국이 입수한 경우에는 그 문서는 불가침권을 상실한다.

면제권	재판권	① 외교사절은 접수국의 형사재판 관할권으로부터 면제된다. ② 외교사절은 일부 경우를 제외하고는 민사·행정재판 관할권으로부터 면제된다(자진출소와 응소의 경우에는 재판할 수 있다). ③ 증언의무를 지지는 않지만, 스스로 원하여 증언할 수는 있다.
	과세권	① 외교사절은 원칙적으로 접수국의 조세부과로부터 면제된다. ② 간접세, 외교사절의 사유 부동산에 대한 취득세·상속세·사용료 등에 대해서는 면제되지 않는다. ③ 전기·가스·수도 등의 공공요금의 경우 원칙적으로 면제되지 않으나, 실제적으로는 국제예의상 면제되는 경우가 대부분이다.
	경찰권	① 외교사절은 접수국의 경찰권으로부터 면제된다(자진해서 준수할 것이 기대). ② 외교사절에게 완전하게 자유로이 행동할 특권을 부여하는 것은 아니므로, 운전면허 행정처분 또는 과속운전에 대한 경우 범칙금납부고지서를 발부할 수 있다(다만, 이를 공권력으로 관철할 수는 없다).

📖 국제기구 구성원

구분	내용
의의	① 국제기구란 다수의 국가가 조약의 형태로 자발적 합의에 의하여 결합된 단체를 말한다. ② 국제기구 구성원이란 주한 국제기구의 정규직원, 기술·문화협정에 의해 입국한 기술자·강사 등의 전문가, 국제기구의 전문요원 및 그 가족으로서 외교부장관이 발급한 특별신분증 소지자를 의미한다.
종류	대표적인 국제기구에는 국제연합(UN), 북대서양조약기구(NATO) 등이 있다.

📖 외국군대

1. 일반론

구분	내용
법적 근거	외국군대의 주둔은 파견국과 접수국간의 합의에 의한 것이다. 따라서 평시에 군대가 타국의 영역에 주둔하려면 원칙적으로 조약상의 근거나 타국의 승낙이 있어야 한다.
전쟁 상태	외국군대의 주둔은 전시가 아닌 평시상태이다.
법적 지위	주둔하고 있는 외국군대의 법적 지위는 파견국과 접수국의 조약으로 정해진다.
영유권	파견국·접수국간의 우호관계에 의한 주둔이므로 주둔지역의 영유권 귀속과는 무관하다.

2. 외국군대의 지위

구분	내용
출입국관리	외국군대나 그 구성원의 경우 통상 출입국 절차를 간소화하여 진행한다.
통관 관세	① 외국군대는 원칙적으로 접수국의 관세법의 적용을 받는다. ② 다만, 일반적으로 공용 또는 공인기관을 통해 수입한 물건에 대하여는 관세를 면제한다. ③ 외국 군인이 근무하여 얻은 소득은 조세를 면제한다.
형사재판 관할	① 외국군대나 그 구성원은 국제법상 원칙상 국가면제를 누리지 못하며, 접수국의 형사재판 관할권에 속하게 된다. ② 군대의 영사는 불가침이며, 주류지역 내에서는 재판권이 면제된다.
민사재판 관할	외국군대나 그 구성원은 국가면제를 누리지 못하며, 한국법원의 민사재판 관할권이 인정된다.
접수국의 법령 준수	외국군대나 그 구성원은 영토국인 접수국의 법령을 준수하여야 하며, 접수국의 정치에 개입하는 것은 허용되지 아니한다.

제198테마
주한미군지위협정

중요도 B급

📖 일반론

구분	내용
의의	주한미군지위협정(SOFA)은 「대한민국과 아메리카합중국간의 상호방위조약」 제4호에 의한 「시설과 구역 및 대한민국에서의 합중국 군대의 지위에 관한 협정」을 의미한다.
기본원칙	주한미군지위협정은 주한미군의 법적 지위를 규정한 협정으로서 접수국법령 존중의 원칙을 기본으로 하되, 주한미군의 효율적 업무수행을 위하여 여러 편의와 배려를 제공한다.
효력	① 주한미군지위협정은 국회의 비준을 거친 조약으로서 국내법과 동일한 효력을 가진다. ② 한국과 미국은 모두 어느 때든지 주한미군지위협정에 관한 개정을 요청할 수 있다.

📖 적용범위

구분		내용
인적 범위	미국 군대의 구성원	① 미국 군대의 구성원은 대한민국 영역 안에 있는 미국의 육군·해군·공군에 속하는 인원으로서 현역에 복무하고 있는 자를 말한다. ② 우리나라에 공무상의 사유로 와 있는 미군에게도 적용된다. ③ 사적으로 국내에 와 있는 미군(휴가 등)은 해당하지 않는다. ④ 한·미 양국의 국적을 보유한 복수국적자인 경우에는 그가 주한미군사령관의 지휘 또는 통제를 받는 자라면 본 협정의 적용대상이 된다.
	군속(군무원)	군속은 미국 국적을 가진 민간인(또는 대한민국 외의 국적)으로서, 대한민국에 있는 미국 군대에 고용되어 근무하거나 또는 동반하는 사람을 말한다.
	구성원 가족	구성원의 가족이란 미군의 구성원 또는 군속의 가족 중 배우자 및 21세 미만의 자녀, 부모 및 21세 이상의 자녀 또는 기타 친척으로서 그 생계비의 2분의 1 이상을 미국 군대의 구성원 또는 군속에 의존하는 자를 말한다.
	초청계약자	초청계약자란 미군 또는 미군으로부터 군수지원을 받는 통합사령부 산하 주한 외국군대를 위한 미국과의 계약이행만을 위하여 대한민국에 체류하는 자로서, 소정의 지정절차를 거친 자를 말한다.
장소적 범위		주한미군지위협정은 우리나라 영역 내에서 범한 범죄에 대하여만 적용한다.
시간적 범위	효력 종료	주한미군지위협정은 「한·미상호방위조약」의 효력 종료시까지 유효하다.
	일방의 통고	「한·미상호방위조약」은 일방 당사국의 통고 후 1년 경과시에 효력이 종료된다.

📖 형사재판권(분장의 원칙)

1. 전속적 재판권

구분		내용
의의		전속적 재판권은 한·미 양국 중 어느 일방 국가의 법령에 의해서는 처벌할 수 있으나, 다른 일방 국가의 법령에 의해서는 처벌할 수 없는 경우에 처벌이 가능한 국가만이 배타적으로 형사재판권을 행사하는 경우를 의미한다.
행사	미군	미군 당국은 미합중국 법령에 의하여서는 처벌할 수 있으나, 대한민국 법령에 의하여서는 처벌할 수 없는 범죄에 관하여 전속적 재판권을 행사할 권리를 가진다.
	대한민국	대한민국 당국은 미군의 구성원이나 군속 및 그 가족에 대하여, 대한민국 법령에 의하여서는 처벌할 수 있으나, 미국 법령에 의하여서는 처벌할 수 없는 범죄에 관하여 전속적 재판권을 행사할 권리를 가진다.

2. 경합적 재판권

구분		내용
의의		경합적 재판권은 미군 당국과 대한민국 당국의 법률에 의해 모두 처벌할 수 있는 범죄에 대해서 양국이 재판권을 가지는 것을 의미한다.
미국의 1차적 재판권		미군 당국은 「주한미군지위협정」 대상자의 다음의 범죄에 대한 제1차적 재판권을 가진다. ① 오로지 합중국의 재산이나 안전에 관한 범죄 ② 오로지 합중국 군대의 타 구성원이나 군속 또는 그들 가족의 신체나 재산에 대한 범죄 ③ 공무집행 중의 작위 또는 부작위에 의한 범죄
공무집행 중 범죄	직접적 관련성	공무집행 중의 범죄가 되기 위해서는 범죄가 공무집행 중이거나 공무집행중에 부수하여 발생하고, 공무집행과 범죄가 직접적인 관련성을 가져야 한다.
	공무증명서	미군 당국이 발행한 공무증명서가 공무 여부의 판단에 있어서 충분한 증거가 된다.
	의견조정	① 검사가 미군의 공무증명서를 거부하게 되면, 10일의 이의제기기간과 30일의 조정기간을 두고 미군과 의견조정을 하게 된다. ② 의견조정이 되지 않을 경우 한·미 동수가 참여하는 합동위원회가 구성되어 위원회의 결정에 따르게 된다.
대한민국의 1차적 재판권		① 미군 당국의 제1차적 재판권 이외의 사항에 대하여는 대한민국 당국이 재판권을 행사할 제1차적 권리를 가진다. ② 대한민국 당국은 미군 당국의 요청이 있으면, 대한민국 당국이 재판권을 행사함이 특히 중요하다고 결정되는 경우를 제외하고는 재판권을 행사할 제1차적 권리를 포기한다.

📖 시설·구역에 대한 경찰권

구분		내용
시설·구역 내부	원칙	① 미군 당국은 그 시설 및 구역 내부에서 범죄를 행한 모든 자를 체포할 수 있는 권리를 가진다. ② 대한민국 당국은 미군 당국의 동의가 있는 경우, 중대한 죄를 범하고 도주하는 현행범인을 추적하는 경우에는 미군 시설 및 구역 내부에서 범인을 체포할 수 있는 권리를 가진다.
	대상자 (O)	① 대한민국 당국이 형사재판권을 행사할 수 있는 주한미군지위협정 대상자를 미군이 구금하고 있거나 미군 시설 및 구역 내부에 있는 경우에는, 대한민국 경찰은 이들의 신병을 인도해 주도록 미군 당국에 요청할 수 있다. ② 요청 이외에는 신병을 확보할 방법이 없다.
	대상자 (X)	주한미군지위협정 대상자가 아닌 자가 미군 시설 및 구역의 내부에 있는 경우, 대한민국 당국이 요청하는 경우에는 미군 당국은 그 자를 체포하여 즉시 인도하여야 한다.
시설·구역 주변		① 미군 군사경찰은 시설 및 구역 주변에서 국적 여하를 불문하고, 시설 및 구역의 안전에 대한 현행범인을 체포 또는 유치할 수 있다. ② 그 현행범이 주한미군지위협정 대상자가 아닌 경우에는 즉시 대한민국 경찰에 인도하여야 한다.
압수 수색 검증		대한민국 당국은 미군 당국이 동의하는 경우가 아니면, 시설 및 구역 내부에서 사람이나 재산에 관하여 또는 시설 및 구역 내·외를 불문하고 미군 재산에 관하여 압수·수색·검증을 할 수 없다.
반환시의 원상회복의무		① 미국은 시설과 구역의 반환시 제공 당시의 상태로 원상회복을 할 의무를 지지 아니 하며 원상회복 대신 한국정부에 보상하여야 할 의무도 없다. ② 미군은 한국 내의 시설과 구역을 무상으로 사용할 수 있으며, 이는 시설과 구역의 사용료 또는 임대료를 받지 않는다는 의미이다.

📖 주한미군지위협정에 따른 손해배상 분담비율

구분		내용
공무 중 사건		공무 중 사건의 경우 국가배상 청구절차에 따라 국가가 피해를 입은 국민에게 배상하고 추후 우리 정부가 주한미군 측을 상대로 구상권을 행사한다(간접배상의 원칙).
	미군 책임	공무 중 사건으로 인한 피해가 전적으로 미군 측의 책임으로 밝혀진 경우 미군 측이 75%, 한국 측이 25%를 부담하여 배상한다.
	공동책임	한·미 측의 공동책임 또는 책임한계가 불분명한 경우 균등부담(각각 50%)한다.
	신청 기한	배상신청의 기한은 피해행위가 있던 날로부터 5년 이내이다.
비공무 중 사건		① 비공무 중 사건의 경우 우리 정부가 손해배상액을 산정한 후 미군에 통보하면, 주한미군 측이 배상금 지급여부 및 배상액을 최종 결정하여 직접 배상한다. ② 피해자가 미군 당국이 결정한 보상금지급에 전적으로 동의할 경우 100%를 미군이 부담한다. ③ 배상신청기한은 피해행위가 있던 날로부터 2년 이내이다.

제199테마
국제형사경찰기구(인터폴)

중요도 A급

📖 일반론

구분		내용
의의		① 국제형사경찰기구(인터폴)는 국제화에 따른 범죄의 무국경화에 대응하고, 국제범죄의 예방과 진압을 위해, 인터폴 헌장과 국내법이 허용하는 범위 안에서, 회원국 경찰 당국 상호 간에 범죄정보를 교환하고 범인의 검거 등에 상호 협력하는 국제기구를 말한다. ② 국제형사경찰기구는 회원국 상호 간의 협력기구이지 국제수사기관은 아니다.
기본원칙	목적	① 회원국 각국의 현행 법률의 범위 내에서 세계인권선언의 정신에 입각하여 모든 형사경찰 당국 간의 협조를 최대한 보장 및 증진하고 범죄의 예방과 진압에 효과적으로 기여할 수 있는 모든 제도를 설립·발전시키는 것이 목적이다. ② 정치적·종교적·군사적 또는 인종적 성격을 띤 사항에 간섭하는 것은 금지된다.
	가입	① 국제형사경찰기구에 가입하기 위해서는 국가의 공식 경찰기관이 회원으로 가입할 수 있다. ② 정부당국이 인터폴 사무총장에게 가입신청서 제출 후 총회에서 참석회원국 3분의 2 이상의 찬성을 얻어야 가입할 수 있다.
법적 지위		① 인터폴은 회원국 정부가 어떤 권리나 권위를 위임함이 없이 인터폴 헌장과 회원국 자체 내의 현행 법률의 범위 내에서 그 기능을 수행한다. ② 인터폴 헌장은 국제조약이나 협약이 아니라 경찰기관들의 국제적 공조기구의 헌장일 뿐이므로 외교적 서명이나 정부의 비준을 필요로 하지 않는다.
활동	자료수집 소재수사	① 국제형사경찰기구는 국제수사기관이 아니다. ② 범죄에 관한 자료수집 및 범죄인 소재수사 등에 주력할 뿐, 국제적인 사법경찰로서 형사범을 체포하거나 구속하는 등에 대한 권한은 없다.
	상호협력	국제형사경찰기구는 범죄예방 및 진압을 위해 인터폴 회원국의 현행법 범위 내에서 회원국 간에 다방면에 걸쳐 상호 협력한다.

📖 국제형사경찰기구의 발전과정

구분	내용
1914년 모나코	1914년 모나코에서 국제형사경찰회의가 개최되어 국제범죄 기록보관소의 설립, 범죄인 인도절차의 표준화 등에 대하여 논의하였는바, 이것이 국제경찰협력의 기초가 되었다.
1923년 비엔나	1923년 비엔나에서 19개국 경찰기관장이 참석하여 유럽대륙 위주의 국제형사경찰위원회를 창설하였다.
1956년 비엔나	1956년 비엔나 제25차 국제형사경찰위원회 총회에서 국제형사경찰기구, 즉 인터폴로 명칭이 변경되어 오늘날에 이르고 있다.
비고	① 1971년 국제연합에서 정부 간 국제기구로 인정되었고, 우리나라는 1964년에 가입하였다. ② 현재 인터폴 본부는 프랑스 리옹에 있고, 북한의 경우 인터폴 회원국이 아니다.

📖 인터폴 국제수배

구분		내용
의의		① 인터폴 국제수배란 인터폴 사무총국에서 국외도피범, 실종자, 우범자 및 장물 등 국제범죄와 관련된 수배대상인 인적·물적 사항에 관한 정확한 자료를 각 회원국에 통보하여 정보를 공유함으로써 그 대상을 색출·감시·검거하는 국제 공동대응체계를 의미한다. ② 인터폴 사무총국은 각 회원국에서 수배 의뢰한 것을 종합하여 수시로 국제수배서를 발행하여, 우편 또는 인터폴 전용 통신망을 이용하여 각 회원국에 배포한다.
종류	적색수배서 (국제체포)	일반형법을 위반하여 체포영장이 발부되고 범죄인 인도를 목적으로 하는 경우에 한하여 발행
	청색수배서 (국제정보조회)	수배자의 신원·전과·소재의 확인
	녹색수배서 (상습국제범죄자)	상습 국제범죄자의 동향 파악 및 범죄예방
	황색수배서 (가출인)	가출인의 소재 확인 및 기억상실자의 신원 확인
	흑색수배서 (변사자)	신원불상 사망자 또는 가명 사용 사망자의 신원 확인
	자주색수배서 (범죄수법)	새로운 범죄수법을 분석하여 각 회원국에 배포
	오렌지수배서 (위험물질경고)	폭발물 등 위험물에 대한 경고
발행		사무총국은 각 회원국의 수배요청서를 종합하여 월 1회 국제수배서를 발행하여 배포한다.
해제		수배를 요청한 회원국은 수배취소사유가 발생한 때에는 인터폴 사무총국에 통보하고, 사무총국은 이를 종합하여 월 2회 수배해제를 각 회원국에 통보한다.

제200테마

범죄인 인도

「범죄인 인도법」【시행 2021. 1. 5.】

📖 일반론

구분	내용
의의	범죄인 인도란 한 국가의 「형법」 및 기타 형사관계법에 위반한 범죄인이 다른 나라에 있는 경우에, 범죄인의 현재지 국가가 범죄지 국가의 요청에 따라 그 범죄인을 인도하는 것을 의미한다.
성질	① 범죄인 인도는 조약상의의무 또는 국제예양에 의하여 행하여진다. ② 범죄인 인도에 관하여 인도조약에 「범죄인 인도법」과 다른 규정이 있는 경우에는 그 규정에 따른다(동법 제3조의2). 즉, 조약의 우선적 효력을 인정하고 있다. ③ 인도조약이란 대한민국과 외국 간에 체결된 범죄인의 인도에 관한 조약·협정 등의 합의를 말한다(동법 제2조 제1호).
전속관할	이 법에 규정된 범죄인의 인도심사 및 그 청구와 관련된 사건은 서울고등법원과 서울고등검찰청의 전속관할로 한다(동법 제3조).
대상범죄	대한민국과 청구국의 법률에 따라 인도범죄가 사형, 무기징역, 무기금고, 장기 1년 이상의 징역 또는 금고에 해당하는 경우에만 범죄인을 인도할 수 있다(동법 제6조).

📖 범죄인 인도의 원칙

구분	내용
상호주의	인도조약이 체결되어 있지 아니한 경우에도 범죄인의 인도를 청구하는 국가가 같은 종류 또는 유사한 인도범죄에 대한 대한민국의 범죄인 인도청구에 응한다는 보증을 하는 경우에는 이 법을 적용한다(동법 제4조).
쌍방 가벌성의 원칙	청구국과 피청구국 쌍방의 법률에 따라 범죄를 구성하지 않는 경우에는 범죄인을 인도하지 않는다(동법 제6조).
정치범 불인도의 원칙	① 인도범죄가 정치적 성격을 지닌 범죄이거나 그와 관련된 범죄인 경우에는 인도하여서는 아니 된다(아니할 수 있다 ×)(동법 제8조 제1항 본문). ② 정치범죄의 해당 여부는 전적으로 피청구국의 판단에 의존한다. ③ 인도청구가 범죄인이 범한 정치적 성격을 지닌 다른 범죄에 대하여 재판을 하거나 그러한 범죄에 대하여 이미 확정된 형을 집행할 목적으로 행하여진 것이라고 인정되는 경우에는 범죄인을 인도하여서는 아니 된다(동법 제8조 제2항).
자국민 불인도의 원칙	범죄인이 대한민국 국민인 경우 인도하지 아니할 수 있다(아니한다 ×)(동법 제9조).

구분	내용
특정성의 원칙	인도된 범죄인이 인도가 허용된 범죄 외의 범죄로 처벌받지 아니하고 제3국에 인도되지 아니한다는 청구국의 보증이 없는 경우에는 범죄인을 인도하여서는 아니 된다(아니할 수 있다 ×)(동법 제10조).
최소한 중요성의 원칙	사형, 무기징역, 무기금고, 장기 1년 이상의 징역 또는 금고에 해당하는 경우에만 범죄인을 인도할 수 있다(동법 제6조).
유용성의 원칙	시효의 완성, 사면 등으로 처벌하지 못하는 범죄자는 인도대상에서 제외된다(동법 제7조 제1호).

📖 범죄인 인도의 거절사유

구분	내용
절대적 거절사유	다음의 어느 하나에 해당하는 경우에는 범죄인을 인도하여서는 아니 된다(동법 제7조). ① 대한민국 또는 청구국의 법률에 따라 인도범죄에 관한 공소시효 또는 형의 시효가 완성된 경우 ② 인도범죄에 관하여 대한민국 법원에서 재판이 계속 중이거나 재판이 확정된 경우 ③ 범죄인이 인도범죄를 범하였다고 의심할 만한 상당한 이유가 없는 경우. 다만, 인도범죄에 관하여 청구국에서 유죄의 재판이 있는 경우는 제외한다. ④ 범죄인이 인종, 종교, 국적, 성별, 정치적 신념 또는 특정 사회단체에 속한 것 등을 이유로 처벌되거나 그 밖의 불리한 처분을 받을 염려가 있다고 인정되는 경우
임의적 거절사유	다음의 어느 하나에 해당하는 경우에는 범죄인을 인도하지 아니할 수 있다(동법 제9조). ① 범죄인이 대한민국 국민인 경우 ② 인도범죄의 전부 또는 일부가 대한민국 영역에서 범한 것인 경우 ③ 범죄인의 인도범죄 외의 범죄에 관하여 대한민국 법원에 재판이 계속 중인 경우 또는 범죄인이 형을 선고받고 그 집행이 끝나지 아니하거나 면제되지 아니한 경우 ④ 범죄인이 인도범죄에 관하여 제3국(청구국이 아닌 외국을 말한다)에서 재판을 받고 처벌되었거나 처벌받지 아니하기로 확정된 경우 ⑤ 인도범죄의 성격과 범죄인이 처한 환경 등에 비추어 범죄인을 인도하는 것이 비인도적이라고 인정되는 경우
정치적 범죄	① 인도범죄가 정치적 성격을 지닌 범죄이거나 그와 관련된 범죄인 경우에는 범죄인을 인도하여서는 아니 된다. 다만, 인도범죄가 다음의 어느 하나에 해당하는 경우에는 범죄인을 인도할 수 있다(동법 제8조 제1항). 　㉠ 국가원수·정부수반 또는 그 가족의 생명·신체를 침해하거나 위협하는 범죄 　㉡ 다자간 조약에 따라 대한민국이 범죄인에 대하여 재판권을 행사하거나 범죄인을 인도할 의무를 부담하고 있는 범죄 　㉢ 여러 사람의 생명·신체를 침해·위협하거나 이에 대한 위험을 발생시키는 범죄 ② 인도청구가 범죄인이 범한 정치적 성격을 지닌 다른 범죄에 대하여 재판을 하거나 그러한 범죄에 대하여 이미 확정된 형을 집행할 목적으로 행하여진 것이라고 인정되는 경우에는 범죄인을 인도하여서는 아니 된다(동법 제8조 제2항).

📖 범죄인 인도청구 절차(외국 → 대한민국)

구분	내용
인도청구서 접수	① 범죄인 인도는 조약이 체결되어 있는 경우에 한하여 외교부에 범죄인 인도청구서를 보냄으로써 청구할 수 있는 것이 원칙이다. ② 조약체결이 안된 나라에서는 상호보증서를 첨부해야 한다.
외교부장관 조치	외교부장관은 청구국으로부터 범죄인의 인도청구를 받았을 때에는 인도청구서와 관련 자료를 법무부장관에게 송부하여야 한다(동법 제11조).
법무부장관 조치	① 법무부장관은 외교부장관으로부터 인도청구서 등을 받았을 때에는 이를 서울고등검찰청 검사장에게 송부하고, 그 소속 검사로 하여금 서울고등법원에 범죄인의 인도허가 여부에 관한 심사를 청구하도록 명하여야 한다(동법 제12조 제1항). ② 법무부장관은 인도심사청구명령을 하지 아니하는 경우에는 그 사실을 외교부장관에게 통지하여야 한다(동법 제12조 제2항).
검사의 인도심사청구	① 검사는 법무부장관의 인도심사청구명령이 있을 때에는 지체 없이 법원에 인도심사를 청구하여야 한다(동법 제13조 제1항). ② 범죄인이 인도구속영장에 의하여 구속되었을 때에는 구속된 날부터 3일 이내에 인도심사를 청구하여야 한다(동법 제13조 제2항).
법원의 인도심사	① 법원은 인도심사의 청구를 받았을 때에는 지체 없이 인도심사를 시작하여야 한다(동법 제14조 제1항). ② 법원은 범죄인이 인도구속영장에 의하여 구속 중인 경우에는 구속된 날부터 2개월 이내에 인도심사에 관한 결정을 하여야 한다(동법 제14조 제2항).
법원의 결정	① 법원은 인도심사의 청구에 대하여 각하결정, 인도거절 결정, 인도허가 결정을 하여야 한다(동법 제15조 제1항). ② 범죄인이 청구국으로 인도되는 것에 동의한 경우 법원은 신속하게 결정을 하여야 한다. 이 경우 임의적 인도거절 사유에 해당한다고 하더라도 인도거절 결정을 할 수 없다(할 수 있다 ×)(동법 제15조의2).
범죄인의 석방	① 검사는 다음의 어느 하나에 해당하는 경우에는 지체 없이 구속 중인 범죄인을 석방하고, 법무부장관에게 그 내용을 보고하여야 한다(동법 제32조 제1항). 　㉠ 법무부장관의 인도심사청구명령의 취소가 있는 경우 　㉡ 법원의 인도심사청구 각하결정이 있는 경우 　㉢ 법원의 인도거절 결정이 있는 경우 ② 법무부장관은 범죄인이 석방되었을 때에는 외교부장관에게 그 사실을 통지하여야 한다(동법 제32조 제2항).

법무부장관 명령	① 법무부장관은 법원의 인도허가 결정이 있는 경우에는 서울고등검찰청 검사장에게 그 소속 검사로 하여금 범죄인을 인도하도록 명하여야 한다(동법 제34조 제1항). ② 법무부장관은 범죄인을 인도하지 아니하는 경우에는 서울고등검찰청 검사장에게 그 소속 검사로 하여금 구속 중인 범죄인을 석방하도록 명함과 동시에 외교부장관에게 그 사실을 통지하여야 한다(동법 제34조 제2항). ③ 법무부장관은 통지가 있은 후에는 해당 인도청구에 대한 범죄인의 인도를 명할 수 없다(동법 제34조 제4항).
인도장소 인도기한	① 법무부장관의 인도명령에 따른 범죄인의 인도는 범죄인이 구속되어 있는 교도소, 구치소 또는 그 밖에 법무부장관이 지정하는 장소에서 한다(동법 제35조 제1항). ② 인도기한은 인도명령을 한 날부터 30일로 한다(동법 제35조 제2항). ③ 인도명령을 할 당시 범죄인이 구속되어 있지 아니한 경우의 인도기한은 범죄인이 인도집행장에 의하여 구속되었거나 구속의 집행정지 취소에 의하여 다시 구속된 날부터 30일로 한다(동법 제35조 제3항).
불복신청	범죄인 인도에 관한 결정에 대하여는 불복신청이 인정되지 않는다.

제201테마

국제형사사법공조

「국제형사사법 공조법」【시행 2021. 1. 5.】

📖 일반론

구분		내용
의의		국제형사사법공조란 형사사건에 있어서의 수사·기소·재판절차와 관련하여 어느 한 국가의 요청에 의하여 다른 국가가 행하는 형사사법상의 협조를 의미한다.
기본원칙	상호주의	공조조약이 체결되어 있지 아니한 경우에도 동일하거나 유사한 사항에 관하여 대한민국의 공조요청에 따른다는 요청국의 보증이 있는 경우에는 이 법을 적용한다(동법 제4조).
	쌍방 가벌성	형사사법공조의 대상이 되는 범죄는 피요청국과 요청국 모두에게 처벌 가능한 범죄이어야 한다는 원칙을 말한다.
	특정성	요청국이 공조에 의하여 취득한 증거를 공조요청의 대상이 된 범죄 이외의 수사나 재판에 사용해서는 안 되며, 피요청국의 증인 등이 공조요청에 따라 요청국에 출두한 경우 피요청국을 출발하기 이전의 행위로 인해 구금·소추를 비롯한 어떠한 자유도 제한받지 않는다는 원칙을 말한다.
공조조약		공조에 관하여 공조조약에 이 법과 다른 규정이 있는 경우에는 그 규정에 따른다(동법 제3조). 즉, 조약의 우선적 효력을 인정하고 있다.

📖 국제형사사법공조의 범위, 제한, 연기

구분	내용
범위	국제형사사법공조의 범위는 다음과 같다(동법 제5조). ① 서류 또는 물건의 소재에 대한 수사 ② 서류·기록의 제공·송달 ③ 증거 수집, 압수·수색 또는 검증 ④ 증거물 등 물건의 인도 ⑤ 진술 청취, 그 밖에 요청국에서 증언하게 하거나 수사에 협조하게 하는 조치
제한 (임의사항)	다음의 어느 하나에 해당하는 경우에는 공조를 하지 아니할 수 있다(동법 제6조). ① 대한민국의 주권, 국가안전보장, 안녕질서 또는 미풍양속을 해칠 우려가 있는 경우 ② 인종, 국적, 성별, 종교, 사회적 신분 또는 특정 사회단체에 속한다는 사실이나 정치적 견해를 달리한다는 이유로 처벌되거나 형사상 불리한 처분을 받을 우려가 있다고 인정되는 경우 ③ 공조범죄가 정치적 성격을 지닌 범죄이거나, 공조요청이 정치적 성격을 지닌 다른 범죄에 대한 수사 또는 재판을 할 목적으로 한 것이라고 인정되는 경우 ④ 공조범죄가 대한민국의 법률에 의하여는 범죄를 구성하지 아니하거나 공소를 제기할 수 없는 범죄인 경우 ⑤ 이 법에 요청국이 보증하도록 규정되어 있음에도 불구하고 요청국의 보증이 없는 경우

연기 (임의사항)	대한민국에서 수사가 진행 중이거나 재판에 계속된 범죄에 대하여 외국의 공조요청이 있는 경우에는 그 수사 또는 재판 절차가 끝날 때까지 공조를 연기할 수 있다(동법 제7조).

📖 외국의 요청에 따른 공조(외국 → 대한민국)

요청국의 공조요청 → 외교부장관 → 법무부장관 → 지방검찰청검사장 → 검사 → 경찰

구분	내용
접수	공조요청 접수 및 요청국에 대한 공조 자료의 송부는 외교부장관이 한다. 다만, 긴급한 조치가 필요한 경우나 특별한 사정이 있는 경우에는 법무부장관이 외교부장관의 동의를 받아 이를 할 수 있다(동법 제11조).
방식	요청국에 대한 공조는 대한민국의 법률에서 정하는 방식으로 한다(동법 제13조).
외교부장관 조치	외교부장관은 요청국으로부터 형사사건의 수사에 관한 공조요청을 받았을 때에는 공조요청서에 관계 자료 및 의견을 첨부하여 법무부장관에게 송부하여야 한다(동법 제14조).
법무부장관 조치	① 공조요청서를 받은 법무부장관은 공조요청에 응하는 것이 타당하다고 인정하는 경우에는 다음의 어느 하나의 조치를 하여야 한다(동법 제15조 제1항). 　㉠ 공조를 위하여 적절하다고 인정되는 지방검찰청 검사장 또는 고위공직자범죄수사처장에게 관계자료를 송부하고 공조에 필요한 조치를 하도록 명하거나 요구하는 것 　㉡ 수형자가 수용되어 있는 교정시설의 장에게 수형자의 이송에 필요한 조치를 명하는 것 ② 법무부장관은 공조요청이 법원이나 검사 또는 고위공직자범죄수사처장이 보관하는 소송서류의 제공에 관한 것일 경우에는 그 서류를 보관하고 있는 법원이나 검사 또는 고위공직자범죄수사처장에게 공조요청서를 송부하여야 한다(동법 제15조 제2항). ③ 법무부장관은 이 법 또는 공조조약에 따라 공조할 수 없거나 공조하지 아니하는 것이 타당하다고 인정하는 경우 또는 공조를 연기하려는 경우에는 외교부장관과 협의하여야 한다(동법 제15조 제3항).
검사 등의 처분	① 검사는 요청국에 인도하여야 할 증거물 등이 법원에 제출되어 있는 경우에는 법원의 인도허가 결정을 받아야 한다(동법 제17조 제3항). ② 검사는 사법경찰관리를 지휘하여 수사를 하게 할 수 있고, 사법경찰관은 검사에게 신청하여 검사의 청구로 판사가 발부한 영장에 의하여 압수·수색 또는 검증을 할 수 있다(동법 제17조 제4항).
관할 법원	① 영장 청구와 증인신문 등의 청구는 지방법원의 판사에게 하여야 한다(동법 제20조 제1항). ② 증거물 등의 인도허가 청구는 그 증거물 등이 제출되어 있는 법원에 하여야 한다(동법 제20조 제2항).
송부	검사장 또는 고위공직자범죄수사처장은 공조에 필요한 조치를 마치면 지체 없이 수집한 공조자료 등을 법무부장관에게 송부하여야 한다(동법 제21조 제1항).
공조자료 송부	법무부장관은 공조자료 등을 받거나 보고받았을 때에는 공조에 필요한 자료를 외교부장관에게 송부하여야 한다(동법 제22조 제1항).

제202테마

외국인 등 관련 범죄에 대한 특칙

- 「범죄수사규칙」【시행 2023. 11. 1.】
- 「경찰수사규칙」【시행 2024. 5. 24.】

📖 「범죄수사규칙」

1. 일반론

구분	내용
준거규정	외국인 관련 범죄 또는 우리나라 국민의 국외범, 대·공사관에 관한 범죄 그 외 외국에 관한 범죄의 수사에 관하여 조약, 협정 그 밖의 특별한 규정이 있을 때에는 그에 따르고, 특별한 규정이 없을 때에는 이 법의 규정에 의하는 외에 일반적인 수사절차를 따른다(「범죄수사규칙」 제206조).
국제법의 준수	경찰관은 외국인 등 관련범죄의 수사를 함에 있어서는 국제법과 국제조약에 위배되는 일이 없도록 유의하여야 한다(「범죄수사규칙」 제207조).
수사의 착수	경찰관은 외국인 등 관련범죄 중 중요한 범죄에 관하여는 미리 국가수사본부장에게 보고하여 그 지시를 받아 수사에 착수하여야 한다. 다만, 급속을 요하는 경우에는 필요한 처분을 한 후 신속히 국가수사본부장의 지시를 받아야 한다(「범죄수사규칙」 제208조).

2. 대·공사 등에 관한 특칙

구분	내용
외교특권 침해 금지	① 경찰관은 외국인 등 관련범죄를 수사함에 있어서는 다음의 어느 하나에 해당하는 사람의 외교 특권을 침해하는 일이 없도록 주의하여야 한다(「범죄수사규칙」 제209조 제1항). 　㉠ 외교관 또는 외교관의 가족 　㉡ 그 밖의 외교의 특권을 가진 사람 ② 경찰관은 제1항에 규정된 사람의 사용인을 체포하거나 조사할 필요가 있다고 인정될 때에는 현행범인의 체포 그 밖의 긴급하고 부득이한 경우를 제외하고는 미리 국가수사본부장에게 보고하여 그 지시를 받아야 한다(「범죄수사규칙」 제209조 제2항). ③ 경찰관은 피의자가 외교 특권을 가진 사람인지 여부가 의심스러운 경우에는 신속히 국가수사본부장에게 보고하여 그 지시를 받아야 한다(「범죄수사규칙」 제209조 제3항).
대·공사관 출입	① 경찰관은 대·공사관과 대·공사나 대·공사관원의 사택 별장 혹은 그 숙박하는 장소에 관하여는 해당 대·공사나 대·공사관원의 청구가 있을 경우 이외에는 출입해서는 아니 된다. 다만, 중대한 범죄를 범한 자를 추적 중 그 사람이 위 장소에 들어간 경우에 지체할 수 없을 때에는 대·공사, 대·공사관원 또는 이를 대리할 권한을 가진 사람의 사전 동의를 얻어 수색하여야 한다(「범죄수사규칙」 제210조 제1항). ② 경찰관이 제1항에 따라 수색을 행할 때에는 지체 없이 국가수사본부장에게 보고하여 그 지시를 받아야 한다(「범죄수사규칙」 제210조 제2항).

3. 영사 등에 관한 특칙

구분	내용
구속·수사의 필요성	① **경찰관은** 임명국의 국적을 가진 대한민국 주재의 총영사, 영사 또는 부영사에 대한 사건에 관하여 구속 또는 조사할 필요가 있다고 인정될 때에는 미리 국가수사본부장에게 보고하여 그 지시를 받아야 한다(「범죄수사규칙」 제213조 제1항). ② **경찰관은** 총영사, 영사 또는 부영사의 사택이나 명예영사의 사무소 혹은 사택에서 수사할 필요가 있다고 인정될 때에는 미리 국가수사본부장에게 보고하여 그 지시를 받아야 한다(「범죄수사규칙」 제213조 제3항).
사무소의 출입	① **경찰관은** 총영사, 영사 또는 부영사의 사무소는 해당 영사의 청구나 동의가 있는 경우 외에는 이에 출입해서는 아니 된다(「범죄수사규칙」 제213조 제2항). ② **경찰관은** 총영사, 영사 또는 부영사나 명예영사의 사무소 안에 있는 기록문서에 관하여는 이를 열람하거나 압수하여서는 아니 된다(「범죄수사규칙」 제213조 제4항).

4. 외국인의 범죄에 관한 특칙

구분	내용
조사	① 경찰관은 외국인의 조사와 체포·구속에 있어서는 언어, 풍속과 습관의 특성을 고려하여야 한다(「범죄수사규칙」 제215조 제1항). ② **경찰관은** 「경찰수사규칙 제91조 제2항(영사관원과의 접견교통권 및 영사기관에의 통보 요청)에 따라 고지한 경우 영사기관통보요청확인서를 작성하여야 한다(「범죄수사규칙」 제215조 제2항). ③ **경찰관은** 별도 외국과의 조약에 따라 피의자의의사와 관계없이 해당 영사기관에 통보하게 되어 있는 경우에는 반드시 이를 통보하여야 한다(「범죄수사규칙」 제215조 제3항). ④ **서류는 수사기록에 편철하여야 한다**(「범죄수사규칙」 제215조 제4항).
조서작성	경찰관은 피의자가 외국인인 경우에는 다음의 사항에 유의하여 피의자신문조서를 작성하여야 한다(「범죄수사규칙」 제216조). ① 국적, 출생지와 본국에 있어서의 주거 ② 여권 또는 외국인등록 증명서 그 밖의 신분을 증명할 수 있는 증서의 유무 ③ 외국에 있어서의 전과의 유무 ④ 대한민국에 입국한 시기 체류기간 체류자격과 목적 ⑤ 국내 입·출국 경력 ⑥ 가족의 유무와 그 주거
통역인의 참여	**경찰관은** 외국인인 피의자 그 밖의 관계자가 한국어에 능통하지 않는 경우에는 통역인으로 하여금 통역하게 하여 한국어로 피의자신문조서나 진술조서를 작성하여야 하며 특히 필요한 때에는 외국어의 진술서(한국어의 진술서 ×)를 작성하게 하거나 외국어의 진술서(한국어의 진술서 ×)를 제출하게 하여야 한다(「범죄수사규칙」 제217조).
번역문의 첨부	**경찰관은 다음의 경우에는 번역문을 첨부하여야 한다**(「범죄수사규칙」 제218조). ① 외국인에 대하여 구속영장 그 밖의 영장을 집행하는 경우 ② 외국인으로부터 압수한 물건에 관하여 압수목록교부서를 교부하는 경우
통보의무	**러시아** 피의자 체포·구속시 피의자의 요청을 불문하고 지체 없이 영사기관에 통보의무 **중국** 피의자 체포·구속시 피의자의 요청을 불문하고 4일 이내 영사기관에 통보의무

📖 「경찰수사규칙」

구분	내용
조사	① 사법경찰관리는 외국인을 조사하는 경우에는 조사를 받는 외국인이 이해할 수 있는 언어로 통역해 주어야 한다(「경찰수사규칙」 제91조 제1항). ② 사법경찰관리는 외국인을 체포·구속하는 경우 국내 법령을 위반하지 않는 범위에서 영사관원과 자유롭게 접견·교통할 수 있고, 체포·구속된 사실을 영사기관에 통보해 줄 것을 요청할 수 있다는 사실을 알려야 한다(알릴 수 있다 ×)(「경찰수사규칙」 제91조 제2항). ③ 사법경찰관리는 체포·구속된 외국인이 제2항에 따른 통보를 요청하는 경우에는 영사기관 체포·구속 통보서를 작성하여 지체 없이 해당 영사기관에 체포·구속 사실을 통보해야 한다(「경찰수사규칙」 제91조 제3항). ④ 사법경찰관리는 외국인 변사사건이 발생한 경우에는 영사기관 사망 통보서를 작성하여 지체 없이 해당 영사기관에 통보해야 한다(「경찰수사규칙」 제91조 제4항).
한미행정 협정사건	① 사법경찰관은 주한 미합중국 군대의 구성원·외국인군무원 및 그 가족이나 초청계약자의 범죄 관련 사건을 인지하거나 고소·고발 등을 수리한 때에는 7일 이내에 한미행정협정사건 통보서를 검사에게 통보해야 한다(「경찰수사규칙」 제92조 제1항). ② 사법경찰관은 주한 미합중국 군당국으로부터 공무증명서를 제출받은 경우 지체 없이 공무증명서의 사본을 검사에게 송부해야 한다(「경찰수사규칙」 제92조 제2항). ③ 사법경찰관은 검사로부터 주한 미합중국 군 당국의 재판권포기 요청 사실을 통보받은 날부터 14일 이내에 검사에게 사건을 송치 또는 송부해야 한다. 다만, 검사의 동의를 받아 그 기간을 연장할 수 있다(「경찰수사규칙」 제92조 제3항).

제203테마

국적의 취득

중요도 C급

■ 「국적법」 【시행 2022. 10. 1.】

📖 출생에 의한 국적 취득(선천적 취득)

구분	내용
출생과 동시에 취득	다음의 어느 하나에 해당하는 자는 출생과 동시에 대한민국 국적을 취득한다(동법 제2조 제1항). ① 출생 당시에 부 또는 모가 대한민국의 국민인 자 ② 출생하기 전에 부가 사망한 경우에는 그 사망 당시에 부가 대한민국의 국민이었던 자 ③ 부모가 모두 분명하지 아니한 경우나 국적이 없는 경우에는 대한민국에서 출생한 자
기아의 경우	대한민국에서 발견된 기아는 대한민국에서 출생한 것으로 추정한다(동법 제2조 제2항).

📖 인지에 의한 국적 취득(후천적 취득)

구분	내용
요건	대한민국의 국민이 아닌 자로서 대한민국의 국민인 부 또는 모에 의하여 인지된 자가 다음의 요건을 모두 갖추면 법무부장관에게 신고함으로써 대한민국 국적을 취득할 수 있다(동법 제3조 제1항). ① 대한민국의 「민법」상 미성년일 것 ② 출생 당시에 부 또는 모가 대한민국의 국민이었을 것
효력 발생	신고한 자는 그 신고를 한 때에 대한민국 국적을 취득한다(동법 제3조 제2항).

📖 귀화에 의한 국적 취득(후천적 취득)

구분	내용
일반귀화	외국인이 귀화허가를 받기 위해서는 간이귀화 및 특별귀화에 해당하는 경우 외에는 다음의 요건을 갖추어야 한다(동법 제5조). ① 5년 이상 계속하여 대한민국에 주소가 있을 것 ② 대한민국에서 영주할 수 있는 체류자격을 가지고 있을 것 ③ 대한민국의 「민법」상 성년일 것 ④ 법무부령으로(대통령령으로 ×) 정하는 품행 단정의 요건을 갖출 것 ⑤ 생계를 유지할 능력이 있을 것 ⑥ 대한민국 국민으로서의 기본 소양을 갖추고 있을 것 ⑦ 귀화를 허가하는 것이 국가안전보장·질서유지 또는 공공복리를 해치지 아니한다고 법무부장관이 인정할 것

구분	내용
간이귀화	다음의 어느 하나에 해당하는 외국인으로서 대한민국에 3년 이상 계속하여 주소가 있는 사람은 제5조 제1호 및 제1호의2의 요건을 갖추지 아니하여도 귀화허가를 받을 수 있다(동법 제6조 제1항). ① 부 또는 모가 대한민국의 국민이었던 사람 ② 대한민국에서 출생한 사람으로서 부 또는 모가 대한민국에서 출생한 사람 ③ 대한민국 국민의 양자로서 입양 당시 대한민국의 「민법」상 성년이었던 사람
특별귀화	다음의 어느 하나에 해당하는 외국인으로서 대한민국에 주소가 있는 사람은 제5조 제1호·제1호의2·제2호 또는 제4호의 요건을 갖추지 아니하여도 귀화허가를 받을 수 있다(동법 제7조). ① 부 또는 모가 대한민국의 국민인 사람(양자로서 대한민국의 「민법」상 성년이 된 후에 입양된 사람은 제외) ② 대한민국에 특별한 공로가 있는 사람 ③ 과학·경제·문화·체육 등 특정 분야에서 매우 우수한 능력을 보유한 사람으로서 대한민국의 국익에 기여할 것으로 인정되는 사람
수반취득	① 외국인의 자(子)로서 대한민국의 「민법」상 미성년인 사람은 부 또는 모가 귀화허가를 신청할 때 함께 국적 취득을 신청할 수 있다(동법 제8조 제1항). ② 제1항에 따라 국적 취득을 신청한 사람은 부 또는 모가 대한민국 국적을 취득한 때에 함께 대한민국 국적을 취득한다(동법 제8조 제2항).
비고 (공통요건)	① 대한민국 국적을 취득한 사실이 없는 외국인은 법무부장관의 귀화허가를 받아 대한민국 국적을 취득할 수 있다(동법 제4조 제1항). ② 법무부장관은 귀화허가 신청을 받으면 귀화 요건을 갖추었는지를 심사한 후 그 요건을 갖춘 사람에게만 귀화를 허가한다(동법 제4조 제2항). ③ 귀화허가를 받은 사람은 법무부장관 앞에서 국민선서를 하고 귀화증서를 수여받은 때에 대한민국 국적을 취득한다(동법 제4조 제3항). ④ 법무부장관은 국민선서를 받고 귀화증서를 수여하는 업무와 국민선서의 면제 업무를 대통령령으로 정하는 바에 따라 지방출입국·외국인관서의 장에게 대행하게 할 수 있다(동법 제4조 제4항).

📖 국적회복에 의한 국적 취득

구분	내용
취득 요건	대한민국의 국민이었던 외국인은 법무부장관의 국적회복허가를 받아 대한민국 국적을 취득할 수 있다(동법 제9조 제1항).
불허가 사유	법무부장관은 국적회복허가 신청을 받으면 심사한 후 다음에 해당하는 사람에게는 국적회복을 허가하지 아니한다(동법 제9조 제2항). ① 국가나 사회에 해를 끼친 사실이 있는 사람 ② 품행이 단정하지 못한 사람 ③ 병역을 기피할 목적으로 대한민국 국적을 상실하였거나 이탈하였던 사람 ④ 국가안전보장·질서유지 또는 공공복리를 위하여 법무부장관이 국적회복을 허가하는 것이 적당하지 아니하다고 인정하는 사람

제204테마

외국인의 입국

중요도 A급

「출입국관리법」 [시행 2023. 12. 14.]

📖 입국의 절차

구분	내용
여권·사증 발급	외국인이 입국할 때에는 유효한 여권과 법무부장관이 발급한 사증을 가지고 있어야 한다(동법 제7조 제1항).
무사증 입국	다음의 어느 하나에 해당하는 외국인은 사증 없이 입국할 수 있다(동법 제7조 제2항 및 제3항). ① 재입국허가를 받은 사람 또는 재입국허가가 면제된 사람으로서 그 허가 또는 면제받은 기간이 끝나기 전에 입국하는 사람 ② 대한민국과 사증면제협정을 체결한 국가의 국민으로서 그 협정에 따라 면제대상이 되는 사람 ③ 국제친선, 관광 또는 대한민국의 이익 등을 위하여 입국하는 사람으로서 대통령령으로 정하는 바에 따라 따로 입국허가를 받은 사람 ④ 난민여행증명서를 발급받고 출국한 후 그 유효기간이 끝나기 전에 입국하는 사람

📖 입국의 금지·거부

구분	내용
입국의 금지	법무부장관은 다음의 어느 하나에 해당하는 외국인에 대하여는 입국을 금지할 수 있다(동법 제11조 제1항). ① 감염병환자, 마약류중독자, 공중위생상 위해를 끼칠 염려가 있다고 인정되는 사람 ② 총포·도검·화약류 등을 위법하게 가지고 입국하려는 사람 ③ 대한민국의 이익이나 공공의 안전을 해치는 행동을 할 염려가 있다고 인정할 만한 상당한 이유가 있는 사람 ④ 경제질서 또는 사회질서를 해치거나 선량한 풍속을 해치는 행동을 할 염려가 있다고 인정할 만한 상당한 이유가 있는 사람 ⑤ 사리분별력이 없고 국내에서 체류활동을 보조할 사람이 없는 정신장애인, 국내체류비용을 부담할 능력이 없는 사람, 그 밖에 구호가 필요한 사람 ⑥ 강제퇴거명령을 받고 출국한 후 5년이 지나지 아니한 사람 ⑦ 법무부장관이 그 입국이 적당하지 아니하다고 인정하는 사람
입국의 거부	법무부장관은 입국하려는 외국인의 본국이 제1항의 사유로 국민의 입국을 거부할 때에는 그와 동일한 사유로 그 외국인의 입국을 거부할 수 있다(동법 제11조 제2항).

📖 입국심사

구분	내용
심사	외국인이 입국하려는 경우에는 입국하는 출입국항에서 대통령령으로 정하는 바에 따라 여권과 입국신고서를 출입국관리공무원에게 제출하여 입국심사를 받아야 한다(동법 제12조 제1항).
요건	출입국관리공무원은 입국심사를 할 때에 다음의 요건을 갖추었는지를 심사하여 입국을 허가한다(동법 제12조 제3항). ① 여권과 사증이 유효할 것 ② 사전여행허가서가 유효할 것 ③ 입국목적이 체류자격에 맞을 것 ④ 체류기간이 법무부령으로 정하는 바에 따라 정하여졌을 것 ⑤ 입국의 금지 또는 거부의 대상이 아닐 것
입국 불허가	출입국관리공무원은 외국인이 제3항의 요건을 갖추었음을 증명하지 못하면 입국을 허가하지 아니할 수 있다(아니한다 ×)(동법 제12조 제4항).
체류자격 부여	출입국관리공무원은 대한민국과 사증면제협정을 체결한 국가의 국민으로서 그 협정에 따라 면제대상이 되는 사람, 국제친선, 관광 또는 대한민국의 이익 등을 위하여 입국하는 사람으로서 대통령령으로 정하는 바에 따라 입국허가를 받은 사람에게 입국을 허가할 때에는 체류자격을 부여하고 체류기간을 정하여야 한다(동법 제12조 제5항).

📖 입국시 생체정보의 제공

구분	내용
의의	입국하려는 외국인은 입국심사를 받을 때 생체정보를 제공하고 본인임을 확인하는 절차에 응하여야 한다(동법 제12조의2 제1항 본문).
제외	다음의 어느 하나에 해당하는 사람은 그러하지 아니하다(동법 제12조의2 제1항 단서). ① 17세 미만인 사람 ② 외국정부 또는 국제기구의 업무를 수행하기 위하여 입국하는 사람과 그 동반 가족 ③ 외국과의 우호·문화교류 증진, 경제활동 촉진, 대한민국의 이익 등을 고려하여 생체정보의 제공을 면제하는 것이 필요하다고 대통령령으로 정하는 사람
입국 불허가	출입국관리공무원은 외국인이 생체정보를 제공하지 아니하는 경우에는 그의 입국을 허가하지 아니할 수 있다(아니하여야 한다 ×)(동법 제12조의2 제2항).

📖 여권 등의 휴대·제시

구분	내용
휴대·제시 의무	① 대한민국에 체류하는 외국인은 항상 여권·선원신분증명서·외국인입국허가서·외국인등록증·모바일외국인등록증·상륙허가서를 지니고 있어야 한다. 다만, 17세 미만인 외국인의 경우에는 그러하지 아니하다(동법 제27조 제1항). ② 외국인은 출입국관리공무원이나 권한 있는 공무원이 직무수행과 관련하여 여권 등의 제시를 요구하면 여권 등을 제시하여야 한다(동법 제27조 제2항).
벌금	여권 등의 휴대 또는 제시 의무를 위반한 경우 100만원 이하의 벌금(과태료 ×)에 처한다.

제205테마

외국인의 상륙

「출입국관리법」【시행 2023. 12. 14.】

중요도 B급

구분	내용	허가기간
승무원 상륙허가	① 출입국관리공무원은 다음의 어느 하나에 해당하는 외국인승무원에 대하여 선박 등의 장 또는 운수업자나 본인이 신청하면 승무원의 상륙을 허가할 수 있다(동법 제14조 제1항). ㉠ 승선 중인 선박 등이 대한민국의 출입국항에 정박하고 있는 동안 휴양 등의 목적으로 상륙하려는 외국인승무원 ㉡ 대한민국의 출입국항에 입항할 예정이거나 정박 중인 선박 등으로 옮겨 타려는 외국인승무원 ② 출입국관리공무원은 상륙허가를 할 때에는 승무원 상륙허가서를 발급하여야 한다(동법 제14조 제3항). ③ 지방출입국·외국인관서의 장은 승무원 상륙허가를 받은 외국인승무원에 대하여 필요하다고 인정하면 그 상륙허가의 기간을 연장할 수 있다(동법 제14조 제5항).	15일 이내
관광 상륙허가	출입국관리공무원은 관광을 목적으로 대한민국과 외국 해상을 국제적으로 순회하여 운항하는 여객운송선박 중 법무부령으로 정하는 선박에 승선한 외국인승객에 대하여 그 선박의 장 또는 운수업자가 상륙허가를 신청하면 승객의 관광상륙을 허가할 수 있다(동법 제14조의2 제1항).	3일 이내
긴급 상륙허가	① 출입국관리공무원은 선박 등에 타고 있는 외국인(승무원을 포함)이 질병이나 그 밖의 사고로 긴급히 상륙할 필요가 있다고 인정되면 그 선박 등의 장이나 운수업자의 신청을 받아 긴급상륙을 허가할 수 있다(동법 제15조 제1항). ② 선박 등의 장이나 운수업자는 긴급상륙한 사람의 생활비·치료비·장례비와 그 밖에 상륙 중에 발생한 모든 비용을 부담한다(동법 제15조 제3항).	30일 이내
재난 상륙허가	① 지방출입국·외국인관서의 장은 조난을 당한 선박 등에 타고 있는 외국인(승무원을 포함)을 긴급히 구조할 필요가 있다고 인정하면 그 선박 등의 장, 운수업자, 수호업무 집행자 또는 그 외국인을 구조한 선박 등의 장의 신청에 의하여 재난상륙허가를 할 수 있다(동법 제16조 제1항). ② 선박 등의 장이나 운수업자는 재난상륙허가를 받은 사람의 상륙 중 생활비·치료비·장례비와 그 밖에 상륙 중 발생한 모든 비용을 부담하여야 한다(동법 제16조 제3항).	30일 이내
난민 임시상륙허가	지방출입국·외국인관서의 장은 선박 등에 타고 있는 외국인이 「난민법」에 규정된 이유나 그 밖에 이에 준하는 이유로 그 생명·신체 또는 신체의 자유를 침해받을 공포가 있는 영역에서 도피하여 곧바로 대한민국의 비호를 신청하는 경우 그 외국인을 상륙시킬 만한 상당한 이유가 있다고 인정되면 법무부장관의 승인을 받아 난민 임시상륙허가를 할 수 있다. 이 경우 법무부장관은 외교부장관과 협의하여야 한다(동법 제16조의2).	90일 이내

제206테마

중요도 C급

외국인의 등록

「출입국관리법」 【시행 2023. 12. 14.】

📖 일반론

구분	내용
등록기간	외국인이 입국한 날부터 90일을 초과하여 대한민국에 체류하려면 대통령령으로 정하는 바에 따라 입국한 날부터 90일 이내에 그의 체류지를 관할하는 지방출입국·외국인관서의 장에게 외국인등록을 하여야 한다(동법 제31조 제1항 본문).
등록대상	① 입국한 날부터 90일을 초과하여 대한민국에 체류하는 경우의 외국인(90일 이내에 등록) ② 체류자격을 받는 사람으로서 그 날부터 90일을 초과하여 체류하게 되는 사람(체류자격을 받는 때) ③ 체류자격 변경허가를 받는 사람으로서 입국한 날부터 90일을 초과하여 체류하게 되는 사람(체류자격 변경허가를 받는 때)
등록제외	① 주한외국공관(대사관과 영사관을 포함)과 국제기구의 직원 및 그의 가족 ② 대한민국정부와의 협정에 따라 외교관 또는 영사와 유사한 특권 및 면제를 누리는 사람과 그의 가족 ③ 대한민국 정부가 초청한 사람 등으로서 법무부령으로 정하는 사람

📖 외국인등록증의 발급, 반납

구분	내용
발급	① 외국인등록을 받은 지방출입국·외국인관서의 장은 대통령령으로 정하는 바에 따라 그 외국인에게 외국인등록증을 발급하여야 한다. 다만, 그 외국인이 17세 미만인 경우에는 발급하지 아니할 수 있다(아니한다 ×)(동법 제33조 제1항). ② 외국인등록증을 발급받지 아니한 외국인이 17세가 된 때에는 90일 이내에 체류지 관할지방출입국·외국인관서의 장에게 외국인등록증 발급신청을 하여야 한다(동법 제33조 제2항). ③ 영주자격을 가진 외국인에게 발급하는 외국인등록증의 유효기간은 10년으로 한다(동법 제33조 제3항).
반납	① 외국인등록을 한 외국인이 출국할 때에는 출입국관리공무원에게 외국인등록증을 반납하여야 한다. 다만, 다음의 어느 하나에 해당하는 경우에는 그러하지 아니하다(동법 제37조 제1항). 　㉠ 재입국허가를 받고 일시 출국하였다가 그 허가기간 내에 다시 입국하려는 경우 　㉡ 복수사증 소지자나 재입국허가 면제대상 국가의 국민으로서 일시 출국하였다가 허가된 체류기간 내에 다시 입국하려는 경우 　㉢ 난민여행증명서를 발급받고 일시 출국하였다가 그 유효기간 내에 다시 입국하려는 경우 ② 외국인등록을 한 외국인이 국민이 되거나 사망한 경우에는 외국인등록증을 반납하여야 한다(동법 제37조 제2항).

제207테마

내국인의 출국

「출입국관리법」【시행 2023. 12. 14.】

📖 여행경보제도

구분	내용
의의	여행경보제도는 대한민국 외교부에서 특정 국가 또는 지역을 여행하거나 체류할 경우, 특별한 주의가 요구되는 국가 및 지역에 경보를 지정하여 위험수준과 이에 따른 안전대책과 행동지침의 기준을 안내하는 제도이다.
단계	남색경보 : 신변안전 유의 황색경보 : 신변안전 특별유의 및 여행 필요성 신중 검토 적색경보 : 긴급용무가 아닌 한 귀국 및 가급적 여행 취소·연기 흑색경보 : 즉시 대피·철수 및 여행 금지

📖 출국심사

구분	내용
심사	대한민국에서 대한민국 밖의 지역으로 출국하려는 국민은 유효한 여권을 가지고 출국하는 출입국항에서 출입국관리공무원의 출국심사를 받아야 한다. 다만, 부득이한 사유로 출입국항을 출국할 수 없을 때에는 관할 지방출입국·외국인관서의 장의 허가를 받아 출입국항이 아닌 장소에서 출입국관리공무원의 출국심사를 받은 후 출국할 수 있다(동법 제3조 제1항).
생체정보	① 법무부장관은 출국심사에 필요한 경우에는 국민의 생체정보를 수집하거나 관계 행정기관이 보유하고 있는 국민의 생체정보의 제출을 요청할 수 있다(동법 제3조 제3항). ② 협조를 요청받은 관계 행정기관은 정당한 이유 없이 그 요청을 거부해서는 아니 된다(동법 제3조 제4항). ③ 출입국관리공무원은 제3항에 따라 수집하거나 제출받은 생체정보를 출국심사에 활용할 수 있다(동법 제3조 제5항).

📖 출국의 금지 및 기간

구분	내용
범죄수사 출국금지기간	① 법무부장관은 범죄수사를 위하여 출국이 적당하지 아니하다고 인정되는 사람에 대하여는 1개월 이내의 기간을 정하여 출국을 금지할 수 있다(동법 제4조 제2항 본문). ② 다음에 해당하는 사람은 그 호에서 정한 기간으로 한다(동법 제4조 제2항 단서). ┌──────────┬──────────────────────────────────────┐ │ 3개월 이내 │ 소재를 알 수 없어 기소중지 또는 수사중지(피의자중지로 한정한다)된 사람 또는 도주 등 특별한 사유가 있어 수사진행이 어려운 사람 │ ├──────────┼──────────────────────────────────────┤ │ 영장 유효기간 │ 기소중지 또는 수사중지(피의자중지로 한정한다)된 경우로서 체포영장 또는 구속영장이 발부된 사람 │ └──────────┴──────────────────────────────────────┘
일반적 출국금지기간	① 법무부장관은 다음의 어느 하나에 해당하는 국민에 대하여는 6개월 이내의 기간을 정하여 출국을 금지할 수 있다(동법 제4조 제1항). ㉠ 형사재판에 계속 중인 사람 ㉡ 징역형이나 금고형의 집행이 끝나지 아니한 사람 ㉢ 벌금 1천만원, 추징금 2천만원 이상을 내지 아니한 사람 ㉣ 5천만원 이상의 국세·관세나 3천만원 이상의 지방세를 정당한 사유 없이 그 납부기한까지 내지 아니한 사람 ㉤ 양육비 채무자 중 양육비이행심의위원회의 심의·의결을 거친 사람 ㉥ 대한민국의 이익이나 공공의 안전 또는 경제질서를 해칠 우려가 있어 그 출국이 적당하지 아니하다고 법무부령으로 정하는 사람(대부분의 경우 병역 관련 사항) ㉦ 2억원 이상의 국세를 포탈한 혐의로 세무조사를 받고 있는 사람 ㉧ 20억원 이상의 허위 세금계산서 또는 계산서를 발행한 혐의로 세무조사를 받고 있는 사람 ㉨ 출입국항에서 타인 명의의 여권 또는 위조·변조여권 등으로 출입국하려고 한 사람 ㉩ 3천만원 이상의 공금횡령 또는 금품수수 등의 혐의로 감사원의 감사를 받고 있는 사람 ㉪ 위치추적 전자장치가 부착된 사람 ㉫ 출국 시 공중보건에 현저한 위해를 끼칠 염려가 있다고 법무부장관이 인정하는 사람 ㉬ 출국 시 국가안보 또는 외교관계를 현저하게 해칠 염려가 있다고 법무부장관이 인정하는 사람 ㉭ 범죄수사를 위하여 출국이 적당하지 아니하다고 인정되는 사람(1개월 이내의 기간) ② 중앙행정기관의 장 및 법무부장관이 정하는 관계 기관의 장은 출국금지 사유에 해당하는 사람이 있다고 인정할 때에는 법무부장관에게 출국금지를 요청할 수 있다(동법 제4조 제3항). ③ 출입국관리공무원은 출국심사를 할 때에 출국이 금지된 사람을 출국시켜서는 아니 된다(동법 제4조 제4항).

📖 출국금지기간의 연장 · 해제

구분	내용
연장	① 법무부장관은 출국금지기간을 초과하여 계속 출국을 금지할 필요가 있다고 인정하는 경우에는 그 기간을 연장할 수 있다(동법 제4조의2 제1항). ② 출국금지를 요청한 기관의 장은 출국금지기간을 초과하여 계속 출국을 금지할 필요가 있을 때에는 출국금지기간이 끝나기 3일 전까지 법무부장관에게 출국금지기간을 연장하여 줄 것을 요청하여야 한다(동법 제4조의2 제2항).
해제	① 법무부장관은 출국금지 사유가 없어졌거나 출국을 금지할 필요가 없다고 인정할 때에는 즉시 출국금지를 해제하여야 한다(동법 제4조의3 제1항). ② 출국금지를 요청한 기관의 장은 출국금지 사유가 없어졌을 때에는 즉시 법무부장관에게 출국금지의 해제를 요청하여야 한다(동법 제4조의3 제2항).

📖 출국금지결정 통지 · 이의신청

구분	내용
통지	법무부장관은 출국을 금지하거나 출국금지기간을 연장하였을 때에는 즉시 당사자에게 그 사유와 기간 등을 밝혀 서면으로 통지하여야 한다(동법 제4조의4 제1항).
이의신청	① 출국이 금지되거나 출국금지기간이 연장된 사람은 출국금지결정이나 출국금지기간 연장의 통지를 받은 날 또는 그 사실을 안 날부터 10일 이내에 법무부장관에게 출국금지 결정이나 출국금지기간 연장결정에 대한 이의를 신청할 수 있다(동법 제4조의5 제1항). ② 법무부장관은 이의신청을 받으면 그 날부터 15일 이내에 이의신청의 타당성 여부를 결정하여야 한다. 다만, 부득이한 사유가 있으면 15일의 범위에서 한 차례만 그 기간을 연장할 수 있다(동법 제4조의5 제2항).

📖 긴급출국금지

구분	내용
사유	수사기관은 범죄 피의자로서 사형·무기 또는 장기 3년 이상의 징역이나 금고에 해당하는 죄를 범하였다고 의심할 만한 상당한 이유가 있고, 다음의 어느 하나에 해당하는 사유가 있으며, 긴급할 필요가 있는 때에는 출국심사를 하는 출입국관리공무원에게 출국금지를 요청할 수 있다(동법 제4조의6 제1항). ① 피의자가 증거를 인멸할 염려가 있는 때 ② 피의자가 도망하거나 도망할 우려가 있는 때
출국 금지	긴급출국금지 요청을 받은 출입국관리공무원은 출국심사를 할 때에 출국금지가 요청된 사람을 출국시켜서는 아니 된다(동법 제4조의6 제2항).
승인 요청	수사기관은 긴급출국금지를 요청한 때로부터 6시간 이내에 법무부장관에게 긴급출국금지 승인을 요청하여야 한다(동법 제4조의6 제3항).
승인 거절	① 법무부장관은 수사기관이 긴급출국금지 승인 요청을 하지 아니한 때에는 수사기관 요청에 따른 출국금지를 해제하여야 한다(동법 제4조의6 제4항 전단). ② 수사기관이 긴급출국금지 승인을 요청한 때로부터 12시간 이내에 법무부장관으로부터 긴급출국금지 승인을 받지 못한 경우에도 출국금지를 해제한다(동법 제4조의6 제4항 후단).

제208테마

외국인의 강제퇴거

「출입국관리법」【시행 2023. 12. 14.】

중요도 A급

📖 일반론

구분	내용
의의	강제퇴거란 사인의 자격으로 체류 중인 외국인이 국내법질서를 위반한 경우에 체류국 정부가 합법적으로 체류 중인 외국인을 체류국 영역 밖으로 퇴거를 명하는 행정행위(처분)를 의미한다.

대상자	지방출입국·외국인관서의 장은 다음의 어느 하나에 해당하는 외국인을 대한민국 밖으로 강제퇴거시킬 수 있다(강제퇴거한다 ×)(동법 제46조 제1항).
	① 유효한 여권과 사증 없이 입국하는(또는 입국한) 사람
	② 허위초청 등의 금지규정을 위반한 외국인 또는 허위초청 등의 행위로 입국한 외국인
	③ 입국금지 해당사유가 입국 후에 발견되거나 발생한 사람
	④ 입국심사 또는 선박 등의 제공 금지 규정을 위반한 사람
	⑤ 지방출입국·외국인관서의 장이 붙인 조건부 입국 허가 조건을 위반한 사람
	⑥ 상륙허가를 받지 아니하고 상륙한 사람
	⑦ 지방출입국·외국인관서의 장 또는 출입국관리공무원이 붙인 상륙 허가조건을 위반한 사람
	⑧ 체류 및 활동범위, 외국인 고용제한, 체류자격 외 활동, 체류자격 부여, 체류자격 변경허가, 체류기간 연장허가 규정을 위반한 사람
	⑨ 허가를 받지 아니하고 근무처를 변경·추가하거나 허가를 받지 아니한 외국인을 고용·알선한 사람
	⑩ 거소 또는 활동범위의 제한이나 그 밖의 준수사항을 위반한 사람
	⑪ 허위서류 제출 등의 금지규정을 위반한 외국인
	⑫ 출국심사 규정을 위반하여 출국하려고 한 사람
	⑬ 외국인등록 의무를 위반한 사람
	⑭ 외국인등록증의 채무이행 확보수단 제공 등의 금지규정을 위반한 외국인
	⑮ 금고 이상의 형(벌금 이상의 형 ×)을 받고 석방된 사람
	⑯ 송환대상외국인
	  ㉠ 자살 또는 자해행위를 하려는 경우
	  ㉡ 다른 사람에게 위해를 가하거나 가하려는 경우
	  ㉢ 출입국관리공무원의 직무집행을 정당한 사유 없이 거부·기피·방해하는 경우
	  ㉣ 시설 및 다른 사람의 안전과 질서를 현저히 해치는 행위를 하거나 하려는 경우
	⑰ 그 밖에 법무부령으로 정하는 사람

영주자격자	영주자격을 가진 사람은 대한민국 밖으로 강제퇴거되지 아니한다. 다만, 다음의 어느 하나에 해당하는 사람은 그러하지 아니하다(동법 제46조 제2항). ① 내란의 죄 또는 외환의 죄를 범한 사람 ② 5년 이상의 징역 또는 금고의 형을 선고받고 석방된 사람 중 법무부령으로 정하는 사람 ③ 선박 등의 제공 금지 규정을 위반하거나 교사 또는 방조한 사람

📖 강제퇴거 절차

1. 사실조사 · 심사결정

구분	내용
사실조사	출입국관리공무원은 강제퇴거 대상자에 해당한다고 의심되는 외국인(용의자)에 대하여는 그 사실을 조사할 수 있다(동법 제47조).
심사결정	지방출입국 · 외국인관서의 장은 출입국관리공무원이 용의자에 대한 조사를 마치면 지체 없이 용의자가 강제퇴거 대상자에 해당하는지를 심사하여 결정하여야 한다(동법 제58조).

2. 보호조치

구분	내용
의의	보호란 출입국관리공무원이 강제퇴거 대상에 해당된다고 의심할 만한 상당한 이유가 있는 사람을 출국시키기 위하여 외국인보호실, 외국인보호소 또는 그 밖에 법무부장관이 지정하는 장소에 인치하고 수용하는 집행활동을 말한다(동법 제2조 제11호).
내용	① 출입국관리공무원은 외국인이 강제퇴거 대상자에 해당된다고 의심할 만한 상당한 이유가 있고 도주하거나 도주할 염려가 있으면(긴급한 경우도 포함) 지방출입국 · 외국인관서의 장으로부터 보호명령서를 발급받아 그 외국인을 보호할 수 있다(보호하여야 한다 ×)(동법 제51조 제1항 및 제3항). ② 출입국관리공무원은 긴급한 경우에 외국인을 보호한 경우에는 48시간 이내에 보호명령서를 발급받아 외국인에게 내보여야 하며, 보호명령서를 발급받지 못한 경우에는 즉시 보호를 해제하여야 한다(동법 제51조 제5항).
기간	보호된 외국인의 강제퇴거 대상자 여부를 심사 · 결정하기 위한 보호기간은 10일 이내로 한다. 다만, 부득이한 사유가 있으면 지방출입국 · 외국인관서의 장의 허가를 받아 10일을 초과하지 아니하는 범위에서 한 차례만 연장할 수 있다(동법 제52조 제1항).
장소	보호할 수 있는 장소는 외국인보호실, 외국인보호소, 그 밖에 법무부장관이 지정하는 장소로 한다(동법 제52조 제2항).

📖 강제퇴거명령서의 발급·이의신청·집행

구분	내용
발급	① 지방출입국·외국인관서의 장은 심사 결과 용의자가 강제퇴거 대상자에 해당하지 아니한다고 인정하면 지체 없이 용의자에게 그 뜻을 알려야 하고, 용의자가 보호되어 있으면 즉시 보호를 해제하여야 한다(동법 제59조 제1항). ② **지방출입국·외국인관서의 장은** 심사 결과 용의자가 강제퇴거 대상자에 해당된다고 인정되면 강제퇴거명령을 할 수 있다(동법 제59조 제2항). ③ 지방출입국·외국인관서의 장은 강제퇴거명령을 하는 때에는 강제퇴거명령서를 용의자에게 발급하여야 한다(동법 제59조 제3항). ④ 지방출입국·외국인관서의 장은 강제퇴거명령서를 발급하는 경우 법무부장관에게 이의신청을 할 수 있다는 사실을 용의자에게 알려야 한다(동법 제59조 제4항).
이의신청	① 용의자는 강제퇴거명령에 대하여 이의신청을 하려면 강제퇴거명령서를 받은 날부터 7일 이내에 지방출입국·외국인관서의 장을 거쳐 법무부장관에게 이의신청서를 제출하여야 한다(동법 제60조 제1항). ② 지방출입국·외국인관서의 장은 이의신청서를 접수하면 심사결정서와 조사기록을 첨부하여 법무부장관에게 제출하여야 한다(동법 제60조 제2항). ③ **법무부장관은** 이의신청서 등을 접수하면 이의신청이 이유 있는지를 심사·결정하여 그 결과를 지방출입국·외국인관서의 장에게 알려야 한다(동법 제60조 제3항). ④ 지방출입국·외국인관서의장은 법무부장관으로부터 이의신청이 이유 있다는 결정을 통지 받으면 지체 없이 용의자에게 그 사실을 알리고, 용의자가 보호되어 있으면 즉시 그 보호를 해제하여야 한다(동법 제60조 제4항).
집행	① **강제퇴거명령서는** 출입국관리공무원이 집행한다(동법 제62조 제1항). ② **지방출입국·외국인관서의 장은** 사법경찰관리에게 강제퇴거명령서의 집행을 의뢰할 수 있다(동법 제62조 제2항). ③ 강제퇴거명령서를 집행할 때에는 그 명령을 받은 사람에게 강제퇴거명령서를 내보이고 지체 없이 그를 송환국으로 송환하여야 한다(동법 제62조 제3항).

2025 서진호 경찰학 핵심집약서

발 행 일	2024년 10월 31일
발 행 처	마이패스북스
주 소	서울시 관악구 대학6길 51 3층
문 의	mypass@mypassjob.com
홈페이지	www.dokgong.com
정 가	41,000원

이 도서의 판권은 마이패스북스에 있으며, 수록된 모든 내용에 대해서는 발행처의 허가 없이 무단으로 사용하거나, 복제 및 변형할 수 없습니다.
Copyright © 2024 MYPASSBOOKS Co. All right reserved.